S.O.S
Plantes
d'intérieur

S.O.S Plantes d'intérieur

par David Longman

Dictionnaire pratique pour cactées • Bulbeuses et annuelles d'intérieur • Fleurs et feuillage • Palmiers et fougères.

Bordas

Sommaire

6 *Index*

12 *Introduction*

14 *Les plantes d'intérieur à feuillage et à fleurs*

25 *Les bulbes de printemps et d'été*

27 *Les plantes de jardinières et de balcons*

32 *Les cactées et autres plantes grasses*

42 *Les plantes dans le détail*

560 *Conseils et précautions*

Le présent ouvrage a été réalisé avec la collaboration de :

Claude Saint-Germain
pour la coordination générale

Jean-Marie Massenet
pour l'adaptation française

Francine Deligny
pour la coordination technique

Édition française:
© 1990 Bordas, Paris
ISBN: 2.04.012985.5
Dépôt légal: mars 1990

Achevé d'imprimer
en février 1990
sur les presses de Rotolito SpA Milan

Édition originale:
© 1988 Eurobook Oxford
ISBN: 0.85654.634.7
Direction: David Longman
Collaborateurs: Tom Gough,
John Pilbeam et Norman Simpson.

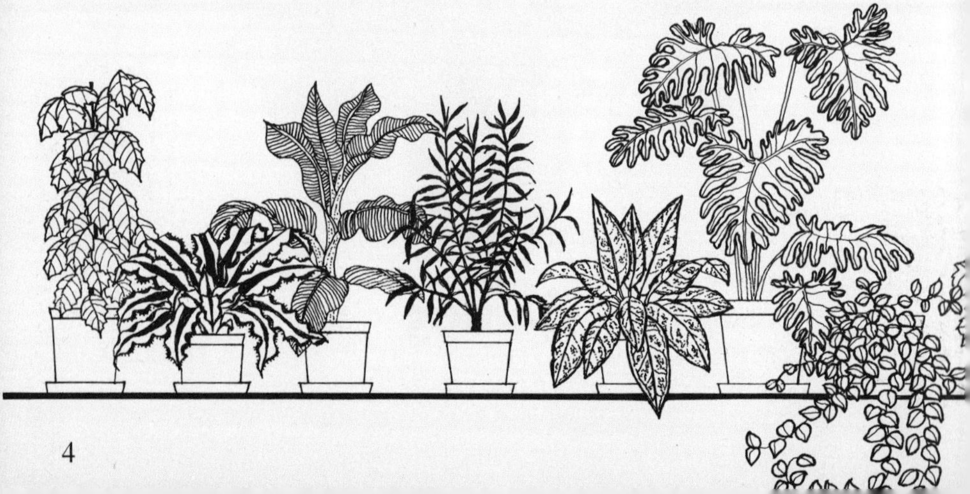

• **6** Index des noms communs • **9** Index des noms scientifiques

• **12** Comment se servir de ce livre, les outils de jardinage

• **14** L'arrosage et la vaporisation, les engrais • **15** Le nettoyage des feuilles, l'humidité • **16** Le rempotage • **17** Le terreautage, la culture en bocal • **18** Les insectivores, l'hydroculture • **19** La jardinière auto-arroseuse • **20** La lumière, la protection des serres contre le soleil • **21** Les plantes aériennes, les tuteurs moussus, les plantes grimpantes et rampantes • **22** La culture en semis • **23** La multiplication, le prélèvement des boutures, le marcottage, les rejetons • **24** Le repiquage, la division des fougères, la taille.

• **25** Les récipients et le compost, la plantation des bulbes • **26** Le forçage des bulbes • **27** La rentrée des bulbes, la division des tubercules.

• **27** Les récipients et les composts • **28** Les engrais, la préparation des récipients • **29** L'arrosage et la vaporisation, la multiplication, les mois et saisons • **30** Les jardinières mixtes • **31** Les insecticides, les précautions à prendre.

• **32** La lumière et la température, les familles de plantes grasses • **33** L'arrosage, les engrais • **34** Le compost, le rempotage • **35** Le traitement des racines endommagées, la multiplication, le bouturage des cactées • **36** La culture en semis, la greffe des cactées • **37** La manipulation des plantes piquantes, les cochenilles des racines, les charançons de la vigne, les cochenilles • **38** Cactées : S.O.S.

• **42** Conseils d'entretien • S.O.S. Conseils de sauvetage.

• **560** L'achat de plantes, les produits chimiques, remerciements.

Noms communs

60 Agave utahensis
42 Abutilon
54 Aechméa fascié
60 Agave
62 Agérate
62 Ageratum du Mexique
68 Aloès panaché
326 Amaryllis
394 Amaryllis de Guernesey
546 Amaryllis poupre
72 Ananas commun
74 Anémone
512 Anémone africaine
268 Aralia du Japon
266 Aralia-lierre
106 Arbre-bouteille
254 Arbre-lierre doré
486 Arbre ombelle
374 Arbre à pain du Mexique
486 Arbre-parapluie
144 Arbre à thé
86 Ardisie
166 Aréquier
88 Ariocarpe
94 Asparagus plumeux
96 Asperge ornementale
220 Aspidie en faux
98 Aspidistra élevé
470 Azalée
342 Balsamine
376 Bananier nain
68 Bec de perroquet
108 Bégonia de Brower
112 Bégonia tubéreux
196 Belle-de-jour naine
118 Bélopérone tacheté
446 Bois-de-cerf
104 Bonnet d'évêque
126 Bougainvillée
256 Bruyère d'hiver
308 Cactée araignée
248 Cactus arc-en-ciel
490 Cactus crabe
104 Cactus étoilé
490 Cactus de Noël
252 Cactus orchidée
250 Cactus-oursin
308 Cactus zèbre
186 Caféier
272 Caillou à fleurs
174 Calamondin
138 Calcéolaire hybride
144 Camélia
278 Caoutchouc
280 Caoutchouc rampant
50 Capillaire de Montpellier
540 Capucine
62 Célestine
152 Célosie
374 Cériman
148 Cerisier d'amour
506 Cerisier d'hiver
506 Cerisier de Jérusalem
506 Cerisier de Noël
154 Chaîne-des-cœurs
160 Chamaedoréa élevé
50 Cheveu-de-Vénus
168 Chrysanthème
82 Cierge-fouet
158 Cierge laineux
498 Cierge rostré
500 Cinéraire à fleurs sanglantes
500 Cinéraire hybride
502 Cinéraire maritime
180 Clivie vermillon
182 Cocotier
370 Cocotier nain
188 Coléus de maison
190 Columnée à petites feuilles
158 Conifères nains
198 Cordyline
446 Corne-de-cerf
446 Corne-d'élan
380 Coucou
260 Couronne d'épines
246 Coussin-de-belle mère
540 Cresson d'Inde
152 Crête-de-coq
184 Croton
214 Cyclamen de Perse
216 Cymbidium
158 Cyprès
222 Dahlia
440 Dattier nain des Canaries
224 Davallie
452 Dentelaire du Cap
232 Dipladenia de Sander
100 Doradille
238 Dracéna
198 Dracéna des horticulteurs

Noms communs

198 Dragonnier
236 Dragonnier
248 Échinocierge
538 Éphémère
252 Épiphylle
260 Épine du Christ
42 Érable florifère
146 Étoile de Bethléem, Étoile de Marie, Étoile du marin
262 Étoile de Noël
266 Fatshedera de Lizé
172 Fausse vigne
234 Faux aralia
266 Faux lierre
374 Faux philodendron
158 Faux cyprès
260 Févier à trois épines
402 Figuier d'Inde
402 Figuier de Barbarie
280 Figuier nain
276 Figuier pleureur
280 Figuier rampant
534 Fille de l'air
282 Fittonia de Verschaffelt
78 Flamant rose
332 Fleur de cire
416 Fleur de la Passion
330 Fleur de porcelaine
392 Fougère de Boston
464 Fougère à crêtes
220 Fougère houx
462 Fougère rubanée
286 Fuchsia
288 Galantine
420 Géranium
418 Géranium royal
300 Glaïeul
504 Gloxinia élégant
278 Gommier
68 Gorge de perdrix
310 Gynura sarmenteux
322 Héliotrope
442 Herbe-au-feu-d'artifice
322 Herbe de Saint-Fiacre
338 Hortensia commun
332 Hoya charnu
342 Impatiente
344 Iris nains
336 Jacinthe de Hollande
336 Jacinthe des jardins
378 Jacinthe de Sienne
346 Jasmin
290 Jasmin du Cap
520 Jasmin de Madagascar
380 Jeanette
492 Jonc des chaisiers
380 Jonquille
348 Kalanchoe de Blossfeld
78 Langue de feu
396 Laurier-rose
396 Laurose
316 Lierre
266 Lierre arborescent
318 Lierre des Canaries
320 Lierre commun
254 Lierre-du-diable
356 Lis
302 Lis de Popéguin
194 Lis des vallées
362 Lobélie
270 Mâchoire de chat
270 Mâchoire de tigre
402 Main de nègre
366 Mammilaire
368 Marante
296 Marguerite du Transvaal
556 Misère
374 Monstère
374 Monstéra délicieux
194 Muguet des bois
380 Narcisse
384 Némésie
396 Nérion
102 Nid-d'oiseau
288 Nivéole
402 Nopal
226 Œillet de Chine
528 Œillet d'Inde
396 Oléandre
174 Oranger de Panama
494 Orpin de Morgan
188 Ortie d'appartement
166 Palmier d'Arec
438 Palmier des Canaries
152 Palmier-éventail
160 Palmier de montagne
162 Palmier de Saint-Pierre
184 Panaché
378 Panache de Vénus
152 Passe-velours
416 Passiflore
342 Patience
224 Patte-de-lapin
418 Pélargonium à cinq macules
418 Pélargonium de fantaisie
418 Pélargonium des fleuristes
550 Pensée

Noms communs

288 Perce-neige
378 Perles d'Espagne
428 Pétunia
164 Phalangium
430 Philodendron bipenné
434 Philodendron grimpant
430 Philodendron roux
406 Pierre-de-lune
358 Pierre-vivante
442 Piléa de Cadière
148 Piment commun
84 Pin de Norfolk
442 Plante-aluminium
164 Plante araignée
192 Plante-caillou
272 Plante-caillou
358 Plante-caillou
450 Plante-cailloux
426 Plante-aux-cannes blanches
44 Plante chenille
118 Plante-aux-crevettes
410 Plante-aux-crevettes-jaunes
406 Plante aux dragées
340 Plante aux éphélides
272 Plante-à-fenêtre
98 Plante-en-fer-forgé
124 Plante globulaire du Pérou
406 Plante-aux-œufs
98 Plante des marchands de vin
80 Plante zèbre
452 Plumbago
262 Poinsettia
380 Porillon
312 Pouce écrasé
312 Pouce de savetier
456 Primevère
458 Primevère d'appartement
522 Primevère du Cap
460 Primevère des jardins
464 Ptéris tremble
44 Queue-de-chat
220 Queue-de-poisson
82 Queue-de-rat
70 Queue-de-renard
426 Queue-de-souris
378 Raisin de terre
402 Raquette
498 Reine de la nuit
468 Rhapide
104 Robe de moine
492 Roseau à taureau
474 Rose de Chine
324 Rose de Chine
48 Rose du désert
528 Rose d'Inde
138 Sabot-de-Vénus
482 Sansevière
480 Sauge splendide
484 Saxifrage de la Chine
492 Scirpe
480 Sclarée
496 Sélaginelle
372 Sensitive
480 Serve
492 Souchet
218 Souchet diffus
140 Souci officinal
404 Stapelle
516 Stapélie
532 Suzanne-aux-yeux-noirs
398 Tabac
528 Tagète
480 Thé de Grèce
532 Thunbergie
534 Tillandsie
512 Tilleul d'appartement
480 Toute-bonne
380 Trompette de la Méduse
542 Tulipe
314 Véronique
548 Verveine des jardins
124 Vieux poilu des Andes
170 Vigne kangourou
172 Vigne de Natal
172 Vigne royale
288 Violette de la Chandeleur
478 Violette d'Uzambara
288 Violier d'hiver
558 Zinnia

Noms scientifiques

42 *Abutilon hybridum*
44 *Acalypha hispida*
46 *Acanthocalycium*
48 *Adenium obesum*
50 *Adiantum capillus veneris*
52 *Adromischus cooperi*
54 *Aechmea fasciata*
56 *Aeonium arboreum*
58 *Aeschynanthus speciosus*
60 *Agave utahensis*
62 *Ageratum houstonianum*
64 *Aglaonema*
66 *Allamanda cathartica*
68 *Aloe variegata*
70 *Amaranthus caudatus*
72 *Ananas comosus*
74 *Anemone coronaria*
76 *Anthurium andreanum*
78 *Anthurium scherzerianum*
80 *Aphelandra squarrosa*
82 *Aporocactus*
84 *Araucaria heterophylla*
86 *Ardisia crenata*
88 *Ariocarpus*
90 *Arthrocereus*
92 *Asparagus meyerii*
94 *Asparagus plumosus*
96 *Asparagus sprengeri*
98 *Aspidistra eliator*
100 *Asplenium bulbiferum*
102 *Asplenium nidus*
104 *Astrophytum*
106 *Beaucarnea recurvata*
108 *Begonia bowerii*
110 *Begonia eliator*
112 *Begonia multiflora*
114 *Begonia rex*
116 *Begonia semperflorens*
118 *Beleperone guttata*
120 *Bilbergia nutans*
122 *Blossfeldia*
124 *Borzicactus*
126 *Bougainvillea glabra*
128 *Bouvardia*
130 *Browallia speciosa*
132 *Brunfelsia calycina*
134 *Caladium bicolor*
136 *Calathea lancifolia*
138 *Calceolaria hybrida*
140 *Calendula officinalis*
142 *Callistephus chinensis*
144 *Camellia japonica*
146 *Campanula isophylla*
148 *Capsicum annuum*
150 *Caralluma frerei*
152 *Celosia plumosa*
154 *Ceropegia woodii*
156 *Chamaecereus*
158 *Chamaecyparis*
160 *Chamaedorea elegans*
162 *Chamaerops humilis*
164 *Chlorophytum comosum*
166 *Chrysalidocarpus lutescens*
168 *Chrysanthemum*
170 *Cissus antartica*
172 *Cissus rhombifolia*
174 *Citrus mitis*
176 *Cleistocactus*
178 *Clerodendrum thomsonae*
180 *Clivia miniata*
182 *Cocos nucifera*
184 *Codiaeum variegatum*
186 *Coffea arabica*
188 *Coleus blumei*
190 *Columnea microphylla*
192 *Conophytum spectabile*
194 *Convallaria majalis*
196 *Convolvulus tricolor*
198 *Cordyline terminalis*
200 *Cotyledon undulatum*
202 *Crassula ovata*
204 *Crocus vernus*
206 *Crossandra infundibuliformis*
208 *Cryptanthus bivittatus*
210 *Ctenanthe oppenheimiana*
212 *Cuphea ignea*
214 *Cyclamen persicum*
216 *Cymbidium*
218 *Cypercus diffusus*
220 *Cyrtomium falcatum*
222 *Dahlia hybrida*
224 *Davallia*
226 *Dianthus chinensis*
228 *Dieffenbachia maculata*
230 *Dimorphotheca sinuata*
232 *Dipladenia sanderi*

Noms scientifiques

234 *Dizygotheca elegantissima*
236 *Dracaena fragrans*
238 *Dracaena fragrans massangeana*
240 *Dracaena marginata*
242 *Dudleya brittonii*
244 *Echeveria agavoides*
246 *Echinocactus*
248 *Echinocereus*
250 *Echinopsis*
252 *Epiphyllum*
254 *Epipremnum aureus*
256 *Erica hyemalis*
258 *Espostoa*
260 *Euphorbia milii*
262 *Euphorbia pulcherrima*
264 *Exacum affine*
266 *Fatshedera lizei*
268 *Fatsia japonica*
270 *Faucaria tigrina*
272 *Fenestraria rhopalophylla*
274 *Ferocactus*
276 *Ficus benjamina*
278 *Ficus elastica*
280 *Ficus pumila*
282 *Fittonia verschaffeltii*
284 *Freesia refracta*
286 *Fuchsia*
288 *Galanthus nivalis*
290 *Gardenia jasminoides*
292 *Gasteria liliputana*
294 *Gazania*
296 *Gerbera jamesonii*
298 *Gibbaeum dispar*
300 *Gladiolus colvillei*
302 *Gloriosa superba*
304 *Grevillea robusta*
306 *Guzmania lingulata*
308 *Gymnocalycium*
310 *Gynura sarmentosa*
312 *Haworthia attenuata*
314 *Hebe*
316 *Hedera*
318 *Hedera canariensis*
320 *Hedera helix*
322 *Heliotropium arborescens*
324 *Hibiscus rosa-sinensis*
326 *Hippeastrum hortorum*
328 *Howea forsteriana*
330 *Hoya bella*
332 *Hoya carnosa*
334 *Huernia primulina*
336 *Hyacinthus orientalis*
338 *Hydrangea macrophylla*
340 *Hypoestes phyllostachya*
342 *Impatiens walleriana*
344 *Iris reticulata*
346 *Jasminum polyanthum*
348 *Kalanchoe blossfeldiana*
350 *Kleinia tomentosa*
352 *Lachenalia tricolor*
354 *Lapageria rosea*
356 *Lillium*
358 *Lithops*
360 *Livistona chinensis*
362 *Lobelia erinus*
364 *Lobivia*
366 *Mammillaria*
368 *Maranta leuconeura*
370 *Microcoelum weddelianum*
372 *Mimosa pudica*
374 *Monstera deliciosa*
376 *Musa acuminata*
378 *Muscari botryoides*
380 *Narcissus*
382 *Nematanthus radicans*
384 *Nemesia strumosa*
386 *Neochilenia*
388 *Neoporteria*
390 *Neoregelia carolinae*
392 *Neophrolepsis exaltata*
394 *Nerine sarniensis*
396 *Nerium oleander*
398 *Nicotiana*
400 *Notocactus*
402 *Opuntia*
404 *Orbea variegata*
406 *Pachyphytum oviferum*
408 *Pachypodium succulentum*
410 *Pachystachys lutea*

Noms scientifiques

412 *Pandanus veitchii*
414 *Parodia*
416 *Passiflora caerulea*
418 *Pelargonium regale*
420 *Pelargonium zonale*
422 *Pelleae rotundifolia*
424 *Pellionia*
426 *Peperomia magnoliaefolia*
428 *Petunia hybrida*
430 *Philodendron bipinnatifidum*
432 *Philodendron erubescens*
434 *Philodendron scandens*
436 *Phlebodium aureum*
438 *Phoenix canariensis*
440 *Phoenix roebelinii*
442 *Pilea cadierii*
444 *Pittosporum tenuifolium*
446 *Platycerium bifurcatum*
448 *Plectranthus australis*
450 *Pleiospilos*
452 *Plumbago auriculata*
454 *Portulacaria afra*
456 *Primula malacoides*
458 *Primula obconica*
460 *Primula vulgaris*
462 *Pteris cretica*
464 *Pteris tremula*
466 *Rebutia*
468 *Rhapis excelsa*
470 *Rhododendron simsii*
472 *Rhoeo spathacea*
474 *Rosa chinensis*
476 *Ruellia makoyana*
478 *Saintpaulia ionantha*
480 *Salvia splendens*
482 *Sansevieria trifasciata*
484 *Saxifraga stolonifera*
486 *Schefflera arboricola*
488 *Schizanthus hybridus*
490 *Schlumbergera*
492 *Scirpus cernuus*
494 *Sedum morganianum*
496 *Selaginella uncinata*
498 *Selenicereus*
500 *Senecio hybridus*
502 *Senecio maritima*
504 *Sinningia speciosa*
506 *Solanum capsicastrum*
508 *Soleirolia soleirolii*
510 *Sonerila margaritacea*
512 *Sparmannia africana*
514 *Spathiphyllum walissii*
516 *Stapelia pulvinata*
518 *Stenocactus*
520 *Stephanotis floribunda*
522 *Streptocarpus*
524 *Sulcorebutia*
526 *Syngonium vellozianum*
528 *Tagetes patula*
530 *Testudinaria elephantipes*
532 *Thunbergia alata*
534 *Tillandsia cyanea*
536 *Tolmeia menziesii*
538 *Tradescantia albiflora*
540 *Tropaeoleum*
542 *Tulipa*
544 *Uebelmannia*
546 *Vallota speciosa*
548 *Verbena hybrida*
550 *Viola tricolor*
552 *Vriesia splendens*
554 *Yucca elephantipes*
556 *Zebrina pendula*
558 *Zinnia elegans*

Introduction

Comment se servir de ce livre

Les plantes d'intérieur sont, de nos jours, si populaires qu'on peut s'en procurer presque partout : dans une pépinière comme dans la boutique de la station service d'autoroute. Confronté à une multitude d'offres, l'acheteur est quelque peu perdu et risque d'effectuer de mauvais achats. En outre, les brèves notices accompagnant les plantes ne sont pas toujours explicites, si bien qu'il nous arrive de maltraiter une plante sans le savoir, ne serait-ce que par le choix d'un mauvais emplacement. On ruine ainsi, en quelques secondes, les mois d'efforts et de soins, dispensés par l'horticulteur.

Cet ouvrage, dans lequel nous traitons plus de 250 plantes, vous aidera à éviter de telles erreurs. Il passe en revue toute la gamme de ce que l'on cultive à l'intérieur : plantes à fleurs ou à feuillage, palmiers et fougères, cactées et autres plantes grasses, bulbes et annuelles à fleurs cultivables en pots ou en vasques. Il décrit aussi les plantes qui se prêtent particulièrement à la culture en jardinières ou sur les balcons.

Nous avons choisi de classer les plantes par ordre alphabétique de leur nom latin. Chacune d'elles fait l'objet d'une description sur deux pages en vis-à-vis. La page de gauche propose une description générale de la plante et donne des indications quant à son entretien. Elle comporte aussi la photographie en couleurs d'une partie ou de la totalité d'un spécimen sain. Sur la page de droite, en revanche, le concepteur a prévu d'illustrer en couleurs les petits (et grands) problèmes susceptibles de faire souffrir la plante (S.O.S.). Chacun d'eux est ainsi mis en évidence pour vous permettre d'identifier rapidement le mal. L'explication est d'ailleurs fournie par une légende, courte mais précise, accompagnant l'image du symptôme. Elle vous dévoile le mal et vous conseille pour les soins. Comme la plupart des cactées rencontrent les mêmes problèmes, les symptômes sont généralement identiques et, afin d'éviter des répétitions inutiles, nous leur consacrons une section à part, en pages 38 et 41.

Souvenez-vous que chaque plante demande à être traitée en fonction de ses besoins propres.

Les outils du jardinier d'intérieur

L'entretien des plantes d'intérieur n'exige pas un outillage compliqué : un arrosoir, un vaporisateur et une éponge synthétique en constituent l'essentiel. Mais, pour un jardinage intérieur plus permanent, vous aurez besoin d'un équipement plus complet, que vous pouvez acquérir au fur et à mesure.

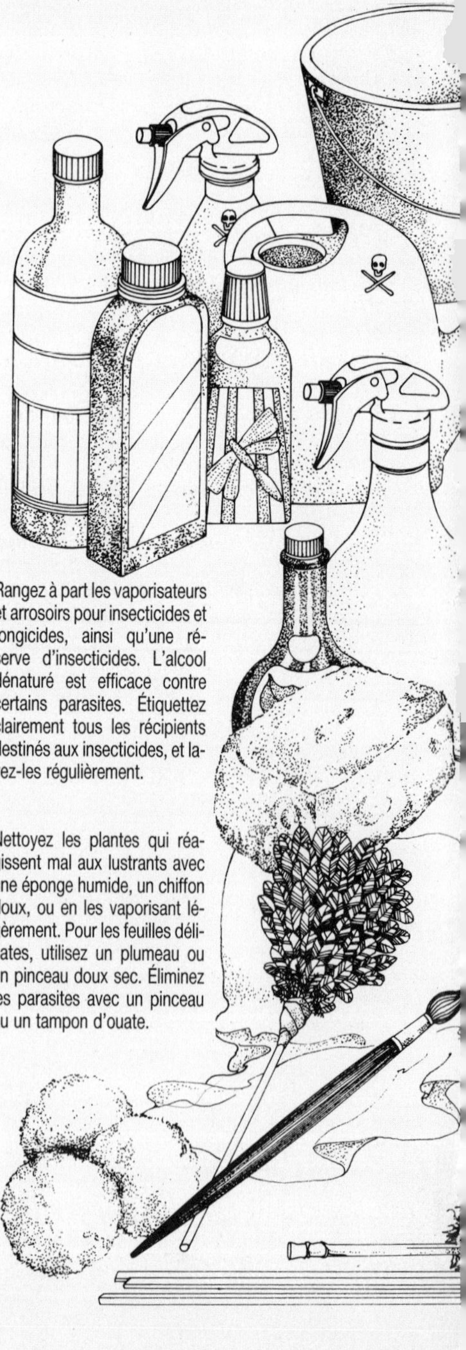

Rangez à part les vaporisateurs et arrosoirs pour insecticides et fongicides, ainsi qu'une réserve d'insecticides. L'alcool dénaturé est efficace contre certains parasites. Étiquettez clairement tous les récipients destinés aux insecticides, et lavez-les régulièrement.

Nettoyez les plantes qui réagissent mal aux lustrants avec une éponge humide, un chiffon doux, ou en les vaporisant légèrement. Pour les feuilles délicates, utilisez un plumeau ou un pinceau doux sec. Éliminez les parasites avec un pinceau ou un tampon d'ouate.

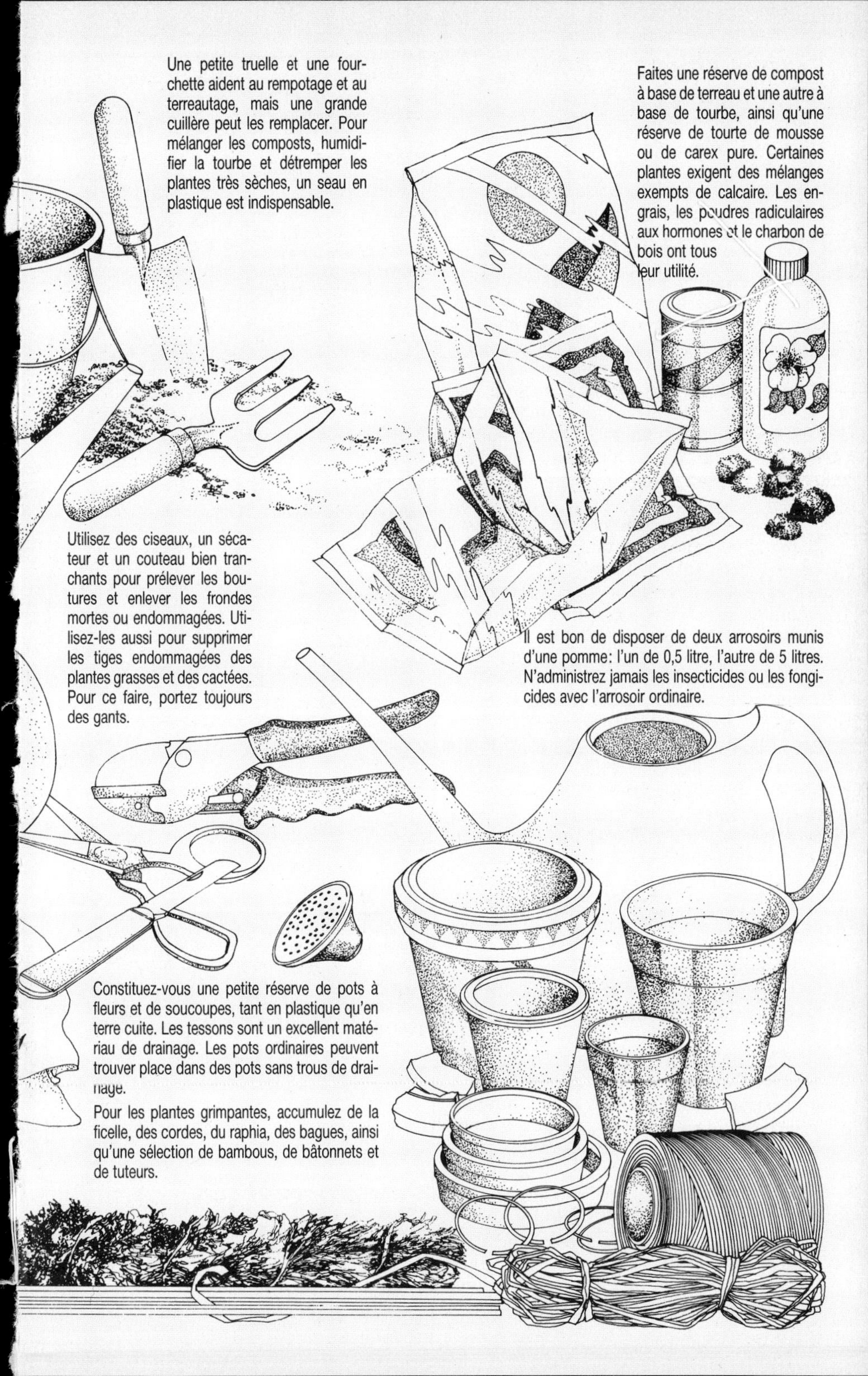

Une petite truelle et une fourchette aident au rempotage et au terreautage, mais une grande cuillère peut les remplacer. Pour mélanger les composts, humidifier la tourbe et détremper les plantes très sèches, un seau en plastique est indispensable.

Faites une réserve de compost à base de terreau et une autre à base de tourbe, ainsi qu'une réserve de tourte de mousse ou de carex pure. Certaines plantes exigent des mélanges exempts de calcaire. Les engrais, les poudres radiculaires aux hormones et le charbon de bois ont tous leur utilité.

Utilisez des ciseaux, un sécateur et un couteau bien tranchants pour prélever les boutures et enlever les frondes mortes ou endommagées. Utilisez-les aussi pour supprimer les tiges endommagées des plantes grasses et des cactées. Pour ce faire, portez toujours des gants.

Il est bon de disposer de deux arrosoirs munis d'une pomme: l'un de 0,5 litre, l'autre de 5 litres. N'administrez jamais les insecticides ou les fongicides avec l'arrosoir ordinaire.

Constituez-vous une petite réserve de pots à fleurs et de soucoupes, tant en plastique qu'en terre cuite. Les tessons sont un excellent matériau de drainage. Les pots ordinaires peuvent trouver place dans des pots sans trous de drainage.

Pour les plantes grimpantes, accumulez de la ficelle, des cordes, du raphia, des bagues, ainsi qu'une sélection de bambous, de bâtonnets et de tuteurs.

Les plantes d'intérieur à feuillage et à fleurs

L'arrosage et la vaporisation

Un arrosage inadéquat – du genre «peu mais souvent» – est la cause principale de mortalité des plantes d'intérieur. La plupart d'entre elles préfèrent un arrosage généreux suivi d'une période de quasi-sécheresse. Certaines se plaisent dans un sol humide en permanence, à condition qu'il soit bien drainé et que leurs racines ne stagnent pas dans l'eau. D'autres plantes sont partisans d'un assèchement plus sévère du mélange entre chaque arrosage, ou doivent être «abreuvées» davantage à certaines périodes de l'année. • Avant d'arroser une plante, prenez l'habitude de tâter le compost pour vérifier le degré d'humidité sous la surface. • En hiver, évitez d'utiliser l'eau froide du robinet: le choc thermique risquerait d'endommager la plante. Arrosez et vaporisez à l'eau tiède.

Tout en assurant la propreté de la plante, la vaporisation contribue à l'humidification des pièces à atmosphère chaude et sèche. • Si possible, évitez l'eau du robinet, dont le calcaire risque d'obstruer les pores des feuilles. En l'occurrence, l'eau de pluie, l'eau de glaçons fondus, voire l'eau bouillie, conviennent très bien. • Ne vaporisez pas en plein soleil, car, sous l'effet des rayons, les gouttes d'eau pourraient se transformer en loupes et provoquer des brûlures. • Notez encore que certaines plantes répugnent qu'on leur mouille les feuilles. • En résumé, avant de vaporiser une plante, voyez plus loin si cela peut se faire et dans quelles conditions.

Les engrais

La plupart des composts contiennent de l'engrais, mais, pour obtenir une saine croissance de la plante, on a intérêt à les enrichir, de préférence au printemps et en été. • La plupart des engrais pour plantes d'intérieur existent sous forme liquide, mais il en est qui doivent être dilués avant l'administration, et d'autres qui se présentent sous forme de poudre, de granules, de pilules ou de bâtonnets à dissolution lente. • Il existe aussi des engrais foliaires, que l'on pulvérise sur les feuilles. L'engrais liquide est, toutefois, celui qui convient le mieux à la plupart des plantes d'intérieur: il est propre, inodore, d'un usage facile et

L'arrosage

1 Avant l'arrosage, vérifiez, avec le doigt ou un couteau, le degré d'humidité du compost. Si la lame en ressort propre ou si la terre est sèche et friable, c'est que le compost se dessèche. Vérifiez les directives concernant chaque plante: certaines préfèrent un intervalle de sécheresse, d'autres une humidité permanente.

2 Arrosez jusqu'à ras du pot. L'excédent sera recueilli dans la soucoupe. Au bout d'un quart d'heure, videz celle-ci. Ne laissez pas le pot séjourner dans l'eau.

3 Si la plante est très desséchée et qu'elle tolère l'eau sur ses feuilles, plongez le pot dans un récipient d'eau jusqu'au dessus du bord. Vaporisez les feuilles. Attendez quinze minutes, puis retirez le pot et laissez-le égoutter.

4 Si les feuilles sont allergiques à l'eau, remplissez la soucoupe, laissez la plante absorber l'eau pendant quinze minutes, puis videz l'excédent, pour qu'elle ne baigne pas dans l'eau. Ou bien, plongez le pot dans l'eau jusqu'au bord, et, après quinze minutes, retirez-le et laissez-le égoutter.

5 Le centre de la rosette des broméliacées, tels les *Guzmanias*, doit contenir de l'eau. Si possible, utilisez de l'eau de pluie et remplissez la rosette à chaque arrosage.

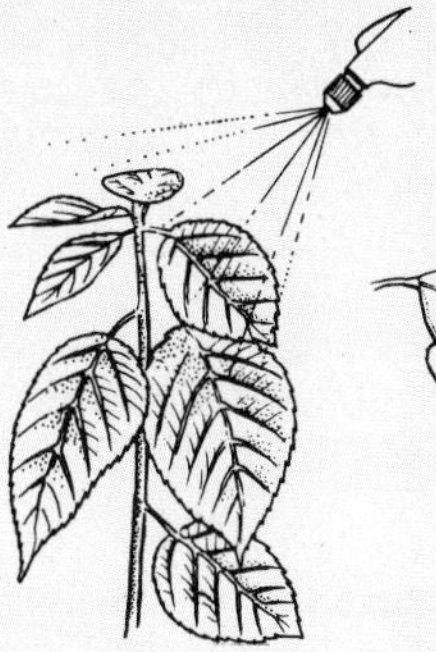

Le nettoyage des feuilles

1 Avant le nettoyage, enlevez le gros de la poussière avec un plumeau.

2 Essuyez ensuite les grandes feuilles avec une éponge humide pour enlever les insectes comme les araignées rouges. Si possible, utilisez de l'eau douce. Essuyez aussi bien l'envers que l'endroit des feuilles.

3 Une vaporisation (à l'eau douce, si possible) suffit en général à maintenir les plantes propres. Le calcaire de l'eau du robinet tache les feuilles et en bouche les pores. Ne vaporisez pas les fleurs et ne vaporisez pas en plein soleil.

4 Très peu de plantes à fleurs tolèrent les lustrants foliaires, dont l'huile brûle les feuilles et en bouche les pores. Vérifiez les directives et ne lustrez jamais plus d'une fois par mois.

L'humidité

Beaucoup de plantes réclament une humidité plus grande que celle existant dans les pièces de l'habitation, notamment dans les maisons où l'atmosphère est desséchée par le chauffage central. Certes, un groupe de plantes contribue de lui-même à humidifier l'atmosphère, mais vous pouvez élever l'humidité ambiante de plusieurs façons.

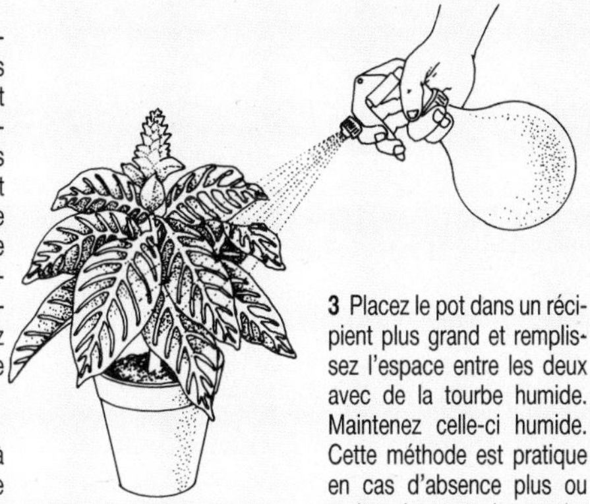

1 Vaporisez régulièrement à l'eau douce, à une distance de 15 cm environ de la plante. Ne vaporisez pas sous un soleil ardent.

2 Placez des cailloux dans la soucoupe et posez-y le pot. Remplissez d'eau la soucoupe, à mi-hauteur des cailloux, en évitant que l'eau ne touche le fond du pot, sinon la plante sera saturée et les racines pourriront. L'eau des cailloux s'évaporera, apportant un supplément d'humidité sous les feuilles. Ajoutez de l'eau dans la soucoupe, lorsque les cailloux sèchent. Pour créer une humidité plus importante, groupez plusieurs plantes sur un lit de cailloux mouillés.

3 Placez le pot dans un récipient plus grand et remplissez l'espace entre les deux avec de la tourbe humide. Maintenez celle-ci humide. Cette méthode est pratique en cas d'absence plus ou moins longue: la tourbe conservera bien l'humidité.

1 Comme elles sèchent vite, vaporisez chaque jour les plantes suspendues dans des corbeilles, notamment au printemps et en été.

2 Pour obtenir un apport constant d'humidité, suspendez un plateau sous la corbeille et remplissez-le à moitié d'eau. À mesure que celle-ci s'évapore, l'humidité s'élèvera autour de la plante.

économique. Il en existe de différentes marques, que vous pouvez tester et, éventuellement, vous pourrez en changer de temps à autre. • Suivez les directives du fabricant. Généralement, il vous suffira d'ajouter quelques gouttes de produit à l'eau d'arrosage.

Certaines plantes exigent toutefois un mélange plus faible que celui proposé par le fabricant. Parfois trop concentré, celui-ci risque en effet de nuire aux racines. • N'augmentez jamais la dose indiquée et méfiez-vous des engrais en comprimés et en bâtonnets : placés trop près des racines, ils peuvent leur causer des dégâts. • Dans le doute, ne fertilisez pas. Une légère sous-alimentation est en effet préférable à une suralimentation. • Enfin, ne fertilisez pas une plante malade.

Le rempotage

Deux raisons justifient le rempotage : soit parce que la plante ne se développe plus, faute d'espace, soit parce que la valeur nutritive du compost est épuisée. • Pour savoir si une plante doit être rempotée, enlevez-la de son pot. Si vous découvrez un entrelacs de racines sans pratiquement de terre, il faut la rempoter, car elle est trop à l'étroit. En revanche, si la terre est toujours visible, ne la rempotez pas : replacez-la dans son pot originel en la tassant légèrement. • Une croissance chétive et lente, des racines engagées dans le trou du pot sont d'autres signes révélant un malaise. • En général, une plante que l'on vient d'acheter ne doit pas être rempotée. Il en va de même d'une plante malade : un tel choc risquerait de la tuer. • Si vous hésitez, ne rempotez pas.

Le rempotage s'effectue habituellement au printemps. La plupart des plantes requièrent un bon drainage du compost, qui permette à l'eau de s'infiltrer librement dans le mélange et, à l'air, d'atteindre les racines. • N'utilisez donc jamais de récipient sans trou de drainage. [En fait, c'est acceptable pour les bulbes, qu'il faut toutefois – comme on le verra p. 26 – placer dans un terreau poreux spécial.] • On fabrique son système de drainage à l'aide de tessons ou de gros gravier. Couvrez les tessons d'un morceau de papier ou d'une couche de mousse, pour empêcher le compost de boucher les trous. • Assurez-vous que la motte de racines n'est pas infectée de parasites. • Enlevez cailloux, ra-

Le rempotage

1 Préparez un pot sec et propre, tout au plus deux fois plus grand que l'actuel. Disposez au fond un drainage fait de tessons ou de gros gravier. Couvrez d'un morceau de papier, puis d'une couche de nouveau compost. Arrosez bien la plante.

2 Retournez le pot comme montré ci-contre. Tapotez le bord contre le rebord d'une table et tenez le pot de l'autre main. S'il résiste, tapotez-le en plusieurs endroits.

3 Enlevez les racines endommagées ou mortes avec un couteau bien aiguisé.

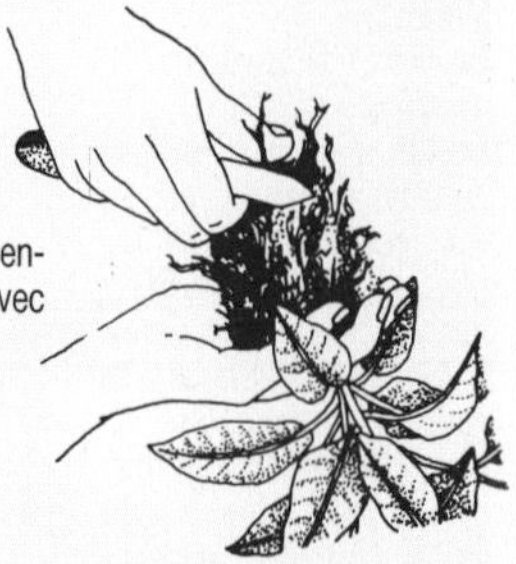

4 Brisez délicatement le dessous de la motte et retirez tessons et pierres. Enlevez 1 cm environ du compost meuble de surface. Veillez à ne pas abîmer les feuilles ou les bourgeons.

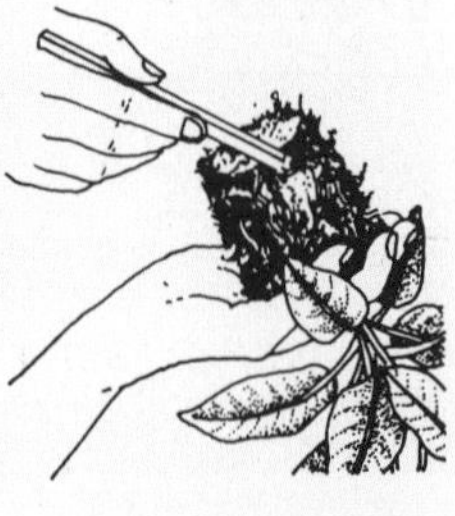

5 Placez la plante dans le nouveau pot et ajoutez du compost autour de la motte, en tassant avec les doigts ou un bâtonnet rond. Remplissez de compost de 1 à 1,5 cm du bord. Laissez la plante trois jours à l'ombre, sans eau.

Le terreautage

Il est difficile de rempoter les grandes plantes placées dans des pots de plus de 40 cm. Contentez-vous d'enlever prudemment 5 à 7 cm du vieux terreau de surface.

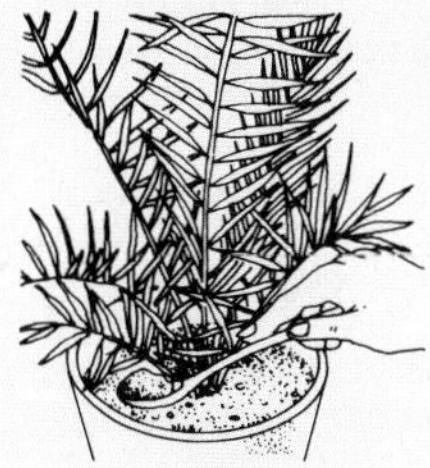

Ajoutez du nouveau compost, en laissant, entre celui-ci et le bord du pot, un espace de 1 à 1,5 cm pour l'arrosage. Tassez avec la paume de la main. Arrosez bien, en ajoutant, au premier arrosage, un engrais dilué.

La culture en bocal

Génératrice d'un niveau élevé d'humidité, la culture en bocal crée un microclimat idéal pour la plupart des petites fougères et des petits palmiers. Malgré les difficultés apparentes, on peut planter un jardin dans un bocal, comme on introduit un bateau dans une bouteille, avec un simple outil de fabrication personnelle.

La fabrication d'un outil spécial

Pliez le creux d'une cuillère à café à angle droit avec le manche. Avec du ruban adhésif isolant, fixez le manche de la cuillère et celui d'une vieille fourchette, chacun à l'une des extrémités d'un bâtonnet.

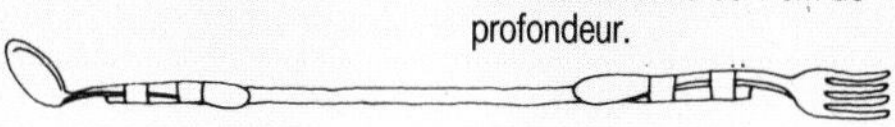

La plantation du jardin en bocal

1 Formez un cône avec une feuille de papier. Introduisez-le dans le goulot. Versez du tesson ou du gravier finement broyés et quelques grains de charbon de bois. Inclinez le bocal d'un côté à l'autre pour obtenir une couche uniforme de 1 cm de profondeur.

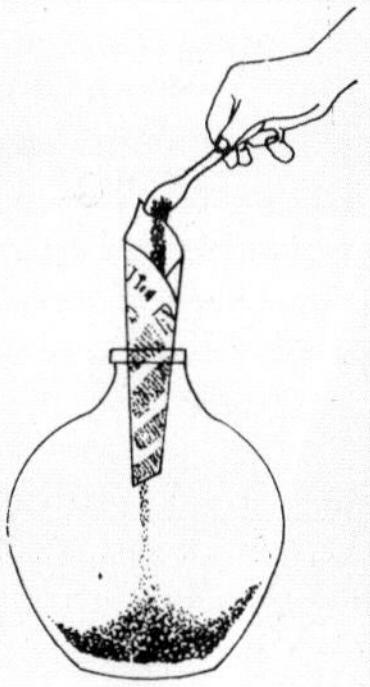

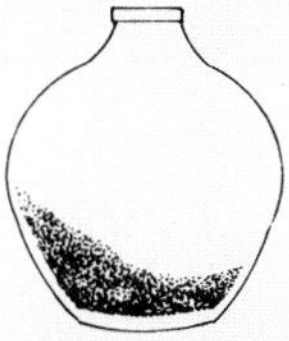

2 Ajoutez le compost en penchant le bocal, afin que le niveau soit plus haut d'un côté (13 cm) que de l'autre (8 cm).

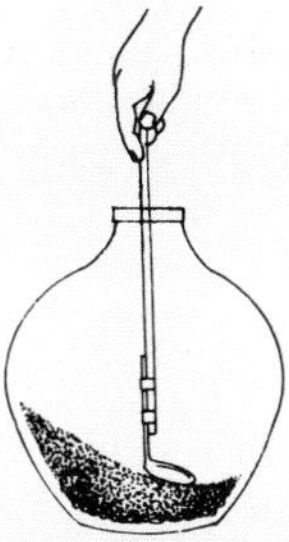

3 Remuez le compost avec le côté fourchette de votre outil, puis tassez avec le dos de la cuillère.

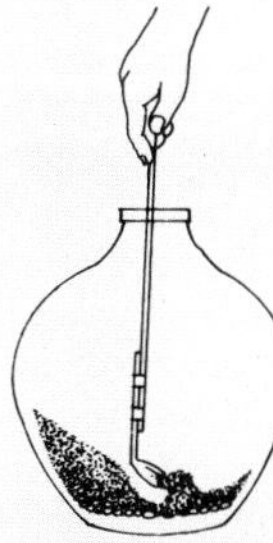

4 Choisissez l'emplacement des plantes, les plus grandes à l'arrière, les plus petites à l'avant. Creusez un trou pour chacune, en commençant par l'arrière.

5 Retirez les plantes des pots et dégagez le compost des racines. Laissez tomber les plantes dans les trous.

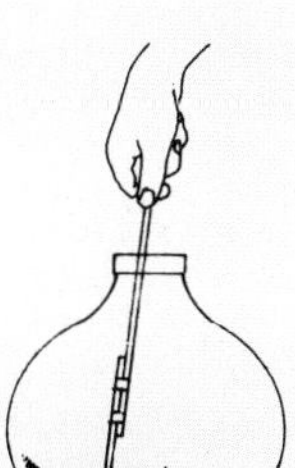

6 Remuez le compost autour des racines avec la fourchette et tassez avec la cuillère.

7 Arrosez en laissant l'eau s'écouler le long des parois intérieures du bocal pour laver l'excédent de compost.

Essuyez l'intérieur avec un tampon d'ouate fixé à la fourchette. N'arrosez pas trop, humidifiez seulement la terre. Laissez le bocal ouvert jusqu'à élimination de la condensation. Le bouchon en place, ce mini-jardin prospérera pendant des mois sans eau.

cines endommagées, vieille terre et, délicatement, environ un centimètre du compost meuble de surface. Placez ensuite la plante ainsi traitée dans un nouveau pot, et complétez avec du compost frais.

Après rempotage, abstenez-vous d'arroser la plante pendant deux ou trois jours. Les racines se propageront dans le nouveau compost, à la recherche d'humidité. S'il fait vraiment très chaud, vaporisez les feuilles quotidiennement.

□ **Le choix du bon compost.** Pour les plantes d'intérieur, ce choix est capital. N'utilisez en tout cas pas la terre du jardin. Elle est en effet généralement trop lourde, et étoufferait les racines des jeunes plantes. • La composition des composts varie considérablement. Certaines plantes demandent un compost très léger, à base de *tourbe*; d'autres exigent un compost plus lourd, à base de *terreau*. Sous chaque plante décrite dans le dictionnaire, nous indiquons le mélange adéquat. • Le compost à base de terreau comporte bien du terreau stérilisé (terre), mais aussi de la tourbe, des gravillons et du gros sable lavé. • Le mélange tourbeux est stérile, de texture plus lâche et retient plus longtemps l'humidité. Il se compose non seulement de tourbe, mais aussi, pour un dixième, de gros sable. On ne tasse pas le compost tourbeux dans le pot. • Les différents types de composts sont plus ou moins enrichis d'*engrais*. Dans ce livre, nous qualifierons «n° 1» un mélange à teneur peu élevée d'engrais; «n° 2», un mélange moyennement enrichi et «n° 3», un mélange particulièrement roboratif. • Pour les plantes réfractaires au calcaire, il existe des mélanges à base de terre de bruyère ou exempts de calcaire. Ainsi, la sphaigne convient à certaines plantes poussant sur le liège, et destinées aux corbeilles suspendues. • On peut se procurer du sable fin et lavé dans une pépinière. Ce matériau est parfois mélangé au terreau pour obtenir un compost bien drainé. N'utilisez jamais du gros sable de construction. • Vous pouvez alléger la terre avec des boules de polystyrène, mais l'humus et le fumier ont aussi parfois leur utilité.

□ **Mélanger le compost.** Si vous préparez vous-même votre compost, versez les divers composants dans un seau en plastique, en utilisant la même mesure pour chacun d'eux. Ce peut être un pot de fleur ou une vieille tasse...

Les insectivores

Les plantes insectivores, telles que la dionée, immobilisent et digèrent les petites mouches qui se posent sur elles. Dans le commerce, les plants venant de germer sont vendus dans des pots couverts d'un plastique transparent qui, leur servent de mini-serre. Cette présentation est idéale, car ces plantes des marais ont besoins de beaucoup d'humidité. Exposez-les à une bonne lumière indirecte et veillez à ce qu'elles soient toujours bien arrosées. Elles peuvent même séjourner dans une soucoupe d'eau. Elles poussent très bien dans les pièces chauffées normalement, mais préfèrent des températures se situant entre 4 °C et 18 °C en hiver. En été, elles forment des épis de fleurs blanches.

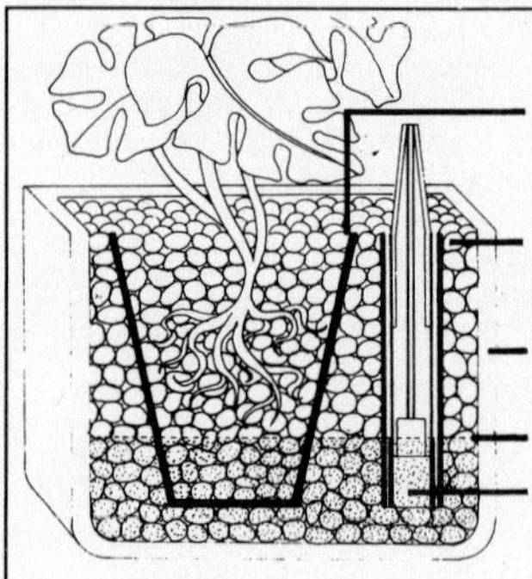

L'hydroculture

La culture dans l'eau offre à l'amateur très occupé une façon d'apprécier les plantes d'intérieur sans trop se fatiguer. La méthode est relativement simple, quoique sa mise au point ait pris beaucoup de temps. La plante provient soit d'une bouture cultivée dans l'eau, soit d'un long processus de conversion. Les racines sont maintenues en place par des granules d'argile, expansés au feu, sans aucune valeur nutritive. Les produits chimiques de l'eau du robinet activent l'engrais que la plante absorbe par les racines au fur et à mesure qu'elle en a besoin. Il est donc impossible de sur- ou sous-alimenter la plante, si l'on renouvelle l'engrais tous les six mois. Il faut seulement veiller à maintenir le niveau de l'eau à la hauteur optimale indiquée par la jauge incorporée au système. Et, bien sûr, épousseter de temps en temps les feuilles. Fini le surarrosage qui tue tant de plantes! Cette technique ne convient pas à toutes les plantes à feuillage, mais elle en couvre un large éventail. On ne perd rien à les acheter, notamment pour décorer les bureaux.

La jardinière auto-arroseuse
Ces systèmes existent dans des dimensions allant des simples pots aux grandes jardinières. Une unité carrée de 45 cm peut recevoir environ cinq plantes, y compris une de 1,20 m de haut. Il n'est pas nécessaire de disposer une couche de drainage, puisque le fond du compartiment contenant la terre est perforé et qu'il y a un espace vide entre celui-ci et l'eau située en dessous.

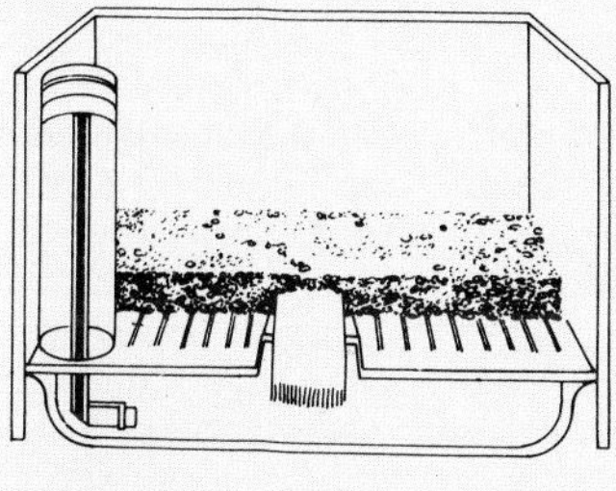

1 Déposez une couche de compost au fond de la jardinière.

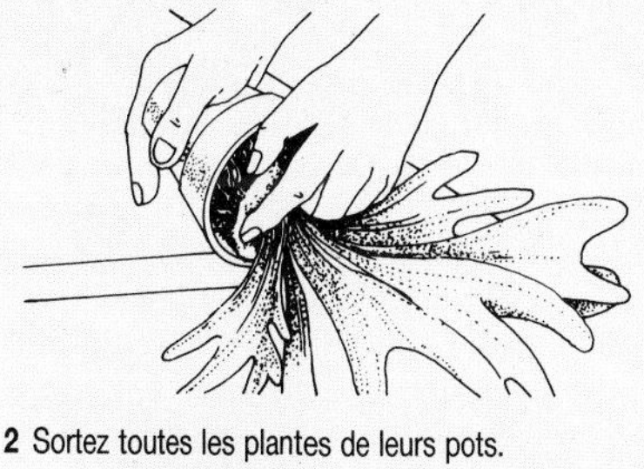

2 Sortez toutes les plantes de leurs pots.

3 Placez-les dans la jardinière de sorte que le dessous des mottes soit à niveau égal, en ajustant sous elles le niveau du compost.

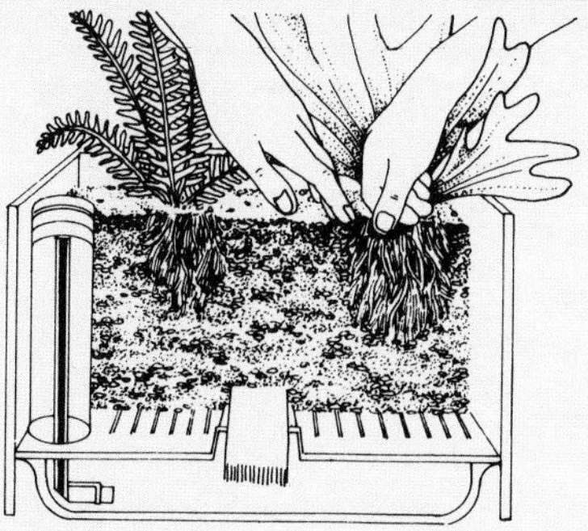

4 Remplissez la jardinière de compost, en laissant un espace vide de 1,5 cm entre la surface de la terre et le rebord. Tassez bien la terre autour des plantes.

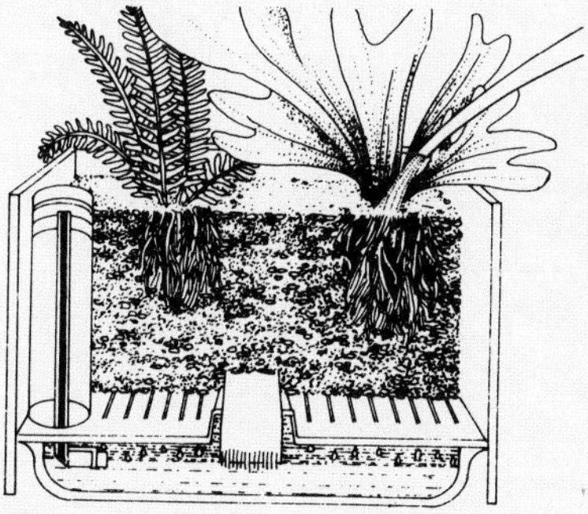

5 Arrosez la terre. L'eau s'infiltrera à travers celle-ci et le fond du compartiment jusqu'au réservoir. Arrêtez lorsque la jauge est sur la position «Maximum».

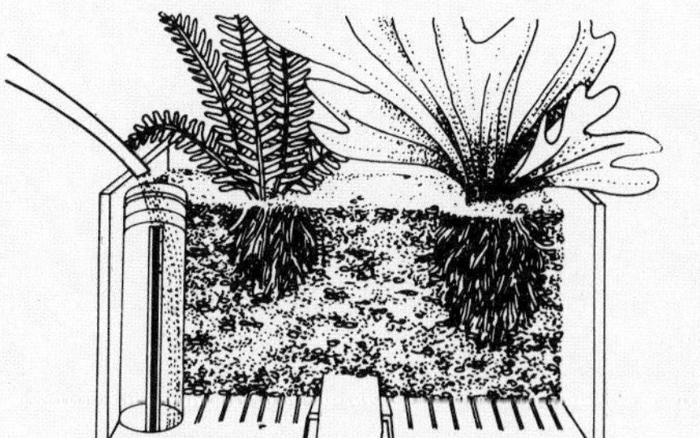

6 Remplissez de nouveau le réservoir lorsque la jauge est sur la position 0 pour la faire passer à «Maximum».

La lumière

1 Un endroit trop sombre entravera la croissance d'une plante, car ses feuilles et ses fleurs s'orienteront vers la source de lumière la plus intense.

2 En plein soleil, les feuilles ou les fleurs risquent de souffrir. Un rideau léger les protégera du plein soleil de midi, en tamisant et en filtrant la lumière. Une plante placée face à un mur blanc exposé au soleil, profitera, elle aussi, d'une lumière diffuse.

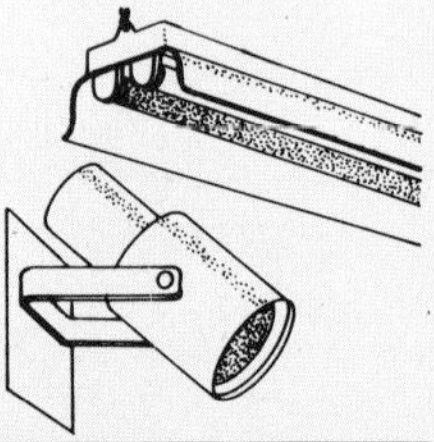

3 Les spots d'horticulture ont des ampoules bleutées qui imitent la lumière solaire. Si vous utilisez des tubes fluorescents, vous obtiendrez une meilleure lumière en combinant un tube «horticole» et un tube ordinaire.

Protection des serres contre le soleil

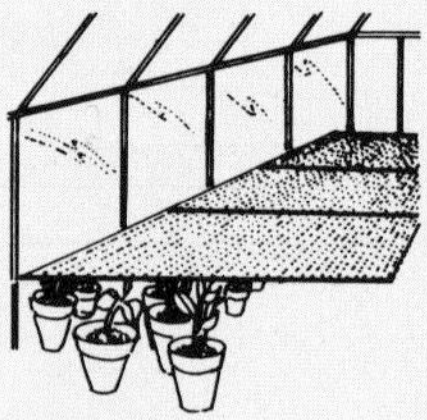

En plein midi, le soleil d'été chauffe trop les serres. Tirez des fils de fer horizontalement au-dessus des plantes et couvrez-les d'un fin treillis, pour tamiser la lumière.

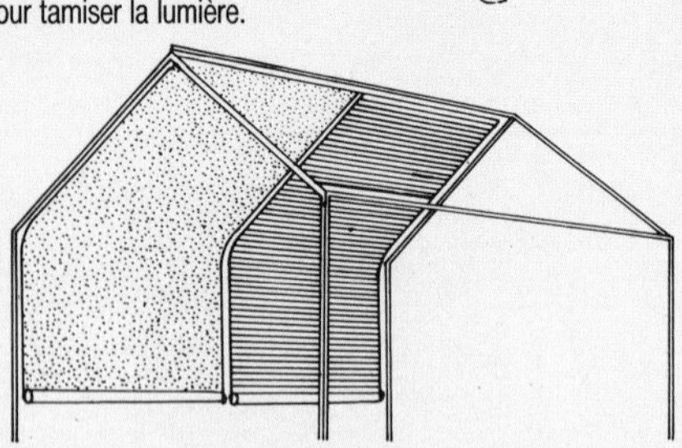

La meilleure, mais aussi la plus onéreuse, façon de produire de l'ombre est d'installer des stores à lamelles de bois ou de tissu fin. Ils sont faciles à manipuler et ne gênent pas l'accès aux plantes. Renseignez-vous auprès de votre pépiniériste. Enfin, la méthode la plus simple et la moins coûteuse est de pulvériser sur les vitres une peinture filtrante à l'eau. Mais la pluie risque de la délaver et, si on ne l'enlève pas en hiver, la lumière sera trop faible.

La lumière

Les besoins en lumière varient d'une plante à l'autre, mais la plupart des plantes à fleurs d'intérieur se plaisent à la lumière diffuse du soleil. Cette lumière diffuse est la lumière indirecte, reflétée sur la plante par un mur, ou tamisée par un rideau. Vous trouverez une description détaillée des besoins particuliers en lumière de chaque plante sous l'article qui la concerne.

□ **La lumière artificielle.** On peut remédier au manque de lumière naturelle en installant des tubes fluorescents ou des spots lumineux. Toutefois, la lumière artificielle ordinaire – moins intense que la lumière du jour – favorise peu la croissance de certaines plantes. Ce problème se pose en particulier dans les bureaux, dont les fenêtres sont couvertes d'écrans solaires. En horticulture, il existe heureusement des spots et tubes fluorescents spéciaux dont la lumière – plus proche de la lumière diffuse du soleil – profite aux plantes.

□ **Les spots lumineux.** Un revêtement bleuâtre, appliqué sur la tête de l'ampoule, permet d'imiter la lumière diffuse du soleil. Cette lumière nous semble être la même que celle émise par un spot ordinaire, mais les plantes y réagissent favorablement. Hélas la chaleur des spots pose un problème. Installée à moins d'un mètre d'une plante, une lampe de 150 W. surchauffe les feuilles, et, à un mètre juste, elle diffuse une lumière ne couvrant plus qu'une surface d'un mètre de diamètre. D'autre part, lorsque le spot est placé à deux mètres de la plante, celle-ci n'en capte presque plus rien. Bien qu'ils posent le difficile problème d'une juste distribution de lumière et de chaleur, les spots représentent tout de même la formule d'éclairage la plus souple.

□ **Les tubes fluorescents.** Ceux-ci produisent un éclairage beaucoup plus efficace que les spots: ils ne dégagent pas trop de chaleur et proposent une large gamme d'intensités. Les tubes «horticoles» spéciaux s'adaptent aux installations électriques ordinaires et présentent les mêmes dimensions que les tubes classiques. La formule est certes moins souple que l'utilisation de spots, mais une combinaison des deux formules sera bénéfique aux plantes placées dans des endroits sombres. Renseignez-vous auprès d'un spécialiste.

Les plantes aériennes

Ces singulières plantes poussent naturellement sans terre. La plupart sont des tillandsies (famille des Broméliacées), originaires d'Amérique centrale et d'Amérique du Sud. Leur minuscule système radiculaire ne sert qu'à les soutenir, et elles puisent dans l'air l'humidité et les éléments nutritifs nécessaires à leur vie. Plantes d'intérieur idéales, on les vend montées sur du corail, des coquillages, des mineraux ou du bois flotté. Leur entretien est simple. Exposez-les dans un endroit aéré, à la lumière indirecte ou diffuse et vaporisez-les chaque jour en été; tous les deux jours en hiver, en maintenant le vaporisateur à 30 cm environ de la plante et en humectant celle-ci juste assez pour lui permettre de sécher en une heure. En été, diluez une fois par mois de l'engrais liquide dans l'eau du vaporisateur à raison d'un quart de la dose recommandée par le fabricant. Ces plantes s'adaptent à des températures pouvant descendre jusqu'à 7 °C en hiver et à toutes les températures normales d'une pièce en été.

Les tuteurs moussus

Les bâtons moussus constituent un excellent tuteurage des grandes plantes. Ils retiennent l'humidité tout en permettant aux racines aériennes de croître dans la mousse.

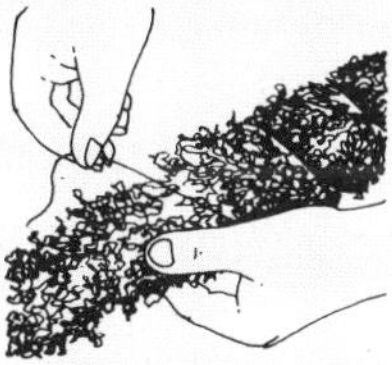

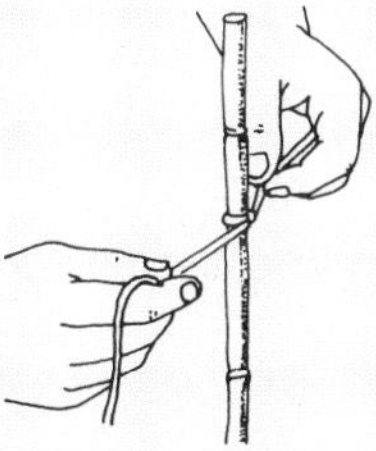

1 Choisissez une canne de bambou allant du fond du pot au sommet de la plante. Attachez-y une ficelle à environ 23 cm de l'extrémité. Prenez une quantité de sphaigne suffisante pour couvrir le reste du tuteur et desserrez-la un peu à l'aide d'une baguette ou d'un crayon.

2 Ficelez la mousse le long du tuteur en formant un nœud bien serré au sommet.

3 Lors du rempotage, enfoncez le bout dénudé dans le compost. Veillez à ne pas abîmer les racines. Attachez la plante à plusieurs endroits du tuteur sans trop serrer. Humidifiez la mousse afin de maintenir la plante humide.

Les plantes grimpantes et rampantes

Certaines plantes ont une croissance très rapide. Dans une serre, on peut les palisser contre les murs; dans une pièce ordinaire, on aura recours à un arceau ou une baguette. On peut construire une armature simple en employant un cintre métallique, une baguette ou un fil de fer plastifié.

Palissage sur arceau

1 Enfoncez les extrémités de l'arceau en fer ou de la baguette aux deux tiers des côtés du pot. Ramenez la tige sur un des côtés de l'arceau et enroulez-la délicatement autour de celui-ci. N'abîmez pas les feuilles ou la tige.

2 Attachez une ficelle à l'une des extrémités de l'arceau et nouez-la autour de la tige en laissant du mou. La végétation continuera à pousser dans le sens de l'arceau. Une fois arrivée à l'autre extrémité, on peut lui faire parcourir le chemin inverse.

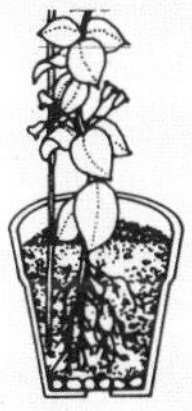

Cannes

1 Une canne de bambou peut, à elle seule, soutenir une grande plante. Enfoncez-la après avoir mis la plante dans le pot, mais avant d'ajouter tout le compost. Elle devrait se trouver à quelques centimètres de la tige.

Deux cannes reliées au sommet par un fil de fer rigide assurent un plus grand support.

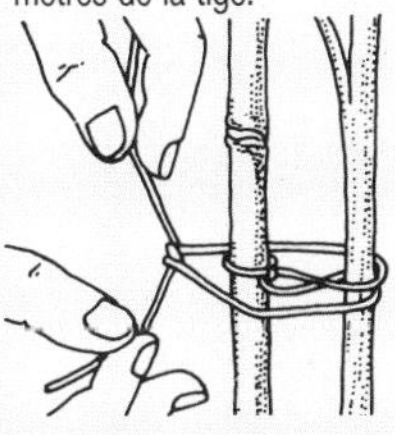

2 Bouclez une ficelle de 23 cm autour de la tige et nouez fermement à la canne. Ou bien, utilisez une bague.

Tuteurez trois plantes dans un seul pot autour de trois cannes reliées au sommet.

La culture en semis

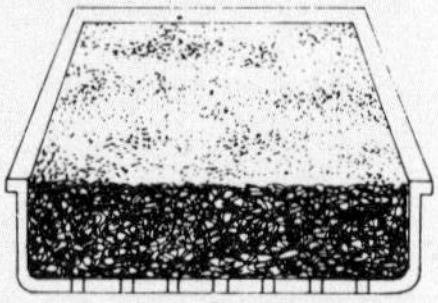

1 Remplissez à ras le plateau à semis avec du compost pour semences, en ne tassant légèrement que les coins.

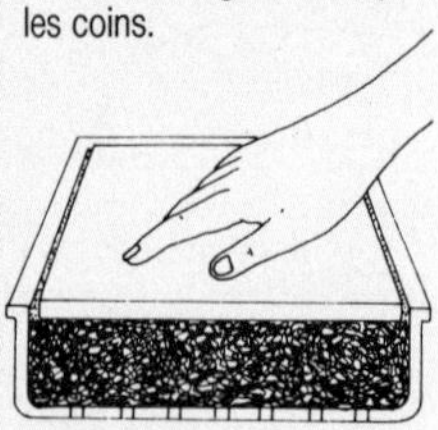

2 Nivelez la surface en y appliquant légèrement une planche.

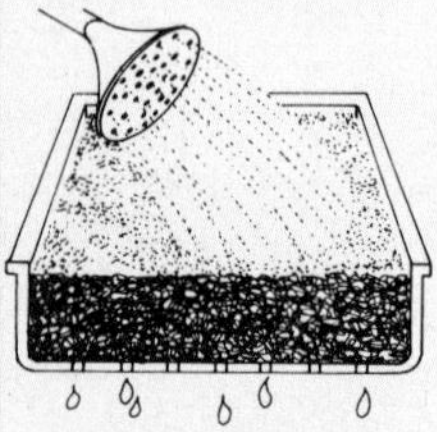

3 Arrosez en pluie fine d'eau du robinet jusqu'à ce que celle-ci s'infiltre à travers le fond du plateau. Laissez drainer au moins deux heures.

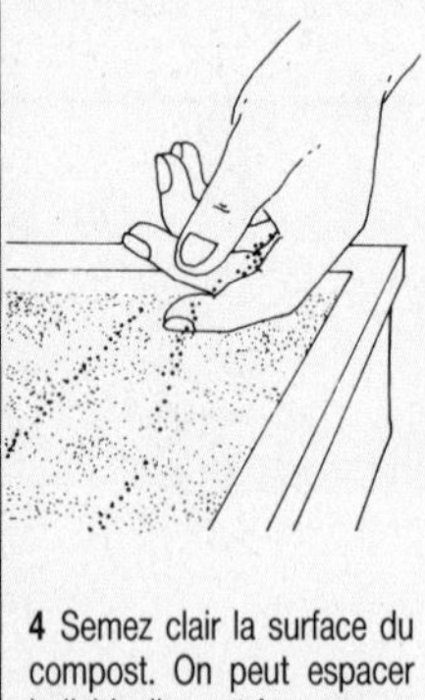

4 Semez clair la surface du compost. On peut espacer individuellement les grosses graines et mélanger la très petite semence à vingt fois son volume de sable fin et sec.

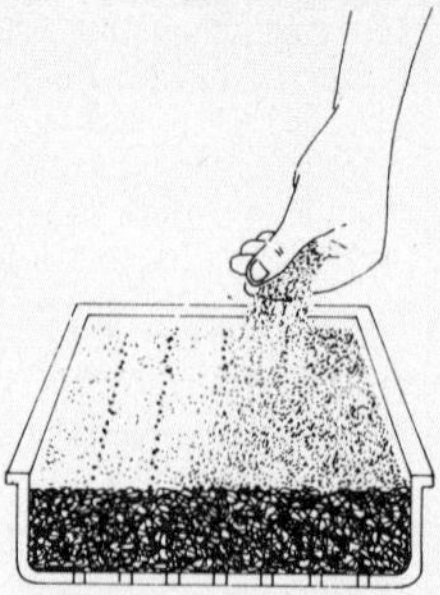

5 Recouvrez de compost pour semis frais et sec, juste assez pour ancrer les semences.

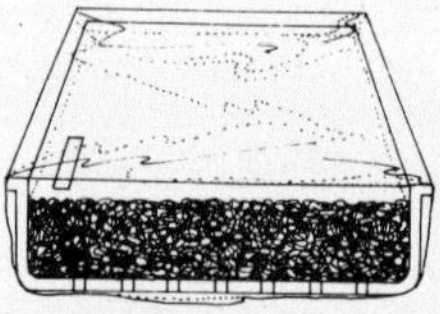

6 N'arrosez plus. Étiquetez et placez dans un semoir ou dans un sac propre en plastique, en rabattant l'ouverture sous le plateau afin de retenir l'humidité.

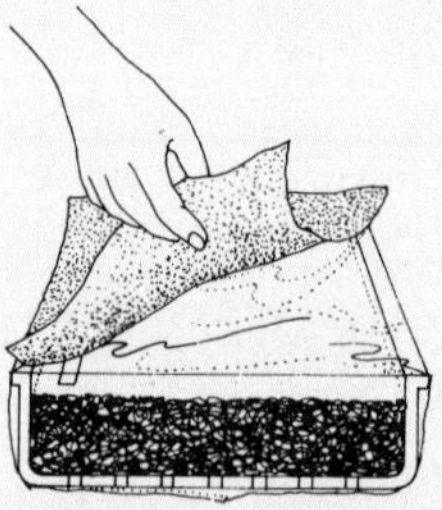

7 Maintenez à la température recommandée sur le sachet et couvrez d'un papier d'emballage. Éloignez le semis des fenêtres.

8 Dès la germination, retirez le papier et le sac, puis exposez le semis en pleine lumière (pas au soleil brûlant).

9 Lorsque les pousses peuvent être manipulées, préparez de petits récipients avec le compost d'empotage. Arrosez et laissez drainer les pousses.

10 Creusez un petit trou dans le compost avec un bâtonnet à bout aplati.

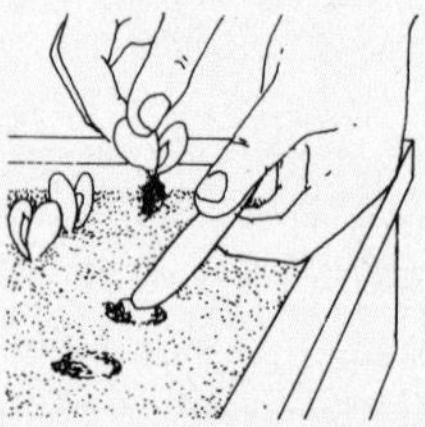

11 Enfoncez l'étiquette de la plante ou un bâtonnet plat dans le plateau et soulevez la jeune pousse.

12 Placez la pousse dans le creux de la main, puis, en la tenant par les feuilles, laissez-la tomber dans le trou. Ne tassez pas autour de la tige.

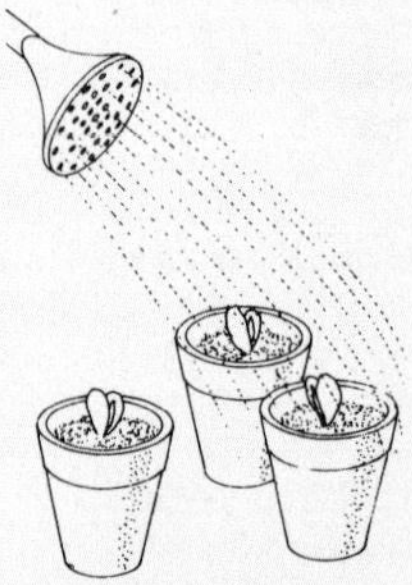

13 Vaporisez finement à l'eau propre du robinet et laissez reprendre à l'ombre pendant deux jours.

14 Exposez la pousse en pleine lumière, y compris au soleil du matin ou de l'après-midi. Rempotez dans des pots plus grands lorsque les racines sont à l'étroit.

Le prélèvement des boutures

Bien qu'il soit possible de se procurer, dans le commerce, les semences de certaines espèces, le bouturage est la façon la plus répandue de multiplier les plantes d'intérieur. Préparez d'abord un petit pot avec drainage et un compost spécial pour enracinement.

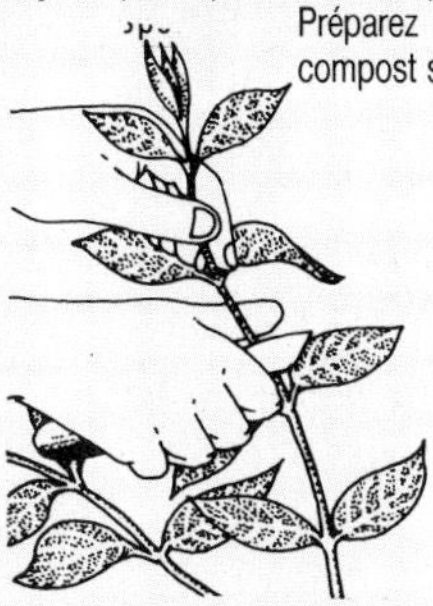

1 Choisissez une pointe de tige ou une tige latérale saine et coupez 8 à 10 cm du sommet. Une bouture doit comprendre le sommet de la tige et deux paires de feuilles saines.

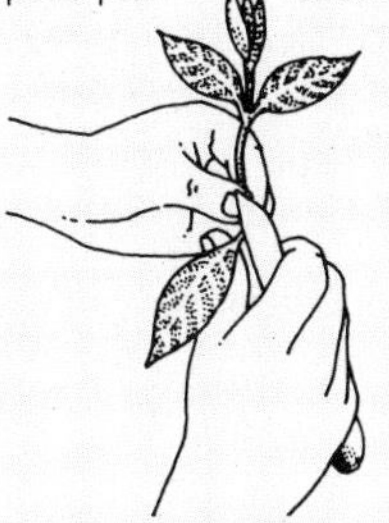

2 Coupez au-dessous de l'articulation d'une feuille et enlevez la paire de feuilles inférieure ainsi que toute pousse latérale de la partie inférieure, afin de pouvoir planter un morceau dénudé de la tige dans le compost.

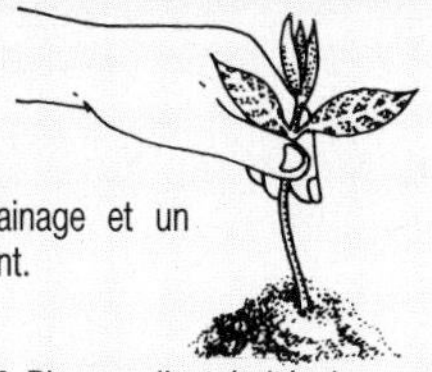

3 Plongez l'extrémité dans de la poudre radiculaire aux hormones.

4 Faites des trous autour du bord du nouveau pot. Introduisez-y plusieurs boutures et tassez légèrement à la base. Arrosez bien.

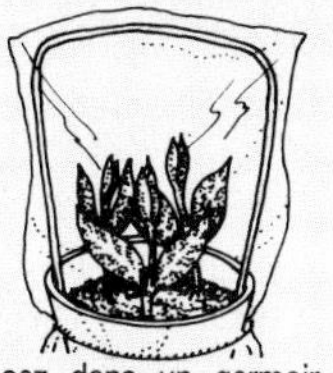

5 Placez dans un germoir chauffé ou couvrez de polyéthylène. Gardez au chaud (21 °C). Ne laissez pas dessécher. Retirez la couverture cinq minutes par jour.

6 Quand les boutures commencent à grandir, rempotez-les individuellement dans de petits pots.

La multiplication

La multiplication des plantes d'intérieur peut se faire par semis, bouturage, division ou marcottage. Vous trouverez, dans ce dictionnaire, la méthode la plus appropriée à chaque plante. Les annuelles à fleurs, comme la plupart des plantes de jardinières et de balcons, sont cultivées en semis. Même sans serre, vous pouvez à peu de frais, si vous suivez nos conseils, préparer, sur le rebord intérieur d'une fenêtre, d'excellentes pousses pour le début de l'été.

Tous les semis se préparent de la même façon (voir illustration). Si une plante demande une préparation spéciale, le dictionnaire en fait mention. Pour procéder au semis, il vous faut • des plateaux propres • du compost stérilisé pour semis • de l'eau propre du robinet.

Pour les semis, plateaux et pots devraient être petits, légers et en plastique, cette dernière matière étant plus stérile que le bois. De plus, les pots en plastique sont nécessaires pour le bouturage et l'empotage. Les dimensions de pots les plus pratiques sont de 8, 9, 11 et 14 cm. Ren-

Le marcottage

1 On peut marcotter certaines plantes grimpantes ou rampantes. Préparez d'abord un petit pot avec drainage et un compost, moitié terreau, moitié sable lavé.

2 Choisissez une tige bien portante et incisez la face inférieure au-dessous d'une feuille.

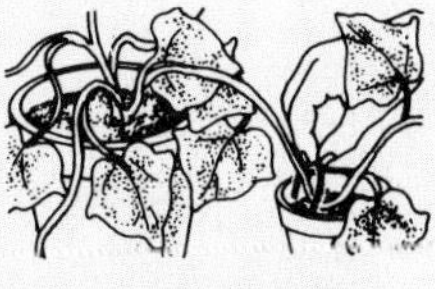

3 Ployez la tige incisée jusqu'à ce qu'elle repose sur le compost du nouveau pot. Maintenez-la contre le compost avec des cailloux. Arrosez. Les racines se formeront. Lorsqu'elles sont bien enracinées, coupez la tige.

Les rejetons

Les broméliacées, tel le *Gyzmania lingulata*, produisent des rejetons (ou rejets) que l'on peut séparer de la plante mère lorsque leur taille est la moitié environ de celle-ci et qu'ils ont leurs propres racines.

1 Enlevez rejetons et racines avec un couteau bien aiguisé.

2 Placez le rejeton dans un nouveau pot, en tassant le compost tout autour. Arrosez bien et gardez au chaud (24 °C).

forcez un plateau d'Isorel avec manche et préparez un petit bocal hermétique empli de sable sec et fin, auquel vous mélangez la fine semence. Pour obtenir un sable très fin, passez-le dans un bas nylon.

Pour le semis et le bouturage, on peut, à défaut de germoir chauffé, et à condition de les maintenir à une température chaude et uniforme, envelopper les plateaux et les pots d'un sac en plastique. Un papier d'emballage, en guise de couverture, suffit à créer la pénombre, dans laquelle germent la plupart des semences. Après la germination, les jeunes pousses peuvent rester sur l'appui d'une fenêtre à double vitrage, ou protégée des courants d'air. Un étiquetage comportant les dates vous permettra de suivre la croissance du semis.

Le repiquage

Aux premiers signes de germination, retirez le plateau de son sac de plastique ou du germoir, et exposez-le à la lumière (non au soleil brûlant). Il est important, dès que leur taille permet de les manipuler, de repiquer les plants dans un plateau ou un pot de compost frais. Cette transplantation les affectera à peine.

La division des fougères

La multiplication de certaines fougères à partir de leurs spores est possible dans un germoir chauffé, mais vous augmenterez plus facilement votre stock en pratiquant la division des racines.

1 On peut diviser une plante très buissonnante en 2, 3, voire 4 parties. Préparez d'abord le nombre de petits pots nécessaires (voir *Rempotage*, p. 16).

2 Sortez la plante de son pot et secouez-en la terre friable.

3 Des doigts, séparez délicatement racines et tiges.

4 Pour une plante à l'étroit et aux racines ramassées, utilisez un couteau bien aiguisé.

5 Rempotez les diverses sections dans de petits pots.

La taille

Il arrive que certaines vieilles plantes à fleurs poussent en longueur et fleurissent parcimonieusement. En taillant les tiges folles au printemps, on encouragera la production des pousses latérales et des fleurs. Les plantes à feuillage et à croissance lente, en revanche, doivent être rarement taillées.

Coupez les fleurs mortes, afin de diriger l'énergie de la plante sur les nouveaux bourgeons et les nouvelles feuilles.

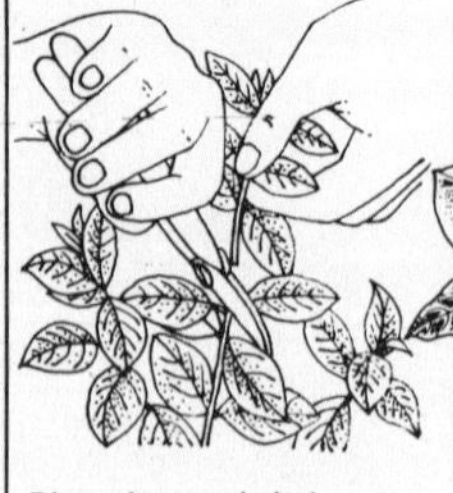

D'une façon générale, coupez la moitié de la tige, juste au-dessus d'une feuille ou d'une pousse latérale. Attention: certaines plantes ne doivent jamais être taillées.

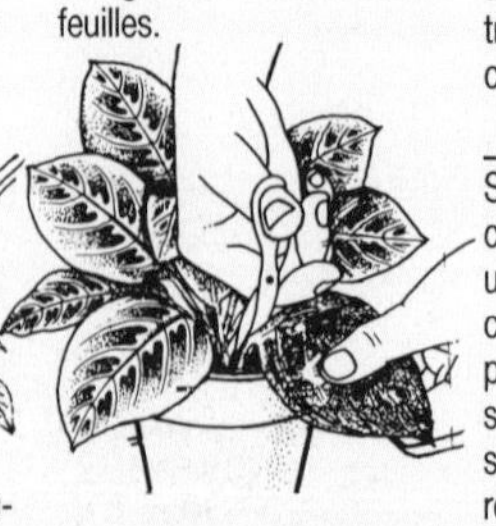

Coupez les feuilles mortes le plus près possible de la tige, pour encourager la croissance de nouvelles.

Il est inutile de tailler les palmiers pour en arrêter la croissance, car la plupart ne poussent qu'en hauteur. Tailler les nouvelles pousses pourrait tuer toute la plante.

1 Coupez les palmes mortes aussi près que possible du tronc ou de la tige, avec un couteau bien aiguisé.

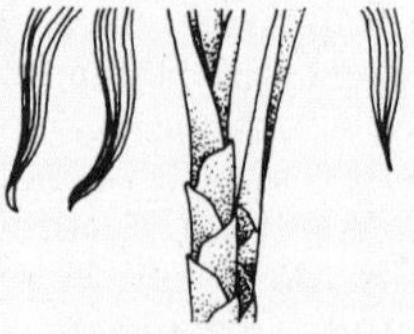

2 Certaines palmes se dépouillent de leur pétiole, laissant sur le tronc un beau dessin à chevrons.

Si les fougères buissonnent trop et deviennent trop encombrantes, on peut couper les plus vieilles feuilles avec une paire de ciseaux. Ne pincez pas les fougères ni les palmes pour les faire buissonner: leur croissance en sera gênée ou elles en mourront. Si les pointes des feuilles ou des frondes brunissent, coupez-les aux ciseaux. Ne coupez que dans la partie brune, pour ne pas blesser les tissus sains.

Les bulbes de printemps et d'été

Les bulbes, tubercules, bulbes solides et rhizomes sont des formes d'organes souterrains à réserves nutritives particulièrement appréciés à l'intérieur des maisons, car plusieurs fleurissent durant l'hiver ou tôt au printemps. En outre, ils sont faciles à cultiver. Souvenez-vous cependant que si les vivaces (jonquilles, jacinthes, etc.) acceptent de vivre dans le froid à l'extérieur, il n'en va pas de même à l'intérieur, à moins que, avant l'apparition des pousses supérieures, on leur permette de développer des racines dans un lieu sombre et froid.

Si vous avez un jardin, vous pouvez enterrer les bulbes dans leur pot, sous une couche de 8 à 15 cm de sable. Même si on ne les arrose pas, ces pots doivent avoir un trou de drainage. Vous pouvez aussi placer les pots dans une caisse fermée, ou emballer les bulbes dans une épaisse feuille de plastique noir, et les conserver ainsi dans un lieu le plus froid possible : un balcon, un rebord de fenêtre, un placard non chauffé, etc. Arrosez pour conserver le compost humide. C'est à tort que certains pensent qu'un placard-séchoir est l'endroit idéal.

Dès que les jeunes pousses sortent du compost, placez-les à la lumière, mais veillez à ne pas précipiter leur placement dans une pièce chauffée. [Vérifiez les indications propres à chaque plante.] Dès qu'on les a rentrés, on peut retirer les bulbes enfouis dans leur pot, en veillant toutefois à ne pas abîmer leurs délicates racines.

Le **forçage** des bulbes consiste à provoquer une floraison précoce. On y parvient en plaçant le bulbe dans un endroit froid et sombre, plus tôt que normalement prévu. Des bulbes spécialement traités se vendent au moment normal de la plantation. On ne peut les forcer qu'une seule fois, car, ensuite, ils reviennent à leur cycle normal de floraison.

On peut certes cultiver des bulbes dans des pots exempts de trou de drainage, mais il faut alors utiliser un terreau poreux spécial. Et encore faut-il aussi tapisser le fond du pot de tessons, cailloux ou charbon de bois, et arroser prudemment. Choisissez des pots dont la taille permet de planter des bulbes à au moins 2,5 cm au-dessus de la couche de drainage, et à la bonne pro-

La plantation des bulbes

1 Si vous plantez plus d'un bulbe dans un pot, espacez-les toujours d'au moins 6 mm, pour prévenir les contaminations.

2 Dans un petit pot, les racines vigoureuses des bulbes, telles celles des jacinthes, risquent de faire sortir ceux-ci de la terre.

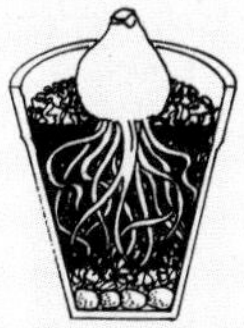

3 Assurez-vous que le compost, sous le bulbe, soit bien meuble et qu'il y en ait suffisamment par dessus pour l'ancrer.

4 On peut étager les bulbes dans un pot profond. Ils fleuriront tous en même temps et à la même hauteur.

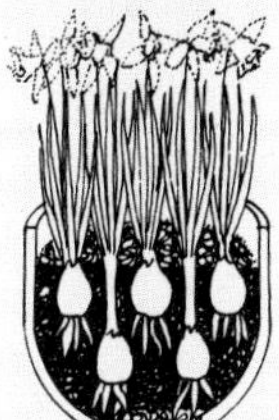

5 Après l'empotage, une chaleur par le bas favorise le développement des racines des amaryllis et autres bulbes tropicaux. Profitez des tablettes de vos radiateurs!

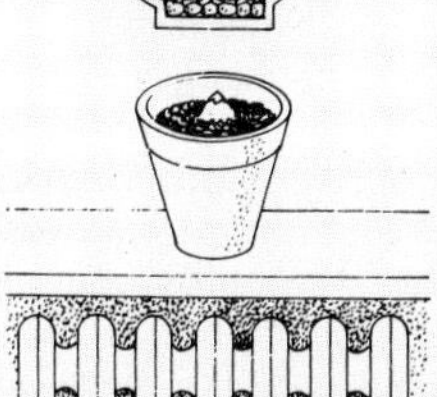

6 Les lis à tige radiculaire doivent être couverts d'au moins 15 à 20 cm de compost. À défaut de pots assez profonds, insérez une section du tuyau de drainage en plastique (15 cm de long et environ 13 cm de diamètre) dans le pot.

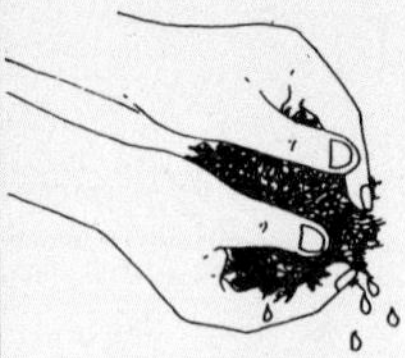

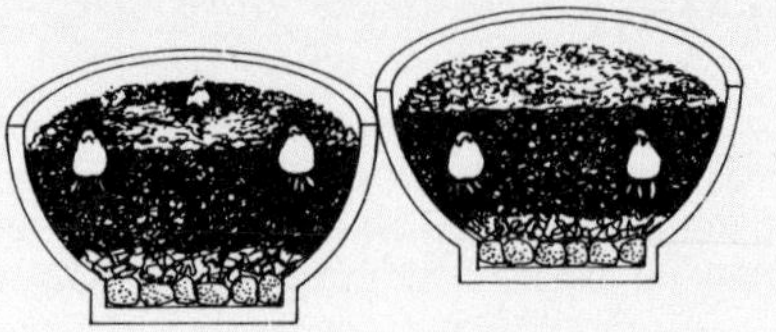

Le forçage des bulbes

1 Trempez le terreau enrichi pour bulbes et extrayez l'eau excédentaire. Le terreau devrait être homogène et ne pas ressuer.

2 Disposez, au fond d'un pot ou d'un bol, une couche de charbon de bois et de mousse de sphaigne, puis de terreau enrichi ou de compost humide.

3 Plantez les bulbes. La plupart doivent être recouverts à moitié de terreau, alors que d'autres doivent être enterrés. Reportez-vous au texte consacré à la plante.

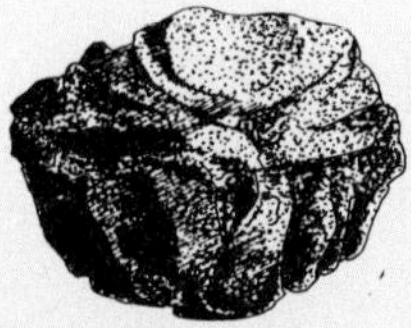

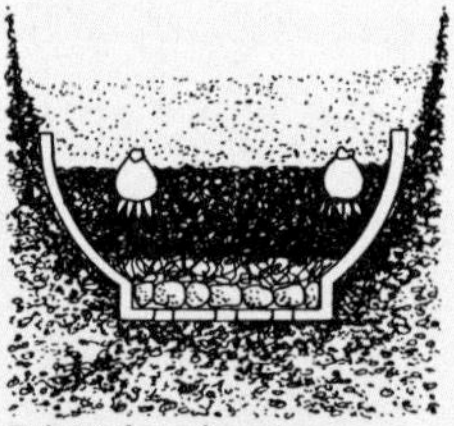

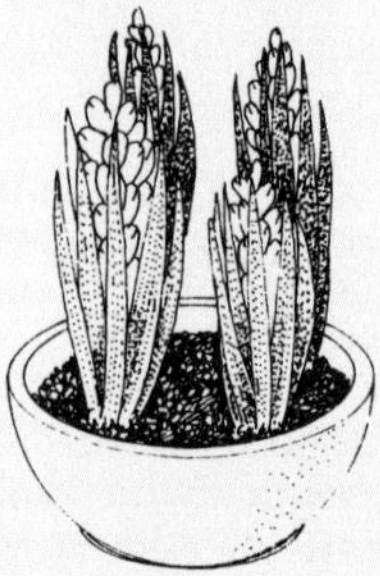

4 Protégez de la lumière en couvrant le pot d'une feuille de plastique noir et rangez-le dans un placard frais, sur le rebord d'une fenêtre ou sur un balcon. Assurez-vous chaque semaine que les bulbes ne se dessèchent pas.

5 Autre formule: creusez un trou évasé à un endroit protégé du jardin et placez-y le pot, doté d'un trou de drainage. Recouvrez de 15 cm de sable ou de cendres pour protéger le pot du gel.

6 Dès que les pousses sortent des bulbes, découvrez-les tout en les protégeant de la pleine lumière pendant deux à trois jours.

7 À l'approche de la floraison, placez-les plus au chaud, en vérifiant les besoins en température de chaque plante.

fondeur par rapport à la surface.

□ **Les mélanges.** Vous pouvez préparer un mélange constitué de deux parts de terre propre extraite du jardin, une part de sable lavé et une part de gravillons. Mais s'il ne vous en faut qu'une petite quantité, mieux vaut acheter le compost adéquat. Le terreau enrichi pour bulbes (composé de tourbe, de coquillages et de charbon de bois) convient à toutes sortes de bulbes et, en raison de sa bonne porosité, il se prête bien à la culture en vasques, sans trou de drainage.

□ **La réutilisation des bulbes.** Si l'on veut réutiliser les bulbes l'année suivante, il faut bien les nourrir durant toute leur croissance, jusqu'à la mort naturelle des feuilles. Ne coupez jamais celles-ci après la floraison, car c'est alors que se forme l'embryon floral de l'année suivante, et c'est des feuilles que dépend son approvisionnement en éléments nutritifs.

□ **La dormance hivernale.** La plupart des bulbes à floraison estivale doivent être retirés de leur pot pour la dormance hivernale. S'ils sont plantés au jardin, il faut les déterrer et les rentrer. Conservez-les dans un endroit sec, protégé du gel, des souris et autres parasites. Avant de rentrer les bulbes déterrés du jardin, administrez-leur un fongicide.

□ **Les rejetons.** La plupart des bulbes produisent des rejetons, que l'on peut séparer du bulbe-mère et rempoter dans un bon compost, voire planter au jardin. Le meilleur moment pour procéder à cette multiplication se situe juste avant le début de la croissance. Les rejetons exigent parfois un développement de plusieurs années avant la floraison.

La rentrée des bulbes

1 Une fois les feuilles mortes, laissez sécher le compost, puis dégagez le bulbe du pot et secouez délicatement l'excédent de terre.

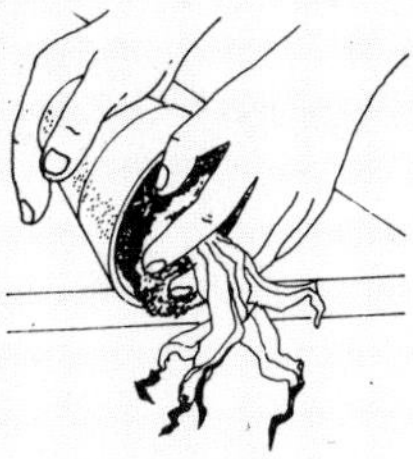

2 Couvrez d'un papier journal sec et gardez au frais à l'abri du gel. Dans une dépendance extérieure, protégez les bulbes des souris en les plaçant dans une boîte métallique ou dans une armature en fil de fer serré.

La division des tubercules

Les plantes à fleurs, tels les gloxinias, ont des tubercules souterrains que l'on peut diviser au printemps, dès qu'ils bourgeonnent.

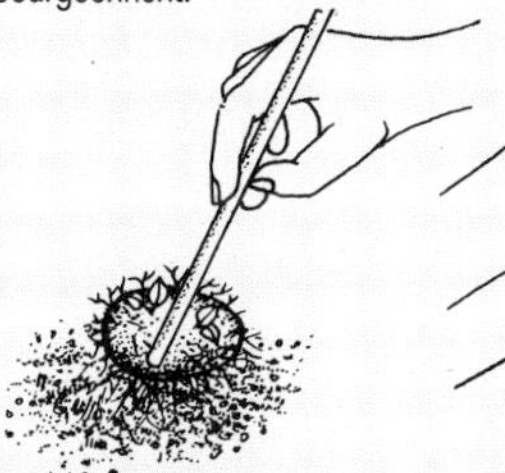

1 Préparez deux pots avec drainage, compost et 2,5 cm de sable lavé. Retirez le tubercule du pot et enlevez la vieille terre.

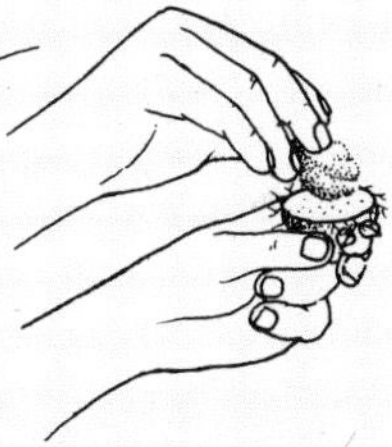

3 Soufrez les extrémités coupées pour prévenir les affections fongiques.

2 Posez le tubercule sur une surface dure et plate. Coupez-le en deux avec un couteau bien tranchant. Chaque section doit avoir une pousse et des racines.

4 Empotez chaque partie séparément, en laissant la moitié du tubercule émerger du compost.

Les plantes de jardinières et de balcons

La plupart des plantes peuvent être cultivées dans un récipient. Nous présentons, dans ce livre, une sélection d'annuelles, de vivaces et d'arbustes qui, tous, peuvent être multipliés par le jardinier amateur. Parmi les plantes que nous vous proposons, beaucoup sont des annuelles à fleurs, qui, en une seule saison, se cultivent en semis, fleurissent et meurent. Ces plantes colorent un espace en peu de temps, et vous donnent l'occasion de vous faire la main avant d'entreprendre des projets de culture à plus long terme – projets dans lesquels elles pourront toujours figurer.

Les récipients et les composts

Tout récipient pouvant retenir la terre et laisser s'évacuer librement l'excédent d'eau peut être utilisé en jardinage, mais son aspect extérieur devrait, en harmonie avec les plantes, contribuer à embellir l'environnement. La pierre de taille naturelle, la pierre reconstituée ou le bois de feuillus sont des matériaux classiques de choix pour les pots, mais, grâce aux progrès de l'industrie chimique, nous disposons désormais de toute une gamme de récipients en matières plastiques, peu coûteux et dont l'effet est souvent plus naturel que l'austère urne blanche de jadis. On peut d'ailleurs les embellir en les peignant d'une teinte «pierre naturelle», après les avoir poncés. La poterie tournée à la main – qu'elle soit émaillée ou non – flatte également l'œil.

Les vieux éviers, les tonneaux tronqués, les antiques brouettes ou les baquets de réemploi font souvent office de bacs à fleurs. Les jardinières peuvent être en bois, en plastique ou en ciment. Souvenez-vous, dans vos projets, que le choix judicieux d'une plante grimpante vous permettra, le cas échéant, de camoufler un défaut d'architecture. Assurez-vous que les jardinières sont solidement fixées, et que les pots ou bacs, posés sur le rebord d'une fenêtre, sont stables. Un pot de fleur tombé d'un troisième étage peut provoquer des dégâts inestimables.

Pour la multiplication, les composts sans terreau, à base de tourbe, ont pratiquement supplanté le matériau traditionnel, en raison de leur propreté, de leur légèreté et de leur manipulation aisée. Ces produits ont une composition très constante, et les problèmes qu'ils posent parfois à l'emploi ont souvent pour origine un entreposage déficient. Lorsqu'on fabrique le mélange, sa teneur en humidité doit être parfaite, mais, si vous laissez le sac à l'extérieur, le compost absorbera inévitablement de l'humidité supplémentaire, ce qui précipitera l'activation des engrais et rendra le produit trop puissant pour les jeunes pousses. Couvrez donc votre compost et protégez-le du soleil qui pourrait provoquer de légères modifications chimiques, potentiellement nocives aux plantes. Mélanger ce compost à de la terre non stérilisée, ou l'arroser avec une eau contaminée, serait pur gaspillage.

Les engrais

Les plantes cultivées en pots doivent être nourries plus régulièrement que celles du jardin. À chaque arrosage, en effet, les éléments nutritifs du compost sont davantage entraînés vers le fond du pot, et finissent par s'échapper par le trou de drainage. Au jardin, en revanche, les racines peuvent toujours les atteindre. Les engrais chimiques sont à la portée directe des racines, mais il faut toujours les diluer, au moins jusqu'à la concentration recommandée par le fabricant. Il existe aussi toute une gamme de comprimés, bâtonnets et granules à dissolution lente, qu'il est bon de garder en réserve, notamment en cas d'absence plus ou moins prolongée. Les composts terreux retiennent les éléments nutritifs plus longtemps que les non terreux. C'est pourquoi les différents types de composts sont plus ou moins riches en engrais.

En général, on commence à nourrir les plantes cultivées en semis trois ou quatre semaines après le repiquage. Ne donnez jamais d'engrais aux plantes sèches. Arrosez-les d'abord et laissez-les se désaltérer pendant une heure. Une double dose d'engrais ne doublera pas le confort de la plante, au contraire : cela risque de lui brûler les racines. Pulvérisé sur les feuilles, l'engrais convient, mais utilisez-le à bon escient. Diluez-le à la concentration recommandée et ne le pulvérisez pas en plein soleil.

Achetez des engrais contenant la bonne proportion d'azote, de phosphate et de potasse. N'en prenez jamais qui ne seraient

La préparation des récipients

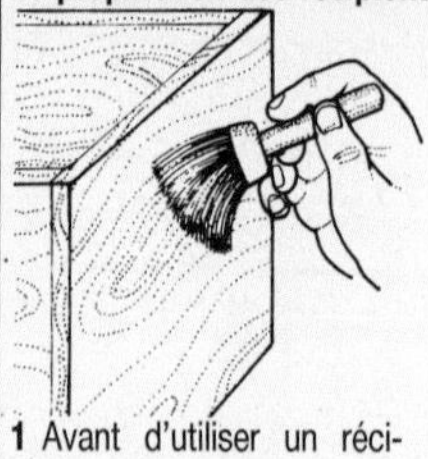

1 Avant d'utiliser un récipient en bois, traitez l'extérieur et l'intérieur avec un enduit de protection. Attention : certains enduits sont toxiques pour les plantes.

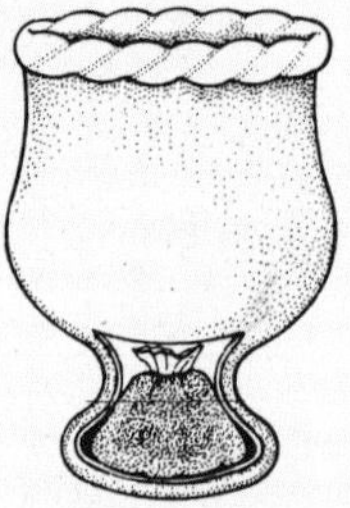

2 Si vous utilisez une urne ou un pot léger en plastique, doté d'un pied creux, bourrez celui-ci d'un sac de sable pour en consolider l'assiette. Choisissez si possible des récipients à large pied.

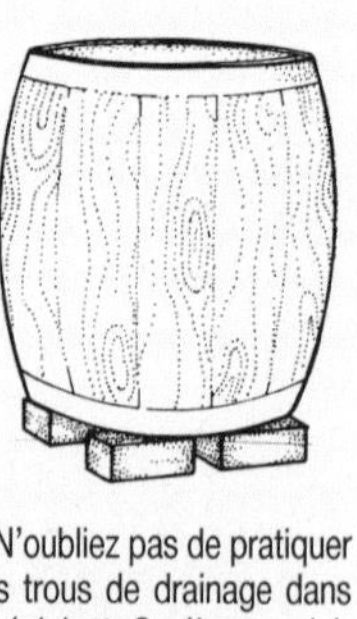

3 N'oubliez pas de pratiquer des trous de drainage dans le récipient. Surélevez celui-ci de quelques pavés ou briques, afin de dégager les trous et de tenir les parasites à l'écart.

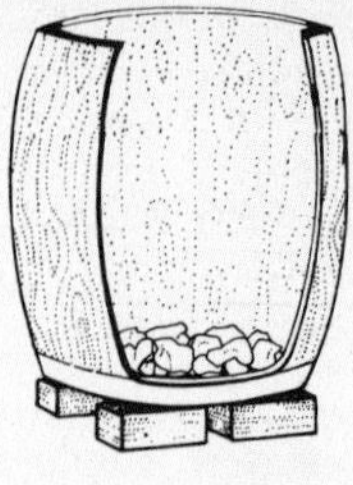

4 Disposez une couche de cailloux ou de tessons dans le fond du récipient, après les avoir stérilisés avec une solution de permanganate de potassium. La couche de tessons devrait avoir une profondeur d'au moins 2,5 cm. À défaut de trous de drainage, les tessons devraient occuper un quart du volume du récipient.

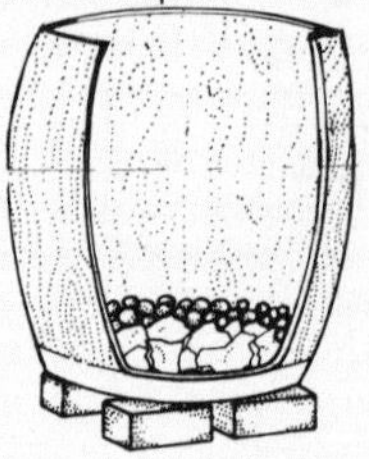

5 Ajoutez une couche de petits graviers ronds sur les tessons.

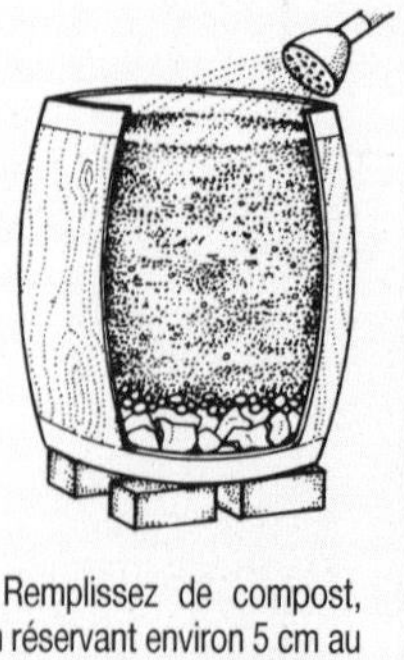

6 Remplissez de compost, en réservant environ 5 cm au sommet pour l'arrosage. Arrosez bien et laissez drainer pendant au moins deux heures avant de planter. Si le compost se tasse après l'arrosage, rajoutez-en du frais.

composés que de potasse ou que d'azote: cela perturberait l'équilibre délicat des plantes. • La potasse favorise la floraison, la fermeté des feuilles et la résistance de la plante aux maladies. • L'azote accélère la croissance des feuilles et la formation de la chlorophylle. • Quant au phosphate, il contribue à la croissance des racines.

L'arrosage et la vaporisation
La plupart des plantes prospèrent dans un sol humide, c'est-à-dire un sol dont les particules solides absorbent toute l'eau qu'il contient, sans saturer l'air, indispensable aux racines. Dans la nature, l'eau excédentaire peut s'écouler sur de grandes surfaces. Au contraire, dans un récipient, l'excédent des arrosages doit être rapidement drainé vers les trous d'évacuation, afin que l'air puisse reprendre la place. Un drainage inadéquat ne tarde pas à détremper la terre, si bien que même les plantes avides d'humidité souffriront et finiront par mourir. Certaines plantes sont particulièrement sensibles au moindre manque d'air autour des racines. Il faut donc les soumettre à une certaine aridité, sans pour autant les déshydrater complètement. Entre deux arrosages, laissez simplement la terre s'assécher presque jusqu'au fond du pot.

Tirée d'un tonneau, l'eau de pluie est déconseillée pour les semis. À coup sûr, elle contient des microbes, qui proliféreront dans le milieu chaud et humide du germoir. En revanche, l'eau du robinet est sans danger, bien qu'elle puisse contenir trop de calcium pour certaines espèces allergiques au calcaire. Pour ces plantes, utilisez de l'eau de pluie stérilisée.

L'excès d'arrosage – ou surarrosage – et l'eau contaminée sont les causes principales des échecs de la culture en pots. À l'article qui lui est consacré, nous vous indiquons, pour chaque plante, ses besoins particuliers en humidité. Il nous est cependant impossible de suggérer des intervalles d'arrosage pour les plantes installées à l'extérieur, car, dans leur cas, l'assèchement est surtout fonction des pluies et de la température ambiante. Vérifiez donc régulièrement l'état de la terre (en particulier celle des jardinières qui ne reçoivent pas la pluie) et soyez à l'affût du moindre signe de dépérissement.

Bien des plantes apprécient la fine douche du vaporisateur, et c'est particulièrement vrai pour celles qui poussent sur les balcons, généralement à l'abri de la pluie. Sachez tout de même que, régulièrement mouillée, une plante à tiges et feuilles tendres est sujette au botrytis. Dans ce cas, abstenez-vous de la vaporiser. Un conseil: pour chaque cas, consultez l'article traitant de la plante.

Mois et saisons

Les plantes figurant dans ce livre peuvent être cultivées dans diverses régions où les saisons ne correspondent pas nécessairement aux mêmes mois. En conséquence, les dates données ici sont exprimées en saisons plutôt qu'en mois. Ci-après, le tableau de conversion:

Hémisphère septentrional	**Saisons**	Hémisphère austral
Mars	**Déb. printemps**	Septembre
Avril	**Mi-printemps**	Octobre
Mai	**Fin printemps**	Novembre
Juin	**Début été**	Décembre
Juillet	**Mi-été**	Janvier
Août	**Fin été**	Février
Septembre	**Déb. automne**	Mars
Octobre	**Mi-automne**	Avril
Novembre	**Fin automne**	Mai
Décembre	**Début hiver**	Juin
Janvier	**Mi-hiver**	Juillet
Février	**Fin hiver**	Août

La multiplication
Pour la culture en semis des plantes de jardinières ou de balcons, suivez la méthode déjà décrite dans les pages 22 à 24. Dès que leur croissance leur permet d'être empotées à l'extérieur, les plantes doivent être fortifiées, c'est-à-dire subir l'«épreuve de résistance». Comme il s'agit d'une opération délicate, entendons-nous d'abord sur les termes. Certaines plantes sont dites «résistantes» lorsqu'elles se jouent des gelées hivernales et reprennent leur croissance au printemps. Parmi les «semi-résistantes», on compte généralement celles qui poussent à l'extérieur en été, mais dont la moindre gelée vient à bout. Quant aux plantes «tendres», elles sont particulièrement sensibles au froid et exigent des soins spéciaux.

Mais tout cela n'a rien à voir avec l'«épreuve de résistance». Toute plante qui quitte son douillet lieu de séjour hivernal pour affronter subitement le monde extérieur subit un choc. Toute l'astuce, pour le jardinier, consiste à atténuer ce choc, en procédant le plus graduellement possible: c'est ce que nous appelons «épreuve de résistance». Fortifiées par cette épreuve, les plantes résistantes continueront à survivre l'hiver, et les semi-résistantes, à succomber au gel, mais aucune ne souffrira inutilement de refroidissement ou d'un choc.

Normalement, on sort les jeunes plantes de la mi-avril à la fin mai. Durant la première semaine, couvrez-les d'une plaque de verre ou d'une feuille de plastique translucide, pour les acclimater aux températures plus froides. À défaut de châssis de couches, tapissez de plastique une petite caisse à claire-voie, et couvrez-la d'une vitre. Ventilez les plantes le jour, mais couvrez-les la nuit. Ventilez progressivement: deux heures par jour au début et huit heures au bout de trois jours, s'il fait beau. Quand la gelée nocturne menace les plantes, couvrez le châssis d'une toile de jute s'il s'agit de semi-résistantes ou de résistantes passant leur première nuit dehors. Découvrez le châssis tôt le matin pour éliminer la condensation et éviter qu'un fort soleil n'en profite pour roussir les feuilles. Un surplus de lumière ne fera d'ailleurs que fortifier la croissance des plantes. Il faut au moins quinze jours avant que les jeunes semi-résistantes acceptent le froid printanier.

En principe, les plantes que l'on vous vend sont prêtes pour le repiquage. Si vous les acquérez tôt dans la saison, vérifiez quand même, avant de les exposer dehors sans protection, si elles sont tendres ou résistantes. Dans le doute, et en cas de gelée nocture, couvrez-les d'une boîte en carton enveloppée de papier journal, d'une toile d'emballage ou de polyéthylène.

Mieux vaut ne pas protéger une plante du gel si c'est pour lui faire subir l'humidité. Couvrez de plastique le matériel de protection contre le froid. Quand vous fermez le châssis pour la nuit, les feuilles des plantes doivent être sèches, sinon tous les efforts que vous consacrerez à la germination et à la croissance de vos plantes risquent d'être réduits à néant en quelques heures. Sous les climats froids, la terre des récipients gèle complètement en hiver. Protégez donc ces récipients en les couvrant d'une toile d'emballage, et couvrez-le tout d'une feuille de polyéthylène.

Les jardinières mixtes

1 Choisissez un récipient et rassemblez les plantes que vous allez transplanter. Arrosez-les bien.

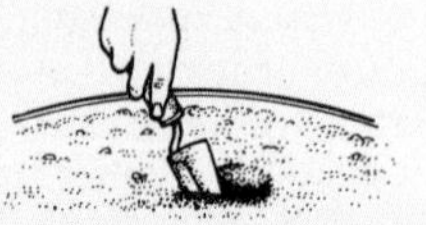

2 Avec une truelle, creusez aux emplacements désirés des trous pouvant recevoir toute la souche. Espacez suffisamment en prévision de croissance.

3 Enfoncez des tuteurs pour les grandes plantes et les grimpantes. Plus tard, vous risqueriez d'abîmer les racines.

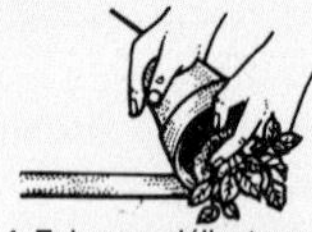

4 Enlevez délicatement la plante de son pot ou plateau, en dérangeant le moins possible terre et racines. Tapotez le bord des pots, en retenant d'une main le terreau.

5 Tapotez un des côtés des plateaux, penchez vers l'avant pour dégager les plantes, en retenant le terreau d'une main.

6 Replantez d'abord les grandes plantes, à la même profondeur que dans le dernier pot. Enfouies plus profondément, les racines risquent de pourrir.

7 La plante peut rester dans son pot, si celui-ci est en tourbe. Les racines le perceront.

8 Tassez légèrement le terreau autour de la plante et ajoutez les autres par ordre de taille décroissante.

9 Veillez à l'harmonie de l'ensemble en comblant les espaces trop vides avec de petites plantes, en ménageant toutefois de l'espace pour la croissance future.

10 Commencez à nourrir trois à quatre semaines après la transplantation. L'engrais doit être réparti uniformément. S'il en tombe sur les feuilles, lavez celles-ci à l'eau propre.

Les insecticides

Les plantes d'intérieur sont malheureusement victimes de maladies et la proie de parasites. Parmi ces derniers, les plus communs sont la cochenille farineuse, les insectes écailleux, l'araignée rouge, les pucerons et la mouche blanche. Dès que vous constatez la présence de l'un d'eux, vous devez, afin de prévenir toute propagation, isoler les plantes contaminées et combattre les malfaisants. Les plantes à feuilles minces et délicates sont des objectifs de choix pour des insectes tels que l'araignée rouge, tandis que les jeunes feuilles et les jeunes tiges attirent les pucerons et autres aphidiens. Certains parasites, telle la cochenille farineuse, apparaissent sur les feuilles, mais peuvent aussi se camoufler sous terre. Les plantes cultivées et emportées à l'extérieur sont susceptibles, en sus, d'être attaquées par les limaces, les coléoptères et autres parasites des jardins.

Les insecticides se présentent généralement sous la forme de bombes aérosols (mais pour combien de temps encore?) et de liquides concentrés qui, une fois dilués, sont pulvérisés ou versés sur la plante infestée. On trouve aussi – mais plus rarement – des produits chimiques en poudre. Ces derniers ne conviennent pas à toutes les plantes. [Vérifiez donc les directives particulières.] Quant aux insecticides systémiques, ils sont absorbés dans le système foliaire de la plante, qui se change en piège mortel pour les insectes parasites.

Les insecticides à base de pyrèthre ou de derris sont les moins toxiques, car ce sont des substances naturelles. Ils sont particulièrement efficaces contre les mouches blanches et les pucerons. Le derris permet aussi d'enrayer les infestations d'araignées rouges, du moins dans leurs premiers stades. L'alcool dénaturé vous aidera à enlever les insectes écailleux et les cochenilles farineuses. Parmi les insecticides «universels», le malathion est l'un des plus efficaces: il permet de combattre tout genre de parasite, de la mouche blanche aux coléoptères et, surtout, la cochenille farineuse, l'insecte le plus actif et le plus nuisible pour les plantes d'intérieur. Dilué, le malathion peut être pulvérisé sur la plante ou versé dans la terre, si celle-ci est infestée.

Précautions à prendre avec les insecticides

Les insecticides peuvent contenir des produits mortels. Utilisez-les avec précautions.

- Ne mélangez **jamais** des insecticides de types différents: une réaction chimique est toujours possible.
- Ne les transvasez **jamais** dans d'autres bouteilles (de bière, de limonade, etc.).
- Ne respirez **jamais** le nuage du liquide pulvérisé.
- Ne pulvérisez **jamais** quand le vent souffle.
- Ne les évacuez **jamais** par l'évier ou autres canalisations; même pas les eaux avec lesquelles on a lavé les récipients et les pulvérisateurs.
- N'en préparez **jamais** plus qu'il n'en faut.
- Ne conservez **jamais** d'insecticide dilué plus de 24 heures.
- Ne laissez **jamais** traîner les vieux récipients.
- Conformez-vous **toujours** aux instructions, sans trop concentrer ni trop diluer.
- Utilisez **toujours** des récipients autres que ceux destinés à l'arrosage ou à la vaporisation proprement dits.
- Éloigner **toujours** les insecticides des aliments, de la vaisselle, des verres, des récipients pour aliments et des eaux gazeuses. Le derris est nuisible aux poissons, le malathion, aux abeilles.
- Couvrez **toujours** les aquariums quand vous pulvérisez.
- Rangez **toujours** les insecticides avec le pulvérisateur et les récipients en un lieu sec, à l'abri du gel et hors de portée des enfants.
- Pulvérisez **toujours** à l'extérieur. Le soir: quand les abeilles sont couchées.
- Lavez **toujours** intérieur et extérieur des bouteilles vides, après usage.
- Versez **toujours** les eaux sales dans la terre, loin des cultures alimentaires et des sources d'eau, telles que ruisseaux et rivières.
- Jetez **toujours** bouteilles et paquets vides à la poubelle.
- Lavez-vous **toujours** à l'eau chaude, avec un détergent, après chaque usage.

Les cactées et autres plantes grasses

Ces curieuses plantes sont intéressantes à cultiver chez soi. Originaires de régions sèches, où les précipitations sont rares, elles se sont adaptées aux conditions désertiques ou semi-désertiques. Les plantes grasses à tiges emmagasinent l'eau dans leurs tiges enflées ou dans leurs tubercules souterrains, et produisent chaque année de nouvelles feuilles, qu'elles perdent durant la saison sèche. Chez les plantes grasses à feuillage, les feuilles sont épaisses et cireuses. Bien qu'il leur arrive de se rider et de se ratatiner, elles ne se dessèchent pas totalement. Il en est de toutes formes et de toutes tailles: des rondes à peine plus grosses qu'un caillou ou des géantes, imposantes comme un arbre. À l'intérieur de la maison, toutefois, rares sont les plantes grasses qui croîtront au point de vous incommoder. Quant aux cactées, elles se distinguent des autres plantes grasses par leurs coussinets ouatinés – les aréoles –, d'où sortent leurs piquants.

La croissance des plantes grasses sera entravée si on ne leur accorde pas des soins particuliers, assez différents de ceux qu'exigent les autres plantes d'intérieur. Bien que l'on ait affaire à des plantes robustes, seul un traitement approprié leur permettra d'atteindre leur plein épanouissement, et de produire leurs fleurs remarquables.

La lumière et la température

Pour mener à bien la culture des plantes grasses, il faut avant tout veiller à la lumière, dont la quantité détermine directement leur état de santé, leur coloration et leur floraison. Idéalement, ces plantes devraient baigner dans la lumière d'une serre exposée au soleil du matin au soir, mais, heureusement, la plupart se contentent du rebord ensoleillé d'une fenêtre sans rideaux. Lorsqu'en hiver la luminosité baisse, on veillera davantage encore à leur offrir les endroits les plus lumineux. À l'intérieur, placez les cactées sur l'appui d'une fenêtre, mais changez-les de place pour la nuit si vous fermez les rideaux, car elles risqueraient de souffrir du froid qui s'accumule entre les tentures et la vitre. En revanche, un excès de chaleur en mauvaise saison perturbera leur cycle de croissance

Familles de plantes grasses

Un bon nombre de plantes grasses de ce livre sont des membres, spécialement adaptés, de familles qui comprennent aussi des plantes sauvages ou de jardin, bien connues

1 Agavacées:
Agave

2 Apocynacées:
Adenium, Pachypodium

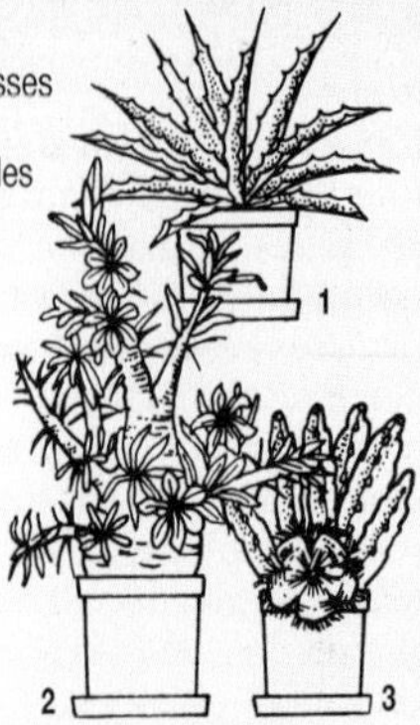

3 Asclépiadacées:
Caralluma, Ceropegia, Huernia, Orbea, Stapelia

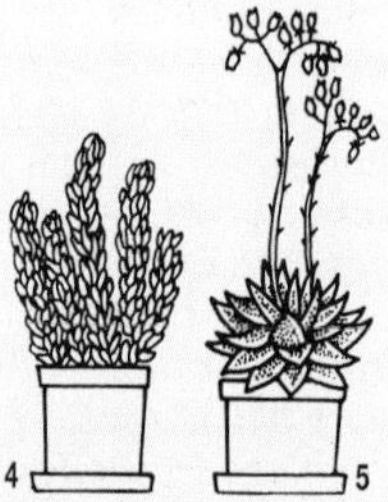

4 Composées:
Kleinia

5 Crassulacées:
Adromischus, Aeonium, Cotyledon, Crassula, Dudleya, Echeveria, Kalanchoe, Pachyphytum, Sedum

6 Dioscoréacées:
Testudinaria

7 Euphorbiacées:
Euphorbia

8 Liliacées:
Aloe, Gasteria, Haworthia

9 Mésembryanthémacées:
Conophytum, Faucaria, Fenestraria, Gibbaeum, Lithops, Pleiospilos

10 Portulacacées:
Portulacaria

naturel. En hiver, l'idéal est de maintenir ces plantes à 10 °C dans la maison et à 7 °C dans la serre. En été, il se peut qu'il faille ombrager la serre fort exposée au soleil, afin d'éviter des brûlures à la plante. C'est au printemps que la plante grasse semble le plus vulnérable, lorsque, après plusieurs semaines de temps couvert, le soleil se met soudain à briller fortement et frappe une chair un peu ramollie, surtout après un arrosage.

L'arrosage

Dans la nature, les cactées et autres plantes grasses ne reçoivent généralement leur eau qu'à certains moments de l'année, mais à chaque fois en grande quantité, la pluie s'abattant sur elles en torrents, au risque même de les submerger pendant quelques heures. Toutefois, cette eau est vite drainée, et les plantes doivent s'en gorger aussi rapidement que possible, en prévision des longues périodes de sécheresse. Elles disposent à cet effet d'un système qui permet aux racines et aux feuilles de se gonfler en période d'abondance, et de conserver cette eau durant les périodes arides, en limitant les pertes par évaporation.

Pour que de telles plantes prospèrent chez vous, il faut imiter le plus possible leurs conditions de vie naturelles. Durant la période de croissance – du printemps au début de l'automne –, arrosez les plantes grasses comme toute autre plante. Mais au début du printemps, au terme d'un long hiver sec, procédez lentement, en laissant à la terre la possibilité de sécher presque entièrement entre deux arrosages. Au début de l'été, arrosez chaque semaine, mais seulement si la terre est presque totalement asséchée. Ne laissez jamais le pot d'une plante grasse tremper dans l'eau d'une soucoupe inondée.

Lorsqu'arrive l'automne, espacez davantage encore les arrosages, et ce, jusqu'à la mi-saison pour les plantes se trouvant dans des pots de 13 cm ou plus. Le délai est prolongé jusqu'au début de l'hiver pour les plantes logées dans des pots plus petits. Ensuite, cessez d'arroser jusqu'au printemps. Certains horticulteurs prétendent qu'il ne faut pas laisser se dessécher complètement la terre des plantes grasses, et ils se permettent donc de légers arrosages tout au long de l'hiver. Cela va, si l'on maintient des températures de 10 °C minimum, mais on risque ainsi d'encourager une croissance en tige, de décourager la formation de bourgeons floraux, voire de perdre la plante. Si, en dépit de cela, vous décidez d'arroser la plante grasse, allez-y carrément. Versez l'eau rapidement, jusqu'à ce qu'elle déborde du pot, puis laissez drainer. Si, au bout d'une demi-heure environ, il reste encore de l'eau dans la soucoupe, jetez-la. N'arrosez plus jusqu'à ce que la terre soit complètement desséchée. Pour le savoir, enfoncez-y la lame d'un couteau: si elle en ressort humide, patientez. Dans le doute, abstenez-vous d'arroser.

Les engrais

À condition de les rempoter chaque année, la plupart des plantes grasses n'ont pas besoin d'engrais, bien que certaines gagnent à en bénéficier. [Vous trouverez plus loin les instructions se rapportant à chaque plante.] Utilisez toujours un engrais à forte teneur en potasse, comme ceux destinés aux pommes de terre, aux roses ou aux chrysanthèmes. Les liquides

L'arrosage des plantes grasses

1 Avant l'arrosage, vérifiez le degré d'humidité du compost avec la lame d'un couteau. Si elle en ressort propre, c'est que la terre est sèche. Si elle retient de la terre, c'est que celle-ci est encore humide. Pour chaque plante, lisez les directives particulières concernant l'arrosage.

2 Versez l'eau jusqu'au bord du pot. L'excédent s'écoulera dans la soucoupe. Après 30 minutes, videz celle-ci, si nécessaire. Ne laissez jamais le pot séjourner dans l'eau.

3 Si la plante a des feuilles que l'eau pourrait marquer, remplissez d'eau la soucoupe. Attendez 30 minutes, puis videz l'excédent.

sont d'un emploi plus facile. Pour les plantes en pots, administrez-les à la dose recommandée. Il faut toujours les diluer, sans quoi ils détériorent la plante. Si une plante grasse, n'ayant normalement pas besoin d'engrais, ne pousse pas bien, il est possible que son compost soit trop pauvre. Si vous constatez cette déficience au printemps, au début de l'été, voire à la mi-été, rempotez immédiatement la plante. Plus tard dans l'année, donnez à la plante de l'engrais jusqu'au moment où vous commencerez à réduire l'arrosage. Ne la rempotez qu'au printemps. Certains engrais laissent des taches déplaisantes sur la plante, mieux vaut donc les verser directement sur le compost. Si, cependant, quelques gouttes tachent la plante, ne les essuyez pas: dispersez-les en soufflant légèrement dessus.

Le compost

Les cactées et autres plantes grasses ont besoin d'un mélange riche et bien drainé, qui favorise le développement des racines et l'approvisionnement en eau, sans cependant rester trop longtemps détrempé. Comme base de compost, vous pouvez utiliser le terreau ou la tourbe, mais ne prenez jamais la terre non stérilisée du jardin.

Les composts à base de terreau ou de tourbe conviennent tels quels, mais, pour faciliter l'assèchement, mieux vaut prendre une part de gros sable non lavé pour deux parts de compost. Une fois pour toutes, évitez à tout prix le sable de construction ou de plage: ils ne sont pas stériles et leur teneur en calcaire ou en sel risque d'être élevée. La quantité de sable nécessaire varie selon les besoins particuliers de chaque plante (voir plus loin pour chacune des plantes). On vend des mélanges spéciaux pour cactées, mais ils n'ont pas toujours – et de loin – la qualité du mélange maison.

Le rempotage

Les amateurs de cactées ont presque entièrement abandonné les bons vieux pots en terre cuite, au bénéfice de pots en plastique, bien que les premiers présentent un avantage indéniable pour certaines plantes originaires de régions arides. En effet, ils hâtent l'évaporation, de sorte que le compost ne reste humide que pendant quelques jours. Pour obtenir le même résultat avec un pot en plastique, il faut augmenter de 60, voire de 70 % la teneur en gravillons du compost.

Étant donné leur enracinement peu profond, bon nombre de cactées et autres plantes grasses réussissent mieux dans des demi-pots, ou cuvettes, plus larges que hautes. En revanche, les racines épaisses et tubéreuses de certaines autres exigent un récipient assez profond pour les accueillir sans les étouffer.

Idéalement, le rempotage s'effectue de la fin de l'hiver au début du printemps, avant que ne se développent de nouvelles racines. Quand vous retirez la plante de

Le rempotage

Une à deux semaines avant, arrosez la terre pour dégager plus facilement la souche.

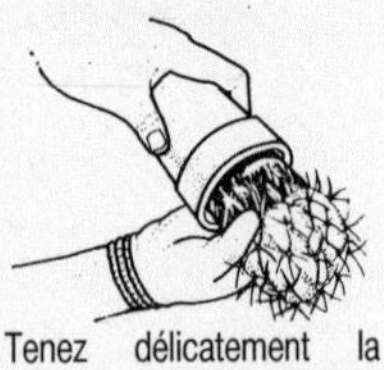

1 Tenez délicatement la plante à la base de la tige, avec des gants si elle porte des piquants. Tapotez le bord du pot contre le rebord d'une surface dure et dégagez lentement la plante. Vérifiez la croissance des racines et voyez s'il y a des cochenilles.

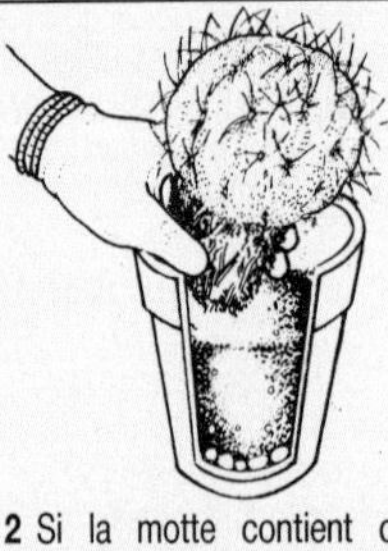

2 Si la motte contient de bonnes racines compactes sans cochenilles, ne l'effritez pas. Disposez, dans un pot du calibre supérieur, une couche de compost assez profonde pour replanter les racines au même niveau qu'auparavant, soit à 2,5 cm environ du bord du pot. Reposez le pied de la plante sur le nouveau compost.

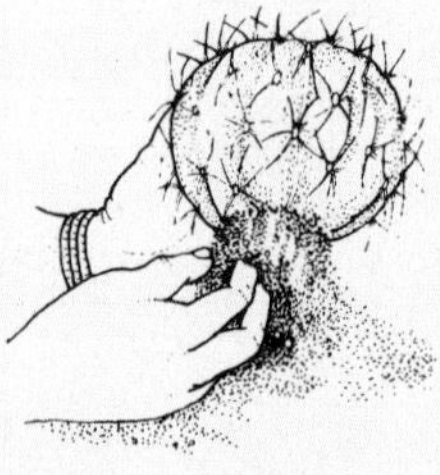

3 Si le compost s'effrite facilement, mais que le système radiculaire soit bon, ou si la plante est arrivée à maturité, dégagez délicatement la vieille terre autour des racines.

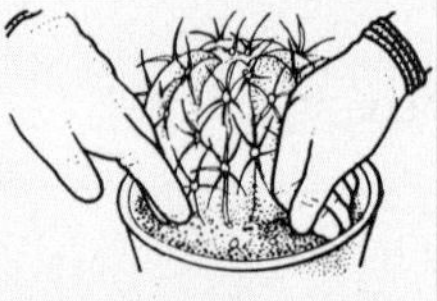

4 Versez du compost frais autour de la motte, puis tassez légèrement à la base de la plante.

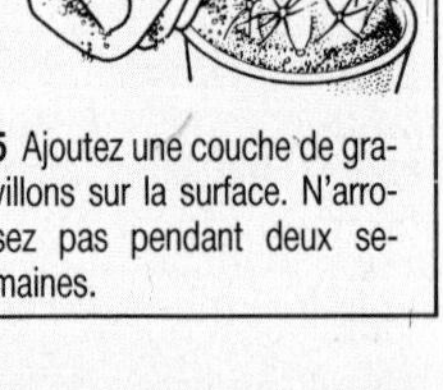

5 Ajoutez une couche de gravillons sur la surface. N'arrosez pas pendant deux semaines.

Le traitement des racines endommagées

Si aucune croissance nouvelle ne se manifeste au printemps, vérifiez que les racines ne pourrissent pas. Il y a pourriture des racines lorsque celles-ci sont noires et molles. Administrez le traitement expliqué ci-contre:

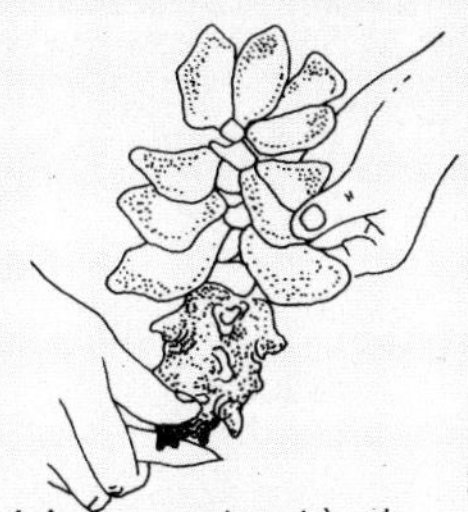

1 Avec un couteau très aiguisé, excisez en couches minces jusqu'à élimination de toute tâche noire pour éviter le retour de la pourriture.

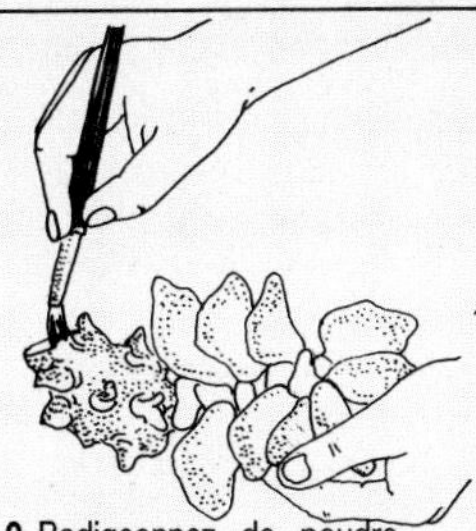

2 Badigeonnez de poudre radiculaire aux hormones et laissez sécher deux à trois jours avant de rempoter dans un compost sec. Maintenez au sec jusqu'à la formation de nouvelles racines.

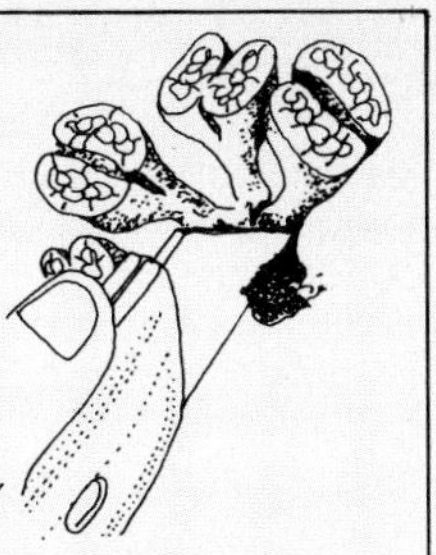

3 Les plantes à racines fibreuses se traitent de la même façon, mais il faut couper la tige et exciser jusqu'à ce qu'il ne reste que du tissu sain.

son pot, examinez l'état de ses racines. • Si la motte est ferme et les nouvelles radicelles nombreuses, rempotez-la dans un pot d'une taille supérieure à celle du précédent. • Si le compost se détache facilement, mais que le système radiculaire soit bon, vous pouvez rempoter avec du compost frais, dans un pot de même taille. • Faites de même si la plante est presque parvenue à maturité et niche dans un pot de 13 cm ou plus. Si vous conservez le même pot, lavez-le à fond avant de rempoter.

Replacez toujours la plante au même niveau qu'auparavant, et couvrez la surface de compost d'une couche de gravillons. Celle-ci est destinée à empêcher que le compost ne s'encroûte après arrosage et s'assèche trop vite par temps très aride. Elle permet aux piquants inférieurs d'être moins éclaboussés.

La multiplication

On peut aisément multiplier un grand nombre de plantes grasses par bouturage de plantes entières ou, dans bien des cas, de feuilles individuelles. Et celles qui se multiplient difficilement de cette façon peuvent être cultivées en semis. [Procurez-vous les semences chez un pépiniériste spécialisé.]

☐ **Les boutures.** Le bouturage de la plupart des plantes doit s'effectuer à la fin du printemps ou au début de l'été, quand la plante est en pleine croissance. Mais ne le pratiquez pas au moment de la floraison. Les techniques du prélèvement des boutures sont illustrées ci-contre.

Souvenez-vous que, contrairement à toute autre plante, les boutures des cactées

Le bouturage des cactées

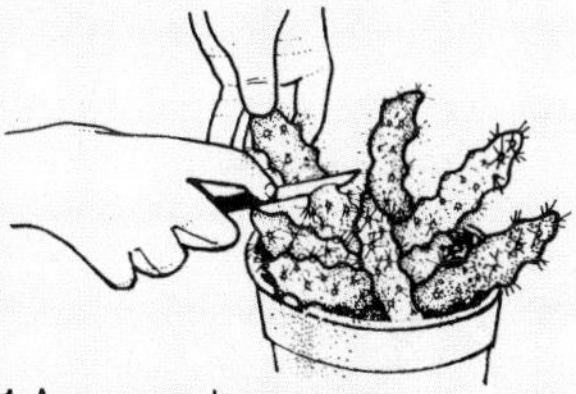

1 Avec un couteau, coupez une tige à l'endroit le plus étroit. Coupez légèrement en biais.

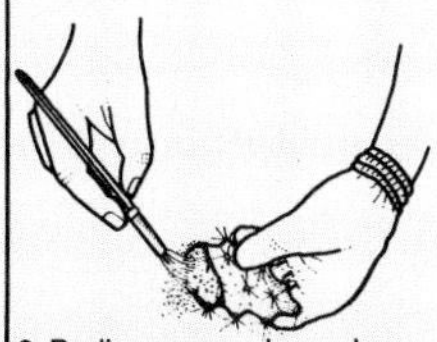

2 Badigeonnez les deux coupes de poudre radiculaire aux hormones, contenant un fongicide, et laissez sécher la bouture pendant deux jours.

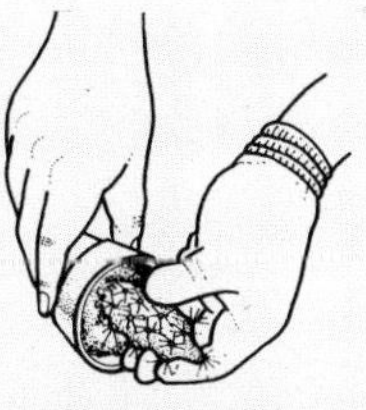

3 Lorsque la coupe est bien sèche, préparez un pot de compost sec et placez-y la bouture.

4 Couvrez l'extrémité coupée, juste assez pour dresser la bouture, ou bien laissez celle-ci reposer contre le bord du pot.

5 Arrosez au bout de deux à quatre semaines, quand les racines commencent à pousser, afin de les aider à s'ancrer dans le compost.

ne doivent jamais être plantées ni arrosées sur-le-champ : il faut d'abord laisser sécher et durcir la surface de coupe, pour prévenir les affections fongiques, et ce d'autant plus longtemps que la «plaie» est grande. Les poudres radiculaires aux hormones constituent la prévention la plus efficace contre les affections : vous avez donc intérêt à les utiliser. Un conseil : après bouturage, attendez deux à trois semaines avant d'arroser.

Certaines plantes grasses peuvent se multiplier à partir d'une simple feuille, qui, s'étant détachée, a pris racine. Pour le faire soi-même, enlevez délicatement la feuille de son point d'attache à la tige. Après l'avoir laissée sécher pendant huit jours dans un pot vide, placez-la sur le compost sec. Certaines reposeront à plat, d'autres, la «plaie» vers le bas. L'important est que cette dernière soit en contact avec le compost. Ainsi, une feuille produit très vite des racines et forme, à sa base, une jeune plantule.

□ **Les semences.** Tout comme celles des autres plantes, les semences des plantes grasses ont besoin, pour germer, de chaleur et d'humidité. Dans la nature, les jeunes pousses parviennent généralement à survivre en se nichant dans un coin protégé des ardeurs desséchantes du soleil, jusqu'à ce qu'elles soient assez grandes pour leur résister. On a plus de chances de réussir un semis si on le réalise dans un milieu dont on maîtrise l'intensité de la lumière et le degré de température. Cependant, comme cette dernière ne doit pas être élevée, un germoir chauffé n'est pas indispensable. Durant les premières semaines, voire les premiers mois, le semis doit être

La culture en semis

1 Remplissez des demi-pots ou des plateaux à semis de 9 cm de bon compost non terreux ou à base de terreau pour empotage, en le couvrant d'une couche de fin gravier.

2 Semez clair, sans couvrir de compost.

3 Arrosez par le bas, en ajoutant un fongicide dilué à la concentration recommandée pour le trempage des jeunes pousses.

4 Enveloppez pots ou plateaux dans un sac de polyéthylène, en rabattant hermétiquement les extrémités de celui-ci por retenir l'humidité. Ou bien, isolez dans de la cellophane.

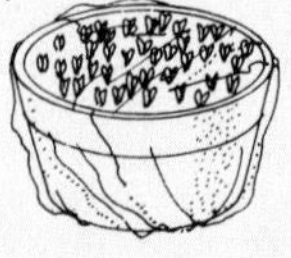

5 Maintenez à 21 °C à la lumière, mais pas en plein soleil, pendant six mois ou plus, jusqu'à ce que les pousses aient la taille d'un petit pois . N'arrossez pas, sauf si la couche d'humidité sur le polyéthylène est partiellement ou complètement évaporée.

6 Repiquez les plants dans de nouveaux plateaux ou petits pots, en les espaçant de 2,5 cm.

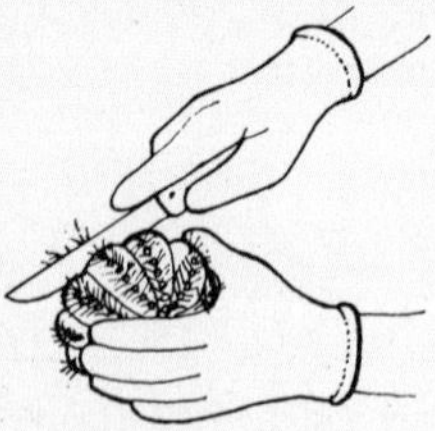

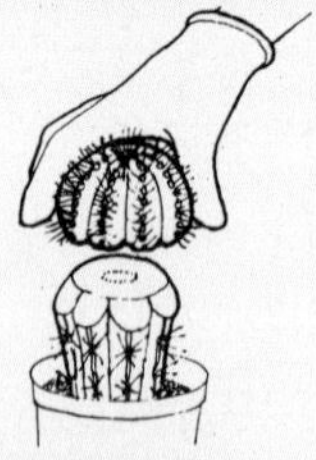

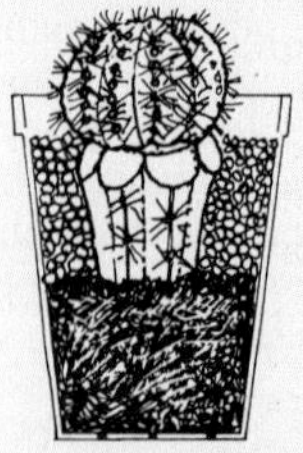

La greffe des cactées

1 Enlevez 2,5 cm du dessus de la souche et découpez une tranche du dessous de l'autre cactée avec un couteau propre, bien aiguisé.

2 Accolez immédiatement et fermement les deux tranches en veillant à faire chevaucher les anneaux près du centre des tiges.

3 Maintenez le tout fermement en place avec des élastiques, jusqu'à l'apparition de pousse nouvelle. N'abîmez pas le tissu extérieur en serrant trop fort.

4 Pour rehausser l'esthétique du greffon, utilisez un pot profond et descendez la souche dans du gravier de sorte que le greffon seul soit visible.

Manipulation des plantes piquantes
Soyez prudent lors du rempotage! N'abîmez ni les piquants ni vos mains. Portez des gants et dégagez la plante en la reposant latéralement sur un établi matelassé et en saisissant la motte, non la plante elle-même.

Les cochenilles
1 Lors du rempotage, vérifiez si les racines sont occupées par des cochenilles (plaques blanches laineuses).

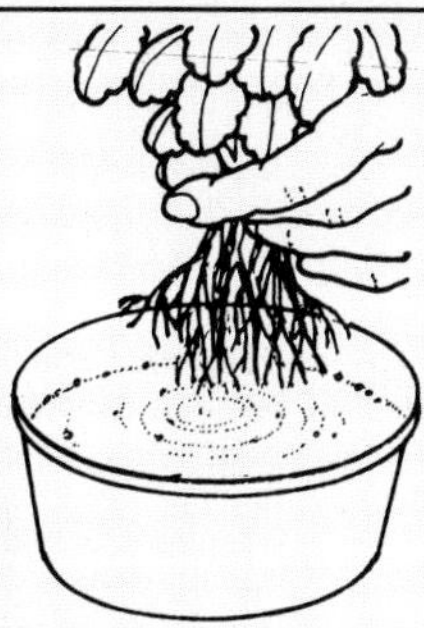

2 Si oui, lavez la motte sous le robinet et trempez les racines dans un insecticide dilué, selon les recommandations du fabricant.

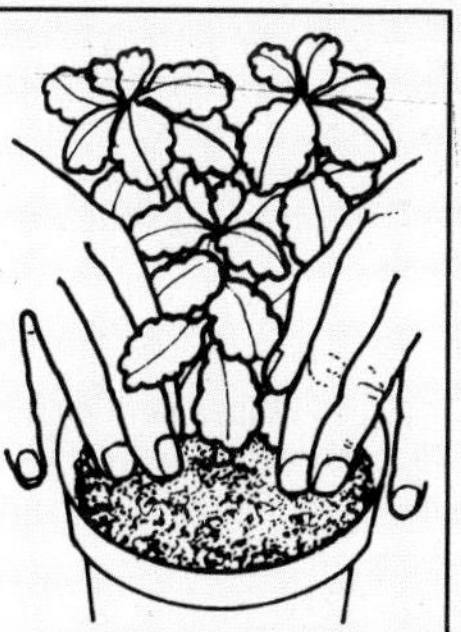

3 Laissez sécher deux à trois jours, puis rempotez dans un compost frais et un pot propre. N'arrosez pas pendant deux à trois semaines.

Les charançons de la vigne

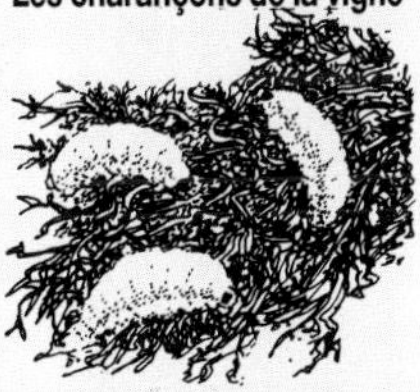

L'infestation du charançon de la vigne nécessite un traitement énergique. Les larves des œufs déposés sur le sol envahissent les racines et la tige. Les adultes manifestent rarement leur présence le jour.

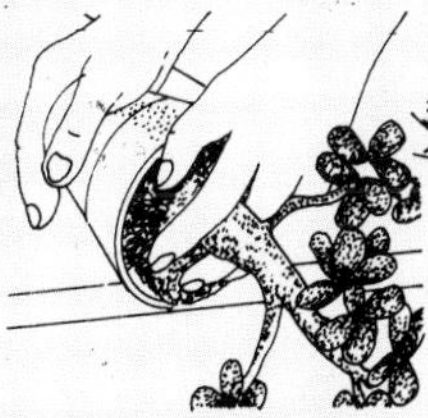

1 Si la tige est enflée et que les feuilles soient percées de trous ronds, retirez la plante du pot et examinez-en les racines.

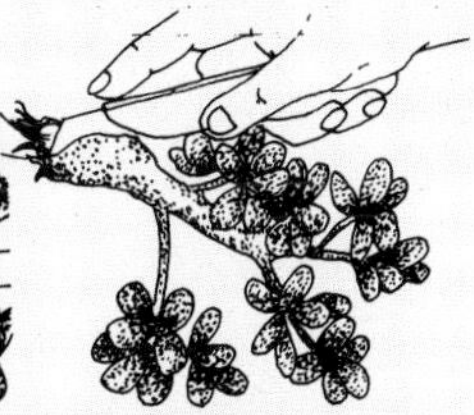

2 En commençant à la base de la plante, pelez finement la racine, puis la tige jusqu'à l'apparition des larves. Extirpez jusqu'à élimination de toute trace de larves ou de pourriture.

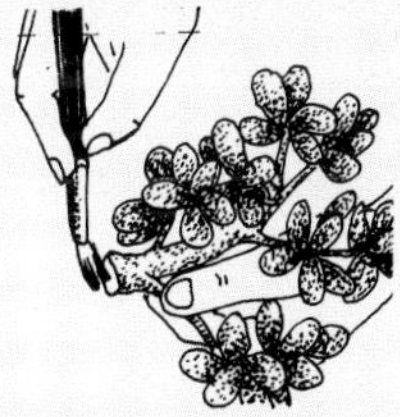

3 Appliquez une poudre radiculaire aux hormones et laissez sécher deux à trois jours avant de rempoter dans un nouveau pot avec du compost frais. N'arrosez qu'après deux ou trois semaines.

maintenu humide, sous une couverture de polyéthylène ou de cellophane.

□ **Les greffes.** Certaines cactées se développent difficilement, ou n'arrivent pas – comme certains panachés – à survivre à l'intérieur, en se servant uniquement de leurs propres racines. D'habitude, on greffe ces plantes sur une souche plus facile à cultiver (voir p. 36). Contrairement aux boutures, les coupures que l'on pratique ici ne doivent pas sécher: on les applique tout de suite l'une contre l'autre. Assurez-vous cependant que les anneaux proches du centre de la tige (faisceau vasculaire) se chevauchent bien. Si la greffe prend, la plante supérieure devrait donner des signes de croissance au bout de trois mois environ, grâce à l'énergie qu'elle puise dans la souche. Veillez donc à donner à celle-ci les soins appropriés, surtout si elle se montre plus exigeante que le greffon.

Les cochenilles

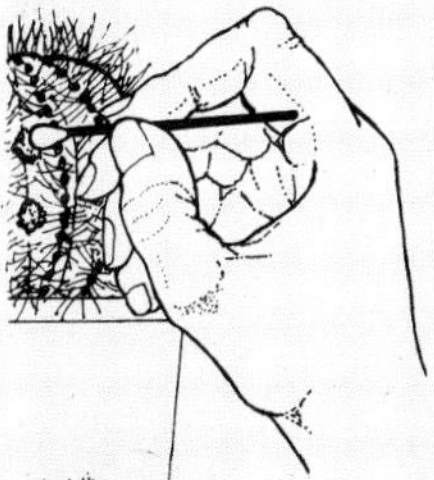

1 Badigeonnez les plaques laineuses avec un petit pinceau ou un bâtonnet ouaté imbibé d'alcool dénaturé. Pulvérisez au malathion dilué. Répétez au bout de dix jours, si l'infestation persiste.

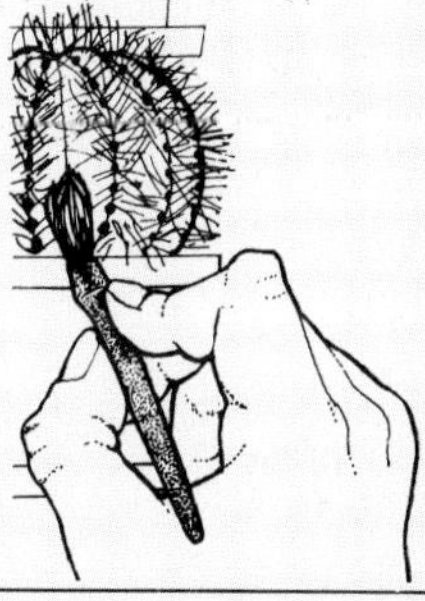

2 Afin de prévenir la pourriture, enlevez tout parasite mort encombrant les nervures, avec un petit pinceau à longs poils. Aidez-vous d'un cure-dents pour dégager les parasites pris dans les piquants.

Si vous examinez régulièrement vos cactées et si vous réagissez rapidement aux premiers signes d'alarme, vous pourrez remédier à la plupart des problèmes. Dans les pages qui suivent, les illustrations attirent votre attention sur ces problèmes, tandis que les légendes interprètent les causes du mal et proposent les remèdes.

Marques brunes sur l'épiderme de la plante, surtout en hiver. Epiderme moucheté et taché de brun.

Marques laissées par le **froid**, suite à un séjour dans un lieu trop frais en hiver.

N'excisez pas. Ces marques sont plus disgracieuses que dangereuses. Vérifiez les besoins en température de la plante. Sur l'appui d'une fenêtre, ne la laissez pas entre les rideaux et les vitres en hiver.

L'épiderme prend une teinte brun clair. Filaments entre les piquants et, çà et là, visibles à la loupe, de minuscules insectes brun-rouge.

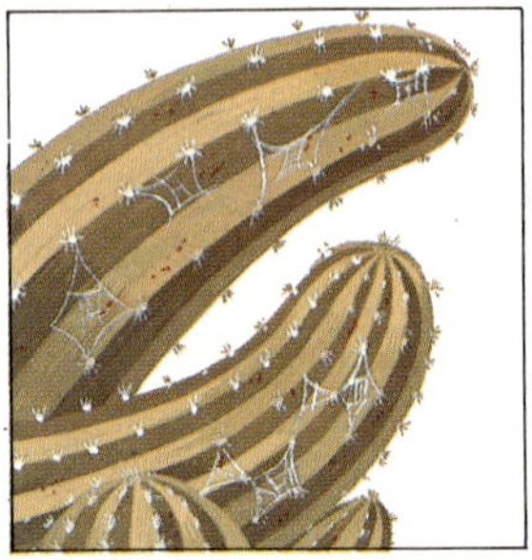

Araignées rouges

Pulvérisez un insecticide de contact pour les tuer et/ou systémique pour prévenir d'autres attaques. Lisez l'étiquette: elle doit mentionner les araignées rouges. Retraitez, à titre de prévention, toutes les deux semaines pendant trois mois, puis deux ou trois fois par an. Pour éviter la contamination, isolez les plantes nouvellement achetées jusqu'à ce que vous soyez sûr qu'elles ne sont pas infestées.

Plaques ressemblant à de l'ouate, en particulier à la base ou à l'extrémité des rameaux.

Cochenilles: petits insectes d'environ 3 mm de long, revêtus d'un duvet blanchâtre farineux dont ils s'entourent pour y déposer leurs œufs.

Enlevez insectes et duvet avec un petit pinceau ou un bâtonnet ouaté imbibé d'alcool dénaturé. Ce produit immobilise les insectes, mais ne les tue pas. Utilisez un cure-dents pour les déloger des piquants. Pulvérisez du malathion dilué ou un autre insecticide de contact, ou bien – surtout pour les plantes duveteuses –, arrosez la terre avec un insecticide systémique.

S.O.S.

Le sommet blanchâtre ou gris jaunâtre, la plante s'effile à mesure qu'elle grandit en tige. De port généralement droit, elle a désormais besoin d'un support.

Manque de lumière. La plante s'oriente vers la meilleure source de lumière. Croissance déjetée.

Choisissez un endroit éclairé toute la journée, par exemple l'appui d'une fenêtre. Les deux premières semaines, tamisez la lumière forte du soleil avec du papier blanc pour acclimater graduellement la plante. En hiver, placez à l'endroit le plus éclairé pour favoriser la formation des bourgeons floraux et assurer la floraison de l'année suivante.

L'épiderme se ride, se ratatine, se ternit.

Rétrécissement normal durant la période sèche de l'hiver. En période de croissance: **sécheresse** ou, si l'arrosage est bon, dépérissement des racines ou exposition subite au soleil.

En hiver, maintenez au sec mais pulvérisez par le haut en matinées ensoleillées. En d'autres saisons, traitez suivant les conditions. S'il y a dessèchement, arrosez. S'il y a trop de soleil, filtrez avec un papier blanc au temps de la canicule. S'il y a pourriture des racines: surarrosage possible.

Coloration brune ou noirâtre de l'épiderme. Mollesse au toucher. La plante ne croît pas. Aucun insecte ne l'approche.

Mort de la plante, due généralement à un surarrosage, à un arrosage durant la saison froide ou au gel.

Jetez plante et terre. Lavez le pot à fond avant de le réutiliser. Dorénavant, veillez davantage à laisser sécher les plantes entre les arrosages. Maintenez au sec en hiver, ou pendant deux semaines après rempotage ou manipulation des racines. Évitez les basses températures et le sas créé par les rideaux et les vitres durant les nuits froides.

La plante ne pousse pas, mais est ferme au toucher. Aucune petite mouche noire ne l'approche. Dépotée, on ne voit pas de racines. La base est parfois couverte de plaques brunes ou orange.

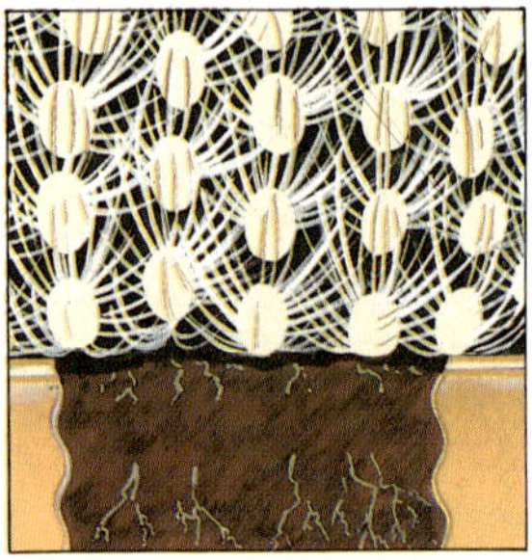

Pourriture des racines, due généralement au surarrosage ou à l'encroûtement et la moisissure d'un compost trop compact.

Dégagez la terre du pied de la plante et laissez sécher. Pelez la base jusqu'à élimination de toute plaque brune ou orange. Badigeonnez la plaie avec une poudre radiculaire aux hormones. Éliminez l'excédent et laissez sécher la plante dépotée. Placez-la dans pot de compost frais. N'arrosez pas avant que n'apparaissent les racines.

Petites plaques brunes et rondes au centre surélevé, semblables à de minuscules bernicles, sur les tiges.

Insectes écailleux (tel le kermès): ils se logent dans une enveloppe cireuse et sucent la sève des plantes.

Pulvérisez un insecticide de contact, ou arrosez la terre avec un insecticide systémique. Quelques jours après, ramassez les écailles avec une pince à épiler ou l'ongle du pouce. Ces insectes sont plus déplaisants que néfastes. Isolez la plante infestée. Examinez celles que vous venez d'acheter avant de les placer parmi les autres.

De petits insectes verts s'amassent autour des bourgeons et à l'extrémité de la plante, déposant une substance gluante (miellée).

Pucerons

Pulvérisez un insecticide ou du derris. Répétez toutes les semaines jusqu'à élimination. Isolez des autres plantes. Sans traitement, la miellée favorise la moisissure. Le derris, extrait d'une plante, est le traitement le plus sûr, surtout à l'intérieur de la maison.

S.O.S.

La plante ne pousse pas après le rempotage. Plaques laineuses sur les racines et minuscules insectes blancs en forme de granules longs de 1 à 2 mm.

Cochenilles des racines
Éliminez toute trace de parasites en enlevant à l'eau toute la terre autour des racines. Plongez celles-ci dans une solution d'insecticide de contact. Laissez sécher complètement (deux à trois jours) avant de rempoter dans un pot propre de compost frais. Si vous rempotez en période de croissance, n'arrosez pas avant deux semaines au moins; en hiver, pas avant le printemps. Si d'autres plantes sont atteintes, plongez-les alors pendant une heure dans une solution d'insecticide de contact.

Taches brunes sur le côté de la plante exposé au soleil.

Racornissement. Les nouvelles pousses nées à la lumière indirecte roussissent si on les expose brusquement au soleil.

Après la période sèche de l'hiver, les cactées sont particulièrement sensibles aux rayons ardents et subits du soleil. Accoutumez-les à la forte lumière en interposant un écran de papier blanc ou en les déplaçant graduellement vers de plus fortes lumières. La brûlure ne compromet pas nécessairement la croissance ultérieure de la plante.

Croissance arrêtée. Petites mouches noires à la base de la plante.

Infestation de **larves de mouches** à fongus, qui se nourrissent des racines et des tissus de la plante.

Si les racines sont atteintes, excisez jusqu'au tissu sain. Pulvérisez un insecticide anti-mouches et plongez le pot dans une solution d'insecticide de contact ou systémique pour tuer les larves. Laissez tremper 30 minutes, puis drainez et laissez sécher. Répétez l'opération tous les deux mois ou en cas de récurrence.

Érable florifère

Finement ciselées comme celles de l'érable, les feuilles de l'érable florifère contrastent parfaitement avec ses fleurs, légèrement cireuses et en forme de clochettes. En arabe, *Abutilon* désigne la mauve, sorte d'herbacée. Comme plante d'intérieur, cet érable est plutôt délicat et exige, en été, un arrosage généreux. Replanté dans le sol d'une serre, *Abutilon hybridum* peut s'élever jusqu'au plafond, mais, dans la maison, bien que soutenue par des tuteurs, la plante dépassera guère un mètre de haut. En été, au-dessus de 16 °C, l'érable florifère se plaît à l'extérieur, du moins à l'abri du vent.

On cultive souvent l'hybride d'abutilon panaché (*Abutilon pictum*) pour son feuillage attrayant, les fleurs ne faisant qu'en rehausser la beauté. Chez l'hybride d'abutilon à feuillage vert, la floraison est plus naturelle et se poursuit de l'été jusqu'à l'hiver.

Lumière: diffuse. Au printemps, la plante supporte la pleine lumière, du moins l'extérieur. En été, tant à l'intérieur qu'à l'extérieur, ne l'exposez pas au soleil de midi.
Température: si possible, entre 18 °C et 21 °C. La plante continuera à fleurir si cette température est maintenue en hiver, sinon, conservez-la à 13 °C et ne l'arrosez qu'une fois par semaine.
Arrosage: presque chaque jour en été, pour prévenir le dessèchement, mais sans laisser le pot baigner dans l'eau. Bon drainage obligatoire. L'hiver, à 13 °C, un arrosage par semaine, lorsque le compost est totalement sec.
Humidité: en été, deux vaporisations par semaine; chaque jour si la température excède 21 °C. Ne mouillez pas les fleurs et ne vaporisez pas au frais en hiver.
Engrais: Engrais liquide dilué à la dose normale, une fois par semaine au printemps et en été, mais après l'apparition des premières fleurs.
Terre: mélange à base de terreau n° 2, avec tourbe et terreau de feuilles à parts égales; plus un huitième de gravillons.
Rempotage: au printemps, en ménageant assez d'espace entre le mélange et le bord du pot (environ 2,5 cm) pour un arrosage copieux en été.
Nettoyage: vaporisez à l'eau douce et tiède. Ne lustrez pas. Ne vaporisez pas les fleurs.

Filaments sous les feuilles: airaignées rouges. Enlevez les toiles avec un chiffon humide, puis pulvérisez du malathion, surtout sous les feuilles. Répétez tous les quinze jours, jusqu'à élimination de tout symptôme. Placez le pot sur un lit de cailloux mouillés, pour accroître l'humidité.

Les tuteurs

1 Enfoncez le tuteur au moment du rempotage, la plante étant déjà en place, mais avant l'ajout du solde de compost. Placez le tuteur à quelques centimètres de la tige principale, aux deux tiers de la profondeur du pot. Gare aux racines!

2 Placez une ficelle autour du tuteur et de la tige, en serrant fermement contre le premier. L'idéal est l'utilisation d'une attache plastifiée.

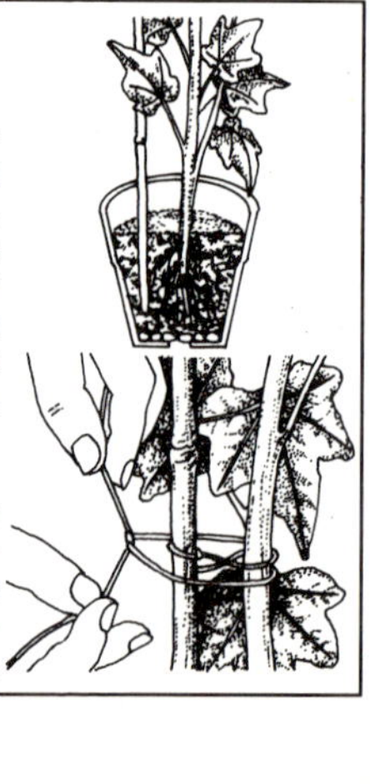

La pointe des tiges retombe: trop au chaud. Placez la plante dans un endroit plus frais et plus aéré. Par grandes chaleurs, vaporisez à l'eau douce et tiède.

La plante pâlit, monte en tige, ses feuilles sont clairsemées: trop de lumière. Choisissez pour elle un endroit plus ombragé, à l'abri du soleil brûlant de l'été.

Les jeunes feuilles sont petites, aucune feuille n'apparaît: manque d'engrais. Nourrissez la plante avec un engrais liquide, chaque semaine au printemps et, en été, après les premières fleurs.

La plante retombe et se meurt: trop au froid. Maintenez-la à une chaleur d'au moins 13 °C en hiver.

Absence de fleurs: trop d'ombre et/ou manque d'engrais. Vérifiez. Choisissez un endroit mieux éclairé (mais pas le plein soleil) et administrez, chaque semaine durant la période de croissance, un engrais liquide dilué à la dose recommandée.

Fleurs translucides: effets de la vaporisation. Lorsque vous vaporisez les feuilles, protégez les fleurs avec du papier ou avec la main.

S.O.S.

Feuilles gluantes, couvertes d'insectes à l'aisselle: pucerons verts. Pulvérisez du pyrèthre ou du malathion dilué. Répétez au bout d'une semaine, puis tous les huit jours.

Flétrissement des feuilles, chute des fleurs et été: compost trop sec. Plongez le pot dans un seau d'eau pendant dix à quinze minutes. S'il se dessèche en été, maintenez l'humidité du mélange en arrosant chaque jour. Ne laissez pas le pot baigner dans l'eau, mais, au-dessus de 21 °C, vaporisez quotidiennement d'eau douce et tiède.

Nuage de petites mouches sur le compost: mouches blanches. Vaporisez du pyrèthre ou du malathion dilué. Répétez chaque semaine.

Chute des feuilles en hiver: compost trop humide. Maintenez la plante au sec de la fin de l'automne au printemps, à une température de 13 °C. N'arrosez que si la surface du mélange est sèche (à peu près tous les huit jours).

Acalypha hispida

Plante chenille

Les deux variétés d'*Acalypha* les plus populaires ont des ports très différents, mais le succès de leur culture nécessite des conditions semblables. La plante chenille, ou «queue-de-chat», porte de petites feuilles vertes et donne de longues fleurs rouges sans pétales, retombant en épis autour du pot. L'autre variété, *Acalypha wilkesiana*, porte des feuilles en forme de cœur, à mouchetures rouges et brunes.

Les plantes chenilles produisent de magnifiques épis rouges, longs de 46 cm à la fin de l'été. Leur bonne santé se manifeste par un feuillage vert vif et une profusion de pousses latérales vigoureuses, allant jusqu'à la base de la tige principale.

Lumière: pleine lumière du jour indispensable pour la coloration du feuillage d'*Acalypha wilkesiana* et une bonne floraison de la plante chenille. En été, mettez à l'abri du soleil de midi.
Température: l'hiver, un minimum de 16 °C; l'été, un maximum de 27 °C.
Arrosage: au printemps et au début de l'été, maintenez humide en arrosant trois fois par semaine. Ne laissez pas séjourner dans l'eau. À la floraison, laissez dessécher le compost entre les arrosages: une fois par mois suffit. En hiver, une fois par semaine.
Humidité: vaporisez tous les deux jours au printemps et en été, jusqu'à l'éclosion des fleurs, ensuite placez sur un lit de cailloux dans la soucoupe presque remplie d'eau, pour accroître l'humidité. En hiver, vaporisez chaque semaine, en particulier dans les pièces à chauffage central.
Engrais: tous les quinze jours au printemps et en été, ou jusqu'à la fin de la floraison. Utilisez un engrais liquide dilué suivant les recommandations du fabricant.
Terre: tourbe, terreau fibreux, sable et terreau de feuilles en parts égales, ou un mélange à base de terreau n° 2 avec des parts égales de tourbe et de sable.
Rempotage: au bout de deux ans, les plantes ont un port efflanqué. Mieux vaut les reproduire par bouturage au printemps. Taillez les vieilles plantes pour les ramener à une hauteur de 30 cm, en coupant en dessous des feuilles au début du printemps, et rempotez dans des pots de 13 cm pourvus d'un bon drainage.
Nettoyage: la vaporisation (voir *Humidité*) est suffisante. Pas de lustrants.

Les boutures de tiges

1 Au début du printemps, remplissez de compost, moitié terreau, moitié sable.

2 Coupez une pointe de tige, longue de 8 à 10 cm, comprenant au moins deux paires de feuilles. Sectionnez la tige en dessous de la dernière feuille inférieure.

3 Enlevez la paire de feuilles du bas. Plongez dans de la poudre radiculaire aux hormones.

4 Creusez un trou dans le compost, suffisamment profond pour y insérer la partie dénudée de la bouture. Le bout de celle-ci devrait reposer sur le fond du compost et la feuille inférieure sur le dessus.

5 Arrosez suffisamment et couvrez d'un sac de polyéthylène. Maintenez à la lumière et au chaud (environ 21 °C), en retirant le sac cinq minutes par jour, pour aérer. Quand la bouture a bien pris, enlevez le sac et rempotez.

S.O.S.

La plante ne grandit pas après le rempotage: pot trop grand. Pour les plantes d'intérieur, la dimension maximale des pots est de 13 cm.

Les épis ne se forment pas: manque de lumière, de chaleur et d'engrais. Placez la plante à la lumière du jour, à une température de 16 °C à 21 °C et donnez de l'engrais tous les quinze jours, jusqu'à l'apparition des épis.

Les fleurs pourrissent: trop humide. Ne vaporisez pas les fleurs. Placez la plante au chaud, à environ 21 °C, ou plus avec une bonne ventilation.

Les feuilles sont flasques et pendent: pas assez d'eau au printemps et en été. Maintenez le compost humide jusqu'à la formation des épis. Puis laissez sécher entre les arrosages.

Feuilles couvertes de plaques noires: effets des lustrants. Ne les utilisez plus: ne nettoyez que par vaporisation à l'eau tiède.

Décoloration malgré une bonne luminosité: trop humide, la plante baigne dans l'eau. Vérifiez si les trous de drainage sont dégagés. Si la terre est toujours détrempée malgré la rareté des arrosages, le mélange terreux n'est pas adéquat. Rempotez au printemps avec le compost adéquat.

Les feuilles se dessèchent: atmosphère trop sèche. Vaporisez à l'eau tiède tous les deux jours au printemps et en été. Après la floraison, ne vaporisez qu'une fois par semaine. Ne vaporisez pas les fleurs.

Plante de deux ans efflanquée, feuilles très espacées. Élaguez à une hauteur de 30 cm au début du printemps pour favoriser la croissance de nouvelles pousses. Nourrissez tous les quinze jours au printemps et en été, jusqu'à la formation d'épis.

Plaques blanches laineuses sur les feuilles et les tiges: cochenilles. Enlevez avec un tampon d'ouate imbibé d'alcool dénaturé et pulvérisez, tous les quinze jours, du malathion jusqu'à élimination.

Les feuilles noircissent: trop au froid. 16 °C minimum en hiver et en été. Choisissez un endroit plus chaud. Enlevez les feuilles noires.

Filaments sous les feuilles, feuilles poussiérieuses: araignées rouges. Pulvérisez un insecticide systémique tous les quinze jours, surtout sous les feuilles, jusqu'à élimination complète. Enlevez les filaments avec un tampon d'ouate imbibé d'un insecticide.

Acanthocalycium

Vous pouvez vous procurer quatre ou cinq espèces différentes d'*Acanthocalycium*, membres d'un petit genre de cactées originaires du nord de l'Argentine. Ce sont, pour la plupart, des plantes hérissées de piquants, même sur leurs bourgeons floraux, qui, éclos, ressemblent à ceux des chardons. Ils possèdent une seule tige globulaire, sans ramifications, de 12 à 15 cm de large (bien qu'il leur arrive parfois de produire des rejetons au bout de 5 ans). Ils portent des aiguillons noirs, bruns ou gris, implantés en côtes verticales sur leur tige vert foncé. Les fleurs d'*Acanthocalycium violaceum* (p. 47) sont couleur lilas – une rareté chez les cactées. Chez d'autres espèces, elles sont blanches, roses, rouge-orange ou jaunes. Ils fleurissent après quatre ans, lorsqu'ils ont atteint une largeur de 7 à 8 cm. Ils ne se sentent à l'étroit dans un pot de 13 cm qu'au bout de 8 à 10 ans.

Acanthocalycium brevispinum est moins commun que *A. violaceum*. Ses piquants sont plus petits et plus rigides, tandis que la fleur pousse latéralement. Comme pour les autres espèces, il faut laisser la terre sécher presque complètement entre les arrosages et la maintenir très sèche par températures avoisinant 4 °C.

Lumière: un maximum de soleil pour une bonne floraison et des piquants résistants. En été, cultivez la plante de préférence à l'extérieur, en l'exposant graduellement en plein soleil, si elle n'en a pas eu beaucoup en hiver. Dans une serre, l'ombre ne lui est pas nécessaire.
Température: pas en dessous de 4 °C. En été, maintenez sous 38 °C et ventilez.
Arrosage: arrosez bien (par le haut, sauf lors de la floraison), à peu près une fois tous les quinze jours en été; plus souvent pour les pots de 8 cm ou moins. La terre doit être presque desséchée avant chaque arrosage. Durant les trois mois les plus froids, n'arrosez pas, mais vaporisez par le haut toutes les huit semaines.
Engrais: à teneur élevée en potasse (comme pour les tomates), une fois par mois au printemps et en été.
Terre: deux parts de compost non terreux ou un mélange à base de terreau n° 2 pour empotage avec une part de sable graveleux.
Rempotage: rempotez chaque année au printemps dans un pot plus grand; tous les deux ans, quand le pot a 13 cm, à moins que la plante ne soit à l'étroit.
Nettoyage et lutte antiparasitaire: si la plante est empoussiérée, vaporisez en jets puissants. Ajoutez un insecticide environ trois fois par an.

Autres variétés: parmi les variétés qui en valent la peine, signalons: *A. brevispinum* ou *A. thionanthum* aux fleurs d'un jaune profond et aux piquants courts et rigides comme les poils d'un tapis-brosse, *A. klimpelianum* aux fleurs d'un blanc immaculé; *A. peitscheranum* dont les fleurs blanches sont délicatement maquillées de rose; et enfin *A. variiflorum* aux fleurs multicolores, allant du jaune au rouge-orange ou au carmin.

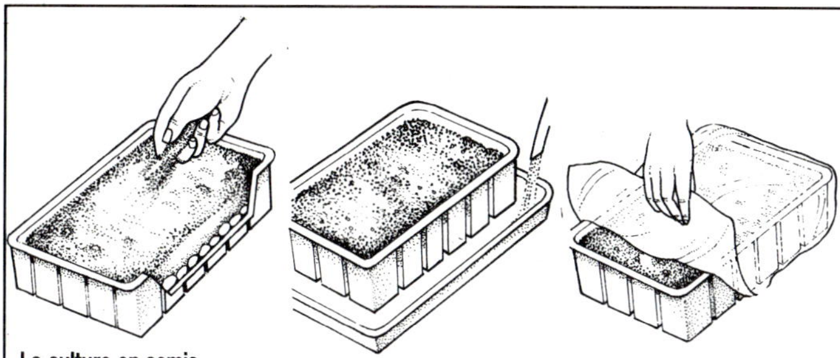

La culture en semis

1 Au printemps, remplissez un plateau à semis ou des pots de 5 cm avec un compost sans terre pour jeunes pousses ou un bon terreau de couches, voire un compost pour rempotage n° 1. Couvrez d'une couche de gravillons fins, en laissant un espace de 1 cm entre la surface et le bord.

2 Semez clair en surface et tapotez le pot ou plateau pour que la semence s'infiltre dans les gravillons. Arrosez par le bas, en incluant un fongicide dilué à la dose recommandée pour le trempage des jeunes pousses, jusqu'à ce que la surface soit humide.

3 Couvrez pots ou plateau de polyéthylène, en rabattant en dessous les extrémités de celui-ci, ou en étanchéisant avec du ruban collant, pour conserver l'humidité. Exposez à la lumière (pas en plein soleil), à une température de 21 °C. N'arrosez plus, sauf si la condensation sur le polyéthylène s'évapore.

4 Au bout de six mois, ou par précaution le printemps suivant, repiquez séparément dans des pots de 5 cm ou à intervalles de 1 cm dans des plateaux à semis.

Ces cactées ont besoin d'une très bonne lumière pendant toute l'année. Dans un endroit trop sombre, elles se déforment: la pointe s'effile et les piquants supérieurs s'affaiblissent. Pour assurer leur floraison, exposez-les au plein soleil en été, de préférence à l'extérieur ou dans une serre.

Acanthocalycium violaceum possède de longues épines jaune-brun, flexibles et infléchies, à travers lesquelles les fleurs lilas pâle se fraient difficilement un chemin pour coiffer la plante. Chez une plante saine, les épines implantées au centre présentent des couleurs plus vives au printemps et en été. La floraison a lieu lorsque la plante a atteint une largeur d'environ 8 cm, la durée approximative de chaque fleur étant d'une semaine.

Adenium obesum

En pleine floraison, cette plante attrayante ressemble à un rosier en fleurs, ce qui lui vaut le nom de «rose du désert», dont elle est parfois affublée. Partant d'une base épaisse et bulbeuse, bien campée sur le sol, la tige se prolonge en ramifications plus sveltes. Sortant de sa dormance hivernale, à la fin du printemps, elle donne d'abord des fleurs, puis des feuilles épaisses et cireuses, et poursuit sa croissance tout au long de l'été. *Adenium obesum* est une espèce assez courante, dont on peut se procurer les semences ou les jeunes pousses. Il atteint en trois ou quatre ans une hauteur de 30 cm, si on le rempote régulièrement et si on l'arrose en été. Parmi les autres espèces disponibles, signalons: *A. swazicum* et *A. oleifolium*.

Lumière: la pleine lumière solaire est indispensable pour la croissance et la floraison.
Température: un minimum de 10 °C est nécessaire. Aérez en été ou placez la plante dehors quand le gel ne menace plus.
Arrosage: toutes les deux semaines à la fin du printemps, en laissant sécher entre les arrosages. Chaque semaine durant les mois chauds, puis de nouveau toutes les deux semaines en automne. N'arrosez pas en hiver, ni au début du printemps. La plante se repose au moment de la chute naturelle des feuilles. Voir *Introduction*.
Engrais: riche en potasse. En été, une fois par mois. Rien en automne.
Terre: un bon mélange à base de terreau n° 2 pour rempotage ou un compost sans terre, additionné d'environ 40 % de gravillons pour un meilleur drainage.
Rempotage: chaque année quand la plante est jeune et croît rapidement. Quand elle a 15 cm de haut, mieux vaut renouveler la surface du mélange (2,5 cm) et nourrir régulièrement pour éviter la pourriture des racines, toujours possible après une perturbation.
Multiplication: seulement par semis, disponibles chez les pépiniéristes spécialisés.

Adenium obesum, la rose du désert, possède une épaisse tige renflée appelée caudex, qui, dans la nature, permet à la plante de faire des réserves d'eau pour survivre aux pires sécheresses. La partie renflée doit se trouver au-dessus de la terre: enfouie dans un sol humide, elle risquerait de pourrir.

Les feuilles noircissent et tombent, bouts des tiges et tubercules mous: trop au froid et terre trop humide. Placez la plante dans un endroit plus chaud, au moins 13 °C. Laissez sécher la terre avant d'arroser. N'arrosez jamais en hiver. Excisez les tissus pourris et badigeonnez d'un fongicide. Ces conditions étant respectées, il se peut que les racines soient infestées de mouches à fongus ou de charançons de la vigne. Vérifiez (voir *Introduction*). Si la pourriture est avancée, la plante mourra.

La taille des pousses mortes
En hiver, les pointes des tiges peuvent se racornir et mourir, si on ne les vaporise pas. Laissez-les se dessécher complètement avant de tailler avec des ciseaux ou un sécateur. Ne taillez que dans la partie sèche, pour ne pas abîmer les tissus sains.

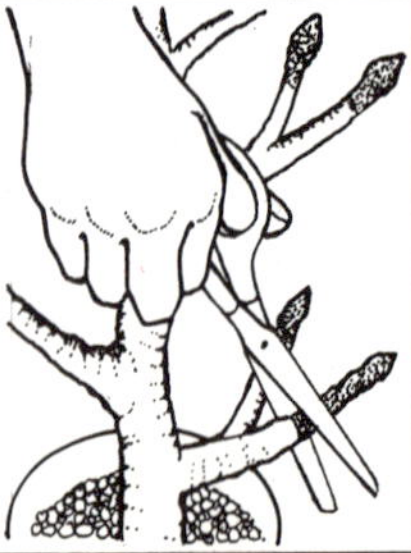

S.O.S.

Plaques laineuses blanches sur les feuilles: cochenilles. Enlevez-les avec un petit pinceau imbibé d'alcool dénaturé et pulvérisez un insecticide. Répétez deux ou trois fois durant la période de croissance.

Flétrissement rapide des fleurs: trop au chaud et trop au sec. Vérifiez régulièrement l'humidité de la terre en été et arrosez quand elle se dessèche. N'exposez pas au soleil brûlant après un temps couvert: placez graduellement en pleine lumière.

Peu de nouvelles pousses au printemps: besoin d'engrais ou de rempotage, ou bien cochenilles des racines. Examinez les racines. Si vous voyez des plaques laineuses, enlevez la terre à l'eau, plongez les racines dans un insecticide et laissez sécher avant de rempoter.

Les feuilles pâlissent, flétrissent et tombent. En été: trop au chaud et au sec, ou terre trop humide. Vérifiez. Si trop sec, trempez le pot dans l'eau pendant 30 minutes, puis drainez. Si le sol est noir et trempé, laissez sécher complètement avant d'arroser. Si les feuilles ne poussent pas mais que la tige est ferme, rempotez dans un compost frais et sec. N'arrosez plus pendant deux semaines. Les feuilles tombent naturellement en automne-hiver et repoussent au printemps.

La pointe des pousses dépérit, brunit et durcit; au printemps, les pousses éclatent bien en deçà des pointes. Prévenez ce dessèchement en vaporisant les pointes en hiver. Coupez les pointes abîmées quand elles sont tout à fait sèches avec de bons ciseaux.

Plaques brunes ou blanches sur les feuilles. Les brunes: brûlures dues à une exposition subite au soleil brûlant, dans une pièce mal aérée. **Les blanches:** insecticides ou eau calcaire. Lavez à l'eau de pluie avec un petit pinceau.

Les feuilles prennent une teinte vert pâle ou jaune-vert, pas de fleurs: endroit trop sombre. Amenez graduellement, en deux semaines, et en plein soleil.

La tige bulbeuse et les racines sont molles par endroits, le couteau révèle des plaques orange dans les tissus: la pourriture orange s'est installée suite à des dégâts aux racines. Excisez en fines tranches jusqu'à élimination de toute trace orange. Badigeonnez à la poudre radiculaire aux hormones avec un fongicide; laissez sécher complètement avant de replanter dans un compost sec.

Cheveu-de-Vénus

De tous les capillaires, le cheveu-de-Vénus, ou «capillaire de Montpellier», est la variété la plus populaire. Cette plante se plaît dans une atmosphère humide, comme celle d'une cuisine ou d'une salle de bains bien éclairée. Comme elle a tendance à s'acclimatiser, comme tout capillaire, à un endroit particulier, mieux vaut ne pas la déplacer d'une pièce à l'autre. Si les frondes se dessèchent, coupez-les à ras de la terre et maintenez l'humidité: la plante ne tardera pas à reprendre. Ne l'exposez pas à la fumée de cigarettes ou autres émanations toxiques.

Lumière: naturelle diffuse, pas en plein soleil. Si la lumière naturelle fait défaut, installez un spot ou un tube fluorescent spécial pour horticulture.
Température: minimum 10 °C en hiver, maximum 21 °C en été.
Arrosage: deux fois par semaine par grande chaleur (plus de 18 °C), une fois par temps plus frais, afin de maintenir une certaine humidité. Arrosez par immersion du pot. Attendez qu'il n'y ait plus de bulles à la surface, puis drainez. Dans une pièce dotée du chauffage central, arrosez deux fois par semaine, durant toute l'année.
Humidité: vaporisez chaque jour à l'eau douce et tiède. Disposez dans la soucoupe un lit de cailloux presque couverts d'eau, ou bien mettez le pot dans un récipient plus grand avec de la tourbe humide entre les deux. Éloignez des radiateurs.
Engrais: dilué dans l'eau d'arrosage, tous les quinze jours en été seulement. N'utilisez que la moitié de la quantité recommandée par le fabricant.
Terre: un compost sans terre, de marque déposée, contenant déjà de l'engrais.
Rempotage: tous les deux ans seulement, dans un pot en plastique, la plante aimant être à l'étroit. Ne tassez pas trop autour des racines: la terre doit être aérée. Ajoutez des tessons ou cailloux pour améliorer le drainage.
Nettoyage: une légère vaporisation à l'eau douce et tiède. Pas de lustrants.

Les feuilles d'une plante saine sont très vertes et poussent très près des tiges. Les bords ne sont ni recroquevillés ni tachés de brun.

Les feuilles sèchent, les bords brunissent: la plante est assoiffée. Arrosez deux fois par semaine durant toute l'année, si le chauffage est central. Humidifiez davantage.

La réanimation d'une plante desséchée

1 Coupez aux ciseaux frondes et tiges mortes, à ras du compost.

2 Plongez dans un seau d'eau. Répétez deux fois par semaine et vaporisez chaque jour à l'eau douce et tiède. Ne donnez pas d'engrais avant que les nouvelles feuilles n'apparaissent.

S.O.S.

Les feuilles se recroquevillent mais restent vertes: terre trop humide. La plante séjourne peut-être dans l'eau. Laissez sécher avant le prochain arrosage et placez la plante dans un lieu plus chaud. Attendez qu'elle récupère avant de donner de l'engrais.

Les jeunes feuilles brunissent, les pointes sont cassantes: trop au chaud. Évitez les températures dépassant 21 °C en été. Placez la plante dans un lieu plus frais, bien ventilé. Vaporisez-la régulièrement.

Chute totale des frondes: plante trop longtemps maintenue au sec, ou émanations toxiques. Recoupez, puis arrosez et vaporisez régulièrement. Évitez les fumées.

Dessèchement de frondes entières: atmosphère trop sèche. Sans traitement rapide, toutes les frondes risquent de se dessécher. Vaporisez chaque jour et éloignez des sources de chaleur.

Certaines feuilles brunissent: effets des lustrants. N'en utilisez aucun. Ne nettoyez que par vaporisation d'eau douce.

Nuage de petites mouches près de la terre: mouches blanches, attirées par l'humidité élevée. Pulvérisez du pyrèthre tous les quinze jours, jusqu'à élimination. Pas du malathion: il noircit les feuilles.

Les feuilles pâlissent: lumière trop forte. Exposez la plante à la lumière diffuse.

Feuilles clairsemées, tiges efflanquées: besoin d'engrais. Donnez toutes les deux semaines tout l'été un engrais liquide à la moitié de la dose recommandée.

Adromischus cooperi

Dans ce genre aux magnifiques tachetures, on ne cultive communément que cinq espèces, bien qu'on puisse s'en procurer d'autres chez les spécialistes. Originaires d'Afrique du Sud, elles se portent bien à l'intérieur des maisons ou des serres, mais elles n'étaleront leurs couleurs qu'au soleil. *Adromischus cooperi* forme une plante d'environ 5 cm de haut sur 10 à 15 cm de large. Laissez ses épaisses racines (semblables à des tiges souterraines ou rhizomes) ramper presque au niveau de la terre, afin d'éviter tout risque de pourriture. On cultive aussi régulièrement les espèces suivantes: *Adromischus trigynus* (souvent nommée *A. maculatus*), *A. marianae*, *A. mammillaris* et *A. triebneri*. N'utilisez pas le malathion ou tout autre insecticide contre-indiqué pour les crassulacées. Les produits à base de pyrèthre sont sans danger.

Adromischus cooperi, appelé aussi dans certains pays «œuf de pluvier» en raison des magnifiques bigarrures de ses feuilles, dépassera rarement la taille d'un bassin de 15 cm. Seule une bonne lumière maintient la coloration de ses feuilles. Entouré de soins appropriés, il produit à la fin de l'été une longue hampe chargée de fleurs. On peut le multiplier à partir des feuilles.

Lumière: le plus de lumière solaire possible, pour favoriser leur coloration et leur compacité.
Température: un minimum de 4 °C. Aérez en été. Dans une serre, maintenez la plante sous 37 °C.
Arrosage: commencez à arroser tous les quinze jours au printemps. Laissez sécher entre les arrosages. Durant les grandes chaleurs, arrosez chaque semaine, puis de nouveau tous les quinze jours en automne. N'arrosez pas en hiver. Voir *Introduction*.
Engrais: pas nécessaire, mais, si vous ne les rempotez pas, donnez-leur un engrais riche en potasse une ou deux fois en été.
Terre: un bon compost à base de terreau nº 2 pour rempotage, ou un compost sans terre, avec environ 40 % de sable graveleux pour un meilleur drainage.
Rempotage: chaque printemps, dans des cuvettes basses ou demi-pots d'une taille plus grande, en veillant à ne pas déplacer les feuilles, aux joints fragiles. Laissez dépasser le dessus des épaisses racines, pour prévenir la pourriture.
Multiplication: par les feuilles.

Absence de nouvelles pousses: besoin d'engrais riche en potasse, deux fois en été. Ou bien, si vous l'avez bien nourri, voyez si les racines ne sont pas infestées de cochenilles. Si oui (plaques laineuses blanches), plongez le pot dans un insecticide à base de pyrèthre, laissez sécher avant de rempoter dans un nouveau compost et nettoyez le pot. N'arrosez pas pendant deux semaines.

La multiplication

1 Lorsque les nouvelles feuilles apparaissent vers la fin du printemps, enlevez-en trois ou quatre au sommet. Laissez-les sécher pendant deux jours, dans un lieu sûr, par exemple un pot vide.

2 Placez la feuille dans un pot de compost sec, le bout ne faisant que toucher celui-ci, le reste reposant sur le bord du pot. Maintenez-la en place avec un peu de terre. N'arrosez pas avant l'apparition des racines. Une plantule se formera à la base de la feuille.

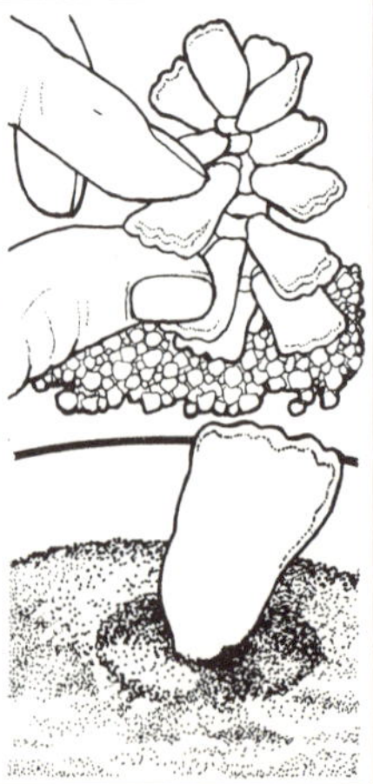

S.O.S.

Insectes verts ou noirs sur la hampe: pucerons. Pulvérisez un insecticide à base de pyrèthre, en protégeant les feuilles avec un morceau de papier. Répétez, tous les dix jours, jusqu'à élimination.

Après la floraison
Lorsque les fleurs meurent, sectionnez la tige à la base avec des ciseaux ou un sécateur. Ou bien, attendez qu'elle se détache facilement à la main. N'abîmez pas la plante en forçant.

Feuilles pâles, grandes tiges aux feuilles espacées, pas de fleurs: endroit trop sombre ou trop au chaud en hiver. Placez la plante dans un lieu bien éclairé et maintenez à 10 °C en hiver.

Feuilles déformées: dégâts dus aux insecticides. N'utilisez que des insecticides à base de pyrèthre. La plante peut récupérer.

Les feuilles se dessèchent et tombent en été. Si la base est ferme: trop sec. Trempez le pot dans l'eau durant 30 minutes, égouttez et arrosez plus régulièrement. Si toutes les feuilles tombent: atmosphère et terre trop humides. Vérifiez. Si la terre est détrempée, laissez sécher et vérifiez le drainage et la composition du compost. Un certain flétrissement est naturel en hiver.

Les feuilles noircissent et tombent. La tige se ramollit: trop au froid, atmosphère et sol trop humides. N'arrosez pas en hiver, maintenez à plus de 4 °C. Ces conditions étant respectées, voyez si les racines ne sont pas infestées de mouches à fongus ou de charançons de la vigne. Si la tige est pourrie, bien que les feuilles soient saines, multipliez par bouturage de feuilles.

Plaques laineuses blanches sur les feuilles: cochenilles. Enlevez avec un petit pinceau imbibé d'alcool dénaturé et pulvérisez du pyrèthre. Répétez deux ou trois fois en période de croissance.

Les feuilles sèchent et brunissent par endroits: brûlures dues à une exposition trop forte et subite au soleil, et ventilation insuffisante. Retirez du soleil et réexposez graduellement en deux semaines. Maintenez en un lieu plus aéré.

Aechmea fasciata

Aechméa fascié

À l'état naturel, cette magnifique broméliacée se développe sur les arbres, où elle se maintient par quelques maigres racines. Ses longues feuilles recourbées forment une coupe, dans laquelle elle recueille l'eau de pluie, dont elle tire des éléments nutritifs, et de petites quantités de méthane, qui favorisent la floraison. Généralement les marchands la vendent lorsque le bourgeon floral est déjà en place. Sinon, on peut, au bout de 18 mois, provoquer la floraison en couvrant la plante, pendant quatre semaines, d'un sac de polyéthylène contenant un trognon de pomme pourrie. Après la floraison, la plante-mère meurt, mais des rejetons se forment à la base.

Les feuilles de l'aechméa fascié sont couvertes d'un duvet gris qu'il faut se garder d'enlever par frottement. N'achetez pas cette plante quand elle est en fleurs, car elle meurt après la floraison. Choisissez un spécimen bourgeonnant, pourvu de feuilles saines et sans taches.

Lumière: supporte la lumière forte du soleil et survit à l'ombre. A besoin d'une bonne lumière pour fleurir.
Température: un minimum de 12 °C, un maximum de 27 °C.
Arrosage: remplissez la rosette d'eau douce. Laissez l'excédent s'infiltrer dans la terre, juste pour l'humidifier. Videz la rosette. Renouvelez l'eau toutes les trois semaines.
Humidité: pas de besoins spéciaux à températures normales de la pièce. Ne gardez pas la plante dans un lieu froid et humide.
Engrais: pas nécessaire, mais un engrais liquide très dilué, lors de l'arrosage de la rosette, chaque mois en été, aidera la plante à se maintenir en bonne santé. N'utilisez pas plus du quart de la dose recommandée par le fabricant.
Terre: compost à base de terreau comprenant une part de terreau de feuilles ou d'aiguilles de pin décomposées pour trois parts de compost. Le mélange ne doit pas contenir de calcaire.
Rempotage: lorsque la plante ternit, flétrit et meurt, démêlez délicatement les rejetons de la base, en veillant à prendre en même temps quelques racines. Empotez individuellement dans des pots de 13 cm. Il ne sera plus nécessaire de les rempoter.
Nettoyage: époussetez avec un plumeau.

Les parties grises des feuilles sont fortement marquées de vert: griffures, sans doute dues au passage d'un animal domestique. La plante survivra tant que les feuilles sont revêtues de ce duvet gris.

L'enlèvement de la tige florale
Après la mort de l'épi floral, sectionnez la base de la tige avec un sécateur.

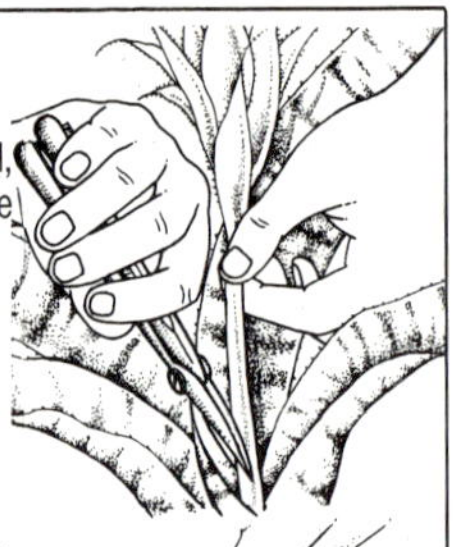

L'arrosage
La rosette centrale devrait toujours contenir environ 2,5 cm d'eau. De pluie, si possible. Renouvelez l'eau toutes les trois semaines.

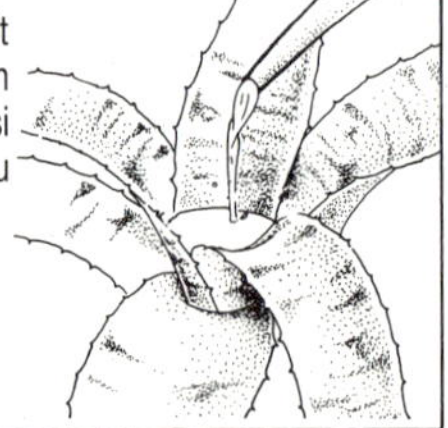

S.O.S.

La fleur se fane: manque de lumière. Choisissez un meilleur emplacement.

La fleur se flétrit et meurt: phénomène naturel après la floraison.

Fleur et tige pourrissent: terre trop humide. Videz l'eau de la rosette et laissez la terre sécher avant l'arrosage suivant.

Fleur et tige se dessèchent et prennent une teinte rose terne: trop au froid. Placez la plante dans un lieu plus éclairé et plus chaud, au moins 12 °C.

Petits insectes dans la rosette: pucerons noirs. Ne pulvérisez pas la fleur. Arrosez la terre (pas la rosette) en ajoutant à l'eau du malathion, une fois par semaine pendant trois semaines. Retirez les insectes avec une pince à épiler.

Les feuilles se recroquevillent: chaleur et sécheresse excessives. Choisissez un endroit plus frais, sous 27 °C. Arrosez la terre et assurez-vous que la rosette centrale est remplie d'eau.

Feuilles déformées, gluantes et couvertes de petits insectes: pucerons verts. Pulvérisez du pyrèthre ou un insecticide systémique, tous les quinze jours, jusqu'à élimination.

Les feuilles se flétrissent et meurent avant la mort de la plante: effacement du duvet gris ou lustrants. Pas de remède.

Plaques laineuses blanches sur les feuilles et les aisselles: cochenilles. Arrosez la terre (pas la rosette) en ajoutant à l'eau du malathion. Répétez toutes les trois semaines, si nécessaire.

Les feuilles brunissent et pendent: eau ou terre calcaires. Utilisez de l'eau douce pour l'arrosage. S'il y a lieu, rempotez dans une terre sans calcaire.

Aeonium arboreum

Parmi les variétés d'*Aeonium arboreum*, nous présentons ici *Aeonium arboreum var. atropurpureum*, qui se distingue par son toupet de feuilles pourpres et noirâtres, terminant chacune de ses tiges spongieuses. Originaire des îles Canaries, cette plante ne dévoile ses vraies couleurs que sous la lumière forte et abondante du soleil. Elle peut atteindre une hauteur de 50 à 60 cm et une largeur de 20 à 30 cm. Les insecticides contre-indiqués pour les crassulacées lui sont nocifs : ils déforment ses feuilles et finissent par tuer la plante. En revanche, ceux à base de pyrèthre sont sans danger. Parmi les autres espèces, signalons : *A. decorum* et *A. haworthii* au port de bonsai, *A. tabulaeforme* aux rosettes aplaties et *A. sedifolium* aux feuilles menues et rondes.

Aeonium aboreum var. *atropurpureum* est, parmi les plantes grasses, celle dont le feuillage est le plus foncé. Après quelques années, il pousse en s'élargissant de façon désordonnée : mieux vaut le reproduire, de préférence par bouturage, car les boutures prennent facilement racines.

Lumière : l'endroit le plus ensoleillé possible, pour maintenir son coloris pourpre. La plante se porte mal à l'ombre, où elle prend une teinte verte. Sortez-la en été, pour favoriser la floraison.
Température : a besoin d'un minimum de 4 °C. Sortez-la en été, en la mettant en plein soleil après une exposition progressive de deux semaines.
Arrosage : toutes les deux semaines au printemps, puis une fois par semaine en été, en laissant toujours la terre se dessécher entre chaque arrosage. Réduisez petit à petit en automne, pour n'arroser qu'une fois par mois en hiver si les feuilles se racornissent. Voir *Introduction*.
Engrais : riche en potasse, une fois par mois en été seulement.
Terre : un bon compost pour rempotage à base de terreau n° 2, ou un compost sans terre, mélangé à 30 % de sable graveleux pour un meilleur drainage.
Multiplication : prélevez des boutures de 8 cm sur les jeunes pousses de la tige principale.

Le bouturage

1 Avec un bon couteau, prélevez au printemps ou au début de l'été une pousse de 5 à 8 cm sur la tige principale. La bouture doit être saine et pourvue d'une bonne touffe de feuilles.

2 Prévenez les affections en badigeonnant les coupures de poudre radiculaire aux hormones. Laissez sécher pendant deux jours, puis placez sur un compost sec dans un petit pot. N'arrosez pas avant la sortie des racines.

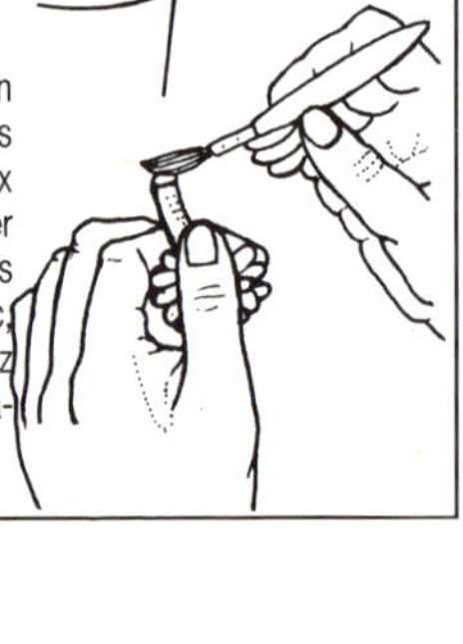

S.O.S.

Les feuilles sont petites et rares: terre trop sèche ou rempotage nécessaire. Vérifiez. Si la terre est absolument desséchée, trempez le pot dans un seau d'eau pendant une demi-heure, laissez-le égoutter puis arrosez plus régulièrement, sauf en hiver. Sinon, c'est que la plante est à l'étroit. Rempotez au printemps dans un pot de taille supérieure.

Plante efflanquée, tout en longueur, étique; rosettes décolorées: trop au chaud et trop humide en hiver. Gardez dans un endroit sec et aéré où la température ne dépasse pas 10 °C.

Les feuilles roussissent: exposition subite et forte au soleil. Abritez du soleil direct, réexposez-les graduellement en l'espace de deux semaines. Conservez la plante dans un endroit plus aéré.

Plaques laineuses blanches sur feuilles et tige, en particulier sur les jeunes pousses: cochenilles. Enlevez-les avec un pinceau imbibé d'alcool dénaturé et pulvérisez un insecticide à base de pyrèthre. Répétez dix jours après, s'il y a lieu.

Petits trous ronds autour des feuilles, tige enflée, croissance nulle: charançons de la vigne. Saupoudrez un insecticide autour de la base de la plante. Excisez les parties atteintes de la tige, jusqu'à extirpation des larves.

Petits insectes verts sur et entre les feuilles: pucerons verts. Pulvérisez un insecticide à base de pyrèthre. Répétez, tous les dix jours, jusqu'à élimination.

Les feuilles noircissent et tombent, la pointe des tiges noircit et se ramollit: trop au froid et trop humide, surarrosage. Placez la plante plus au chaud, à plus de 4 °C en hiver. Excisez les parties noires de la tige et appliquez un fongicide. Gardez sec en hiver. Durant les autres saisons, laissez toujours la terre se dessécher avant d'arroser.

Les feuilles se recornissent et tombent en hiver: trop au sec. En hiver, n'arrosez qu'une fois par mois, pour humidifier légèrement la terre.

Les feuilles prennent une teinte vert uni: endroit trop sombre. Amenez en plein soleil en l'espace de deux semaines.

Les feuilles retombent: aridité, parasites des racines ou surarrosage. En cas d'aridité, laissez tremper dans l'eau pendant une demi-heure, laissez égoutter et, à l'avenir, arrosez davantage. Si la terre est détrempée, laissez dessécher, retirez du pot et traitez les racines s'il y a pourriture ou infestation (voir *Introduction*).

Croissance déficiente, plaques laineuses blanches sur les racines: cochenilles des racines. Lavez les racines et trempez-les dans un insecticide. Laissez sécher pendant deux à trois jours, puis rempotez.

Aeschynanthus speciosus

Dans un panier suspendu, *Aeschynanthus speciosus* révèle davantage sa beauté. Lorsqu'il a deux ans, installez-le dans un panier tapissé de mousse. Durant ses trois premières années, maintenez-le dans une atmosphère humide, en évitant de l'exposer en plein soleil.

Par son allure générale, cette plante rappelle sans doute le *Columnea* (p. 190), mais elle s'en distingue cependant par ses fleurs à quatre étamines et sa forme plus tubulaire. Elle se développera mieux dans un pot ou dans un panier suspendu. Ses fleurs cramoisi foncé ont une gorge qui contraste avec le vert profond de ses feuilles charnues. La première année, il est bon d'épincer les bourgeons floraux et d'arroser fréquemment pour encourager la croissance des tiges et des feuilles. L'hiver suivant, laissez la plante se reposer au frais et au sec. Elle produira une profusion de fleurs l'année suivante.

Lumière: lumière indirecte quand la plante est jeune. En pleine lumière après trois ans, en évitant le soleil de midi.
Température: de 24 °C à 27 °C en été, un minimum de 16 °C en hiver.
Arrosage: tous les deux jours au printemps et en été, surtout la première année. Au-delà de 24 °C, ne laissez pas se dessécher le compost. Vérifiez-le chaque jour. En hiver, n'arrosez qu'une fois par semaine environ, quand le compost est sec à la surface.
Humidité: vaporisez la plante chaque jour, tout au long du printemps et de l'été, une humidité élevée étant indispensable pour une bonne croissance. En hiver, arrosez chaque semaine, mais seulement si la température dépasse 16 °C.
Engrais: une fois tous les quinze jours au printemps et en été, après l'apparition des premières fleurs, avec un engrais liquide dilué selon les recommandations du fabricant.
Terre: sable grossier et bonne tourbe fibreuse en parts égales, plus un huitième de part de mousse de sphaigne hachée. Tapissez le fond du pot ou panier de charbon de bois et de tessons.
Rempotage: chaque année, au début. Ou bien, replantez dans un panier tapissé de sphaigne, ou cultivez la plante sur un bloc de bois couvert de mousse verte. Enveloppez les racines dans de la sphaigne et attachez-les au bloc avec un fil de cuivre.
Nettoyage: pas de lustrants.

Les paniers suspendus

1 Tapissez de mousse un panier ou un seau. Couvrez la mousse d'une feuille de polyéthylène percée de cinq ou six trous. Ajoutez une soucoupe de charbon de bois, pour absorber les odeurs.

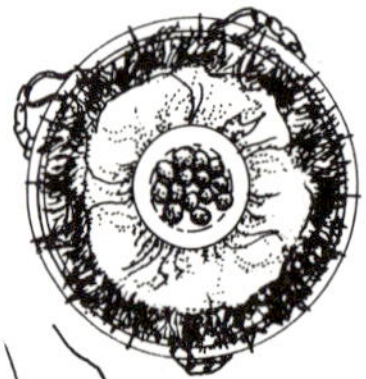

2 Versez une couche de compost humide.

3 Retirez la plante de son pot et placez-la au centre du panier, en veillant à ce que les tiges retombent uniformément tout autour.

4 Remplissez de compost et tassez autour des racines. Arrosez bien, laissez sécher, puis accrochez la plante avec soin. Installez sous elle un plateau d'égouttage.

S.O.S.

La plante ne fleurit pas la deuxième année, les nouvelles feuilles sont petites: pot trop grand et besoin d'engrais. Ne rempotez plus pendant deux ans: elle fleurit mieux à l'étroit. Nourrissez toutes les deux semaines au printemps et en été quand les fleurs apparaissent, avec un engrais liquide dilué selon les recommandations du fabricant.

Filaments sous les feuilles: araignées rouges. Enlevez les filaments avec une éponge humide, puis pulvérisez du malathion dilué, surtout sous les feuilles. Répétez tous les quinze jours, jusqu'à élimination de tout symptôme. Humidifiez davantage en plaçant le pot sur un lit de cailloux baignant dans l'eau d'une soucoupe.

La plante s'étiole en été: trop au chaud et compost trop sec. Plongez le pot dans un seau d'eau pendant dix minutes, puis laissez-le égoutter. Maintenez le compost humide en été, en arrosant chaque jour s'il se dessèche par temps très chaud.

Les feuilles tombent: trop au froid, en hiver. Placez la plante plus au chaud, au moins 16 °C. En été, la chute des feuilles et l'absence de fleurs sont dues au froid et au dessèchement de la terre. Placez la plante plus au chaud, mais pas à plus de 27 °C, et immergez le pot dans un seau d'eau pendant dix minutes.

Noircissement et chute des feuilles en été: atmosphère trop sèche. Vaporisez chaque jour à l'eau douce et tiède. Placez le pot sur un lit de cailloux, baignant dans l'eau d'une soucoupe.

Les feuilles se dessèchent, surtout en été: atmosphère trop sèche. Vaporisez chaque jour au printemps et en été à l'eau douce et tiède. Placez le pot sur un lit de cailloux baignant dans l'eau de la soucoupe.

Taches noires sur les feuilles, surtout en hiver: botrytis, dû au froid et à une trop grande humidité. Pulvérisez un fongicide et placez plus au chaud, au moins 16 °C. Laissez sécher la surface du compost entre les arrosages en hiver et vaporisez moins souvent. Enlevez les feuilles atteintes.

Tiges échevelées, tout en longueur: atmosphère trop sombre. Placez la plante dans un endroit bien éclairé, presque en plein soleil.

Agave utahensis

Cette plante des régions désertiques de l'Utah et du Nevada, aux États-Unis, est la plus petite représentante de l'espèce agave. Elle se prête bien à la culture à l'intérieur, où elle atteint de 10 à 25 cm de haut et s'étale sur 20 à 25 cm. Ses feuilles très raides se terminent par une pointe acérée. Ne vous réjouissez pas trop à la pensée de voir ses fleurs éclore : il vous faudra attendre de dix à vingt ans ! De plus, après la floraison, vous assisterez à la mort de la plante. Jadis on la nommait « plante séculaire », car on croyait qu'elle ne fleurissait qu'une fois en cent ans. Parmi les autres variétées qui valent la peine d'être cultivées, citons : *A. parviflora*, *A. filifera*, *A. victoria-reginae* et, plus grande que les autres, *A. americana*.

Lumière : le plus de soleil possible pour le maintien de leur port et de leur couleur.
Température : un minimum de 4 °C, par mesure de sécurité, bien que la plupart des agaves supportent des températures pouvant descendre légèrement sous zéro, du moins par temps sec.
Arrosage : commencez à arroser au printemps, en laissant la terre se dessécher entre les arrosages. Au printemps et en été, une fois environ tous les quinze jours suffit. N'arrosez pas du tout en hiver. Voir *Introduction*.
Engrais : riche en potasse, une fois par mois en été. Rien à partir de l'automne.
Terre : un bon compost de rempotage à base de terreau n° 2, ou un compost sans terre, plus 30 % de sable pour le drainage.
Rempotage : tous les printemps, jusqu'à ce que le nouveau pot ait atteint 18 ou 20 cm. Dès lors, rempotez dans un pot de même dimension, en renouvelant le compost.
Multiplication : les agaves produisent de temps en temps des drageons, que l'on peut détacher et replanter. Quant aux feuilles, elles ne formeront pas de nouvelles plantules, car elles ne prennent pas racines. La culture en semis est aussi possible, mais les semences en vente proviennent généralement des plus grandes plantes.

Agave utahensis var. nevadensis. Cette plante, hérissée d'épines, est cultivée ou son feuillage, car les fleurs n'apparaissent qu'au bout d'au moins dix ans et annoncent la mort de la plante. Méfiez-vous des épines et gardez la plante hors de portée des enfants : les pointes rigides et très acérées qui bordent les feuilles peuvent provoquer de méchantes blessures, notamment aux yeux.

Le bout des feuilles est brun, le reste brun clair : dessèchement au soleil ou terre trop sèche. Dans ce dernier cas, trempez dans un seau d'eau, dix à quinze minutes, puis drainez. Arrosez régulièrement en été. En cas de dessèchement au soleil, filtrez les rayons solaires en couvrant la plante d'une feuille de papier pendant deux semaines. Coupez les feuilles abîmées.

Le bout de la feuille pend, crevasse transversale brune : la plante a subi un choc ou une poussée contre la fenêtre. Sectionnez au niveau de la cassure avec des ciseaux. N'arrachez pas, sinon vous abîmeriez la base de la feuille.

Feuilles desséchées et brunes : phénomène naturel, si ce ne sont que les feuilles inférieures. Enlevez avec des ciseaux. Si les feuilles supérieures sont elles aussi atteintes : surarrosage, pourriture du centre.

S.O.S.

La plante ne pousse pas: rempotage et engrais nécessaires. Rempotez chaque année dans du compost frais et, en été, nourrissez chaque mois, avec un engrais riche en potasse.

Prélèvement des drageons: portez des gants. Enlevez les drageons au printemps ou au début de l'été, en sectionnant le plus près possible de la tige principale. Badigeonnez les coupures de poudre radiculaire aux hormones et laissez les drageons sécher pendant deux jours.

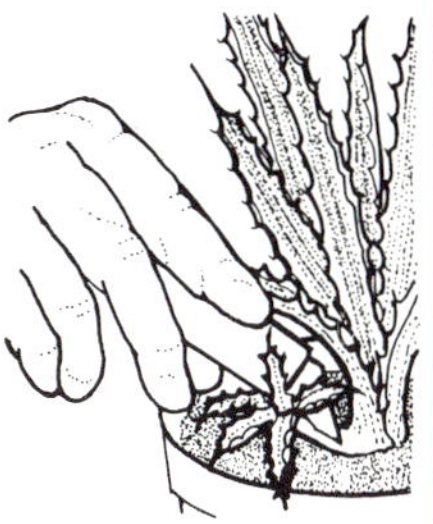

Feuilles longues et pâles: environnement trop sombre ou terre trop humide. Vérifiez. Placez la plante dans un lieu mieux éclairé. Laissez la terre se dessécher avant d'arroser. Gardez au sec en hiver.

Feuilles noires: atmosphère trop humide, pourriture des racines. La plante risque de mourir. Placez-la tout de même dans un endroit plus aéré et bien éclairé.

Plaques laineuses blanches sur les feuilles: cochenilles. Enlevez avec un petit pinceau imbibé d'alcool dénaturé et pulvérisez un insecticide de contact ou systémique. Répétez deux ou trois fois en période de croissance.

La plante ne pousse pas, plaques laineuses blanches sur les racines: cochenilles des racines. Lavez les racines, trempez-les dans un insecticide de contact et laissez-les sécher avant de rempoter dans un compost frais. Nettoyez le pot. N'arrosez pas pendant deux semaines.

Ageratum houstonianum

Agératum du Mexique

Les agérates méritent leur popularité à plus d'un titre. Leurs fleurs s'épanouissent tout au long de l'année en bouquets soigneusement composés. Ce sont des annuelles, dont les hybrides modernes ne font pas plus de 15 cm, taille qui les destine tout particulièrement à la parure des jardinières, des balcons ou des terrasses. Malheureusement, ils sont sujets aux affections fongiques. Afin de leur assurer une bonne santé et un port buissonnant, veillez à repiquer les jeunes pousses dès que leur taille permet de les manipuler.

Lumière: le maximum à l'intérieur. À l'extérieur, pas plus de deux heures à l'ombre.
Température: pour la germination, 21 °C. Avant le repiquage à l'extérieur, 7 °C. Protégez du gel.
Arrosage: un compost humide. Mieux vaut sous-arroser que surarroser. Protégez des pluies battantes.
Humidité: ne seringuez pas, ne pulvérisez pas, n'arrosez pas par le haut quand la plante est en fleurs.
Terre: un compost à base de terreau n° 2 ou sans terre. La terre doit être complètement stérilisée.
Engrais: nourrissez régulièrement la plante pour maintenir sa croissance. Pour les jeunes pousses: une demi-dose d'engrais liquide. Dix jours après le repiquage définitif, nourrissez à la dose recommandée. Répétez tous les dix jours pour le mélange terreux; tous les cinq jours pour le non terreux.
Multiplication: préparez un plateau au début du printemps. Semez sans couvrir de compost. Placez dans le germoir ou un sac en plastique sur une source de chaleur de 21 °C. La germination a lieu en une semaine. Repiquez à intervalles de 5 cm, dès que la taille des pousses permet de les manipuler. Maintenez à 18 °C pendant une semaine. Réduisez graduellement jusqu'à 7 °C, juste avant de repiquer à l'extérieur.
Nettoyage: coupez toute fleur qui brunit de vieillissement. Coupez à la base de la tige.
Variété: *A. lagon*, bleu Danube.

La taille des agérates varie de 10 à 45 cm. Ils portent de larges feuilles ovales vert vif, légèrement rêches au toucher. Chaque tige est coiffée d'un bouquet de fleurs bouffantes, généralement bleu lavande, bien que quelques rares variétés se présentent en blanc, rose ou bleu profond.

Les capitules brunissent: insecticides ou engrais trop puissants, insecticide pulvérisé en plein soleil ou passage d'un chat. Utilisez toujours les engrais et produits chimiques à la bonne dilution. Ne vaporisez pas en plein soleil.

Les feuilles prennent une teinte gris-vert, la plante s'affaisse au soleil: terre trop sèche. Arrosez bien et laissez égoutter. Arrosez de nouveau quand la terre est encore légèrement humide.

Les pousses fraîchement sorties languissent, tiges filiformes à la base: phytophtora. S'il n'est pas trop tard, ressemez dans un compost stérile. Arrosez à l'eau du robinet seulement. Si seule une partie du lot est affectée, repiquez les pousses les plus éloignées.

La plante entière s'affaisse et est rongée au niveau de la terre: agrotis des moissons ou cloportes. Fouillez à 2,5 cm de profondeur dans le compost, à la recherche de larves d'agrotis (rares dans le compost stérilisé). Saupoudrez un insecticide à base de lindane, ou détruisez un à un les cloportes.

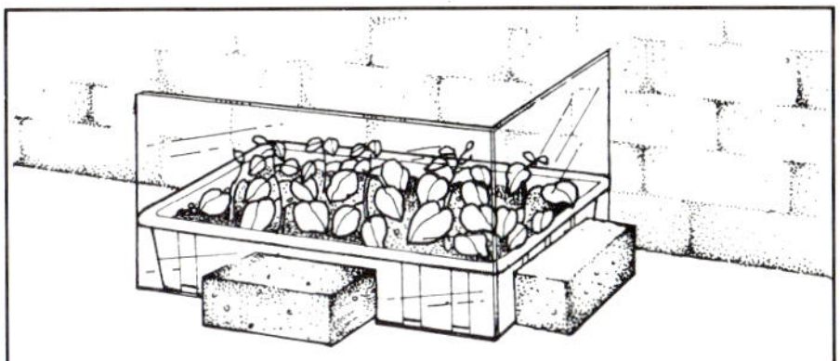

La protection
Quand vous fortifiez les jeunes pousses à l'extérieur, protégez-les des vents froids. Si vous ne disposez pas de châssis à cet effet, coupez le vent par un écran de plaques de verre, reposant sur des briques.

Petites taches sur les feuilles: champignon des feuilles. Pulvérisez un mélange à base de bouillie bordelaise à la dose recommandée, tous les dix jours, jusqu'à élimination.

Extrémité de la tige déformée et couverte de petits insectes: aphidiens. Pulvérisez du pyrimiphos-méthyle à la dose recommandée. Répétez au bout d'une semaine, s'il y a lieu.

S.O.S.

La plante retombe, les fleurs perdent le bouffant de leur volume: feuilles et fleurs mouillées. Ne vaporisez pas et n'arrosez pas par le haut.

Feuilles trouées, pointes de végétation rongées: les limaces sont à l'œuvre. Entourez la base de la plante de quelques appâts pour limaces.

Les feuilles de la plante adulte sont rongées: dégâts dus aux chenille. Ramassez-les ou saupoudrez du derris ou du roténone.

La plante noircit et est détrempée à la fin du printemps et/ou au début de l'automne: protégez-la quand le gel menace.

Les feuilles des jeunes plantes prennent une teinte brune ou bronze: la plante a été victime d'un vent froid ou mise trop tot a l'extérieur.

Les feuilles pendent, la terre est noire et boueuse: terre détrempée, trop arrosée ou mal drainée. Dégagez les trous de drainage et n'arrosez plus qu'une fois sèche la surface du compost.

Dépôt gris et pâteux sur les feuilles de jeunes plantes: botrytis dû à une terre détrempée ou à une ventilation insuffisante. Pulvérisez du bénomyl ou de l'iprodione.

Aglaonema

Comme plante d'intérieur, les aglaonémas mériteraient de jouir d'une plus grande popularité. Ils peuvent, en effet, survivre là où bien d'autres plantes échoueraient, notamment dans la pénombre ou la sécheresse. Ils ne sont pas très grands et d'ailleurs, mieux vaut contenir un peu leur croissance pour accentuer leur beauté. Leurs feuilles lancéolées, longues de 12 à 15 cm, s'inclinent avec grâce et resplendissent de santé tant que la plante est suffisamment alimentée et qu'elle ne souffre pas trop du froid en hiver. Complantés dans un bac ou une jardinière, les aglaonémas brisent, par la forme de leurs feuilles, l'aspect parfois monotone du feuillage des autres plantes. Ce sont aussi de bons candidats pour l'hydroculture. Leur multiplication s'effectue le plus facilement par division des jeunes pousses au printemps. Assurez-vous que chaque section soit bien fournie en racines et laissez-les grandir au chaud (21 °C).

Lumière: ces plantes s'adaptent à presque toutes les expositions, mais de préférence au nord.
Température: en hiver, 15 °C si possible, mais peuvent survivre à 10 °C, du moins au sec. En été, un maximum de 24 °C.
Arrosage: deux fois par semaine en été, pas plus d'une fois en hiver, moins s'il fait très froid. Arrosez par le haut, en laissant s'égoutter l'excédent. Ne laissez pas le pot baigner dans l'eau.
Humidité: vaporisez deux fois par semaine en été, mais pas à la lumière directe du soleil. Ne vaporisez pas en hiver.
Engrais: tous les quinze jours en période de croissance (printemps et été) avec un engrais dilué, selon les recommandations du fabricant.
Terre: un compost à base de terreau n° 2.
Rempotage: chaque année au printemps. Ne tassez pas trop: le compost doit bien respirer.
Nettoyage: avec un chiffon humide ou en vaporisant en pluie fine l'été. Pas de lustrants.

A. crispum «Silver Queen», la variété la plus connue, présente des feuilles pointues, marquées d'éclaboussures argent sur fond vert. Elle donne parfois une petite fleur jaune ou blanche, suivie de baies rouges. Les feuilles devraient être fermes et brillantes, sans traces de jaunissement. Elle se prête bien à l'hydroculture.

Le support
Pour soutenir une plante languissante, enveloppez-la dans du papier journal, jusqu'à ce qu'elle se redresse.

La vaporisation
En été, la vaporisation nettoie la plante, tout en favorisant sa croissance. Toutefois, ne vaporisez pas en plein soleil.

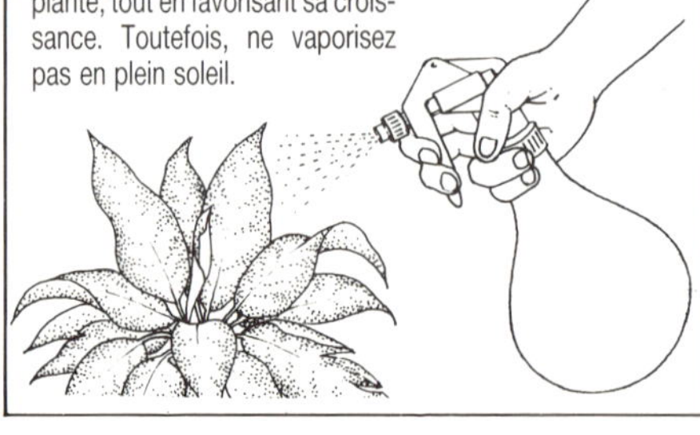

S.O.S.

La plante entière languit, retombe: trop au froid et/ou dans un courant d'air. Placez-la plus au chaud. Enveloppez-la de papier journal pendant cinq jours, pour soutenir les feuilles.

Plaques laineuses blanches sous les feuilles et aux aisselles: cochenilles (elles affectionnent cette plante!). Enlevez-les avec un tampon d'ouate imbibé d'alcool dénaturé, ou pulvérisez du malathion dilué, tous les quinze jours, jusqu'à élimination.

Feuilles mouchetées de jaune le long des nervures, écailles brunes dessous: insectes écailleux. Badigeonnez les insectes à l'alcool dénaturé et enlevez-les avec l'ongle du pouce ou pulvérisez du malathion, tous les quinze jours, jusqu'à élimination.

Les nouvelles feuilles sont petites et pâles: engrais ou rempotage nécessaires. Examinez les racines: si elles sont à l'étroit, rempotez. Sinon, nourrissez tous les dix jours, sans augmenter la dose.

Les feuilles se dessèchent et sont cassantes en été: trop au chaud et trop au sec. Ne laissez pas la plante en plein soleil. Arrosez plus souvent. Coupez les feuilles desséchées.

Les feuilles jaunissent: terre trop humide (surtout en hiver). Placez la plante plus au chaud et laissez la terre sécher avant d'arroser à nouveau. Enlevez les feuilles jaunies.

Plaques brunes sur les feuilles: pollution au gaz ou aux hydrocarbures. Choisissez un endroit non pollué. Enlevez les feuilles atteintes.

Allamanda cathartica

Originaire de l'Amérique tropicale, *Allamanda cathartica* est une plante à feuilles persistantes. Après la floraison, il convient de rabattre les tiges au niveau d'une ancienne articulation, ce au début de sa dormance, c'est-à-dire vers le milieu de l'hiver. Bien qu'elle préfère la chaleur d'une serre, cette plante poussera sans problèmes majeurs dans la maison, du moins si elle bénéficie d'un apport élevé en humidité. Éloignez-la des radiateurs. Veillez toutefois à ne pas détremper la terre.

Lumière: en pleine lumière en été, légèrement à l'ombre en hiver par températures inférieures à 16 °C.
Température: maintenez entre 21 °C et 27 °C en été, moins en hiver, sans descendre sous 13 °C.
Arrosage: maintenez la terre humide durant la période de croissance, en arrosant copieusement, c'est-à-dire presque chaque jour quand il fait chaud. De la fin de l'été au début du printemps, n'arrosez qu'une fois par semaine ou moins, quand la surface du compost est tout à fait desséchée.
Humidité: vaporisez tous les deux jours au printemps et en été, pour maintenir l'atmosphère humide. Évitez les fleurs. Placez le pot sur un lit de cailloux baignant dans l'eau de la soucoupe.
Engrais: chaque semaine au printemps et en été, après l'éclosion des premières fleurs, avec un engrais liquide dilué selon les recommandations du fabricant.
Terre: deux parts de mélange à base de terreau n° 2 pour une part de tourbe et de charbon de bois ou de sable graveleux plus un huitième de fumier de vache, si possible.
Rempotage: dès que les racines des jeunes plantes s'engagent dans les trous du pot, soit au cours des trois premiers mois, rempotez dans le pot de la taille supérieure. Tassez autour de la motte. Après la première année, rempotez annuellement au début de la nouvelle croissance, avant que les pousses n'aient grandi de 15 cm.
Nettoyage: vaporisez à l'eau tiède et douce, sans mouiller les fleurs. Pas de lustrants.

Plante grimpante à feuillage persistant, *Allamanda cathartica* produit de magnifiques fleurs jaunes, dont la forme évoque celle d'une trompette. À l'achat, elle n'a généralement guère plus de 45 cm de haut, mais ensuite elle peut facilement atteindre 3 m: il conviendra donc de la tuteurer.

Toiles sous les feuilles: araignées rouges. Enlevez les toiles avec un chiffon ou une éponge humides, puis vaporisez du malathion, en particulier sous les feuilles. Répétez tous les quinze jours, jusqu'à disparition de tout symptôme. Humidifiez davantage en plaçant le pot sur un lit de cailloux baignant dans l'eau d'une soucoupe.

La plante s'étiole: compost trop sec en été, trop froid ou compost trop humide en hiver. Dans le premier cas, immergez le pot dans un seau d'eau pendant dix à quinze minutes, puis laissez drainer. Maintenez le compost humide tout l'été, en arrosant tous les jours s'il dessèche. En hiver, arrosez seulement quand la surface du compost est bien sèche. Température minimale en hiver: 13 °C.

Absence de fleurs: endroit trop sombre et/ou besoin d'engrais. Vérifiez. Placez la plante dans un lieu plus éclairé (mais pas en plein soleil) et nourrissez-la chaque semaine pendant la floraison avec un engrais liquide dilué selon les recommandations du fabricant.

Les nouvelles feuilles sont petites: manque d'engrais. Nourrissez la plante chaque semaine pendant la floraison, avec un engrais liquide dilué à la dose recommandée.

La plante entière noircit: effets des lustrants. Ne les utilisez pas. Nettoyez uniquement à l'aide d'un plumeau ou d'une brosse à cheveux en poils de chameau.

La taille

1 Pour leur donner plus d'épaisseur et assurer leur floraison chaque année, il est bon de tailler les plantes de deux ou trois ans au début du printemps.

2 Rabattez les tiges à environ 16 cm du compost, en taillant juste au-dessus d'une feuille.

La plante pousse en tiges: lumière insuffisante et taille nécessaire. Placez à la lumière (mais pas en plein soleil). Taillez au printemps.

S.O.S.

Les feuilles se recroquevillent en hiver: trop au froid. Placez à une température de plus de 13 °C.

Les feuilles se recroquevillent et brunissent en été: trop au froid. En été, placez la plante à une température d'au moins 21 °C, sans dépasser les 27 °C.

Les feuilles noircissent, les tiges pourrissent: trop au froid et trop humide, surtout en hiver. Pulvérisez un fongicide, placez plus au sec, vaporisez et arrosez moins souvent.

Plaques laineuses blanches aux aisselles des feuilles: cochenilles. Pulvérisez du malathion dilué. Enlevez les insectes et la «laine» avec une pince à épiler. Répétez tous les quinze jours ou bien badigeonnez les cochenilles d'alcool dénaturé, et enlevez-les avec une pince à épiler.

Aloès panaché

Les espèces du genre *Aloe* sont originaires d'Afrique du Sud et d'Afrique orientale. Il en existe de toutes les tailles: grandes comme des arbres ou plus petites qu'une main. Les moins grandes sont de bonnes plantes d'intérieur ou de serres, que l'on cultive surtout pour les dessins de leur feuillage. En hiver et au printemps, elles forment des fleurs tubulaires rouges, jaunes ou roses, souvent disposées, comme les jacinthes, sur une longue hampe florale. L'aloès panaché se plaît sur le rebord des fenêtres où, profitant d'un maximum de lumière solaire, il formera une plante de 30 cm de haut. Son grand ennemi est le surarrosage. Parmi les autres espèces intéressantes, citons: *A. albiflora*, *A. descoingsii*, *A. haworthioides*, *A. parvula* et *A. somaliensis*.

Vers la fin de l'hiver ou au printemps, les fleurs de l'aloès étalent leurs coloris rouges, jaunes ou roses sur une longue hampe. Elles commencent leur éclosion au bas de la tige pour la poursuivre jusqu'à la pointe. Ne coupez pas la tige avant qu'elle ne soit complètement fanée.

Lumière: le plus possible, pour une coloration et une floraison optimales.
Température: comme l'aloès apprécie un peu d'eau en hiver, ne l'exposez pas à des températures de moins de 7 °C. Aérez ou sortez-le en été, quand le gel ne menace pas.
Arrosage: une fois par mois en hiver, car il est peu exigeant. À partir du printemps, augmentez progressivement jusqu'à une fois par semaine en été, pour réduire de nouveau en automne. Voir *Introduction*.
Engrais: riche en potasse, une fois par mois en été, rien en automne.
Terre: un mélange de rempotage à base de terreau n° 2, ou un compost sans terre, contenant environ 30 % de sable graveleux pour un meilleur drainage.
Rempotage: à chaque printemps, jusqu'à ce que le pot ait atteint 18 ou 20 cm. Par la suite, rempotez dans un pot de même dimension, en renouvelant complètement le compost.
Multiplication: à partir des rejetons qui apparaissent à la surface de la terre ou au bas de la tige principale.

1 Au printemps ou au début de l'été, séparez quelques rejetons, portant trois à quatre paires de feuilles, de la plante mère, à l'aide d'un couteau bien aiguisé.

2 Saupoudrez les coupures de poudre radiculaire aux hormones pour prévenir les affections, laissez sécher les rejetons pendant deux à trois jours, puis plantez-les dans un compost sec.

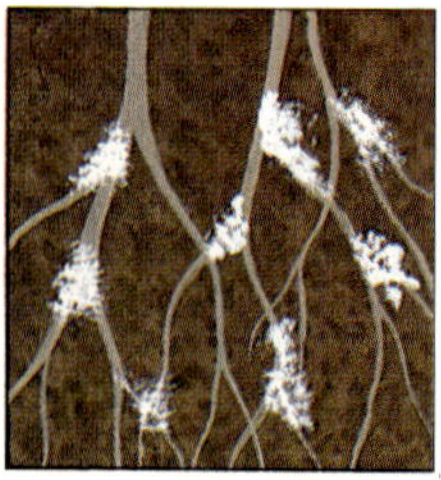

La plante ne grandit pas, plaques laineuses blanches sur les racines: cochenilles des racines. Lavez la terre autour des racines, plongez celles-ci dans un insecticide de contact, laissez sécher avant de rempoter dans un compost frais et nettoyez le pot. N'arrosez pas pendant deux semaines.

Insectes verts ou noirs sur le spadice: pucerons verts ou noirs se nourrissant du nectar de la fleur. Protégez les feuilles avec du papier et pulvérisez un insecticide de contact sur les fleurs. Répétez chaque semaine, jusqu'à élimination.

S.O.S.

Les feuilles centrales s'allongent, s'amincissent et se décolorent: trop au chaud et trop humide en hiver, voire endroit trop sombre. Maintenez la plante sous 10 °C durant la période sèche de la dormance, sans arroser. Une bonne lumière est nécessaire tout au long de l'année.

Plaques laineuses blanches sur les feuilles: cochenilles. Enlevez-les avec un pinceau imbibé d'alcool dénaturé et pulvérisez un insecticide de contact ou systémique. Répétez deux ou trois fois en période de croissance.

Le coloris des feuilles se ternit, pas de fleurs: manque de lumière. Placez à l'endroit le plus ensoleillé possible toute l'année.

Quand les fleurs meurent, coupez la hampe le plus près possible de la base. Ou bien attendez qu'elle se détache facilement à la main.

Presque toutes les feuilles brunissent et sèchent: sécheresse excessive ou dépérissement des racines, dû à un surarrosage. En cas de dessèchement, immergez le pot dans un seau d'eau pendant une demi-heure et laissez-le égoutter. Si les symptômes persistent, examinez et traitez les racines (voir *Introduction*).

Dépôt fuligineux sur les feuilles: moisissure fuligineuse due au nectar des fleurs. Essuyez avec un chiffon.

Écailles rondes et brunes sur les feuilles: insectes écailleux. Pulvérisez la plante et arrosez la terre avec un insecticide systémique. Nettoyez après une semaine.

Feuilles très marquées: brûlures solaires. Protégez par un écran de papier jusqu'à son rétablissement.

Les feuilles se ferment ou se ratatinent, les inférieures brunissent ou sèchent: terre desséchée. Vérifiez et, s'il y a lieu, trempez la plante dans un seau d'eau pendant dix à quinze minutes. Laissez drainer. Arrosez plus régulièrement par temps très chaud.

La tige noircit et pourrit: trop au froid et endroit trop humide en hiver, surarrosage en été. N'arrosez pas en hiver et laissez la terre se dessécher entre les arrosages, le reste de l'année.

Queue-de-renard

Bien qu'originaire de l'Inde, la queue-de-renard pousse fort bien sous les climats tempérés. Elle tient son nom de ses longs épis qui retombent en panache, et dont les minuscules fleurs — si appréciées des abeilles — s'épanouissent à mesure que la tige grandit. Les jeunes pousses, à croissance initiale plutôt efflanquée, gagnent vite en robustesse au cours de la saison. Cette plante requiert donc un pot assez grand.

Lumière: maximale.
Température: résiste au froid, mais pas au gel. Préfère les étés chauds: 21 °C, voire davantage.
Arrosage: peu, mais souvent, en veillant à maintenir la terre constamment humide. Un bon drainage est nécessaire.
Humidité: la vaporisation n'est pas nécessaire. La pluie affecte peu la plante, mais elle préfère le temps sec.
Terre: mélange à base de terreau n° 2. Pousse bien dans un compost non terreux, mais réclame un mélange d'environ 50 % de terre pour porter le poids de la croissance verticale.
Engrais: nourrissez tous les dix jours à l'engrais liquide. Respectez la dose recommandée.
Multiplication: dans le cas d'un ensemencement extérieur, arrosez le compost dans une caissette 24 h avant le semis, du milieu à la fin du printemps. Semez deux à trois graines à la fois, à intervalles de 30 cm environ, et recouvrez-les du compost nécessaire pour les cacher. Une semaine après l'apparition des jeunes pousses, éclaircissez, en épargnant les plus robustes de chaque groupe. À l'intérieur, effectuez un semis clair sur la surface d'un compost bien drainé, dans un pot de 9 cm de diamètre. Lorsque leur taille permet de les manipuler, repiquez chaque plant dans un pot de 9 cm, voire plusieurs dans une caissette, à 5 cm d'intervalle.
Nettoyage: enlevez chaque semaine les feuilles qui jaunissent à la base de la plante.
Variétés: les épis existent en diverses couleurs, notamment en blanc cassé.

Si la germination a lieu à l'intérieur, la queue-de-renard peut atteindre de 60 à 90 cm; moins si le semis s'effectue à l'extérieur. La plante présente des feuilles en forme de cœur allongé, d'un vert moyen et à nervures rouges. Les minuscules fleurs carmin, groupées autour d'une tige très flexible, forment de longs épis qui retombent en panache jusqu'à toucher le sol.

Déformation de la tige, mauvaise croissance: les pucerons sont à l'œuvre. Pulvérisez du derris ou un insecticide systémique en suivant les directives du fabricant. Répétez le traitement dix jours après, si nécessaire.

S.O.S.

Taches rouge terne sur les feuilles matures: effet du froid. Si possible, placez la plante dans un endroit protégé.

Le bout de la tige est déjeté: dommage causé par les punaises, qui grignotent des trous, lesquels brunissent sur les bords. Imbibez d'un insecticide systémique dilué, suivant les indications.

Les feuilles durcissent et prennent une teinte bronze: trop de vent froid. Protégez la plante des vents dominants.

La plante entière jaunit et s'étiole: trop d'eau. Vérifiez si les trous de drainage sont libres et laissez sécher la terre avant d'arroser.

La plante noircit et mollit: effet du gel. Protégez-la des gelées tardives. Libérez le pot de la plante morte et semez.

La plante s'affaisse, les feuilles brunissent: les racines ont été brûlées par un engrais trop puissant. Ne fertilisez pas pendant un mois, puis administrez une dose d'engrais deux fois moins forte.

La plante dépérit: terre trop sèche. Arrosez immédiatement et maintenez la terre humide, sans abus.

Feuilles aux contours déchiquetés, surtout à la base de la plante: œuvre des limaces et escargots. Nettoyez la terre et répandez des granules antilimaces à la base.

Les jeunes pousses filent, puis retombent: trop d'obscurité. Placez la plante dans la lumière.

Les feuilles se cassent et présentent un envers gris rosâtre et farineux: araignées rouges. Traitez au malathion ou au bromophos, tous les jours, jusqu'à élimination des insectes.

Les feuilles jaunissent depuis la base: carence nutritive. Nourrissez tous les dix jours à l'engrais, dilué comme indiqué.

Ananas comosus

Ananas commun

Comme plante d'intérieur, l'ananas fait toujours de l'effet grâce à sa forme et ses coloris, qui tranchent bien avec ceux de ses voisines, notamment dans les plantations mixtes. Ses feuilles aux couleurs vives sont armées de dents aiguës qui, si on n'y prend garde, auront vite fait de vous égratigner la peau ou de déchirer les vêtements. Contrairement à bien d'autres broméliacées, l'ananas commun préfère pousser au sol plutôt que sur le tronc des arbres ou sur un terreau de feuilles. Chaque plante ne vit que deux à trois ans, mais elle assure sa survie en produisant des rejetons.

Lumière: de préférence en pleine lumière, mais la plante survit dans une certaine pénombre.
Température: de préférence entre 18 °C et 21 °C. Les températures plus fraîches retardent sa croissance, ce qui peut être un avantage dans une plantation mixte.
Arrosage: laissez sécher la terre entre deux arrosages. Une ou deux fois par semaine en été, une fois par semaine en hiver.
Humidité: prospère dans une humidité élevée. Vaporisez par dessus deux fois par semaine en été, une fois par semaine en hiver; plus souvent dans les pièces sèches et surchauffées.
Engrais: ajoutez un engrais liquide, à la dose recommandée par le fabricant, à chaque arrosage, une fois par semaine en été, en période de croissance ou de fructification.
Terre: riche mélange avec terreau n° 2.
Rempotage: rempotez la nouvelle rosette au moins deux fois au cours de sa croissance. Une première fois, trois mois après la séparation du rejeton, une seconde un an après, quand elle est à l'étroit. N'utilisez pas de trop grands pots: uniquement ceux de la taille juste au-dessus. Évitez de trop tasser: cette plante aime une terre à texture lâche. Protégez-vous des piquants en portant des gants.
Nettoyage: essuyez les feuilles poussiéreuses avec un chiffon humide. Pas de lustrants.

Ce petit ananas compact atteint de 25 à 30 cm de hauteur et de diamètre. Les panachés fructifient plus lentement que les variétés au feuillage vert uni et ne conservent l'éclat de leurs coloris que s'ils bénéficient d'un maximum de lumière tout au long de l'année. *Ananas striatus* peut atteindre 1 m de hauteur.

Marques brunes au centre des feuilles: effets de la vaporisation en plein soleil. La plante a besoin d'humidité, mais ne la vaporisez pas quand elle est au soleil. Coupez à la base les feuilles déparées, avec un couteau. Portez des gants.

Rouille sur les feuilles: effets des lustrants. Ne les utilisez pas. Nettoyez uniquement à l'aide d'un chiffon humide.

La multiplication
Après la fructification, la plante meurt, mais un rejeton pousse à ses côtés. Quand la plante-mère est flétrie et que le rejeton a atteint la moitié de sa taille, dégagez-les du pot, puis séparez rejeton et racines avec un bon couteau. Rempotez le rejeton et maintenez-le humide, à une température de 21 °C pendant trois semaines.

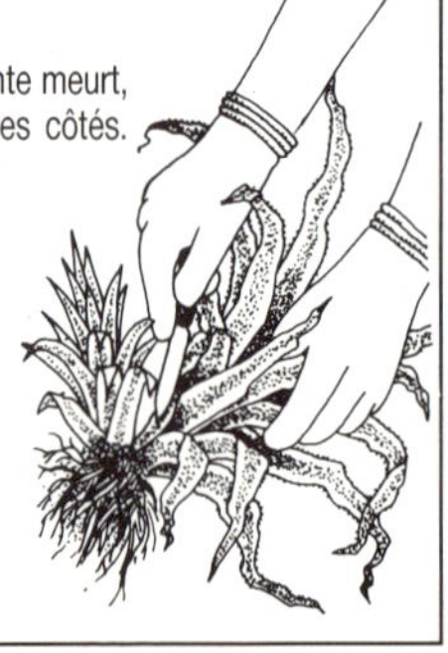

S.O.S.

Mouchetures jaunes sur les feuilles, écailles brunes sur l'envers: insectes écailleux. Pulvérisez du malathion sur l'envers des feuilles. Enlevez les écailles avec l'ongle du pouce, 48 heures après. Répétez hebdomadairement, pendant quatre semaines, jusqu'à élimination.

Absence de croissance, aucun signe de fructification: besoin d'engrais ou froid excessif. Maintenez la plante à une température d'au moins 18 °C et nourrissez-la chaque semaine en été.

La pointe des feuilles sèche et brunit: sécheresse de l'air ou du compost. Si le compost est desséché, arrosez bien. Vaporisez deux fois par semaine par grandes chaleurs, ou dans les pièces à chauffage central.

Les feuilles brunissent et se racornissent: trop au chaud. Mettez la plante dans un lieu plus frais (maximum 21 °C) et plus ventilé. Par grandes chaleurs, vaporisez deux fois par semaine.

Les feuilles se décolorent: endroit trop sombre et/ou besoin d'engrais. Vérifiez. Placez la plante dans un endroit mieux éclairé, et donnez-lui chaque semaine en été durant la croissance la dose recommandée d'un engrais liquide.

Les feuilles meurent après la fructification: phénomène naturel. Après la mort de la plante-mère, on peut détacher les rejetons qui poussent à son pied.

Pourriture de la base, chute des feuilles: terre détrempée. Laissez sécher le compost avant d'arroser. N'arrosez qu'une fois par semaine en hiver, pas plus d'une ou deux fois par semaine en été. Le surarrosage risque de tuer la plante.

Les feuilles sèchent, se recroquevillent et se recourbent: courants d'air froid. Protégez la plante et maintenez-la au-dessus de 18 °C.

Anemone coronaria

Anémone

Cultivée en pots à l'intérieur ou à l'extérieur, l'anémone produira des fleurs pendant six mois environ. Si vous la multipliez par semis, effectuez celui-ci au milieu du printemps, dans des plateaux de compost pour semis. Dès que leur taille permet de les manipuler, repiquez cinq à six plants dans un pot de 20 cm. Vous pouvez aussi les cultiver à partir de leurs bulbes, voire acheter, en été, les jeunes plantes prêtes au repiquage ou à l'empotage. Dans de bonnes conditions — notamment une bonne lumière —, un pot de cinq à six plantes produira, à l'intérieur, jusqu'à 150 floraisons successives.

Chez l'anémone, le feuillage, haut de 15 cm, est garni de tiges florales portant chacune une adorable fleur de 7 cm de large. La variété «de Caen» est celle dont la culture en pots réussit le mieux. Petite et résistante, elle teint ses fleurs en rouge, rose, pourpre et mauve.

Lumière: a besoin d'une lumière abondante en toutes saisons pour bien fleurir. Mettez le semis à l'abri du plein soleil.
Température: la floraison sera plus abondante si la température est maintenue à 7 °C, mais elle aura lieu même à 16 °C.
Arrosage: la terre doit être humide et bien drainée. Arrosez la plante deux fois par semaine, plus par grandes chaleurs. Maintenez presque secs les bulbes que vous venez de planter.
Humidité: placez à tout prix la plante dans un lieu frais, sec et bien aéré. Mouillé, le feuillage est sujet aux affections fongiques. Ne vaporisez pas.
Engrais: quand la croissance des plantes rempotées est bien lancée, nourrissez tous les dix jours avec un engrais liquide pour jardins; tous les cinq jours si le compost est non terreux. Diluez selon les recommandations du fabricant.
Terre: un mélange de rempotage à base de terreau n° 2 ou un mélange sans terre.
Après la floraison: enlevez les capitules morts pour encourager la production de nouveaux bourgeons. Coupez la tige florale au ras du sol. Tout signe de floraison étant absent, laissez se dessécher les feuilles. Déterrez et laissez sécher les bulbes, pour les replanter dans le jardin et non plus dans les pots, où la floraison serait trop pauvre.

Absence de floraison: besoin d'engrais. Nourrissez avec un engrais liquide pour jardins tous les dix jours.

Feuilles déformées, parfois tachetées de jaune ou de brun, pas de fleurs: rouille du prunier, affection courante. Pas de remède: détruisez la plante. Ne vaporisez jamais les anémones.

Piqûres dans les feuilles des jeunes plantes: infestation probable de puces de terre, si les fleurs sont à l'extérieur. Vaporisez avec un produit à base de lindane, roténone ou malathion.

S.O.S.

Petits insectes sans ailes sur une partie quelconque de la plante et, parfois, dépôts gluants et fuligineux sur les feuilles: pucerons verts. Pulvérisez un insecticide à base de pyrèthre, tous les dix jours.

Moisissure duveteuse n'importe où sur la plante, avec parfois retombée des tiges: botrytis, affection courante en hiver. Enlevez les parties atteintes et pulvérisez tous les dix jours du bénomyl ou de l'iprodione. Par mesures préventives, cultivez les anémones dans un endroit bien aéré et ne vaporisez jamais.

Les feuilles retombent, bien que la terre soit humide; les fleurs meurent rapidement: trop au chaud. Placez plus au frais, à une température inférieure à 16 °C au moins.

La tige florale se fend et semble s'aplatir: à l'extérieur, effets du gel. Les anémones ne résistent pas au gel, surtout si on les cultive à l'intérieur. Malgré les morsures, elles peuvent encore fleurir.

Les pétioles et les pédoncules présentent des cloques qui finissent par éclater: charbon de l'anémone. Pas de remède: détruisez la plante.

La plante entière jaunit, des trainées noires apparaissent parfois le long des nervures des feuilles: terre saturée d'eau. Laissez-la se dessécher presque complètement, puis maintenez légèrement humide en arrosant graduellement. Ne laissez jamais le pot séjourner dans une soucoupe pleine d'eau.

Les bourgeons ne s'ouvrent pas, les tiges pâlissent et faiblissent: beaucoup trop sombre. Choisissez un endroit bien éclairé.

Dépôt blanc poudreux sur les feuilles ou les tiges: mildiou, dû aux conditions de sécheresse et d'humidité affectant les racines. Vérifiez. Pulvérisez du dinocap tous les dix jours.

Les feuilles languissent et pendent, les fleurs retombent: trop au chaud ou trop au sec. Vérifiez. La terre doit être humide. Arrosez un peu, laissez la plante absorber l'eau avant de lui en donner davantage.

Anthurium andreanum

Les fleurs de cette plante sont très prisées par les spécialistes de la composition florale, notamment par les floriculteurs japonais, et figurent souvent dans les floralies importantes. Leur feuillage à texture cireuse et leur allure un peu factice font croire à des fleurs artificielles. Comme celles-ci, elles restent fraîches durant plusieurs semaines, qu'elles soient en terre ou dans un vase. Elles sont cependant avides de chaleur et d'humidité.

Lumière: diffuse et abondante, mais pas en plein soleil.
Température: 21 °C toute l'année pour bien faire. La plante supporte de courtes expositions à des températures maximales de 29 °C, si l'humidité est élevée. En hiver, un minimum de 16 °C. Essayez de la maintenir à 16 °C pendant les six dernières semaines de l'hiver, précédant la floraison.
Arrosage: une bonne ration d'eau douce au moins deux fois par semaine au printemps et en été, afin que le compost soit toujours humide. En hiver, à peu près une fois par semaine, juste ce qu'il faut pour que les racines soient toujours légèrement humides.
Humidité: vaporisez chaque jour au printemps et en été, une ou deux fois par semaine en hiver. Par grandes chaleurs, placez le pot sur un lit de cailloux baignant dans l'eau d'une soucoupe.
Engrais: tous les quinze jours en été, avec un engrais liquide dilué selon les directives du fabricant.
Terre: de la mousse de sphaigne hachée et un mélange à base de tourbe à parts égales. Un bon drainage est indispensable.
Rempotage: en hiver, avec un mélange de compost de surface et une bonne quantité de tessons au fond du pot. Déployez prudemment les racines et tassez le compost tout autour. Le pied de la plante devrait émerger de cinq à sept centimètres du pot. Placez de la mousse autour des racines exposées.
Nettoyage: essuyez les feuilles avec un chiffon humide. Utilisez un lustrant toutes les huit semaines.

S'il bénéficie d'une humidité élevée, *Anthurium andreanum* produira, du printemps à la fin de l'été, toute une gamme exotique de fleurs à texture cireuse. Celles-ci sont généralement rouges, mais certaines espèces, parfois disponibles sur le marché, les ont blanches et roses.

Toiles sur les feuilles: araignées rouges. Enlevez les toiles avec une éponge humide, puis pulvérisez du malathion, surtout sous les feuilles. Répétez tous les quinze jours. Élevez l'humidité en plaçant le pot sur un lit de cailloux baignant partiellement dans l'eau d'une soucoupe.

Feuilles fendues et malades: déchirures ou meurtrissures venant d'une cause matérielle externe, mais pouvant entraîner la pourriture de la feuille. Coupez la feuille endommagée tout près de la tige.

Petites écailles rondes sur les feuilles: insectes écailleux. Pulvérisez l'envers des feuilles avec du malathion dilué et, 48 h plus tard, enlevez les écailles avec l'ongle du pouce. Répétez hebdomadairement, pendant quatre semaines, jusqu'à élimination.

S.O.S.

Les feuilles perdent leur lustre: atmosphère trop sèche. Vaporisez chaque jour au printemps et en été à l'eau douce et tiède; une ou deux fois par semaine en hiver.

Absence de fleurs: endroit trop sombre. Placez la plante dans un lieu bien éclairé, mais pas en plein soleil. Ou bien: surarrosage l'hiver précédent.

Feuillage luxuriant mais absence de fleurs: compost trop riche. Rempotez en hiver avec le bon mélange, pas un mélange à base de terreau.

Les nouvelles feuilles sont petites et pâles, aucune fleur n'apparaît: besoin d'engrais. Nourrissez tous les quinze jours en été, avec un engrais liquide dilué à la dose recommandée.

Les feuilles jaunissent et se recourbent en hiver: trop au froid et terre trop humide. Placez plus au chaud, au-dessus de 16° C, et laissez se dessécher la surface du compost avant d'arroser à nouveau. Essayez de maintenir la température constante. Si les feuilles se fanent tout en restant vertes, c'est que la plante est dans des courants d'air froid. Mettez-la à l'abri.

Feuilles jaunâtres, parcheminées: trop au sec. Arrosez immédiatement et maintenez le compost humide en tout temps.

Les feuilles noircissent: trop au froid, probablement trop près des vitres en hiver. Maintenez à environ 21 °C en été et 16 °C au moins en hiver.

Taches brunes sur les feuilles: affection fongique. Pulvérisez un fongicide systémique. Si les feuilles sont gravement atteintes, enlevez-les.

Plaques laineuses blanches sous les feuilles et aux aisselles: cochenilles. Pulvérisez du malathion dilué et enlevez les insectes et la «laine» avec une pince à épiler. Répétez tous les quinze jours, jusqu'à élimination. Ou bien, badigeonnez les parasites d'alcool dénaturé et enlevez-les.

Tourbillon de mouches autour de la plante: mouches blanches. Pulvérisez un insecticide à base de pyrèthre ou du malathion dilué. Répétez au bout d'une semaine, puis tous les huit jours, jusqu'à élimination.

Les racines émergent de plus de 7 cm de la terre, soulevant la plante comme sur des pilotis: il faut rempoter, mais ne le faites qu'en hiver. Tassez de la mousse entre les racines et tout autour.

Flamant rose

Bien qu'il soit plutôt exigeant, le flamant rose, dit aussi «langue de feu», vous récompensera de vos bons soins en vous prodiguant à longueur de saisons ses fleurs exotiques, si uniques par leur forme et leur texture. D'habitude écarlates, elles sont quelquefois blanches, roses et, plus rarement, blanches tachetées de rouge. Un long spadice tubulaire, parfois enveloppé d'une spathe fascinante, émerge de leur centre. Les fleurs, qui ne cessent d'éclore, surtout en été, sont parfois si lourdes que leur tige réclame un tuteur. Elles peuvent durer jusqu'à huit semaines. Cette plante se développera bien si vous apprenez à la connaître et répondez à ses besoins particuliers.

Le flamant rose produit ses fleurs tenaces, surtout en été, mais, dans de bonnes conditions, celles-ci peuvent apparaître en toute saison. Les plantes saines portent des feuilles fermes et lustrées ainsi que de nouveaux bourgeons, tout au long de leur floraison.

Lumière: en abondance, mais pas en plein soleil.
Température: un minimum de 15 °C en hiver, un maximum de 29 °C en été. Prospère mieux si la température ne varie pas le jour et la nuit, surtout en hiver.
Arrosage: au moins deux fois par semaine en été, suivant la température; une fois par semaine en hiver. Avec de l'eau de pluie, si possible. Ne laissez jamais la terre se dessécher.
Humidité: vaporisez à l'eau de pluie chaque jour en été, deux fois par semaine en hiver. Placez le pot sur un lit de cailloux à moitié immergés dans l'eau.
Engrais: tous les quinze jours en période de croissance (au printemps et en été) avec un engrais dilué selon les recommandations du fabricant.
Terre: trois parts de compost à base de tourbe pour une part de mousse de sphaigne.
Rempotage: tous les deux ans, en veillant à ce que la calotte, d'où émergent les tiges, soit au-dessus du sol, pour prévenir la pourriture de la plante. Si les racines remontent au-dessus du sol, couvrez-les de mousse.
Nettoyage: essuyez les feuilles avec un chiffon humide. Toutes les huit semaines, lustrez les feuilles seulement.

Plaques brunes sous les feuilles: insectes écailleux. Pulvérisez un insecticide systémique, tous les quinze jours, jusqu'à élimination.

La pointe des feuilles jaunit: terre trop humide, surarrosage. Laissez-la sécher, puis réduisez l'arrosage de moitié. Vérifiez l'écoulement des trous de drainage et la composition du compost. Ne laissez pas la plante séjourner dans l'eau.

Plaques blanches laineuses sous les feuilles et à leurs aisselles: cochenilles. Enlevez-les une à une avec un tampon d'ouate imbibé d'alcool dénaturé et pulvérisez du malathion dilué, tous les dix jours, jusqu'à élimination.

S.O.S.

Le recouvrement des racines

Si les racines remontent au-dessus du compost, couvrez-les de mousse en attendant de rempoter la plante au printemps suivant.

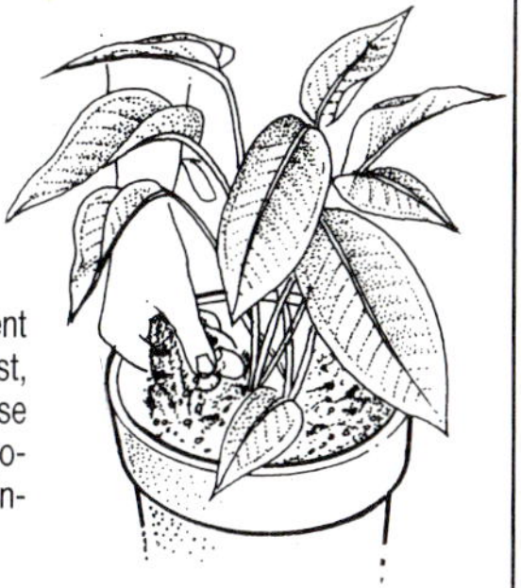

Les feuilles semblent ternes et fatiguées: endroit trop sombre. Placez la plante à la lumière, mais pas en plein soleil.

Feuilles sèches, parcheminées: trop au sec. Maintenez la terre humide en arrosant plus souvent. Si l'air de la pièce est trop chaud et trop sec, placez le pot dans une soucoupe emplie de cailloux mouillés et vaporisez régulièrement.

Feuilles tachetées de brun: affection fongique. Enlevez les feuilles gravement atteintes. Pulvérisez la plante avec un fongicide systémique, tous les quinze jours, jusqu'à élimination.

Les feuilles retombent: trop au froid ou courants d'air. Placez le flamant rose dans un endroit plus chaud et protégé, à une température minimale de 15 °C.

Les feuilles se fanent et se décolorent: exposition excessive au plein soleil. Placez la plante dans une bonne lumière indirecte.

Les nouvelles feuilles sont pâles et petites: besoin d'engrais. Nourrissez tous les dix jours, sans augmenter la dose.

Les racines remontent au-dessus du compost: rempotage nécessaire. Rempotez, si c'est le printemps, dans le pot d'une taille supérieure. Plus tard dans l'année, couvrez les racines de mousse en attendant le printemps suivant.

Plante zèbre

Chez la plante zèbre d'Amérique tropicale et subtropicale, les fleurs jaune vif s'épanouissent en forme de pagodon au sommet des tiges. Malgré l'aspect vigoureux de son feuillage zébré, sa culture peut se révéler un peu délicate. Il faut notamment veiller à ne jamais laisser sécher la terre de pot durant la période de croissance. Après la floraison, on ménagera cependant à la plante une période de six semaines de repos.

Bien qu'assez répandue, la plante zèbre n'est pas facile à cultiver. Son feuillage luxuriant, aux veines bien dessinées, finit par s'affaisser faute d'arrosage adéquat, surtout durant la période de croissance. Vous assurerez sa survie si vous lui ménagez une période de repos après la floraison.

Lumière: la plante doit baigner dans une lumière naturelle, diffuse et abondante.
Température: un maximum de 27 °C le jour, une température nocturne de 18 °C en été. Pendant la période de repos suivant la floraison, réduisez à 18 °C le jour, de 10 °C à 13 °C la nuit. En hiver, un minimum de 16 °C le jour.
Arrosage: gardez la terre humide en arrosant au moins deux fois par semaine au printemps et en été. Après la floraison, n'arrosez que lorsque la surface du compost est sèche, sans toutefois laisser la plante se flétrir. Une fois par semaine.
Humidité: vaporisez chaque jour à l'eau douce durant la période de croissance. Placez le pot dans une soucoupe emplie de cailloux baignant dans l'eau. Réduisez l'humidité pendant la période de repos ou par basses températures (sous 13 °C).
Engrais: toutes les deux semaines après l'apparition des premiers bourgeons, avec un engrais liquide dilué suivant les recommandations du fabricant. Rien en hiver.
Terre: un mélange composé à parts égales de terreau n° 2 et de tourbe, plus un huitième de sable graveleux.
Rempotage: au début du printemps, après la dormance, pour les plantes de plus de deux ans. Enlevez autant que possible le vieux compost et utilisez un pot ne dépassant pas 13 cm.
Nettoyage: vaporisez à l'eau tiède, sans toucher les fleurs. Essuyez les feuilles poussiéreuses avec un chiffon humide. Pas de lustrants.

Plaques bigarrées entourant de petites écailles rondes sur les feuilles: insectes écailleux. Badigeonnez d'alcool dénaturé les insectes collés sur l'envers des feuilles. Au bout de 48 heures, enlevez les écailles avec l'ongle du pouce.

L'humidité

Vaporisez chaque jour en été, une fois par semaine en hiver. Protégez les fleurs. Pour un apport supplémentaire d'humidité, placez le pot sur des cailloux baignant dans l'eau. L'eau ne doit pas atteindre le fond du pot, sinon les racines seront saturées.

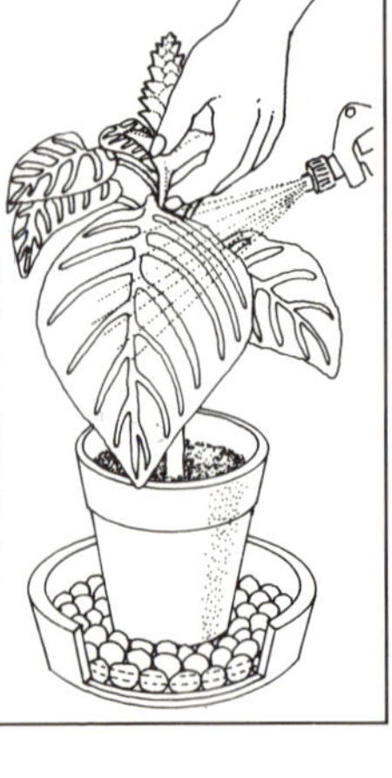

S.O.S.

Insectes se déplaçant par bonds autour de la plante: pucerons. Pulvérisez, tous les quinze jours, un insecticide à base de pyrèthre, jusqu'à élimination.

Les nouvelles feuilles ne grandissent pas: manque d'engrais. Mélangez un engrais liquide à l'eau d'arrosage, tous les quinze jours, après l'apparition des bourgeons floraux. Diluez à la dose recommandée.

Plaques laineuses blanches aux aisselles des feuilles: cochenilles. Pulvérisez chaque semaine, jusqu'à élimination, du malathion dilué, puis enlevez insectes et «laine» avec une pince à épiler.

Pourriture de la base des tiges: trop au froid et terre trop humide. Placez plus au chaud et maintenez à une température minimale de 16 °C. Laissez se dessécher le compost avant d'arroser à nouveau. Maintenez la terre humide, sans laisser séjourner dans l'eau.

Chute des feuilles: trop au sec ou dans un courant d'air. Plongez d'abord le pot dans un seau d'eau pendant dix minutes. Égouttez et protégez des courants d'air. Ensuite, arrosez deux fois par semaine au printemps et en été, une fois par semaine en hiver.

Croissance étique, tout en longueur: taille nécessaire ou chaleur excessive en hiver. Après la floraison, placez la plante dans un lieu plus frais (environ 13 °C). Laissez la terre se dessécher entre les arrosages. Taillez au printemps.

La plante ne fleurit pas: pot trop grand. Rempotez au début du printemps dans un plus petit pot, en élaguant les racines, si nécessaire. Taillez au printemps suivant, puis commencez à nourrir la plante dès que les bourgeons floraux apparaissent.

La fleur s'incline, les feuilles ont l'air abattues, flasques: la plante se dessèche, chaleur et/ou humidité excessives. Vérifiez. En cas de dessèchement, arrosez bien: la plante devrait reprendre. Maintenez le compost humide pendant la croissance et la floraison, mais ne laissez jamais le pot séjourner dans l'eau: une plante saturée peut manifester les mêmes symptômes. Vérifiez la température et ne la laissez pas en plein soleil.

Les feuilles pâlissent: endroit trop sombre. Placez dans un endroit bien éclairé, mais pas en plein soleil.

Taches brunes sur les feuilles: trop au soleil. Exposez la plante à la lumière diffuse.

Plaques brunes sur les feuilles: fumées ou autres émanations gazeuses. Maintenez la plante dans une atmosphère non polluée et coupez les feuilles atteintes, le plus près possible de la tige.

Filaments sous les feuilles, parfois accompagnés de la décoloration et de la chute des feuilles: araignées rouges. Pulvérisez chaque semaine du malathion dilué, pendant quatre semaines. Élevez l'humidité ambiante en plaçant le pot sur une soucoupe remplie de cailloux mouillés.

Queue-de-rat

Ce genre de cactées à tiges pendantes compte une demi-douzaine d'espèces, dont la plus répandue, l'*Aporocactus flagelliformis* (p. 83), décore le rebord de nos fenêtres depuis bien des années. Ses tiges flasques, retombant mollement en panache à partir du centre de la plante, justifie bien son nom populaire de «queue-de-rat». Les variétés au port plus rigide forment aussi de beaux paniers suspendus, tout indiqués pour la parure estivale des porches. L'hiver, en revanche, il faut à tout prix les rentrer: originaires du sud du Mexique, ces plantes sont plutôt frileuses. Au début du printemps, *Aporocactus flagelliformis* dispose ses fleurs tout au long de ses tiges. Il existe d'autres espèces toutes aussi séduisantes, notamment les hybrides issus du croisement de l'espèce *Aporocactus* avec les épiphyllums (connus aussi sous le nom d'aporophyllums) et d'autres espèces à grandes fleurs. Ce sont des plantes semi-pendantes, aux tiges élastiques, qui, suspendues, font aussi beaucoup d'effet et qui, par surcroît, fleurissent sans réserve.

Lumière: de préférence à l'intérieur, sur le rebord ensoleillé d'une fenêtre, ou suspendue au châssis afin que les tiges puissent baigner dans la lumière. Dans une serre, filtrez légèrement le soleil d'été afin de prévenir les brûlures dues à la réverbération sur les vitres.
Température: pas inférieure à 4 °C; maintenez la plante sous 38 °C et aérez en été.
Arrosage: arrosez chaque semaine au printemps et en été, en laissant sécher la terre entre les arrosages; en hiver, juste assez pour qu'elle ne dessèche pas complètement: une fois toutes les trois ou quatre semaines devrait suffire. Vaporisez une fois par semaine au printemps et en été, une fois toutes les six ou huit semaines en hiver.

L'aporophyllum «Rosemary» est un hybride issu du croisement d'un aporocactus avec un épiphyllum. Les pétales internes sont roses, les externes plutôt rose saumon. Comme les vrais aporocactus, ils font plus d'effet dans des pots suspendus.

Engrais: une fois par mois au printemps et en été, avec un engrais riche en potasse (comme pour les tomates).
Terre: un compost sans terre ni sable.
Rempotage: rempotez chaque année au printemps dans le pot de la taille au-dessus, en arrêtant au pot de 15 cm. Ensuite, rempotez sans changer la taille du récipient, mais en enlevant le plus de vieux compost possible pour le remplacer chaque année par du frais. Après rempotage, n'arrosez pas pendant quinze jours. Si la plante déborde trop de son pot ou qu'elle devienne encombrante, coupez quelques tiges et utilisez-les comme boutures.
Nettoyage et lutte antiparasitaire: vaporisez à l'eau chaque semaine au printemps et en été, toutes les six ou huit semaines en hiver, pour enlever la poussière. Mélangez un insecticide à l'eau deux ou trois fois par an.
Autres espèces: vous trouverez sans problèmes dans le commerce *A. flagelliformis* et, avec un peu de chance, *A. flagriformis* et *A. conzatti*. Mais la palette des hybrides est plus intéressante: ils jouent avec toute la gamme des rose pâle aux rouges les plus profonds.

Dans de bonnes conditions, les tiges d'*Aporocactus flagelliformis* peuvent atteindre 2 m de long en cinq ans, bien que la normale soit plutôt de 1 m. Au printemps, il produit des fleurs rouge rosé qui durent quatre à cinq jours. Une plante manifeste sa bonne santé par une croissance nouvelle des tiges et une profusion de fleurs chaque année. La rareté de celles-ci indique un manque de lumière.

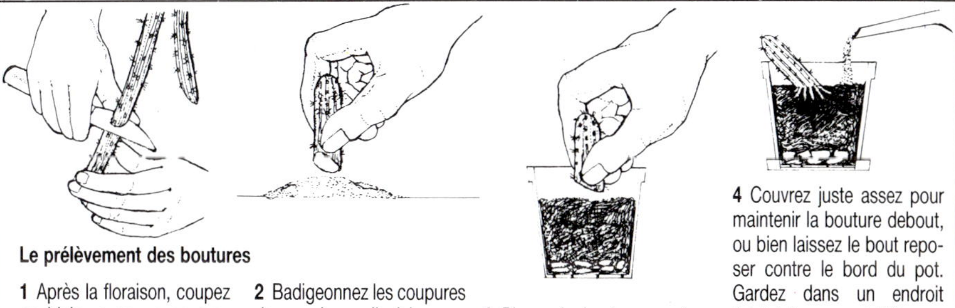

Le prélèvement des boutures

1 Après la floraison, coupez en biais, avec un couteau bien tranchant, des morceaux de tiges de 5 à 8 cm de long.

2 Badigeonnez les coupures de poudre radiculaire aux hormones contenant un fongicide. Laissez sécher au moins deux jours.

3 Placez la bouture sur la surface d'un compost de rempotage, dans un pot de 5 ou 8 cm.

4 Couvrez juste assez pour maintenir la bouture debout, ou bien laissez le bout reposer contre le bord du pot. Gardez dans un endroit éclairé (pas ensoleillé) pendant deux à trois semaines, jusqu'à ce que les racines se développent.

Araucaria heterophylla

Pin de Norfolk

Le pin de Norfolk est un des rares conifères à feuillage persistant qui se prêtent bien à la culture en intérieur, grâce, entre autres, à sa croissance lente. Malgré l'air quelque peu oriental que lui donnent ses branches horizontales garnies de tendres aiguilles, il provient de l'île de Norfolk, dans le Pacifique, au large de l'Australie. C'est en poussant seul qu'il vous révélera toutes ses qualités de bonne plante. Dans son milieu naturel, il atteint des hauteurs imposantes, mais, à la maison, il lui arrivera rarement de dépasser 150 cm. Il se plaît dans la fraîcheur d'un endroit bien aéré. C'est un parent de l'*Araucaria araucana* du Chili.

Lumière: n'exposez pas cette plante en plein soleil en été. Elle aime une certaine pénombre, mais préfère se trouver près d'une fenêtre. Au printemps et en été, faites-la pivoter à peu près une fois par semaine, afin qu'elle ne s'incline pas toujours du même côté, à la recherche de la lumière.

Température: un minimum de 5 °C en hiver, un maximum de 16 °C en été, si possible. Vous pouvez sortir le pin de Norfolk en été.

Arrosage: deux fois par semaine en été, tous les sept à dix jours en hiver, juste assez pour maintenir la terre humide. Si possible, utilisez de l'eau sans calcaire.

Humidité: vaporisez deux fois par semaine en été; une fois en hiver si le chauffage est central.

Engrais: tous les quinze jours en période de croissance (printemps et été) avec un engrais dilué, à raison de la moitié de la quantité recommandée par le fabricant.

Terre: un riche mélange à base de terreau n° 2.

Rempotage: chaque année au printemps quand la plante est jeune. Quand elle a plus de 1 m, renouvelez seulement le compost de surface.

Nettoyage: la vaporisation (voir *Humidité*) suffit. Pas de lustrants.

La croissance du pin de Norfolk est très lente; il ne produit qu'une ou deux couches de nouvelles branches par an. Celles-ci poussent sur le tronc, à intervalles bien distincts, et se couvrent de magnifiques et tendres aiguilles. La fraîcheur et l'éclat des aiguilles ou tiges témoignent de la bonne santé de la plante.

Les branches retombent mollement: trop au froid. Exposez la plante à une température d'au moins 5 °C.

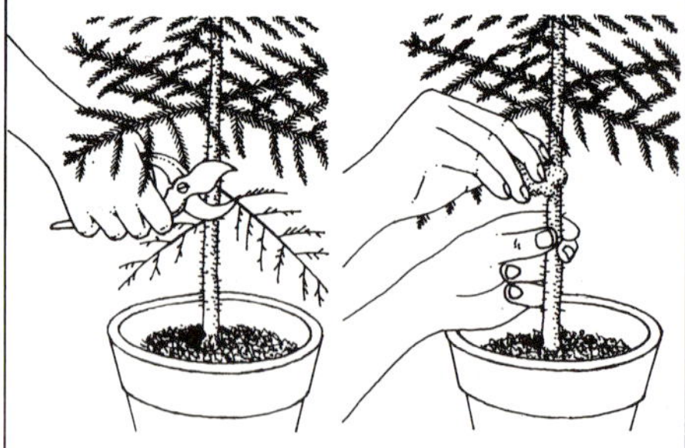

La taille

1 Coupez les branches dégarnies le plus près possible du tronc. Effectuez une coupure franche.

2 Soufrez. Si la sève coule, enduisez la coupure de vaseline.

S.O.S.

La plante ne pousse pas: rempotage nécessaire. Examinez les racines: si elles sont à l'étroit, rempotez dans un pot d'une taille supérieure.

Croissance éparse et étique des branches, qui ploient sous leur propre poids: besoin d'un apport régulier d'engrais. Augmentez des trois quarts la dose recommandée par le fabricant.

Les aiguilles sèchent, jaunissent et brunissent: trop au chaud et trop au sec. Placez le pin dans un lieu plus frais et mieux aéré. Arrosez et vaporisez régulièrement.

Plaques laineuses blanches sur les aiguilles: cochenilles. Si possible, enlevez avec un tampon d'ouate imbibé d'alcool dénaturé. Ou bien, pulvérisez du malathion dilué, tous les quinze jours, jusqu'à élimination.

Les aiguilles blanchissent: réverbération trop forte en été. Placez plus à l'ombre, à l'écart des fenêtres.

Chute des aiguilles vertes: surarrosage. Laissez la terre se dessécher avant d'arroser à nouveau, puis arrosez moins et plus souvent.

Aiguilles gluantes, couvertes de petits insectes verts: pucerons. Pulvérisez tous les quinze jours du pyrèthre ou un insecticide systémique, jusqu'à élimination.

Branches inférieures dépouillées de leurs aiguilles: vieillissement, chez les grandes plantes. Chez les autres, phénomène probablement dû à une obscurité excessive. Placez dans un lieu plus éclairé et élaguez les branches mortes en coupant près du tronc avec un couteau ou un sécateur.

Ardisie

Vous ne perdez rien à faire le tour des magasins pour vous procurer cet arbrisseau à l'aspect insolite. Ses feuilles ovales vert foncé, longues de 5 cm, sont disposées en étages ou en verticilles, tout autour d'une tige centrale. Ses petites fleurs blanches, rouges ou pourpres, poussent en grappes sur des tiges qui émergent de par-dessous les feuilles. Les baies rouges, succédant petit à petit aux fleurs, revêtent la plante d'une parure qui lui vaut tant de succès à Noël. Il arrive souvent que les baies d'une année soient encore là lorsqu'apparaissent les fleurs de l'année suivante. Facile à cultiver, l'ardisie est une plante au port élégant, pouvant atteindre 70 cm avant qu'elle commence à perdre quelques-unes de ses feuilles inférieures.

L'ardisie fleurit généralement au début du printemps. Les grappes de fleurs se fanent graduellement, pour faire place à des baies brillantes, qui persistent souvent jusqu'à l'apparition, au printemps suivant, de nouveaux bourgeons floraux. Un feuillage en bonne santé se caractérise par l'éclat de son vert foncé.

Lumière: de préférence dans l'embrasure d'une fenêtre, mais à l'abri du soleil de midi.
Température: un minimum de 8 °C en hiver. Température normale de la pièce en été. La plante supporte la chaleur, bien que les baies durent plus longtemps sous 15 °C.
Arrosage: deux à trois fois par semaine en été, chaque semaine en hiver. En automne, quand toutes les fleurs se sont fanées, laissez la plante se reposer pendant deux à trois semaines, sans l'arroser. Il est essentiel que le pot soit bien drainé.
Humidité: vaporisez trois fois par semaine en été, une fois pas semaine en hiver. Si l'atmosphère est sèche, placez l'ardisie dans une soucoupe pleine de cailloux, baignant dans l'eau. Celle-ci ne doit pas toucher le fond du pot.
Engrais: tous les quinze jours en période de croissance (printemps et été), avec un engrais liquide dilué.
Terre: un mélange à base de terreau n° 2.
Rempotage: à chaque printemps. La plante fleurit et fructifie mieux à l'étroit.
Nettoyage: la vaporisation (voir *Humidité*) suffit. Vaporisez un lustrant une fois par mois pour lui donner plus d'éclat.

L'humidité

- Élevez l'humidité ambiante des pièces chaudes et sèches en vaporisant au moins trois fois par semaine.
- Placez le pot sur lit de cailloux dans une soucoupe presque remplie d'eau. Évitez que celle-ci ne sature les racines. La judicieuse combinaison d'un bon arrosage, d'un bon drainage et d'une bonne humidité assurera le bien-être de la plante, dans une atmosphère sèche et chaude.

S.O.S.

La plante ne pousse pas bien au printemps et les fleurs n'apparaissent pas en été: endroit trop sombre. Placez-la dans un lieu mieux éclairé, mais pas au soleil brûlant de midi.

Les feuilles jaunissent: surarrosage ou terre détrempée, saturée d'eau. Vérifiez si les trous de drainage sont dégagés. Laissez sécher avant d'arroser à nouveau. En hiver, n'arrosez qu'une fois par semaine. En automne, laissez la plante se reposer pendant deux à trois semaines sans l'arroser.

Chute des fleurs avant la fructification: trop au froid. Placez la plante plus au chaud, mais pas à plus de 15 °C, si possible.

Plaques laineuses blanches sous les feuilles et sur les tiges: cochenilles. Enlevez-les avec un tampon d'ouate imbibé d'alcool dénaturé ou pulvérisez du malathion, tous les quinze jours, jusqu'à élimination.

Feuilles pendantes et flasques en été: arrosage nécessaire. Trempez la plante dans un seau d'eau pendant quinze minutes, puis laissez-la égoutter. Arrosez deux à trois fois par semaine en été, une fois par semaine en hiver.

Les feuilles pâlissent et blanchissent: exposition excessive en plein soleil. Placez dans un endroit plus ombragé, à l'abri du soleil de midi.

Plaques gluantes et filamenteuses sous les feuilles: araignées rouges. Pulvérisez tous les quinze jours du malathion dilué ou un insecticide systémique, jusqu'à élimination. Maintenez un niveau élevé d'humidité en vaporisant régulièrement.

Chute des feuilles: atmosphère trop sèche. Vaporisez régulièrement. S'il fait plus de 15 °C, placez le pot dans une soucoupe remplie de cailloux mouillés. Il est naturel que la plante perde ses feuilles inférieures, lorsqu'elle atteint environ 70 cm.

Ariocarpus

On peut dire à juste titre que ces plantes sont les fossiles vivants des cactées des déserts mexicains: elles poussent si lentement et si longtemps que les spécimens importés ont souvent la réputation d'être centenaires ou, en tout cas, plus âgés que leurs propriétaires. Dans le passé, on ne les connaissait que comme plantes sauvages d'importation. Mais, comme elles sont désormais protégées dans leur milieu naturel, on produit les plants des plus petites sur une échelle commerciale de plus en plus grande. En fait, les spécimens importés s'acclimatent difficilement. Si vous en achetez, choisissez les plantes dont la laine couvrant le centre montre de bons signes de croissance, à moins bien sûr que vous ne réussissiez à inciter leurs racines ratatinées à infuser une nouvelle vie à l'ensemble de la plante. Veillez à ne pas abîmer ces grosses racines. S'il vous arrive de les casser ou de les meurtrir, séchez-les et badigeonnez-les généreusement de poudre radiculaire. Les jeunes plants présentent moins de problèmes, si ce n'est leur croissance désespérément longue.

Lumière: le plus possible. Les ariocarpus se plaisent sur le rebord ensoleillé d'une fenêtre ou dans une serre non protégée du soleil.
Température: pas au-dessous de 4 °C. En été, maintenez la plante sous 38 °C dans un lieu aéré.
Arrosage: arrosez bien en été seulement, toutes les deux semaines. N'arrosez pas en hiver. La vaporisation est superflue.
Engrais: pas nécessaire, mais il accélérera un petit peu la croissance. Utilisez un engrais riche en potasse, comme pour les tomates.
Terre: une teneur élevée en sable graveleux est recommandée, 75 % pour 25 % de compost sans terre ou à base de terreau. N'utilisez pas le sable de construction ou de plage.
Rempotage: ne dérangez pas trop souvent

Ariocarpus furfuraceus, qui peut atteindre 18 cm de diamètre, se compose de tubercules trigones semblables à d'épaisses feuilles, groupés en une rosette trois fois plus large que haute. Sa grande fleur blanche s'épanouit au centre de la plante, après avoir frayé son chemin à travers un épais duvet laineux. L'apparition de ce dernier est le signe incontestable de la vie qui anime cette plante, à croissance par ailleurs si discrète et si lente.

Ariocarpus kotschoubeyanus, qui appartient au groupe des plus petits, a rarement besoin d'un pot de plus de 10 cm. Il forme ses fleurs blanches ou pourpre-rose à la fin de l'été ou de l'automne. Ne l'arrosez pas avant d'avoir laissé sécher le compost. Ne l'arrosez pas du tout en hiver.

les racines des plantes qui se sont faites à leur pot. Ne rempotez les plantes adultes (8 à 10 cm de diamètre) que tous les trois ans. Rempotez les jeunes au printemps dans le pot de la taille au-dessus.

Nettoyage et lutte antiparasitaire: vaporisez légèrement les plantes poussiéreuses et brossez délicatement le duvet laineux quand il est sec. Ajoutez un insecticide, trois ou quatre fois par an, à l'eau destinée au nettoyage.

Autres espèces: on distingue deux groupes principaux. Le premier comprend *A. lloydii* (ci-dessous), qui fait environ 18 cm de diamètre, et d'autres espèces dont les meilleures sont *A. furfuraceus*, aux fleurs blanches, et *A. trigonus*, aux fleurs jaunes. Celles du second groupe nécessitent rarement un pot de plus de 10 cm. *A. kotschoubeyanus* (ci-dessous à gauche) en est l'espèce la plus courante. Quant à *A. agavoides* (encore parfois dénommée *Neogomesia agavoides*) et *A. scapharostrus*, mieux vaut les laisser aux spécialistes.

Le traitement des racines endommagées

1 Si les racines de la plante que vous venez d'acheter sont endommagées, leur base risque de s'amollir tout en prenant une teinte orange ou brune. C'est un signe de pourriture. Excisez les parties pourries jusqu'au tissu sain.

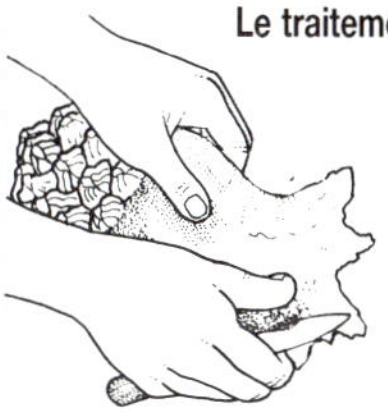

2 Badigeonnez généreusement de poudre radiculaire aux hormones contenant un insecticide et laissez sécher complètement pendant deux ou trois semaines avant de rempoter dans un compost frais.

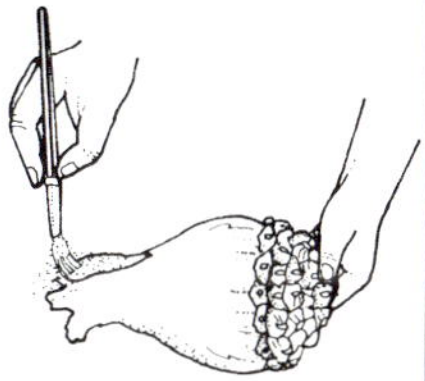

Chez *Ariocarpus lloydii*, les tubercules grisâtres losangés s'imbriquent les uns dans les autres, un peu comme les sections de la carapace d'une tortue, mais en remontant en spirales vers le centre duveteux.

Une plante saine renouvelle son duvet laineux et, si elle bénéficie d'une abondante lumière solaire, elle fleurit à la fin de l'été ou en automne. Les fleurs durent environ trois jours.

Arthrocereus

Originaires du Pérou, du Brésil et de l'Argentine, les cactées de ce genre poussent en forme de colonne et peuvent atteindre une hauteur de 15 cm. Leurs longues fleurs tubulées, odorantes et généralement blanches, s'ouvrent le soir. Une douzaine d'espèces, comprenant *Pygmaeocereus* ou *Setiechinopsis*, s'offrent à votre choix, mais vous ne pourrez généralement vous les procurer qu'auprès des spécialistes. Si vous les choyez un peu, ces plantes pousseront sans problèmes et, une fois hautes de 8 à 10 cm, elles sortiront leurs fleurs. En général, elles se contentent d'un pot de 10 cm.

Arthrocereus rondonianus ouvre ses fleurs rose-lilas pendant la journée, contrairement à la plupart des espèces appartenant à ce genre. Ses tiges, pas plus épaisses qu'un doigt, font 30 cm de long.

Lumière: abondante, pour favoriser la floraison et une croissance compacte, riche en piquants. Choisissez l'endroit le plus ensoleillé.
Température: en hiver, un minimum de 4 °C suffit aux plantes, du moins si on ne les arrose pas. En été, maintenez sous 38 °C, dans un lieu aéré.
Arrosage: en été, arrosez environ une fois par semaine, mais, au début de l'automne, n'arrosez plus qu'une fois par mois. Durant les trois mois de la saison froide, maintenez la plante dans la sécheresse. Recommencez à arroser au printemps, en augmentant progressivement pour revenir aux intervalles conseillés pour l'été. Vaporisez par le haut une fois par mois.
Engrais: une fois par mois, au printemps et en été, utilisez un fertilisant au potasse.
Terre: environ 40 % de sable graveleux (pas du sable de construction ou de plage) et 60 % de compost sans terre ou à base de terreau.
Rempotage: renouvelez le compost tous les printemps, en ménageant une période de deux semaines de sécheresse après le rempotage. Utilisez un pot de même dimension, à moins que la plante ne soit trop à l'étroit. Si vous abîmez les racines, prévenez la pourriture en appliquant une poudre radiculaire contenant un fongicide.
Nettoyage et lutte antiparasitaire: vaporisez par le haut en jets puissants pour enlever la poussière. Ajoutez un insecticide à l'eau du nettoyage deux ou trois fois par an.
Autres espèces: *A. rondonianus* se présente aussi dans des fleurs rouge-lilas et de courts aiguillons jaune-brun poussant sur des tiges de 30 cm de long, pas plus épaisses qu'un doigt. *A. campos portoi* est difficile, voitre impossible à cultiver. Mieux vaut le greffer. Quant à *A. microsphaericus*, il est difficile aussi. Tous deux donnent des fleurs blanches. Plus aisées sont les deux ou trois espèces de *Pygmaeocereus*. Enfin, vous pouvez, avec un peu de chance, vous procurer *Arthrocereus* (ou *Pygmaeocereus*) *bylesianus* ou *akersii* chez un pépiniériste spécialisé. Bien exposées au soleil, ces dernières plantes donnent une profusion de longues fleurs blanches tubulées.

En été, *Arthrocereus* (ou *Setiechinopsis*) *mirabilis* présente successivement trois à cinq fleurs au parfum capiteux, sur de longues tiges. Ces fleurs s'ouvrent le soir et ne durent qu'une nuit. Si elles sont fécondées et ne quittent pas la plante, elles produisent des semences que l'on peut récolter pour les semer.

La récolte des semences

1 Quand la fleur flétrit et meurt, sa tige s'enfle à mesure que se développent les semences.

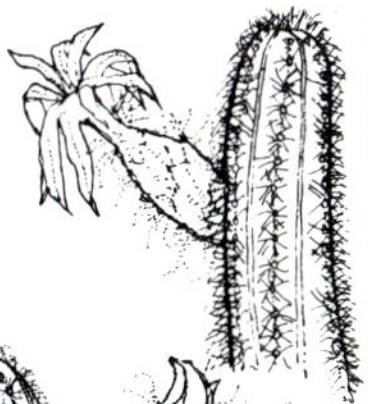

2 Au bout de quelques semaines, elle s'éventre pour mettre au jour ses nombreuses semences noires.

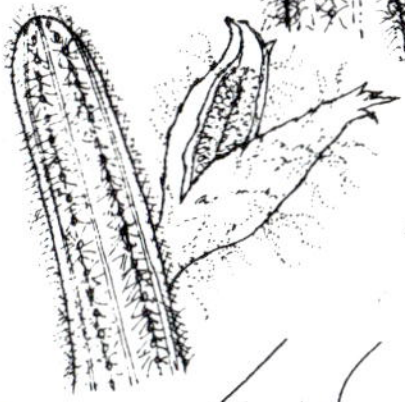

3 Récoltez soigneusement les semences et préparez un plateau ou un petit pot de mélange de rempotage sans terre ou à base de terreau n° 1 recouvert de gros sable. Semez à même la surface.

Quand les bourgeons se forment, surveillez chaque soir l'éclosion des fleurs. Celle-ci commence d'habitude entre 20 et 22 heures, et se poursuit toute la nuit.

Chez *Arthrocereus* (ou *Pygmaeocereus*) *bylesianus*, les fleurs, coiffant de longues hampes, s'ouvrent en été, deux ou trois à la fois, le soir. Dans la nature, leur couleur et leur parfum attirent les insectes volants nocturnes.

Asparagus meyerii

Cette plante, qui, à l'âge adulte, mesure 90 cm de diamètre sur 75 cm de haut, est un véritable régal pour l'œil. Les folioles tendres et délicates de ses longues frondes s'implantent un peu à la façon des soies d'un goupillon à bouteilles. Son système radiculaire produit des tubercules qui reposent à la surface du pot et peuvent élever jusqu'à 25 kg le poids d'une plante adulte confinée dans un pot de 30 cm. *A. falcanus*, espèce épineuse, n'est pas plus exigeante que les autres, si ce n'est qu'elle apprécie un peu plus de chaleur en hiver (de 13 °C à 18 °C).

Asparagus meyerii forme d'imposantes frondes verticales, composées à la façon d'un goupillon à bouteilles, pouvant atteindre 75 cm de long. Chez une plante saine, les tiges maîtresses sont chargées de tigettes latérales, elles-mêmes garnies de centaines de minuscules pétioles. Dans certaines conditions défavorables, ces dernières risquent de sécher et de tomber.

Lumière: la plante supporte l'ombre, mais a besoin de lumière diffuse pour aider les jeunes frondes à foncer leur feuillage vert pâle. Tenez à l'écart du plein soleil.
Température: un minimum de 10 °C en hiver, de préférence de 12 °C à 15 °C en été. Les grandes chaleurs provoquent la chute des feuilles. Veillez à bien ventiler.
Arrosage: maintenez la terre humide en arrosant deux ou trois fois par semaine en été, une fois par semaine en hiver.
Humidité: vaporisez chaque jour à l'eau tiède. Placez les jeunes plantes dans une soucoupe remplie de cailloux baignant partiellement dans l'eau ou rempotez les plantes adultes dans un récipient doté d'un dispositif d'arrosage automatique.
Engrais: tous les quinze jours seulement en été, avec un engrais dilué dans l'eau, à raison de la moitié de la quantité recommandée. Durant la semaine intermédiaire, ajoutez un engrais foliaire à l'eau d'une des vaporisations quotidiennes.
Terre: utilisez un mélange à base de terreau et de tourbe contenant peu d'engrais, à parts égales.
Rempotage: rempotez dans le pot de la taille supérieure quand les racines émergent du trou du pot. Pour les grandes plantes, installez un dispositif auto-arroseur.
Nettoyage: les vaporisations et les engrais foliaires suffisent. Pas de lustrants.

S.O.S.

Les frondes pâlissent, s'inclinent; les feuilles tombent: surarrosage. N'arrosez plus avant d'avoir laissé la terre sécher.

L'humidité

Pour un apport constant d'humidité autour de la plante, disposez un lit de cailloux ou de graviers dans une soucoupe et placez-y le pot. Versez-y de l'eau en veillant à ce qu'elle ne touche pas le fond du pot.

ou bien:

insérez de la tourbe humide entre le pot et le cache-pot.

Toiles sous les feuilles et les frondes: araignées rouges. Pulvérisez du derris ou du malathion, tous les quinze jours, jusqu'à élimination. Humidifiez davantage.

Les frondes se dessèchent: excès de lumière solaire directe. Exposez à la lumière diffuse.

Les frondes demeurent pâles durant la croissance adulte: endroit trop sombre. Placez dans un lieu plus éclairé, mais pas en plein soleil.

Brunissement et chute des feuilles: besoin d'eau et d'humidité. Si le pot est petit, immergez-le dans un seau d'eau tiède, le temps qu'il n'y ait plus de bulles à la surface. Égouttez-le. Pulvérisez et arrosez régulièrement.

Les tubercules saillent à la surface: ils font partie du système radiculaire de la plante. Si les racines forcent leur chemin à travers le fond du pot, rempotez.

Bien que vertes, les feuilles tombent: trop au chaud. Placez la plante plus au frais, dans un lieu bien aéré. Les lustrants ont le même effet. Ne les utilisez pas.

Asparagus plumosus

Asparagus plumeux

Cet asparagus, que l'on prend parfois pour une fougère, entre souvent dans la composition des bouquets. Il fait partie des liliacées comme tous les autres asparagus, y compris l'asperge comestible, qui lui ressemble beaucoup par son feuillage. Il se plaît à l'intérieur, à condition toutefois de ne pas être soumis à des chaleurs excessives. Il faut donc l'éloigner des fenêtres et lui procurer suffisamment d'humidité. Lorsque vous lui prodiguez tous ces bons soins, méfiez-vous de ses épines! Le rempoter n'est pas toujours chose facile.

Lumière: diffuse. L'asparagus supportera l'ombre, mais son feuillage restera pâle. Ne l'exposez pas en plein soleil.
Température: en hiver, un minimum de 8 °C; au printemps et en été, un minimum de 12 °C, un maximum de 21 °C, avec une bonne ventilation.
Arrosage: deux à trois fois par semaine en été, au moins une fois par semaine en hiver. Ne laissez pas la plante se dessécher.
Humidité: vaporisez chaque jour en pluie fine avec de l'eau tiède par températures maximales. Sinon, au moins deux fois par semaine. Maintenez la terre humide en posant le pot dans une soucoupe emplie de cailloux partiellement immergés dans l'eau.
Engrais: tous les quinze jours en été, avec un engrais dilué dans l'eau, à raison de la moitié de la quantité recommandée par le fabricant.
Terre: un mélange à base de terreau n° 1 et de la tourbe stérilisée, à parts égales. Un compost pour semis et bouturage à base de tourbe convient aussi.
Rempotage: quand la motte de racines est compacte et que celles-ci s'engagent dans le trou du pot. Utilisez un pot en terre cuite d'une taille supérieure. Enlevez délicatement la vieille terre des racines. Si les racines se sont ancrées dans l'argile, dégagez-les en faisant pivoter légèrement le pot.
Nettoyage: les vaporisations suffisent. Pas de lustrants.

Les délicates folioles vert pâle de l'asparagus plumeux entrent souvent dans la composition des bouquets. Le feuillage ne restera vert et luxuriant que s'il bénéficie d'une bonne lumière naturelle, mais il se desséchera en plein soleil. Une plante saine se reconnaît à l'abondance de ses frondes, elles-mêmes garnies d'une multitude de filioles plumeuses.

S.O.S.

Les folioles n'arrêtent pas de tomber: endroit trop sombre et trop au chaud. Placez la plante dans un endroit plus frais et mieux éclairé. Pulvérisez chaque jour en pluie fine avec de l'eau tiède.

Les frondes demeurent pâles: endroit trop sombre. Placez la plante dans un endroit mieux éclairé.

Les frondes jaunissent en hiver: surarrosage. Laissez la terre sécher presque complètement entre les arrosages. Ne laissez pas séjourner dans l'eau.

Pas de nouvelle croissance en été, pourtant le nécessaire a été fait: vous avez peut-être rempoté avant que les racines ne poussent à travers les trous du pot. Nourrissez et arrosez, mais ne rempotez pas avant que la plante ne soit à l'étroit (après deux ans environ).

La plante ne pousse pas et les feuilles tombent, malgré un bon arrosage: trop au chaud et courants d'air. Placez-la dans une pièce plus chaude, à l'abri des courants d'air.

Frondes mouchetées de petites plaques brunes: insectes écailleux. Badigeonnez à l'alcool dénaturé, puis enlevez les écailles avec l'ongle du pouce. Ou bien, pulvérisez du malathion dilué, tous les quinze jours, surtout sous les frondes et sur les tiges.

Les feuilles jaunissent et des frondes entières se dessèchent: arrosage insuffisant, ou trop chaud. Trempez le pot dans un seau d'eau tiède pendant cinq minutes, puis laissez drainer. Placez la plante dans un endroit bien ventilé mais sans courants d'air. Coupez près de la tige les frondes déparées.

La plante est couverte de fines toiles: araignées rouges. Pulvérisez du malathion dilué, tous les quinze jours, jusqu'à élimination. Humidifiez davantage.

La plante se dessèche, malgré un arrosage adéquat: la lumière du soleil est trop forte. Placez-la dans un endroit plus ombragé. Il se peut aussi que l'atmosphère soit trop sèche: vaporisez en pluie fine avec de l'eau tiède.

Asperge ornementale

Il ne faut pas confondre cet asparagus avec *A. plumosus* des pages précédentes. Ce sont deux variétés différentes. *A. sprengeri*, la moins exigeante de toutes les asperges, forme une plante touffue, aux frondes à la fois montantes et tombantes. C'est une bonne plante ornementale à plus d'un titre : même coupé, son feuillage conserve longtemps sa fraîcheur, ce qui le destine tout naturellement à l'agrément des bouquets, des tables. Il est cependant moins doux que l'asparagus plumeux, car il protège la base de ses feuilles de petits piquants. Il est à son avantage dans les solariums, les cuisines et les salles de bains. Lorsqu'il encombre son pot, multipliez-le en divisant ses racines au printemps. Celles-ci étant tubéreuses, il vous faudra un bon couteau pour les séparer.

Ne confondez pas cette variété d'asparagus au feuillage piquant vert pâle avec *Asparagus plumosus*. Ses frondes sont beaucoup moins vaporeuses : en fait elles picotent assez bien ! On s'en sert aussi pour agrémenter les bouquets, car, même coupées, elles conservent longtemps leur fraîcheur.

Lumière : la plante a besoin de lumière, mais craint le soleil direct. Elle peut survivre à l'ombre.

Température : un minimum de 8 °C en hiver, de 10 °C en été. Cette asperge tolère des températures de 21 °C à 24 °C en été, du moins si la ventilation est bonne.

Arrosage : maintenez la terre très humide en arrosant deux ou trois fois par semaine en été. Moins en hiver : une fois par semaine devrait suffire, après avoir laissé sécher presque complètement.

Humidité : vaporisez deux fois par semaine en été et une fois par semaine en hiver avec de l'eau tiède. Vaporisez aussi si la plante est à l'extérieur : tous les jours par grandes chaleurs. Placez le pot dans une soucoupe remplie de cailloux baignant partiellement dans l'eau.

Engrais : chaque semaine en été, utilisez un engrais dilué dans l'eau en suivant les recommandations du fabricant.

Terre : de préférence un mélange à base de tourbe enrichi d'engrais. Si vous utilisez un mélange à base de terreau, choisissez-en un à faible teneur en engrais (n° 1) et ajoutez-y de la tourbe à parts égales.

Rempotage : au printemps, uniquement si la plante est à l'étroit, dans son pot en terre cuite, plus grand d'une taille et bien drainé.

Nettoyage : les vaporisations à l'eau suffisent. Pas de lustrants.

L'élagage des frondes mortes

- Si des frondes mortes ou abîmées séparent la plante, coupez-les avec un sécateur bien aiguisé ou des ciseaux de fleuriste. Faites une coupure nette juste au-dessus d'une paire de feuilles.
- Les frondes apprécient une bonne vaporisation à l'eau tiède. Par temps de sécheresse et par grandes chaleurs, élevez le taux d'humidité en plaçant le pot dans une soucoupe remplie de cailloux mouillés.

S.O.S.

La plante ne pousse plus: si cela se passe au début de l'été, il est possible que vous l'ayez rempotée avant qu'elle ne pousse ses racines dans les trous du pot. Attendez qu'elle soit à l'étroit. Si le symptôme se manifeste au milieu ou à la fin de l'été, vous avez peut-être administré de l'engrais en automne et en hiver. Si oui, vous avez épuisé la plante. Arrosez, mais ne nourrissez pas avant le printemps suivant.

Les folioles se dessèchent et tombent: atmosphère trop chaude et trop sèche. Placez en un lieu plus frais et élevez le taux d'humidité en vaporisant ou en plaçant le pot sur un lit de cailloux mouillés.

Les folioles tombent, alors que les conditions extérieures semblent bonnes: effet des lustrants ou pollution (gaz, cigarettes). Placez la plante dans un endroit non pollué et ne lustrez pas.

L'envers des folioles est moucheté de petites plaques rondes: insectes écailleux. Pulvérisez du malathion dilué tous les quinze jours ou badigeonnez les insectes avec de l'alcool dénaturé. Après le traitement, enlevez-les avec l'ongle du pouce.

La plante est dehors et les feuilles tombent: trop au froid ou terre détrempée. Rentrez la plante et coupez les parties endommagées avec un sécateur ou des ciseaux.

Les folioles jaunissent, les épines tombent: arrosage insuffisant durant une chaleur ou une sécheresse excessives. S'il fait plus de 24 °C, plongez le pot dans un seau d'eau tiède. Laissez toujours bien drainer avant de remettre le pot dans la soucoupe.

Aspidistra élevé

De toutes les plantes d'intérieur, celle-ci est la plus tenace: il faudrait pratiquement du poison pour la tuer. Dure comme fer, elle justifie bien le nom de «plante-en-fer-forgé» qu'on lui donne parfois. Au siècle dernier, elle jouissait d'une plus grande popularité qu'aujourd'hui, sans doute en raison de sa grande tolérance en matière d'écarts de température, de fumée de cigares et d'émanations toxiques des âtres des maisons de jadis. Les variétés panachées portent d'élégantes feuilles aux rayures vertes et blanches. Très isolée du feuillage, une petite fleur pourpre émerge occasionnellement de la terre. Elle ne dure qu'un jour ou deux. Ces plantes aiment se sentir légèrement à l'étroit dans leur pot et préfèrent un arrosage plutôt modéré.

Lumière: la plante se porte bien dans des coins sombres. En plein soleil, les feuilles risquent de brûler.

Température: la chaleur normale d'une pièce, de 10 °C à 18 °C.

Arrosage: environ une fois par semaine en hiver (moins sous 10 °C), deux fois par semaine en été. Laissez sécher la surface du compost avant d'arroser.

Humidité: semble se plaire dans une atmosphère très sèche, mais apprécie une vaporisation en fine pluie une fois par semaine en été.

Engrais: ne suralimentez pas. Une fois par mois en été avec un engrais liquide dilué à la dose recommandée par le fabricant devrait suffire. Si les feuilles se fendent, arrêtez jusqu'à la fin de la saison. Pas d'engrais pour la variété panachée.

Rempotage: ne rempotez que tous les deux ou trois ans, car la plante préfère être à l'étroit dans son pot.

Terre: un mélange à base de terreau n° 2 pour la variété à feuillage vert uni, un terreau de couches ou un compost sans engrais pour la variété panachée.

Nettoyage: essuyez les feuilles poussiéreuses avec un chiffon doux et humide. Pas de lustrants.

Les aspidistras, dits «plantes-en-fer-forgé», font des tiges longues de 28 à 30 cm. Bien qu'ils soient quasi indestructibles et qu'ils poussent bien dans les coins sombres, un peu d'attention ne fera que rehausser l'éclat de leurs feuilles élégantes.

Les feuilles pâlissent: compost épuisé et trop sec. Renouvelez et arrosez plus régulièrement. Ne laissez pas la terre se dessécher complètement entre les arrosages. Une fois par semaine en été, une fois tous les quinze jours en hiver.

La division des racines

1 Divisez au début du printemps si la plante est fournie en tiges au point que le pot semble devoir se briser. Retirez du pot et dépouillez les racines de toute terre avec un bâtonnet.

2 Maintenez fermement la souche et séparez délicatement racines et tiges, sans les endommager. Rempotez les deux sections dans un compost frais. Attendez deux jours avant d'arroser à nouveau.

S.O.S.

Feuilles barbouillées de jaune, surtout le long des nervures; écailles brunes sous les feuilles et sur les tiges: insectes écailleux. Pulvérisez du malathion sous les feuilles, enlevez les écailles après avec l'ongle du pouce. Répétez tous les huit jours pendant quatre semaines.

Plaques laineuses blanches sous les feuilles: cochenilles. Pulvérisez du malathion dilué et enlevez insectes et «laine» avec une pince à épiler. Répétez tous les quinze jours jusqu'à élimination. Ou bien, badigeonnez les insectes avec de l'alcool dénaturé et enlevez-les avec une pince à épiler. Isolez la plante.

Taches brunes ou brûlures sur les feuilles: effets du soleil. Choisissez un endroit mieux protégé du soleil direct et coupez à la base les feuilles endommagées.

Feuilles mouchetées: effets des lustrants. Ne les utilisez pas. Essuyez avec un chiffon doux et humecté d'eau sans calcaire de préférence. Coupez les feuilles endommagées à la base de la tige.

Les feuilles jaunissent et se courbent: surarrosage. Laissez le compost se dessécher entre les arrosages. Arrosez une fois par semaine en hiver, moins s'il fait très froid; deux fois par semaine en été.

Les feuilles se crevassent: suralimentation. Ne nourrissez plus jusqu'à la fin de l'été. L'année suivante, ne donnez que la moitié de la dose recommandée par le fabricant, une fois par mois.

Feuilles décolorées, filaments en dessous: araignées rouges. Enlevez les toiles avec un chiffon ou une éponge humides, puis pulvérisez du malathion dilué, surtout sous les feuilles. Répétez tous les quinze jours jusqu'à élimination. Élevez le taux d'humidité en vaporisant chaque semaine.

Les feuilles s'amollissent et prennent une teinte gris-noir: froid excessif, gelure vraisemblable. Placez plus au chaud, à une température toujours supérieure à 2 °C.

Asplenium bulbiferum

Assez tolérante en matière de températures, mais très avide d'humidité, cette plante séduisante réussit particulièrement bien dans le milieu fermé d'une serre ou d'un solarium. Elle se multiplie à partir de spores, qui se forment sur le bord des feuilles adultes et qui, une fois développées, peuvent se détacher pour devenir, assez rapidement, une plante adulte.

Lumière: choisissez de préférence un emplacement semi-ombragé, mais pas trop sombre, sinon la plante ne grandira pas. Protégez-la du plein soleil.
Température: en hiver, la plante survivra à 1 °C mais ne poussera pas. L'idéal est de maintenir une température de 10 °C à 18 °C toute l'année. Au-dessus de 18 °C, elle se dessèche rapidement.
Arrosage: maintenez l'humidité en tout temps, en arrosant deux à trois fois par semaine en été, une fois par semaine en hiver. Veillez au drainage: les racines pourrissent si elles croupissent dans l'eau. En dessous de 10 °C environ, arrosez moins et laissez la terre se dessécher presque complètement entre les arrosages.
Humidité: vaporisez chaque jour, si la plante ne vit pas dans un microclimat. Posez le pot dans une soucoupe emplie de cailloux partiellement immergés dans l'eau.
Engrais: chaque semaine en été avec un engrais dilué dans l'eau. Utilisez la moitié de la dose recommandée par le fabricant. Compensez avec un engrais foliaire chaque semaine, toujours à raison de la moitié de la dose recommandée, quand les plantules se forment.
Terre: un mélange à base de tourbe ou une part de mélange à base de terreau n° 1 pour deux parts de terreau pur, quand la plante a deux ans. Cultivez les plantules dans un mélange à parts égales de terreau de couches et de sable lavé.
Rempotage: au printemps, seulement quand la plante se porte bien, dans un pot en terre cuite d'une taille au-dessus. Ne tassez pas trop: les racines pourriraient.
Nettoyage: vaporisez avec une eau non calcaire ou distillée. Pas de lustrants.

Asplenium bulbiferum forme de jeunes plantules sur ses frondes. Une fois détachées et plantées, celles-ci se transforment rapidement en plantes adultes. Cette fougère supporte des températures hivernales très basses, mais positives. Elle réclame une humidité ambiante très élevée. Le microclimat de la culture en bocal lui est donc tout indiqué.

Les frondes se fanent: trop de soleil direct. Écartez la plante de celui-ci.

La plante noircit par endroits, certaines feuilles jaunissent et se fanent: atmosphère trop sèche. Vaporisez chaque jour, ou utilisez un terrarium ou un système d'auto-arrosage.

Les frondes noircissent et meurent: lustrants ou insecticides insuffisamment dilués. Si un grand nombre de frondes sont atteintes, la plante mourra.

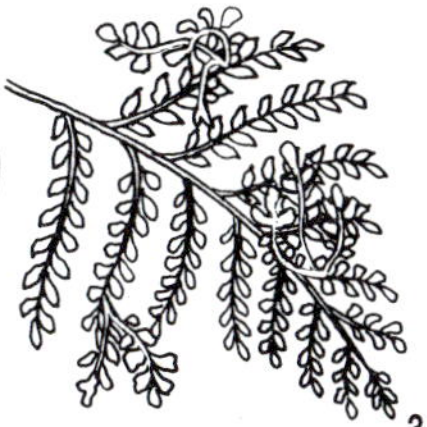

La multiplication

1 Dès que les plantules font leur apparition, nourrissez l'asplénium chaque semaine à l'engrais foliaire, en ne donnant que la moitié de la dose recommandée.

2 Lorsque les plantules possèdent une tige et deux paires de feuilles, on peut les sevrer.

3 Préparez un petit pot avec une couche de drainage et un mélange humide moitié tourbe, moitié sable fin lavé. Avec un crayon, creusez un petit trou dans la couche de surface.

4 Détachez délicatement à la main la plantule de la fronde et placez-la dans le trou. Tassez légèrement tout autour.

Les feuilles demeurent très pâles: besoin d'engrais. Phénomène courant durant la croissance des plantules. Nourrissez la plante chaque semaine, en ne lui donnant que la moitié de la dose recommandée à ce moment-là.

Absence de nouvelles pousses: atmosphère trop sombre. Placez la plante dans un endroit mieux éclairé.

Frondes dénudées et tout en tiges: mauvais compost, croissance chétive des racines. Rempotez dans le bon mélange.

La plante cesse de croître, puis brunit: engrais trop puissant, racines endommagées. Attendez qu'elle récupère avant de recommencer à la nourrir.

Petites mouches sur la surface de la terre et autour des feuilles: mouches blanches. Pulvérisez tous les quinze jours un insecticide à base de pyrèthre ou du malathion dilué, à raison du quart de la dose recommandée.

Les frondes pendent toutes flasques, puis jaunissent: plante surarrosée ou croupissant dans l'eau. Laissez-la sécher avant d'arroser à nouveau.

Asplenium nidus

Nid-d'oiseau

Dans son milieu naturel, cette plante croît sur les arbres, où elle se nourrit d'eau de pluie et de poussières végétales ambiantes. Se déroulant délicatement à partir du centre, ses jeunes feuilles se disposent en rosette pour s'épaissir et s'élargir tout au long de leur croissance. C'est une plante qui, sans être trop exigeante, agrémentera votre intérieur, à condition de ne pas baigner dans une lumière trop forte. Soumises à des conditions défavorables, les feuilles externes, plus âgées, finiront par se tacher et devront être entièrement coupées. Dans une serre ombragée ou une fougeraie, les feuilles adultes peuvent atteindre 1,50 m de long.

Le nid-d'oiseau tient son nom vernaculaire du «nid» que ses larges feuilles forment au centre de la plante en se disposant en rosette. Une plante saine se reconnaît à l'éclat de son feuillage vert lustré et aux jeunes frondes qui se développent en son centre.

Lumière: une saine croissance des feuilles exige un emplacement semi-ombragé. En plein soleil, les jeunes feuilles demeurent pâles.
Température: un minimum de 12 °C en hiver, de 21 °C à 24 °C en été.
Arrosage: maintenez la terre humide en tout temps. Arrosez deux fois par semaine en été, une fois tous les dix jours en hiver. Si la température atteint le minimum toléré en hiver, attendez que la terre sèche avant d'arroser à nouveau.
Humidité: la plante apprécie une bonne humidité. Vaporisez deux fois par semaine en été, une fois par semaine en hiver. Maintenez l'humidité en posant le pot dans une soucoupe pleine de cailloux partiellement immergés dans l'eau.
Engrais: chaque semaine en été, avec un engrais liquide dilué dans l'eau, selon les recommandations du fabricant.
Terre: un compost à base de tourbe. Pas de mélanges à base de terreau.
Rempotage: au printemps, dans un pot en terre cuite, seulement si la motte paraît à l'étroit. Pour une plante de 38 cm de haut, un pot de 13 cm suffit, cette fougère étant moins fournie en racines que les autres.
Nettoyage: vaporisez donc une eau sans calcaire, puis essuyez bien les feuilles. Pas de lustrants.

L'humidité

- Posée sur un lit de cailloux mouillés, la plante bénéficiera d'une humidité constante, mais le fond du pot ne doit pas baigner dans l'eau.
- Un coussin de tourbe humide entre la plante et son cache-pot constitue une autre bonne source d'humidité.
- En général, les racines de cette plante sont trop petites pour finir par pousser à travers le fond du pot. Examinez-les au printemps. Si elles forment un entrelacs si resserré qu'on distingue à peine la terre, rempotez la plante dans un pot plus grand.

S.O.S.

Pointes des feuilles jaunies et marquées de brun: saute de température. Tâchez de maintenir à une température égale.

Le bord des feuilles noircit: trop au chaud ou pollution due aux aérosols ou autres émanations toxiques. S'il fait trop chaud, placez la plante dans un lieu plus frais et arrosez-la plus régulièrement. Protégez-la des fumées.

Feuilles mouchetées de brun: insectes écailleux. Enlevez-les avec de l'alcool dénaturé ou pulvérisez du malathion dilué.

Petits insectes et filaments sous les feuilles: araignées rouges. Pulvérisez, tous les quinze jours, du malathion dilué surtout sous les feuilles. Humidifiez davantage.

Les feuilles pâlissent: trop au soleil. Protégez la plante du soleil direct.

Plaques brunes sur les feuilles: trop au froid et terre trop humide. Placez la plante dans un lieu plus chaud et laissez sécher la terre avant de recommencer à arroser. En dessous de 12 °C, laissez le compost sécher complètement entre les arrosages.

Les feuilles ne poussent pas: besoin d'engrais. Nourrissez le nid-d'oiseau chaque semaine en été.

Les feuilles brunissent et se recroquevillent: besoin d'eau. Maintenez la terre humide en tout temps, sauf si la température descend sous 12 °C.

Astrophytum

Ce petit genre de cactées, qui doit son nom à son allure d'étoile, est un des plus prisés des collectionneurs. Il comprend plusieurs espèces très séduisantes, dont certaines se dressent à peine au-dessus du sol et ne font pas plus de 10 cm de large, alors que d'autres peuvent atteindre 2 m de haut dans leur milieu naturel. La plupart sont originaires du Mexique, bien que la petite, *Astrophytum asterias*, croisse aussi au Texas. Si vous voulez élever cette dernière, évitez à tout prix de trop l'arroser : elle est très susceptible ! La plus facile à cultiver est *Astrophytum myriostigma* (p. 105), qui a l'air d'un melon coiffé d'une barrette.

Astrophytum asterias est difficile à cultiver, notamment à cause de sa grande sensibilité au surarrosage. Bien qu'il puisse atteindre un diamètre de 8 à 10 cm, il fleurit déjà lorsqu'il n'en a que 3, à l'âge de cinq ans environ. Au lieu d'épines, il porte une série d'aréoles blanches et laineuses, disposées verticalement au centre de chaque section, l'ensemble étant ponctué de magnifiques mouchetures blanches.

Lumière : la plante donne tout ce qu'elle a de mieux en plein soleil, sur le rebord d'une fenêtre ou dans une serre, sans écran solaire.
Température : un minimum de 4 °C. En été, maintenez sous 38 °C, avec de l'air frais.
Arrosage : ne les surarrosez jamais, surtout *A. asterias*. En été, arrosez environ une fois toutes les deux semaines, ou chaque semaine si elles sont dans des pots de 8 cm ou moins, en laissant se dessécher le compost entre les arrosages. Privez la plante d'eau en hiver et ne recommencez à arroser au printemps que lorsque le soleil s'est vraiment réchauffé.
Engrais : riche en potasse (comme pour les tomates), une fois par mois en été.
Terre : 40 % (60 % pour *A. asterias*) de sable graveleux dans un mélange non terreux ou un compost de rempotage à base de terreau. Évitez le sable de construction ou de plage.
Rempotage : annuellement durant les premières années, dans un pot chaque fois plus grand, jusqu'à un maximum de 13 cm. Plus tard, tous les deux ans suffisent. Après le rempotage, laissez sécher pendant quinze jours.
Nettoyage et lutte antiparasitaire : pulvérisez un insecticide deux à trois fois par an.

Astrophytum capricorne parvient lentement à se faire une taille de 15 à 18 cm. En s'ouvrant en été, ses fleurs jaunes dévoilent de somptueuses gorges rouges. Il se protège d'un entrelacement inextricable de longues épines courbes et flexibles.

Autres espèces: comme il a déjà été dit, *A. asterias* est difficile à cultiver et n'est pas indiqué pour les amateurs. Il ressemble à un oursin gris-vert dépouillé de ses piquants et tout barbouillé de mouchetures blanches. Si vous réussissez à le maintenir en vie, il produira de jolies fleurs jaunes tout au long de l'été. *A. capricorne* est une autre espèce, peu pressée de grandir. Mais le gros de la famille, c'est sans conteste *A. ornatum*, qui surpasse les autres tant par sa taille que par sa rapidité: après 50 ans, il lui arrive d'atteindre 2 m à l'état sauvage. Il est constellé de piquants jaunes, rigides et acérés. Une beauté! En général, il fleurit lorsqu'il a atteint, après cinq ou six ans, une hauteur et un diamètre de 10 cm. Cultivé, il dépasse rarement les 30 cm.

Coiffé de sa barrette, *Astrophytum myriostigma* est sans piquants. Il est généralement flanqué de cinq côtes couvertes de minuscules mouchetures blanches et duveteuses. Au bout d'une dizaine d'années, il se fait une taille de petit melon. Chez un spécimen sain, la calotte est toujours garnie de jeunes pousses. Chaque fleur ne dure que deux ou trois jours, mais la floraison se poursuit tout au long de l'été et dégage un parfum très agréable.

Ne surarrosez jamais les astrophytums. Attendez toujours que le compost soit complètement séché avant d'arroser à nouveau. Dans le doute, préférez la sécheresse.

Les piquants diffèrent beaucoup d'un astrophytum à l'autre. Chez *A. ornatum* (1), ils sont longs, droits et rigides; chez *A. capricorne* (2), recourbés et embrouillés. Quant à *A. myriostigma* (3), il remplace ses épines par de petits mamelons duveteux.

Beaucarnea recurvata

Originaire du Mexique, cette plante exceptionnelle entre dans la décoration intérieure — surtout aux États-Unis —, bien que sa popularité ne cesse de croître ailleurs. Elle se façonne une grosse tige enflée, si bien galbée chez les adultes qu'on dirait une sculpture. Ses longues feuilles, semblables à des palmes, jaillissent en gerbe pour se recourber gracieusement tout autour de cette tige globulaire. Prenez la peine de vous procurer cette plante: elle vous charmera sans vous importuner, à condition de bénéficier d'une abondante lumière. Adaptez aussi vos soins à ses besoins saisonniers: en été, cette plante apprécie la chaleur et l'humidité; en hiver, une atmosphère plus sèche et plus fraîche, en particulier dans les maisons à chauffage central.

Lumière: de préférence le plein soleil, mais la plante supportera une certaine pénombre, entrecoupée de quelques bonnes expositions à la lumière.

Température: une chaleur optimale de 10 °C à 13 °C en hiver, de 21 °C en été.

Arrosage: maintenez humide en arrosant deux à trois fois par semaine en été. Au printemps et en automne, une fois par semaine; en hiver, laissez la plante reposer dans une certaine sécheresse en n'arrosant que toutes les trois semaines.

Humidité: vaporisez une fois par semaine tout au long de l'année, à moins que la température ne descende sous 10 °C.

Engrais: un engrais liquide, à la dose recommandée par le fabricant, tous les quinze jours en été, en période de croissance.

Terre: un mélange à base de terreau n° 2.

Rempotage: n'apprécie pas qu'on dérange ses racines. Pour les jeunes plantes, une fois tous les deux ans suffit. Pour les plus grandes, renouvelez au printemps les cinq ou sept premiers centimètres du terreau de surface. Prévoyez toujours un bon drainage.

Nettoyage: les vaporisations suffisent. Ou bien, nettoyez avec un chiffon humide. N'utilisez les lustrants qu'une fois par mois.

Comme plante d'intérieur, *Beaucarnea recurvata* peut s'élever jusqu'à 2 m, voire davantage. La tige émerge petit à petit de sa base bulbeuse, en déployant son faisceau de feuilles en forme de panache.

Plaques laineuses blanches sur et sous les feuilles: cochenilles. Pulvérisez du malathion dilué et enlevez insectes et «laine» avec une pince à épiler. Répétez, tous les quinze jours, jusqu'à élimination. Ou bien, badigeonnez les insectes avec de l'alcool dénaturé et enlevez-les avec une pince à épiler.

S.O.S.

Les feuilles languissent et se dessèchent: trop au chaud. Maintenez, si possible, sous 21 °C et vaporisez chaque semaine toute l'année.

Écailles brunes sous les feuilles: insectes écailleux. Pulvérisez du malathion dilué sur l'envers des feuilles et, au bout de 48 heures, enlevez les écailles avec l'ongle du pouce. Traitez à nouveau chaque semaine, pendant quatre semaines, jusqu'à élimination. Ou bien, badigeonnez les insectes avec de l'alcool dénaturé.

Aucune nouvelle feuille n'apparaît; la plante paraît terne et fatiguée: besoin d'engrais ou endroit trop sombre. Nourrissez tous les quinze jours en été et placez dans un lieu bien éclairé.

Taches de brûlures sur les feuilles: effets de la vaporisation en plein soleil. Ne vaporisez pas en plein soleil, bien que la plante supporte celui-ci. Enlevez les feuilles déparées avec des ciseaux ou un bon couteau, en sectionnant près de la tige.

Tige ratatinée et noueuse: terre trop sèche. Immergez la plante dans un seau d'eau pendant dix à quinze minutes, puis laissez-la égoutter. Maintenez la terre humide en été, et laissez la surface se dessécher au printemps et en automne.

Les feuilles jaunissent et les externes tombent: terre détrempée. Videz l'eau de la soucoupe et laissez sécher la surface du compost avant d'arroser à nouveau. Arrosez deux à trois fois par semaine en été, une fois par semaine au printemps et en automne. En hiver, une fois toutes les trois semaines seulement, en laissant la terre sécher complètement entre les arrosages.

Les feuilles tombent: trop au froid. Maintenez au-dessus de 10 °C. Si la température avoisine le minimum toléré, arrosez seulement toutes les trois semaines en hiver.

Begonia bowerii

Bégonia de Bower

Ce bégonia à petites feuilles est un des plus séduisants de son espèce. Très en vogue durant la Belle Époque, il s'était ensuite presque entièrement éclipsé du marché, mais jouit de nos jours d'un regain de popularité. C'est une plante idéale pour les paniers suspendus: son feuillage est touffu et, quoique rampant naturellement, il pousse rarement en tiges. On le cultive surtout pour ses feuilles, aux coloris spectaculaires, que ses petites fleurs jaunes animent davantage encore.

Begonia bowerii se revêt d'un feuillage remarquable par ses marbrures vert clair, qui ne révéleront toute leur beauté que dans une bonne lumière diffuse. Parmi les bégonias cultivés pour leurs feuilles, c'est un des plus faciles. On peut le multiplier par division des racines et des tiges, quand les nouvelles feuilles font leur apparition au printemps.

Lumière: une bonne lumière naturelle, à l'exclusion du plein soleil.
Température: un minimum de 13 °C en hiver. Un maximum de 16 °C à 18 °C en été.
Arrosage: maintenez la terre légèrement humide en arrosant avec de l'eau sans calcaire deux fois par semaine en été; à peu près tous les dix jours en hiver. Arrosez par le haut, sans mouiller les feuilles.
Humidité: vaporisez en pluie fine tous les trois ou quatre jours en été et posez le pot sur un lit de cailloux mouillés par grandes chaleurs. Si la température descend sous 16 °C, ne vaporisez pas, ne posez pas sur des cailloux mouillés: les feuilles risqueraient de moisir.
Engrais: tous les quinze jours en période de croissance (printemps et été) avec un engrais liquide dilué à la dose recommandée par le fabricant.
Terre: un mélange léger et meuble à base de tourbe n° 2 ou un mélange composé de deux parts de terreau, de deux parts de tourbe pour une part de terreau de feuilles et une part de sable fin lavé.
Rempotage: préfère les petits pots (sauf en complantation dans des paniers suspendus). Ne rempotez donc que si les racines sont trop à l'étroit. Ce faisant, évitez d'endommager les feuilles.
Nettoyage: époussetez délicatement avec un plumeau. Pas de lustrants. N'essuyez pas et ne vaporisez pas les feuilles: elles en resteraient marquées.

La multiplication
Ce bégonia se multiplie par bouturage de tiges ou par division des racines et des tiges.

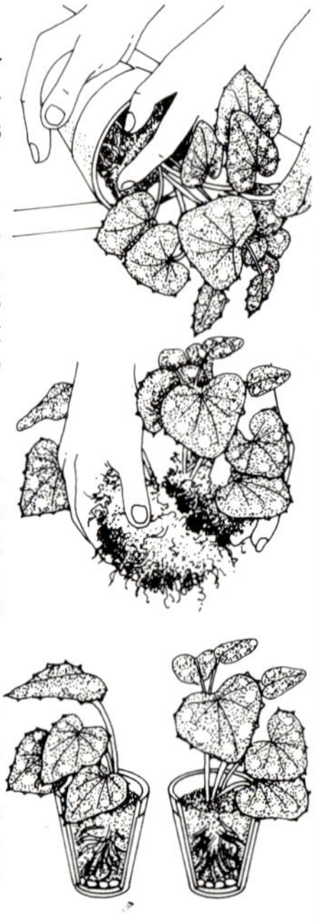

1 À l'apparition des nouvelles feuilles au printemps, préparez deux pots propres avec drainage et compost frais. Dégagez la plante de son pot.

2 Divisez délicatement racines et tiges sans endommager les feuilles. Veillez à ce que chaque section comprenne à la fois des tiges et des racines.

3 Plantez séparément chaque section. Maintenez à l'ombre, sans arroser, pendant deux jours, afin que les racines se propagent dans le compost à la recherche d'eau.

S.O.S.

Les feuilles se recroquevillent et les bords cassent: trop au chaud. Placez dans un endroit plus frais et plus aéré, sous 18 °C. Humidifiez davantage.

Au printemps, les nouvelles feuilles sont petites: manque d'engrais. Nourrissez avec un engrais dilué à la dose recommandée, tous les quinze jours au printemps et en été, pendant la croissance.

Les nouvelles feuilles sont ternes et l'envers est couvert de filaments: araignées rouges. Enlevez les filaments avec un chiffon ou une éponge humides, ensuite pulvérisez du malathion dilué, surtout sous les feuilles. Répétez tous les quinze jours jusqu'à élimination. Humidifiez davantage.

Plaques brunes sur les feuilles: effets de la vaporisation en plein soleil. Vaporisez seulement en pluie fine, le matin et le soir. Les petites taches peuvent être dues aux lustrants: ne les utilisez pas.

Les feuilles sont flasques, la plante languit: gaz polluants. Choisissez un endroit plus sain.

Les feuilles sont petites et ternes, les tiges longues et chétives: endroit trop sombre. Placez la plante dans un lieu plus éclairé, mais pas en plein soleil.

Cercles jaunes et plaques marquetées sur les feuilles déformées: virus de la mosaïque. Pas de remède. Détruisez la plante par le feu, si possible, pour éviter toute contamination.

Plaques poudreuses gris-brun sur les feuilles: trop au froid et trop humide. Pulvérisez un fongicide et placez la plante dans un endroit plus chaud (au-dessus de 13 °C). Vaporisez moins souvent. Laissez sécher la surface du compost entre les arrosages. Coupez les feuilles abîmées à la base de la tige.

Les feuilles tombent en hiver: trop au froid. Placez la plante à une température supérieure à 13 °C.

Begonia elatior

Il existe des centaines de bégonias différents, mais tous ne se prêtent pas à la culture en intérieur. Ils se répartissent en trois grands groupes, suivant que les racines sont fibreuses, tubéreuses (constituées de tubercules comme les pommes de terre) ou rhizomateuses (faites d'épaisses tiges souterraines). *B. elatior* est une variété relativement récente, appartenant à un groupe d'hybrides à fleurs très populaires et en vente pratiquement toute l'année. Il s'agit d'un type à racines fibreuses, assez facile à cultiver, et aux fleurs très décoratives. Celles-ci se présentent généralement dans les coloris jaunes, orange et rouges, que viendront bientôt compléter de nouvelles variétés en blanc et en rose. Les bégonias apprécient un emplacement bien éclairé et aéré, et doivent être arrosés à bon escient.

Température: un minimum de 15 °C en hiver, un maximum de 21 °C en été. La plante risque de s'affaisser s'il fait trop chaud.

Arrosage: deux fois par semaine en été, environ tous les dix jours en hiver. Prenez garde en cas de chute de température: le surarrosage risque de provoquer la pourriture de la tige. Tâtez le compost pour voir si la moitié supérieure au moins est sèche. Un bon drainage est essentiel. Les feuilles mouillées risquent de brûler au soleil.

Humidité: vaporisez chaque semaine, quand la température estivale avoisine le maximum toléré. Ne mouillez pas les feuilles. Posez le pot dans une soucoupe remplie de cailloux partiellement immergés dans l'eau.

Engrais: toutes les trois semaines durant la floraison, avec un engrais liquide dilué suivant les recommandations du fabricant.

Terre: un mélange à base de terreau n° 2.

Rempotage: une fois, dès que la plante est mature pour la floraison. Attention: les feuilles sont fragiles.

Nettoyage: inutile. L'eau ou les lustrants abîmeraient les feuilles. Si celles-ci sont poussiéreuses, utilisez un pinceau sec et doux avec beaucoup de précautions.

Begonia elatior doit sa popularité à ses magnifiques fleurs rouge vif. Une plante saine se reconnaît à son feuillage vert, dense et sans marques, ainsi qu'à la présence de fleurs et de bourgeons. On ne devrait déceler aucun signe de pourriture sur les feuilles ou les pétales.

S.O.S.

Cercles jaunes sur les feuilles marquetées: mosaïque du concombre ou tavelure de la tomate. Pas de remède: détruisez la plante.

Plaques brunes et noires sur les feuilles, suivies de pourriture: botrytis. Atmosphère trop humide et étouffante. Pulvérisez un fongicide au bénomyl et placez la plante dans un lieu plus sec et mieux aéré, mais pas dans les courants d'air. Autre cause possible: les gaz polluants. Placez dans un lieu plus sain.

Les feuilles retombent et se dessèchent: chaleur et sécheresse excessives. Arrosez et placez dans un lieu plus frais, à moins de 21 °C, si possible. Enlevez les feuilles desséchées.

Les feuilles restent petites et les fleurs n'apparaissent pas au printemps ou en été: carence nutritive. Continuez à nourrir toutes les trois semaines pendant la floraison, mais ne nourrissez pas en hiver.

Le bord des feuilles et des pétales roussit: trop de soleil direct. Mettez la plante à l'abri.

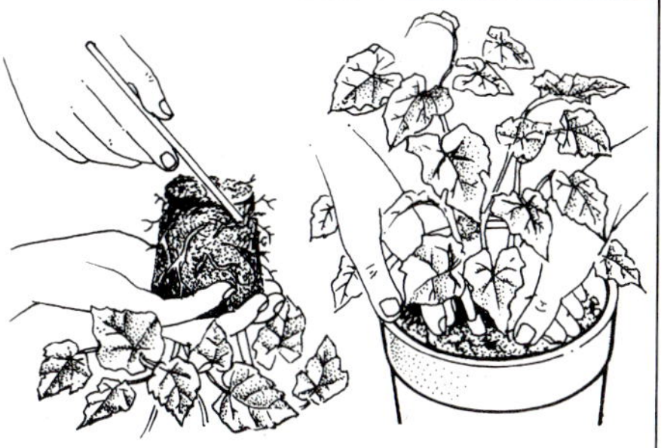

Le rempotage

1 Veillez à ne pas abîmer les racines en enlevant la terre: elles sont très fragiles chez les bégonias.

2 Assurez-vous que les racines sont couvertes dans le nouveau pot, mais ne tassez pas trop. Après le rempotage, placez à l'ombre, sans eau pendant deux jours.

Feuilles et fleurs tachetées de brûlures: effets des lustrants. Ne les utilisez pas.

Pourriture sur les feuilles, les fleurs et les bourgeons: vaporisations d'eau. Arrêtez-les.

Dépôts blancs et poudreux sur les feuilles: mildiou, dû sans doute à une humidité froide excessive. Enlevez les feuilles atteintes et pulvérisez un fongicide systémique. Maintenez la plante dans un lieu plus chaud et plus sec.

Espèces de petites cloques sur les feuilles qui noircissent: flétrissement bactérien. Enlevez les feuilles atteintes et pulvérisez un fongicide systémique.

Les feuilles mollissent et jaunissent: trop au froid et trop humide. Laissez sécher avant d'arroser à nouveau. Placez dans un endroit plus chaud et attendez que le compost soit sec sous la surface avant de recommencer à arroser.

Pourriture à la base des tiges: trop humide, surarrosage. Laissez se dessécher avant d'arroser à nouveau. Placez dans un endroit plus chaud (au moins 15 °C) et arrosez moins souvent.

Begonia multiflora

Bégonia tubéreux

Les bégonias se divisent en trois catégories principales suivant leurs racines, qui peuvent être tubéreuses, rhizomateuses ou fibreuses. Les tubéreux illustrés ici sont issus d'espèces introduites en Europe en 1865, dont *Begonia pearcei*, qui a transmis les motifs de son feuillage jusqu'à ses descendants hybrides actuels.

Lumière: abondante et diffuse, mais pas le plein soleil.
Température: en été, un maximum de 21 °C, un minimum de 16 °C. En hiver, maintenez les tubercules au sec, à une température de 10 °C à 13 °C.
Arrosage: commencez à arroser au début du printemps les tubercules dormants et divisés, chaque fois que la surface du compost sèche. En été, arrosez copieusement une fois par semaine, dès que la surface commence à sécher. Celle-ci doit être sèche, si la température descend sous 16 °C, sinon les tubercules pourriraient.
Humidité: vaporisez chaque semaine si la température est supérieure à 21°C. Placez le pot dans une soucoupe remplie de cailloux baignant partiellement dans l'eau.
Engrais: chaque mois après la formation des bourgeons floraux, avec un engrais liquide dilué suivant les recommandations du fabricant.
Terre: plantez les tubercules nouveaux ou divisés dans un mélange composé à parts égales de tourbe et de sable. Pour le rempotage des pousses, utilisez un mélange à base de terreau n° 2.
Rempotage: plantez ou rempotez les tubercules au début du printemps dans des pots de 7 à 10 cm. Quand les pousses ont 7 à 10 cm de long, rempotez-les dans des pots de 10 à 14 cm. En hiver, après la chute des feuilles et le dessèchement du compost, enlevez les tubercules et conservez-les dans du papier journal en un lieu frais et sec. Ou bien: maintenez-les au sec dans leur pot.
Nettoyage: superflu, mais vous pouvez épousseter délicatement avec un pinceau doux. Pas de lustrants.

B. multiflora fleurit de l'été au début de l'automne. Il se présente sous de multiples couleurs, dont le rouge, l'orange, le jaune et divers tons rosés. On les vend d'habitude comme plantes du début de l'été jusqu'à la fin de l'automne. Vous pouvez aussi conserver les tubercules pendant l'hiver, pour les replanter au printemps.

Plaques noires sur les feuilles: botrytis, trop au froid et trop humide. Pulvérisez un fongicide, placez la plante dans un endroit plus chaud et vaporisez moins souvent. Laissez se dessécher la surface du compost entre les arrosages. Maintenez une température supérieure à 16 °C. Enlevez les feuilles endommagées.

Plaques jaunes sur les feuilles: mites du bégonia. Enlevez les feuilles atteintes et brûlez-les. Soufrez la plante tout de suite, puis répétez mensuellement pendant trois mois.

La division des tubercules

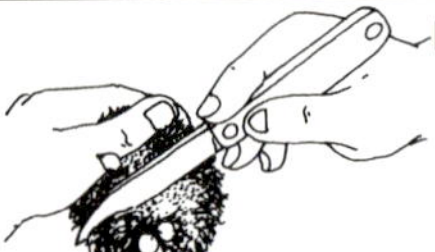

1 Remplissez deux pots avec un mélange de compost et de sable. Coupez le tubercule en deux avec un bon couteau. Chaque section doit comprendre une pousse et des racines.

2 Soufrez les coupures et rempotez séparément, en laissant la moitié du tubercule dépasser.

S.O.S.

Les feuilles jaunissent: trop au froid et trop d'eau. Maintenez une température minimale de 16 °C et attendez que la surface de la terre soit sèche avant d'arroser. Une fois par semaine en été devrait suffire.

Les fleurs sont diaphanes: effets des vaporisations d'eau. Quand vous vaporisez, protégez les fleurs avec un papier ou la main. Enlevez les fleurs abimées.

Taches brunes sur les fleurs: effets de l'eau de vaporisation. Quand vous vaporisez, protégez les fleurs avec un papier ou la main. Coupez les fleurs abîmées près de la tige.

La plante ne fleurit pas et les feuilles sont petites: besoin d'engrais. Nourrissez une fois par mois après la formation des bourgeons floraux avec un engrais liquide dilué à la dose recommandée par le fabricant. Si les feuilles sont clairsemées, c'est qu'il fait trop sombre. La croissance et la floraison de cette plante nécessitent une bonne lumière diffuse.

Marques de roussissement sur les feuilles et les fleurs: effets du soleil. Exposez à la lumière naturelle diffuse, pas en plein soleil. Enlevez feuilles et fleurs endommagées.

Les feuilles retombent et se recroquevillent: trop au chaud. Placez la plante dans un lieu plus frais et mieux aéré. Vaporisez chaque jour avec de l'eau tiède non calcaire, sans mouiller les feuilles. Température maximale: 21 °C.

Les tiges sont molles, pulpeuses: trop au froid et trop humide, ou alors, la plante est détrempée et croupit dans l'eau. Vérifiez. Maintenez à une température d'au moins 16 °C. Laissez se dessécher la surface du compost avant d'arroser à nouveau et videz toute eau qui stagnerait dans la soucoupe. Si vous décelez des signes de moisissure, pulvérisez un fongicide sur les tiges.

La pointe des feuilles se recourbe, la plante s'affale: trop au sec. Maintenez la terre humide en été, en arrosant copieusement une fois par semaine dès que la surface sèche.

Begonia rex

Les bégonias à feuillage n'ont rien pour décevoir : à elle seule, la moindre feuille forme une prodigieuse symphonie de motifs et de coloris. Originaires de l'Himalaya, ils sont aujourd'hui particulièrement prisés pour agrémenter des plantations mixtes. C'est aux pépiniéristes du XIXe siècle que revient le mérite d'en avoir tiré les nombreuses variétés qui sont aujourd'hui offertes sur le marché. Parmi les plus populaires, citons *B. masoniana*, surnommée « croix-de-fer » à cause du motif croisé qui décore en brun le centre de ses feuilles d'un vert chatoyant.

Les bégonias à feuillage se distinguent par la beauté de leurs feuilles pointues et légèrement dentelées, ainsi que par la délicatesse et la variété de leurs motifs aux coloris verts, rouges, roses et argentés. À l'achat, choisissez des plantes dont les feuilles sont lustrées, fermes et exemptes de taches brunes sur les bords.

Lumière : exposez-les à une lumière aussi naturelle que possible, mais pas en plein soleil.
Température : un minimum de 13 °C en hiver, un maximum de 18 °C en été.
Arrosage : deux fois par semaine en été avec de l'eau non calcaire, à peu près tous les dix jours en hiver, pour maintenir la terre légèrement humide. Arrosez par le haut, sans mouiller les feuilles.
Humidité : vaporisez en pluie fine tous les trois ou quatre jours en été. Placez le pot dans une soucoupe emplie de cailloux baignant partiellement dans l'eau, sauf si la température tombe, auquel cas il ne faut pas non plus vaporiser.
Engrais : tous les quinze jours en période de croissance (printemps et été) avec un engrais liquide, dilué selon les recommandations du fabricant.
Terre : un mélange léger et meuble à base de tourbe ou composé de deux parts de terreau et de deux parts de tourbe pour une part de terreau de feuilles et une part de sable fin lavé.
Rempotage : les bégonias poussent mieux dans de petits pots, mais quand ils y sont vraiment trop à l'étroit, rempotez dans un pot d'une taille supérieure. Veuillez à ne pas abîmer les feuilles.
Nettoyage : de temps en temps, un léger époussetage au plumeau. Pas de lustrants.

Les feuilles se recourbent et les bords se font cassants : trop au froid et trop au sec. Arrosez bien, en évitant la couronne à la base de la tige. Maintenez à une température inférieure à 18 °C, si possible.

Cercles jaunes et plaques marquetées sur les feuilles qui se déforment : mosaïque. Pas de remède. Brûlez la plante afin d'éviter toute contagion.

Les feuilles tombent en hiver : trop au froid. Placez dans une pièce où la température ne descend pas sous 13 °C.

S.O.S.

Plaques poudreuses blanches s'étendant sur les feuilles et les tiges: mildiou. Pulvérisez, une fois, un fongicide à base de bénomyl et mettez la plante dans un lieu plus sec et plus aéré.

Plaques poudreuses gris-brun sur les feuilles: pourriture grise. Choisissez un endroit plus sec et mieux aéré. Pulvérisez une fois un fongicide à base de bénomyl.

Les nouvelles feuilles sont ternes et l'envers est couvert de fines toiles: araignées rouges. Pulvérisez tous les quinze jours du derris, du malathion dilué ou un insecticide systémique, jusqu'à élimination.

Les feuilles sont flasques, la plante s'incline: gaz polluants. Mettez la plante dans un endroit plus sain.

Les nouvelles feuilles ne grandissent pas au printemps: besoin d'engrais ou de rempotage. Examinez les racines. Rempotez si elles sont à l'étroit et poussent à travers le fond du pot. Nourrissez la plante régulièrement.

Les feuilles se décolorent, puis tombent; enflures sur les racines: nématodes (anguillules). Pas de remède. Détruisez la plante.

Tige et couronne pourrissent à la base de la plante: trop au froid et trop d'eau. Placez la plante dans un endroit plus chaud et laissez la terre se dessécher avant d'arroser à nouveau.

Noircissement des racines et pourriture: pourriture noire, provoquée généralement par un surarrosage. Pulvérisez un fongicide à base de bénomyl avant de rempoter dans un compost frais.

Begonia semperflorens

Les bégonias à souches fibreuses, dont *B. semperflorens,* font partie des plantes à fleurs les plus accommodantes. Cultivés par semis ou par boutures, ils fleurissent à peine repiqués. Déterrés et empotés avant les gelées, ils poursuivent leur floraison jusqu'au cœur de l'hiver et, après un petit rabattage et une courte dormance, ils repartent de plus belle pour un nouveau printemps fleuri. Bien qu'ils soient à leur avantage sous un ciel pommelé, ils se font à tout, aussi bien au soleil qu'à l'ombre. Mais, brésiliens d'origine, ils détestent le gel.

Ces bégonias font de 15 à 25 cm de haut. Leurs tiges sont charnues ainsi que leurs feuilles, qui offrent des couleurs allant du vert vif à l'acajou profond, lustrées à l'endroit, plus ternes à l'envers. Les fleurs ne couvrent que la gamme des blancs, des roses et des rouges, mais avec de multiples nuances tonales.

Lumière: pour les jeunes pousses, une bonne lumière mais pas le plein soleil. Pour les plantes matures, le plein soleil, à condition de bien les arroser. La plante supporte la pénombre, mais préfère une lumière solaire intermittente.

Température: pendant la germination, de 21 °C à 24 °C; pour les jeunes pousses: 16 °C. Baissez graduellement la température à 7 °C trois semaines avant de repiquer à l'extérieur. Les bégonias craignent le gel.

Arrosage: la terre ne doit être ni sèche ni détrempée. Maintenez-la toujours légèrement humide, surtout durant les quatre premières semaines suivant le semis.

Humidité: une légère vaporisation verticale en été et au début de l'automne.

Terre: un mélange à base de terreau n° 2 ou, de préférence, un compost non terreux.

Engrais: un engrais liquide ajouté à un arrosage sur trois, en n'utilisant que la moitié de la dose indiquée.

Multiplication: par semis ou par bouturage. Prélevez des boutures de 5 cm de long sur une plante de la saison précédente.

Nettoyage: enlevez les fleurs tombées parmi les feuilles.

Variétés: parmi les nombreux hybrides, citons «Boule de feu», «Dainty Maid», «Fiesta», «Gustav Lind», «Indian Maid», «Rose Camellia», etc.

S.O.S.

Le bord des feuilles brunit: surexposition au soleil, s'il s'agit de jeunes pousses cultivées à l'intérieur. Choisissez un endroit plus ombragé. Exposition aux vents froids, si vous venez de les sortir. Maintenez les jeunes plantes au frais (7 °C).

Les feuilles perdent leur lustre naturel, elles sont ternes et grises: trop au sec. Arrosez davantage. Il faudra quelques jours avant qu'elles ne retrouvent leur éclat. Si elles paraissent encore ternes le lendemain, n'arrosez pas trop.

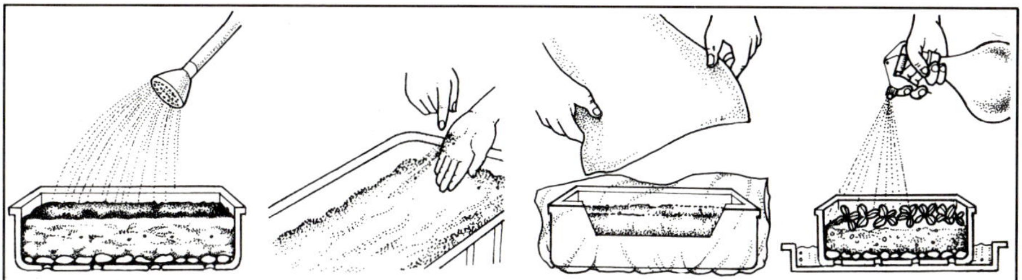

La multiplication

1 Semez au printemps, quand les jours rallongent. Préparez un compost pour semis dans un plateau. Arrosez bien. Laissez drainer pendant deux heures.

2 Mélangez la semence dans une quantité vingt fois plus grande de sable fin et semez à même la surface. Ne recouvrez pas ce mélange de compost. Pour semer uniformément, placez la semence dans le creux de la main et tapotez légèrement le bord de celle-ci avec l'index.

3 Glissez le plateau dans un germoir ou un sac en plastique et fermez hermétiquement. Couvrez d'un papier épais et maintenez pendant dix jours à une température de 21 °C à 24 °C. Quand les jeunes pousses apparaissent, enlevez le papier, mais laissez le plateau dans le sac ouvert et à l'ombre.

4 Si les pousses ont besoin d'eau durant les deux premières semaines, placez le plateau dans un peu d'eau et vaporisez en pluie fine tous les jours. Plus tard, arrosez par le dessus. Repiquez les pousses quand vous pouvez les manipuler.

Les nouvelles feuilles sont pâles, les fleurs sont petites: manque d'engrais. Ajoutez un engrais liquide à chaque arrosage, en n'utilisant que la moitié de la dose recommandée.

Moisissure grise et duveteuse au centre de la plante: botrytis. Dans le cas des jeunes pousses, aérez davantage. Pulvérisez du bénomyl et répétez dix jours après.

Dépôts poudreux blancs sur les tiges et plaques sur les feuilles: mildiou. Pulvérisez un fongicide en suivant les recommandations du fabricant. Répétez cela tous les dix jours jusqu'à élimination.

Les feuilles jaunissent au niveau des nervures: flétrissement (maladie). Détruisez la plante et traitez le sol contaminé avec un fongicide. Ne prélevez pas de boutures sur une plante affectée.

La plante vivote et jaunit à la base; la terre est noire, baveuse: surarrosage. N'arrosez plus avant que la terre ne soit presque sèche. Si elle est encore mouillée après deux ou trois jours, vérifiez si le drainage est bon.

Les feuilles noircissent et languissent: effets du gel. Les bégonias sont des plantes tendres. Protégez-les du gel en tout temps.

Jeunes pousses enchevêtrées, feuilles et tiges s'abîment au repiquage: semis trop épais. Avant de semer, il faut mélanger la semence à du sable fin, à raison de vingt fois son volume.

Beloperone guttata

Bélopérone tacheté

Cette plante, appelée aussi *Justicia brandegeana*, doit un de ses noms populaires, «plante-aux-crevettes», à ses bractées roses dont la forme évoque la crevette. Ses vraies fleurs sont blanches et plutôt insignifiantes. Durant sa période de croissance, l'idéal est de la cultiver dans une serre chauffée. À l'intérieur de la maison, prenez garde au chauffage central: parfois, il dessèche l'atmosphère ou ne la chauffe pas du tout lorsque les occupants s'absentent durant la journée. Si la température baisse, veillez à ce qu'il ne fasse pas trop humide, car les bractées pourrissent facilement. Il ne convient donc pas de laisser cette plante dans une salle de bains par exemple.

Le grand attrait du bélopérone tacheté réside dans ses bractées, dont la forme rappelle celle des crevettes, et non dans ses petites fleurs blanches. On le vend généralement en fleurs au cours de l'été, lorsqu'il mesure de 25 à 30 cm de haut.

Lumière: abondante en été, y compris le plein soleil. Un emplacement ombragé en hiver.
Température: 18 °C au printemps et en été, 7 °C en hiver, quand elle a tendance à perdre quelques feuilles.
Arrosage: maintenez la plante humide en l'arrosant copieusement en été et en surveillant bien le drainage. Par grandes chaleurs, chaque jours, s'il le faut. En hiver, n'arrosez qu'une fois par semaine, si la surface du compost paraît sèche.
Humidité: placez le pot sur un lit de cailloux mouillés. Ne vaporisez pas les bractées.
Engrais: toutes les trois semaines, de la floraison à la fin de l'été, avec un engrais liquide, dilué selon les indications.
Terre: un mélange à base de terreau n° 2, bien drainé.
Rempotage: taillez les plantes au début du printemps et rempotez dans un pot toujours plus grand, en arrêtant à 13 cm. Dès lors, rempotez dans un pot de même taille, en renouvelant complètement le compost.
Nettoyage: inutile. Vous pouvez vaporiser les feuilles poussiéreuses, mais uniquement avec de l'eau tiède non calcaire. Pas de lustrants. Enlevez immédiatement les bractées mortes.

La taille

1 Taillez les plantes au printemps, avant le rempotage et l'apparition des bourgeons.

2 Coupez juste au-dessus du pétiole, avec des ciseaux ou un sécateur.

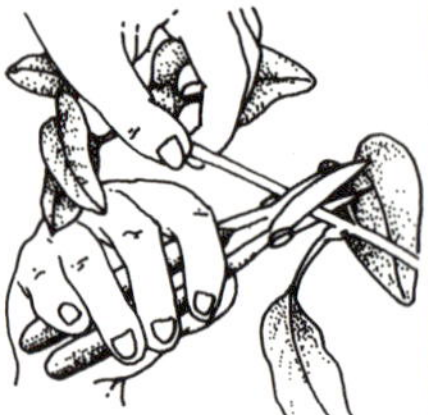

3 Enlevez les bractées au fur et à mesure qu'elles meurent ou se décolorent. Pincez-les entre le pouce et l'index au-dessus de la première paire de feuilles.

S.O.S.

Les bractées noircissent: effet des vaporisations. Lorsque les bractées florales apparaissent, ne vaporisez pas. Élevez le taux d'humidité en posant le pot sur un lit de cailloux mouillés.

Après le nettoyage, les feuilles noircissent: effet des lustrants. Ne les utilisez pas. Nettoyez par vaporisations d'eau tiède et non calcaire.

Plante efflanquée, en désordre: trop à la chaleur et taille nécessaire. Placez dans un endroit plus frais, 18 °C au printemps et en été, 7 °C en hiver. Taillez au printemps.

Les bractées demeurent pâles: endroit trop sombre en été ou trop au chaud en hiver. En été, placez dans un endroit mieux éclairé: la plante supporte le plein soleil. En hiver, dans un endroit ombragé et frais (7 °C), pour renforcer les couleurs des bractées.

Feuilles déformées, collantes et couvertes de petits insectes: pucerons. Pulvérisez hebdomadairement pendant quatre semaines un insecticide à base de pyrèthre.

Feuilles jaunies avec des filaments en dessous: araignées rouges. Pulvérisez les feuilles au malathion dilué tous les quinze jours, jusqu'à élimination. Ne pulvérisez pas les bractées: elles brûleraient. Humidifiez davantage.

Les feuilles sont pâles: besoin d'engrais. Dès l'apparition des premiers bourgeons jusqu'à la fin de l'été, administrez toutes les trois semaines un engrais liquide, en n'utilisant que la moitié de la dose recommandée par le fabricant.

Les feuilles jaunissent: trop d'eau. Vérifiez le drainage et attendez que le compost soit sec avant d'arroser. Ne laissez jamais séjourner dans l'eau.

Les feuilles tombent en été: trop au sec. Arrosez le compost. Maintenez la terre humide tout au long de l'été, sans la détremper. En hiver: trop au froid. Placez plus au chaud. Température idéale: 7 °C. Le compost doit être à peine humide. Entre les arrosages, laissez sécher la couche supérieure.

Les fleurs tombent: phénomène naturel. Les fleurs tombent environ une semaine après leur éclosion, mais les bractées persistent beaucoup plus longtemps.

Billbergia nutans

Cette plante à fleurs et à feuillage persistant appartient à la grande famille des broméliacées. Elle ne fleurit généralement qu'une seule fois et ne vit guère plus de trois ans. En revanche, ses fleurs et ses bractées colorées persistent longtemps et, avant de périr, la plante assure sa survie en produisant à sa base des rejetons qui, détachés et rempotés, forment de nouvelles plantes. Semi-résistante, elle supporte des températures très basses, mais ne résiste pas au gel.

Bilbergia nutans est une broméliacée qui compense la beauté assez quelconque de ses longues feuilles pointues par de fascinantes bractées roses, d'où naissent des grappes de longues fleurs retombantes. Comme elle résiste à des températures très basses, cette plante est tout indiquée pour les maisons peu ou pas chauffées pendant le jour.

Lumière: supporte de courtes expositions au plein soleil, mais préfère une lumière diffuse intense.
Température: de 18 °C à 27 °C en été; de 16 °C à 21 °C en hiver, voire 7 °C la nuit, si la terre est sèche.
Arrosage: deux fois par semaine avec de l'eau sans calcaire en été, y compris dans la rosette. En hiver, ne remplissez pas celle-ci et n'arrosez que tous les quinze jours, après avoir laissé la terre sécher, si la température est basse (7 °C); sinon, arrosez chaque semaine.
Humidité: en général, la vaporisation est superflue Cette plante est très tolérante à cet égard, mais elle n'aime pas l'humidité par des températures inférieures à 10 °C, ni une atmosphère très sèche pendant la floraison.
Engrais: inutile, si l'on rempote chaque année.
Terre: un mélange composé à parts égales de terreau n° 2, de tourbe grossière et de terreau de feuilles ou de sable gris.
Rempotage: chaque année à la fin du printemps. Après l'apparition des rejetons, la plante mourra tôt ou tard. Quand ils seront longs d'au moins 13 cm, détachez-les délicatement et rempotez-les: vous aurez bientôt de nouvelles plantes matures, mais elles ne fleuriront qu'au bout de deux ans.
Nettoyage: vaporisez les plantes poussiéreuses avec de l'eau tiède non calcaire, sans mouiller les fleurs. Pas de lustrants.

Le prélèvement des rejetons

1 On peut détacher le rejeton lorsqu'il a atteint à peu près la moitié de la taille de la plante-mère et que les fleurs et les feuilles de celle-ci sont mortes. Préparez un petit pot avec une couche de drainage et un mélange de tourbe et de sable humides.

2 Dégagez la plante de son pot, puis détachez le rejeton et ses racines avec un couteau bien aiguisé.

3 Plantez le rejeton dans un nouveau pot. Couvrez les racines de compost et tassez celui-ci tout autour de la base. Arrosez bien et couvrez le pot de polyéthylène pendant deux ou trois jours pour élever le taux d'humidité. Jetez la plante mère.

S.O.S.

La plante ne fleurit pas: manque de lumière et/ou trop grand pot. Exposez-la à une bonne lumière, même en plein soleil. La plante ne fleurit qu'une fois durant ses trois ans de vie, mais se sent mieux un peu à l'étroit dans son pot.

Les fleurs se dessèchent: atmosphère trop sèche. Élevez le degré d'humidité en plaçant le pot sur un lit de cailloux mouillés.

Les feuilles se recourbent: trop au froid, en été. Placez dans un lieu où la température n'est jamais inférieure à 18 °C. En hiver: trop au chaud ou trop d'eau. Température optimale en hiver: de 16 °C à 21 °C. Dans un endroit plus froid (7 °C), n'arrosez ni le compost ni la rosette.

Plaques laineuses blanches à la base de la plante: cochenilles. Pulvérisez du malathion dilué et enlevez insectes et «laine» avec une pince à épiler. Répétez tous les quinze jours, jusqu'à disparition de tout symptôme. Ou bien, badigeonnez les insectes avec de l'alcool dénaturé et enlevez-les avec une pince à épiler.

Les feuilles se dessèchent et brunissent: compost trop sec. Immergez le pot dans un seau d'eau pendant dix à quinze minutes, puis laissez-le égoutter. Maintenez l'humidité du compost en été, en arrosant deux fois par semaine, ou dès que la surface se dessèche. Vérifiez le drainage: la plante ne doit pas croupir dans l'eau. Remplissez la rosette d'eau.

Les feuilles noircissent: effet des lustrants. N'en utilisez pas. Ne nettoyez que par vaporisations d'eau tiède et non calcaire. Enlevez les feuilles abîmées. S'il y en a beaucoup, la plante ne reprendra pas.

Les feuilles mollissent et sont couvertes de moisissure grise, spongieuse: botrytis, froid excessif et terre détrempée. N'arrosez plus avant que la surface du compost ne soit sèche. Maintenez à une température supérieure à 18 °C en été. Par température de 7 °C en hiver, arrosez beaucoup moins et ne versez pas d'eau dans la rosette.

Les étamines des fleurs pourrissent: terre détrempée ou pot baignant dans l'eau. Laissez sécher la surface du compost entre les arrosages. Dans un endroit frais en hiver (7 °C), n'arrosez qu'une fois tous les quinze jours, sans verser d'eau dans la rosette.

Tourbillon de mouches autour de la plante: mouches blanches. Pulvérisez un insecticide à base de pyrèthre ou du malathion dilué. Répétez, chaque semaine.

Blossfeldia

Originaire d'Argentine et de Bolivie, *Blossfeldia* est le plus petit des cactus. Comme il est très difficile de le multiplier à partir de ses propres racines, on le cultive pratiquement toujours par greffage. La greffe est plus esthétique si on la pratique sur une souche d'*Echinopsis*: en effet, par sa croissance peu élevée, celui-ci s'efface discrètement, pour donner au *Blossfeldia* un air de plus grande autonomie. Toutefois, on le vend souvent greffé sur de grands *Hylocereus* verts, de forme triangulaire, parfois surnommés «sucettes» dans le commerce. Ainsi monté, il présente une allure peu naturelle. De plus, la souche d'*Hylocereus* ne résiste pas aux températures inférieures à 10 °C, alors que d'autres cactées supportent, dans un milieu sec, des températures de l'ordre de 4 °C. Greffée, une plante comme *Blossfeldia liliputana* (p. 123) forme un agglomérat de minuscules têtes de 1 cm de diamètre à peine, dépourvues de piquants, mais couvertes de toutes petites aréoles laineuses, d'où émergent les fleurs. De coloris blanc crème, celles-ci sont aussi grosses que la plante elle-même. Un groupe en pleine floraison disparaît presque complètement sous les fleurs, tant elles prolifèrent au printemps et au début de l'été. Cette cactée se prête difficilement à la multiplication par semis: on ne connaît en fait qu'un ou deux horticulteurs qui ont réussi à la cultiver ainsi jusqu'à maturation.

Lumière: un emplacement ensoleillé pour assurer une formation bien serrée des têtes, une bonne protubérance des aréoles et une bonne floraison.
Température: si la greffe se fait sur une souche d'*Hylocereus* (voir en haut), un minimum de 13 °C est conseillé. Sur les souches de cactus plus courants, un minimum de 4 °C suffit. En été, maintenez au-dessous de 38 °C et aérez.

En général, les floriculteurs européens et japonais greffent le *Blossfeldia* sur l'*Hylocereus*, ce qui donne à l'ensemble un petit air de «sucette», comme on dit dans le commerce. Étant donné que les *Hylocereus* sont plus tendres que la plupart des autres cactées, il est prudent de les maintenir avec leur greffon à des températures supérieures à 13 °C.

Greffé sur un échinopsis, *Blossfeldia minima* a belle allure. À partir de leurs propres racines, il est extrêmement difficile de mener à bien leur culture.

Le greffage

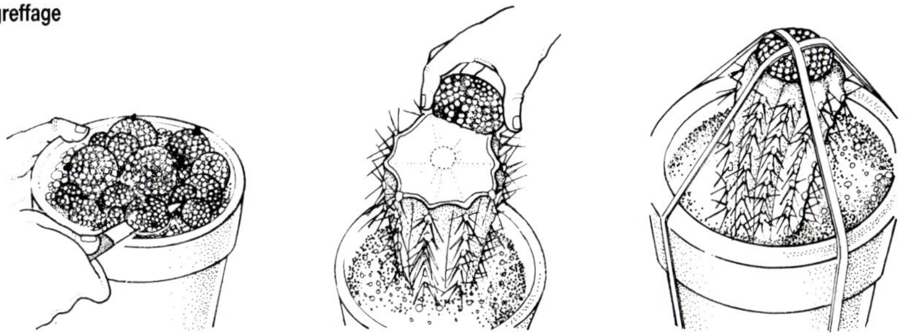

1 Enlevez une épaisseur de 2,5 cm de la tête d'un échinopsis et une tranche du dessous du *Blossfeldia* avec un couteau propre.

2 Appliquez immédiatement la coupe du *Blossfeldia* sur la souche de l'échinopsis, en veillant à faire se chevaucher les anneaux situés près du centre des tiges.

3 Maintenez fermement en place avec des élastiques jusqu'à l'apparition de nouvelles pousses. Serrez modérément afin de ne pas abimer l'« épiderme ».

Le *Blossfeldia liliputana* (cultivé par greffage) est composé de petites têtes de 1 cm de diamètre à peine, couvertes d'un ensemble serré de petites touffes saillantes de laine blanche. Au printemps et au début de l'été, il produit une masse de fleurs blanc crème, qui dissimulent presque totalement le reste de la plante. Chaque fleur dure à peu près une semaine.

Dissimulez avec du gravier la souche sur laquelle est greffé votre *Blossfeldia*: il aura l'air de pousser tout seul.

Si vous multipliez un *Blossfeldia* à partir de ses propres racines, vaporisez par le haut chaque semaine, mais n'arrosez que parcimonieusement le compost meuble, à forte teneur en gravillons.

Arrosage: arrosez environ tous les quinze jours, à la fin du printemps et en été; pas du tout en hiver et pas plus d'une fois par mois le reste du temps. Vaporisez par le haut une fois par semaine durant toute l'année.

Engrais: tout à fait superflu.

Terre: afin de refréner les excès de croissance dus à la vigueur de la souche sujet, utilisez un compost composé d'une moitié de sable graveleux (pas de sable de construction ou de plage) et d'une moitié de compost non terreux, voire un bon compost pour rempotage à base de terreau n° 1.

Rempotage: tous les deux ans au printemps dans le pot de la taille supérieure. Avant le rempotage, n'arrosez pas pendant quinze jours.

Nettoyage et lutte antiparasitaire: les vaporisations fréquentes empêcheront la plante de s'empoussiérer et la rafraîchiront. Ajoutez-y un insecticide trois à quatre fois par an, pour écarter les parasites.

Autres espèces: les différences sont insignifiantes. Elles se valent toutes.

Borzicactus

Ce genre de cactus, à floraison semblable, mais aux formes très différentes, provient d'une vaste région couvrant l'Équateur, le Pérou, le Chili, la Bolivie et l'Argentine. Ils sont nombreux et on les vend souvent sous des noms génériques différents: *Oreocereus*, le vieux poilu des Andes; *Matucana*, la plante globulaire du Pérou; *Haageocereus* et *Seticereus*, plantes poussant lentement en agglomérats et en forme de petites colonnes, hérissées d'une multitude de piquants jaunes et bruns, et ne fleurissant que lorsqu'ils ont 30 cm de haut; *Hildewintera aureispina*, une espèce retombante et rampante qui se distingue par son faisceau serré d'épines jaunes et ses magnifiques fleurs orange.

Lumière: à l'état sauvage, ils poussent tous dans des régions très ensoleillées. Offrez-leur le plus de soleil possible en échange d'une bonne floraison et de piquants vigoureux.

Température: par précaution, un minimum de 4 °C. En été, maintenez sous 38 °C et aérez si possible.

Arrosage: une fois par semaine au printemps et en été (tous les quinze jours pour les pots de 10 cm ou plus, car ils retiennent plus longtemps l'humidité). Une fois par mois en automne, et maintenez la plante tout à fait au sec en hiver.

Engrais: une fois par mois au printemps et en été avec un engrais riche en potasse (comme pour les tomates).

Terre: une part de sable graveleux (à l'exclusion du sable de construction ou de plage) pour deux parts de compost non terreux ou un bon compost de rempotage à base de terreau n° 2.

Rempotage: chaque printemps dans le pot de la taille supérieure, jusqu'à un maximum de 13 cm. Dès lors, rempotez tous les deux ans ou renouvelez le compost dans un pot de même dimension.

Nettoyage et lutte antiparasitaire: enlevez la poussière en vaporisant de l'eau. Ajoutez-y un insecticide deux ou trois fois par an.

Borzicactus (ou *Hildewintera*) *aureispina* développe des tiges épaisses comme le pouce, longues d'environ 50 cm et couvertes d'un réseau serré de petits piquants dorés très raides. Les tiges se recourbent et retombent tout en se répandant à partir du centre comme une fontaine aux reflets d'or. Au printemps et en été, elles se colorent de rose saumon à mesure que s'ouvrent les fleurs.

Borzicactus (ou *Seticereus*) *icosagonus* développe plusieurs tiges épaisses (d'environ 5 cm) s'arquant sur la base de la plante. Après avoir atteint de 45 à 60 cm, elles finissent par retomber. Les fleurs rouge-orange émergent à la pointe des tiges au milieu d'une touffe de poils très raides.

Autres espèces: il existe un grand nombre d'autres espèces couvertes d'un duvet blanc, toutes très semblables (souvent connues sous le nom d'*Oreocereus*). Les globulaires du type *Matucana*, tel *Borzicactus* (ou *Matucana*) *haynei*, se ressemblent aussi beaucoup: ils sont couverts d'un réseau très serré d'épines blanches ou jaunâtres et produisent des fleurs rouges, quelquefois roses. Les types connus sous le nom de *Submatucana* se distinguent davantage les uns des autres et fleurissent plus facilement, en particulier *B*. (ou *Submatucana*) *pauciostata*, cactus agglomérant aux fleurs rouges, *B*. (*Submatucana*) *madisoniorum* aux fleurs rouges et *B*. (*Submatucana*) *intertextus* aux fleurs rouges et jaunes. *Haageocereus* et *Seticereus* sont avant tout cultivés pour la densité des piquants de leurs tiges, bien qu'il leur arrive de fleurir. Mais le plus spectaculaire de tous les *Borzicactus*, c'est sans conteste *B*. (ou *Hildewintera*) *aureispina*, un cactus retombant, dont les tiges recourbées sont couvertes de piquants dorés.

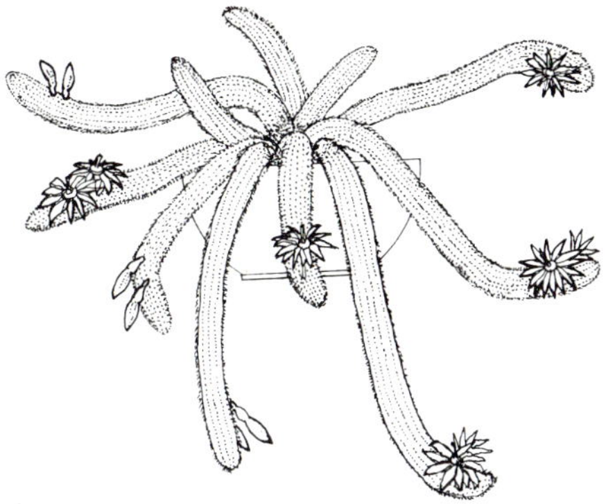

Borzicactus (ou *Submatucana*) *intertextus* est une espèce globulaire qui produit une profusion de fleurs rouge-orange ou jaunes dès qu'il a atteint 5 cm de haut et de large. Après cinq ou six ans, il forme une plante grosse comme un pamplemousse. Il se ramifie rarement, bien que certaines variétés poussent en massifs.

Borzicactus trollii, connu aussi sous le nom d'*Oreocereus trolli*, est, dans son genre, une des plus célèbres «têtes de vieillard». Ses piquants rouge acajou grandissent à travers une épaisse laine blanche et soyeuse. En dix ans environ, il peut atteindre 30 cm de haut et de 10 à 30 cm de diamètre. Une plante saine se reconnaît à la croissance et au coloris vif de ses piquants, mais, d'habitude, elle ne donne pas de fleurs. On peut détacher les rejetons au printemps ou cultiver de nouvelles plantes par semis.

Bougainvillée

Il existe deux variétés de bougainvillées qui se prêtent bien à la culture en intérieur, notamment dans un solarium, où elles peuvent bénéficier d'une lumière et d'une chaleur constantes. La première, *Bougainvillea glabra,* est la plus facile à cultiver. D'habitude, on la taille en buisson. Elle porte des bractées mauves. La seconde est une variété grimpante, qui comprend, entre autres, l'hybride orange «Mrs Butt», le rouge brique «Killie Campbell». Semblables à des pétales, les bractées qui colorent la plante sont, techniquement parlant, des feuilles spéciales.

Lumière: celle du jour, en abondance. La plante supporte le plein soleil, perd des feuilles à l'ombre.
Température: un minimum de 5 °C en hiver, bien qu'elle perde ses feuilles à cette température. Pour conserver le feuillage tout au long de l'année: un minimum de 18 °C en hiver, un maximum de 24 °C en été.
Arrosage: trois fois par semaine en été, une fois par semaine en hiver, avec de l'eau calcaire si possible. Le drainage doit être bon, mais il ne faut pas laisser la terre se dessécher.
Humidité: vaporisez deux fois par semaine, dès l'apparition des bourgeons floraux et jusqu'à la défleuraison. Ne vaporisez ni les fleurs ni les bractées. Maintenez l'humidité ambiante en posant le pot sur un lit de cailloux baignant partiellement dans l'eau.
Engrais: ajoutez à l'eau la moitié de la dose recommandée d'engrais liquide, tous les quinze jours au printemps et en été.
Terre: un compost à base de terreau n° 3.
Rempotage: annuellement au printemps dans un pot de même dimension, pour renouveler le terreau. Dimension ordinaire pour une plante adulte: de 13 à 18 cm.
Nettoyage: la vaporisation suffit, mais ne mouillez jamais les fleurs ou les bractées. Pas de lustrants. Quand vous ne vaporisez pas, passez délicatement un plumeau, si la plante paraît sale.

Une bougainvillée manifeste sa bonne santé par le lustre de son feuillage vert profond et, en été, par une multitude de bractées aux coloris éclatants. Les fleurs elles-mêmes, dissimulées au centre de ces dernières, se font à peine remarquer. *Bougainvillea spectabilis* peut être tuteurée autour d'un arceau ou contre une canne de bambou.

Feuilles barbouillées de jaune le long des nervures, petites écailles sous les feuilles et sur les tiges: insectes écailleux. Enlevez avec un tampon imbibé d'alcool dénaturé ou pulvérisez tous les quinze jours un insecticide systémique, jusqu'à élimination.

Les feuilles sèchent, se recroquevillent, les bractées ne se décolorent pas: chaleur et sécheresse excessives, probablement au-dessus de 24 °C. Arrosez la terre et vaporisez les feuilles, sans mouiller les fleurs ni les bractées. Choisissez un emplacement plus frais.

S.O.S.

Les feuilles jaunissent et tombent, filaments en dessous: araignées rouges. Pulvérisez du malathion dilué et ajoutez-en à l'eau de l'arrosage une fois par semaine, jusqu'à élimination.

Le palissage d'une plante grimpante

1 Enfoncez les deux bouts d'un arceau ou d'une baguette flexible de chaque côté du pot, jusqu'aux deux tiers de sa profondeur.

2 Ramenez la tige sur un des côtés de l'arceau et enroulez-la délicatement, sans abîmer la plante.

3 Attachez une ficelle à l'une des extrémités de l'arceau et enfilez-la en laissant du mou autour de la tige. Ne serrez pas trop les nœuds.

4 La végétation poursuivra sa croissance tout le long de l'arceau, et pourra être repalissée pour faire le parcours inverse.

Salissures et marques brunes sur les fleurs et les bractées: effets de l'eau. Ne vaporisez ni les fleurs ni les bractées. Si des gouttes tombent dessus, secouez délicatement.

Croissance chétive, rabougrie: terre détrempée ou, si les feuilles sont petites, besoin d'engrais. Vérifiez le drainage: la plante ne doit pas croupir dans l'eau. Laissez dessécher la terre avant de recommencer à arroser. Au printemps, renouvelez le compost sans changer la dimension du pot. Fertilisez tous les quinze jours, au printemps et en été.

Plaques laineuses blanches sous les feuilles et aux aisselles: cochenilles. Pulvérisez du malathion dilué et ajoutez-en à l'eau de l'arrosage une fois par semaine.

Pas de fleurs ni de bractées colorées: endroit trop sombre ou surarrosage. Il se pourrait aussi que le pot soit trop grand. Placez la plante en plein soleil et laissez la terre se dessécher presque complètement entre les arrosages.

Feuilles roussies: effets des lustrants. N'en utilisez pas. Nettoyez uniquement par vaporisation ou à l'aide d'un plumeau.

Les feuilles tombent: normal en hiver par température inférieure à 18 °C. Au printemps et en été: endroit trop sombre et trop au froid. Choisissez un emplacement ensoleillé.

Les feuilles jaunissent: trop d'eau, terre détrempée. N'arrosez plus jusqu'à ce que la plante reprenne. Dès que la terre est sèche, arrosez moins souvent. Vérifiez le drainage.

Duvet blanc sur les feuilles: mildiou, dû à une atmosphère trop humide. Placez la plante dans un endroit mieux aéré, mais pas dans les courants d'air.

Bouvardia

Originaire du Mexique, cette plante doit son nom à Charles Bouvard, horticulteur du XVIIe siècle. Jadis, on l'utilisait pour ses vertus médicinales contre la dysentrie et l'hydrophobie (rage). Au siècle dernier, elle a joui d'une grande popularité comme plante d'intérieur, cultivée surtout en serre, et ses fleurs se portaient souvent à la boutonnière ou servaient à la décoration des tables. Parmi ses variétés, *B. humboldii* et *B. jasminiflora* exhalent un fort parfum.

Lumière: aime une lumière naturelle abondante mais diffuse. Ne l'exposez pas au plein soleil.
Température: en été, un minimum de 18 °C, un maximum de 29 °C dans un endroit bien aéré. En hiver, un minimum de 13 °C, à l'écart des radiateurs.
Arrosage: maintenez le compost humide en arrosant la plante au moins deux fois par semaine à partir de la fin du printemps jusqu'en été. En hiver, une fois par semaine ou moins suffit, et laissez se dessécher le compost entre les arrosages. Ne laissez pas le pot séjourner dans l'eau.
Humidité: vaporisez chaque semaine au printemps et en été, sauf si la température est inférieure à 18 °C. Ne mouillez pas les fleurs. Posez le pot dans une soucoupe emplie de cailloux partiellement immergés dans l'eau, sauf en hiver, période pendant laquelle il ne faut pas non plus vaporiser.
Engrais: tous les quinze jours en été, avec un engrais liquide dilué à raison de la moitié de la dose recommandée par le fabricant. Rien le reste de l'année.
Terre: un mélange composé à parts égales de tourbe, de terreau n° 3, de terreau de feuilles et de sable gris.
Rempotage: à la fin du printemps dans un pot d'une taille maximale de 13 cm. Avant le rempotage, au début du printemps, élaguez les pousses de l'année précédente. Coupez à 2,5 cm au-dessus du pied de la plante, juste au-dessus d'une feuille.
Nettoyage: la vaporisation suffit pour maintenir l'humidité. Pas de lustrants.

Bouvardia épanouit, depuis l'été jusqu'à la fin de l'automne, ses belles grappes de fleurs, jadis si prisées pour la parure des boutonnières et la décoration des tables. Pour lui conserver un port buissonnant et touffu, il faut épincer régulièrement les bourgeons.

Les bourgeons floraux fourmillent de petits insectes: pucerons. Pulvérisez un insecticide à base de pyrèthre ou du malathion dilué. Répétez au bout d'une semaine, puis tous les huit jours jusqu'à élimination.

S.O.S.

Plaques laineuses blanches aux aisselles des feuilles: cochenilles. Pulvérisez du malathion dilué et enlevez insectes et «laine» avec une pince à épiler. Répétez tous les quinze jours. On peut aussi badigeonner les insectes avec de l'alcool dénaturé, puis les enlever.

La plante entière s'affale: compost trop sec ou température trop froide en été. Vérifiez. Si la température est inférieure à 18 °C, placez la plante plus au chaud. Si la terre est trop sèche, immergez le pot dans un seau d'eau pendant dix à quinze minutes, puis égouttez-le. Mêmes symptômes en hiver: surarrosage. N'arrosez qu'après avoir laissé se dessécher la surface du compost.

Pas de fleurs: endroit trop sombre. Placez la plante dans un lieu plus éclairé, mais pas en plein soleil.

Marques noires sur les feuilles: trop au froid ou effet des lustrants. Placez la plante plus au chaud, au moins 18 °C en été, 13 °C en hiver. N'utilisez jamais de lustrants.

La taille

À moins que l'on n'épince ses extrémités, la plante croîtra en tiges échevelées et ne fleurira que parcimonieusement. Du bout des doigts, épincez donc toutes les deux semaines une paire de petites feuilles au bout des tiges. Couvrez un tiers des tiges à chaque fois.

Filaments sous les feuilles: araignées rouges. Enlevez les filaments avec un chiffon ou une éponge humides, puis pulvérisez du malathion dilué, surtout sous les feuilles. Répétez tous les quinze jours. Humidifiez davantage.

Les nouvelles feuilles sont petites: carence nutritive. Fertilisez chaque semaine durant la croissance et la floraison, en n'utilisant que la moitié de la dose recommandée.

Les feuilles sont molles et spongieuses: terre détrempée, atmosphère trop froide et trop humide. Pulvérisez un fongicide et placez la plante dans un milieu plus chaud: au moins 13 °C en hiver. Vaporisez à l'eau moins souvent et, en hiver, laissez se dessécher la terre entre les arrosages.

Les feuilles se dessèchent: chaleur et soleil excessifs. Placez la plante dans un endroit plus frais et mieux aéré, à l'abri du soleil direct. Maintenez-la sous 29 °C, si possible.

La plante pousse en tous sens et en longueur, ne donne pas de fleurs. Épincez quelques bourgeons toutes les deux semaines durant la période de croissance jusqu'à la fin de l'été pour donner à la plante un port buissonnant et un diamètre d'environ 50 cm.

Browallia speciosa

Plantée dans un bac, un panier suspendu ou un pot, cette plante d'Amérique du Sud sera toujours un régal pour les yeux, à condition d'être placée à l'abri des vents et des courants d'air. Si vous la cultivez par semis, il faut l'acclimater progressivement à l'extérieur, quand le gel ne menacera plus. En automne, elle risque de succomber aux premières gelées.

Lumière: le plus possible quand elle est à l'intérieur, mais évitez-lui le soleil direct. À l'extérieur, un soleil intermittent : interposez une plus grande plante ou un treillis entre le soleil et le browallia. Le plein soleil blanchit les fleurs et dessèche la plante.

Température: de 13 °C à 21 °C. Davantage à l'ombre. Craint le gel.

Arrosage: maintenez le compost humide et drainez-le bien. La plante languit dès qu'elle sèche.

Humidité: seringuez régulièrement, trois fois par jour par grandes chaleurs. Vous pouvez vaporiser à midi, si la plante est à l'ombre et ne se fane pas déjà.

Terre: un mélange à base de terreau n° 1 ou un compost de rempotage à base de tourbe.

Engrais: dilué à la dose recommandée par le fabricant, tous les dix jours pour le terreau, tous les cinq pour la tourbe.

Multiplication: à la mi-printemps, remplissez un pot de 9 cm de compost non terreux pour semis. Nivelez en le tassant légèrement. Arrosez et laissez drainer pendant deux heures. Faites un semis très clair et saupoudrez de compost. Placez-le dans un bac en plastique ou dans un germoir à une température de 13 °C à 18 °C. La germination s'effectue en sept à dix jours. Découvrez et exposez à la lumière (pas au plein soleil). Repiquez les pousses individuellement dans des pots de 5 cm, dès qu'elles sont assez grandes pour être manipulées. Arrosez très légèrement pour affermir la terre autour des racines. Maintenez la plante dans une pièce aérée jusqu'à la fin des gelées. Enfin, replantez-la à l'extérieur.

Nettoyage: enlevez les feuilles jaunies et les feuilles mortes qui risquent de moisir.

Variétés: «Major» aux fleurs bleu violacé, ou «Silver Bells», à fleurs blanches.

Browallia est une plante annuelle tendre pouvant atteindre de 30 à 45 cm suivant la variété et l'emplacement. Elle se ramifie, presque au ras du sol, en une profusion de tiges sveltes portant des feuilles vert clair d'environ 5 cm. Des fleurs blanches ou bleues s'ouvrent au bout de chaque branche, tout au long de la saison.

Les feuilles prennent un ton bronze, elles sont recroquevillées et la plante est battue par les vents. Mettez la plante à l'abri des bourrasques, par exemple en la protégeant par un écran de plantes plus robustes.

Rides sur les extrémités, petits insectes sur les bourgeons clos et la pointe des tiges: pucerons. Pulvérisez du derris, en respectant les recommandations du fabricant.

La plante et les fleurs se flétrissent subitement:

terre trop sèche. Arrosez immédiatement et maintenez le compost toujours humide. Vaporisez.

La plante noircit et est trempée: gel. Pas de remède. Protégez-la du gel en tout temps.

Les paniers suspendus

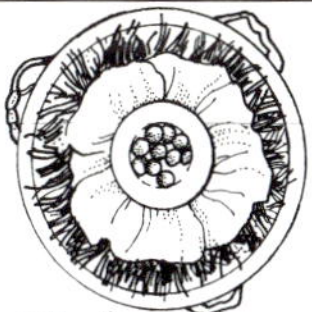

1 Tapissez de mousse un panier en fil de fer. Posez sur la mousse une feuille de polyéthylène percée de 5 ou 6 petits trous. Déposez-y une soucoupe remplie de charbon de bois.

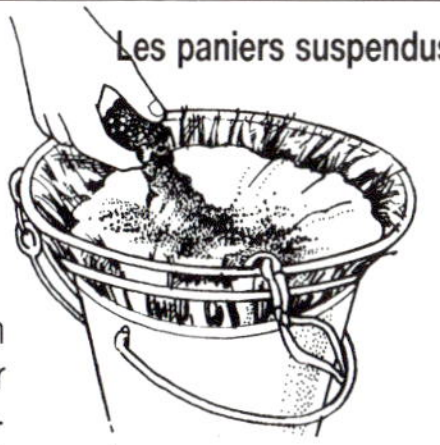

2 Placez le panier sur un seau et versez une couche de compost humide.

3 Retirez la plante de son pot et installez-la au centre du panier, en disposant uniformément les tiges rampantes tout autour de celui-ci.

4 Remplissez de compost et tassez autour des racines. Arrosez bien, laissez égoutter et accrochez solidement le panier.

Teinte brun clair sur la tige et surtout sur le bout des pousses, accompagnée quelquefois de moisissure grise duveteuse: botrytis. Pulvérisez du bénomyl, répétez dix jours après, puis un mois plus tard. Le botrytis se déclare quand l'humidité est élevée. Il s'attaque d'abord aux fleurs en décomposition et aux feuilles ou tiges endommagées. Enlevez toute feuille ou fleur morte.

Les fleurs bleues pâlissent et se bordent de brun: lumière solaire trop forte. Au-delà de 21 °C, protégez la plante du soleil.

Petites mouches blanches, surtout sur l'envers des feuilles, parfois accompagnées d'un dépôt écailleux. Pulvérisez du malathion dilué, tous les trois jours, jusqu'à élimination. Les larves naissent tous les jours sous les écailles: détruisez-les au fur et à mesure qu'elles apparaissent.

Les pousses s'amincissent, pâlissent et s'étirent vers la lumière: endroit trop sombre. Placez la plante dans un endroit plus lumineux. Assurez-vous que d'autres plantes ne forment pas un épais écran de verdure.

S.O.S.

La plante ne croît plus: examinez le compost pour y repérer la présence éventuelle de petits asticots presque transparents, de larves de sciara ou de mouches à fongus. Imbibez le compost de malathion dilué. La vermine remontera à la surface et périra.

Les feuilles pâlissent et jaunissent à la base des tiges: dessèchement fréquent et manque d'engrais. Ne laissez pas la terre se dessécher. Si l'arrosage était bon, fertilisez davantage: une fois par semaine, mais sans augmenter la dose.

Les bourgeons tombent ou jaunissent, peu éclosent: terre détrempée. Dégagez les trous de drainage et attendez que le compost soit presque sec avant d'arroser.

Brunfelsia calycina

Après l'éclat de sa première floraison, cette plante peut produire de nouvelles fleurs, si on lui laisse le temps de récupérer au frais (*voir ci-dessous*). Les jeunes plantes, toutefois, sont moins généreuses que celles de deux ans. Si vous voulez les multiplier, mieux vaut le bouturage. Vous favoriserez l'enracinement en plantant les boutures dans du sable et en les maintenant au chaud sous un globe ou dans un sac de polyéthylène transparent. Empotez-les dans le compost habituel additionné d'un quart de sable.

Lumière: protégez la plante du soleil direct en période de croissance et de floraison. Ensuite, placez-la en plein soleil.
Température: maintenez-la entre 16 °C et 21 °C au printemps et en été. Après la première floraison, réduisez-la à 13 °C, pour encourager une deuxième poussée de fleurs. Après la seconde floraison, réduisez à 9 °C pour fortifier la plante au moment où les pousses vertes se lignifient.
Arrosage: deux fois par semaine au printemps et en été pour une humidification constante. En automne et en hiver, laissez le compost se dessécher, en n'arrosant qu'une fois toutes les deux semaines.
Humidité: la plante est très avide d'humidité au printemps et en été, mais n'arrosez pas durant la floraison. Posez le pot sur un lit de cailloux mouillés, ou bien placez la plante dans un autre récipient garni de tourbe humide. En hiver, réduisez l'humidité.
Engrais: à base d'azote, une fois au printemps, pour empêcher que les feuilles ne pâlissent. Fertilisez chaque mois durant la croissance, en utilisant la moitié de la dose recommandée d'un engrais liquide.
Terre: un mélange composé à parts égales de terreau n° 2 et de tourbe.
Rempotage: en automne dès la fin de la floraison, dans le pot de la taille supérieure. Taillez un peu au printemps suivant.
Nettoyage: vaporisez la plante avec de l'eau tiède non calcaire. Abstenez-vous durant la floraison et en hiver. Pas de lustrants.

Brunfelsia calycina produit, à la fin du printemps et en été, une abondance de fleurs délicatement parfumées, dont le coloris pourpre vire lentement au blanc avant de se flétrir. Après la floraison, une légère taille la maintiendra touffue.

Au printemps, la plante pousse tout en tiges: il faut tailler. Rabattez les tiges au printemps, à environ 15 cm du pot, en sectionnant au-dessus d'une feuille.

Le bouturage

1 Coupez une pointe de tige en bonne santé, portant deux paires de feuilles et un bourgeon. Taillez sous une feuille.

2 Enlevez la paire de feuilles inférieures. Plantez l'extrémité de la tige ainsi dégarnie, de sorte que la première paire de feuilles soit presque au ras de la terre.

3 Maintenez la plante humide et au chaud (de 18 °C à 21 °C) pendant trois semaines. Entourez d'un sac de polyéthylène. Découvrez-la cinq minutes par jour.

Croissance rapide du feuillage mais absence de fleurs: suralimetation. Ne nourrissez la plante qu'une fois par mois, avec un engrais liquide dilué à raison de la moitié de la dose recommandée.

Filaments sous les feuilles: araignées rouges. Enlevez les filaments avec une éponge humide, puis pulvérisez du malathion dilué, surtout sous les feuilles. Répétez tous les quinze jours, jusqu'à élimination de tout symptôme. Humidifiez davantage en plaçant le pot sur un lit de cailloux mouillés.

La plante s'affale en été: terre trop humide ou détrempée. Videz l'eau stagnant dans la soucoupe et attendez que la surface du compost soit sèche, avant de recommencer à arroser. Vérifiez le drainage.

Moisissure grise sur les feuilles et les tiges, pas de croissance: trop d'eau en hiver. Maintenez la plante sous 7 °C et laissez le compost se dessécher entre les arrosages.

Les feuilles sont pâles et flasques. En été: trop de lumière. Placez la plante dans un endroit plus ombragé à l'abri du plein soleil. **En hiver:** manque de lumière. Placez la plante dans un endroit très bien éclairé. Elle supporte le plein soleil en hiver, pas en été.

Les feuilles pâlissent au printemps: manque d'azote. Utilisez – une fois seulement – un engrais à base d'azote, puis, tous les mois, un engrais pour plantes d'intérieur, en n'administrant que la moitié de la dose recommandée.

Les feuilles noircissent: effets des lustrants. Ne les utilisez pas. Enlevez les feuilles abîmées.

Brunissement et chute rapide des fleurs, suivie plus tard de celle des feuilles: compost trop sec. Immergez le pot dans un seau d'eau pendant dix à quinze minutes. Laissez-le égoutter. Maintenez le compost humide en été, en arrosant deux fois par semaine ou tous les jours s'il se dessèche. Ne laissez pas le pot baigner dans l'eau. Vaporisez chaque jour avec de l'eau tiède non calcaire, sans mouiller les fleurs. Le roussissement des fleurs est dû à un soleil trop direct.

Les feuilles se dessèchent en été: atmosphère trop chaude et trop sèche. Placez la plante dans un lieu plus frais et mieux aéré. Placez le pot sur un lit de cailloux mouillés pour accroître l'humidité si possible, ne maintenez pas la plante au-dessus de 16 °C à 21 °C en été.

Les feuilles brunissent et tombent en hiver: trop au chaud. Placez la plante dans un endroit plus frais et mieux aéré. Vaporisez-la tous les jours avec de l'eau tiède et non calcaire. Température maximale en hiver: 9 °C.

S.O.S.

Caladium bicolor

Membre de la famille des aracées, cette plante est belle mais difficile à élever. Les nervures de ses feuilles, qui ont la minceur du papier, tracent des lignes vertes, roses ou rouges sur un fond souvent blanc. La plante naît d'un rhizome qui commence sa croissance au chaud, vers la fin de l'hiver, et produit, dès le printemps, ses feuilles montées sur de longues tiges. Celles-ci se déploient tout au long de l'été pour se retirer de nouveau vers la fin de l'automne. Comme il est très difficile de conserver les rhizomes durant l'hiver, mieux vaut traiter ces plantes comme des annuelles. Quoi qu'il en soit, veillez surtout à ne pas trop les arroser : elles pourriraient à la moindre chute de température.

Les feuilles de *Caladium bicolor* sont marbrées et veinées de blanc, de vert ou de rose. Bien qu'elle forme en été une petite fleur semblable à un lis, son attrait principal réside dans la beauté spectaculaire de ses feuilles. Soyez prudent lorsque vous la déplacez : ses tiges et ses feuilles retombent et se brisent facilement.

Lumière : les feuilles gagneront en couleurs et en contrastes dans la pleine lumière, mais pas au soleil estival de midi.
Température : en été, une moyenne de 16 °C à 18 °C, un maximum de 24 °C. Si vous conservez les rhizomes en hiver, maintenez-les à une température de 13 °C au minimum.
Arrosage : maintenez la terre humide tant que la plante fait des feuilles, en arrosant deux ou trois fois par semaine par grandes chaleurs. Réduisez si la température descend sous 16 °C, ou si les feuilles cessent de pousser. N'arrosez pas en hiver.
Humidité : complantée, la plante bénéficiera d'une plus grande humidité. Ne vaporisez pas les feuilles : cela les abîmerait.
Engrais : durant la croissance, un engrais liquide toutes les trois semaines, à raison de la moitié de la dose recommandée par le fabricant.
Terre : un mélange composé de deux parts de terreau n° 2 pour une part de tourbe.
Rempotage : plantez les rhizomes dans un compost frais après l'hiver et n'y touchez plus pendant un an. Couvrez-les d'une épaisseur de compost égale à la leur.
Nettoyage : un léger époussetage uniquement à l'aide d'un plumeau. Ne vaporisez pas. N'essuyez pas. Pas de lustrants.

L'hivernage
N'arrosez plus la plante quand les feuilles tombent et maintenez le sol sec à une température de 13 °C. Ou bien, retirez-la du pot et gardez-la dans un endroit sec et sombre. Rempotez-la au printemps, placez-la dans un endroit plus chaud (18 °C) et commencez à l'arroser graduellement, pour encourager les nouvelles pousses.

Feuilles aux bords bruns et cassants : un peu trop au froid. Maintenez à une température de 16 °C.

Les feuilles et les tiges retombent, se recroquevillent et meurent : trop au froid. Choisissez un endroit plus chaud, au-dessus de 16 °C, à l'abri des courants d'air. La chute des feuilles est naturelle en automne.

Croissance chétive, petites feuilles: endroit trop sombre et/ou besoin d'engrais. Placez la plante dans un endroit mieux éclairé (même en plein soleil, sauf à midi en été) et fertilisez toutes les trois semaines pendant la croissance, en n'utilisant que la moitié de la dose recommandée.

L'humidité
Les caladiums ont besoin d'humidité, mais les vaporisations risquent d'abîmer les feuilles. Placez le pot dans un récipient plus grand, rempli de tourbe humide. L'humidité s'élèvera sous les feuilles. Assurez-vous que le drainage est bon, afin de ne pas laisser croupir la plante dans l'eau.

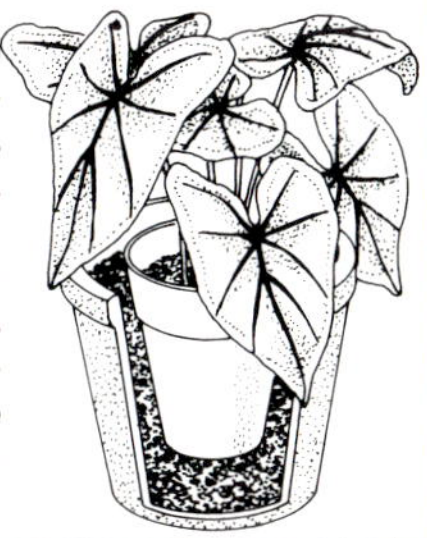

S.O.S.

Feuillage aux couleurs délavées: endroit trop sombre. Exposez la plante à une bonne lumière, même en plein soleil, sauf l'été à midi.

Les feuilles se dessèchent et se recroquevillent: trop au chaud ou compost trop sec. Vérifiez. Arrosez immédiatement si le compost semble sec, et maintenez celui-ci humide quand la plante fait des feuilles. Gardez sous 24 °C.

Feuilles et tiges déformées, gluantes et couvertes d'insectes verts: pucerons. Pulvérisez un insecticide à base de pyrèthre ou du malathion dilué. Répétez chaque semaine jusqu'à élimination.

Les feuilles se fendent et se déchirent: manipulation maladroite. Soyez très prudent quand vous déplacez la plante, et n'essuyez pas les feuilles.

Marques brunes au milieu des feuilles: effets du soleil ou des lustrants. En été, n'exposez pas la plante au plein soleil de midi. Enlevez les feuilles tachées en coupant à la base de la tige.

Moisissures sur les tiges et les rhizomes: trop d'eau. Attendez que la surface sèche avant de recommencer à arroser et ne laissez jamais le pot baigner dans l'eau. Maintenez la plante à une température supérieure à 16 °C. Sinon, laissez se dessécher la surface du compost entre les arrosages.

Calathea lancifolia

Comme plante d'intérieur, *Calathea lancifolia* n'est certes pas facile à élever, mais sa beauté la distingue entre toutes. Les coloris verts ou les mélanges verts et bruns de ses longues feuilles pointues sont si subtilement nuancés qu'on les croirait peints à la main. Aux heures vespérales, les feuilles ont tendance à se refermer l'une sur l'autre, comme des mains se joignent pour la prière. Parmi les autres espèces, *C. makoyana* présente des feuilles un peu plus ovales, mais tout aussi joliment bigarrées. Toutes deux sont d'origine sud-américaine. En été, une petite fleur blanche se hausse sur sa hampe parmi le feuillage, qui ne demeure pas moins l'atout principal de la plante. On confond souvent ces deux plantes avec les *Maranta* (p. 368) qui leur ressemblent beaucoup en raison de leur parenté, mais dont le port est moins droit.

Lumière: évitez la lumière directe. En été, ne placez pas la plante devant une fenêtre exposée au soleil.
Température: un minimum de 16 °C en hiver. La plante résiste même à 29 °C, pourvu toutefois que l'humidité soit élevée.
Arrosage: deux à trois fois par semaine en été, une fois par semaine en hiver. Le terreau doit être humide en tout temps, mais moins si la température tombe à 16 °C.
Humidité: vaporisez en pluie fine tous les jours en été, deux fois par semaine en hiver. Placez le pot sur un lit de cailloux trempant partiellement dans l'eau de la soucoupe. Une forte humidité est indispensable.
Engrais: pendant la croissance, ajoutez tous les quinze jours un engrais liquide à l'eau d'arrosage. N'utilisez que la moitié de la dose recommandée.
Terre: un compost à base de tourbe, de préférence meuble et poreux.
Rempotage: à chaque printemps. Si la plante est trop encombrante, divisez-la.
Nettoyage: si la vaporisation est insuffisante pour maintenir les feuilles propres, essuyez-les avec un chiffon humide.

Les feuilles si joliment marbrées du *Calathea* émergent du centre de la plante, sur des tiges longues de 15 cm. L'endroit est revêtu de motifs bien marqués, qui transparaissent moins toutefois dans le brun rougeâtre du dos. À l'achat, assurez-vous que les feuilles sont propres, richement colorées et exemptes de toute flétrissure.

Les feuilles s'enroulent et se referment les unes près des autres: phénomène naturel le soir. Si elles ne s'ouvrent pas le jour, c'est qu'il fait trop froid. Choisissez un emplacement plus chaud, à l'abri des courants d'air.

L'humidité

Le *Calathea* a besoin de beaucoup d'humidité. Vaporisez-le tous les jours en été, deux fois par semaine en hiver.

Pour un apport constant d'humidité ambiante, placez le pot dans une soucoupe emplie de cailloux trempant partiellement dans l'eau. Assurez-vous que le fond du pot ne touche pas le liquide.

S.O.S.

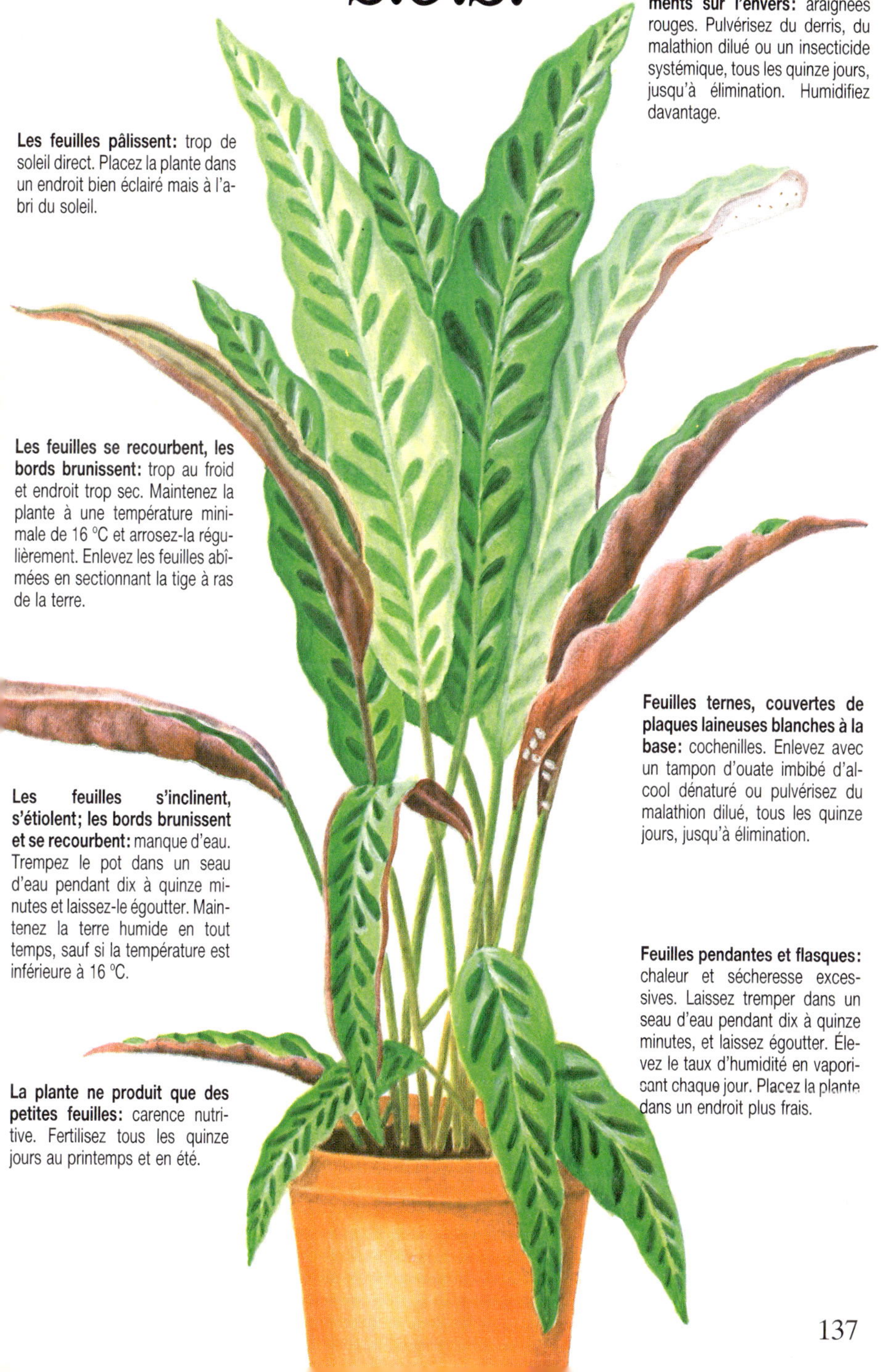

Les feuilles pâlissent: trop de soleil direct. Placez la plante dans un endroit bien éclairé mais à l'abri du soleil.

Les feuilles se recourbent, les bords brunissent: trop au froid et endroit trop sec. Maintenez la plante à une température minimale de 16 °C et arrosez-la régulièrement. Enlevez les feuilles abîmées en sectionnant la tige à ras de la terre.

Les feuilles s'inclinent, s'étiolent; les bords brunissent et se recourbent: manque d'eau. Trempez le pot dans un seau d'eau pendant dix à quinze minutes et laissez-le égoutter. Maintenez la terre humide en tout temps, sauf si la température est inférieure à 16 °C.

La plante ne produit que des petites feuilles: carence nutritive. Fertilisez tous les quinze jours au printemps et en été.

Feuilles flétries, décolorées, légèrement transparentes, filaments sur l'envers: araignées rouges. Pulvérisez du derris, du malathion dilué ou un insecticide systémique, tous les quinze jours, jusqu'à élimination. Humidifiez davantage.

Feuilles ternes, couvertes de plaques laineuses blanches à la base: cochenilles. Enlevez avec un tampon d'ouate imbibé d'alcool dénaturé ou pulvérisez du malathion dilué, tous les quinze jours, jusqu'à élimination.

Feuilles pendantes et flasques: chaleur et sécheresse excessives. Laissez tremper dans un seau d'eau pendant dix à quinze minutes, et laissez égoutter. Élevez le taux d'humidité en vaporisant chaque jour. Placez la plante dans un endroit plus frais.

Calceolaria hybrida

Sabot-de-Vénus

Comme plante d'intérieur, le sabot-de-Vénus prospérera dans une pièce ombragée, sur un rebord de fenêtre protégé du soleil, ou en tout autre endroit, qui rappelle les conditions de son milieu d'origine : les frais versants des Andes d'Amérique du Sud. Bien qu'il soit possible de le cultiver par semis, on le vend généralement en pot de 15 cm. Achetez-le juste avant la floraison, vers la mi-printemps. Dans un environnement frais, les fleurs devraient durer de deux à trois mois, mais elles risquent de se flétrir en quelques jours dans les pièces dont l'atmosphère est desséchée par le chauffage central. Soyez à l'affût des pucerons : ils sont friands des tiges et feuilles tendres de cette plante, surtout lors de l'apparition des premiers bourgeons floraux.

Les calcéolaires, appelées aussi sabots-de-Vénus, sont des plantes compactes pouvant atteindre 25 cm de haut. Elles portent des feuilles froissées, de forme plus ou moins ovale et de couleur vert cendré. Les fleurs, façonnées en forme de poches renflées (qui évoquent un sabot ou un chausson), présentent souvent des mouchetures sur un fond rouge, jaune ou orange vif.

Lumière : protégez la plante du soleil direct, mais exposez-la à une bonne lumière, de la fin de l'automne au début du printemps. Maintenez-la à l'ombre pendant la floraison.
Température : un maximum de 13 °C pour une floraison optimale. Au-delà de 18 °C, les fleurs flétrissent rapidement.
Arrosage : deux à trois fois par semaine, pour maintenir le compost humide, sans toutefois le détremper. Un excès de sécheresse provoquera la chute des fleurs. Arrosez chaque jour par grandes chaleurs et, si le compost est non terreux, veillez à ce qu'il ne se dessèche pas.
Humidité : la plante se porte mieux dans une atmosphère assez sèche et bien aérée. Ne vaporisez pas. Époussetez délicatement les feuilles et les fleurs poussiéreuses avec un tampon d'ouate.
Engrais : pendant la floraison, fertilisez tous les dix jours avec un engrais liquide dilué, à raison de la moitié de la dose recommandée. Si le compost est non terreux, fertilisez tous les cinq jours.
Terre : un compost de rempotage à base de terreau n° 3 ou un compost non terreux.

Dépôt fuligineux sur le feuillage : déjections des mouches blanches, visibles sur l'envers des feuilles. Pulvérisez un insecticide à base de pyrèthre ou du malathion dilué, tous les trois jours, jusqu'à disparition de toute mouche adulte.

Feuilles marbrées de jaune en automne : jaunisse due à un manque de lumière. Ces symptômes se manifestent aussi lorsque la plante se meurt après la floraison.

Petits points ronds et jaunes sur les feuilles : insectes sauteurs. Pulvérisez un insecticide à base de pyrèthre ou du malathion dilué.

La plante se flétrit, le bord des feuilles se parchemine : pourriture des racines, due probablement à une affection fongique. Pas de remède. Débarrassez-vous de la plante pour éviter la contagion.

Moisissure grise duveteuse sur la plante : botrytis. Causes possibles : arrosage central ou forte condensation sur la plante. Pulvérisez du bénomyl deux fois en l'espace de dix jours. Prévenez l'affection en arrosant à même la terre et en gardant la plante dans une pièce bien ventilée.

Le tuteurage

1 En pleine floraison, la plante est si lourde qu'elle risque de verser.

2 Avant l'apparition des fleurs, à la fin de l'hiver, enfoncez quatre bâtonnets, qui disparaîtront à mesure que la plante grandira, mais la maintiendront droite.

Les feuilles sont grisâtres, les bourgeons et les fleurs sont petits: besoin d'engrais. Pendant la floraison, fertilisez la terre avec un engrais liquide tous les dix jours. Si le compost est non terreux, tous les cinq jours.

Les feuilles pâlissent et mollissent, les tiges foliaires sont longues et échevelées: endroit trop sombre. Placez la plante dans un lieu éclairé, mais protégé du soleil direct.

S.O.S.

Marques brunes sur les fleurs: brûlures solaires, auxquelles la plante est d'autant plus sujette qu'elle est sèche. Plongez le pot dans l'eau et, à l'avenir, évitez le dessèchement. Évitez aussi de vaporiser les fleurs: des marques semblables s'ensuivraient.

Déformation de certaines tiges, surtout celles qui portent les bourgeons floraux: pucerons verts. Pulvérisez un insecticide à base de pyrèthre. Répétez au bout de dix jours. Les calcéolaires étant très sujettes à cette infestation, administrez un traitement préventif hebdomadaire.

Les fleurs brunissent et se détériorent, les feuilles jaunissent, la plante se flétrit: chaleur et sécheresse excessives. Maintenez la plante dans un endroit frais et ombragé, à une température maximale de 18 °C. Elle peut reprendre si vous la placez dans un endroit plus frais.

Dépôt blanc poudreux sur les tiges ou les feuilles: mildiou. Pulvérisez un insecticide à base de zinèbe. Retraitez dix jours après, si nécessaire.

Feuilles déformées, couvertes de trainées pâles: maladie virale. Pas de remède. Détruisez la plante, afin que les insectes ne transmettent pas la maladie aux autres plantes.

Feuilles flasques, noircies et pâteuses; compost noirci, paraissant rance: plante saturée d'eau, suite à un surarrosage ou un drainage défectueux. N'arrosez plus jusqu'à ce que le compost soit presque sec et assurez-vous que les trous de drainage sont dégagés.

Calendula officinalis

Souci officinal

Le souci officinal est une plante annuelle résistante, qui croît rapidement sous le plein soleil. Ses fleurs sont très odorantes et peuvent durer plus d'une semaine, même coupées. D'abord doubles, elles deviennent solitaires et plus petites à mesure que la saison se déroule. Sa multiplication par semis successifs au début du printemps en fait une plante idéale pour combler les vides laissés par la perte d'autres variétés. En revanche, la facilité de son auto-ensemencement peut le rendre envahissant. Vous éviterez cette prolifération en coupant les capitules des fleurs mortes avant que ne se forment les semences.

Le souci officinal peut atteindre 45 cm de haut. Sa tige ligneuse se ramifie à la base en plusieurs tigettes. Les bourgeons floraux apparaissent un à la fois et se composent de pétales doubles ou simples de couleur primevère, jaune ou orange foncé. La maturation des semences étant hâtive, on obtient de nouvelles plantes la même année.

Lumière: le plus possible.
Température: 7 °C pour la germination à l'extérieur, 10 °C à l'intérieur. La plante exige une très bonne lumière par températures plus élevées. Résiste au gel.
Arrosage: modéré. Après la germination, peut survivre à d'importantes sécheresses.
Humidité: maintenez le compost sec. Ne vaporisez pas, n'arrosez pas par-dessus les plantes matures.
Terre: un bon mélange à base de terreau n° 1. La plante survivra dans une terre pauvre.
Engrais: trois semaines après le repiquage, fertilisez tous les dix jours avec un engrais liquide dilué selon les recommandations du fabricant.
Multiplication: semez directement à l'extérieur dans le récipient préparé, de la mi-printemps au début de l'été, à une profondeur de 9 mm et à intervalles de 30 cm. Pour une floraison hâtive, semez à l'intérieur, dans des plateaux à semis, à une température de 10 °C. La germination s'effectue en trois jours. Repiquez après une semaine et maintenez au frais (7 °C) et à la lumière. Replantez à l'extérieur quatre plants de 7 à 10 cm dans un récipient de 30 cm.
Nettoyage: enlevez les fleurs mortes, pour empêcher l'auto-ensemencement.

Excroissances sur la tige et le pédoncule: galle de la couronne, due aux éclaboussures d'une terre infestée sur les tiges. N'affectera pas sérieusement la floraison. Laissez les plantes qui se fortifient dans un endroit propre.

Taches rondes, sombres et fuligineuses sur les feuilles: fumagine. Les spores se propageront. Pulvérisez un fongicide systémique tous les quinze jours.

Dépôt poudreux blanc sur les feuilles et les tiges: mildiou poudreux. Cette plante est très sujette à cette affection fongique. Pulvérisez du dinocap ou du bénomyl tous les dix jours.

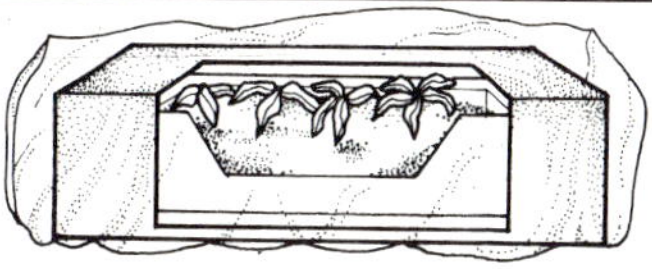

L'acclimatation

Lorsqu'on les sort, il faut protéger les jeunes pousses qui ont été semées à l'intérieur. Pour capter plus de chaleur, placez les plateaux près d'un mur et, durant les premières nuits, couvrez-les d'une boîte en carton ou d'une feuille de plastique. Découvrez-les après une semaine, sauf s'il fait très mauvais. Le gel ne les affectera pas. Repiquez dans le récipient définitif au bout d'une dizaine de jours.

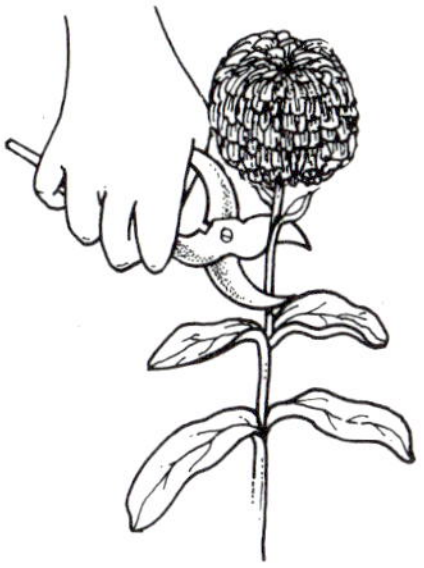

La taille des fleurs

Enlevez les têtes contenant les graines, dès que les fleurs meurent. Effectuez une coupe nette au sommet de la hampe. Si on ne les enlève pas, les semences se propageront d'elles-mêmes tout autour de la plante, pour produire des fleurs la même année.

Les tiges florales sont longues et s'inclinent; les bourgeons floraux ne s'ouvrent pas: endroit trop sombre. Exposez à une très bonne lumière. Cette plante a besoin du plein soleil.

Les pointes des feuilles brunissent: suralimentation ou engrais trop concentré. Ne dépassez jamais la dose recommandée.

Feuilles rongées, bourgeons floraux troués: effets des chenilles. Enlevez les parasites et saupoudrez de malathion. Si les pétales sont percés et que les bords soient déchiquetés, les perce-oreilles sont sans doute à l'œuvre. Saupoudrez un produit à base de lindane, roténone ou malathion.

La plante jaunit, s'étiole; dépôt écumeux à la surface de la terre: plante gorgée d'eau. Vérifiez le drainage. La plante préfère une terre sèche.

Les feuilles retombent mollement sur les tiges: trop au sec. Toute terre convient à cette plante, sauf si elle est complètement desséchée. Trempez le récipient jusqu'à ce que la terre soit mouillée de part en part. Laissez égoutter et attendez que la terre soit humide avant d'arroser.

S.O.S.

Feuilles gris-vert, tiges très ligneuses, petites fleurs: carence nutritive. Fertilisez tous les dix jours.

Les feuilles des jeunes plantes sont ponctuées de minuscules trous: puces de terre. Saupoudrez très légèrement un produit à base de lindane, roténone ou malathion.

Callistephus chinensis

Cultivées en pot à l'intérieur ou coupées pour l'agrément des vases, les fleurs de cette plante vous entoureront longtemps de leur beauté, à condition de choisir la bonne variété. La naine «Pinocchio» se prête mieux aux pots, mais la moyenne, «Milady», convient aussi aux vases. Ses principaux besoins sont: une lumière naturelle abondante (bien que la plante supporte une journée partiellement ombragée), une terre assez riche et un apport constant d'humidité. À l'extérieur, elle résiste aux petites gelées; à l'intérieur, il lui faut un emplacement frais et aéré (serre ou véranda éclairée).

Callistephus chinensis présente de nombreuses variétés produisant toutes, en été ou en automne, de délicates fleurs aux coloris rose, pourpre, bleu, rouge ou blanc. Pour la culture en pot, choisissez les variétés naines, qui font de 15 à 30 cm de haut. Afin d'encourager la production d'un petit nombre de grandes fleurs, épincez tous les bourgeons, sauf un par tige.

Lumière: si possible, le plein soleil tout au long de la journée.
Température: exposez le semis à une température de 13 °C à 16 °C. Une fois empotée, la plante se porte mieux à une température maximale de 15 °C.
Arrosage: maintenez le semis et les jeunes pousses à peine humides. Arrosez les jeunes plantes deux fois par semaine. Arrosez copieusement durant le bourgeonnement et la floraison.
Humidité: de préférence, un emplacement frais et aéré. Par grandes chaleurs (au-dessus de 21 °C), vaporisez au début et en fin de journée.
Engrais: commencez à fertiliser trois semaines après l'empotage, avec un engrais liquide dilué selon les recommandations du fabricant. Fertilisez chaque semaine jusqu'à la fin de la floraison.
Terre: pour la germination, un compost pour semis de marque déposée. Empotez dans un mélange à base de terreau n° 2 ou dans un compost de rempotage non terreux. Utilisez toujours un compost stérilisé, jamais la terre du jardin.
Après la floraison: on peut couper les fleurs pour agrémenter les vases, mais la plante ne refleurira plus. Défaites-vous-en après la floraison.

Moisissure grise sur les tiges et les bourgeons: botrytis. Plante fort sujette à cette maladie. Pulvérisez du bénomyl, et maintenez dans un endroit bien ventilé.

S.O.S.

Les feuilles s'enroulent vers le bas: aphidiens du prunier. Ils infestent les plantes cultivées à l'extérieur, mais peuvent aussi attaquer les plantes en pots. Pulvérisez un insecticide systémique.

La plante jaunit à partir de la base; présence de trainées noires; les feuilles s'inclinent: flétrissement. Pas de remède. Détruisez la plante. À l'achat, choisissez des variétés dont l'étiquette mentionne qu'elles résistent à cette maladie. Vérifiez le drainage.

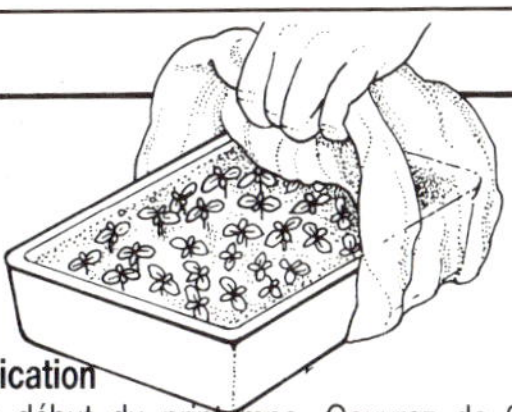

La multiplication
Semez au début du printemps. Couvrez de 3 mm de compost. Enveloppez dans un sac de plastique bien tendu. Enlevez le sac dès l'apparition des pousses et exposez en pleine lumière cinq jours après. Repiquez à intervalles de 5 cm, quinze jours après le semis.

Les tiges florales sont chétives ou ne poussent pas du tout: température trop élevée ou manque de lumière. Vérifiez. Choisissez un emplacement éclairé à une température d'environ 16 °C. Si les jeunes pousses s'affaissent, elles souffrent de pythium, provoqué par un sol ou un récipient non stériles. Détruisez-les.

La plante languit au soleil: endroit trop sec. Maintenez le compost humide, surtout pendant la floraison, mais ne laissez pas le pot croupir dans l'eau.

Plante infestée de petits insectes sans ailes: pucerons. Pulvérisez un insecticide à base de pyrèthre, et répétez chaque semaine jusqu'à élimination.

La plante végète: manque d'engrais. Ces plantes ont besoin d'une terre riche: fertilisez chaque semaine avec un engrais liquide.

Dépôt poudreux sur les feuilles et les tiges; jaunissement du feuillage chez les plantes bien enracinées: mildiou poudreux. Très courant. Pulvérisez du dinocap à la dose recommandée.

Marques jaunes ou vert foncé sur les feuilles: maladie virale. Pas de remède, mais la floraison est encore possible si la plante n'est pas trop atteinte. Cette maladie étant propagée par les pucerons, par précaution, pulvérisez les autres plantes.

Les feuilles pâlissent ou semblent se faner; le dos est couvert de plaques brunes: rouille. Pulvérisez un fongicide à base de cuivre.

Camellia japonica

Camélia

Cet arbrisseau à feuilles persistantes produit des fleurs d'une symétrie remarquable et dont les multiples couleurs tranchent par leur éclat sur le vert foncé du feuillage luxuriant. Le camélia produit une profusion de bourgeons floraux, à condition de jouir d'une abondante lumière. Il craint l'atmosphère surchauffée et desséchée par le chauffage central, mais fleurit dans les pièces fraîches, les vérandas ou les serres, où il bénéficie d'une température et d'une humidité appropriées.

Les camélias portent un magnifique feuillage persistant et forment, en hiver, des bourgeons qui fleurissent au début du printemps. Les fleurs, d'habitude symétriques, sont remarquables par leurs coloris couvrant le rouge, le rose et le blanc.

Lumière: à part le plein soleil de midi, il se plaît dans la pleine lumière.
Température: pendant la croissance, au printemps et en été, maintenez la plante à une température de 18 °C à 21 °C. En automne et en hiver: 13 °C. À partir de la floraison, augmentez à 16 °C.
Arrosage: maintenez la terre humide en arrosant deux fois par semaine au printemps, mais ne laissez pas le pot séjourner dans l'eau. Chaque semaine ou moins en été, uniquement lorsque la surface du compost est desséchée. À partir de l'automne, revenez à un arrosage bi-hebdomadaire, en surveillant bien le drainage.
Humidité: vaporisez avec de l'eau non calcaire une fois par semaine, tout au long de l'année, sauf pendant la floraison.
Engrais: une fois au début du printemps avec un engrais ferrugineux. Tous les quinze jours au printemps et en été, avec un engrais liquide.
Terre: un mélange (acide) à base de terre de bruyère ou, à parts égales, de la tourbe fibreuse brune, un terreau de feuilles bien décomposées et du sable.
Rempotage: une fois tous les deux ans au début de l'automne, tout de suite après la nouvelle croissance, mais avant la formation complète des bourgeons. Tapissez généreusement le fond du pot de tessons.
Nettoyage: nettoyez et humidifiez à l'eau tiède non calcaire chaque semaine, sauf pendant la floraison. Lustrez tous les mois.

Filaments sous les feuilles: araignées rouges. Enlevez les filaments avec une éponge humide, puis pulvérisez du malathion dilué, surtout sous les feuilles. Répétez, tous les quinze jours, jusqu'à disparition. Humidifiez davantage en posant le pot sur un lit de cailloux mouillés. Vaporisez régulièrement.

S.O.S.

Feuilles poussiéreuses: nettoyage nécessaire. N'utilisez les lustrants qu'une fois par mois. Lorsque vous vaporisez l'eau ou les lustrants, évitez les fleurs.

Chute des feuilles en hiver: la chute de quelques feuilles est un processus naturel au cours du développement de cette plante.

Petites feuilles, absence de bourgeons floraux: besoin d'engrais. Fertilisez avec un engrais dilué, tous les quinze jours, en période de croissance.

Les feuilles prennent une teinte vert pâle: effets du calcaire. N'utilisez que de l'eau non calcaire pour les arrosages et les vaporisations. Fertilisez immédiatement avec un engrais ferrugineux. Utilisez un compost sans calcaire.

La plante croît tout au long de l'hiver: chaleur et sécheresse excessives. La plante risque de ne pas bourgeonner. En hiver, maintenez une température maximale de 13 °C, dans une atmosphère humide. Vaporisez chaque semaine avec de l'eau tiède non calcaire et posez le pot sur un lit de cailloux mouillés.

L'humidité

Vaporisez chaque semaine tout au long de l'année, avec de l'eau tiède non calcaire. Protégez les fleurs. Élevez le taux d'humidité en posant le pot dans une soucoupe remplie de cailloux. Remplissez d'eau pour couvrir partiellement ceux-ci, en évitant que l'eau ne touche le fond du pot et ne sature les racines.

Les fleurs deviennent translucides: effet des lustrants. Protégez les fleurs lorsque vous les utilisez.

Petites plaques rondes sur les feuilles: insectes écailleux, parasites courants des camélias. Pulvérisez du malathion dilué sur l'envers des feuilles et, 48 h plus tard, enlevez les écailles avec l'ongle du pouce. Répétez quatre fois, tous les huit jours, jusqu'à élimination.

Les feuilles se dessèchent: effets du soleil. Exposez à la lumière naturelle diffuse, à l'abri des rayons solaires. Enlevez les feuilles abîmées.

Les feuilles s'inclinent et jaunissent: plante saturée d'eau. Au printemps, en automne et en hiver, maintenez humide tout en veillant au bon fonctionnement du drainage. Ne laissez pas le pot croupir dans l'eau. En été, attendez que la surface du compost soit sèche avant d'arroser à nouveau. Jusqu'à la formation complète des bourgeons, un arrosage par semaine devrait suffire.

Chute des bourgeons avant l'éclosion: effets du calcaire. Administrez un engrais ferrugineux et n'utilisez que de l'eau non calcaire pour les arrosages et les vaporisations.

Le compost se dessèche et n'absorbe pas l'eau; grande compacité de la motte des racines: trop au sec. Trempez le pot dans un seau d'eau pendant dix à quinze minutes, puis laissez-le égoutter. Maintenez le compost humide au printemps, en automne et en hiver, en arrosant au moins deux fois par semaine. Jusqu'à la formation complète des bourgeons, laissez se dessécher la surface entre les arrosages en été.

Étoile de Bethléem

Cette campanule rampante, appelée aussi «étoile de Marie» ou «étoile d'Italie», donne très bien dans les paniers suspendus ou les pots ordinaires, à condition de bénéficier d'une abondante lumière et de ne pas être exposée à de trop grandes chaleurs estivales. Il en existe des variétés bleues, mauves ou blanches, ces dernières portant plusieurs noms communs dont «étoile de Bethléem». Si elle est bien alimentée en période de croissance, et que l'on coupe ses fleurs à mesure qu'elles meurent, cette plante devrait fleurir généreusement tout au long de l'été.

Lumière: la plante se desséchera rapidement en plein soleil, mais a tout de même besoin d'une abondante lumière indirecte. Écartez-la des fenêtres très ensoleillées.

Température: un minimum de 7 °C en hiver, de préférence au-dessous de 15 °C en été. Vous pouvez la sortir en été, mais il faut la rentrer en automne.

Arrosage: maintenez la terre humide en été, en arrosant tous les jours si la plante se trouve à la lumière sur le rebord d'une fenêtre. En hiver, maintenez légèrement la terre humide en arrosant tous les sept à dix jours, selon la température. La plante aime l'eau calcaire du robinet.

Humidité: vaporisez chaque semaine en été, sauf pendant la floraison. Si la température est supérieure à 15 °C, élevez le taux d'humidité en posant le pot sur des cailloux baignant partiellement dans l'eau d'une soucoupe. L'eau ne doit pas toucher le fond du pot.

Engrais: tous les quinze jours au printemps et en été, avec un engrais dilué selon les recommandations du fabricant. Utilisez de préférence des bâtonnets d'engrais alcalin.

Terre: laissez dans les pots de 13 cm. Renouvelez au printemps les 2,5 premiers cm du terreau de surface. Tous les deux ans, divisez délicatement les racines en deux parts égales et rempotez la plante dans un pot de 13 cm avec un nouveau compost.

Nettoyage: les vaporisations suffisent. Pas de lustrants.

L'étoile de Bethléem fleurira durant plusieurs semaines en été, pour autant qu'on enlève régulièrement les fleurs mortes. Il en existe en blanc, bleu ou mauve, et on les vend généralement quand elles sont en fleurs. Choisissez des plantes dont les tiges vont vigoureuses et qui bourgeonnent tout en portant des fleurs.

Les feuilles sèchent, se recroquevillent et jaunissent; les fleurs meurent: trop au sec, plante assoiffée. Arrosez tous les jours au printemps et en été. En hiver, maintenez légèrement humide. Vaporisez les feuilles chaque semaine.

La taille

1 Rabattez les tiges fuselées au début du printemps, juste avant qu'elles ne commencent leur nouvelle croissance.

2 Sectionnez juste au-dessus de l'articulation de la première paire de feuilles inférieures.

3 Pour donner à la plante un port droit et buissonnant, épincez les pointes des tiges principales à mesure qu'elles grandissent.

S.O.S.

Tiges efflanquées aux feuilles très espacées, pas de fleurs: chaleur étouffante. Placez la plante, si possible, dans un endroit plus frais (au-dessous de 15 °C) et mieux ventilé.

Les feuilles meurent sans être remplacées par des nouvelles au printemps et en été: trop au froid et manque d'engrais. Maintenez à une température entre 10 °C et 15 °C. Fertilisez, tous les quinze jours, au printemps et en été.

Les feuilles et les tiges pourrissent à la base de la plante: sol détrempé. Assurez-vous que la plante ne croupit pas dans l'eau et que les trous de drainage sont bien dégagés. Laissez la terre sécher avant de recommencer à arroser.

Taches brunes sur les feuilles: effets des lustrants. Ne les utilisez pas. Nettoyez les feuilles en les vaporisant d'une fine bruine.

Rouille sur les fleurs: effets des vaporisations. Ne vaporisez que les feuilles.

Les feuilles noircissent: effets du gel, si la plante se trouve à l'extérieur sur un appui de fenêtre ou un balcon. Rentrez-la. Elle ne survit pas aux températures inférieures à 7 °C.

Les bourgeons pourrissent: humidité et froid excessifs. Placez la plante plus au chaud (entre 10 °C et 15 °C) et laissez la terre sécher complètement avant de recommencer à arroser. Ne vaporisez pas les bourgeons.

Les feuilles jaunissent: manque de lumière naturelle. Placez la plante dans un endroit un peu ensoleillé (pas au soleil brûlant de midi). Fertilisez régulièrement au printemps et en été, de préférence avec des bâtonnets.

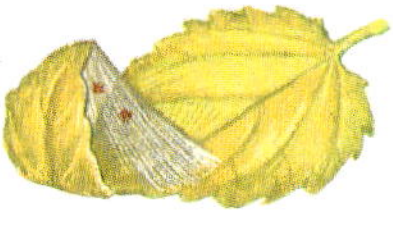

Les feuilles jaunissent et tombent; filaments sur l'envers: araignées rouges. Pulvérisez du malathion, du pyrèthre ou un insecticide systémique, tous les quinze jours, jusqu'à élimination, sans toucher les fleurs. Posez le pot sur des cailloux mouillés.

Piment commun

Aussi parfois appelée «cerisier d'amour», cette plante fait partie de la famille des piments, dont les fruits, séchés, donnent le poivre de Cayenne et le paprika. Ces fruits, de forme ovale, sont comestibles et peuvent rester sur la plante pendant deux semaines environ à partir de leur maturation. Les fleurs blanches, parfois nuancées de gris, sont insignifiantes par rapport au fruit, qui passe du jaune au rouge vif en mûrissant. Comme ils résistent à des températures aussi basses que 10 °C, les piments d'ornement conviennent bien aux maisons privées de chauffage central.

Les piments d'ornement sont surtout cultivés pour les coloris de leurs fruits qui, en mûrissant, passent du jaune au rouge en automne. Ils produisent des fleurs blanches assez insignifiantes au début de l'été. Ces fruits sont comestibles, mais ils «brûlent» la bouche.

Lumière: en abondance, y compris le plein soleil.
Température: entre 10 °C et 21 °C tout au long de l'année.
Arrosage: tous les jours au printemps et en été, sans laisser le pot séjourner dans l'eau. Durant la floraison et la formation des fruits, contentez-vous d'arroser une fois par semaine.
Humidité: vaporisez chaque jour avec de l'eau tiède non calcaire. (Cela permet d'enrayer les infestations d'araignées rouges.) Après la floraison, vaporisez deux fois par semaine, jusqu'à la formation des fruits.
Engrais: chaque semaine avec un engrais liquide, dilué selon les recommandations du fabricant, du printemps à la fructification. Dès lors, ne fertilisez plus jusqu'à la saison suivante.
Terre: un mélange à base de terreau n° 1.
Rempotage: au début du printemps dans un pot ne dépassant pas 13 cm. La plante fleurit et fructifie mieux si les racines sont légèrement à l'étroit. Un bon drainage est essentiel: tapissez le fond du pot d'une bonne quantité de tessons.
Nettoyage: les vaporisations destinées au maintien de l'humidité suffisent. Pas de lustrants.

La vaporisation

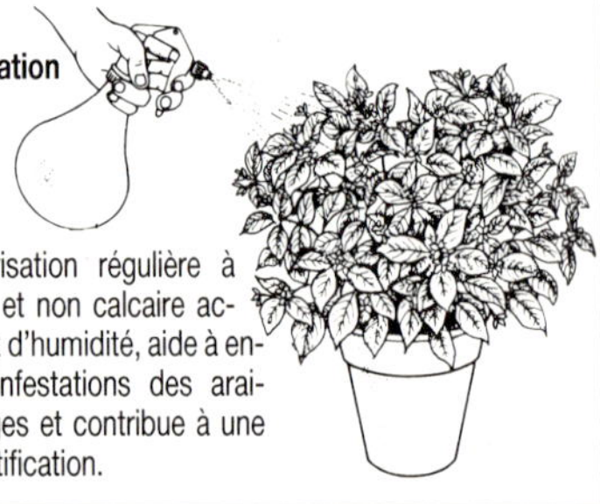

Une vaporisation régulière à l'eau tiède et non calcaire accroît le taux d'humidité, aide à enrayer les infestations des araignées rouges et contribue à une bonne fructification.

Le feuillage resplendit de santé, mais les fleurs n'apparaissent pas: pot trop grand. La plante fleurit mieux quand elle est légèrement à l'étroit dans son pot.

Pâleur des feuilles, absence de fruits et de fleurs: besoin d'engrais. Fertilisez avec un engrais liquide chaque semaine au printemps et en été jusqu'à la formation des fruits.

S.O.S.

La plante ne pousse pas: elle a froid. Placez-la dans un endroit plus chaud à une température ne descendant pas sous 10 °C.

Les nouvelles feuilles sont déformées, gluantes et couvertes d'insectes verts: pucerons. Pulvérisez un insecticide à base de pyrèthre ou du malathion dilué. Répétez au bout d'une semaine, ensuite tous les huit jours, jusqu'à élimination.

Tiges efflanquées: trop au chaud. Placez la plante dans un endroit plus frais et mieux ventilé. Vaporisez-la avec de l'eau tiède et non calcaire, tous les jours. Température maximale: 21 °C. Taillez-la au printemps, en rabattant les tiges à 5 cm du pot.

Les fruits ne passent pas du jaune au rouge: endroit trop sombre. Placez la plante dans un lieu très bien éclairé. Elle supporte le soleil direct, mais veillez à ce que le compost ne se dessèche pas.

Les feuilles jaunissent, filaments en dessous: araignées rouges. Enlevez les filaments avec une éponge humide, puis pulvérisez du malathion dilué, surtout sous les feuilles. Répétez tous les quinze jours, jusqu'à disparition de tout symptôme. Élevez le taux d'humidité en posant le pot sur un lit de cailloux mouillés et en vaporisant régulièrement avec de l'eau tiède, non calcaire.

Toutes les feuilles jaunissent et tombent: chaleur excessive ou plante engorgée d'eau et y croupissant. Vérifiez. Placez la plante dans un lieu mieux ventilé à une température n'excédant pas 21 °C. Si le compost est lourd et trempé, videz toute l'eau restant dans la soucoupe et attendez que la surface sèche avant de recommencer à arroser. Après les arrosages, videz toujours l'excédent d'eau drainé dans la soucoupe.

Les feuilles noircissent: froid excessif ou effets des lustrants. Exposez la plante à une température minimale de 10 °C. N'utilisez pas les lustrants: nettoyez par vaporisations d'eau.

Les feuilles jaunissent: compost trop sec. Arrosez immédiatement, ensuite tous les jours pour maintenir l'humidité au printemps et en été. Après la fructification en hiver, n'arrosez qu'une fois par semaine.

Nuage de petites mouches autour de la plante: mouches blanches. Pulvérisez chaque semaine un insecticide à base de pyrèthre ou du malathion.

Les feuilles flétrissent et tombent: endroit trop sombre. Choisissez un emplacement mieux éclairé, même en plein soleil.

Caralluma frerei

Originaires de diverses régions désertiques, les carallumas forment des tiges anguleuses peu élevées et leurs fleurs dégagent d'habitude une odeur plutôt désagréable, sauf celles de *C. frerei*, plante qui se distingue en outre par sa tige tentaculaire porteuse de feuilles épaisses. Elle mesure environ 5 cm de haut et s'étale sur 15 à 20 cm. Venant de l'Inde, *C. frerei* a longtemps porté le nom de *Frerea indica*. Le surarrosage est le principal ennemi des carallumas, dont la culture — et notamment la floraison — ne réussit que dans un endroit très ensoleillé. Parmi les autres espèces disponibles, signalons: *C. hesperidum*, aux fleurs presque noires, *C. europaea*, aux fleurs brunes et jaunes, *C. dummeri* et *C. mammillaris*, aux fleurs respectivement vertes et brunes.

Les épaisses tiges vertes de *Caralluma carnosa* sont profondément dentelées et, contrairement à celles de *Caralluma frerei* (à droite), ne portent pas de feuilles. Fécondées par les mouches, les fleurs sont parfois qualifiées de «charognes» en raison de leur aspect (et odeur) qui évoque un morceau de viande putréfiée.

Lumière: une exposition en pleine lumière tout au long de l'année.
Température: un strict minimum de 10 °C, mais de préférence 13 °C en hiver, pour prévenir la chute des feuilles. La plante a besoin d'air frais en été.
Arrosage: s'il fait 13 °C ou plus en hiver, arrosez une fois par mois, pour prévenir la chute des feuilles. N'arrosez pas si la température est plus basse. Arrosez copieusement une fois le printemps arrivé. Un mois après, arrosez une fois tous les quinze jours, une fois par semaine en pleine canicule. Réduisez de nouveau en automne. Voir *Introduction*.
Engrais: riche en potasse, une fois par mois en été seulement.
Terre: un bon compost de rempotage à base de terreau n° 2, ou bien un compost non terreux additionné de 40 % de sable graveleux.
Rempotage: chaque printemps dans un récipient peu profond mais toujours plus large. Lorsqu'il a atteint 18 cm, rempotez avec la même dimension ou bien commencez une nouvelle culture par bouturage.
Multiplication: se multiplie facilement par bouturage.

La plante ne croît pas, des moucherons noirs voltigent autour de la plante et au niveau du sol: mouche à fongus ou sciara. Les racines ont probablement pourri. Sortez la plante du pot et pelez la tige jusqu'à ce que le tissu ne présente plus de traces de larves ou de pourriture brune. Saupoudrez-la de poudre radiculaire aux hormones et laissez-la sécher quelques jours. Ensuite laissez-la reposer sur une terre sèche, pour que les racines reprennent. Si la tige est totalement pourrie et infestée de larves blanches à tête noire, débarrassez-vous de la plante et de la terre.

Les feuilles prennent une teinte brun-noir et tombent, les tiges mollissent et se ratatinent: trop au froid et trop d'eau. Les racines ont pourri suite à un surarrosage. Pour le vérifier, soulevez délicatement les tiges: si elles se détachent facilement, le test est positif. Traitez les racines (voir *Introduction*). À l'avenir, arrosez plus modérément et maintenez une température d'au moins 13 °C en hiver.

La plante manifeste peu de signes de croissance: carence nutritive. Si, en dépit d'une bonne alimentation, vous constatez ce symptôme, vérifiez les racines. Des plaques laineuses blanches révèlent la présence des cochenilles des racines. Enlevez à l'eau toute la terre des racines, trempez celles-ci dans un insecticide de contact et laissez-les sécher avant de rempoter.

Les tiges sont efflanquées, la pointe des feuilles pâlit; pas de fleurs en été: endroit trop sombre. Cette plante a besoin de la pleine lumière tout au long de l'année. Placez-la dans l'endroit le plus ensoleillé possible.

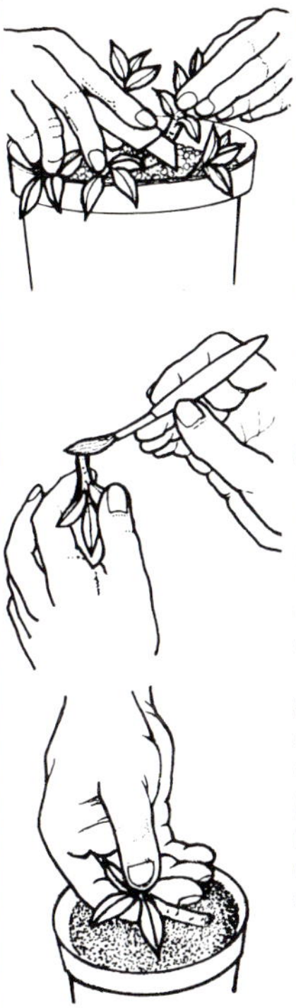

Le prélèvement des boutures

1 Prélevez les boutures au printemps avec un couteau bien effilé. Coupez une pointe de tige de 5 à 8 cm portant trois à quatre feuilles saines. La bouture doit se terminer par une section dénudée. Si ce n'est pas le cas, enlevez la dernière feuille inférieure.

2 Badigeonnez de poudre radiculaire aux hormones la base de la bouture et la coupure de la tige, afin de prévenir les affections. Laissez sécher la bouture pendant deux jours.

3 Couchez la bouture sur la surface d'un compost sec dans un petit pot. N'arrosez pas avant que les racines n'apparaissent. Il faut compter de quatre à six semaines.

euilles roussies par en-roits: brûlures solaires. vitez que les feuilles ne ouchent les vitres. Maintenez la plante dans un lieu aéé durant les grandes chaeurs. Elle est en effet plus ujette au roussissement ans une pièce mal aérée et touffante.

S.O.S.

Plaques laineuses blanches parmi les feuilles: cochenilles. Enlevez-les avec un petit pinceau imbibé d'alcool dénaturé et pulvérisez un insecticide. Répétez deux ou trois fois en période de croissance.

Les feuilles se ratatinent et tombent, la tige demeure ferme: chaleur et sécheresse excessives en été ou sécheresse et froid excessifs en hiver. Dans le premier cas, trempez dans une coupe et, à l'avenir, donnez une plus grande ration d'eau à chaque arrosage, mais toujours après avoir laissé dessécher. Maintenez la plante dans un lieu plus aéré. En hiver, maintenez à 13 °C et arrosez une fois par mois.

Célosie

Appelée aussi «passe-velours» ou «crête-de-coq», cette plante ornementale, aux fleurs splendides, présente deux variétés: *Celosia plumosa*, empanachée de brillantes fleurs plumeuses, et *C. cristata*, coiffée de fleurs duveteuses aux couleurs variées. Originaires d'Asie tropicale, elles réclament toutes deux le même traitement. Comme elles sont malheureusement très sujettes aux attaques des araignées rouges, assurez-vous, à l'achat, qu'elles en sont exemptes et, par prévention, vaporisez-les chaque jour à l'eau propre. Vous pouvez les acheter en fleurs ou les cultiver par semis au début du printemps. Maintenez le semis à une température de 24 °C pendant la germination et exposez-le à la pleine lumière dès que la croissance se manifeste. Pour protéger ces plantes des maladies, gardez-les au chaud dans un endroit bien éclairé.

Lumière: la pleine lumière en tout temps, mais protégez la plante du soleil de midi par très grandes chaleurs.

Température: pour une floraison optimale, un minimum de 13 °C, quoiqu'elle supporte des températures s'élevant jusqu'à 21 °C. Les fleurs persistent plus longtemps à des températures plus fraîches.

Arrosage: copieux durant la floraison. Si nécessaire, tous les jours par grandes chaleurs. Assurez-vous de la qualité du drainage.

Humidité: une légère vaporisation quotidienne. Maintenez la plante dans une pièce bien ventilée.

Engrais: tous les cinq jours avec un engrais liquide dilué selon les recommandations du fabricant.

Terre: pour les grandes *plumosas*, deux tiers d'un mélange non terreux additionné d'un tiers de mélange stabilisant à base de terreau n° 2. Pour *cristata*, un mélange non terreux.

Après la floraison: annuelles, ces plantes ne fleurissent qu'une fois. Débarrassez-vous-en après la floraison, à la fin de l'automne.

Celosia plumosa peut atteindre une hauteur d'environ 60 cm et se pare, en été et en automne, de spectaculaires fleurs plumeuses jaunes, rouges ou orange. *Celosia cristata* culmine à 30 cm et produit une fleur de forme singulière, qui évoque la crête d'un coq. Les deux plantes portent des feuilles pointues vert pâle, à nervures souvent colorées comme les fleurs.

Moisissure grise sur les feuilles, amollissement des tiges florales: botrytis. Affection courante si la plante se trouve dans une pièce étouffante. Aérez davantage et arrosez la terre avec du bénomyl.

Taches en tête d'épingle sur les feuilles, fine soie sur l'envers: araignées rouges. Pulvérisez un insecticide à base de pyrèthre tous les quinze jours, jusqu'à élimination. Enrayez les attaques en seringuant régulièrement avec de l'eau

Le contour des feuilles brunit: trop au chaud. Maintenez à un maximum de 21 °C et protégez du soleil de midi.

S.O.S.

Les fleurs se décolorent et ont l'air délavé: chaleur solaire excessive. La plante a besoin de la pleine lumière, mais doit être protégée du soleil ardent.

L'humidité
Vaporisez chaque jour en fines gouttelettes pour maintenir un haut degré d'humidité et pour prévenir l'infestation par l'araignée rouge. Gardez toujours la plante dans un emplacement lumineux et aéré. Arrosez régulièrement.

Plumet pâle, défait et lâche: obscurité excessive. Placez la plante dans un endroit aussi exposé que possible à la lumière, mais protégé du soleil de midi.

Petits insectes aptères çà et là sur la plante: pucerons. Pulvérisez un insecticide à base de pyrèthre, tous les quinze jours, jusqu'à élimination. La destruction des insectes installés parmi le duvet des fleurs peut se révéler difficile.

Les plumets se décolorent, les feuilles jaunissent: trop au sec. *Plumosa* exige une humidité constante durant la floraison. Chez *cristata*, dont le système radiculaire est moins vigoureux, ces symptômes révèlent au contraire un surarrosage ou un sol détrempé.

Feuilles aux pointes jaune pâle ou brunes: carence en oligo-éléments. Fertilisez tous les cinq jours avec un engrais liquide contenant ces éléments.

Teinte grisâtre et petitesse des feuilles: besoin d'engrais. Fertilisez tous les cinq jours à la dose recommandée. Si les feuilles foncent encore, c'est qu'elles sont exposées au froid excessif, voire au gel. Maintenez une température supérieure à 13 °C.

Marques noires à la base des tiges: phytophthora, affection provoquée par un engorgement d'eau ou contractée par une terre ou une eau contaminées. Arrosez modérément et vérifiez le drainage. N'utilisez que du compost de rempotage stérile et de l'eau propre. Les plantes gravement atteintes ne reprendront pas.

Chaîne-des-cœurs

Cette plante à racine tubéreuse porte des tiges retombantes et des feuilles marbrées en forme de cœur. Ses minuscules fleurs roses et noires ressemblent à des minilampions. C'est une plante tout indiquée pour l'ornement des paniers suspendus. Ses tiges peuvent atteindre de 2,50 à 3 m, mais se contenteront de 50 à 60 cm à l'intérieur. Chez la plupart des autres espèces, ces tiges s'entrelacent et nécessitent un support, mais quelques-unes les ont rigides comme des bâtons. Ces plantes portent toutes des fleurs qui, en dépit de leur structure commune, diffèrent en bien d'autres points. Parmi les autres variétés, citons *C. stapelliformis*, aux tiges marquetées, brunes et ressemblant à des lézards, *C. ampliata*, aux fleurs vertes et blanches de 8 cm de long, *C. sandersoniae*, aux fleurs en forme d'ombelle et aux marbrures vertes et blanches, *C. radicans*, aux fleurs tricolores.

Ceropegia woodii égrène ses feuilles vert grisâtre le long de ses tiges retombantes, qui font bel effet dans un panier suspendu. Certains céropegias peuvent être tuteurés autour d'un arceau ou contre un treillis. Ils produisent tous des fleurs à la forme tubulée.

Lumière: l'épaisse racine tubéreuse de cette plante se plaît dans l'ombre, tandis que les tiges, les feuilles et les fleurs préfèrent la pleine lumière.

Température: par précaution, maintenez une température minimale de 4 °C. Donnez à la plante de l'air frais en été.

Arrosage: au printemps et en automne, arrosez une fois par semaine durant les mois les plus chauds, une fois tous les quinze jours durant les autres. Réduisez en automne et n'arrosez pas en hiver.

Engrais: riche en potasse, une fois par mois au printemps et en été.

Terre: un bon compost à base de terreau n° 2 pour rempotage, ou un compost non terreux, additionné de 30 % de sable graveleux.

Rempotage: chaque printemps dans un plus grand pot. Quand celui-ci a atteint 15 cm, contentez-vous de renouveler le compost dans un pot de même volume, à moins que le tubercule ne soit trop gros.

Multiplication: en produisant de nouveaux tubercules par marcottage.

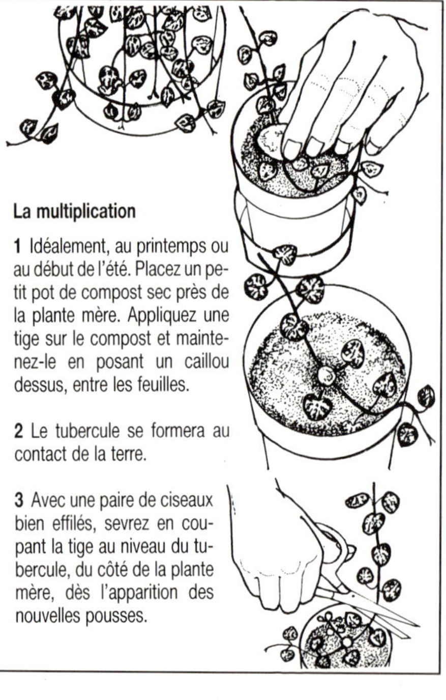

La multiplication

1 Idéalement, au printemps ou au début de l'été. Placez un petit pot de compost sec près de la plante mère. Appliquez une tige sur le compost et maintenez-le en posant un caillou dessus, entre les feuilles.

2 Le tubercule se formera au contact de la terre.

3 Avec une paire de ciseaux bien effilés, sevrez en coupant la tige au niveau du tubercule, du côté de la plante mère, dès l'apparition des nouvelles pousses.

Les feuilles tombent, les tubercules sont mous et spongieux: endroit trop humide et trop froid. Vérifiez le drainage et le compost. Attendez que la plante se dessèche avant d'arroser. Laissez sec en hiver, à une température supérieure à 4 °C.

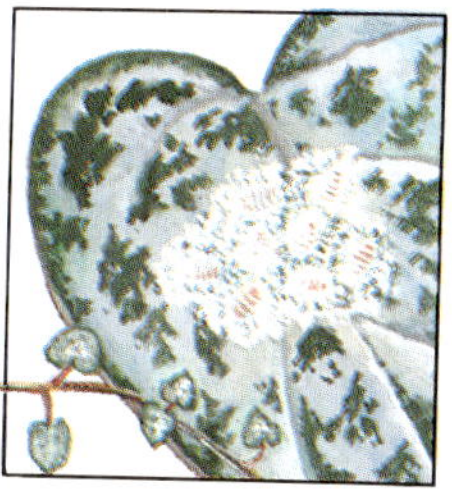

Plaques laineuses blanches parmi les feuilles: cochenilles. Enlevez avec un petit pinceau imbibé d'alcool dénaturé et pulvérisez un insecticide de contact ou systémique. Répétez deux ou trois fois en période de croissance.

Les feuilles se ramollissent, puis se dessèchent et tombent: trop au sec. Trempez le pot dans l'eau pendant 30 minutes, laissez-le égoutter, ensuite arrosez régulièrement par grandes chaleurs.

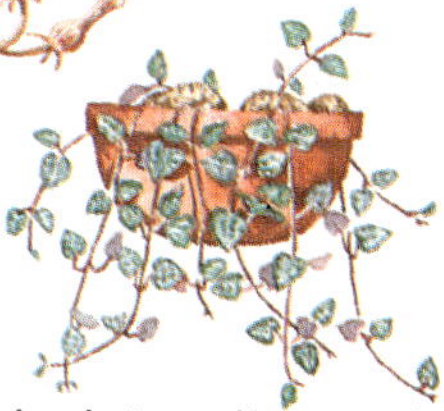

La plante manifeste peu de signes de croissance: tubercule exposé à trop de lumière ou cochenilles des racines. Vérifiez. Si vous décelez des plaques laineuses blanches, enlevez à l'eau toute la terre des racines, trempez dans un insecticide de contact et laissez sécher pendant deux ou trois jours avant de rempoter dans un compost frais et un pot propre. N'arrosez pas pendant deux semaines.

Les feuilles noircissent et tombent, les tiges noircissent, les racines pourrissent: trop d'humidité. Placez la plante dans un endroit plus aéré. Maintenez-la sèche en hiver. Traitez racines et tiges. (Voir *Introduction.*)

S.O.S.

Les feuilles brunissent, se cassent puis tombent: atmosphère trop chaude et étouffante. Procurez à la plante de l'air frais en été.

Feuilles décolorées et très espacées, pas de fleurs: endroit trop sombre. En l'espace de deux semaines, exposez progressivement la plante à une plus forte lumière.

Chamaecereus

Ce nom continuera à figurer quelque temps encore dans la nomenclature des plantes, bien que la plupart des spécialistes reconnaissent que l'espèce unique *Chamaecereus sylvestrii* (p. 157) est en réalité un lobivia de forme inusuelle (p. 364). Ses tiges, longues comme le doigt, ressemblent à des cacahuètes non décortiquées, et se ramifient au cours de leur croissance. Faiblement articulées, les jeunes tiges se brisent facilement. Au printemps et en été, cette cactée se couvre tout entière de brillantes fleurs rouge vermillon. Originaire du nord de l'Argentine, elle s'adapte aux basses températures, du moins s'il fait sec. Les hybrides issus du croisement de *C. sylvestrii* et de certains lobivias à grandes fleurs et de formes plus globulaires méritent qu'on s'y intéresse autant, voire davantage. Nommés «chamaelobivias», ces hybrides ressemblent à des *C. sylvestrii*, dont on a épaissi les tiges tout en agrandissant et en colorant différemment les fleurs.

Lumière: une serre ou un bord de fenêtre ensoleillé assureront la floraison et une croissance vigoureuse.

Température: par précaution, pas sous 4 °C, bien que cette plante tolère des températures plus basses mais sèches. En été, maintenez-la au-dessous de 38 °C et donnez-lui de l'air frais.

Arrosage: maintenez la plante au sec en hiver; arrosez-la une fois par semaine en été et environ tous les quinze jours au printemps et en automne.

Engrais: en période de croissance, administrez deux ou trois fois un engrais riche en potasse si elle est suralimentée. La plante se développe, mais fleurit moins.

Terre: un mélange perméable et granuleux composé d'une part de sable graveleux pour deux parts de compost de rempotage à base de terreau n° 2 ou de compost non terreux.

Rempotage: il se révèle difficile sans briser la plante, dont les tiges sont très délicatement attachées les unes aux autres. Durant

Les bourgeons laineux de *Chamaelobivia* «Satsuma« s'épanouissent en fleurs jaune-orange vif. Les *Chamaelobivia* hybrides produisent des tiges plus épaisses que les *Chamaecereus* d'origine, et se présentent dans toute une gamme de coloris.

Parmi les hybrides, *Chamaelobivia* «Shot Scarlet» est un des meilleurs. Il se façonne d'épaisses tiges compactes, porteuses de fleurs au teint cramoisi soutenu et nuancé de pourpre.

Le prélèvement des boutures

Les boutures prélevées après la floraison s'enracinent facilement. Sectionnez une tige entière à son point d'attache à la plante. Badigeonnez de poudre radiculaire contenant un fongicide et laissez sécher pendant deux jours au moins avant de planter dans un compost frais.

les quatre premières années, rempotez à chaque printemps dans le demi-pot ou dans la coupe de la dimension supérieure, ensuite tous les deux ans. Les tiges brisées s'enracineront facilement, pour donner de nouvelles plantes.

Nettoyage et lutte antiparasitaire: vaporisez les plantes poussiéreuses à l'eau additionnée d'un insecticide, deux ou trois fois par an durant la période de croissance. Le *Chamaecereus* est particulièrement sujet aux attaques des araignées rouges.

Autres espèces: *C. sylvestrii* est la seule espèce authentique, mais il ne faudrait pas dédaigner pour autant certains hybrides présents sur le marché. Beaucoup, il est vrai, ne sont que des spécimens agrandis à fleurs rouges, bien que l'on soit parvenu à rompre quelque peu cette monotonie en produisant des cultivars à fleurs jaunes, pourpre-rouge, orange pâle et cramoisi très nuancé. Signalons notamment les fleurs jaunes aux pétales externes roses de *Chamaelobivia* «Kent Sunrise», les empourprées sur cramoisi profond de *C.* «Shot Scarlet», les orange de *C.* «Satsuma» et les pourpres de *C.* «Pegler».

Chamaecereus sylvestrii produit au printemps et en été des fleurs rouge vif qui durent chacune de quatre à cinq jours. Une plante saine porte de courtes tiges robustes, couvertes de bons aiguillons. De longues tiges retombantes, au teint pâle plutôt que vert moyen à rouge brunâtre, révèlent un manque de lumière.

Conifères nains

En l'espace de dix ans, certains arbres de cette famille atteignent 60 cm, mais d'autres culminent à 60 m ! Il faut donc choisir l'espèce en fonction du type de récipient auquel on le destine. Les jardinières ne peuvent accueillir que les arbres nains, mais, pris très jeunes, ceux-ci ne révèlent malheureusement toute leur beauté qu'après plusieurs années. D'autre part, les grands sont très coûteux. Aussi vaut-il mieux choisir une espèce à croissance moyenne et la changer de récipient ou de place quand elle devient encombrante. Les conifères ne se prêtent pas à la taille. Pour les patios et les balcons, vous avez l'embarras du choix. La plantation s'effectue de préférence du début à la fin de l'automne ou du début à la fin du printemps. Les jeunes arbres dont vous voulez faire l'acquisition sont cultivés en pots, ou en pleine terre dans les pépinières. Choisissez des plantes saines et vigoureuses, dont le feuillage ne présente aucun brunissement.

Lumière : la plante se plaît dans une bonne lumière, sans souffrir pour autant de l'ombre.
Température : la plante résiste à la plupart des conditions atmosphériques, mais le gel risque de brunir le feuillage par endroits.
Arrosage : ne laissez pas ou ne plantez pas dans un endroit sec. Le feuillage brunirait.
Humidité : en période de canicule ou par vents persistants au printemps et en automne, bassinez au tuyau d'arrosage ou avec un arrosoir.
Terre : de préférence un mélange à base de terreau n° 2.
Engrais : tous les quinze jours à la dose recommandée.
Multiplication : par bouturage (voir à droite). Le semis est coûteux et long.
Variétés : pour les jardinières : *Obtusa nana*, *Minima aurea, Pisefera nana*. Pour les patios et les balcons : *Lawson fletcheri*, Elwoods Gold, Pisefera Boulevard, *Filera aurea*.

Les branches de ces arbres sont disposées en étages, presque perpendiculairement au tronc, et portent un feuillage fin et dense, aux coloris vert tirant sur le bleu ou le jaune. Ces conifères portent leurs ovules dans de petits cônes ronds. À l'achat, tenez compte des proportions de la plante et de la taille du récipient auquel vous la destinez.

Le bouturage

1 Le prélèvement des boutures peut s'effectuer à tout moment. Faites une coupe nette d'une branche d'environ 10 cm de long. Élaguez l'extrémité et plongez-la dans de la poudre radiculaire aux hormones.

2 Remplissez de compost pour semis un pot de 9 cm et enfoncez-y la bouture à une profondeur d'environ 4 cm. Tassez le compost à la base.

3 Arrosez bien et placez dans un sac de plastique hermétiquement fermé. Enlevez celui-ci au bout de trois semaines.

S.O.S.

Mauvaise croissance après le gel ou production de nouvelles feuilles; les feuilles sont ternes: racines gelées. Enveloppez de paille, de toile ou de papier journal les récipients exposés et couvrez-les de plastique pour les maintenir secs en cas de fortes gelées.

La pointe des branchettes brunit: sécheresse excessive. Arrosez à fond, en veillant à ce que la terre soit toujours trempée jusqu'au fond du récipient. Assurez-vous que celui-ci soit bien tapissé de matériaux de drainage avant de transplanter, sinon la terre, emportée par les arrosages copieux, finira par obstruer les trous de drainage.

Le feuillage jaunit çà et là: l'araignée jaune des conifères peut être à l'œuvre, surtout au début du printemps. Pulvérisez, tous les quinze jours, du malathion dilué pendant deux mois.

Un côté de l'arbre brunit, l'autre paraît en bonne santé: vents très froids en hiver, fortes gelées ou passages réguliers des chats. Protégez la plante durant les hivers rigoureux.

Champignons au pied de l'arbre, tissu fongique sous l'écorce: champignon armillaire, couleur de miel (*Armilariella mellea*). Pas de remède. Détruisez la plante et n'en replantez pas d'autres avant deux ans, surtout si ce champignon est présent dans votre jardin. Toutefois, il devrait épargner les plantes cultivées dans un bac de terreau stérile.

L'arbre jaunit à partir de la base: pourriture des racines, peut-être provoquée par un surarrosage et une terre détrempée. Maintenez un bon drainage. S'il s'agit de phytophtora, l'arbre a peu de chance de survivre.

Chamaedoréa élevé

En raison de leurs grandes similarités, on confond souvent cette plante, appelée aussi *Neanthe bella*, avec certaines variétés d'*Howea*. Ce petit palmier forme des frondes de 22 à 60 cm de long, et n'atteint que 90 à 115 cm de haut. Mais, avec l'âge, il buissonne considérablement. À trois ans ou plus, il lui arrive de produire une hampe florale ramifiée, dont les fleurs, rappelant le mimosa, se transforment en petits fruits semblables à des baies. Pour ce qui est des parasites, soyez surtout à l'affût des araignées rouges, qui en sont particulièrement friandes, mais méfiez-vous aussi des insectes écailleux et des cochenilles, bien que leurs attaques soient moins fréquentes.

Lumière: diffuse et très intense, mais pas le plein soleil, qui dessécherait les feuilles. La plante peut survivre assez longtemps dans un endroit relativement sombre.
Température: un minimum de 13 °C en hiver, un minimum de 16 °C et un maximum de 18°C en été.
Arrosage: maintenez la plante dans une humidité constante, en arrosant deux à trois fois par semaine en été, une fois par semaine en hiver.
Humidité: une vaporisation quotidienne à l'eau de pluie ou à l'eau non calcaire. Posez le pot sur une soucoupe de cailloux partiellement couverts d'eau. La plante se plaît dans l'humidité des cuisines et des salles de bains.
Engrais: tous les quinze jours en été seulement, avec un engrais dilué dans l'eau d'arrosage, à raison de la moitié de la dose recommandée par le fabricant.
Terre: un mélange composé de deux parts de terreau n° 1 et d'une part de tourbe.
Rempotage: à chaque printemps dans le pot de la taille supérieure. Si plusieurs plantes poussent ensemble, ne séparez pas les racines.
Nettoyage: une fois tous les deux mois avec un nettoyant à base d'huile végétale dilué, selon les directives du fabricant, avec du lait (6 ou 7 gouttes dans une tasse d'eau) ou un lustrant liquide (pas en aérosol).

La tige du palmier de montagne porte des feuilles tendres vert pâle, de 22 à 60 cm de long. Pour maintenir une brillance, utilisez des lustrants, mais uniquement sous forme liquide, jamais en aérosols. Une vaporisation quotidienne à l'eau douce les maintiendra propres, tout en leur apportant l'humidité élevée dont ils ont tant besoin.

L'élagage des frondes mortes

Si des frondes entières sont sèches et décolorées, coupez-les au niveau de la tige principale avec un couteau ou un sécateur bien aiguisés.

La taille de la hampe florale

Après avoir produit des baies, la hampe florale sèche et dépérit. Coupez-la le plus près possible de la tige avec des ciseaux. Si vous disposez d'un germoir chauffé, essayez de faire germer les graines, à une température de 27 °C.

S.O.S.

Plaquettes rondes collées sur l'envers des feuilles: insectes écailleux. Badigeonnez d'alcool dénaturé et enlevez-les avec l'ongle du pouce, ou pulvérisez, tous les quinze jours, du malathion dilué.

Les feuilles jaunissent, l'envers est couvert de filaments: araignées rouges. Pulvérisez du malathion dilué ou un insecticide systémique, tous les quinze jours, jusqu'à élimination.

Plaques blanches laineuses sur les feuilles et les tiges: cochenilles. Badigeonnez les feuilles d'alcool dénaturé et enlevez les insectes avec l'ongle du pouce, ou bien pulvérisez du derris, du malathion dilué, voire un insecticide systémique, tous les quinze jours, jusqu'à élimination.

La plante ne croît pas: trop au froid et endroit trop humide, ou manque d'engrais. Vérifiez. Placez la plante dans un endroit plus chaud et laissez la terre se dessécher avant de recommencer à arroser. En été, fertilisez tous les quinze jours, en utilisant la moitié de la dose recommandée.

Des frondes entières brunissent, se dessèchent et meurent: atmosphère trop sèche. Posez sur un lit de cailloux mouillés ou disposez un coussin de tourbe mouillée entre le pot et le cache-pot. Il peut aussi s'agir de suralimentation. En été, fertilisez tous les quinze jours, en n'utilisant que la moitié de la dose recommandée.

La pointe des feuilles brunit: chaleur excessive ou emplacement trop ensoleillé. Exposez la plante à la lumière indirecte et arrosez-la. N'oubliez pas de la vaporiser régulièrement avec de l'eau non calcaire. Ce brunissement peut aussi être dû aux lustrants: ne les utilisez pas.

Les feuilles pourrissent au niveau du sol et tombent: trop au froid et trop humide. Placez la plante et laissez la terre se dessécher avant d'arroser.

Chamaerops humilis

Palmier de Saint-Pierre

Les *Chamaerops humilis*, appelés aussi «palmiers-éventails», sont les seuls palmiers d'origine européenne. Malgré les diverses formes et dimensions de leurs palmes, ils appartiennent tous à la même espèce et constituent des plantes d'intérieur idéales, en particulier dans les maisons non chauffées. Dans la nature, ils peuvent atteindre 6 m de haut, mais, à l'intérieur, ils ne s'élèvent d'habitude qu'à 120 cm, en formant des palmes en forme d'éventail, d'une envergure de 60 cm. À mesure que celles-ci se déploient directement à partir de la terre, les plus vieilles tombent, produisant un tronc.

Les jeunes feuilles vert foncé, en forme d'éventail, du palmier de Saint-Pierre poussent sur des tiges émergeant directement du sol. À mesure qu'elles grandissent, elles forment un tronc, au sommet duquel elles se déploient en rosette. Cette plante ne poussera bien qu'en plein soleil, et en échange d'une fumure estivale hebdomadaire.

Lumière: le plein soleil. L'ombre entrave considérablement la croissance des jeunes feuilles.
Température: de 4 °C à 10 °C de l'automne au printemps; de 10 °C à 16 °C du printemps à l'automne.
Arrosage: trois fois par semaine pour maintenir humide en été; deux fois par semaine en hiver. Dans un pot de 17 cm ou plus, un arrosage quotidien peut être nécessaire en été.
Humidité: une vaporisation à l'eau non calcaire chaque semaine dans les pièces à chauffage central. Pour un apport adéquat d'humidité, l'idéal est de pratiquer la culture en complantation, ou avec un système d'auto-arrosage.
Engrais: chaque semaine en été, ajoutez au liquide d'arrosage un engrais dilué selon les recommandations du fabricant.
Terre: deux parts de mélange à base de terreau n° 2, une part de terreau de feuilles décomposées et de sable. Un bon drainage est indispensable.
Rempotage: pour les jeunes plantes, chaque année au printemps. Quand elles atteignent 120 cm, rempotez dans un récipient de 50 cm, puis changez chaque année le compost de surface.
Nettoyage: vaporisez avec de l'eau non calcaire. Essuyez les vieilles feuilles (pas les nouvelles, couvertes de crin) avec une éponge humide. Pas de lustrants aérosols.

Filaments sous les feuilles: araignées rouges. Pulvérisez une demi-dose d'insecticide à base de malathion, tous les quinze jours, jusqu'à élimination. Humidifiez davantage.

L'arrosage

1 En été, la plante doit être maintenue dans l'humidité. Tâtez le compost du doigt. S'il est sec et friable, arrosez. En cas de dessèchement sévère, la surface forme une croûte dure.

2 Emplissez d'eau l'espace séparant le compost du bord du pot. Laissez drainer pendant quinze minutes, puis jetez l'excédent d'eau.

Les jeunes frondes ne s'ouvrent pas: endroit trop sombre ou trop au sec en été. Si la plante est à l'ombre, placez-la dans une pièce exposée au soleil ou près d'une fenêtre bien éclairée. En été, maintenez l'humidité en arrosant au moins trois fois par semaine.

Les pointes des nouvelles feuilles brunissent: besoin d'eau. Maintenez la terre humide durant tout l'été. Un léger brunissement des pointes est naturel.

Toutes les feuilles se dessèchent: chaleur excessive. En été, ventilez bien la pièce, de manière que la température n'excède pas 16 °C. En hiver: 10 °C.

S.O.S.

Aucune nouvelle fronde n'apparaît: manque d'engrais ou de nouveau compost. Pour une plante adulte, renouvelez la terre de surface. Pour les jeunes, rempotez au printemps. Fertilisez chaque semaine en été.

Croissance lente et teint jaunâtre des nouvelles frondes: plante détrempée. Voyez si le pot ne baigne pas dans l'eau, et s'il est pourvu d'un bon drainage.

Disques bruns sur les feuilles et les tiges: insectes écailleux. Badigeonnez d'alcool dénaturé et enlevez-les avec l'ongle du pouce.

Les feuilles noircissent: trop au froid. À l'extérieur: gel. Rentrez la plante. Dans une serre froide où la température est inférieure à 4 °C, prévoyez un appareil de chauffage. Des plaques noires peuvent aussi être dues à une pulvérisation de malathion trop concentré.

Plaques brunes sur les feuilles: effets des lustrants. N'utilisez pas les lustrants en aérosols. Nettoyez les feuilles avec une éponge humide.

Les vieilles feuilles se dessèchent: atmosphère trop sèche. Le crin des jeunes feuilles retient l'humidité. Placez la plante telle quelle dans un autre pot, et bourrez l'intervalle entre les deux pots avec de la tourbe humide.

Plaques blanches laineuses au niveau du tronc et des frondes: cochenilles. Ajoutez du malathion liquide à l'eau de l'arrosage tous les quinze jours. Pulvérisez une demi-dose de malathion sur la tige, tous les quinze jours, jusqu'à élimination.

Phalangium

Cette plante, dite aussi «plante araignée», est tout à fait indiquée pour les débutants: elle croît en effet rapidement et ne succombe qu'aux mauvais traitements systématiques et délibérés. Elle est à son avantage dans les paniers suspendus, qu'elle déborde de tout côté de ses longues feuilles rubanées, jaillissant du centre, et au milieu desquelles elles projettent de longues hampes garnies d'abord de petites fleurs, ensuite de plantules. Demeurant en suspension au bout des tiges, ces plantules parachèvent la beauté de cet ensemble particulièrement ornemental. Les jeunes plantes, que l'on cultive facilement à partir des plantules, peuvent être repiquées à l'extérieur en été. C'est aussi un bon sujet pour l'hydroculture. Le phalangium apprécie une bonne alimentation, mais se plaît à l'étroit dans son pot.

Lumière: la plante pousse presque n'importe où, mais ses diaprures sont plus prononcées lorsqu'elle se trouve près d'une fenêtre. Ne l'exposez pas au plein soleil de midi.
Température: plante très tolérante, mais qui doit être protégée du gel en hiver.
Arrosage: deux à trois fois par semaine en été, une fois par semaine en hiver. Retient l'eau, si la température est inférieure à 4 °C.
Humidité: vaporisez chaque jour en été, deux fois par semaine en hiver par températures supérieures à 15 °C.
Engrais: tous les quinze jours en période de croissance (printemps et été), avec un engrais dilué selon les recommandations du fabricant.
Terre: un mélange à base de terreau n° 2, pour donner plus de prise aux racines.
Rempotage: environ deux fois par an, bien que la plante ne souffre pas d'être à l'étroit dans son pot. Si les rhizomes apparaissent à la surface de la terre, on peut les enlever sans problèmes.
Nettoyage: l'humidité des vaporisations suffit. Pas de lustrants.

Les longues feuilles de *Chlorophytum comosum* émergent du centre de la plante et sont d'habitude vertes sur les bords, avec une bande longitudinale blanche au milieu. Chez certaines variétés, le contraire se produit: les bords sont blancs, la bande médiane verte.

La séparation des plantules

1 Remplissez de compost des petits pots bien drainés.

2 Placez le nouveau pot près de la plante mère et ployez la tige jusqu'à ce que la plantule repose sur le compost. Fixez la tige dans le compost et tassez tout autour de la plantule.

3 Lorsque la plantule fait de nouvelles feuilles, séparez-la de la plante mère en coupant avec un couteau bien aiguisé au niveau de la plantule.

Les feuilles prennent une teinte vert foncé et perdent leurs diaprures: manque de lumière. Mettez la plante dans un lieu plus éclairé, près d'une fenêtre, mais à l'abri du soleil direct.

S.O.S.

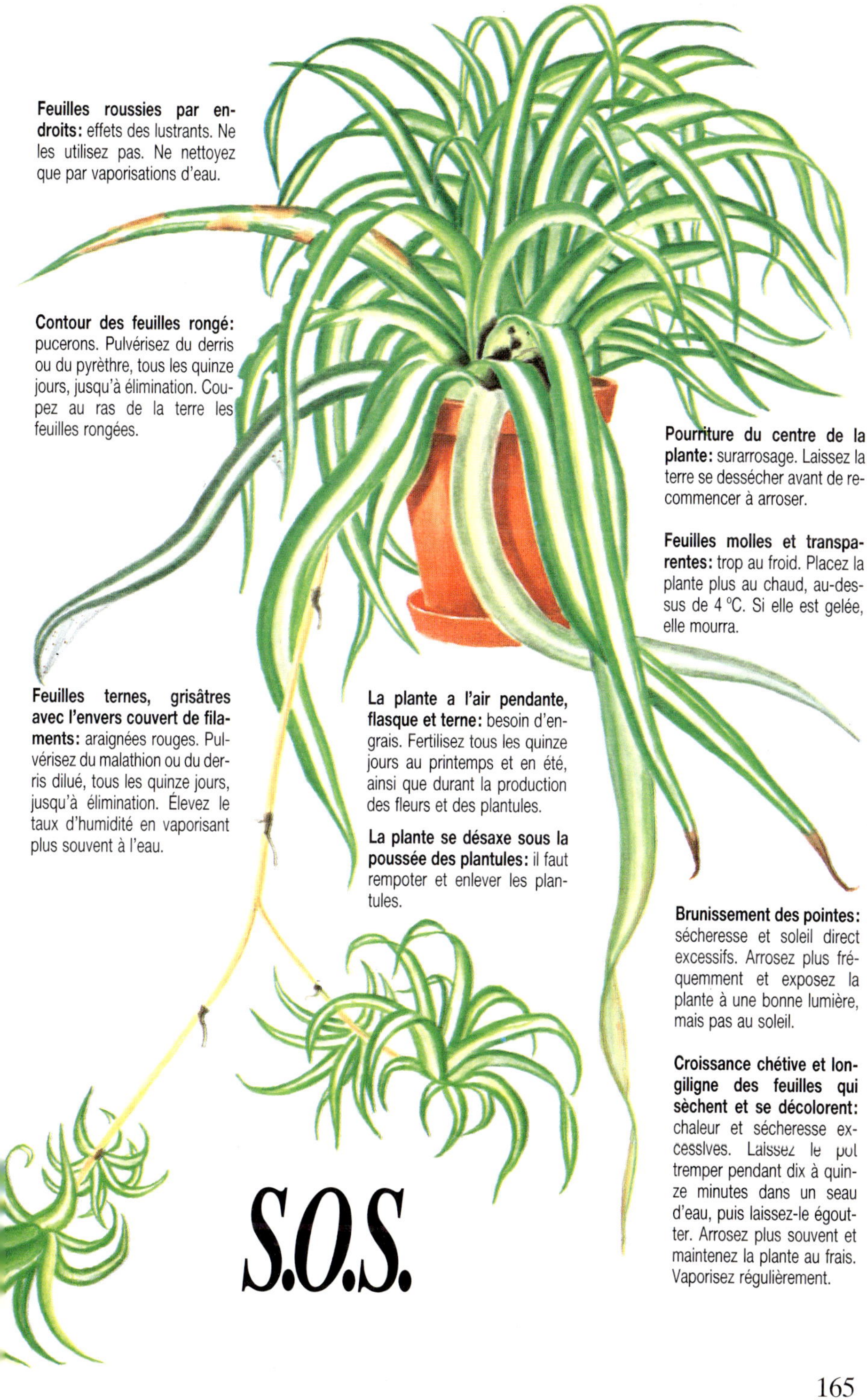

Feuilles roussies par endroits: effets des lustrants. Ne les utilisez pas. Ne nettoyez que par vaporisations d'eau.

Contour des feuilles rongé: pucerons. Pulvérisez du derris ou du pyrèthre, tous les quinze jours, jusqu'à élimination. Coupez au ras de la terre les feuilles rongées.

Feuilles ternes, grisâtres avec l'envers couvert de filaments: araignées rouges. Pulvérisez du malathion ou du derris dilué, tous les quinze jours, jusqu'à élimination. Élevez le taux d'humidité en vaporisant plus souvent à l'eau.

La plante a l'air pendante, flasque et terne: besoin d'engrais. Fertilisez tous les quinze jours au printemps et en été, ainsi que durant la production des fleurs et des plantules.

La plante se désaxe sous la poussée des plantules: il faut rempoter et enlever les plantules.

Pourriture du centre de la plante: surarrosage. Laissez la terre se dessécher avant de recommencer à arroser.

Feuilles molles et transparentes: trop au froid. Placez la plante plus au chaud, au-dessus de 4 °C. Si elle est gelée, elle mourra.

Brunissement des pointes: sécheresse et soleil direct excessifs. Arrosez plus fréquemment et exposez la plante à une bonne lumière, mais pas au soleil.

Croissance chétive et longiligne des feuilles qui sèchent et se décolorent: chaleur et sécheresse excessives. Laissez le pot tremper pendant dix à quinze minutes dans un seau d'eau, puis laissez-le égoutter. Arrosez plus souvent et maintenez la plante au frais. Vaporisez régulièrement.

Chrysalidocarpus lutescens

Palmier d'Arec

Ce très gracieux palmier, dit aussi «aréquier», se distingue par la richesse de ses feuilles au coloris vert tendre et aux multiples folioles longues et étroites. Il pousse en touffes denses en produisant de nouveaux troncs à partir de drageons, que l'on peut laisser croître avec le parent, à moins que l'ensemble ne soit à l'étroit. D'habitude, ces drageons finissent par recouvrir le tronc jusqu'à le dissimuler complètement. Dans son milieu naturel, l'aréquier peut atteindre 7,50 m. Comme plante ornementale, elle ne dépasse guère 60 à 90 cm.

L'aréquier manifeste sa bonne santé par la richesse de ses frondes vert pastel et de ses tiges jaunes. Les drageons émergent directement du compost et leurs frondes finissent par dissimuler complètement les tiges. À moins qu'ils ne soient trop envahissants, on peut les laisser pousser librement pour rehausser davantage encore l'attrait de cette magnifique plante ornementale.

Lumière: abondante mais à l'abri du soleil ardent. Tolère l'ombre.
Température: un minimum de 10 °C en hiver, de préférence 16 °C. En été: un maximum de 27 °C, l'idéal étant 21 °C.
Arrosage: trois fois par semaine en été. En hiver, une fois tous les sept à dix jours, en laissant la terre se dessécher presque complètement entre les arrosages.
Humidité: vaporisez en fin brouillard deux fois par semaine en été, une fois en hiver. Chaque jour, par températures supérieures à 24 °C. Posez le pot dans une soucoupe emplie de cailloux baignant partiellement dans l'eau.
Engrais: nourrissez chaque semaine au printemps et en été, avec un engrais dilué selon les recommandations du fabricant.
Terre: pour les jeunes plantes, un mélange composé d'une part de terreau n° 1 et d'une part de tourbe. Pour les plantes de plus de trois ans, un mélange à parts égales de terreau et de sable, enrichi de fumier de cheval ou de vache (à raison du cinquième du mélange total).
Rempotage: chaque printemps, dans le pot en plastique de la taille supérieure, en perturbant le moins possible les racines. Drainez bien le pot avec des tessons.
Nettoyage: essuyez délicatement avec une éponge ou un chiffon humides. Pas de lustrants.

Toutes les feuilles des frondes brunissent: racines endommagées, à la suite d'une chute de la plante ou d'un rempotage pratiqué au mauvais moment de l'année. Coupez les tiges mortes au ras de la surface. De nouveaux drageons ne tarderont pas à pousser.

S.O.S.

Certaines folioles brunissent: effets des lustrants. N'en utilisez pas. Nettoyez seulement à l'eau.

Plaques blanches laineuses aux articulations des feuilles: cochenilles. Ajoutez du malathion à l'eau d'arrosage tous les quinze jours, jusqu'à élimination. Badigeonnez les plaques laineuses avec de l'alcool dénaturé. Ne pulvérisez pas le malathion sur les feuilles.

Les feuilles pâlissent: terre détrempée. Ne laissez pas le pot croupir dans l'eau. En hiver, laissez la terre se dessécher presque complètement entre les arrosages.

Taches rondes sur les feuilles, petits disques sur l'envers: insectes écailleux. Badigeonnez les feuilles d'alcool dénaturé et enlevez les insectes avec l'ongle du pouce.

Filaments et petits insectes sous les feuilles: araignées rouges. Pulvérisez le dos des feuilles avec un insecticide à base de pyrèthre et ajoutez du malathion à l'eau de l'arrosage, tous les quinze jours, jusqu'à élimination.

Le bout des feuilles se dessèche: chaleur et sécheresse excessives. Placez la plante dans un endroit plus frais et vaporisez chaque jour par températures supérieures à 24 °C.

Les pointes des feuilles se dessèchent: trop au chaud. Placez la plante dans un endroit plus frais et vaporisez régulièrement.

Les nouvelles feuilles ne se développent pas bien: manque d'engrais. Fertilisez chaque semaine au printemps et en été, en période de croissance.

Les tiges jaunissent: naturel chez les plantes matures.

Toutes les feuilles pendent et languissent: manque d'eau. Arrosez bien et vaporisez immédiatement. Maintenez la plante humide en été. En hiver, ne laissez pas la terre se dessécher complètement.

Toutes les feuilles noircissent: trop au froid. Placez l'aréquier dans un endroit plus chaud. Un minimum de 10 °C en hiver, de 16 °C en été.

Chrysanthème

Originaire du Japon, le chrysanthème en est aussi, dans ce pays, la fleur nationale. Les variétés, commercialisées et cultivées tout au long de l'année, sont traitées avec des produits qui retardent leur croissance, afin de leur donner un port plus dru, qu'elles perdent si on les replante au jardin après la floraison. Achetez toujours des plantes dont les bourgeons commencent juste à prendre des couleurs: trop fermés, ils risquent de ne pas éclore à l'intérieur. Placez-les dans un endroit plutôt frais, et éliminez les fleurs au fur et à mesure qu'elles meurent.

Lumière: la pleine lumière, y compris le plein soleil, sauf à midi.
Température: de préférence 16 °C tout au long de l'année, mais la plante supportera des températures allant jusqu'à 21 °C, durant de courtes périodes et à condition que l'humidité soit élevée.
Arrosage: environ deux fois par semaine durant toute l'année pour un apport constant d'humidité, mais ne laissez pas le chrysantème séjourner dans l'eau. Arrosez-le dès que la surface commence à sécher.
Humidité: vaporisez légèrement une fois par semaine dans les pièces à chauffage central, sans mouiller les fleurs. Utilisez de l'eau douce, afin de ne pas tacher les feuilles. Évitez de placer la plante dans un endroit trop humide: ses feuilles ne tarderaient pas à jaunir.
Engrais: inutile si vous l'avez achetée avec des bourgeons.
Terre: un mélange à base de terreau n° 2, de tourbe et de sable, à parts égales.
Rempotage: inutile, car, en général, on se défait de la plante après la floraison. On peut cependant replanter les racines au frais dans une serre, mais, après avoir retrouvé sa taille la saison suivante, la plante ne prospérera que grâce aux soins d'un expert en ébourgeonnage et en culture des chrysanthèmes.
Nettoyage: les vaporisations destinées à l'humidification suffisent. Pas de lustrants.

Parmi les plantes d'intérieur, le chrysanthème est une des plus populaires, et l'on peut se le procurer tout au long de l'année. Choisissez des plantes dont les bourgeons commencent juste à éclore. Évitez de les placer dans des endroits trop humides, où leurs feuilles ne tarderaient pas à jaunir.

Les fleurs pourrissent, bien que les feuilles soient saines et que toutes les conditions soient bonnes: vaporisation ou pulvérisation des fleurs. Lorsque vous vaporisez de l'eau ou pulvérisez un insecticide, protégez les fleurs en interposant la main ou un papier. Enlevez les capitules déparés.

Les feuilles noircissent: trop au froid. Maintenez à une température de 16 °C durant toute l'année. Si ce symptôme existe malgré la température adéquate, suspectez les lustrants. Ne les utilisez pas. Ne nettoyez qu'à l'eau tiède non calcaire (sans mouiller les fleurs). Enlevez les feuilles abîmées.

Feuilles et tiges se ratatinent: trop au chaud. Placez la plante dans un endroit plus frais et mieux ventilé. Température idéale tout au long de l'année: 16 °C. Vaporisez chaque semaine avec de l'eau tiède non calcaire en protégeant les fleurs.

Les feuilles inférieures noircissent: botrytis. Trop au froid et trop humide. Pulvérisez un fongicide, placez la plante au chaud et vaporisez moins souvent entre les arrosages, laissez le compost se dessécher presque complètement en surface. Température minimale durant toute l'année: 16 °C. Enlevez les feuilles abîmées.

L'élagage des fleurs et des feuilles mortes

1 Sectionnez proprement les capitules morts au point d'attache de la fleur à la tige principale.

2 Procédez de même pour les feuilles mortes ou abîmées.

S.O.S.

Croissance longiforme et efflanquée des tiges et des feuilles: manque de lumière. Exposez à une bonne lumière, même au plein soleil, sauf à l'heure de midi.

Les bourgeons floraux se dessèchent et ne s'ouvrent pas: compost trop au sec. Plongez le pot dans un seau d'eau pendant dix à quinze minutes, puis laissez-le égoutter. Maintenez le compost humide en été, en arrosant tous les jours, s'il se dessèche par temps chaud. Ne laissez pas le pot séjourner dans l'eau.

Plusieurs bourgeons ne s'ouvrent pas: manque de lumière. Choisissez un emplacement ensoleillé et supprimez quelques-uns des plus petits bourgeons, pour encourager la croissance des plus gros. Conservez jusqu'à cinq bourgeons par hampe florale.

Les feuilles jaunissent: atmosphère trop humide. Placez plus au sec et ne vaporisez pas, sauf dans les pièces à chauffage central.

Filaments sur les fleurs et les feuilles: araignées rouges. Enlevez les filaments avec une éponge humide, puis pulvérisez du malathion dilué, surtout sous les feuilles. Répétez tous les quinze jours jusqu'à disparition de tout symptôme. Élevez le taux d'humidité en vaporisant légèrement une fois par semaine dans les pièces à chauffage central.

Tourbillon de mouchettes autour de la plante: mouches blanches, mouche du chrysanthème ou mouches noires. Très courant. Pulvérisez un insecticide à base de pyrèthre ou du malathion dilué. Répétez au bout d'une semaine, ensuite chaque semaine, jusqu'à élimination.

Cissus antartica

Vigne kangourou

Cette plante d'intérieur est sans doute une des toutes premières à avoir été exportée, en 1790, d'Australie vers l'Europe. Grimpant naturellement, elle peut couvrir tout un pan de mur, mais offre un aussi bel effet dans un panier suspendu. En Europe septentrionale en particulier, elle fait souvent office de cloison à l'intérieur des maisons, agrippant ses vrilles à des treillages, qu'elle envahit dans une mesure de 60 à 100 cm par an. C'est un membre de la famille de la vigne, mais, à l'intérieur, elle ne produit ni fleurs ni fruits. L'amateur éprouvera peu de difficultés à la cultiver, s'il veille à ne pas l'exposer au plein soleil, lequel aurait vite fait de dessécher ses feuilles.

Lumière: la plante demande une bonne lumière indirecte, de préférence à un mètre au moins d'une fenêtre non exposée au plein soleil.
Température: de 13 °C à 16 °C en hiver, de 18 °C à 21 °C en été. Au-dessus de 21 °C, augmentez le taux d'humidité.
Arrosage: deux fois par semaine en été, seulement tous les quinze jours en hiver. Avant d'arroser, assurez-vous que la surface du compost soit sèche.
Humidité: vaporisez la plante chaque semaine en été. Par températures supérieures à 21 °C, faites-le tous les jours et posez le pot dans une soucoupe emplie de cailloux mouillés.
Engrais: tous les quinze jours en été, avec un engrais liquide, dilué à la dose recommandée par le fabricant.
Terre: un mélange à base de terreau n° 2.
Rempotage: durant la croissance rapide d'une plante jeune, rempotez deux fois par an à la mi-printemps et à la mi-été. Après trois ou quatre ans, contentez-vous de renouveler le compost de surface et fertilisez chaque semaine en été.
Nettoyage: une vaporisation régulière maintiendra la plante propre, mais on peut aussi utiliser les lustrants tous les deux mois.

La vigne kangourou porte des feuilles ovales, au limbe légèrement rugueux. Elle grimpe en s'agrippant de ses vrilles aux fils de fer, tiges de bambou ou treillage. Si elle se fait trop envahissante, on peut la tailler sévèrement au printemps. Toutefois, pour l'agrément des petites pièces, choisissez plutôt *C. striata*, son modèle réduit.

S.O.S.

Le tuteurage

1 Cette vigne a besoin d'une canne de bambou comme tuteur. Installez-la lors du rempotage. Si vous le faites à un autre moment, procédez délicatement pour ne pas endommager les racines.

2 Passez une ficelle autour de la canne et de la tige, comme indiqué ci-contre, en veillant à ne pas meurtrir cette dernière. Faites le nœud contre la canne, et non contre la tige, ou bien utilisez des anneaux ou des liens spéciaux.

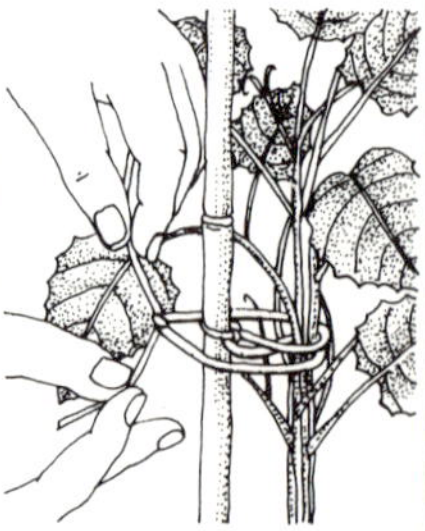

Feuilles déformées, gluantes et couvertes d'insectes verts: pucerons. Pulvérisez un insecticide à base de pyrèthre ou du malathion dilué. Répétez au bout d'une semaine, ensuite chaque semaine, jusqu'à élimination.

Extrême pâleur des feuilles, croissance lente de la plante au printemps: besoin d'engrais. Fertilisez avec un engrais liquide dilué selon les recommandations du fabricant, tous les quinze jours au printemps et en été.

Croissance lente et très espacée des feuilles: endroit trop sombre. Exposez la plante à une bonne lumière, mais pas au plein soleil.

Plaques brunes parcheminées sur les feuilles: trop d'eau. Laissez la surface se dessécher avant de recommencer à arroser: une fois par semaine en été, une fois tous les quinze jours en hiver suffit.

Les feuilles se recroquevillent, se parcheminent et tombent: chaleur excessive. Placez la plante dans un endroit plus frais et mieux aéré. Si la température dépasse 21 °C, humidifiez davantage.

Les feuilles deviennent flasques et finissent par tomber: courants d'air. Mettez la plante à l'abri, à une température supérieure à 13 °C.

Les feuilles jaunissent, filaments sur l'envers: araignées rouges. La plante est sujette à cette infestation. Enlevez les filaments avec une éponge humide, puis pulvérisez du malathion dilué, surtout sous les feuilles. Répétez tous les quinze jours jusqu'à disparition de tout symptôme. Humidifiez davantage.

La plante ne croît pas, certaines feuilles inférieures tombent: froid excessif. Placez-la dans un endroit plus chaud, au-dessus de 13 °C.

Fausse vigne

Parmi les plantes ornementales, *Cissus rhombifolia*, appelée aussi *Rhoicissus rhomboidea*, «vigne royale» ou «vigne du Natal», est une des meilleures grimpantes. Elle tolère un emplacement assez ombragé et grandit de 60 à 100 cm par an. Capable de tapisser une grande surface de treillage, elle forme un écran de verdure idéal pour le compartimentage d'un intérieur. Suspendue, elle a aussi belle allure, du moins quand elle est jeune. Avec l'âge, en effet, ses rameaux se lignifient et se brisent aisément sous le poids du feuillage. Évitez de la surarroser en culture mixte, car celle-ci crée un microclimat, dans lequel les plantes produisent d'elles-mêmes une humidité suffisante.

Lumière: la plante pousse mieux près d'une fenêtre non exposée au soleil, et survit dans des endroits assez ombragés, loin des fenêtres.
Température: maintenez la plante à 13 °C en hiver. En été: températures ambiantes normales.
Arrosage: d'habitude, deux fois par semaine en été, tous les quinze jours en hiver. Ne surarrosez pas. Laissez se dessécher la couche supérieure de compost entre les arrosages.
Humidité: vaporisez en pluie fine deux fois par semaine en été, de même en hiver si l'atmosphère est chaude et desséchée par le chauffage central. Posez le pot dans une soucoupe emplie de cailloux baignant partiellement dans l'eau.
Engrais: tous les quinze jours en période de croissance (printemps et été) avec un engrais dilué selon les recommandations du fabricant.
Terre: un compost à base de terreau n° 2.
Rempotage: au moins à chaque printemps. Peut-être aussi au milieu du printemps, si la croissance est bonne. Changez le terreau de surface des grands pots ou des bacs au printemps.
Nettoyage: la vaporisation suffit. Un lustrant pulvérisé une fois par mois est salutaire.

Les feuilles d'une fausse vigne en bonne santé sont vert foncé, lustrées, longues d'environ 5 cm et légèrement dentées. Les jeunes feuilles présentent parfois une teinte bronze, virant au vert durant leur croissance. La plante est habillée d'un bon feuillage, et munie de vigoureuses vrilles.

Le tuteurage

1 Enfoncez une canne de bambou à quelques centimètres de la tige principale, jusqu'aux deux tiers du pot.

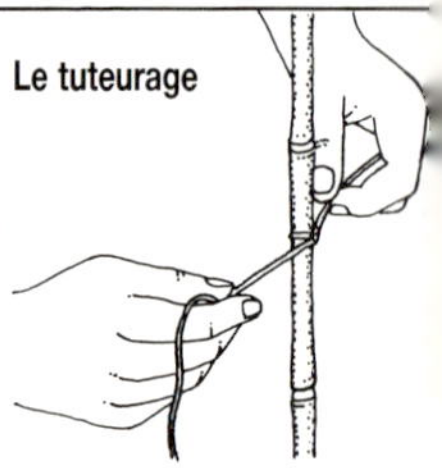

2 Nouez une ficelle de 20 cm de long autour de la canne, côté tige.

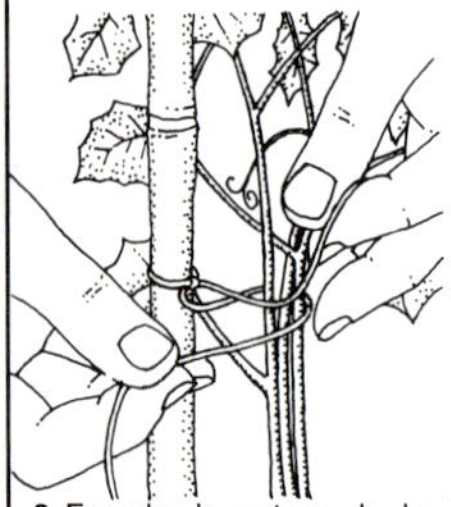

3 Enroulez-la autour de la tige, entre les feuilles.

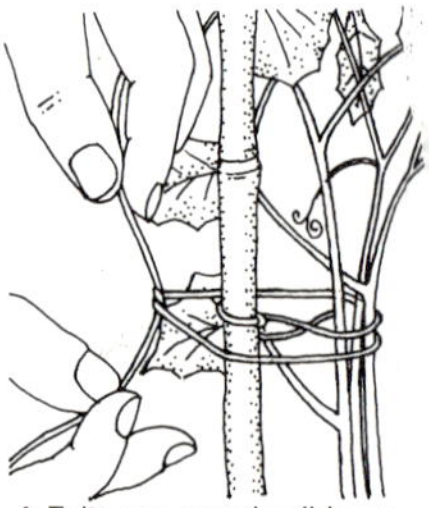

4 Faites un nœud solide autour de la canne, sans comprimer la tige.

S.O.S.

Les feuilles tombent, la plante pousse tout en tiges: endroit trop sombre. Placez la plante dans un endroit plus éclairé, mais pas en plein soleil.

Jeunes feuilles déformées, gluantes et couvertes d'insectes verts: pucerons. Pulvérisez du pyrèthre ou du derris, tous les quinze jours, jusqu'à élimination.

Les feuilles jaunissent, l'envers est couvert de toiles: araignées rouges. Pulvérisez du malathion dilué ou un insecticide systémique, tous les quinze jours, jusqu'à élimination.

Les feuilles pâlissent et blanchissent: trop de soleil direct. Écartez des fenêtres exposées au plein soleil.

Les jeunes feuilles demeurent petites et pâles: besoin d'engrais. Fertilisez tous les quinze jours en période de croissance. Rempotez si les racines passent par les trous du pot.

Plaques blanches laineuses sur les feuilles et les tiges: cochenilles. Pulvérisez du malathion, tous les quinze jours, jusqu'à élimination ou enlevez les insectes avec un tampon d'ouate imbibé d'alcool dénaturé.

Les pointes des feuilles brunissent: brûlures solaires. Mettez la plante à l'abri de la lumière solaire intense.

Les feuilles se dessèchent, s'amincissent, se parcheminent et tombent: sécheresse et chaleur excessives. Arrosez plus souvent et vaporisez pour élever l'humidité. Maintenez sous 21 °C, si possible.

Les feuilles ont l'air ternes, s'inclinent et tombent: trop d'eau. Surarrosage. Laissez la terre se dessécher et arrosez moins souvent. Vérifiez si le drainage est bon et laissez se dessécher le premier centimètre du terreau entre les arrosages. Mêmes symptômes si l'air est sec. Vaporisez par temps chaud.

Calamondin

Appelé aussi «oranger de Panama», ce minuscule oranger ne dépasse pas un mètre de haut. Il est vendu lorsqu'il atteint 60 cm. À ce moment, il porte des fruits et parfois des fleurs. Son doux parfum d'orange le distingue entre tous. Malgré leur goût assez amer, ses fruits font de bonnes confitures ou d'agréables boissons. Il faut à la plante un milieu chaud, lumineux et humide, surtout pendant la floraison et la maturation des fruits.

Afin d'assurer la fructification, vaporisez les fleurs en fine bruine avec de l'eau tiède, ou caressez-les individuellement avec un pinceau doux, pour permettre au pollen de les féconder en passant de l'une à l'autre.

La fructification de *Citrus mitis* nécessite une pollinisation manuelle. Avec un pinceau en poils de chameau, époussetez légèrement les étamines de chaque fleur, afin que le pollen se transmette des unes aux autres. Une vaporisation quotidienne à l'eau tiède non calcaire favorise aussi le processus. Pour mûrir, les fruits ont besoin de chaleur et de soleil.

Lumière: abondante. La plante tolère le soleil direct, sauf à midi en plein été.
Température: de 13 °C à 15 °C en hiver, pour bien faire, mais la plante tolère des températures plus basses. Protégez-la du gel. En été, un maximum de 18 °C, avec une bonne ventilation.
Arrosage: tous les jours en été, avec l'eau du robinet. En hiver, laissez sécher la terre entre les arrosages. Une fois tous les sept à dix jours devrait suffire. Un bon drainage est indispensable.
Humidité: vaporisez tous les jours, tôt le matin. Les feuilles mouillées risquent de roussir au soleil direct.
Engrais: tous les quinze jours au printemps, chaque semaine en été, avec un engrais dilué selon les recommandations du fabricant.
Terre: un compost fait de quatre parts de terreau n° 2 mélangé à une part de sable lavé.
Rempotage: à chaque printemps, en veillant à ne pas abîmer les racines. Les plantes de 60 cm se plaisent dans des pots de 13 cm; les plus grandes ont besoin de pots de 18 cm. Veillez au drainage.
Nettoyage: l'humidité des vaporisations est suffisante. Pas de lustrants.

Les feuilles prennent une teinte très noire: trop au froid. Maintenez la température au-dessus de 12 °C. Placez la plante dans un endroit plus chaud.

Les feuilles pâlissent, puis jaunissent: besoin d'engrais. Fertilisez tous les quinze jours au printemps et en été, en réduisant à toutes les trois semaines vers la fin de l'été. Ne fertilisez pas en hiver.

Plante efflanquée, feuilles très espacées: taille nécessaire. Donnez-lui un port net au printemps en taillant les tiges folles juste au-dessus d'un bourgeon, d'une feuille ou d'une pousse latérale.

La plante ne fleurit pas: endroit trop sombre, trop chaud ou pot trop grand. Vérifiez. Fertilisez au printemps pour encourager les nouvelles pousses et ne rempotez plus pendant deux ans. Généralement, un pot de 13 cm suffit.

S.O.S.

Plaques noir cendré sur les feuilles: fumagine. Pulvérisez un fongicide et essuyez les feuilles avec un chiffon imbibé de fongicide, pour prévenir toute récurrence.

Les feuilles brunissent et sont cassantes: chaleur étouffante. Placez la plante dans un endroit plus frais (à moins de 18 °C), si possible, et aérez davantage.

Absence de nouvelles pousses en été, les feuilles finissent par jaunir et tomber: endroit trop sombre et/ou trop froid. Placez la plante dans un lieu plus chaud (plus de 15 °C) et plus éclairé. Tournez la plante tous les trois à quatre jours, pour que sa croissance soit symétrique.

Ces conditions étant respectées, la plante peut cependant manifester ces symptômes si elle est surarrosée, ou si elle baigne dans l'eau.

Écailles brunes sur les feuilles: insectes écailleux. Badigeonnez d'alcool dénaturé avec un tampon d'ouate ou un pinceau, et enlevez-les avec l'ongle du pouce. Pulvérisez du malathion dilué, une fois par mois, jusqu'à élimination.

Les feuilles et les bourgeons ou les fleurs tombent: besoin d'eau et air trop sec. Vaporisez chaque jour, de préférence en début de matinée. Placez dans une soucoupe emplie de cailloux mouillés. Arrosez tous les jours en été avec l'eau du robinet, mais ne laissez pas le pot baigner dans l'eau.

Marques de roussissement sur les feuilles: effets des vaporisations d'eau en plein soleil. Vaporisez en début de matinée ou en soirée. Les lustrants roussissent aussi les feuilles. Ne les utilisez pas.

Les pointes des feuilles brunissent et se recourbent: trop au froid et trop de courants d'air. Choisissez un emplacement protégé où la température est supérieure à 13 °C.

Filaments sous les feuilles barbouillées et poussiéreuses: araignées rouges. Pulvérisez un insecticide systémique dilué sous les feuilles, tous les quinze jours, jusqu'à élimination.

Les feuilles tombent après avoir jauni: surarrosage. Laissez la terre sécher avant de recommencer à arroser et assurez-vous que les trous de drainage soient bien dégagés. En hiver, laissez se dessécher le compost presque complètement entre les arrosages.

Moucherons autour de la plante: mouches blanches. Pulvérisez un insecticide systémique, tous les quinze jours, jusqu'à élimination.

Feuilles mouchetées et barbouillées: psylles. Pulvérisez un insecticide systémique tous les quinze jours, jusqu'à élimination. Lors de l'arrosage de la terre, diluez-en aussi dans l'eau une fois par mois pour prévenir d'autres attaques.

Plaques laineuses blanches sur les nervures des feuilles: pulvérisez du malathion dilué sous les feuilles tous les quinze jours et arrosez la terre avec du malathion dilué, une fois par semaine, jusqu'à élimination.

Cleistocactus

Avec ce genre, originaire de l'Amérique du Sud, le collectionneur dispose d'une série de cactées colonnaires, qui ont l'avantage de fleurir alors qu'elles sont encore relativement petites. Les autres cactées de cette forme attendent d'être plus hautes que leur propriétaire pour donner des fleurs! Il en existe diverses espèces, dont de grands colonnaires, aux tiges épaisses comme le bras, et des rampants, dont les tiges, minces comme des crayons, se faufilent dans la nature à travers buissons et à flanc de coteaux. Ils se distinguent par la densité des fines soies qui habillent complètement leurs tiges, et dont les couleurs varient du blanc éclatant aux bruns et jaunes. Leurs fleurs tubulées, généralement rouges, orange et jaunes, présentent une extrémité percée d'un minuscule trou, que les colibris ou autres pollinisants à longs bec ou langue sondent à la recherche du nectar. *Cleistocactus strausii* (p. 177) est l'espèce la plus communément vendue.

Groupe de *Cleistocactus* poussant dans un jardin privé de Californie. Dans de bonnes conditions, ces plantes spectaculaires peuvent atteindre plus de 3 m de haut.

Lumière: plus ces plantes jouissent d'une abondante lumière, plus leurs aiguillons sont denses et leur floraison prometteuse.
Température: pas inférieure à 4 °C; maintenez les plantes sous 38 °C en été, et aérez autant que possible.
Arrosage: chaque semaine en été, moins souvent pour les plantes dans des pots de 15 cm ou plus, car elles retiennent davantage l'humidité. N'arrosez pas en hiver. Une fois par mois au printemps et en automne.
Engrais: une fois par mois au printemps et en été avec un engrais riche en potasse.
Terre: un compost non terreux ou deux parts de mélange pour rempotage à base de terreau n° 2 (n° 3 pour les grandes plantes) pour une part de sable graveleux.
Rempotage: à chaque printemps dans le pot de la taille supérieure. Quand celui-ci est de 15 cm, tous les deux ans suffisent. Faites-vous aider lorsque la taille de ces plantes les rend difficiles à manipuler. Elles peuvent en effet atteindre 2 m ou plus. En fait, mieux vaut ne pas toucher les tiges: leurs aiguillons sont très fragiles. Coupez les vieilles tiges qui ne se développent plus.
Nettoyage et lutte antiparasitaire: vaporisez à l'eau pour les dépoussiérer, en ajoutant un insecticide deux ou trois fois par an pour prévenir le parasitisme.
Autres espèces: à défaut de *C. strausii*, vous pouvez choisir *C. ritteri* aux fleurs jaunes et aux soies blanches et plus fines. *C. santacruzensis* ne fleurit que lorsque ses tiges, minces comme des crayons et dotées de longues épines, ont atteint environ 20 cm. Ses fleurs sont rouges et jaunes. Quant à *C. vulpis-cauda*, c'est une excellente plante pour les pots ou paniers suspendus. Il se distingue par les douces soies brun-jaune qui recouvrent complètement ses tiges retombantes (littéralement, son nom signifie «queue de renard») et par ses fleurs rouges qu'il fait et refait durant plus de six mois.

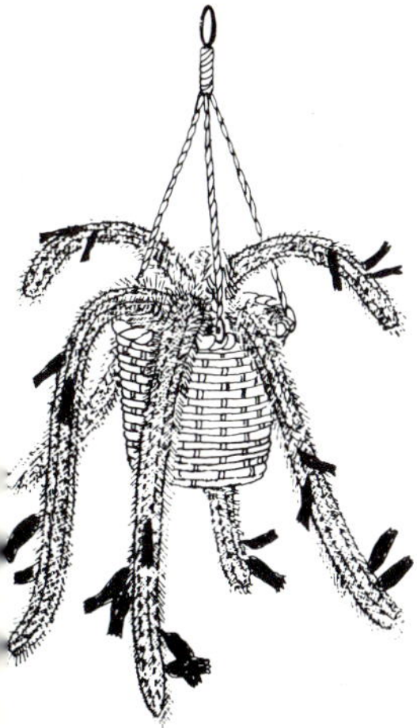

C. vulpis-cauda est un bon candidat pour les paniers suspendus. Il faut un pot spécial en plastique doté d'une soucoupe et suspendu à des chaînettes, on y installera directement la plante dans le compost habituel. Vérifiez régulièrement l'humidité, elle disparaît plus rapidement dans un pot suspendu que dans un autre.

C. straussii fleurit, à l'âge de cinq ou six ans, quand il fait environ 30 cm de haut. Il épanouit ses fleurs rouge profond, qui durent chacune quatre ou cinq jours, au printemps et en été. Une plante saine grandit de plusieurs centimètres chaque saison, en couvrant le bout de sa tige d'aiguillons aux brillants coloris.

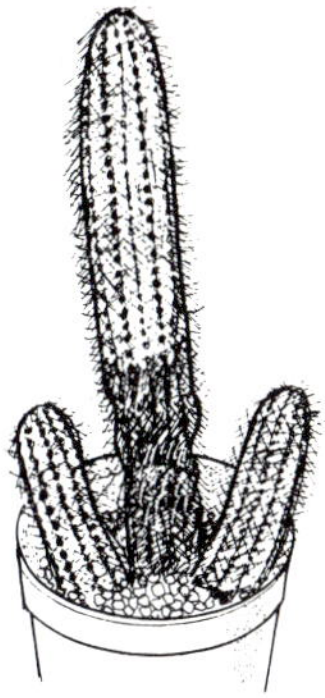

L'élagage des vieilles tiges

1 Lorsque la plante forme des tiges secondaires à sa base, il arrive que la tige principale brunisse et dépérisse graduellement.

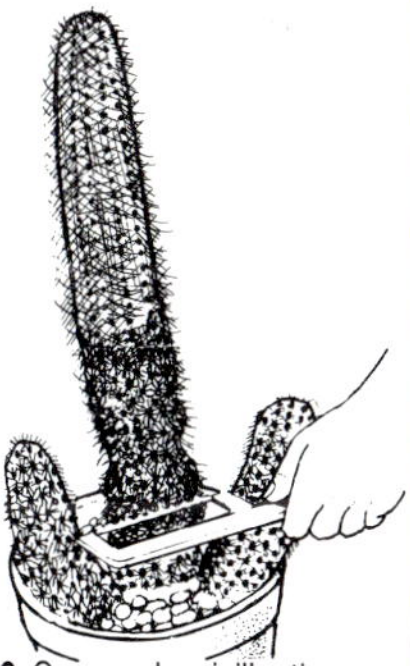

2 Coupez la vieille tige au ras de la terre (avec une scie à métaux) et badigeonnez la coupe avec de la poudre radiculaire aux hormones, contenant un fongicide.

3 Une fois la coupe sèche, rempotez au centre d'un nouveau pot pouvant contenir toutes les racines et les restes de la vieille souche. Pour l'esthétique, disposez une couche de gravier sur la surface.

Clerodendrum thomsonae

Ces plantes, qui proviennent surtout d'Afrique et de Malaisie, sont réputées posséder de nombreuses propriétés médicinales. Certaines variétés sont résistantes, mais celle-ci ne peut survivre à une température inférieure à 13 °C. En vente chez les fleuristes, les plantes subissent généralement un traitement qui retarde leur croissance, afin de leur assurer un port dru et une floraison abondante. Le rouge foncé des fleurs aux formes insolites tranche sur le blanc crème de leurs bractées. Le feuillage lustré, apparemment si robuste, est cependant très sensible aux lustrants et, exposé au froid, finit par pourrir.

Clerodendrum thomsonae est, par nature, une plante échevelée, qu'il convient de tailler sévèrement après la floraison, pour la maintenir compacte. Ses bractées au coloris crème, rehaussées d'une corolle rouge foncé, se distinguent par leur forme fascinante. Elles s'épanouissent tout au long du printemps, jusqu'au début de l'automne.

Lumière : abondante, y compris le soleil, sauf celui de midi en été.
Température : de 18 °C à 21 °C à partir du printemps jusqu'à la fin de l'automne, puis de 13 °C à 16 °C jusqu'au printemps.
Arrosage : maintenez la terre humide en l'arrosant deux fois par semaine de la mi-printemps à la fin de l'été ; une fois par semaine de la fin du printemps à la fin de l'automne, puis seulement lorsque le compost est presque totalement sec (une fois tous les quinze jours devrait suffire).
Humidité : la plante a besoin d'une humidité élevée, de préférence dans une serre. Dans la maison, vaporisez deux fois par semaine du printemps à la fin de l'été. Posez le pot sur un lit de cailloux baignant partiellement dans l'eau d'une soucoupe.
Engrais : chaque semaine, du printemps à la fin de l'été, avec un engrais dilué selon les recommandations du fabricant. Ne fertilisez pas en hiver.
Terre : un mélange à base de terreau n° 2, de terreau de feuilles et de sable à parts égales.
Rempotage : au début du printemps. Rabattez la plante à 7 cm après la floraison, en automne.
Nettoyage : l'humidification par vaporisations à l'eau tiède non calcaire suffit. Pas de lustrants.

L'humidité

Cette plante est avide d'humidité, surtout par temps chaud. Vaporisez deux fois par semaine au printemps et en été. De plus, posez le pot sur un lit de cailloux baignant partiellement dans l'eau d'une soucoupe. Veillez à ce que le fond du pot ne touche pas l'eau.

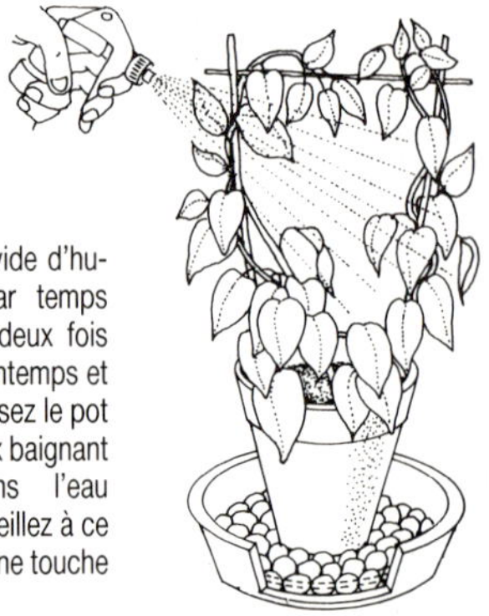

La taille

Taillez après la défleuraison, en coupant en biais juste au-dessus d'une feuille, environ 7,5 cm au-dessus du compost. Utilisez un sécateur bien aiguisé, pour pratiquer une coupe nette.

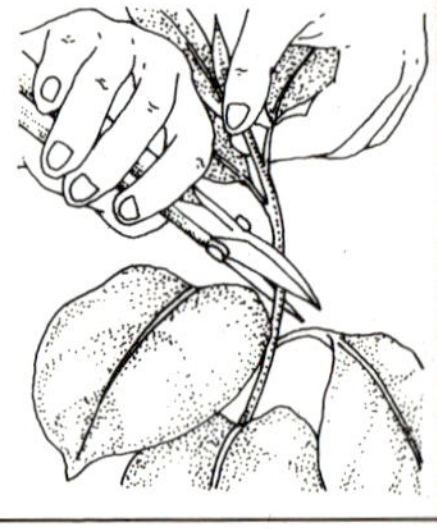

Absence de fleurs au printemps et en été: chaleur excessive en hiver. Maintenez la plante entre 13 °C et 16 °C, de la fin de l'automne au printemps.

Plante tout en tiges et absence de fleurs: endroit trop sombre et/ou manque d'engrais. Choisissez un emplacement ensoleillé et fertilisez chaque semaine en période de croissance et durant la floraison, avec un engrais liquide dilué à la dose recommandée.

Petitesse des nouvelles feuilles, absence de fleurs: besoin d'engrais. Fertilisez chaque semaine pendant la croissance et la floraison, avec un engrais dilué selon les recommandations du fabricant.

Pourriture des feuilles en hiver: trop d'eau, surarrosage. Laissez la surface du compost sécher avant de recommencer à arroser. Une fois tous les quinze jours devrait suffire en hiver.

Les feuilles noircissent, les fleurs sont translucides: effets des lustrants. Ne les utilisez pas. Ne nettoyez que par vaporisations d'eau tiède non calcaire. Enlevez les feuilles abîmées.

La plante languit au printemps et en été: compost et air trop secs. Plongez le pot dans un seau d'eau pendant dix à quinze minutes, puis égouttez-le. Maintenez la terre humide en été, en arrosant chaque jour si elle se dessèche par grandes chaleurs. Vaporisez deux fois par semaine à l'eau tiède non calcaire.

Nuage de moucherons sur le compost: mouches blanches. Pulvérisez un insecticide à base de pyrèthre ou du malathion dilué. Répétez au bout d'une semaine, ensuite tous les huit jours, jusqu'à élimination.

Plaques laineuses blanches à l'articulation des feuilles: cochenilles. Pulvérisez du malathion dilué et enlevez les parasites et la «laine» avec une pince à épiler.

Filaments sous les feuilles: araignées rouges. Enlevez les filaments avec une éponge humide, puis pulvérisez du malathion dilué, surtout sous les feuilles. Répétez tous les quinze jours, jusqu'à disparition de tout symptôme. Humidifiez davantage.

S.O.S.

Les bractées des fleurs tombent: endroit trop sombre et/ou trop froid, voire chaleur excessive et atmosphère trop sèche. Vérifiez. Cette plante doit être exposée à une très bonne lumière, même au plein soleil. Température minimale de 18 °C, maximale de 21 °C en été.

Clivia miniata

Clivie vermillon

Les clivies vermillon portent un feuillage vert foncé très vigoureux, duquel émerge, au début du printemps, une hampe épaisse, née au centre de la plante et coiffée d'un magnifique bouquet de fleurs orange. Façonnées en forme de trompette, celles-ci s'épanouissent d'habitude en groupes de dix et persistent assez longtemps. Certaines variétés se présentent dans des coloris orange tirant sur le jaune citron. Les clivies fleurissent mieux si elles bénéficient d'une période de repos au début de l'hiver. Comme elles se multiplient en poussant des rejetons à leur base, il arrive que les plantes plus âgées produisent simultanément plusieurs hampes florales. Afin d'assurer la floraison d'une année à l'autre, enlevez les fleurs mortes avant qu'elles ne donnent des graines.

Lumière: la plante supporte l'ombre, mais fleurit mieux devant une fenêtre non exposée au plein soleil.
Température: de 8 °C à 10 °C pendant la dormance hivernale. Augmentez à 15 °C quand les bourgeons floraux apparaissent. Maximum en été: 21 °C.
Arrosage: une ou deux fois par semaine au printemps et en été pendant la floraison. Durant le repos hivernal d'environ un mois, n'arrosez pas.
Humidité: posez le pot sur un lit de cailloux humides.
Engrais: une fois par semaine à partir du moment où la hampe florale a atteint la moitié de sa croissance, jusqu'à la fin de l'été, avec un engrais liquide dilué selon les recommandations du fabricant.
Terre: un compost à base de terreau n° 2.
Rempotage: rempotez les jeunes à chaque printemps après la floraison, mais pas dans des pots trop grands. Pour les plantes de plus de trois ans environ, renouvelez le terreau de surface tous les deux à trois ans et ne rempotez que si les racines saillissent à la surface.
Nettoyage: avec un chiffon humide. Pas de lustrants.

À l'intérieur, les clivies fleurissent au début du printemps, après leur repos hivernal. Les méthodes de floriculture commerciale moderne permettent toutefois d'induire la floraison à divers moments de l'année. Les coloris des fleurs couvrent la gamme des orange au jaune citron. Chez une plante saine, la tige bulbeuse produit un feuillage robuste et lustré.

Les feuilles se recroquevillent: trop au sec, besoin d'eau. Trempez le pot dans un seau d'eau pendant dix à quinze minutes, puis laissez-le égoutter. Arrosez davantage, surtout pendant la floraison.

Les feuilles brunissent et roussissent: effets du soleil direct sur les feuilles mouillées. Protégez-les des rayons ardents du soleil et ne les mouillez pas lorsque vous arrosez.

Les feuilles sont molles et spongieuses: gelures, froid excessif. Coupez les feuilles abîmées et placez la plante dans un lieu plus chaud, à au moins 8 °C.

La plante ne fleurit pas au printemps: manque d'engrais. Fertilisez chaque semaine en période de croissance. La floraison sera compromise si on laisse se former les graines, ou si l'on prive la plante de son repos hivernal. Si elle ne pousse pas du tout, c'est qu'elle a froid: choisissez un endroit plus chaud.

La taille de la hampe florale
Quand les fleurs meurent, coupez la hampe à la base, avant que les graines ne commencent à se former.

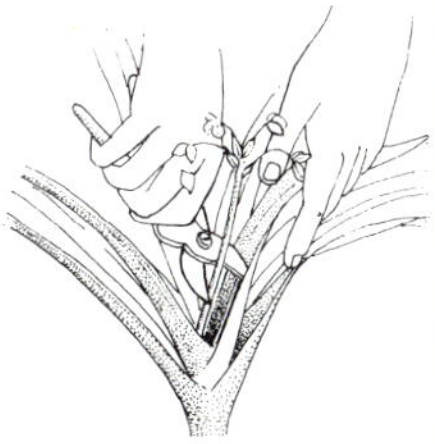

Les rejetons
On peut multiplier la plante en séparant les petits rejetons qui poussent à sa base. Dégagez la plante de son pot et séparez les rejetons pourvus de leurs racines, avec un bon couteau. Rempotez séparément rejetons et plante mère.

Pâleur et croissance chétive des nouvelles feuilles, absence de fleurs: chaleur et sécheresse excessives. Placez la plante dans un endroit plus frais, si possible au-dessous de 21 °C.

S.O.S.

Plaques laineuses blanches entre les feuilles: cochenilles. Enlevez-les, avec un tampon d'ouate imbibé d'alcool dénaturé.

Noircissement des feuilles et pourriture de la base: trop mouillée, surarrosage ou mauvais drainage. Vérifiez si les trous de drainage sont dégagés et laissez la terre sécher avant de recommencer à arroser. Par la suite, arrosez moins souvent. Pendant la floraison et en été, maintenez la terre légèrement humide. En hiver, n'arrosez pas pendant un mois.

Cocotier

Ce cocotier est un palmier dont le feuillage, plutôt dégarni, émerge d'une noix de coco à moitié enfouie dans la terre. Il produit deux feuilles par frondes, dont les inférieures tombent à mesure que les nouvelles se développent au sommet de la tige centrale, qui finit ainsi par se façonner un tronc. C'est une plante à croissance lente, que l'on achète d'habitude pour son aspect insolite. Son principal problème réside dans le pourrissement facile de la noix.

Lumière: le plein soleil. Prenez garde lorsque vous l'arrosez: les gouttes d'eau, agissant comme des loupes, risquent de brûler les feuilles.
Température: un minimum de 18 °C en hiver. La plante supporte jusqu'à 27 °C en été.
Arrosage: maintenez la terre légèrement humide, en arrosant une ou deux fois par semaine en été, une fois par semaine en hiver. Ne mouillez pas la noix et ne la laissez pas séjourner dans l'eau.
Humidité: élevée. Posez le pot dans une soucoupe sur un lit de cailloux mouillés, ou dans un pot plus grand, en intercalant de la tourbe humide entre les deux.
Engrais: toutes les trois semaines, ajoutez à l'eau d'arrosage un engrais dilué à raison de la moitié de la dose recommandée.
Terre: un mélange composé de deux parts de terreau n° 2, d'une part de tourbe et d'une part de sable. Afin d'améliorer le drainage, ajoutez si possible la quantité d'un coquetier de billes de mica dans un pot de 17 cm.
Rempotage: seulement lorsque la plante est tout à fait à l'étroit, dans le pot de la taille supérieure. Autrement, ne perturbez pas les racines, mais renouvelez les 2,5 premiers centimètres du terreau de surface avec le mélange conseillé ci-dessus. Pour les très grandes plantes (2 m), il faut un terreau plus lourd: trois parts de terreau n° 2 pour une part de tourbe et une de sable.
Nettoyage: essuyez avec un chiffon humide. Pas de lustrants.

Le cocotier se pare de frondes vertes dont les deux feuilles parcimonieuses, qui les composent chacunes, n'enlèvent rien à sa splendeur. La noix de coco, d'où émergent ces frondes, est à demi enfouie dans le compost et est particulièrement sensible à l'humidité. Évitez de la mouiller lorsque vous vaporisez le feuillage.

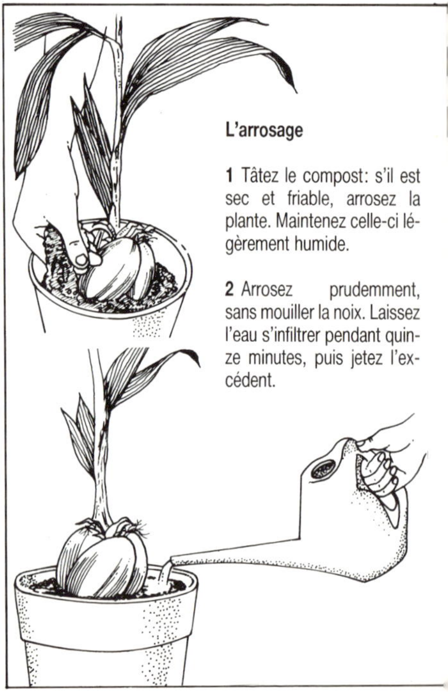

L'arrosage

1 Tâtez le compost: s'il est sec et friable, arrosez la plante. Maintenez celle-ci légèrement humide.

2 Arrosez prudemment, sans mouiller la noix. Laissez l'eau s'infiltrer pendant quinze minutes, puis jetez l'excédent.

S.O.S.

Petits disques foncés sous les feuilles, dont l'endroit est barbouillé de plaques rondes: insectes écailleux. Badigeonnez les insectes cachés sous les feuilles avec de l'alcool dénaturé ou pulvérisez tous les quinze jours du malathion dilué. Enlevez les intrus avec l'ongle du pouce.

Filaments sous les feuilles: araignées rouges. Pulvérisez du malathion dilué ou un insecticide systémique tous les quinze jours. Humidifiez davantage.

La pointe des feuilles brunit: atmosphère trop sèche. Vaporisez chaque jour avec de l'eau tiède non calcaire. Les lustrants peuvent aussi provoquer ce brunissement.

Marques brunes sur les feuilles: effets des vaporisations en plein soleil. Ne mouillez pas les feuilles.

Plaques sèches brunes s'étendant de plus en plus sur les feuilles: effets des lustrants. Ne les utilisez pas. Nettoyez avec un chiffon humide.

Petites larves blanches dans la terre et plaques laineuses blanches aux aisselles des feuilles: cochenilles. Arrosez la terre tous les quinze jours avec du malathion, à raison du quart de la dose recommandée. Ne mouillez pas la noix. Profitez-en pour pulvériser les aisselles avec la même dose de malathion.

La plante languit, se dessèche et meurt: racines abîmées par un engrais trop puissant. N'utilisez que la moitié de la dose recommandée.

La noix vire du gris au noir: surarrosage, généralement par températures trop basses. Interrompez l'arrosage et laissez la terre sécher complètement pour forcer les racines à chercher l'eau. Placez dans un endroit plus chaud. Ne mouillez jamais la noix.

Nuage de moucherons blancs au niveau de la terre: mouches blanches, attirées par l'humidité de la noix. Ne mouillez pas celle-ci quand vous arrosez. Chaque semaine, pulvérisez un insecticide tout autour, jusqu'à élimination.

Croton

Le croton, ou «panaché», se distingue parmi toutes les plantes ornementales par l'extrême variété de ses couleurs. Il ne s'épanouit bien que s'il jouit d'une abondante lumière, mais, comme il est difficile de lui faire passer l'hiver à l'intérieur, mieux vaut le cultiver comme une plante annuelle. Adulte, il pousse bien en solitaire; sinon, il réussit mieux en culture mixte, profitant alors de l'humidité que dégagent les autres plantes. Les feuilles des crotons revêtent des formes d'une étonnante diversité: des ovales, des lobées, des lancéolées et des rubanées. Les jeunes débutent souvent tout en vert, mais elles nuancent leurs coloris à mesure qu'elles grandissent.

En dépit de leur grande diversité de formes, les feuilles des crotons sont toujours multicolores, avec des nervures bien marquées sur leurs limbes marbrés de jaune, de rouge ou de vert. Les jeunes plantes forment leurs feuilles au lustre éclatant directement à la base de leur tige.

Lumière: à profusion. Si on place le croton en plein soleil, il convient de le vaporiser au milieu de la journée.
Température: un minimum de 15 °C en hiver, un maximum de 27 °C en été. La plante préfère une température constante.
Arrosage: deux ou trois fois en été, tous les quatre ou cinq jours en hiver, avec de l'eau tiède. Ne laissez jamais la terre sécher.
Humidité: une vaporisation quotidienne en été, mais pas en plein soleil. Chaque semaine en hiver. Élevez le taux d'humidité en posant le pot sur une soucoupe emplie de cailloux baignant partiellement dans de l'eau. Le pot ne doit pas toucher le liquide.
Engrais: tous les quinze jours en période de croissance (printemps et été) avec un engrais dilué selon les recommandations.
Terre: un compost à base de terreau n° 2.
Rempotage: chaque année à la fin du printemps, si la plante a survécu à l'hiver. Elle se plaît légèrement à l'étroit.
Nettoyage: avec un chiffon humide ou en vaporisant un lustrant une fois par mois.

S.O.S.

Les feuilles se recroquevillent: chaleur excessive, terre et atmosphère trop sèches. Arrosez et vaporisez plus souvent.

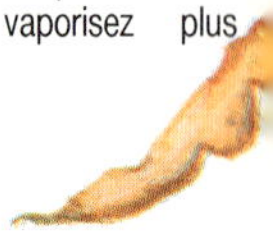

L'humidité

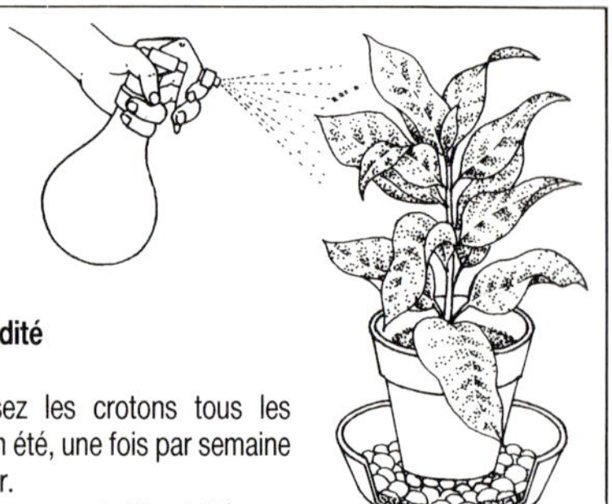

Vaporisez les crotons tous les jours en été, une fois par semaine en hiver.

Pour un apport d'humidité supplémentaire, posez le pot dans une soucoupe emplie de cailloux. Couvrez ceux-ci partiellement d'eau, de sorte que le pot ne baigne pas dans le liquide, ce qui détremperait les racines.

La plante ne forme que de petites nouvelles feuilles, qui, de plus, ne poussent pas bien: manque d'engrais. Si vous en donniez déjà régulièrement, faites-le plus souvent (tous les dix jours par exemple), sans augmenter la dose.

Feuilles desséchées et roussies par endroits: vaporisations en plein soleil. Ne vaporisez qu'en fin d'après-midi.

Plaques laineuses blanches sur les feuilles et aux aisselles: cochenilles. Enlevez les insectes avec un tampon d'ouate imbibé d'alcool dénaturé ou pulvérisez, tous les quinze jours, un insecticide systémique jusqu'à élimination.

Feuilles décolorées, insectes bruns sur les deux faces des feuilles et sur les tiges: insectes écailleux. Enlevez les insectes avec un tampon d'ouate imbibé d'alcool dénaturé ou pulvérisez, tous les quinze jours, un insecticide systémique.

Les feuilles perdent leurs coloris, redeviennent toutes vertes: manque de lumière. Approchez la plante d'une fenêtre éclairée. Elle supporte le soleil.

Les feuilles se tachent et s'affaisent: gaz polluants. Placez la plante dans une pièce non polluée.

Les feuilles jaunissent, filaments sur l'envers: araignées rouges. Pulvérisez un insecticide systémique ou du malathion dilué, tous les quinze jours, jusqu'à élimination. Humidifiez davantage en vaporisant plus souvent.

Les tiges pourrissent, les feuilles retombent: surarrosage. Laissez la terre sécher, puis arrosez moins souvent. En hiver tous les quatre à cinq jours suffit.

Les feuilles inférieures tombent: atmosphère trop sèche et froide. Placez le croton dans un endroit plus chaud (au moins 16 °C) et humidifiez davantage en vaporisant.

Les feuilles tombent de toute part de la plante: écarts de température. Essayez de maintenir une température égale: entre 16 °C et 27 °C.

Coffea arabica

Caféier

Grâce à *Coffea arabica*, vous pourrez, si vous respectez certaines conditions, cultiver et boire votre propre café! Âgé de trois ans ou plus, le caféier produit en effet de jolies petites fleurs blanches et parfumées, qui se transforment en une sorte de cerises pour donner — en passant du vert au rouge, puis au noir — des grains de café. C'est un petit arbuste élégant, qui réussit bien dans les maisons, car il se plaît dans les endroits semi-ombragés, mais bien ventilés et abrités des courants d'air. Comme plante d'intérieur, il atteindra un peu plus d'un mètre, ou beaucoup moins si vous choisissez *C. arabica* «Nana», sa variété naine.

Le caféier porte des feuilles oblongues à pointe bien dessinée. Le teint cuivré de sa jeunesse vire rapidement au vert foncé, très lustré. Dans de bonnes conditions, il fleurira et donnera une petite récolte de grains de café.

Lumière: la plante réussit bien à la lumière d'une fenêtre non exposée au plein soleil.
Température: de préférence 15 °C en hiver, bien qu'il tolère, dans la sécheresse, un minimum de 8 °C. En été, il se fait aux températures ambiantes normales.
Arrosage: en été, jusqu'à trois fois par semaine, suivant la température. Ne laissez pas le compost se dessécher complètement. En hiver, une fois seulement. Si la température tombe à 8 °C, laissez sécher le compost.
Humidité: vaporisez deux fois par semaine en été, plus souvent s'il fait plus de 24 °C. Vaporisez tous les quinze jours en hiver avec de l'eau tiède.
Engrais: tous les quinze jours en période de croissance (printemps et été) avec un engrais dilué selon les recommandations du fabricant.
Terre: un compost à base de tourbe, enrichi avec la même teneur en engrais que le mélange à base de terreau n° 2.
Rempotage: à chaque printemps, au début de la croissance.
Nettoyage: l'humidité des vaporisations suffit. Vous pouvez utiliser les lustrants, mais pas plus d'une fois par mois.

Marques de roussissement sur les feuilles: effet des vaporisations en plein soleil. Vaporisez le soir.

Le retranchement des feuilles abîmées

Coupez les feuilles décolorées ou mortes, à leur point d'attache à la tige, avec des ciseaux.

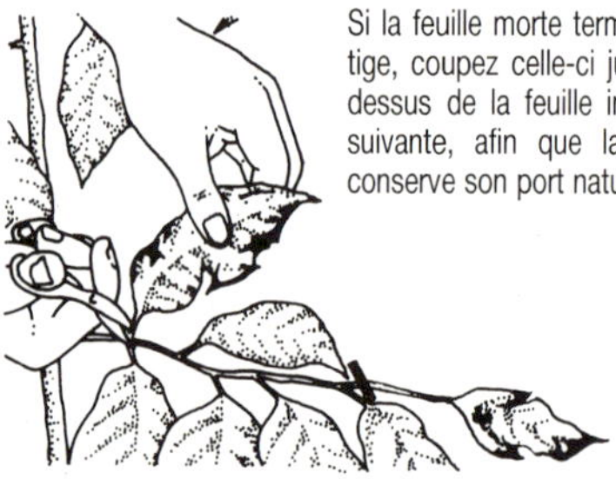

Si la feuille morte termine une tige, coupez celle-ci juste audessus de la feuille inférieure suivante, afin que la plante conserve son port naturel.

Chute des feuilles, bien qu'elles soient encore vertes: endroit trop sombre. Exposez la plante à une meilleure lumière, mais pas au plein soleil.

Brunissement du bord des feuilles: une partie de la plante est trop exposée au soleil. Écartez-la de celui-ci. Si les feuilles sont déparées, coupez-les à leur point d'articulation.

Les feuilles perdent leur lustre: lumière excessive. Éloignez le caféier du soleil direct.

S.O.S.

Les feuilles languissent et s'affaissent: besoin d'eau. Ne laissez pas le compost se dessécher en été.

Les feuilles se recroquevillent et tombent: atmosphère trop sèche. Vaporisez chaque jour lorsque la température dépasse 24 °C, et posez le pot sur un lit de cailloux partiellement immergés dans l'eau.

Les nouvelles feuilles demeurent petites: rempotage nécessaire. Si la plante entière ne pousse pas: trop au froid. Trouvez un emplacement plus chaud, au moins 15 °C.

Mildiou gris-blanc sur feuilles et tiges: trop d'eau. Laissez la terre sécher avant de recommencer à arroser et maintenez une température minimale de 15 °C.

Les feuilles se recroquevillent et brunissent: chaleur excessive. Placez la plante plus au frais, si possible. Pulvérisez chaque jour par températures supérieures à 24 °C.

Plaques laineuses blanches sur les feuilles et à leurs aisselles: cochenilles. Enlevez-les avec un tampon d'ouate imbibé d'alcool dénaturé ou pulvérisez du malathion dilué, tous les quinze jours, jusqu'à élimination.

Plaques brunes, gluantes sous les feuilles: insectes écailleux. Enlevez-les avec un tampon imbibé d'alcool dénaturé ou pulvérisez du malathion dilué, tous les quinze jours, jusqu'à élimination.

Coléus hybride

Coleus blumei, ou «coléus de maison», doit son succès à l'éclat de son feuillage ornemental. On peut l'acheter ainsi habillé, ou le reproduire par bouturage. Toutefois, ce mode de multiplication – qui prévalait jadis – est tombé en désuétude grâce aux variétés modernes, dont la culture par semis permet de transmettre fidèlement et sans difficultés les coloris et les formes de ses feuilles. Le coléus produit, en été, de petites fleurs, mais il est bon toutefois d'épincer les bourgeons pour maintenir un port touffu.

Lumière: une bonne lumière indirecte. Le soleil direct risque de ternir ses couleurs.
Température: avoisinant de préférence 21 °C. Copieusement arrosé, il peut survivre à 38 °C. Au-dessous de 10 °C, les couleurs risquent de pâlir.
Arrosage: son système radiculaire étant très vigoureux, le coléus demande un arrosage abondant, surtout par grandes chaleurs. Arrosez-le tous les jours, si nécessaire. En période d'hivernage, maintenez la terre légèrement humide, en arrosant environ une fois par semaine.
Humidité: vaporisez deux fois par semaine en été. Posez le pot sur un lit de cailloux mouillés.
Engrais: riche en azote, en période de croissance. Tous les dix jours pour les mélanges à base de terreau, tous les cinq pour les composts non terreux.
Terre: un mélange à base de terreau n° 2 ou non terreux. Avec les mélanges non terreux, utilisez des pots à large base, pour contrebalancer le poids de la croissance verticale des grandes plantes.
Après la floraison: épincez les bourgeons floraux. On se débarrasse souvent des coléus lorsqu'ils commencent à perdre leur feuillage en automne. Pourtant, ils peuvent hiverner et reprendre le printemps suivant. Dans ce cas, diminuez graduellement l'arrosage et maintenez la terre légèrement humide. Gardez en un lieu éclairé, à 10 °C au moins. Placez dans un endroit plus chaud et plus éclairé au printemps, à environ 21 °C.

Coleus blumei couvre toute une gamme de couleurs, allant des panachés gris et verts aux éclatants dorés, orange, cramoisis et pourpres. Il peut atteindre de 15 à 60 cm de haut et donner des feuilles de 20 cm de long sur 10 cm de large. Son grand attrait réside avant tout dans son feuillage – parfumé chez certaines variétés –, et non dans ses petites fleurs bleues.

S.O.S.

Les jeunes pousses s'affaissent: pythium, maladie contractée à cause d'une terre ou d'un récipient contaminés. Jetez les plantes. Utilisez toujours des pots, de l'eau propres et un compost stérile.

Les feuilles sont petites et pâles: manque d'engrais. Fertilisez avec un engrais riche en azote une fois par semaine.

Moucherons blancs sur le dos des feuilles: mouches blanches. Pulvérisez un insecticide à base de pyrèthre. Répétez, chaque semaine, jusqu'à élimination.

Tige noircie et affaissée: maladie du pied noir, affection fongique due à de la terre et/ou de l'eau contaminées. Détruisez la plante et arrosez la terre avec un fongicide.

Flétrissement de la plante, terre très humide: plante saturée d'eau. Ne la laissez pas séjourner dans l'eau. Laissez sécher la terre avant de recommencer à arroser.

Les feuilles noircissent: dommage dû au gel, dans le cas d'une plante placée à l'extérieur. Fragile, le coléus doit être protégé du gel.

Tige florale dégarnie et noircie à la pointe: épinçage tardif des bourgeons floraux. Épincez-les dès leur apparition.

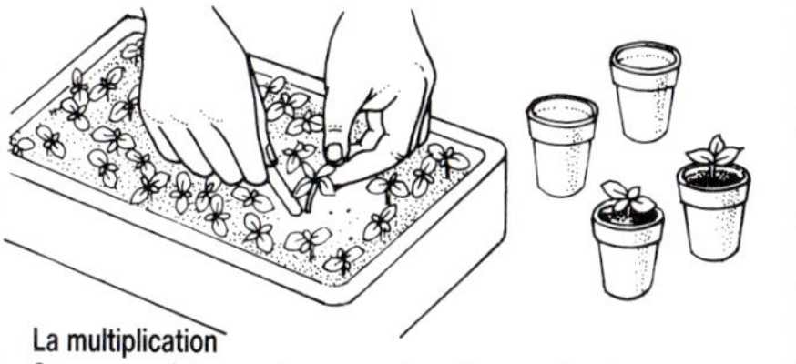

La multiplication
Semez au printemps et couvrez d'une fine couche de compost sec. Maintenez dans un germoir ou dans un sac en plastique à une température de 21 °C. Exposez à la pleine lumière dès que les jeunes pousses apparaissent. Repiquez à intervalles de 5 cm, puis replantez les plantes les plus colorées, individuellement dans des pots de 9 cm.

Le bord des feuilles brunit: sécheresse ou chaleur excessives. Par grandes chaleurs, arrosez bien et vaporisez. Maintenez la terre humide en posant le pot sur un lit de cailloux mouillés.

La plante ne prospère pas, feuilles ternes et sans intérêt: trop au froid. Exposez à une température supérieure à 10 °C.

Insectes aptères sur les extrémités: pucerons. Pulvérisez un insecticide à base de pyrèthre. Répétez chaque semaine jusqu'à élimination.

Les feuilles jaunissent, des bords au centre: anguillules des fougères, nématodes, qui, généralement, n'envahissent que les plantes cultivées à l'extérieur. Pas de remède: détruisez la plante.

Les feuilles se ternissent: exposition excessive au soleil direct. Par grandes chaleurs, protégez du soleil.

Croissance échevelée, tout en tiges: obscurité excessive. Choisissez un emplacement mieux éclairé, mais à l'abri du soleil ardent.

Columnea microphylla

Columnée à petites feuilles

C'est dans les paniers suspendus que cette plante à fleurs révèle le mieux toute sa beauté. Au printemps, elle dispose, sur toute la longueur de ses tiges retombantes, de splendides fleurs orange. Vues de profil, celles-ci présentent des formes fascinantes, qui évoquent un peu la silhouette du poisson rouge. Dans leur milieu naturel, les columnées à petites feuilles sont des épiphytes: ils poussent sur les arbres ou le bois mort, dont ils se servent comme support.

Lumière: naturelle, abondante et diffuse, mais à l'abri du soleil direct.

Température: de préférence de 13 °C à 16 °C. Dans une humidité élevée, tolère des températures allant jusqu'à 24 °C.

Arrosage: en été, deux fois par semaine pour assurer une humidité constante du compost, en évitant de laisser baigner dans l'eau. Diminuez en automne: une fois par semaine. En hiver, à peu près une fois tous les dix jours, uniquement après dessèchement complet de la surface.

Humidité: vaporisez chaque jour avec de l'eau non calcaire au printemps et en été, surtout par températures supérieures à 16 °C. Ne mouillez pas les fleurs. Placez le pot sur un lit de cailloux baignant partiellement dans l'eau d'une soucoupe. Pour les paniers suspendus, versez l'eau dans une cuvette d'égouttage.

Engrais: tous les quinze jours au printemps et en été avec un engrais liquide, dilué selon les recommandations du fabricant.

Terre: trois parts d'un mélange à base de terreau n° 1, additionné d'une part de tourbe.

Rempotage: tous les deux ou trois ans seulement, à la fin du printemps. Si vous replantez dans un panier suspendu, enlevez d'abord les chaînettes de suspension, en évitant d'abîmer les tiges retombantes. Disposez une bonne couche de tessons dans le fond du pot ou du panier.

Nettoyage: les vaporisations suffisent. Pas de lustrants.

Columnea gloriosa est une variété très semblable à *C. microphylla* par son inflorescence, mais ses feuilles sont plus grandes. Tous deux épanouissent leurs fascinantes fleurs rouges tout au long de leurs tiges pendantes.

Plaques laineuses blanches à la base des feuilles: cochenilles. Pulvérisez du malathion dilué et enlevez insectes et «laine» avec une pince à épiler. Répétez tous les quinze jours, jusqu'à élimination de tout symptôme, ou badigeonnez les insectes avec de l'alcool dénaturé et enlevez-les avec une pince à épiler.

L'humidité

1 Comme elles se dessèchent rapidement, vaporisez les plantes en suspension, tous les jours au printemps et en été.

2 Pour assurer une humidité constante, suspendez sous le panier une cuvette d'égouttage. Veillez à ce que celle-ci soit toujours à moitié emplie d'eau, afin de créer une humidité ambiante autour de la plante.

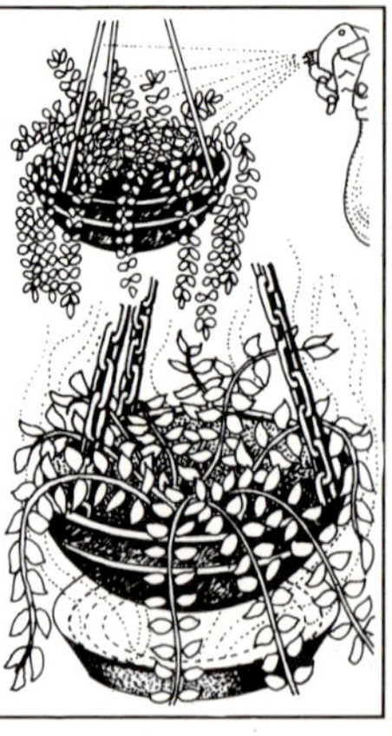

Les feuilles tombent, la tige commence à pourrir: trop au froid et/ou trop d'eau. Placez la plante dans un lieu plus chaud, à une température d'au moins 13 °C. Assurez-vous que le compost ne soit pas saturé d'eau. Videz toute eau excédentaire de la soucoupe et laissez sécher la surface du compost.

Noircissement des feuilles, transparence des fleurs: effets des lustrants. Ne les utilisez pas. Ne nettoyez que par vaporisations à l'eau tiède non calcaire, sans mouiller les fleurs.

La pointe des tiges, ensuite toutes les feuilles se recroquevillent en été: compost trop sec. Plongez le pot dans un seau d'eau pendant dix à quinze minutes, puis laissez-le égoutter. En été, arrosez au moins deux fois par semaine. Ne laissez pas séjourner le pot dans l'eau. Vaporisez chaque jour à l'eau tiède non calcaire.

Marques de roussissement sur les fleurs: exposition excessive au soleil direct. Il faut une bonne lumière diffuse.

Feuilles saines, mais absence de fleurs: manque de lumière. Exposez à une lumière diffuse, pas au plein soleil. La petitesse des nouvelles feuilles signale aussi un manque d'engrais. Fertilisez toutes les deux semaines au printemps et en été.

Les feuilles jaunissent, le dos couvert de filaments: araignées rouges. Enlevez les filaments avec une éponge humide, puis pulvérisez du malathion, surtout sous les feuilles. Répétez, tous les quinze jours, jusqu'à disparition de tout symptôme. Humidifiez davantage.

Les feuilles sèchent, la plante languit: atmosphère trop sèche. Vaporisez chaque jour avec de l'eau tiède non calcaire au printemps et en été. Élevez le taux d'humidité en posant le pot sur des cailloux mouillés. Ne placez pas les paniers suspendus au-dessus des radiateurs.

Brunissement des feuilles et absence de fleurs: chaleur excessive. Placez dans un endroit plus frais et mieux aéré. Vaporisez chaque jour à l'eau tiède non calcaire. Température maximale: 24 °C.

Tiges échevelées, feuilles très espacées: besoin d'engrais. Administrez la dose recommandée d'un engrais toutes les deux semaines au printemps et en été.

S.O.S.

Conophytum spectabile

Les conophytums se répartissent en deux groupes principaux : ceux qui forment de grosses touffes de longues feuilles et ceux qui donnent de petites touffes de feuilles rondes. Relevant du second groupe, *Conophytum spectabile* se pare de marbrures noires et produit des fleurs au parfum capiteux.

Conophytum spectabile atteint une hauteur d'environ 2 cm et s'étale sur 7 à 8 cm. Au fur et à mesure que ses feuilles épaisses et charnues se meurent, la fissure qui les sépare s'ouvre pour laisser émerger de nouvelles feuilles. Attendez que les vieilles sèchent complètement et tombent naturellement avant de les enlever. C'est aussi par cette fissure qu'apparaissent, à la fin de l'été ou en automne, de délicates fleurs.

Lumière : au printemps, épargnez à ces plantes l'insolation qui les guette, surtout si le soleil se met à briller fortement après des semaines de temps couvert. Exposez-les progressivement au soleil : protection totale au printemps, partielle en été, nulle en automne.

Température : un minimum de 4 °C en hiver, de l'air frais en été..

Arrosage : leurs besoins en eau sont inhabituels. Maintenez dans la sécheresse l'espèce à longues feuilles de la mi-hiver au début de l'été, l'espèce à petites feuilles jusqu'à la mi-été. Arrosez ensuite chaque semaine jusqu'à la fin de l'été, puis tous les quinze jours en automne et au début de l'hiver. Bien qu'elles se ratatinent et aient l'air malades durant la période sèche, tout arrosage serait fatal à ces plantes, car c'est à ce moment-là, et dans ces conditions, qu'elles se façonnent un nouveau corps.

Engrais : superflu, sauf s'ils n'ont pas été rempotés depuis deux ou trois ans. Dans ce cas, fertilisez deux ou trois fois en été, avec un engrais riche en potasse.

Terre : un bon compost de rempotage à base de terreau n° 2, ou un compost non terreux, additionné de 50 % de sable graveleux.

Rempotage : leur croissance est entravée si on perturbe leurs racines. Ne rempotez que si les plantes ne poussent pas ou sont vraiment trop à l'étroit.

Multiplication : prélevez des têtes individuelles avec un couteau bien aiguisé, lorsqu'elles sont gorgées d'eau, après le premier arrosage au début de l'été. Badigeonnez la base avec une poudre radiculaire aux hormones. Laissez sécher pendant deux jours et placez dans un compost sec. Arrosez au bout de trois semaines, lorsque les racines se sont formées.

Formation de doubles têtes les unes dans les autres, alors qu'elles sont encore toutes bien charnues : arrosage prématuré. Maintenez au sec de la mi-hiver jusqu'au dessèchement complet des vieilles têtes.

La plante brunit légèrement, un côté se ratatine : brûlure solaire. Protégez du soleil ardent. Pendant la croissance estivale, coupez la tête ratatinée et badigeonnez avec un fongicide.

S.O.S.

La plante ne pousse pas: besoin de rempotage, parasites des racines ou surarrosage. Enlevez du pot et examinez les racines. En cas de pourriture, traitez et laissez sécher (voir *Introduction*). En cas de cochenilles, reportez-vous à l'encadré à droite.

Toutes les têtes brunissent et se parcheminent tout en restant fermes: naturel au printemps et au début de l'été. De nouvelles têtes prendront la relève.

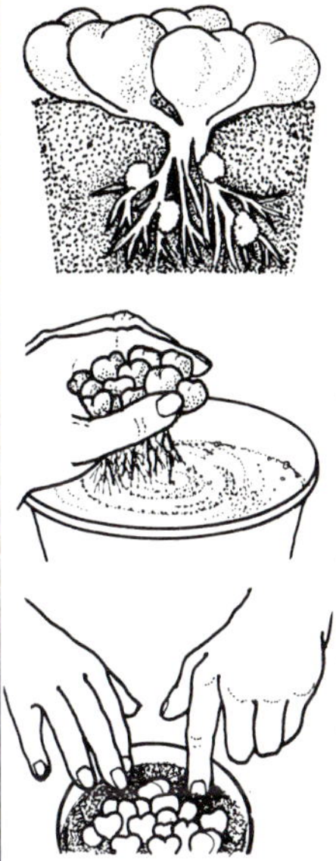

Cochenilles des racines

1 Lorsque vous rempotez ou lorsque la plante ne pousse pas, tout en paraissant saine, examinez les racines pour repérer la présence éventuelle (plaques blanches laineuses) des cochenilles.

2 En cas d'infestation, lavez les racines et baignez-les dans une coupe d'insecticide dilué à l'eau selon les recommandations du fabricant.

3 Laissez les racines sécher deux à trois jours avant de rempoter dans un nouveau compost et un pot propre.

Les têtes s'étirent en été, absence de fleurs à la fin de l'été: endroit trop sombre ou arrosage à la mauvaise époque. Placez graduellement la plante dans un endroit plus ensoleillé. Maintenez-la au sec de la mi-hiver jusqu'au milieu voire la fin de l'été, en n'arrosant que lorsque les vieilles têtes sont réduites à de minces enveloppes parcheminées.

Plaques blanches laineuses, surtout dans les crevasses: cochenilles. Enlevez-les avec un petit pinceau imbibé d'alcool dénaturé et pulvérisez un insecticide. Répétez deux ou trois fois en période de croissance.

Les têtes noircissent, s'amollissent et pourrissent: trop au froid et détrempé. En hiver, maintenez dans la sécheresse, à une température supérieure à 4 °C. Pour sauver la plante, excisez toute partie noircie de la tige et des racines, appliquez une poudre radiculaire aux hormones, contenant un fongicide. Laissez sécher avant de replanter dans un compost sec. Arrosez quand les nouvelles racines apparaissent.

Muguet

Plante rustique des bois, le muguet, ou «lis des vallées», apprécie la fraîcheur, l'humidité et l'ombre. À la mi-printemps, ses fleurettes campanulées blanches s'épanouissent sur leur hampe en grappes odorantes. Pour la culture en intérieur, il existe toutefois certaines variétés dont on peut forcer la floraison, de la mi-hiver jusqu'à la fin de l'été. Ce forçage peut se faire également à partir des rhizomes cultivés à l'extérieur. Dans ce cas, avant de les rempoter, il faut les conserver à une température de 0 °C, pour simuler les conditions hivernales. Procédez comme s'il s'agissait de bulbes. Enterrez-les en automne, dans des pots de 15 cm, couvrez-les et conservez-les dans un lieu frais et sombre pendant au moins quatre semaines.

Le muguet porte de larges feuilles vert pâle, qui lui permettent, en les enveloppant partiellement, de protéger ses fleurs en forme de clochettes. Ses feuilles et tiges émergent d'une racine charnue, nommée rhizome. Chez la variété la plus commune, les fleurs sont blanches et solitaires; chez d'autres, elles sont solitaires et roses ou encore doubles et blanches.

Lumière: obscurité pendant quatre semaines, ensuite la pleine lumière. Évitez le soleil direct.
Température: les rhizomes n'ayant subi aucun traitement doivent être conservés à 0 °C pendant quatre ou cinq jours avant l'empotage. Une fois découverts, maintenez-les à 16 °C. On peut forcer leur croissance en les soumettant à des températures allant jusqu'à 27 °C.
Arrosage: maintenez le compost légèrement humide en tout temps. Arrosez deux fois par semaine, plus souvent par températures élevées. Utilisez de l'eau tiède.
Humidité: vaporisez la plante chaque semaine après l'apparition des feuilles.
Engrais: inutile pour la culture en intérieur.
Terre: un compost de rempotage à base de tourbe légère. N'utilisez pas les mélanges fibreux pour bulbes.
Après la floraison: dans le cas de rhizomes spécialement traités, jetez-les après la floraison, car ils ne produiront plus. Les ordinaires des jardins, replantés à l'extérieur, ont des chances de refleurir si on les a conservés au frais. Rabattez le feuillage après la floraison et replantez en pleine terre à la mi-automne.

Croissance chétive des tiges: les hépiales sont peut-être à l'œuvre dans la terre, rongeant les tiges. Jetez les plantes. Traitez la terre avec un produit à base de lindane.

Jaunissement et affaissement des feuilles, pourriture des tiges et des racines: plante saturée d'eau. Si elle est très atteinte, jetez-la, elle ne reprendra pas. Maintenez le sol légèrement humide en tout temps, en veillant à la qualité du drainage.

Pourriture brune à la base de la tige, moisissure grise sur tige et feuilles: botrytis. Causes possibles: surarrosage et saturation. Laissez la terre sécher avant de recommencer à arroser. La plante ne reprendra pas si la tige est pourrie.

Absence de fleurs: terre trop sèche. Elle doit rester humide en tout temps. Autre explication: les rhizomes étaient trop petits ou avaient déjà subi un premier forçage. Pour la culture en intérieur, il est préférable d'acheter des rhizomes spécialement traités.

Les fleurs ne s'épanouissent pas en même temps: complantation de rhizomes de tailles différentes. N'empotez ensemble que des rhizomes de même taille.

Le forçage

1 Placez les rhizomes dans un sac en plastique et réfrigérez à 0 °C pendant quatre à cinq jours. Dégelez-les complètement avant de les empoter, puis conservez-les dans un endroit froid et sombre pendant quatre semaines. Maintenez la terre légèrement humide.

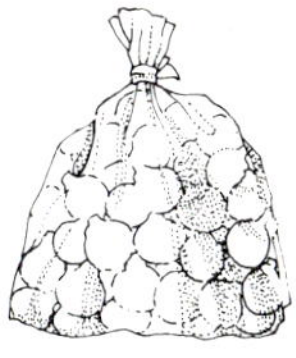

2 Découvrez et exposez à la lumière dès que les feuilles bourgeonnent. Pour un forçage modéré, maintenez à 16 °C; pour une floraison hâtive, à 27 °C.

S.O.S.

Les bourgeons se dessèchent et se parcheminent; le bord des feuilles brunit; les nouvelles tiges se ratatinent: terre trop sèche durant la floraison. Arrosez copieusement, chaque jour s'il le faut.

Le bord des feuilles brunit: chaleur ou exposition excessives au soleil direct. Placez la plante dans un endroit plus frais et plus ombragé.

Petits insectes aptères sur les bourgeons floraux: aphidés. Pulvérisez un insecticide à base de pyrèthre. Répétez après une semaine s'ils persistent.

Extrême pâleur et mollesse des feuilles, absence de fleurs: obscurité ou chaleur excessives (au-dessus de 20 °C). Placez dans un endroit plus frais et bien éclairé.

Rhizomes et tiges rongés par endroits: limaces, aux attaques desquelles sont sujettes les plantes cultivées au jardin. Parsemez le sol de granulés antilimaces, en veillant à ce qu'ils soient hors de portée des enfants et des animaux domestiques. Débarrassez-vous des plantes endommagées.

Convolvulus tricolor

Belle-de-jour naine

Bien qu'elle diffère beaucoup du liseron rampant, connu sous le nom de *Convolvulus*, cette plante lui ressemble par l'aisance avec laquelle elle étale ses généreuses couleurs à partir d'une seule pincée de graines. On peut la semer directement là où l'on veut la voir fleurir. Les semences germent sans difficultés, les plantes résistent au gel et sont peu sujettes aux parasites et aux maladies. Sous les climats assez froids, il est toutefois préférable de l'aider à faire ses premiers pas sous un châssis de protection.

Convolvulus tricolor est une plante buissonnante compacte qui atteint environ 30 cm, et dont les feuilles vert moyen sont plus larges du côté de la pointe que du côté de la base. Ses fleurs campanulées, s'évasant en bleu profond à partir d'un centre très jaune, s'épanouissent durant presque tout l'été.

Lumière: la plante se plaît dans le soleil, mais ne craint pas l'ombre pendant une heure ou deux.
Température: de 10 °C à 13 °C pour la germination. Tolère le gel.
Humidité: la plante préfère une atmosphère sèche, mais elle apprécie une légère vaporisation par temps très chaud.
Terre: un mélange riche et léger, par exemple à base de terreau n° 2.
Engrais: fertilisez les jeunes pousses de quatre à cinq semaines avec un engrais liquide dilué selon les recommandations. Répétez tous les dix jours jusqu'au début de l'automne.
Multiplication: semez à la mi-printemps. Si le récipient est définitif, remplissez-le de compost pour rempotage jusqu'à 5 cm du bord, arrosez et laissez-le égoutter pendant deux heures. Ajoutez 2,5 cm de compost pour semis et égalisez avec le plat d'une planche. Arrosez de nouveau et laissez égoutter pendant trois à quatre heures. Semez (environ 20 graines par récipient de 30 cm) et couvrez de 2 mm de compost. Quelques fils de coton noir décourageront les oiseaux. Éclaircissez en ne laissant que dix plants. Ou bien, semez trois graines par godets et placez sous châssis. Repiquez dans le contenant définitif quand les pousses ont environ 7 cm.
Nettoyage: enlevez toute feuille jaunie.
Variétés: «Blue Flash», au bleu profond avec un centre jaune entouré de blanc; «Petite Mixed», colorée de blanc, de bleu et de rose avec un centre blanc.

Masses blanches écumeuses surtout à l'aisselle des feuilles: des aphrophores sont dissimulés dans l'écume. Lavez au jet ou pulvérisez du malathion dilué à raison de la moitié de la dose recommandée.

S.O.S.

Plante mal ancrée au sol, voire vacillante: vers de terre s'introduisant par les trous de drainage et dérangeant le compost autour des racines. Leurs déjections sur la surface dévoilent leur présence. Arrosez avec une solution de permanganate de potassium pour les attirer à la surface, puis enlevez-les à la main. Posez le récipient sur des briques pour éviter toute autre invasion.

Toute la plante languit: trop au sec. Trempez à fond le pot, puis laissez la terre sécher partiellement avant de recommencer à arroser.

Toute la plante jaunit et s'étiole: terre détrempée. Vérifiez si les trous de drainage sont bien dégagés et arrosez moins. Laissez la terre sécher partiellement avant de recommencer à arroser.

La vaporisation

Quand la température est supérieure à 27 °C, bassinez ou seringuez complètement les plantes le soir. Ne vaporisez pas en plein soleil.

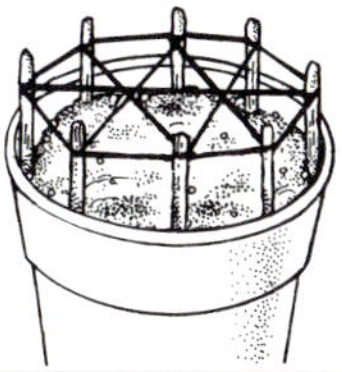

Enfoncez des bâtonnets tout autour du bord du pot et reliez-les par des fils de coton noir, pour décourager les oiseaux.

Grouillement de petits insectes sur les pousses: aphidés. Pulvérisez un insecticide à base de lindane, de malathion ou autre. Répétez après dix jours si les symptômes persistent.

Fils blancs serpentant sur les feuilles: larves mineuses. Pulvérisez du malathion dilué. Répétez au bout de dix jours. Ou bien, écrasez avec l'ongle du doigt le point le plus noir, situé à l'une des extrémités de la traînée où se dissimule la larve.

La plante se décolore et ne pousse pas bien: manque d'engrais. Fertilisez chaque semaine, plutôt que tous les dix jours, sans augmenter la dose.

Flétrissement de certaines tiges, plante par ailleurs saine: limaces, dans le cas d'une tige abîmée à la base. Des traînées de bave peuvent confirmer leur présence. Cloportes, dans le cas d'une tige minée de part en part. Placez des appâts pour limaces en suivant les recommandations du fabricant, ou traitez avec un produit à base de lindane, pour éliminer les cloportes.

Cordyline terminalis

Cordyline

Comme plante ornementale, ce cordyline, appelé aussi «dracéna des horticulteurs», «dracéna à feuilles rouges» ou «dragonnier», est très prisé pour son feuillage vert qui flamboie progressivement, de la base au sommet. Parmi les nombreuses variétés disponibles, citons en particulier: «Prince Albert», la favorite, qui fait environ 60 cm en intérieur; «Lord Robertson», un peu plus grande; «Red Edge», la menue, qui s'élève seulement à 13 cm tout en bordant de rouge son feuillage vert foncé. Les cordylines sont un peu capricieux: leur culture exige une certaine expérience. Signalons enfin que les variétés portent souvent des noms identiques à ceux des *Dracaena*, auxquels elles sont étroitement apparentées.

Lumière: forte pour entretenir les coloris des feuilles, mais pas le plein soleil de midi. Les variétés vertes tolèrent l'ombre.
Température: pour une bonne croissance et une bonne coloration, maintenez la plante entre 18 °C et 21 °C. Elle supporte un minimum de 13 °C, si l'on réduit l'eau. Température maximale en été: 24 °C, voire davantage, à condition d'élever le taux d'humidité par vaporisations.
Arrosage: la terre doit être constamment humide. Arrosez une ou deux fois par semaine en été, suivant la température; une fois par semaine en hiver.
Humidité: vaporisez deux fois par semaine en été et en hiver, mais jamais en plein soleil. Tous les jours par températures supérieures à 24 °C.
Engrais: tous les quinze jours en période de croissance, un engrais liquide ajouté à l'eau de l'arrosage, à la dose recommandée.
Terre: un mélange à base de terreau ou de tourbe n° 2.
Rempotage: tous les deux ans au plus. Vérifiez l'écoulement du drainage.
Nettoyage: essuyez les feuilles avec un chiffon humide. On peut utiliser un lustrant une fois par mois, mais pas sur la variété «Red Edge».

Le feuillage vert foncé de *Cordyline terminalis* présente de magnifiques «éclaboussures» rouges et pourpres. Choisissez des plantes dont la tige est garnie d'un feuillage luxuriant jusqu'à la base. Les variétés qui poussent sur une tige épaisse devraient être coiffées d'un bon bouquet de feuilles.

La taille

1 Si votre plante est échevelée et a perdu ses feuilles inférieures, décapitez-la: de nouvelles feuilles se formeront plus bas sur la tige.

2 Coupez la tige juste au-dessus de la cicatrice d'une ancienne feuille avec un sécateur ou un bon couteau. Saupoudrez le bout avec un fongicide pour prévenir toute affection. Recouvrez d'un sac en polyéthylène pour augmenter l'humidité.

3 De nouvelles feuilles bourgeonneront plus bas sur la tige, donnant à la plante un port plus harmonieux.

S.O.S.

Feuilles délavées: manque de lumière. Exposez la plante à une bonne lumière diffuse, mais pas au plein soleil de midi en été.

Feuilles jaunes avec filaments au dos: araignées rouges. Enlevez les filaments avec une éponge humide, puis pulvérisez du malathion dilué, surtout sous les feuilles. Répétez tous les quinze jours jusqu'à disparition de tout symptôme.

Brunissement du bord des feuilles ou taches sur celles-ci: effets des vaporisations en plein soleil. La plante a besoin d'humidité, mais ne vaporisez pas en plein soleil. Coupez à la base les feuilles déparées.

Feuilles déformées, collantes et couvertes d'insectes verts: pucerons. Pulvérisez un insecticide à base de pyrèthre ou du malathion dilué. Répétez au bout d'une semaine, puis chaque semaine jusqu'à élimination.

Écailles brunes sous les feuilles et sur les tiges: insectes écailleux. Pulvérisez du malathion dilué et, au bout de 48 h, enlevez les écailles avec l'ongle du pouce. Répétez tous les huit jours, pendant quatre semaines, jusqu'à élimination.

Les feuilles se dessèchent et se recroquevillent: endroit trop chaud. Si possible, maintenez une température inférieure à 24 °C. À cette température maximale, humidifiez davantage.

Jeunes feuilles déformées et petites: manque d'engrais. En période de croissance, fertilisez tous les quinze jours avec un engrais liquide dilué à la dose recommandée.

Les bouts des feuilles brunissent, les feuilles du bas tombent: atmosphère trop sèche. Vaporisez deux fois par semaine avec de l'eau tiède non calcaire. Par températures supérieures à 24 °C, élevez le taux d'humidité en posant le pot sur des cailloux mouillés.

Pourriture et chute des feuilles, absence de nouvelles: trop au froid ou trop humide. Vérifiez. Trouvez un endroit plus chaud, au-dessus de 16 °C. Si le compost est détrempé, laissez sécher la surface avant de recommencer à arroser. Tâtez toujours le compost avant d'arroser.

Cotyledon undulatum

Cette magnifique plante efflorescente borde ses feuilles d'une fine pellicule cireuse. Cultivée en intérieur ou en serre, elle peut atteindre de 40 à 50 cm de haut sur 15 à 20 cm de large. Bien soignée, elle produit des fleurs en forme de clochettes retombantes. Parmi les autres espèces, signalons *Cotyledon orbiculata*, aux feuilles couvertes de pruine crayeuse et ourlées de rouge, et *C. ladismithiensis* dont les feuilles aux bords cireux sont épaisses, vertes et poilues. Leur culture ne présente aucun problème majeur, si ce n'est parfois la fragilité des articulations des feuilles et la délicatesse de la pruine.

Lumière: de préférence un emplacement ensoleillé, pour maintenir ses couleurs et son port touffu.
Température: un minimum de 4 °C, de préférence 10 °C pour réduire la chute des feuilles. Une bonne ventilation d'air frais en été.
Arrosage: une fois tous les quinze jours au printemps, chaque semaine durant les grandes chaleurs estivales. Réduisez en automne. En hiver, maintenez la plante au sec si la température est inférieure à 10 °C; si elle est plus élevée, arrosez un peu chaque mois.
Engrais: riche en potasse, une fois par mois, en été seulement.
Terre: un bon compost à base de terreau n° 2, ou non terreux, additionné de 30 % de sable graveleux et de gravier.
Rempotage: au printemps, dans un pot plus grand, en veillant à ne pas abîmer le revêtement poudreux en manipulant les feuilles.
Multiplication: les feuilles ne prennent pas racines. Enlevez une pousse d'environ 8 cm de long avec un couteau bien tranchant. Badigeonnez les coupes avec une poudre radiculaire aux hormones. Laissez sécher pendant deux à trois jours avant d'insérer dans un compost sec. Arrosez trois semaines après, quand les racines sont formées. Procédez de préférence au début de l'été. Il est parfois possible de se procurer des semences.

Cotyledon undulatum ne fleurit généralement qu'au bout de quatre ou cinq ans. La floraison peut alors se produire au printemps, en été ou en automne. Son attrait principal se situe toutefois dans l'ourlet de cire dont il borde ses feuilles tout au long de l'année.

Plaques laineuses blanches sur les feuilles: cochenilles. Celles-ci étant difficiles à repérer dans la pruine poudreuse de la plante, examinez celle-ci régulièrement. Badigeonnez d'alcool dénaturé et arrosez la terre avec un insecticide systémique. Ne pulvérisez pas.

Plaques brunes sur les feuilles: brûlure solaire, due à une exposition trop brusque au plein soleil. Placez la plante dans un endroit ombragé, puis, en l'espace de deux semaines, réexposez-la graduellement au soleil.

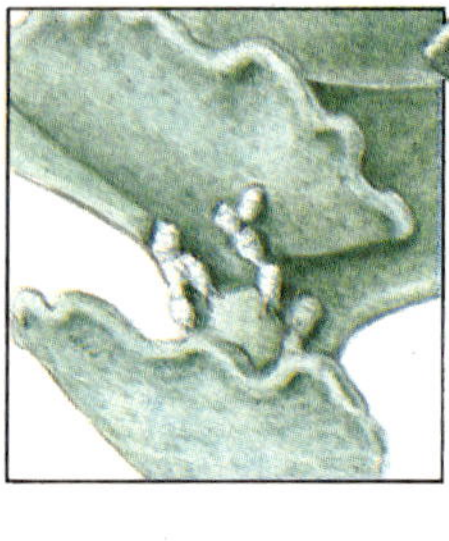

Le rempotage
Préparez un pot d'une taille supérieure. Couchez la plante à dépoter sur une surface matelassée de papier journal et dégagez-la délicatement en tenant la motte et non la tige ou les feuilles. Laissez le tout descendre doucement dans le nouveau pot, puis tassez le compost autour des racines. Ne recommencez à arrosez qu'après deux à trois semaines.

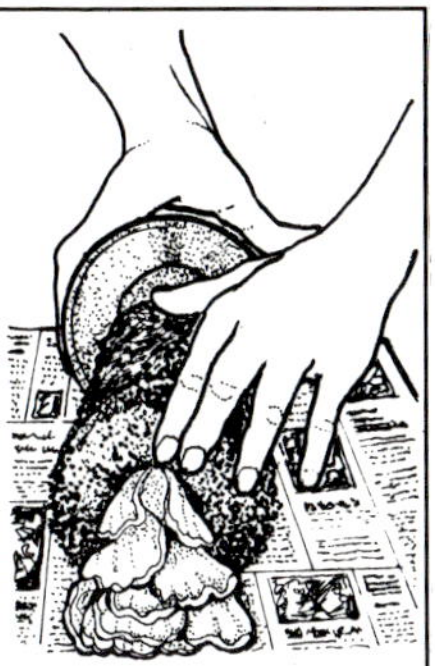

S.O.S.

Noircissement et pourriture des feuilles, des tiges et des racines; chute des feuilles: humidité, arrosage et froid excessifs. Placez la plante dans un endroit plus chaud, à une température supérieure à 10 °C en hiver et laissez sécher la terre. Ne donnez que la quantité d'eau suffisante pour arrêter le ratatinement des feuilles. Pelez tige et racines noircies et, avant de rempoter, saupoudrez avec un fongicide (voir *Introduction*).

À mesure qu'elles s'élèvent, les tiges risquent de s'affaler sous leur propre poids. Tuteurez la plante ou reproduisez-la par bouturage.

Le feuillage tombe, ne laissant qu'un toupet sur chaque tige: causes multiples, y compris sécheresse excessive, manque d'engrais , rempotage nécessaire, pourriture noire due à un surarrosage. En cas de sécheresse en été, plongez le pot dans un seau d'eau pendant une demi heure, laissez-le égoutter et arrosez plus copieusement chaque fois. En hiver, arrosez une fois par mois. Si les racines sont pourries, excisez les parties molles (voir *Introduction*) et rempotez. Si les symptômes persistent malgré vos bons soins, voyez si les cochenilles des racines ne sont pas à l'œuvre.

Feuilles espacées, pâles, parcimonieusement revêtues de pruine: endroit trop sombre. Placez la plante dans un endroit mieux éclairé pendant deux semaines.

Marques sur les feuilles, effacement de la pruine: feuilles venues au contact des humains, des rideaux ou des animaux domestiques. Mettez la plante à l'abri, elle récupérera.

Feuilles rongées sur les bords; tige épaissie à la base; croissance arrêtée: charançons de la vigne. Saupoudrez la terre avec un insecticide. À partir de la base, découpez la tige en fines tranches jusqu'à excision de la partie brune centrale. Saupoudrez un fongicide et laissez sécher. Traitez de même les racines. Replantez dans un compost sec.

Crassula ovata

Cette plante très décorative est un des plus grands représentants de l'espèce *Crassula:* elle peut facilement atteindre 1 m de haut. On la vend souvent sous l'appellation erronée de *Crassula portulacea*. Elle porte des feuilles spatulées, vert jade, quelques fois ourlées de rouge. Bénéficiant d'une abondante lumière en hiver, les plantes matures produisent des fleurs roses ou blanches, en forme d'étoiles et groupées en cymes de 6 à 8 cm de diamètre. Parmi les autres grandes espèces, signalons *Crassula arborescens*, aux feuilles vert argenté, semblables à des disques. Quant à *C. falcata* et *C. lactea*, elles sont un peu plus petites: 30 cm de haut et de large. Il existe enfin un nombre considérable de petites espèces.

Les petits crassulas, tel *Crassula* «Morgan's Beauty» illustré ci-dessus, fleurissent plus vite que les grands *Crassula ovata* (à droite). Se contentant d'habitude d'un pot de 10 à 12 cm, ils sont tout indiqués pour agrémenter les espaces limités. En hiver, ils produisent des fleurs admirables, qui durent une semaine ou plus.

Lumière: la plante exige un emplacement lumineux, ensoleillé.
Température: un minimum de 4 °C. Ventilez bien en été.
Arrosage: commencez à arroser tous les quinze jours au printemps, chaque semaine durant les mois les plus chauds. Réduisez en automne. En hiver, n'arrosez qu'un petit peu chaque mois pour éviter que les feuilles ne se ratatinent. Voir aussi *Introduction*.
Engrais: inutile, sauf si la plante n'a pas été rempotée au printemps. Dans ce cas, utilisez un engrais riche en potasse, deux ou trois fois en été.
Terre: un bon compost de rempotage à base de terreau n° 2, ou un compost non terreux, additionné de 30 % de sable et de gravier.
Rempotage: tous les printemps dans un pot plus grand.
Multiplication: au printemps ou en été, enlevez avec un couteau tranchant des pousses portant trois à quatre feuilles, laissez sécher un jour ou deux, puis insérez dans (ou couchez sur) un compost sec. On peut procéder de même avec des feuilles individuelles.

Marques brunes sur les feuilles: brûlures solaires, suite à une exposition trop brusque au plein soleil. Mettez la plante à l'abri de celui-ci, puis réexposez-la progressivement en l'espace de deux semaines. Ventilez bien en été.

Feuilles déformées, comme par une maladie virale: réaction aux insecticide, surtout au malathion. Cessez de les utiliser. La plante récupérera.

Plaques laineuses blanches sur les feuilles: cochenilles. Enlevez-les avec un petit pinceau trempé dans l'alcool dénaturé et pulvérisez un insecticide contact ou systémique. Répétez deux à trois fois en période de croissance.

Noircissement et chute des feuilles, pourriture de la tige et des racines: pourriture noire, due à un excès de froid et d'eau. En hiver, maintenez une température supérieure à 4 °C, avoisinant de préférence 10 °C. Laissez la terre sécher complètement. Excisez les parties noircies et saupoudrez un fongicide. Laissez sécher pendant deux à trois jours avant de réenraciner dans un compost sec.

Les feuilles se dessèchent et tombent: une certaine chute est naturelle en hiver. En été: sécheresse excessive ou surarrosage. En cas de sécheresse, arrosez plus copieusement à chaque arrosage. Dans l'autre cas, laissez se dessécher complètement.

Croissance longiforme des tiges qui s'inclinent vers la lumière, feuilles très espacées: endroit trop sombre. Exposez au plein soleil toute l'année.

S.O.S.

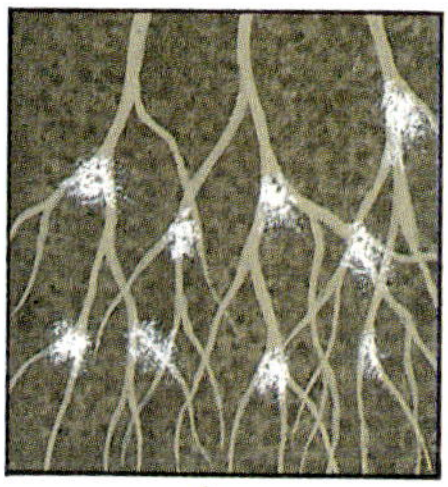

La plante ne pousse pas: engrais ou rempotage nécessaires. Si, malgré tout, le symptôme persiste, examinez les racines pour repérer la présence éventuelle de cochenilles (plaques laineuses blanches). Lavez à l'eau la terre des racines et baignez celles-ci dans un insecticide de contact.

Feuilles rongées sur les bords, rareté des nouvelles pousses, renflement de la tige: charançons de la vigne. Saupoudrez la terre avec un insecticide. Pelez la tige à partir de la base pour exciser la partie brune centrale, infestée de larves. Saupoudrez un fongicide et réenracinez (voir *Introduction*).

Crocus vernus

Parmi les nombreuses espèces de crocus — y compris celles qui fleurissent en hiver et en automne —, c'est *Crocus vernus*, à floraison printanière, qui se prête le mieux à la culture en pots. Par forçage, certaines variétés donneront des fleurs à Noël, mais aucune ne réussit dans les conditions ordinaires d'une maison: toutes ont besoin d'un emplacement frais et aéré, tel que l'offrent, par exemple, un palier ou une véranda bien éclairés. On les cultive à partir de leurs bulbes que l'on couvre, en automne, de compost, environ dix à la fois dans un pot de 13 cm.

On les laisse ensuite dans un endroit frais et sombre durant au moins huit semaines.

Cultivé dans la fraîcheur, *Crocus vernus* ne pose aucun problème. Ses fleurs émergent au printemps de l'épi de ses courtes feuilles vertes, enchâssées dans un étui parcheminé. Elles compensent leur courte vie individuelle en se reproduisant successivement sur des hampes de 10 à 15 cm de haut.

Lumière: obscurité totale durant au moins huit semaines, suivies de deux semaines à la lumière diffuse avant de les exposer enfin à la pleine lumière.
Température: un maximum de 7 °C pendant qu'ils grandissent dans l'obscurité. Un maximum de 18 °C pour la floraison.
Arrosage: quand ils sont dans l'obscurité, assurez-vous chaque semaine que le compost est légèrement et constamment humide. S'il est sec, arrosez jusqu'au ras du pot. Deux fois par semaine durant la floraison.
Humidité: la plante préfère une atmosphère sèche, fraîche et aérée. Ne vaporisez pas: le botrytis s'ensuivrait probablement.
Engrais: inutile, sauf si vous voulez conserver les bulbes; auquel cas, fertilisez tous les quinze jours, jusqu'au flétrissement des feuilles, avec un engrais liquide dilué à la dose recommandée.
Terre: tout bon compost de rempotage ou de la fibre pour bulbes en vente dans le commerce.
Après la floraison: enlevez immédiatement les fleurs mortes. Ne conservez pas les bulbes qui ont subi un forçage: ils ne refleuriront pas. Si vous avez un jardin, vous pouvez replanter les bulbes en pleine terre.

Les fleurs s'inclinent: obscurité ou chaleur excessives, voire terre trop sèche. Vérifiez. Une obscurité excessive affaiblit la gaine qui devrait soutenir la fleur. Évitez de laisser la terre se dessécher: les fleurs risquent de ne pas reprendre. Maintenez une température inférieure à 18 °C pendant la floraison.

Brunissement et dessèchement de la pointe des feuilles: terre ou atmosphère trop sèches, pollution. Maintenez la terre légèrement humide en tout temps. Placez la plante dans un endroit plus frais. Évitez les gaz polluants.

Petits trous dans le bulbe ou la tige: limaces ou escargots, si la plante se trouvait à l'extérieur. Utilisez des appâts pour limaces (en les plaçant hors de portée des enfants et des animaux domestiques), ou rentrez les pots dans une pièce fraîche et sombre.

Les bulbes produisent des feuilles mais pas de fleurs: une atmosphère chaude et sèche en est sans doute la cause. Les crocus ne réussissent pas dans une chaleur excessive. Pas de remède pour l'instant, mais conservez les plantes dans un endroit frais et sec.

Floraison parcimonieuse: développement des bulbes entravé par une plantation trop tardive. Plantez le plus tôt possible en automne.

Les fleurs s'épanouissent pleinement, puis se fanent rapidement: chaleur excessive durant la floraison. Placez la plante dans la pièce la plus fraîche, sous 18 °C.

S.O.S.

Les bulbes

Les bulbes des crocus sont ronds, aplatis et légèrement creux au centre. Examinez-les toujours avant de les planter.

1 S'ils sont rongés, on peut penser que des souris ou des écureuils les ont découverts. Protégez-les des rongeurs à l'aide d'un fin treillis de fer, et posez les pots sur un socle dur.

2 La pourriture des bulbes se manifeste par des cavités noires. Éliminez ceux qui sont atteints et trempez les autres dans du bénomyl avant de les planter.

Moisissure grise duveteuse sur les feuilles et les bourgeons avant la floraison: atmosphère ou compost trop humides. Placez la plante dans un endroit frais et aéré. Pulvérisez du bénomyl ou de l'iprodione. Arrosez à ras bord.

Les fleurs meurent rapidement: excès de soleil direct. Placez la plante dans un endroit ombragé, à l'abri du soleil de midi.

Jaunissement des feuilles: trop d'eau. Maintenez le compost humide, mais sans le détremper. Cultivés à l'extérieur, les bulbes sont aussi sujets aux attaques du charançon de la vigne. Fouillez la terre pour y repérer la présence éventuelle de petites larves en forme de «C» et traitez, si nécessaire, avec un produit à base de lindane ou de malathion.

Crossandra infundibuliformis

Bien qu'un peu capricieuse, cette plante vous donnera, en échange de soins appropriés, une floraison quasi continue, du printemps à la fin de l'été. Assurez-lui notamment une atmosphère sèche: dans une humidité excessive, elle ne tarderait pas à pourrir. Ses fleurs naissent dans des bractées vertes qui ne sont pas sans rappeler l'épi de maïs. Quant aux feuilles, l'éclat de leur vert foncé est aussi admirable qu'est décevante leur sensibilité à l'humidité. Sa multiplication peut se pratiquer en toute saison par bouturage et enracinement dans du sable. À l'achat, choisissez des spécimens dont les feuilles sont brillantes et exemptes de toute flétrissure.

Crossandra infundibuliformis commence sa floraison, dont les coloris éclatants contrastent fortement avec le feuillage luxuriant, au début du printemps et la poursuit bien au-delà. Ses feuilles, apparemment si brillantes et si fermes, se flétrissent au moindre excès d'humidité. Autrement dit, cette plante ne prospérera que dans une atmosphère sèche.

Lumière: protégez la plante du soleil direct au printemps et en été; en hiver, la pleine lumière du jour, y compris le plein soleil.
Température: de préférence 18 °C tout au long de l'année. Maximum en été: 21 °C, dans la sécheresse.
Arrosage: seulement quand la surface du compost est sèche et toujours à l'eau tiède. Et cela durant toute l'année. Pratiquement, cela signifie sans doute une fois par semaine en été, une fois tous les dix jours en hiver, en fonction de la température. Ne mouillez pas les feuilles et ne laissez jamais la plante séjourner dans l'eau. Tout surarrosage lui est fatal.
Humidité: une atmosphère sèche et bien aérée est indispensable. Par grandes chaleurs (supérieures à 21 °C), placez la plante sur un lit de cailloux baignant partiellement dans l'eau d'une soucoupe. Elle ne tolère ni les vaporisations ni les séjours dans une serre humide.
Engrais: toutes les semaines en période de croissance avec un engrais liquide dilué selon les recommandations du fabricant.
Terre: deux parts de mélange à base de terreau n° 2 et une part de sable.
Rempotage: au début du printemps dans un pot au fond généreusement tapissé de tessons de drainage. Pas de lustrants.

Pourriture des fleurs et des feuilles: botrytis. La plante souffre du froid et de l'humidité. Pulvérisez un fongicide, en respectant les recommandations, puis trouvez un emplacement plus chaud, à une température minimale de 13 °C en hiver, 18 °C en été. Laissez toujours la surface se dessécher entre les arrosages. Enlevez feuilles et fleurs déparées.

Les feuilles se recourbent, les bords noircissent: compost et atmosphère trop humides. Attendez que la surface du compost soit sèche avant de recommencer à arroser. Il suffit d'arroser une fois par semaine en été, une fois tous les dix jours en hiver. Ne vaporisez pas.

L'élagage des fleurs mortes

Les fleurs s'ouvrent et tombent progressivement, à partir de la base de l'épi floral. Enlevez les mortes au fur et à mesure qu'elles tombent. Lorsqu'elles sont toutes tombées, coupez la hampe florale juste au-dessus de la première paire de feuilles supérieures.

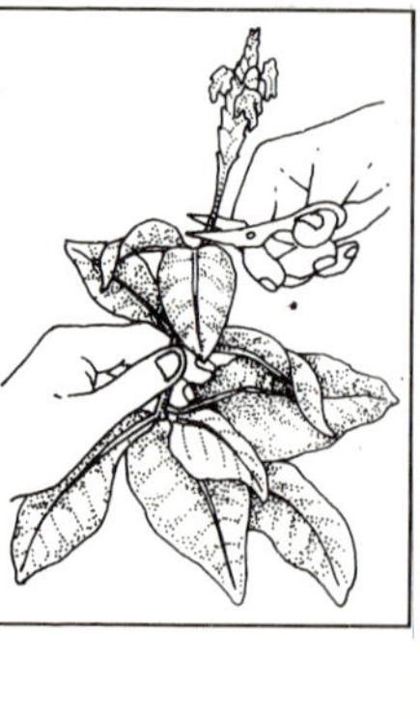

Croissance efflanquée, absence de fleurs: endroit trop sombre. Placez la plante dans plus de lumière. Elle supporte le plein soleil en hiver.

Les fleurs deviennent translucides: effets des vaporisations à l'eau. Ne vaporisez pas. Si la température est supérieure à 21 °C, élevez le taux d'humidité en plaçant le pot sur des cailloux mouillés.

Les feuilles sont flasques: compost trop humide et/ou courants d'air. Laissez la surface se dessécher entre les arrosages – une fois par semaine en été, une fois tous les dix jours en hiver devrait suffire. Protégez la plante des courants d'air.

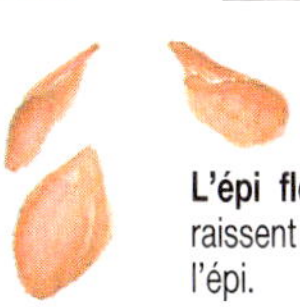

La plante ne pousse pas: trop au froid. Placez-la dans un endroit plus chaud: minimum 13 °C en hiver, 18 °C en été.

S.O.S.

Plusieurs feuilles noircissent complètement: trop au froid. Trouvez un emplacement plus chaud. En hiver, la température ne doit pas descendre sous 13 °C. En été: de préférence entre 18 °C et 21 °C. Les lustrants provoquent aussi ce noircissement.

Petitesse des nouvelles feuilles au printemps: manque d'engrais. Fertilisez chaque semaine au printemps et en été, avec un engrais dilué à la dose recommandée.

Les feuilles se recroquevillent et brunissent: chaleur et sécheresse excessives. Arrosez si la surface du compost est desséchée et placez la plante plus au frais, au-dessous de 21 °C si possible. Ne vaporisez pas, mais augmentez le taux d'humidité en plaçant le pot sur des cailloux mouillés.

Les feuilles brunissent par endroits, la plante se flétrit et s'affaisse: gaz polluants. Placez la plante dans une pièce non polluée.

Fines toiles sous les feuilles: araignées rouges. Enlevez les toiles avec un chiffon sec et ajoutez à l'eau de l'arrosage un insecticide systémique, tel que du malathion. Ne pulvérisez pas. Répétez le traitement dix jours après, si les symptômes persistent. Augmentez le taux d'humidité.

L'épi floral perd quelques pétales: naturel. Les fleurs apparaissent et se fanent progressivement de la base au sommet de l'épi.

Cryptanthus bivittatus

Ce *Cryptanthus* est un des plus petits membres de la famille des broméliacées. C'est un amoureux du soleil: plus il en jouit, plus ses feuilles s'animent de vives couleurs. Il dispose d'un système radiculaire assez réduit qui, plutôt que de le sustenter, lui sert à s'accrocher et à se maintenir en place, notamment sur un peu de mousse fixée à un morceau de bois ou d'écorce. S'il fait bel effet en suspension, il agrémente tout aussi naturellement les premiers rangs d'une composition mixte. Il se multiplie en produisant, à l'aisselle de ses feuilles, de jeunes plantules, à la naissance desquelles il survit, contrairement aux autres broméliacées. Il se présente sous diverses espèces pour varier les motifs et les coloris de ses feuilles.

Les feuilles de *Cryptanthus bivittatus* ne dépassent pas 10 cm de long. La plante pousse bien en culture mixte dans un bac ou dans un bocal. De plus, son système radiculaire réduit lui permet de vivre à l'aise sur un simple morceau d'écorce.

Lumière: il n'en a jamais assez. Mais, si ses feuilles sont mouillées, évitez-lui le plein soleil, qui provoquerait des brûlures.
Température: entre 15 °C et 18 °C en hiver, un maximum de 24 °C en été.
Arrosage: deux à trois fois par semaine en été, surtout s'il se maintient sur de la mousse. En hiver: tous les dix jours environ. Il n'est pas nécessaire de remplir d'eau sa rosette: l'humidification de ses racines suffit.
Humidité: vaporisez chaque jour en été en fine bruine quand la température atteint son maximum.
Engrais: pas vraiment nécessaire, mais la plante profitera d'une petite dose toutes les trois semaines en été. N'utilisez que la moitié de la dose recommandée.
Terre: un compost tourbeux additionné d'une poignée de sphaigne, pour les plantes empotées.
Rempotage: pas nécessaire, le pot ne servant qu'à ancrer la plante. Pas plus d'une fois tous les deux ou trois ans.
Nettoyage: vaporisez ou époussetez, si la plante est poussiéreuse. Pas de lustrants.

S.O.S.

Les feuilles se recroquevillent, s'amincissent et se parcheminent: chaleur et sécheresse excessives. Arrosez plus souvent, vaporisez régulièrement et, si possible, placez la plante dans un endroit plus frais.

Feuilles ternes et pendantes: endroit trop sombre. Placez la plante dans un endroit mieux éclairé: elle supporte le plein soleil.

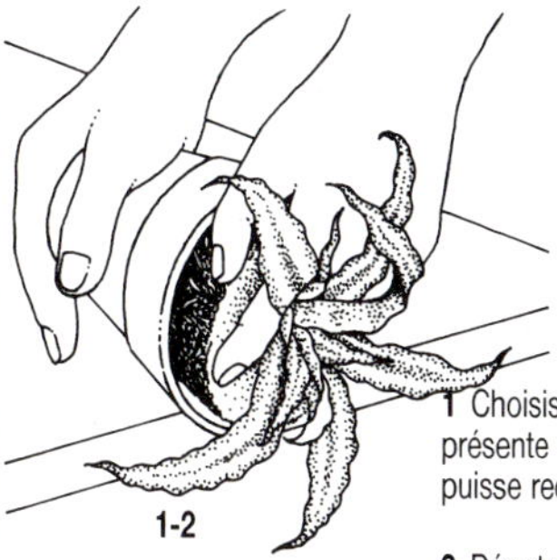
1-2

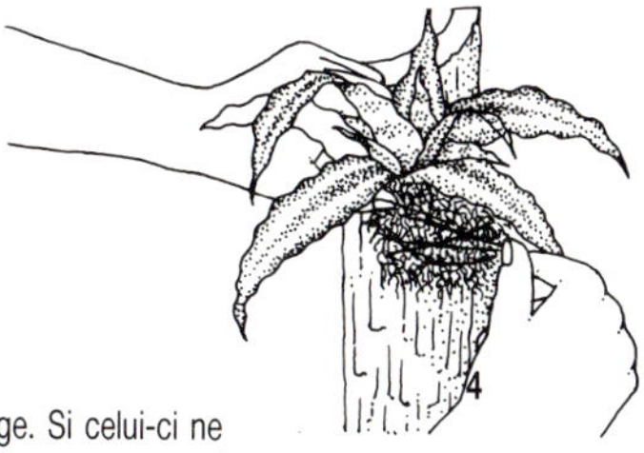
4

Le montage sur écorce

Matériaux: écorce de liège, sphaigne, fil de fer plastifié.

1 Choisissez un morceau d'écorce de liège. Si celui-ci ne présente pas de cavité naturelle, pratiquez-en une, qui puisse recevoir la plante.

2 Dépotez la plante sans effriter le compost de la motte.

3 Enveloppez la motte de sphaigne humide, en maintenant celle-ci à l'aide d'un fil de fer plastifié.

4 Montez le tout sur le morceau d'écorce, toujours avec du fil de fer plastifié.

5 Une fois le tout installé là où vous voulez, assurez-vous que la plante soit bien redressée. Vaporisez régulièrement afin que la motte ne se dessèche jamais.

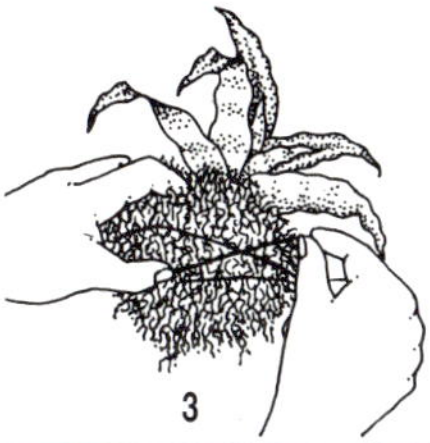
3

5

Plaques blanches laineuses au centre de la plante: cochenilles. Essuyez avec un tampon d'ouate imbibé d'alcool dénaturé.

Pointes des feuilles roussies: effets du soleil direct sur l'eau laissée sur les feuilles. En plein soleil, les feuilles ne doivent jamais être mouillées.

La pointe des feuilles brunit: atmosphère trop sèche. Vaporisez plus souvent: tous les jours par température avoisinant les 24 °C. Enlevez les pointes roussies, en coupant légèrement en dehors de la partie saine.

La plante pourrit à la base: excès de froid et d'eau. Surarrosage vraisemblable. Exposez dans un endroit plus chaud, à une température d'au moins 15 °C et laissez sécher. Un excès d'eau trop prolongé lui est fatal.

Ctenanthe oppenheimiana

Cultivée pour son magnifique feuillage, cette plante brésilienne est une lointaine parente des marantas (p. 368), dont elle se distingue toutefois par son port plus redressé. Dans le commerce, on la vend souvent sous le nom de *Calathea*. Son vrai nom grec signifie «peigne», par allusion à la forme de sa fleur, dont seules se parent les plantes adultes. On trouve aussi l'espèce *Ctenanthe lubbersiana*, beaucoup plus robuste.

Lumière: la plante n'apprécie pas la lumière forte et devrait rester à l'écart des fenêtres exposées au plein soleil de midi ou de l'après-midi. Se plaît bien dans l'ombre, mais profitera d'un supplément de lumière en hiver.
Température: de préférence au-dessus de 16 °C en hiver, mais la plante survivra à des températures avoisinant 10 °C, du moins dans une certaine sécheresse. En été, de 27 °C à 29 °C si l'humidité est élevée.
Arrosage: le compost doit être constamment humide. Arrosez deux à trois fois par semaine en été, une fois par semaine en hiver. Par température avoisinant 10 °C en hiver, n'arrosez que tous les dix à douze jours.
Humidité: la plante ne prospère que dans une humidité élevée. Vaporisez tous les jours en été, deux fois par semaine en hiver. Entretenez une humidité ambiante constante en posant le pot sur un lit de cailloux mouillés.
Engrais: fertilisez.tous les quinze jours en période de croissance (été) avec un engrais liquide dilué à raison de la moitié de la dose recommandée.
Terre: un mélange aéré, poreux, à base de tourbe n° 2.
Rempotage: une fois par an à la fin du printemps. Assurez-vous du bon fonctionnement du drainage et ne tassez pas trop le compost.
Nettoyage: les vaporisations suffiront à maintenir la propreté des feuilles. Si elles sont très poussiéreuses, essuyez-les avec un chiffon humide. Pas de lustrants.

Ctenanthus oppenheimiana dispose ses feuilles à angle droit, parallèlement au sol. Une plante saine peut atteindre 90 cm de haut et produire des feuilles de 33 cm de long. Toutefois la plupart des plantes en vente dans le commerce ne dépassent pas 30 cm de haut.

Écailles brunes sous les feuilles et sur les tiges: insectes écailleux. Pulvérisez du malathion dilué sur l'envers des feuilles et, 48 h après, enlevez les écailles avec l'ongle du pouce. Répétez chaque semaine pendant un mois, jusqu'à élimination. Ou bien, badigeonnez d'alcool dénaturé.

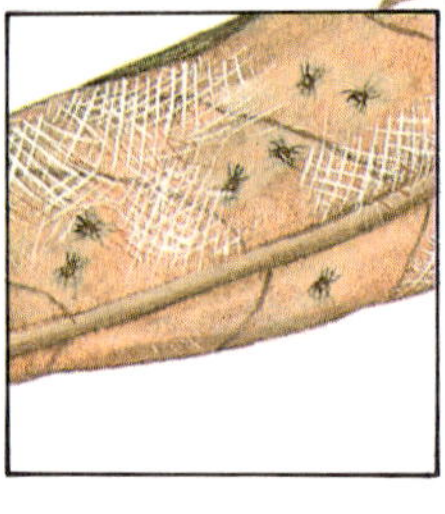

Les feuilles se décolorent et l'envers est couvert de filaments: araignées rouges. Enlevez les filaments avec un chiffon ou une éponge humides, puis pulvérisez du malathion dilué, surtout sous les feuilles. Répétez tous les quinze jours, jusqu'à élimination. Humidifiez davantage.

Pâleur et petitesse des feuilles: manque d'engrais. Pendant la période de croissance estivale, administrez la moitié de la dose recommandée d'un engrais liquide.

Les feuilles se recourbent et ne s'ouvrent pas: lumière ou froid excessifs. Vérifiez. Protégez de la lumière solaire trop forte et maintenez la plante à une température supérieure à 16 °C.

La plante s'affaisse: terre trop sèche ou détrempée. En cas de sécheresse, plongez le pot dans un seau d'eau pendant dix à quinze minutes, puis laissez-le égoutter. Si la terre est humide et noire, laissez-la sécher avant de recommencer à arroser.

Les feuilles se recourbent et se flétrissent: chaleur et sécheresse excessives. Vaporisez tous les jours au printemps.

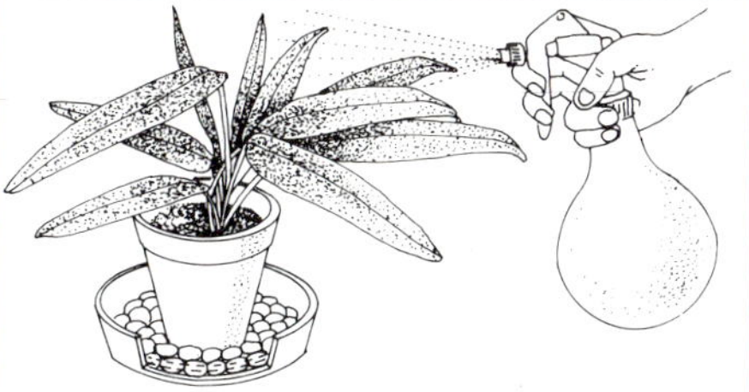

L'humidité

Ces plantes exigent une atmosphère très humide et une terre toujours moite. Posez le pot sur un lit de cailloux baignant dans une soucoupe à moitié emplie d'eau. Le liquide ne doit pas toucher le fond du pot, sinon les racines pourriraient. Par grandes chaleurs, vaporisez tous les jours. Arrosez dès que la terre commence à se dessécher.

Les feuilles se décolorent: endroit trop sombre. Sans exiger la pleine lumière, cette plante n'apprécie pas une obscurité excessive. En hiver, choisissez un emplacement lumineux.

S.O.S.

Marques de rouille sur les feuilles: effets des lustrants. Ne les utilisez pas. Ne nettoyez que par vaporisations d'eau tiède non calcaire. Coupez à la base de la tige les feuilles abîmees.

Les feuilles languissent et mollissent: chaleur excessive. Placez la plante dans un endroit plus frais, si possible, à une température inférieure à 27 °C. Entretenez une humidité élevée en vaporisant chaque jour.

Cuphea ignea

En intérieur, mieux vaut cultiver *Cuphea ignea* comme s'il s'agissait d'une plante annuelle, bien qu'il s'agisse, en fait, d'une vivace. On le cultive facilement par semis. Pratiquez celui-ci au début du printemps, dans un plateau de compost pour semis. Saupoudrez-le légèrement de compost et placez-le dans un sac en plastique. Recouvrez de papier jusqu'à la germination, puis exposez à la lumière. Lorsque leur taille permet de les manipuler, repiquez les jeunes pousses dans des godets et maintenez-les humides.

Lumière: la pleine lumière en tout temps, si possible le soleil direct. À l'ombre, la plante ne fleurira pas.
Température: un minimum de 21 °C pour la germination. La plante pousse mieux à des températures de 13 °C à 18 °C, mais continuera sa croissance à 7 °C, du moins dans la pleine lumière.
Arrosage: la plante se porte mieux dans une terre légèrement humide. Arrosez chaque semaine, voire deux fois par semaine par grandes chaleurs.
Humidité: vaporisez chaque jour par températures supérieures à 24 °C, sauf pendant la floraison.
Engrais: administrez un engrais liquide pendant trois semaines, à la dose recommandée, après l'empotage définitif, ensuite chaque semaine.
Terre: n'importe quel compost bien drainé à base de terreau stérile ou un mélange maison composé de trois parts de terreau, de deux parts de tourbe, d'une part de sable, le tout additionné d'oligo-éléments.
Après la floraison: les fleurs sont plutôt éphémères mais poussent à profusion des mois durant. Enlevez les fleurs mortes pour encourager la plante à en produire de nouvelles. D'habitude, on se défait de la plante lorsqu'elle cesse de former des bourgeons, vers la fin de l'automne ou le début de l'hiver. Bien qu'il soit possible de prélever des boutures ou d'hiverner la plante, ces deux modes de reproduction n'offrent aucun avantage par rapport au semis printanier, si ce n'est une floraison un peu plus hâtive.

Placée au frais et au soleil, cette magnifique plante buissonnante à feuillage persistant atteindra une hauteur de 30 cm et fleurira de la mi-été jusqu'au début de l'hiver. Ses tiges ligneuses portent de petites feuilles ovales vert foncé. Ses fleurs étrangement façonnées en forme de cigare sont de longs tubes cramoisis aux curieux bouts noirs et verts. Les plantes qui ont hiverné fleurissent moins généreusement la seconde année.

Le bord des feuilles brunit: effets des lustrants ou des gaz polluants. N'employez pas de lustrants et éloignez des appareils de chauffage à gaz.

La plante est détrempée et noircit: suspectez le gel et défaites - vous de la plante, si elle a séjourné dehors. Cette plante n'étant pas résistante, protégez-la du gel.

Feuilles pendantes et flasques: sécheresse excessive. Arrosez avec modération, sans laisser la terre se dessécher complètement.

S.O.S.

Malgré de bonnes conditions, la plante ne prospère pas: fouillez la terre pour y repérer la présence éventuelle des larves du charançons de la vigne. Arrosez alors la terre avec un produit à base de lindane ou de malathion.

Feuilles recourbées et déformées: les pucerons sont sans doute à l'œuvre. Vérifiez et, si nécessaire, pulvérisez un insecticide à base de pyrèthre, tous les dix jours, jusqu'à élimination. Si aucun insecte n'est découvert, c'est que la plante souffre d'une maladie virale. Détruisez-la.

Rareté des fleurs, croissance chétive: endroit trop sombre. Cette plante ne croît bien que dans la pleine lumière. Placez-la dans un lieu bien éclairé.

Croissance vigoureuse des feuilles, rareté des fleurs: pot trop grand ou terre trop riche. Limitez-vous à des pots de 11 cm. N'arrosez plus que tous les quinze jours.

Feuilles ponctuées de petites têtes d'épingle, filaments sur l'envers: araignées rouges. Pulvérisez un insecticide à base de pyrèthre ou du malathion dilué. Répétez au bout de dix jours, si les symptômes persistent.

Les feuilles ont l'air pâles et fanées: atmosphère trop sèche et chaude. Vaporisez légèrement par températures supérieures à 24 °C.

Petitesse des feuilles, rareté des fleurs: manque d'engrais. Administrez chaque semaine un engrais liquide dilué à la dose recommandée par le fabricant.

Chute des fleurs nouvellement écloses: plante saturée d'eau. Vérifiez le drainage et laissez la terre se dessécher presque complètement avant de recommencer à arroser. Maintenez la terre très légèrement humide.

Moucherons noirs à la surface des plateaux à semis ou des plantes récemment empotées: sciaria. Les larves étaient peut-être dans la terre. Utilisez toujours un compost de rempotage stérile. Pulvérisez un insecticide à base de pyrèthre sur les moucherons.

Cyclamen de Perse

De nos jours, les cyclamens ne fleurissent plus seulement de l'hiver au printemps: il en existe de nouvelles variétés qui prodiguent leurs fleurs tout au long de l'année. Leur culture peut toutefois se révéler délicate en raison de leur grande prédisposition au botrytis, qui pourrit les bulbes d'où naissent feuilles et fleurs. Les cyclamens sont, de surcroît, les hôtes privilégiés d'un insecte parasite appelé justement «mite du cyclamen». Cependant, si on aide ces plantes à surmonter ces problèmes, elles vous récompenseront, au plus profond de l'hiver, en vous couvrant d'une avalanche de fleurs.

Lumière: la pleine lumière à tout prix, mais à l'abri du soleil direct.
Température: idéalement de 8 °C à 15 °C. La plante aime un emplacement frais et aéré. Méfiez-vous du chauffage central et des écarts subits de température. Gardez la plante au frais durant la dormance suivant la défleuraison.
Arrosage: deux fois par semaine durant la floraison, sinon une fois par semaine, en arrosant par le bas. À l'apparition des nouvelles feuilles, maintenez le compost humide par des arrosages plus fréquents. Le bulbe ne doit jamais être mouillé ni recouvert de terre: il pourrirait. Évitez de détremper la terre en laissant le pot séjourner dans l'eau.
Humidité: maintenez l'humidité indispensable en posant le pot sur des cailloux humides. Ne vaporisez pas.
Engrais: tous les quinze jours pendant la croissance et la floraison avec un engrais dilué selon les recommandations du fabricant.
Terre: un mélange à base de terreau n° 2.
Rempotage: dans un nouveau pot en terre cuite après la mort des fleurs et des vieilles feuilles. La plante fleurit mieux à l'étroit. Le bulbe ne doit être qu'à moitié enfoui.
Nettoyage: époussetez délicatement les feuilles avec un pinceau doux ou un tampon d'ouate. Pas de vaporisations ni de lustrants.

Les cyclamens s'achètent d'habitude tout au début de leur floraison. Chez une plante saine, le feuillage est ferme, exempt de taches et abrite de nouveaux bourgeons. Une même plante peut présenter simultanément trois stades de floraison: celui des petits bourgeons verts hermétiquement fermés, celui des moyens montrant leurs couleurs et celui des grands épanouis en fleurs.

Les feuilles jaunissent et se désagrègent: chaleur et sécheresse excessives. Arrosez et choisissez un emplacement plus frais.

Moisissure grise sur les feuilles: botrytis. Enlevez les feuilles abîmées et pulvérisez un fongicide par mesure de prévention.

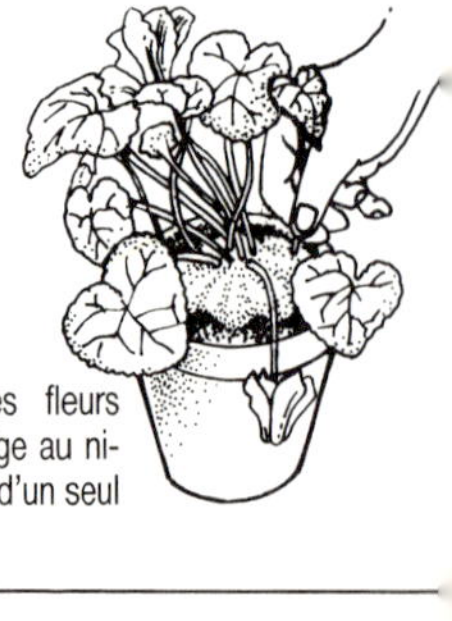

L'élagage des fleurs et tiges mortes
Lorsque les feuilles et les fleurs meurent, saisissez chaque tige au niveau du bulbe et arrachez-la d'un seul coup sec.

S.O.S.

La plante s'affaisse, tout le feuillage languit: manque d'eau, si les symptômes se manifestent entre les arrosages. Si la terre est humide au toucher: chute subite de température ou froid excessif. Placez dans un endroit où la température est plus élevée mais pas supérieure à 15 °C.

Petitesse des nouvelles feuilles, absence de fleurs: manque d'engrais. Fertilisez tous les quinze jours quand les nouvelles feuilles commencent à pousser.

Plaques brunes sur les feuilles: effets des lustrants. Ne les utilisez pas.

Filaments sous les feuilles, qui sont décolorées: araignées rouges. Enlevez les feuilles atteintes et ajoutez du malathion dilué à l'eau d'arrosage une fois par semaine jusqu'à élimination. Ne pulvérisez pas.

Feuilles rabougries et durcies, poussière sur le dos: mite du cyclamen. Pas de remède. Enlevez les feuilles atteintes et, si d'autres cyclamens sont infestés, détruisez-les.

Les feuilles se recroquevillent et retombent: endroit beaucoup trop chaud et sec. Enveloppez la plante de papier, afin de redresser les feuilles et laissez tremper le pot dans 5 cm d'eau pendant une demi-heure. Laissez-la égoutter, toujours enveloppée de papier, pendant 24 h dans une pièce fraîche. Enlevez le papier et continuez à arroser normalement. Gardez dans une pièce fraîche, à l'abri du soleil direct.

La tige et/ou le bulbe pourri(ssen)t: la tige pourrit si le bulbe est recouvert de terre. Exposez-le à moitié. Il pourrit aussi s'il est mouillé. Arrosez toujours par le bas. Enlevez la pourriture avec un couteau tranchant et laissez la terre sécher complètement avant de recommencer à arroser.

Croissance efflanquée des tiges: suralimentation ou pot trop grand. Vérifiez. Laissez la plante récupérer avant de recommencer à fertiliser. Ne dépassez jamais la dose recommandée. Rempotez dans un plus petit pot après la floraison.

Cymbidium

Il existe environ cinquante espèces de cymbidiums. Jadis rare et coûteuse, cette plante est aujourd'hui à la portée de tous, grâce aux techniques de culture modernes, qui en ont produit littéralement des milliers d'hybrides. Ce sont des plantes faciles à cultiver, mais il importe de leur donner la température et l'humidité qui leur conviennent.

Lumière: abondante, pour assurer une floraison régulière. La plante supporte le plein soleil, sauf au temps de l'infloraison ou de la floraison.

Température: un minimum de 8 °C en hiver, du moins au sec; sinon, 10 °C la nuit, de 10 °C à 13 °C le jour. En été, maintenez une température nocturne aussi basse que possible, une température de 21 °C à 27 °C le jour.

Arrosage: pendant la croissance et la floraison, maintenez la terre humide en arrosant deux à trois fois par semaine. Après la floraison, réduisez à une ou deux fois par semaine pour ménager une période de repos. Un bon drainage est indispensable.

Humidité: entretenez une atmosphère humide, mais bien aérée, en vaporisant tous les jours à l'eau tiède non calcaire. Augmentez le taux d'humidité en posant le pot sur des cailloux baignant partiellement dans l'eau de la soucoupe, sauf par températures inférieures à 8 °C, auquel cas il ne faut pas non plus vaporiser.

Engrais: une fois par semaine pendant la croissance et la floraison avec un engrais liquide dilué selon les recommandations. Pendant la période de repos, n'arrosez plus jusqu'à la reprise de la croissance.

Terre: trois parts de fibre de fougère spéciale (osmonde) et une part de mousse de sphaigne. Il existe des mélanges tout faits pour orchidées, mais les experts de la culture de ces plantes préfèrent procéder par essais.

Rempotage: au printemps, après la floraison si la plante est à l'étroit. Examinez la motte. En principe, tous les deux ans.

Nettoyage: les vaporisations (voir *Humidité*) devraient suffire à maintenir la propreté des feuilles. Si elles sont poussiéreuses, essuyez avec un chiffon humide. Ne touchez pas les fleurs. Pas de lustrants.

Les inflorescences des cymbidiums, pouvant compter jusqu'à trente fleurs par tige, couvrent la gamme des brun rougeâtre aux blancs. Chaque fleur dure environ six semaines. Elles s'ouvrent les unes après les autres dans une longue suite jusqu'au sommet de leur hampe. Si vous achetez des plantes en fleurs, choisissez des spécimens portant des bourgeons floraux encore sur le point d'éclore, et dont les feuilles sont fermes et coriaces.

S.O.S.

Les feuilles brunissent: chaleur excessive. Température maximale: 13 °C en hiver; 27 °C en été, avec des nuits plus fraîches. Ces symptômes s'aggravent dans une atmosphère sèche. Vaporisez donc régulièrement.

Plaques noires ou brûlures sur les feuilles: effets des lustrants. Ne les utilisez pas. Nettoyez seulement par vaporisations à l'eau tiède et non calcaire.

Fleurs délavées par endroits: effets des vaporisations. Ne vaporisez ni de l'eau ni des insecticides sur les fleurs ou les bourgeons.

La plante ne fleurit pas: manque de lumière. Elle a besoin de la pleine lumière, y compris le plein soleil sauf quand elle est en fleurs ou est sur le point de fleurir. Dès l'apparition des fleurs, ombragez légèrement, pour éviter l'insolation.

Marques sur les fleurs épanouies: brûlure solaire. Protégez la plante du soleil direct, mais maintenez-la dans une bonne lumière indirecte.

Feuilles pâles, fleurs translucides: mauvais drainage ou plante croupissant dans l'eau. Utilisez le bon compost. Il doit présenter une porosité qui permette à l'air d'atteindre les racines et à l'eau de s'écouler rapidement. Ne laissez jamais le pot séjourner dans l'eau.

Les bourgeons floraux ne s'ouvrent pas: manque de lumière et d'engrais. Pendant la floraison, maintenez dans une bonne lumière indirecte. Fertilisez chaque semaine pendant la croissance et la floraison.

Les feuilles noircissent: trop au froid. Température minimale en hiver: 10 °C, sauf au sec. Auquel cas, la plante supportera des températures descendant jusqu'à 8 °C, du moins durant de courtes périodes.

Les hampes florales noircissent et pourrissent: humidité excessive par températures froides. N'humidifiez pas par température avoisinant 8 °C.

Les feuilles se dessèchent en été: manque d'eau. Pendant la croissance, la terre doit toujours être humide, mais la plante ne doit pas séjourner dans l'eau. Veillez à ce que le drainage soit bon et le compost, approprié.

Moucherons à la surface de la terre: mouches blanches, attirées par un compost détrempé. Pulvérisez un insecticide à base de pyrèthre, tous les quinze jours, jusqu'à élimination.

Cyperus diffusus

Souchet diffus

Voici une plante dont l'aspect plus exotique plaira au collectionneur aventureux. Bien que sa culture ne présente aucune difficulté particulière, la fragilité de ses tiges, qui ploient et se froissent aisément, demande qu'on la manipule avec précaution. C'est une plante gracieuse et élégante, qui coiffe ses longues tiges d'une verte ombelle de feuilles sveltes. Ces tiges sont hautes d'un mètre chez le souchet diffus, deux fois plus petites chez *Cyperus alternifolius*, variété plus menue. Elle produit de petites fleurs brunes au centre des couronnes de ses feuilles. Comme il s'agit d'une plante des marais, elle adore l'eau.

Si la plante prend de l'ampleur, on peut diviser ses touffes au printemps. La multiplication peut se faire aussi à partir des tiges florales. À la défleuraison, coupez la pointe des feuilles d'une tige et courbez celle-ci afin de laisser baigner complètement les feuilles dans l'eau tiède d'une coupe.

Les tiges du souchet diffus, coiffées d'une élégance ombelle de sveltes feuilles, peuvent atteindre 1 m de haut. En été, la plante dispose de petites fleurs brunes sur le haut des tiges, au cœur de l'ombelle. Manipulez les tiges avec précaution, car elles ploient et se froissent facilement. À l'achat, évitez les plantes aux feuilles jaunies.

Jaunissement ou brunissement rapide des feuilles: besoin urgent d'eau. Laissez le pot tremper dans un seau d'eau pendant dix à quinze minutes. Laissez-le égoutter dans une soucoupe. Vous pouvez ensuite laisser le pot séjourner dans la soucoupe. Vaporisez régulièrement.

Lumière: la plante préfère un emplacement lumineux, mais ne tolère pas le soleil de midi.
Température: un minimum de 12 °C en hiver. En été: entre 20 °C et 25 °C, en arrosant bien.
Arrosage: gardez la terre toujours humide, de préférence le bas du pot dans l'eau. Arrosez tous les jours en été ou si la plante est soumise au chauffage central.
Humidité: vaporisez tous les jours en été, trois fois par semaine en hiver.
Engrais: tous les quinze jours en période de croissance (printemps et été) avec un engrais dilué selon les recommandations.
Terre: un compost à base de terreau n° 2.
Rempotage: à chaque printemps, bien que la plante préfère un pot légèrement trop petit.
Nettoyage: les vaporisations (voir *Humidité*) suffisent. Le souchet diffus apprécie une légère pluie estivale. Pas de lustrants.

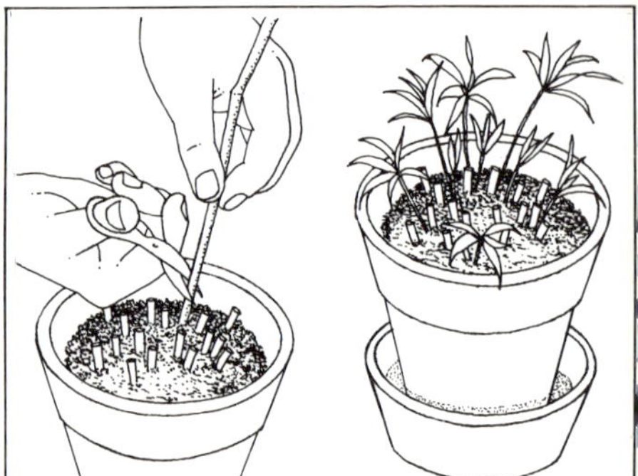

Le rabattage des tiges

1 Si la plante se meurt en hiver, coupez les tiges avec une paire de ciseaux, juste au niveau de la terre.

2 Laissez les pots baigner dans l'eau. Les tiges reprendront au printemps.

S.O.S.

La plante ne pousse pas ou ne produit pas de nouvelles feuilles en été: fertilisez tous les huit jours pendant environ trois semaines, ensuite tous les quinze jours. N'augmentez pas la dose.

Des insectes blancs s'envolent quand on touche les feuilles: mouches blanches. Pulvérisez un insecticide à base de derris ou de pyrèthre, tous les quinze jours, jusqu'à élimination.

Feuilles collantes, couvertes de petits insectes verts, grignotées sur les bords: pucerons. Pulvérisez du pyrèthre ou un insecticide à base de malathion dilué, tous les quinze jours, jusqu'à élimination.

Les feuilles blanchissent: trop de soleil. Protégez la plante du soleil direct.

Les feuilles ont l'air d'être brûlées: effets des lustrants. Ne les utilisez pas. Coupez les feuilles abîmées.

Feuilles ternes et flasques: endroit trop sombre. Trouvez un emplacement mieux éclairé, mais pas en plein soleil.

Les feuilles meurent en hiver: trop au froid. Coupez le feuillage fané. Il reprendra au printemps. Maintenez une température supérieure à 12 °C.

Tige ployée et endommagée: manipulation maladroite. Manipulez la plante avec précaution: les tiges se plient facilement. Coupez la tige abîmée au ras de la terre.

Cyrtomium falcatum

Aspidie en faux

Dans le commerce, cette plante élégante, appelée aussi «queue-de-poisson» ou «fougère houx», est souvent vendue assortie d'autres petites fougères. Grâce à son feuillage lustré et coriace, elle se plaît aussi bien dans la maison que dans une serre non chauffée, et prospère en dépit des fumées et des courants d'air, auxquels bien d'autres plantes succomberaient. Ses frondes, qui peuvent atteindre 60 cm de long en un laps de temps très court, en font une plante ornementale au port très harmonieux.

Lumière: diffuse. La plante ne tolère pas le soleil direct.

Température: fraîcheur modérée, de 10 °C à 18 °C tout au long de l'année. Si le chauffage central fonctionne, placez la plante dans la pièce la plus fraîche de la maison. Une serre fraîche constitue un emplacement idéal.

Arrosage: trois fois par semaine en été, une fois par semaine en hiver. Maintenez toujours humide la terre des jeunes plantes.

Humidité: vaporisez à l'eau tiède deux fois par semaine en été, une fois par semaine en hiver. La plante exige moins d'humidité que les autres fougères, à condition d'être au frais. Par des températures supérieures à 18 °C, placez le pot sur des cailloux humides.

Engrais: chaque semaine en été avec un engrais dilué dans l'eau de l'arrosage à la dose recommandée.

Terre: un compost composé à parts égales de terreau n° 1 ou n° 2, de tourbe et de sable argenté.

Rempotage: chaque année dans le pot en plastique de la taille supérieure, uniquement lorsque la motte remplit le pot. Ne tassez pas trop la terre: la croissance en serait retardée. Lorsque vous arrivez au pot de 18 cm, contentez-vous de renouveler le terreau de surface au printemps.

Nettoyage: nettoyez et lustrez les feuilles en vaporisant une solution d'eau et de lait (six à sept gouttes dans une tasse d'eau). Essuyez ensuite avec un chiffon doux. Pas de lustrants.

L'aspidie en faux, ou queue-de-poisson, porte un feuillage lustré et coriace assez peu caractéristique de celui d'une fougère «type». Il lui permet de survivre dans une atmosphère sèche et de mieux résister aux fumées ou gaz polluants. Malgré leur aspect cireux, les feuilles ne tolèrent pas les lustrants.

Les feuilles brunissent et se parcheminent: terre trop sèche. Arrosez trois fois par semaine en été, une fois par semaine en hiver. Enlevez les frondes mortes.

L'élagage des frondes mortes
Avec une paire de ciseaux, coupez la tige de la fronde morte au ras de la terre. N'abîmez pas les nouvelles pousses.

Le nettoyage
Mélangez six ou sept gouttes de lait dans une tasse à thé et vaporisez ou frottez les feuilles avec ce liquide. Essuyez l'excédent.

S.O.S.

Traces de brûlures brunes sur les feuilles: effets des lustrants. Ne les utilisez pas. Nettoyez avec une solution de lait et d'eau (voir encadré à gauche).

Les feuilles se ternissent et s'amollissent, envers couvert de petits insectes: araignées rouges. Pulvérisez du malathion dilué, surtout sous les feuilles, tous les huit jours pendant trois semaines. Humidifiez davantage.

Les nouvelles feuilles sont beaucoup plus petites que les vieilles: manque d'engrais. Fertilisez chaque semaine pendant la croissance estivale, en administrant intégralement la dose recommandée.

Pâleur des feuilles et absence de nouvelles: endroit trop sombre. Placez la plante dans un endroit plus lumineux, mais pas en plein soleil.

La plante languit: chaleur excessive en été, ou atmosphère surchauffée par le chauffage central en hiver. Placez-la dans un lieu plus frais. Même symptôme si la plante séjourne dans l'eau. Auquel cas, laissez la terre sécher avant de recommencer à arroser.

Toutes les conditions étant remplies, les feuilles pâlissent et meurent en été: exposition excessive au soleil direct. Déplacez dans un lieu plus ombragé. Continuez à arroser et à vaporiser régulièrement.

Dahlia

Les dahlias présentent une grande diversité de tailles. Les plantes à repiquer ou les plantes naines s'accommoderont de la plupart des récipients. Originaires du Mexique, ce sont des plantes très tendres, et les plus jeunes, en particulier, doivent être bien protégées des gelées printanières. Lorsque, en fin de saison, les feuilles sont mortes de froid, déterrez les tubercules, laissez-les sécher complètement et saupoudrez-les de fongicide.

Lumière : bonne en tout temps.
Température : de 16 °C à 18 °C pour la germination et le bouturage. À l'extérieur, ils ne poussent pas bien à des températures inférieures à 7 °C.
Arrosage : maintenez la terre humide, sans la détremper.
Humidité : vaporisez les jeunes pousses et les boutures, pas les plantes matures.
Terre : un mélange à base de terreau n° 3 ou un mélange non terreux.
Engrais : commencez quinze jours après le repiquage, en utilisant la dose recommandée ; ensuite, tous les dix jours pour le mélange à base de terreau, tous les cinq jours pour le non terreux.
Multiplication : préparez le plateau à semis au début du printemps. Semez et recouvrez de quelques millimètres de compost ; laissez le semis dans un sac en plastique, à une température de 16 °C à 18 °C, jusqu'à la levée. Exposez le semis à la pleine lumière. Repiquez les plants quand leur taille permet de les manipuler, mais ne replantez pas en pleine terre avant la fin des gelées. Si vous utilisez les tubercules, plantez-les dans des plateaux de compost, terreux ou non, à la fin de l'hiver, sans recouvrir leur couronne. Arrosez un petit peu chaque jour. Lorsque les pousses ont 8 cm de long, coupez-les au ras du tubercule et badigeonnez les bouts de poudre radiculaire. Plantez à une profondeur de 2,5 cm dans des pots de 9 cm, emplis de compost pour semis. Les boutures prendront racines en trois semaines. Ensuite, traitez-les comme les jeunes plants.

Les fleurs des dahlias couvrent presque toute la gamme des couleurs, allant des rouges aux blancs en passant par les jaunes. Elles se disposent en inflorescences simples, semi-doubles et doubles. En achetant des boutures chez un spécialiste, vous vous assurerez les couleurs et les formes souhaitées, mais vous pouvez aussi obtenir de bons spécimens par la culture en semis.

Fleurs partiellement épanouies et asymétriques : punaises. Un renfoncement noir sous la fleur confirme leur présence. Pulvérisez un insecticide systémique.

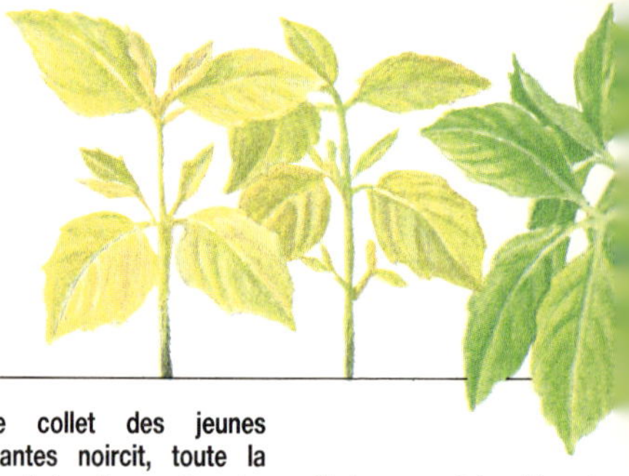

Le collet des jeunes plantes noircit, toute la plante jaunit : pourriture des racines ou de la tige. Traitez la terre avec un fongicide, mais ne replantez pas les plantes atteintes.

Croissance échevelée et étique : manque de lumière. Les dahlias ont besoin d'une bonne lumière en tout temps.

Jaunissement des jeunes plantes, terre noire et acide: plantes saturées d'eau. Vérifiez le drainage.

Pourriture grise sur les fleurs: botrytis. Pulvérisez du bénomyl. Ne vaporisez pas d'eau sur les plantes matures.

Jaunissement des jeunes plantes, pâleur des feuilles, mais le compost n'est pas détrempé: manque d'engrais. Fertilisez tous les dix jours si le compost est à base de terreau, tous les cinq jours s'il est non terreux. Si les symptômes persistent malgré tout, fertilisez plus souvent, sans utiliser un engrais plus fort.

Les jeunes pousses ou plantes noircissent après une nuit dehors: gel. Protégez la plante du gel au printemps.

Petites taches envahissant les nouvelles pousses, formation de moisissures fuligineuses: fumagine. Vaporisez une bouillie bordelaise.

Plante rongée, percée de trous: perce-oreilles, si les pétales des fleurs sont déchiquetés et percés de petits trous. Faites-les tomber dans un récipient rempli de paille ou d'herbes sèches et détruisez-les. Ou alors, utilisez avec précaution un produit à base de lindane ou de carbaryl. Limaces ou escargots, si les feuilles, les fleurs et les bourgeons sont déchiquetés et troués. Placez des appâts, en suivant les directives du fabricant.

Feuilles trouées, bourgeons floraux rongés: chenilles. Dépistez-les et enlevez-les. Ou bien utilisez un insecticide à base de carbaryl, méthoxychlore ou autre.

Pousses, bourgeons et fleurs couverts de petits insectes: aphidés. Pulvérisez du malathion ou un insecticide systémique. Répétez, chaque semaine, jusqu'à élimination.

Stries argentées sur les feuilles, feuilles éventuellement déformées: thrips. Les moucherons tourbillonnent parfois autour de la plante. Pulvérisez du malathion ou un autre insecticide.

Stries noires et irrégulières, marbrures jaunes sur les feuilles: maladie virale. N'affectera pas sévèrement les fleurs. Si vous détectez des aphidés, n'utilisez aucune de ces plantes pour le bouturage: la maladie se propagerait.

Les fleurs languissent: terre trop sèche. Arrosez immédiatement et maintenez la terre humide, sans la détremper.

S.O.S.

Davallia

Davallie

Le rhizome de cette fougère émet des racines adventives poilues qui, en retombant tout autour du pot, font penser aux appendices étranges d'un animal, un mystérieux lapin, à en croire le nom de «pattes-de-lapin» donné parfois à cette plante Dans son milieu naturel, ses frondes font 45 cm de long ; à l'intérieur, de 15 à 30 cm seulement. La davallie se distingue de la plupart des fougères par son allergie aux vaporisations et au sel. Il convient donc de l'arroser par le bas, avec de l'eau non calcaire. Quant au rhizome, ne l'enfouissez pas dans la terre : laissez-le se développer au ras du sol et déborder du pot.

La davallie en bonne santé attire déjà par la légère brillance de son feuillage, mais on l'achète souvent pour son rhizome, dont les fascinantes racines poilues débordent du pot et font penser à des «pattes-de-lapin». Contrairement à la plupart des fougères, il faut éviter de la vaporiser. Ne pulvérisez pas non plus d'insecticides. Si ceux-ci sont nécessaires, ajoutez-les à l'eau des arrosages. Pour ces derniers, utilisez de l'eau douce ou de l'eau de pluie : l'eau dure risque de noircir les rhizomes.

Lumière : de préférence la bonne lumière d'une fenêtre non exposée au plein soleil. Protégez-la des rayons trop vifs.
Température : de 18 °C à 20 °C en été, une bonne moyenne de 15 °C en hiver.
Arrosage : deux ou trois fois par semaine en été, une ou deux fois par semaine en hiver, avec de l'eau non calcaire. Maintenez la terre humide, sans la détremper.
Humidité : la plante ne pousse pas bien dans une atmosphère desséchée (chauffage central), mais ne vaporisez pas à l'eau. Posez le pot sur un lit de cailloux baignant partiellement dans l'eau. L'humidité d'une cuisine lui convient parfaitement.
Engrais : tous les quinze jours en période de croissance, en ajoutant à l'eau d'arrosage la moitié de la dose recommandée d'un engrais. Pas de granulés ni de bâtonnets.
Terre : un mélange composé de trois parts de tourbe fibreuse ou de terreau de feuilles bien décomposées, d'une part de mousse de sphaigne hachée et d'une part de sable argenté.
Rempotage : au printemps, dans le pot en terre cuite de la taille supérieure. Prévoyez un bon drainage en tapissant de tessons le fond du pot.
Nettoyage : époussetez légèrement avec un plumeau. Pas de lustrants.

Moisissure blanche sur les tiges et les folioles en été : mildiou. Plante surarrosée, vaporisée ou trop à l'étroit. Rempotez-la et arrosez-la une fois avec un fongicide systémique.

Pâleur des folioles, brunissement des pointes : trop de soleil. A besoin de lumière, mais craint le soleil direct.

Des frondes entières noircissent : effets des vaporisations ou des pulvérisations. Évitez celles-ci à tout prix.

Chute des folioles en hiver : trop au froid, si toutes les folioles tombent (une certaine chute est naturelle). Placez la plante dans un endroit plus chaud en hiver (au moins 15 °C).

Le rempotage

1 Dépotez délicatement la plante, sans abîmer les rhizomes.

2 Préparez un mélange composé de trois parts de tourbe fibreuse ou de terreau de feuilles, d'une part de mousse de sphaigne hachée et d'une part de sable.

3 Pour le drainage, tapissez de tessons ou de cailloux un pot d'une taille supérieure à celle du précédent.

4 Disposez une couche de compost dans le nouveau pot et placez-y la plante. Ajoutez le compost restant, sans enfouir totalement les rhizomes.

S.O.S.

Des frondes entières brunissent: chaleur et sécheresse excessives. Maintenez une température de 15 °C à 20 °C. Ne vaporisez pas, placez le pot sur un lit de cailloux mouillés.

La plante ne pousse pas: endroit trop sombre. Exposez-la à la lumière naturelle diffuse. Si la croissance est arrêtée et que les rhizomes n'apparaissent pas, c'est que le compost est trop lourd. Rempotez au printemps avec le mélange recommandé.

Frondes déformées et couvertes de plaques noires: effets des lustrants. Nettoyez seulement avec un plumeau.

La pointe des folioles brunit en été: humidité trop élevée. Ne vaporisez pas.

Les folioles se recroquevillent en été: exposition au soleil direct. Exposez la plante à la lumière diffuse.

Moucherons noirs sur les feuilles, croissance retardée: thrips. Ne pulvérisez pas, mais ajoutez un insecticide systémique à l'eau des arrosages, tous les quinze jours, jusqu'à élimination.

Petits insectes blancs sautillant sur la terre: mouches blanches. Ajoutez un insecticide systémique à l'eau de l'arrosage, tous les quinze jours, jusqu'à élimination. Ne pulvérisez pas.

Les rhizomes noircissent: effet du calcaire ou du sel dans l'eau. Autre cause possible: utilisation d'engrais en granulés ou en bâtonnets.

Œillet de Chine

La facilité avec laquelle les œillets se croisent nous vaut une multitude d'hybrides qui — comme quantités d'annuelles et de pérennes — se prêtent tous très bien à la culture en pots. Les hybrides récents — tous annuels — sont ceux qui vous offriront les plus longues floraisons, à savoir du début à la fin de l'été. Si vous les achetez au printemps, choisissez des spécimens sains, dont le port buissonnant promet une ample moisson de fleurs.

À partir de leur base ligneuse, les œillets de Chine forment des tiges ramifiées vert clair, coiffées chacune d'une fleur simple. Celle-ci se colore de blanc, de rose ou de rouge. Il existe quelques variétés bicolores et une jaune pâle. La plupart portent des feuilles très étroites. Chez quelques-unes, elles ressemblent même à des herbes.

Lumière: le maximum en tout temps.
Température: 16 °C pour la germination hiémale. Après le repiquage: 10 °C.
Arrosage: entretenez une légère humidité pendant la germination. Le reste du temps: une quasi-sécheresse dans une terre bien drainée.
Humidité: sécheresse. Ne vaporisez pas.
Terre: bien drainée, sableuse ou à base de terreau n° 2. Les plantes cultivées pour une saison s'accommodent d'un compost non terreux.
Engrais: liquide, tous les quinze jours pour le compost terreux, tous les huit jours pour le non terreux. Les pérennes de deux ans ou plus profiteront d'une couche d'engrais azotés (5 g par plant). Veillez à ce que ceux-ci n'entrent pas en contact avec la plante.
Germination: semez les annuelles dès que les jours rallongent, sur un compost pour semis bien drainé. Recouvrez de 2 mm de compost sec et de papier d'emballage. La levée se fait en une dizaine de jours. Repiquez dès que la taille des plants permet de les manipuler. Semez les pérennes au début du printemps sous châssis et à l'ombre. Repiquez en pleine terre au début de l'automne pour une floraison estivale. On peut aussi multiplier les pérennes par marcottage ou par bouturage.
Nettoyage: ramassez les cosses des semences.

La plante jaunit à partir de la base: elle est saturée d'eau, si la tige noircit. Vérifiez les trous de drainage et laissez la terre sécher entre les arrosages. Utilisez moins d'eau. Si les pousses supérieures se flétrissent par grandes chaleurs, mais récupèrent très tôt le matin, on est en présence de la maladie du flétrissement. Coupez la tige: si le cœur est décoloré, enlevez la plante et détruisez-la. Stérilisez la terre avec un fongicide. Si une pousse seulement est atteinte, coupez-la et brûlez-la. Il peut arriver que la plante survive. N'utilisez pas les boutures des plantes affectées.

S.O.S.

Petites taches foncées formant des renflements poudreux rougeâtres sur les feuilles: maladie de la rouille. Pulvérisez un fongicide à base de cuivre en suivant les directives du fabricant.

Plante efflanquée, tout en tiges: chaleur excessive durant la croissance à l'intérieur. Maintenez une température de 10 °C pendant la période du semis.

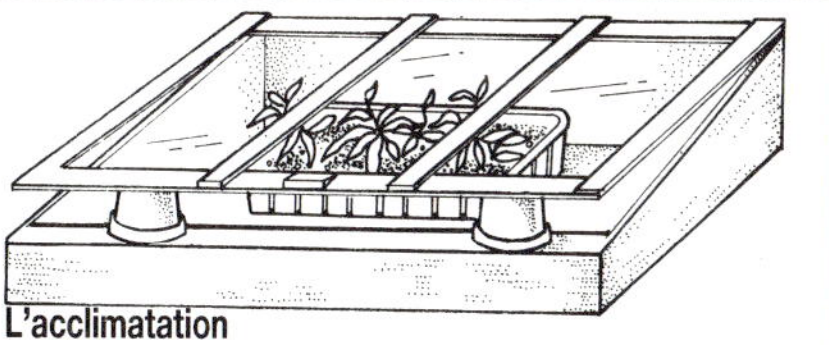

L'acclimatation

En vue d'une bonne floraison, maintenez les jeunes pousses au frais. À mesure qu'elles grandissent, amenez progressivement la température du châssis à celle de l'extérieur. Repiquez. Maintenez le semis couvert d'une plaque de verre pendant une semaine, puis soulevez celle-ci pendant la journée, sauf s'il neige ou qu'il gèle. Empotez définitivement du début à la mi-printemps.

Dépôt fuligineux noir au centre des fleurs épanouies, feuilles et bourgeons déformés: charbon de l'anthère. Enlevez et détruisez la plante afin de prévenir la propagation de la maladie. Celle-ci est peu courante chez les annuelles.

Grouillement de vermine sur les nouvelles pousses ou sur les fleurs: aphidés. Pulvérisez le soir du pirimicarb.

Les jeunes plantes qu'on vient de sortir prennent une teinte très foncée: gel ou vents froids. Protégez-les durant leur première semaine à l'extérieur et la nuit.

La plante languit et se flétrit: terre beaucoup trop sèche. Arrosez immédiatement, en vérifiant si [illegible] drainage fonctionne bien, car cette plante préfère un milieu sec.

Taches bordées de rouge sur les feuilles: tavelure de l'œillet. Vaporisez tous les dix jours une bouillie bordelaise, jusqu'à guérison.

Les feuilles sont pâles, la plante ne pousse pas, absence apparente de parasites et de maladies. Examinez la base de la plante pour y repérer la présence éventuelle des aphidés des racines. Si nécessaire, pulvérisez du malathion dilué selon les recommandations.

Base très mince des jeunes pousses, qui s'affaissent ensuite: pythium. Cette maladie a peu de chance de se déclarer si la terre est stérile et la température, fraîche. Repiquez les pousses non contaminées. Rejetez celles qui sont atteintes ou celles qui les entourent. Traitez la terre avec un fongicide.

Dieffenbachia maculata

Grâce aux efforts des horticulteurs, qui en ont produit de nouvelles variétés plus compactes et plus robustes, cette plante jouit aujourd'hui d'un regain de popularité. Importée du Brésil en 1830, elle commença sa vie de plante ornementale dans les jardins du palais impérial de Schönbrunn, Autriche, placés sous la direction du J.F. Dieffenbach, en l'honneur duquel la plante fut nommée. Manipulez la plante avec précaution : la toxicité de sa sève peut provoquer des gonflements au niveau de la bouche et des lèvres. Si vous la touchez, lavez-vous donc les mains. Et portez des gants si vous devez la tailler.

Lumière : une bonne lumière indirecte. Les plantes à feuillage foncé tolèrent une certaine pénombre, mais une obscurité excessive entraîne une croissance étique et efflanquée des tiges.
Température : de préférence de 16 °C à 18 °C, mais la plante supporte de courts séjours à des températures avoisinant 10 °C, risquant alors de perdre quelques feuilles inférieures. Par températures supérieures à 24 °C, arrosez et humidifiez davantage.
Arrosage : deux ou trois fois par semaine en été, afin de maintenir le compost humide. Si possible, utilisez de l'eau de pluie. En hiver, pas plus d'une fois par semaine, après avoir laissé le compost sécher, si la température est inférieure à 16 °C.
Humidité : vaporisez par le haut en été, chaque jour par température avoisinant 24 °C. Pour un apport supplémentaire, posez le pot sur un lit de cailloux mouillés, ou cultivez en complantation.
Engrais : fertilisez chaque mois au printemps et en été avec un engrais dilué à la dose recommandée.
Rempotage : à chaque printemps, dans un pot deux tailles au-dessus, vu que cette plante peut grandir de 30 cm par an.
Terre : un mélange à base de terreau n° 3.
Nettoyage : épongez les feuilles toutes les deux ou trois semaines. Comme elles se cassent facilement, soutenez-les bien de la main. Ne lustrez qu'une fois par mois.

Les plus grands *Dieffenbachia maculata* peuvent atteindre 2 m de haut, mais il est peu vraisemblable que les plus petits, des variétés de *Dieffenbachia picta*, dépassant le mètre. Les marbrures varient d'une plante à l'autre, bien que les nouvelles variétés multiplient de plus en plus les aplats crème.

Le nettoyage des feuilles
Comme les feuilles de cette plante se cassent facilement, essuyez-les avec précaution, à l'aide d'un chiffon ou d'un éponge humides, toutes les deux ou trois semaines. Pour vous protéger de sa sève toxique, lavez-vous toujours les mains après l'avoir touchée ou taillée.

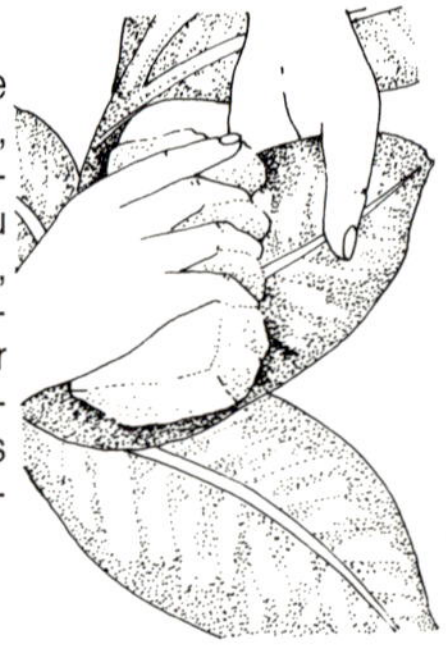

S.O.S.

Petitesse des feuilles et croissance efflanquée de la plante: endroit trop sombre. Exposez la plante à une bonne lumière indirecte, mais pas au soleil ardent.

Les feuilles pâlissent et blanchissent: excès de lumière ou besoin d'engrais. Vérifiez. Éloignez la plante de la lumière intense et fertilisez régulièrement en période de croissance.

Jaunissement des feuilles, filaments en dessous: araignées rouges. Enlevez les filaments avec un chiffon ou une éponge humides, puis pulvérisez du malathion dilué, surtout sous les feuilles. Répétez, tous les quinze jours, jusqu'à élimination.

Plaques laineuses blanches sur les feuilles et à leurs aisselles: cochenilles. Pulvérisez du malathion dilué et enlevez insectes et «laine» avec une pince à épiler. Répétez, tous les quinze jours, jusqu'à élimination.

Les feuilles se dessèchent et s'affaissent: chaleur et sécheresse excessives. Maintenez la terre humide en été, surtout si la température est supérieure à 24 °C.

Feuilles inférieures jaunies, bords tachetés de brun: compost trop humide. Laissez sécher la surface avant de recommencer à arroser. Maintenez la terre humide en été, plus sèche en hiver.

Brûlures sur les feuilles: effets des vaporisations au soleil. Cette plante a besoin d'une humidité élevée, mais ne vaporisez jamais lorsque les feuilles sont exposées au soleil. Enlevez les feuilles déparées à leur point d'attache à la tige.

Les feuilles inférieures s'enroulent et meurent: naturel au cours de la croissance ou par température avoisinant 10 °C.

Certaines feuilles et la tige pourrissent et deviennent visqueuses: botrytis dû à une humidité et un froid excessifs. Pulvérisez un fongicide, puis maintenez une température supérieure à 16 °C, vaporisez et arrosez moins souvent.

Les feuilles pâlissent et tombent: trop au froid. Placez la plante dans un endroit plus chaud, à une température supérieure à 13 °C.

Dimorphotheca sinuata

Gracieuses et légères, ces fleurs sont de toute beauté dans un bac ou une jardinière. Ce sont des semi-vivaces, dont la culture, d'habitude annuelle, nécessite un emplacement chaud et protégé. Le semis peut se faire directement en place ou, plus facilement, dans la chaleur modérée d'un intérieur, voire dans des godets en tourbe, que l'on transfère tels quels dans le récipient définitif.

Lumière: optimale en tout temps.
Température: de 16 °C à 18 °C pour la germination, de 10 °C à 13 °C pour les jeunes pousses. À l'extérieur: un emplacement ensoleillé et protégé du gel.
Arrosage: maintenez la terre humide. Arrosez peu mais souvent.
Humidité: la plante préfère la sécheresse. Ne vaporisez pas par au-dessus.
Terre: un compost à base de terreau n° 2 ou non terreux. Ne tassez pas trop: l'eau doit pouvoir s'écouler facilement.
Engrais: liquide, à la dose recommandée, tous les quinze jours pour le mélange terreux, chaque semaine pour le non terreux.
Multiplication: au printemps, effectuez un semis clair sur la surface d'un compost pour semis bien drainé. Recouvrez légèrement avec du compost sec finement tamisé. Maintenez à 16 °C ou 18 °C sous une couverture de papier. Les jeunes plants racineront plus facilement si on les repique dès que leur taille permet de les manipuler. Exposez à la pleine lumière. Ou bien: semez dans des pots en tourbe. Éclaircissez pour ne laisser que deux ou trois pousses par pot. Puis transférez celles-ci telles quelles dans leur récipient. Si vous utilisez un mélange de graines hybrides, n'épargnez pas seulement les plus grands plants lorsque vous éclaircissez: ils pourraient être tous de la même couleur.
Nettoyage: enlevez les fleurs mortes, en coupant les tiges tout à fait à la base, par souci de netteté.
Variétés: les très gracieux hybrides *aurantiaca*, aux coloris orange, saumon, jaune pâle, abricot et blancs (30 cm). *Aurantiaca* Dwarf Salmon, idéals pour les jardinières.

Les fleurs de *Dimorphotheca sinuata*, larges de 10 cm, poussent solitairement sur une tige assez mince. Elles se ferment d'habitude vers la fin de l'après-midi pour se rouvrir le lendemain matin. Les coloris couvrent la gamme des abricot, des saumon, des jaune pâle et des blancs.

Stries argentées sur les feuilles, fleurs éventuellement déformées: thrips. Pulvérisez un insecticide systémique suivant les recommandations. Ne pulvérisez pas pendant la journée.

Petites taches foncées sur les feuilles: maladie cryptogamique. Pulvérisez de l'ipridione.

Les jeunes pousses sont rongées au niveau de la terre, dans leurs plateaux ou pots en tourbe: cloportes. Repérez leur cachette et détruisez-les avec une poudre à base de lindane.

Feuillage collant, éventuellement couvert d'un dépôt fuligineux: petits insectes sur les bourgeons. Aphidés. Pulvérisez du pirimiphos-méthyle.

Fleurs et bourgeons déchiquetés: les perce-oreilles sont à l'œuvre. Ils se cachent pendant la journée sous les débris, à l'intérieur des cannes de bambou ou dans les crevasses. Piégez-les dans un petit pot empli d'herbes sèches ou de paille et posé sens dessus dessous sur une baguette. Chaque matin, faites-les tomber dans de l'eau bouillante. Pulvérisez du malathion là où ils se cachent.

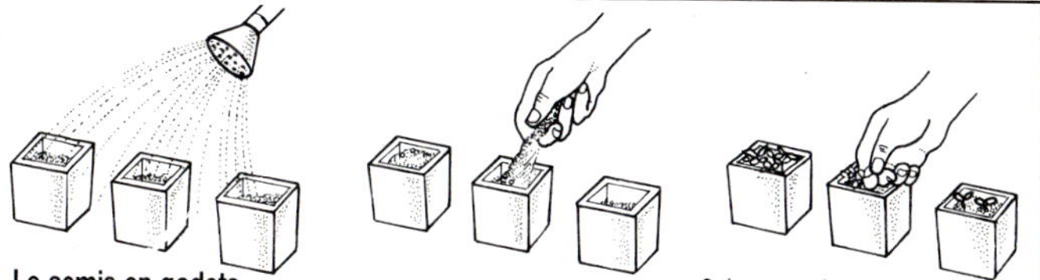

Le semis en godets de tourbe

1 Arrosez les pots et laissez drainer pendant deux à trois heures. Semez finement en surface.

2 Saupoudrez d'une couche de compost sec et maintenez à une température de 16 °C à 18 °C sous une couverture de papier.

3 Lorsque leur taille est suffisante, enlevez les pousses les plus faibles pour n'en garder que deux ou trois par pot. Transplantez-les dans le contenant définitif, en les laissant dans leurs godets.

S.O.S.

Marques de roussissement sur les feuilles et la pointe des pétales: engrais trop puissant, vaporisations en plein soleil ou vents froids. Vérifiez. N'utilisez pas un engrais plus fort que ne le recommande le fabricant. Ne vaporisez pas au soleil. Protégez des vents forts et froids.

Rareté des fleurs ou fermeture des bourgeons floraux: endroit trop sombre. La plante a besoin d'une très bonne lumière.

Petitesse des fleurs, flétrissure des feuilles: terre trop sèche. Ou bien, si l'humidité est bonne: manque d'engrais. Fertilisez plus souvent, mais sans augmenter la dose.

Grands trous dans les feuilles situées près du sol: limaces ou escargots. Placez des appâts anti-limaces autour de la plante, en suivant les recommandations. Supprimez les limaces agonisantes: elles pourraient récupérer par temps chaud et humide.

La plante ne pousse pas bien, certaines feuilles jaunissent: trop d'eau. Laissez la terre sécher avant de recommencer à arroser et vérifiez si les trous de drainage sont dégagés. Si vous avez arrosé correctement, enlevez un peu de terre autour de la motte pour y repérer la présence éventuelle des aphidés des racines.

Écume blanche sur les feuilles: aphrophores. Cachés sous les amas écumeux, ces insectes sucent la sève. Enlevez-les du bout des doigts. S'ils sont très nombreux, pulvérisez du malathion dilué.

La plante s'affaisse et les feuilles noircissent: effets du gel. Ne résiste pas au gel. Protégez au printemps.

Dipladenia de Sander

Le dipladenia de Sander est une plante grimpante, dont les feuilles vert pâle poussent par paire le long d'une tige qu'il convient, vu sa croissance assez rapide, de palisser autour d'un arceau ou contre un treillage. Ses fleurs se forment en une sorte de trompette, au tube jaune et au pavillon rose saumon. Ces plantes exigent une humidité élevée, qui leur permet de combattre les araignées rouges, pour lesquelles elles constituent un mets de choix. Après la floraison annuelle, il faut les tailler sévèrement, afin d'entretenir leur port buissonnant et touffu. Lorsqu'elles font de nouvelles pousses au printemps, on peut en prélever pour les reproduire par bouturage.

Le dipladenia de Sander fleurit en été. Grimpant vigoureux, il faudra contenir sa croissance et le palisser autour d'un arceau par exemple. Méfiez-vous des araignées rouges, qui en sont particulièrement friandes.

Lumière: la pleine lumière, y compris le soleil, sauf celui de midi en été.
Température: une moyenne de 18 °C en été, de 16 °C en hiver. Maximum: 21 °C, minimum: 13 °C.
Arrosage: deux ou trois fois par semaine en été, pour maintenir une légère humidité, sans détremper ni laisser séjourner la plante dans l'eau. En hiver, arrosez à peu près tous les dix jours, uniquement lorsque la couche superficielle du compost est sèche.
Humidité: vaporisez chaque jour au printemps et en été. Posez le pot sur des cailloux partiellement immergés dans de l'eau, tout au long de l'année. Ou bien, placez dans un pot plus grand en intercalant de la tourbe humide entre les deux pots.
Engrais: tous les quinze jours au printemps et en été avec un engrais liquide dilué à raison de la moitié de la dose recommandée.
Terre: quatre parts de tourbe grossière et fibreuse et une part de sable argenté.
Rempotage: la première année, chaque fois que les racines s'engagent dans les trous du pot, dans une taille supérieure. Par la suite, ne renouvelez qu'en surface.
Nettoyage: les vaporisations suffisent. Pas de lustrants.

Plante terne et sans vie, surtout par temps chaud: atmosphère trop sèche. Vaporisez chaque jour à l'eau tiède non calcaire. Élevez le taux d'humidité en posant le pot sur une soucoupe emplie de cailloux mouillés.

Plante flasque et pendante: trop au froid et terre trop mouillée. Laissez sécher la surface du compost avant de recommencer à arroser et placez la plante dans un endroit plus chaud, à un minimum de 13 °C.

S.O.S.

Feuilles décolorées, couvertes de petites plaques rondes: insectes écailleux. Pulvérisez du malathion dilué sous les feuilles et, 48 h après, enlevez les écailles avec l'ongle du pouce. Répétez tous les huit jours, à quatre reprises, jusqu'à élimination.

Plaques laineuses blanches à l'aisselle des feuilles: cochenilles. Pulvérisez du malathion

dilué et enlevez insectes et «laine» avec une pince à épiler. Répétez, tous les quinze jours, jusqu'à élimination. Ou bien, badigeonnez avec de l'alcool dénaturé et enlevez les insectes avec une pince à épiler.

Les feuilles noircissent et les fleurs tombent: froid excessif ou effets des lustrants. Exposez la plante à une température supérieure à 13 °C. Par température avoisinant le minimum toléré, laissez sécher la surface du compost. N'utilisez pas les lustrants.

Chute des feuilles et des fleurs: compost trop au sec en été. Plongez le pot dans un seau d'eau pendant dix à quinze minutes, puis laissez-le égoutter. Maintenez le compost humide en été, en arrosant tous les jours s'il se dessèche par grandes chaleurs. Ne laissez pas le pot baigner dans l'eau. Vaporisez chaque jour à l'eau tiède non calcaire.

Petitesse des nouvelles feuilles, absence de fleurs: manque d'engrais. Fertilisez, tous les quinze jours pendant la croissance et la floraison, avec un engrais liquide dilué à raison de la moitié de la dose recommandée par le fabricant.

Les feuilles demeurent pâles: manque de lumière. Exposez la plante à une très bonne lumière. Elle supporte le soleil direct, sauf en plein été.

Marques de roussissement sur les fleurs: effets des vaporisations au soleil. Ne vaporisez pas les fleurs et ne vaporisez la plante qu'en début de matinée et en soirée.

Feuilles jaunies, envers couvert de filaments, plante par ailleurs en bonne santé: araignées rouges. Enlevez les filaments avec une éponge humide, puis pulvérisez du malathion dilué, surtout sous les feuilles. Répétez tous les quinze jours. Élevez le taux d'humidité en posant le pot sur des cailloux mouillés.

Jaunissement et chute des feuilles: trop au froid en hiver. Placez la plante dans un endroit plus chaud, à une température ne descendant jamais sous 13 °C. En été: trop au chaud. Placez dans un endroit plus frais et mieux aéré. Vaporisez chaque jour à l'eau tiède non calcaire. Température maximale: 21 °C.

Dizygotheca elegantissima

Faux aralia

Dizygotheca elegantissima doit son élégance à ses minces feuilles bronzées, longues de 18 à 20 cm. Il se distingue aussi par une particularité botannique: une même plante peut arborer trois sortes de feuilles. De la base au sommet, il dispose d'abord les infantiles (cotylédons), puis les juvéniles très pointues, et enfin les adultes, plus aplaties et plus larges. Dans sa jeunesse, il se prête bien à la garniture des vasques, dont il égaie les autres occupants de ses coloris et de sa fine silhouette. Avec l'âge, il a tendance à s'imposer davantage en prenant un port plus arborescent. Il resplendira de santé dans un endroit chaud et bien éclairé, mais, à l'intérieur, il n'arrivera pas à fleurir. Sa multiplication s'effectue très facilement par semis, à condition de maintenir celui-ci à une température avoisinant 21 °C; ou encore, par bouturage de pointes, dont l'enracinement nécessite, lui aussi, chaleur et humidité. Cette plante est parfois vendue sous le nom d'aralia.

Lumière: un emplacement bien éclairé, à l'abri du soleil direct.
Température: un minimum de 15 °C en hiver, un maximum de 21 °C en été.
Arrosage: deux fois par semaine en été, une fois par semaine en hiver. Maintenez la terre légèrement humide en tout temps, sans jamais détremper ni la laisser se dessécher complètement.
Humidité: vaporisez chaque jour en fine bruine, surtout durant les chaleurs estivales.
Engrais: tous les quinze jours en période de croissance (printemps et été) avec un engrais dilué selon les recommandations du fabricant.
Terre: un compost à base de terreau n° 2.
Rempotage: à chaque printemps, mais pas dans un pot trop grand.
Nettoyage: les vaporisations suffisent. Pas de lustrants.

La plupart des faux aralias se vendent encore dotés de leurs feuilles juvéniles, élégamment digitées. Avec l'âge, celles-ci prennent une teinte bronzée et peuvent atteindre de 18 à 20 cm de long. Choisissez des spécimens dont la tige principale est généreusement fournie en branches, elles-mêmes garnies de feuilles au coloris éclatant.

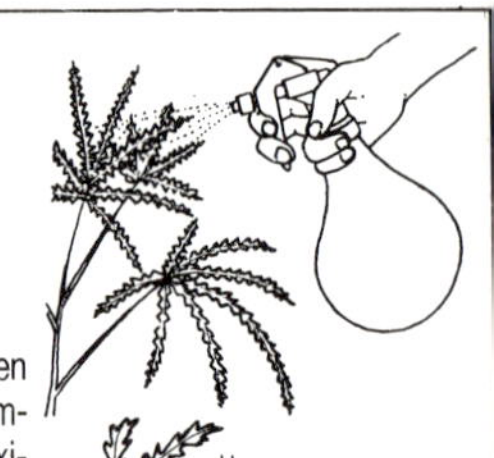

L'humidité

Vaporisez chaque jour en fine bruine, surtout par température avoisinant le maximum toléré en été (21 °C).

Augmentez l'humidité ambiante en posant le pot sur un lit de cailloux baignant partiellement dans de l'eau. Évitez que le fond du pot ne touche l'eau: les racines en seraient saturées.

S.O.S.

Les feuilles du bas tombent inopinément: endroit trop sombre. Il se peut que ce soient les feuilles du haut qui les ombragent.

Bords des feuilles roussis: exposition au soleil direct. Exposez la plante à la lumière, mais pas au soleil direct.

Croissance lente de la plante et petitesse des nouvelles feuilles: besoin d'engrais. Fertilisez tous les quinze jours au printemps et en été.

Plaques laineuses blanches sur les feuilles et les tiges: cochenilles. Essuyez avec un tampon d'ouate imbibé d'alcool dénaturé ou pulvérisez du malathion dilué, tous les quinze jours, jusqu'à élimination.

Les feuilles du haut tombent alors qu'elles sont encore vertes: trop de froid. Placez la plante dans un endroit plus chaud, à une température minimale de 15 °C en hiver.

Feuilles collantes, envers couvert d'écailles brunes: insectes écailleux. Essuyez avec un tampon d'ouate imbibé d'alcool dénaturé ou pulvérisez un insecticide à base de malathion dilué, tous les quinze jours, jusqu'à élimination.

Feuilles collantes, tordues et déformées, petits insectes verts: pucerons. Pulvérisez du pyrèthre ou un insecticide systémique, tous les quinze jours, jusqu'à élimination.

Feuilles flasques et pendantes: plante saturée d'eau, surarrosage. Laissez sécher la terre avant de recommencer à arroser, ne laissez pas baigner le pot dans l'eau et vérifiez si les trous de drainage sont bien dégagés.

Les feuilles se dessèchent, se crispent, puis tombent: chaleur et sécheresse excessives. Placez la plante dans un endroit plus frais et vaporisez plus souvent. Arrosez régulièrement.

Dragonnier

Cette plante, dite aussi «dracaena à feuilles dorées», fait partie des nombreuses espèces de *Dracaena*, dont le succès est dû, sans doute, à leur acceptation de la plupart des conditions de vie en intérieur. Le jeune feuillage des diverses variétés disponibles sur le marché est généralement obtenu, en culture, à partir de stipes de 30 cm à 2 m de haut. Les adultes produisent un magnifique épi parfumé de fleurs blanc crème qui, malheureusement, s'épanouissent rarement en intérieur. Chez certaines variétés, comme *Dracaena fragrans*, les feuilles sont vert uni, tandis que chez d'autres, comme *D. fragrans massangeana*, elles sont panachées, parcourues dans tout le sens de la longueur d'une large strie médiane jaunâtre. Disposées en groupes de tailles différentes, ces plantes forment des compositions ornementales très originales.

La plupart des dragonniers sont cultivés à partir de sections importées de stipes de 30 cm à 2 m de long sur 2,5 cm de diamètre. Ces sections, cultivées sous verre par les horticulteurs, donnent naissance à une élégante rosette de nouvelles feuilles. Lorsque vous achetez ce genre de plante, assurez-vous que le stipe est bien enraciné dans le pot.

Lumière: il préfère un emplacement bien éclairé, à l'abri du soleil direct. Les variétés vertes acceptent plus d'ombre que les panachées.
Température: un minimum de 15 °C en hiver, mais la plante s'accommode de 12 °C, du moins dans la sécheresse. Maximum en été: 24 °C.
Arrosage: deux fois par semaine en été, une fois par semaine en hiver. La plante ne doit ni séjourner dans l'eau, ni se dessécher complètement.
Humidité: vaporisez à l'eau tiède deux ou trois fois par semaine.
Engrais: tous les quinze jours avec un engrais liquide dilué selon les recommandations.
Terre: un compost à base de tourbe ou de terreau n° 2.
Rempotage: tous les deux ans au printemps pour les grandes plantes. Si elles sont difficiles à manipuler, contentez-vous de changer le compost de surface.
Nettoyage: avec un chiffon humide. Ne lustrez pas plus d'une fois par mois.

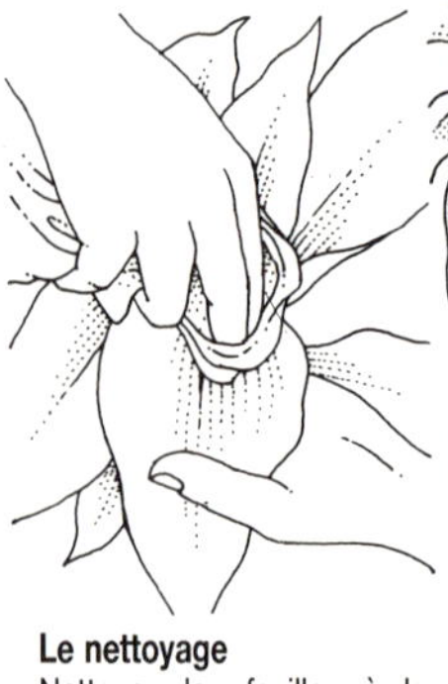

Le nettoyage
Nettoyez les feuilles à la main, avec un chiffon humide. Soutenez-les de la main.

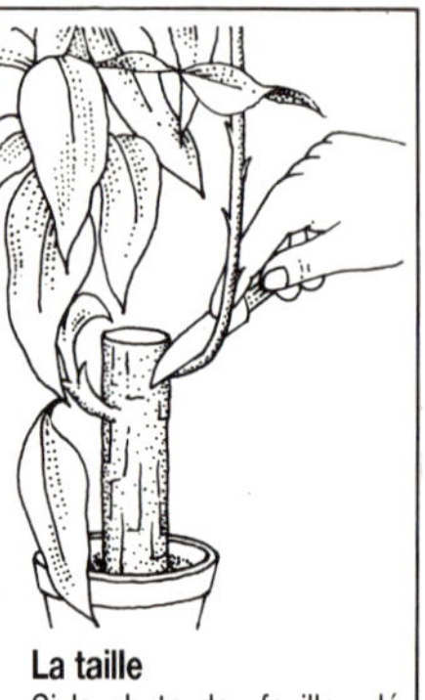

La taille
Si la chute des feuilles dégarnit la plante, coupez les tiges au niveau du stipe avec un couteau. De nouvelles pousses se formeront.

Les nouvelles feuilles sont petites et déformées, ou bien la plante ne croît pas du tout: manque d'engrais. Fertilisez tous les quinze jours tout au long de l'année.

Marques de roussissement sur les feuilles: exposition excessive au soleil direct. Écartez du plein soleil. Ne vaporisez pas en plein soleil.

Feuilles jaunies, filaments en dessous: araignées rouges. Pulvérisez du derris, du malathion dilué ou un insecticide systémique, tous les quinze jours, jusqu'à élimination. Augmentez l'humidité en vaporisant chaque jour.

La plante retombe, les feuilles jaunissent et pourrissent, les racines pourrissent: terre détrempée, surarrosage. Laissez sécher la terre avant de recommencer à arroser. Ne posez pas le pot dans l'eau.

Les feuilles inférieures pendent et se recourbent vers le bas, les bords jaunissent, les pointes brunissent: manque d'eau ou chaleur excessive. Prévenez le dessèchement en arrosant plus souvent. Vérifiez la température et, si possible, placez dans un endroit plus frais. Humidifiez davantage en vaporisant chaque jour. Avec l'âge, les feuilles jauniront et tomberont naturellement.

Les feuilles inférieures tombent: sautes de températures liées au fait que l'on déplace la plante du magasin à la maison. De nouvelles feuilles pousseront.

Feuilles tachetées de gris-brun: tavelure des feuilles due à un champignon. Pulvérisez une fois un fongicide systémique.

La tige pourrit à partir du sommet: froid et courants d'air excessifs. Maintenez une température minimale de 15 °C. Trouvez un emplacement protégé.

Feuilles décolorées, écailles brunes sous les feuilles et sur les tiges: insectes écailleux. Enlevez-les avec un tampon d'ouate imbibé d'alcool dénaturé, ou bien pulvérisez du malathion dilué ou un insecticide systémique, tous les quinze jours, jusqu'à élimination.

Plaques laineuses blanches sur les feuilles et les tiges: cochenilles. Enlevez-les avec un tampon d'ouate imbibé d'alcool dénaturé ou pulvérisez du malathion dilué tous les quinze jours.

Les feuilles se fanent: endroit trop sombre. Placez la plante dans un endroit plus éclairé, mais pas en plein soleil.

S.O.S.

La plante perd des feuilles et cesse de pousser: trop au froid. Placez-la dans un endroit plus chaud, à une température supérieure à 15 °C.

Dracéna

À l'instar des ficus et des philodendrons, les dracénas se diversifient en de nombreuses espèces, dont plusieurs sont très demandées comme plantes d'intérieur. Certains supportent de légères gelées, mais d'autres se sentent à l'aise dans les conditions des jungles tropicales. Membres de la famille des liliacées, leur nom scientifique signifie en grec «femelle de dragon». Dans le langage courant, le mot «dragon» fait souvent aussi partie de leurs noms, ce qui ne manque pas de provoquer certaines confusions entre les variétés, les espèces, voire les genres (cf. p. 198). Chez tous les dracénas, les feuilles sont rubanées et poussent en rosette à partir d'une tige centrale qui va en s'allongeant. Les différents types varient en couleurs et en tailles. *Dracaena fragrans massangeana* peut atteindre de 60 à 90 cm à l'intérieur.

Dracaena sanderiana est très populaire. Il peut atteindre 90 cm à l'intérieur. Ses feuilles sveltes, striées de vert et de blanc, se déroulent les uns au-dessus des autres, tout autour de la tige. Avec le temps, les feuilles inférieures tombent pour ne laisser qu'une tige semblable à une canne de bambou.

Lumière: de préférence une bonne lumière, mais pas le soleil de midi en été. Supportera 2 à 3 semaines d'ombrage.
Température: survit à 13 °C, mais préfère 18 °C. Au-dessus de 24 °C en été, humidifiez et aérez davantage.
Arrosage: une fois par semaine en hiver, au moins deux fois par semaine en été. Ne laissez jamais le pot séjourner dans l'eau: les racines pourriraient.
Humidité: vaporisez deux fois par semaine, plus souvent si la température avoisine le maximum toléré. Utilisez de l'eau de pluie, si possible.
Engrais: tous les quinze jours au printemps et en été avec un engrais liquide, à la dose recommandée par le fabricant.
Terre: un mélange à base de terreau ou de tourbe n° 2.
Rempotage: à chaque printemps quand la plante est jeune. Quand elle a quatre ans ou plus, rempotez tous les deux ou trois ans. Vérifiez le bon fonctionnement du drainage.
Nettoyage: avec un chiffon humide. Ne lustrez pas plus d'une fois par mois.

S.O.S.

Les feuilles pâlissent et se fanent: endroit trop sombre. Placez la plante dans un endroit plus éclairé.

Les feuilles jaunissent, filaments en dessous: araignées rouges. Enlevez avec une éponge humide, puis pulvérisez du malathion dilué. Répétez, tous les quinze jours, jusqu'à disparition. Élevez le taux d'humidité en posant le pot dans une soucoupe emplie de cailloux humidifiés.

La plante s'affaisse, les feuilles, voire la tige et les racines, pourrissent: plante saturée d'eau à cause d'un séjour dans l'eau. Videz toute eau excédentaire de la soucoupe et laissez sécher la surface de la terre avant de recommencer à arroser. Par la suite, maintenez la terre humide, mais sans jamais laisser le pot séjourner dans l'eau. Videz l'eau excédentaire après chaque arrosage.

La plante perd ses feuilles inférieures et cesse de pousser: trop au froid. Placez la plante plus au chaud. Maintenez toujours une température au-dessus de 12 °C.

Petitesse des nouvelles feuilles, croissance lente au printemps: besoin d'engrais. Fertilisez tous les quinze jours au printemps.

L'entretien des feuilles

1 Essuyez-les délicatement avec un chiffon doux et humide, tout en soutenant chaque feuille de l'autre main.

2 Si les pointes sont brunes et sèches, coupez-les juste avant la partie saine, sans l'abîmer.

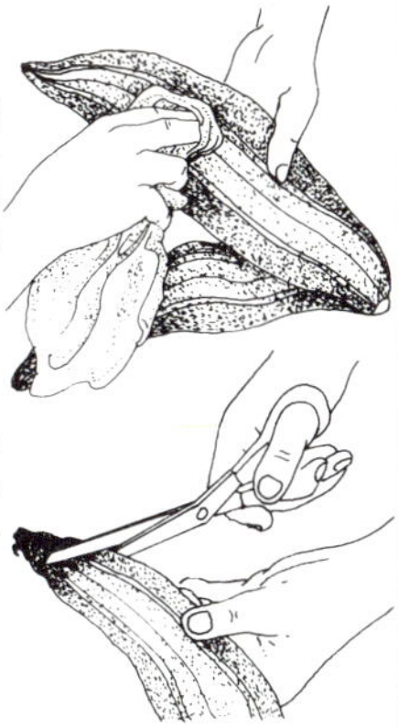

Feuilles décolorées, insectes écailleux bruns sous les feuilles et sur les tiges. Pulvérisez du malathion dilué sur l'envers des feuilles et, 48 h après, enlevez les écailles avec l'ongle du pouce. Répétez toutes les semaines, à quatre reprises, jusqu'à élimination.

Feuilles tachées de brun: effets des vaporisations au soleil. La plante a besoin d'une humidité élevée, mais ne vaporisez pas en plein soleil: les gouttelettes agissent comme des loupes et brûlent les feuilles. Coupez les feuilles déparées avec un couteau, juste au niveau de la tige.

Taches gris-brun sur les feuilles: botrytis, trop au froid et endroit trop humide. Pulvérisez un fongicide, puis placez la plante dans un endroit plus chaud (au-dessus de 18 °C) et vaporisez moins souvent. Laissez la surface de la terre se dessécher entre les arrosages. Enlevez les feuilles abîmées.

Les feuilles inférieures tombent: plante beaucoup trop au sec et au chaud. Arrosez et vaporisez plus souvent.

Dracaena marginata

Comme plante ornementale, ce dragonnier à longues feuilles étroites fera toujours figure de vedette, surtout si, après avoir subi une bonne taille, il coiffe de ses multiples têtes feuillues son vieux stipe tronqué, semblable à un tronc de «bonsai» tout noueux. Facile à cultiver, il s'accommode de toutes les conditions, mais, pour le coloris de ses feuilles, il préfère une bonne lumière. Les dracénas forment une grande famille de plantes, dont la plupart des membres se prêtent bien à la culture en intérieur. Certains se vendent, comme *Dracaena marginata*, avec des tiges déjà toutes faites. D'autres, comme *Dracaena deremensis* et *D. fragrans* (p. 238), peuvent s'acheter avant qu'ils n'aient formé leur tige ligneuse.

Lumière: exposez la plante à une bonne lumière, mais pas au soleil direct. Une obscurité excessive décolore ses feuilles.

Température: 16 °C en hiver, mais survit à 13 °C, du moins dans une certaine sécheresse. Maximum en été: 24 °C.

Arrosage: arrosez deux fois par semaine en été, une fois par semaine en hiver pour entretenir l'humidité, mais sans détremper la terre. Ne doit jamais sécher complètement.

Humidité: vaporisez à l'eau tiède deux ou trois fois par semaine, seulement une fois par semaine en hiver. Abstenez-vous par températures inférieures à 13 °C.

Engrais: tous les quinze jours en période de croissance (printemps et été) avec un engrais liquide dilué à la dose recommandée par le fabricant.

Terre: un mélange à base de tourbe ou de terreau n° 2.

Rempotage: tous les deux ans au printemps. Si la taille de la plante la rend malaisée à manipuler, contentez-vous de renouveler les deux ou trois premiers centimètres du compost.

Nettoyage: essuyez les feuilles avec un chiffon humide. N'utilisez les lustrants qu'une fois par mois: tout excès risque de boucher les pores des feuilles et d'entraver la croissance de la plante.

Dracaena marginata coiffe sa mince tige ligneuse d'un bouquet de feuilles étroites, liserées de rouge. D'habitude, il s'élève à une hauteur de 46 à 60 cm, se donnant une allure de palmier, qui le distingue des autres plantes à feuillage. Il existe aussi une variété aux feuilles panachées de vert et de blanc.

Feuilles tachetées de jaune, filaments en dessous: araignées rouges. Enlevez les filaments avec une éponge humide, puis pulvérisez du malathion dilué, surtout sous les feuilles. Répétez tous les quinze jours. Élevez le taux d'humidité en posant le pot sur un lit de cailloux mouillés.

S.O.S.

Feuilles ternes et pendantes: chaleur et sécheresse excessives. Maintenez la plante à une température inférieure à 24 °C, si possible, et vaporisez deux ou trois fois par semaine en été. Il est possible aussi que les feuilles aient subi un changement soudain de température. Maintenue à une température supérieure à 16 °C, la plante devrait récupérer.

Plante flasque et pendante, feuilles jaunies et pourries: trop humide, plante saturée d'eau. Videz toute eau excédentaire de la soucoupe et laissez la surface du compost sécher avant de recommencer à arroser. Par la suite, entretenez l'humidité, mais ne laissez jamais la plante séjourner dans l'eau. Videz toujours l'eau excédentaire après avoir arrosé.

Feuilles décolorées couvertes d'écailles brunes: insectes écailleux. Pulvérisez du malathion dilué sur l'envers des feuilles et, 48 h plus tard, enlevez les écailles avec l'ongle du pouce. Répétez toutes les semaines, à quatre reprises. Ou alors, badigeonnez d'alcool dénaturé.

Marques de roussissement sur les feuilles: effets des vaporisations au soleil. Ne vaporisez pas si les feuilles sont exposées au soleil. Enlevez les feuilles déparées à leur point d'attache au tronc.

Décoloration des feuilles: endroit trop sombre. Placez la plante dans un endroit mieux éclairé, mais pas en plein soleil.

Petitesse des nouvelles feuilles, croissance lente: manque d'engrais. Fertilisez tous les quinze jours au printemps et en été avec un engrais administré à la dose recommandée.

La tige pourrit à partir du sommet, les feuilles tombent: trop au froid. Placez la plante dans un endroit plus chaud, à une température supérieure à 16 °C.

Plaques laineuses blanches sur les feuilles et les tiges: cochenilles. Pulvérisez du malathion dilué et enlevez insectes et «laine» avec une pince à épiler. Répétez, tous les quinze jours, jusqu'à disparition de tout symptôme. Ou bien, badigeonnez d'alcool dénaturé et enlevez les insectes avec une pince à épiler.

Les feuilles du bas retombent, se recourbent sur le bas, les bords jaunissent, les pointes brunissent: trop au sec. Plongez le pot dans un seau d'eau pendant dix à quinze minutes, puis laissez-le égoutter. Maintenez la terre humide en été, en arrosant tous les jours si le compost se dessèche.

Dudleya brittonii

Dudleya brittonii fait partie de ces nombreuses plantes qui se couvrent d'un dépôt farineux pour se protéger des effets desséchants du soleil. Toute manipulation des feuilles ou tout arrosage maladroit risquent de laisser des marques sur cette délicate pruine. Afin de ne pas mouiller les feuilles, il convient donc d'arroser ces plantes en versant prudemment l'eau soit dans la soucoupe, soit sur le périmètre du compost. Originaire du Mexique, où elle garnit de ses touffes blanches le flanc gris-brun des collines rocailleuses, cette plante se plaît dans le soleil, qui rehausse son teint et lui permet de s'élever de 8 à 10 cm, tout en formant une rosette de 20 à 25 cm de diamètre. Bien qu'elles soient plus rares sur le marché, citons parmi les autres espèces: *D. albiflora*, *D. candida* et *D. densiflora*.

Dudleya brittonii se revêt d'un dépôt poudreux très blanc en guise de protection contre la lumière intense du soleil. Pour ne pas abîmer cette couche délicate, arrosez toujours la plante par le bas et ne pulvérisez pas d'insecticides. Cette plante fleurit rarement à l'intérieur.

Lumière: un emplacement ensoleillé est indispensable pour la bonne santé de la plante et une formation dense de sa pruine.
Température: un prudent minimum de 7 °C. De l'air frais en été.
Arrosage: arrosez tous les quinze jours au printemps et au début de l'été, chaque semaine durant les mois les plus chauds. Réduisez en automne pour n'arroser qu'une fois par mois en hiver afin de prévenir l'assèchement. Voir *Introduction*.
Engrais: riche en potasse, deux ou trois fois en été.
Terre: un compost pour rempotage à base de terreau n° 2, ou un compost non terreux, additionné de 40 % de sable graveleux.
Rempotage: tous les printemps, dans le pot (peu profond) de la taille au-dessus. Évitez de toucher les feuilles, car le dépôt poudreux est très délicat et se marque facilement.
Multiplication: les feuilles ne racinent pas, mais des rosettes entières peuvent être détachées au couteau.

Absence de croissance ou plaques laineuses blanches sur les racines: manque d'engrais, dans le premier cas; cochenilles des racines, dans le second. Éliminez à l'eau la terre de la motte, trempez les racines dans un insecticide de contact, et laissez sécher avant de rempoter dans un compost frais et un pot bien lavé. Laissez sécher pendant deux semaines. Fertilisez deux ou trois fois en été.

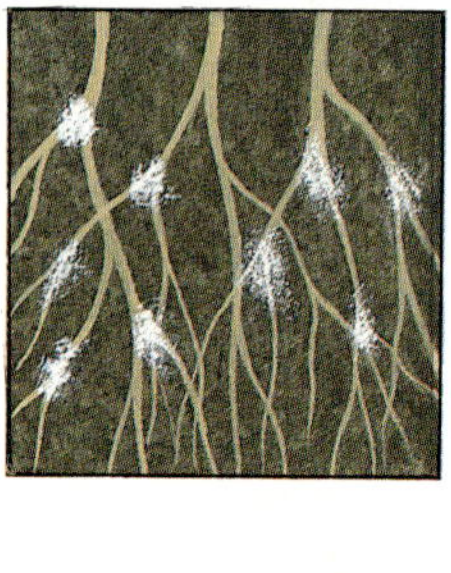

Marques sur les feuilles, effacement partiel du dépôt farineux: manipulations, frottements des rideaux ou, peut-être, des chats. Protégée de ces contacts, la plante récupérera.

Minceur et ternissement du dépôt farineux, absence de fleurs: manque de lumière solaire. Exposez la plante à la lumière d'une fenêtre ensoleillée.

Noircissement et chute des feuilles, pourriture de la tige: trop froid et trop humide. Placez la plante dans un endroit plus chaud et plus aéré. Laissez sécher la terre avant de recommencer à arroser. Maintenez dans la sécheresse en hiver.

S.O.S.

Plaques laineuses blanches sur les feuilles: cochenilles. Comme elles sont peu visibles sur cette plante, examinez celle-ci régulièrement. Tamponnez à petits coups avec un petit pinceau humecté d'alcool dénaturé ou versez un insecticide systémique dans la terre. Ne pulvérisez pas.

Feuilles longues et pâles en hiver: chaleur et humidité excessives. Placez la plante dans un endroit plus aéré et laissez la terre sécher complètement. Maintenez-la sèche en hiver, même par températures normales de la pièce.

La multiplication

1 Au bout de quelques années, les dudleyas forment des touffes de rosettes. Celles-ci peuvent être détachées du reste de la plante avec un couteau, mais il faut éviter d'endommager le dépôt farineux.

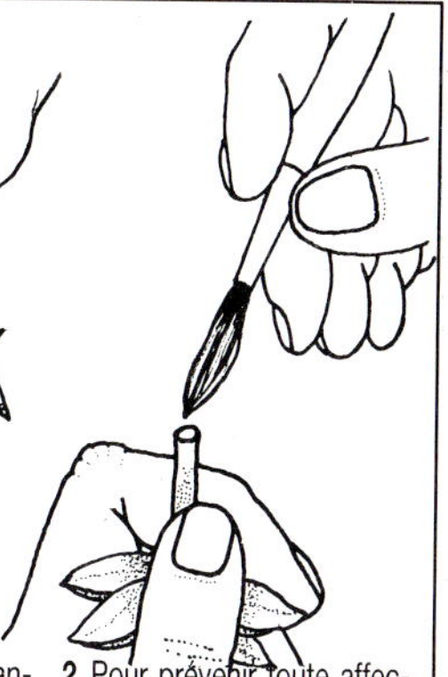

2 Pour prévenir toute affection, badigeonnez les coupes avec une poudre radiculaire aux hormones et laissez sécher deux jours avant de rempoter individuellement. N'arrosez pas pendant deux à trois semaines.

Marques de roussissement sur les feuilles: exposition trop rapide au soleil direct. Éloignez la plante des rayons trop ardents, et réexposez-la graduellement en l'espace de deux semaines. Assurez-lui une bonne ventilation.

Bords des feuilles rongés, tige inférieure renflée, croissance rabougrie de la plante: charançons de la vigne. Saupoudrez la base du pot avec un insecticide ou arrosez la terre avec un insecticide systémique pour tuer les larves cachées dans la tige. Ou bien, pelez la base de la tige pour dénicher les larves et replantez (voir *Introduction*).

Petites taches vertes sur les feuilles: dépôt farineux abîmé par pulvérisations d'insecticides. Versez un insecticide systémique dans la terre. Ne vaporisez pas.

Les feuilles inférieures se recroquevillent: trop au sec. Trempez le pot dans un bol d'eau pendant une demi-heure, puis laissez-le égoutter. Arrosez régulièrement par grandes chaleurs, chaque fois que la terre se dessèche.

Echeveria agavoides

On cultive cette plante pour la beauté de sa rosette de feuilles cireuses, gris-vert et liserées de rouge. Elle culmine à environ 10 cm sur 15 cm de diamètre. Les échévéries proviennent d'Amérique centrale, où elles se présentent sous des formes variant de la minuscule rosette de 2 à 3 cm de large, aux arbrisseaux hauts de 1 m et de 60 cm de diamètre. Le coloris des feuilles, délicatement veloutées, passe par la gamme des vert pâle, des divers bleus, gris et pourpres. Parmi les autres espèces, citons: *Echeveria affinis*, aux feuilles presque noires; *E. minima*, aux petites rosettes bleues et liserées de rouge; *E. setosa*, aux feuilles velues et vertes; *E. pulvinata*, aux feuilles vertes, veloutées et liserées de rouge.

Lumière: un emplacement ensoleillé est indispensable pour induire une coloration optimale.
Température: maintenez une température de 7 °C. Aérez bien en été.
Arrosage: arrosez tous les quinze jours au printemps et en été, chaque semaine par grandes chaleurs, afin d'éviter l'assèchement complet de la terre. En automne et en hiver, pas plus d'une fois par mois, juste assez pour empêcher que les feuilles ne se ratatinent. Voir *Introduction*.
Engrais: riche en potasse, une fois par mois en été.
Terre: un bon compost de rempotage à base de terreau n° 2 ou non terreux, additionné de 20 % de sable graveleux.
Rempotage: tous les printemps dans le pot de la taille supérieure ou plus grande encore, si la plante a bien poussé. Utilisez des récipients peu profonds, car les racines demeurent plutôt superficielles. Évitez de toucher les feuilles.
Multiplication: la plupart formeront de nouvelles plantes à partir de feuilles saines. Enlevez-les et laissez-les sécher un ou deux jours, puis posez-les sur la surface d'un compost sec. Arrosez au bout de deux semaines, lorsque les feuilles ont raciné pour donner naissance aux plantules.

Echeveria agavoides. Ces fleurs séduisantes sont portées par une hampe de 15 cm, qui prend naissance parmi les feuilles de la rosette. Dans une collection de différentes espèces d'écheveries, les coloris bleu pastel, vert, gris, lilas ou rosé des feuilles composent une symphonie spectaculaire. Au soleil, l'espèce représentée ici se maquille de rouge, en particulier sur le bord des feuilles.

Plaques laineuses blanches dans le feuillage et sur la tige, au point d'émergence des jeunes pousses: cochenilles. Enlevez-les avec un petit pinceau trempé dans de l'alcool dénaturé et pulvérisez un insecticide à base de pyrèthre.

Bords des feuilles rongés, tige renflée, nouvelle croissance parcimonieuse: charançons de la vigne. Saupoudrez la base du pot avec un insecticide en poudre ou arrosez avec un insecticide systémique pour les larves cachées dans la tige. Ou bien, pelez la base de la tige pour dépister les larves et replantez (voir *Introduction*).

Traces de marques sur les feuilles: effets des manipulations sur la couche poudreuse. Plus laid que dangereux.

Petits insectes sur les feuilles et les bourgeons: pucerons. Pulvérisez un insecticide à base de pyrèthre. Répétez l'opération au bout de dix jours, si nécessaire.

S.O.S.

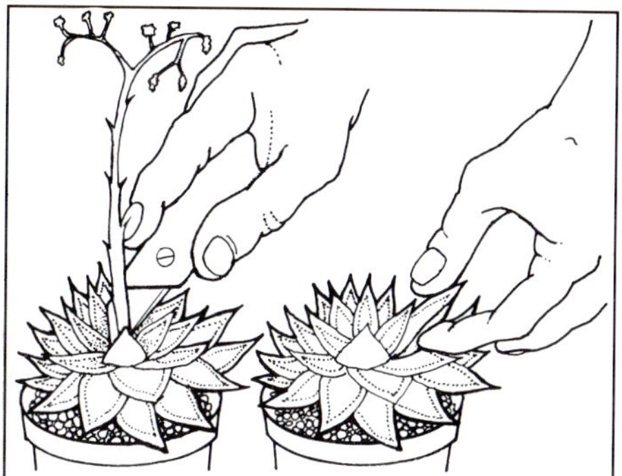

Après la floraison
Coupez la hampe florale avec un couteau, le plus près possible de la base. Enlevez le chicot en tirant délicatement lorsqu'il est sec.

Pour obtenir de nouvelles plantes, enlevez à la main une feuille située au sommet de la plante et posez-la sur un compost sec, la base en contact avec la terre.

Noircissement des feuilles et de la tige. Les feuilles se détachent facilement: trop au froid et trop humide. Maintenez une température minimale de 7 °C en hiver, sans arroser. Traitez la tige (voir *Introduction*). Si la plante ne récupère pas, prélevez des boutures de feuilles saines.

Feuilles déformées: abus d'insecticides. N'utilisez que les insecticides à base de pyrèthre. La plante survivra.

Petitesse et rareté des feuilles: rempotage nécessaire ou, si la terre est desséchée, besoin d'eau. Trempez le pot dans un bol d'eau, laissez-le égoutter, et, par la suite, arrosez plus copieusement, toujours après avoir laissé le compost se dessécher.

Le centre de la plante file, les feuilles sont vert pâle: manque de lumière. Exposez graduellement au soleil sur une période de deux semaines. Soumises à une chaleur et une humidité excessives en hiver, les feuilles peuvent présenter les mêmes symptômes et finir par pourrir. Essayez de maintenir une température inférieure à 10 °C en hiver, en n'arrosant qu'une fois par mois, pour empêcher les feuilles de se ratatiner.

La plante ne pousse pas et, au cours du rempotage, découverte de plaques laineuses blanches sur les racines: cochenilles des racines. Enlevez à l'eau la terre des racines, trempez-les dans un insecticide de contact et laissez-les sécher avant de rempoter dans un compost frais et un pot propre. Laissez la terre sécher pendant deux semaines.

Les feuilles se ratatinent en hiver: trop au sec. Humectez la terre une fois par mois pour empêcher le dessèchement complet, mais toujours après avoir laissé sécher le pot entre-temps. Essayez de maintenir la plante au frais (10 °C) en hiver.

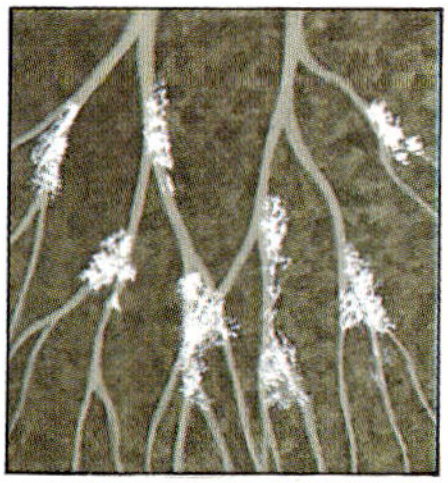

Echinocactus

Les échinocactus, appelés parfois cactus-oursin, sont les plus grands représentants des cactacées globuleuses: certains font 1,50 m de diamètre dans leur milieu naturel, le Mexique et le sud des États-Unis. En culture, toutefois, il leur faut cinq ou six ans pour déborder d'un pot de 15 à 18 cm, et ils fleurissent rarement avant d'avoir atteint la dimension d'un ballon de football. Grands ou petits, ce n'en sont pas moins de belles plantes, comme en témoigne leur succès commercial. En fait, ces plantes s'embellissent avec l'âge, à mesure que leurs aiguillons se renforcent et leur donnent un petit air féroce. Si elles croissent bien, cllcs finiront par être le joyau le plus en vue de votre collection.

L'espèce la plus populaire est sans conteste *Echinocactus grusonii*, appelé communément «coussin de belle-mère». Il se distingue entre tous par la beauté de ses épines rigides, qui hérissent son globe d'une armure étincelant de jaune d'or.

Lumière: optimale, pour la fermeté des piquants.
Température: un minimum indispensable de 7 °C; élevé de préférence à 10 °C pour *E. grusonii*, si l'on veut éviter les marques brunes des «gelures». Ventilez en été et maintenez la plante à une température inférieure à 38 °C.
Arrosage: chaque semaine en été, tant que la plante est confinée dans un un pot de 13 cm. Après cela, tous les quinze jours. Laissez au sec de la fin de l'automne au printemps.
Engrais: chaque mois en été, avec un engrais riche en potasse (comme pour les tomates).
Terre: une part de sable graveleux (pas le sable de construction ou de plage) pour deux parts de compost de rempotage non terreux ou à base de terreau n° 2 (n° 3 pour les grandes plantes).

Echinocactus horizonthalonius se laisse difficilement cultiver s'il ne jouit pas d'un emplacement ensoleillé dans un pot bien drainé. Il faut aussi l'arroser de préférence par temps clair et ensoleillé, après avoir laissé se dessécher la surface de la terre. Hors floraison, une plante saine renouvelle son duvet laineux au centre de sa calotte. Les fleurs elles-mêmes s'épanouissent en été et durent chacune une semaine ou plus.

Echinocactus grusonii manifeste sa bonne santé par une production généreuse de brillantes épines nouvelles en été et par l'absence de toute marque brune de gelure après l'hiver. Il faut attendre qu'il soit gros comme un ballon de football avant d'assister à sa floraison, qui, de surcroît, est assez rare en culture. En revanche, cette plante vous offrira, tout au long de l'année, le spectacle fascinant de ses magnifiques épines jaunes.

Une vaporisation occasionnelle maintiendra la propreté et le coloris jaune vif des piquants, qu'une bonne alimentation rendra aussi plus sains et plus vigoureux.

Les cochenilles

1 Tamponnez et enlevez leurs plaques laineuses avec un petit pinceau ou un tampon d'ouate imbibé d'alcool dénaturé, puis pulvérisez du malathion dilué. Répétez dix jours après, si nécessaire.

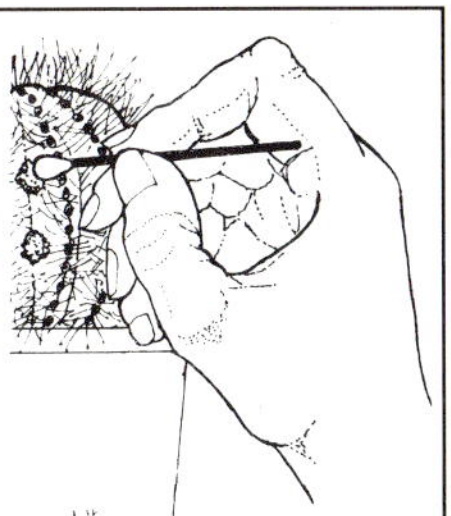

2 Débarrassez les creux de tout parasite mort, car la moisissure risque de se transformer en pourriture. Pour travailler entre les épines, utilisez un petit pinceau à longs poils, un cure-dents ou un bois d'allumette.

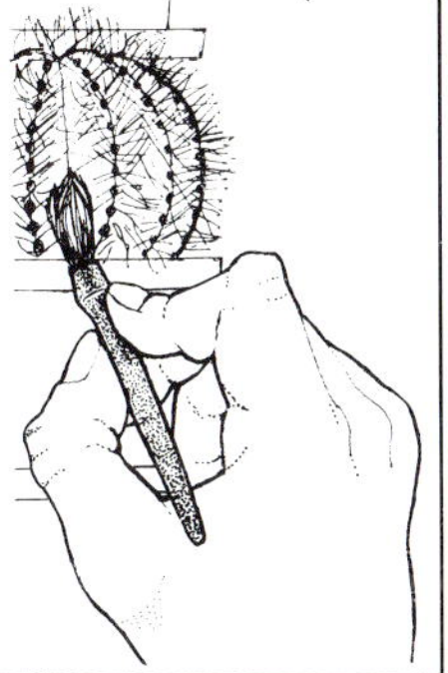

Rempotage : portez des gants de protection et évitez de briser les épines. Rempotez la plante chaque année dans le pot de la taille supérieure. Lorsque celui-ci a 15 ou 18 cm, tous les deux ans suffisent.

Nettoyage et lutte antiparasitaire : nettoyez les plantes poussiéreuses par vaporisations d'eau. À celle-ci vous pouvez ajoutez, deux ou trois fois par an, un insecticide pour combattre les parasites.

Autres espèces. *E. grusonii* offre aussi une variété à épines blanches. Tous deux doivent atteindre la taille d'un ballon de football avant d'épanouir leurs fleurs. Les autres espèces sont moins courantes, à l'exception de *E. horizonthalonius*. Très petit (8 cm environ), cette plante donne d'adorables fleurs roses, portées sur des tiges bleu-gris armées d'aiguillons recourbés noirs ou bruns. Sa culture paraîtra peut-être difficile à l'amateur inexpérimenté.

Les marques brunes et gelures sont plus déplaisantes que dangereuses. Ne les excisez pas, sous peine d'endommager la plante.

Echinocierge

Les fleurs de ce genre sont parmi les plus grandes et les plus somptueuses de la famille des cactées. Ce «cactus arc-en-ciel» provient du Mexique et du sud des États-Unis, où il croît surtout en larges touffes d'environ 50 cm de diamètre, en formant des tiges cylindriques hautes de 20 à 30 cm. Plusieurs fleuriront déjà lorsqu'ils auront atteint 10 cm, confinés dans des pots généralement peu profonds. Ces plantes se répartissent en cinq types principaux. La grande espèce à longues épines, tel *Echinocereus fendleri*, fleurit difficilement en culture, mais peut atteindre 50 cm de diamètre. On obtiendra une meilleure floraison avec le groupe des rampants, dont font partie *E. blanckii* et *E. papillosus*, voire avec un groupe comme *E. pectinatus*, qui dispose ses courtes épines en dents de peigne tout le long de ses côtes. En général, ces dernières plantes ne produisent leurs larges fleurs roses que quand elles sont petites. En fait, elles déborderont rarement d'un pot de 18 cm. Vient ensuite un groupe qui donne de petites fleurs gris-jaune ou rouge rouille. *E. davisii*, qui en fait partie, fleurit alors qu'il n'a que 2 à 3 cm. Le dernier groupe, enfin, comprend quelques petites espèces, presque globulaires, tel *E. pulchellus*. Elles ne grandissent que de 2,5 cm environ par an, mais donnent une profusion de fleurs. *E. pulchellus* lui-même dispose en étoiles ses épines courtes et dures.

Echinocereus trigochidiatus produit des racines épaisses et ramassées. Les épines varient considérablement selon les espèces. Si, à l'état sauvage, la plante produit des fleurs très naturellement, en culture, en revanche, elle réclame, pour cela, un emplacement ensoleillé. D'une couleur rouge vif, d'une texture épaisse et d'un aspect cireux, chaque fleur ne dure qu'une quinzaine de jours.

Lumière: le maximum, sur l'appui de fenêtre le plus ensoleillé, ou dans une serre.
Température: par précaution, maintenez la plante à une température supérieure à 4 °C. En été, aérez bien et maintenez-la sous 38 °C, si possible.

Arrosage: arrosez chaque semaine en été; tous les quinze jours au printemps et en automne. Maintenez dans la sécheresse en hiver.
Engrais: fertilisez au printemps et en été, avec un engrais riche en potasse.
Terre: une part de sable graveleux (pas de sable de construction ou de plage) pour deux parts de compost de rempotage non terreux ou à base de terreau n° 2 (n° 3 pour les grandes plantes).
Rempotage: n'empotez pas les petites plantes dans de trop grands pots; les racines doivent remplir le pot. Rempotez chaque année dans le pot de la taille immédiatement supérieure. Si le système radiculaire est très superficiel, utilisez un demi-pot ou une coupe. Rempotez chaque année les plantes à croissance vigoureuse dans un pot d'une taille supérieure. Quand vous arrivez au pot de 18 cm, rempotez tous les deux ans, à moins que la plante ne soit vraiment trop à l'étroit.
Nettoyage et lutte antiparasitaire: nettoyez les plantes poussiéreuses par vaporisations d'eau. À celle-ci, vous pouvez ajouter, deux ou trois fois par an, un insecticide pour combattre les parasites.
Autres espèces: *E. blanckii* est un excellent représentant du groupe des rampants. Dans les quatre autres groupes principaux, le marché vous offre un beau choix. La grande espèce à la floraison rétive comprend, entre autres, *E. brandegei*, *E. maritimus* et *E. trigochidiatus*. Parmi les petites cactées «en dents de peigne», citons: *E. purpureus*, *E. melanocentrus* et *E. reichenbachii*. Quant au groupe à petites fleurs, il comprend: *E. chloranthus*, *E. viridiflorus* et *E. russanthus*. Enfin, l'espèce globuleuse, si florifère, compte, outre *E. pulchellus*, *E. knippelianus*, dont la menue tige vert foncé est couverte d'épines très fragiles et qui produit de grandes fleurs au coloris rose accentué par une bande médiane plus foncée. Citons encore dans ce dernier groupe *E. subinermis*, aux magnifiques grandes fleurs jaune beurre.

Echinocereus papillosus est une espèce qui fleurit volontiers en culture et dont les racines superficielles ne tarderont pas à remplir une cuvette de 18 à 20 cm. Les fleurs, jaune pâle soyeux, dévoilent leurs gorges rouges durant deux ou trois semaines à la fin du printemps ou au début de l'été. Chaque fleur dure de sept à dix jours.

Echinocereus blanckii appartient au groupe des echinocereus rampants. Il s'étale jusqu'à remplir un pot de 25 cm, dont la profondeur ne doit toutefois pas être trop grande pour ses racines superficielles. Il produit ses fleurs pourpre vif durant un mois environ au printemps et au début de l'été. Chacune dure de sept ou dix jours.

Cactus-oursin

Originaires d'une vaste région de l'Amérique du Sud, ces cactées sont bien connues pour leurs fleurs, qui s'ouvrent un soir et se fanent le lendemain matin. Montées sur des tubes de 10 à 12 cm de long, ces fleurs sont généralement blanches ou rose pâle, bien que certaines espèces, comme *Echinopsis aurea* (p. 251), les colorent en jaune. Ces plantes atteignent de 6 à 8 cm, et s'étalent sur 6 cm ou plus. Comme leurs nombreux rejetons racinent facilement, les jeunes plantes sont courantes dans le commerce. Il est préférable de les garder à l'intérieur, bien qu'un grand nombre puisse passer l'hiver à l'extérieur, du moins à l'abri des fortes gelées.
Signalons que ces plantes sont parfois dénommées «pseudolobivias» et que, par ailleurs, le croisement des échinopsis et des lobivias a produit des hybrides, connus sous le nom d'«échinobivias».

Echinobivia «Ginn and Orange». Les échinobivias produisent des fleurs à tubes plus courts (6 à 8 cm) que ceux des échinopsis ordinaires, mais ils sont plus florifères. Citons parmi les autres bons échinobivias: *E.* «Stars and Stripes», *E.* «Mary Patricia», *E.* «Peach Monach» et *E.* «Sunset».

Lumière: vous obtiendrez de meilleurs résultats en réservant à ces plantes l'emplacement le plus ensoleillé possible. Une absence de fleurs est probablement due à une lumière trop faible, tamisée par des rideaux par exemple.
Température: de préférence au-dessus de 4 °C, bien que le cactus-oursin ait la réputation de pouvoir résister à une légère gelée. En été, maintenez, si possible, une température inférieure à 38 °C, dans une bonne ventilation.
Arrosage: chaque semaine en été, tous les quinze jours au printemps et en automne, ou si la plante est dans un pot de plus de 13 cm. Maintenez dans la sécheresse en hiver.
Engrais: tous les mois au printemps et en été, avec un engrais riche en potasse.
Terre: deux parts de compost pour rempotage non terreux ou à base de terreau n° 2 (n° 3 pour les grandes plantes) pour une part de sable graveleux.
Rempotage: rempotez chaque année dans le pot de la taille immédiatement supérieure. Lorsque le pot est de 13 cm, ne rempotez que tous les deux ans. Ensuite, renouvelez le compost sans changer la taille du pot, sauf si la plante déborde.
Nettoyage et lutte antiparasitaire: nettoyez les plantes poussiéreuses par vaporisations d'eau, en ajoutant à celle-ci, deux ou trois fois par an, un insecticide.
Autres espèces: la plupart produisent des fleurs blanches ou roses, à quelques exceptions près, telles que *E. callichroma* qui les a jaunes, comme *E. aurea* (à droite). Certaines espèces offertes depuis peu dans le commerce valent la peine qu'on s'y intéresse: *E. obrepanda*, *E. kratochviliana* et *E. subdenudata* se parent de fleurs blanches tandis que *E. frankii*, *E. cardenasiana* et *E. kermesina* couvrent la gamme des roses aux rouge-violet. La dernière plante citée hérisse son corps vert clair d'épines brun jaunâtre. Elle se distingue aussi de la plupart des autres échinopsis par ses fleurs longuement tubulées, qui émergent de son centre. Faisant un peu bande à part, on l'appelle parfois «pseudolobivia». Enfin, les nombreux échinobivias hybrides, eux, se nuancent de rose, de rouge, d'orange et de jaune.

Les rejetons

Les rejetons produits à la base de la plante racinent facilement. Enlevez-les, avec un couteau tranchant, quand ils ont 2,5 cm de haut. Badigeonnez la base de poudre radiculaire aux hormones, contenant un fongicide, laissez sécher pendant deux jours et plantez dans un nouveau compost sec. N'arrosez pas pendant deux semaines.

Echinopsis cardenasiana s'éclipse sous la magnificence de ses fleurs. La plante représentée ici fait environ 7,5 cm de large, mais elle est déjà cachée sous les fleurs lorsqu'elle n'a que 5 cm de large.

Les échinopsis sont originaires d'Argentine, de Bolivie, du Paraguay et du Brésil. Ils survivent à de basses températures, mais se portent mieux au-dessus de 4 °C.

Si votre échinopsis ne fleurit pas, offrez-lui l'emplacement le plus ensoleillé possible. Ne l'exposez pas à la lumière tamisée par des rideaux.

Echinopsis aurea, au teint vert foncé éclatant de santé, porte des côtes verticales, flanquées de touffes d'épines acérées. À l'intérieur, il atteint environ 10 cm et fleurit au bout de trois à quatre ans, dès qu'il mesure de 4 à 5 cm. Ses fleurs jaunes apparaissent en un seul bouquet ou en une suite s'étalant sur une ou deux semaines. Chacune ne dure guère plus de deux jours. Les tubes d'où émergent les fleurs sont velus. Ils prennent naissance juste au-dessus d'une touffe d'épines, sur le flanc de la plante.

Épiphylle

La plupart des plantes que l'on dénomme «épiphylles» ne sont pas de véritables *Epiphyllum*, mais des hybrides, eux-mêmes issus d'hybrides à l'origine mal connue. Ils n'en jouissent pas moins d'une grande popularité, qu'ils doivent en particulier à leurs fleurs aux coloris exotiques et au centre implanté de fascinantes étamines. Ces fleurs, qui rappellent les orchidées, couvrent et mélangent la gamme des blancs, des jaunes, des orange, des rouges (les plus courants), des roses et des pourpres. Les épiphylles sont issus de cactées vivant sur les arbres de la jungle et se nourrissant de la pourriture végétale accumulée sur les branches. Il ne faut donc pas traiter ces plantes comme des cactées du désert. L'espèce la plus en vogue est *Epiphyllum ackermanii*, à fleurs pourpres.

Les grandes fleurs blanches d'*Epiphyllum* «Sarabande», soutenues par des sépales jaunes, en font un des plus beaux hybrides. Sont également en vogue: *E.* «Deutsche Kaiserin« et *E.* «Reward», aux inflorescences respectivement rose pastel et jaunes.

Lumière: comme toutes les cactées, les épiphylles ne réussissent que dans une bonne lumière, telle que l'offre idéalement le rebord ensoleillé d'une fenêtre. Cultivés en serre, ils apprécieront en été un peu d'ombre, mais la pleine lumière en hiver, lors de la formation des bourgeons floraux.
Température: maintenez la plante à une température supérieure à 4 °C en hiver, inférieure à 38 °C en été.
Arrosage: ces plantes doivent être arrosées tout au long de l'année. Par températures inférieures à 7 °C en hiver, n'arrosez presque pas: toutes les quatre à six semaines au plus. En été, en revanche, maintenez l'humidité de la terre en arrosant une ou deux fois par semaine.
Engrais: fertilisez chaque semaine au printemps et en été, avec un engrais riche en potasse.
Terre: un compost non terreux, sans gravillon ni sable. Certains horticulteurs suggèrent plutôt un compost non calcaire ou de la terre de bruyère, rappelant la pourriture végétale, dont ces plantes se nourrissent dans la nature.
Rempotage: si la plante pousse bien, chaque année dans un pot d'une taille supérieur; choisissez un pot suffisamment grand pour y installer confortablement la motte et enrober celle-ci de compost frais. Les plantes à croissance vigoureuse rempliront un pot de 23 cm, voire plus grand; mais une fois cette taille atteinte, ne les changez plus: contentez-vous de renouveler le compost. Assurez-vous que le drainage s'effectue bien.
Nettoyage et lutte antiparasitaire: essuyez les tiges poussiéreuses avec un chiffon humide et vaporisez-les une fois par mois, pour les maintenir propres. Incorporez un insecticide deux ou trois fois par an pour combattre les parasites et un insecticide pour prévenir les nécroses (taches brunes ou orange).
Autres espèces: des milliers d'épiphylles ont été baptisés durant les cinquante dernières années. Leurs coloris font l'objet d'un grand choix. Certaines pépinières, qui se spécialisent dans ces plantes, valent une visite, de préférence au printemps et au début de l'été.

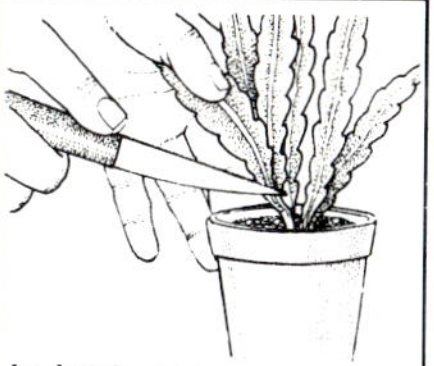

Le bouturage

1 Prélevez les boutures après la défleuraison. Coupez en biais, avec un couteau tranchant, à l'endroit le plus étroit de la feuille.

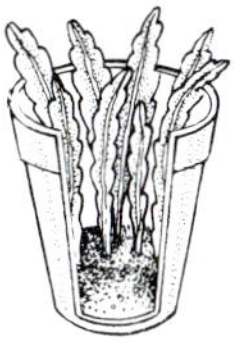

2 Procédez comme pour le bouturage de tiges. Enfoncez plusieurs boutures tout autour du bord d'un pot rempli de compost de rempotage. Rempotez isolément, lorsqu'en tirant délicatement vous apercevez les nouvelles radicelles.

Lorsque vous rempotez, secouez délicatement la vieille terre de la motte et coupez les vieilles tiges ligneuses, afin d'encourager la croissance des nouvelles.

Epiphyllum «Court Pink», à fleurs roses, est un hybride qui se distingue par sa robustesse. Ses fleurs, larges de 8 cm, apparaissent deux ou trois à la fois, au printemps et en été. Chacune dure une semaine. La floraison dure en tout un mois environ.

Une plante saine produit chaque année de nombreuses nouvelles pousses, pour atteindre finalement 1 m de haut. Ses tiges, semblables à des feuilles, devraient être exemptes de toute tache brune ou orange, symptôme de la présence d'un champignon très friand de ces plantes.

Epipremnum aureus

Lierre-du-diable

Lointaine parente des philodendrons, cette plante, appelée aussi «arbre-lierre doré», partage leurs goûts et leurs habitudes. On peut la cultiver comme plante grimpante ou retombante. Dans le premier cas, elle appréciera, comme support, un bâton enveloppé de mousse, matière dans laquelle elle pourra cramponner ses racines aériennes. Ses feuilles, cordiformes et effilées, prennent des dimensions considérables à mesure qu'elle grandit. Arrosez-la avec modération, car elle réagit à tout excès d'eau en maculant ses feuilles de plaques brunes, surtout en hiver. Cette réaction peut étonner, puisqu'elle se prête à l'hydroculture (p. 18). Grimpant vigoureux, elle finira par dépasser 4 m, si on la laisse grandir à sa guise.

Les feuilles du lierre-du-diable rehaussent leur teint vert de panachures jaunes. Suspendues dans l'embrasure d'une fenêtre, de préférence non exposée au soleil, ces plantes formeront, à plusieurs, un ensemble très décoratif.

Lumière: le lierre-du-diable supporte la pénombre, bien que sa panachure se ternisse dans une obscurité excessive. Ne l'exposez pas au plein soleil.

Température: la plante supportera une température aussi basse que 13 °C, mais préfère 16 °C en hiver. En été, maintenez une température inférieure à 24 °C.

Arrosage: laissez la terre sécher entre les arrosages. Cela implique un bon drainage. Suivant l'assèchement du compost, arrosez tous les quatre ou cinq jours en été, tous les sept ou huit jours en hiver.

Humidité: vaporisez deux ou trois fois par semaine en été. En hiver: deux fois par semaine à l'eau tiède, si l'atmosphère est desséchée par le chauffage central.

Engrais: une fois par mois toute l'année, avec un engrais liquide dilué à raison de la moitié de la dose recommandée.

Terre: un mélange à base de terreau n° 2.

Rempotage: seulement tous les deux ans. Ces plantes n'aiment pas qu'on dérange leurs racines. Veillez au bon fonctionnement du drainage.

Nettoyage: essuyez les feuilles chaque semaine avec un chiffon humide. Lustrez une fois par mois à l'huile végétale. Pas de lustrants chimiques.

Le tuteurage sur bâton moussu

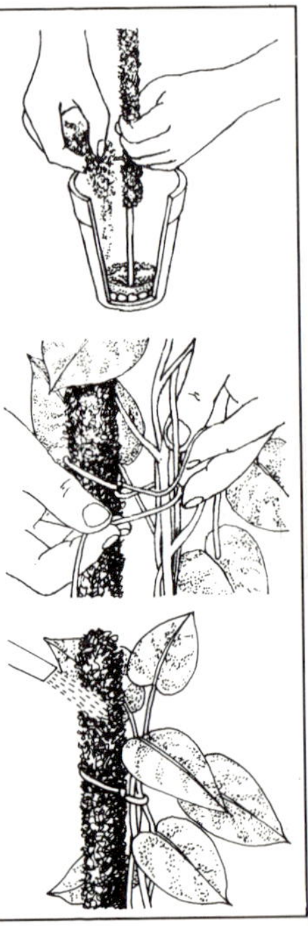

1 Les lierres-du-diable sont pourvus de racines aériennes qui peuvent agripper un bâton moussu. Mettez celui-ci en place avant de rempoter la plante. Maintenez-le droit en tassant un peu de compost au fond du pot.

2 Installez la plante et attachez-la au bâton avec du raphia ou de la ficelle, en faisant le nœud contre le bâton et non contre la tige.

3 Remplissez le pot de compost frais en tassant bien. Lorsque vous arrosez, laissez dégouliner l'eau le long du bâton, afin de maintenir la mousse humide. Les racines aériennes bénéficieront de ce surcroît d'humidité.

Croissance lente, feuilles très espacées: besoin d'engrais. Fertilisez une fois par mois, tout au long de l'année, avec un engrais liquide dilué à raison de la moitié de la dose recommandée.

Marques de rouille sur les feuilles: effets des lustrants. Ne les utilisez pas. Essuyez les feuilles avec un chiffon humide. Enlevez les feuilles abîmées à leur point d'attache à la tige.

Marques brunes sur les feuilles, bords noircis: trop d'eau. Laissez sécher la terre avant de recommencer à arroser. Tâtez toujours le compost pour vérifier sa moiteur entre les arrosages. Arrosez tous les quatre ou cinq jours en été, tous les sept ou huit jours en hiver, suivant la température.

Jaunissement des feuilles, filaments en dessous: araignées rouges. Enlevez les filaments avec un chiffon ou une éponge humide, puis pulvérisez du malathion dilué, surtout sous les feuilles. Répétez, tous les quinze jours, jusqu'à disparition de tout symptôme. Augmentez l'humidité en plaçant le pot sur une soucoupe emplie de cailloux mouillés, et vaporisez.

Plaques laineuses blanches sur les feuilles: cochenilles. Pulvérisez du malathion dilué et enlevez parasites et «laine» avec une pince à épiler. Répétez, tous les quinze jours, jusqu'à disparition de tout symptôme. Ou bien, badigeonnez d'alcool dénaturé et enlevez avec une pince à épiler.

Les feuilles et la tige sont flasques et se dessèchent: chaleur et sécheresse excessives. Placez dans un endroit plus frais, à une température inférieure à 24 °C, si possible. Arrosez la terre si elle est sèche au toucher et vaporisez deux ou trois fois par semaine.

Les feuilles prennent une teinte vert pâle: manque de lumière. Exposez la plante à une bonne lumière indirecte, pas au soleil ardent.

S.O.S.

Les feuilles pâlissent: lumière excessive. Placez la plante dans un endroit plus ombragé, à l'abri du soleil direct.

La plante s'affaisse: plante saturée d'eau, probablement à la suite d'un séjour dans l'eau. Ou bien, trop au froid. Vérifiez. Laissez la terre se dessécher avant de recommencer à arroser. Tâtez toujours le compost pour vérifier sa moiteur avant chaque arrosage. Par températures inférieures à 16 °C, placez dans un endroit plus chaud.

Bruyère d'hiver

Erica hyemalis est certes belle, mais elle ne pourra séjourner longtemps à l'intérieur: en hiver, en effet, elle se plaît dans des températures trop fraîches. Inutile cependant d'essayer de l'élever à l'extérieur: elle cesse de pousser à la moindre gelée. Il faudra donc s'en défaire, après avoir apprécié la petite touche de couleur qu'elle aura apportée avant l'arrivée des plantes fleurissant l'hiver. Il existe trois variétés de bruyères d'hiver propres à la culture en intérieur: la rose *Erica gracilis* et la blanche *E. nivalis* (parfois nommée *E. gracilis alba*), qui porte de très petites fleurs, et *E. hyemalis* aux fleurs plus allongées, jaunes ou roses bordées de blanc.

La bruyère d'hiver fleurit à la fin de l'automne et au début de l'hiver, avant la plupart des autres plantes d'intérieur. Offrez-lui un maximum de fraîcheur. Dans une atmosphère chaude et sèche, elle ne vivra pas longtemps.

Lumière: la bruyère d'hiver a besoin d'une lumière abondante, telle que l'offre une fenêtre non exposée au plein soleil.
Température: cette plante jouira d'une plus longue vie si elle bénéficie d'une température optimale de 8 °C en hiver. Maximum: 15 °C. Sortez-la en été.
Arrosage: deux ou trois fois par semaine, même en hiver. La terre doit toujours être humide, sans baigner dans l'eau.
Humidité: vaporisez deux fois par semaine. Placez le pot dans une soucoupe emplie de cailloux partiellement immergés dans l'eau, ou dans un autre pot en intercalant de la tourbe humide.
Engrais: tous les quinze jours en période de croissance (printemps et été), avec un engrais liquide dilué.
Terre: trois parts de compost à base de terreau et une part de sable lavé et léger. Elle doit être non calcaire.
Rempotage: à chaque printemps après la floraison. Épincez d'abord les pousses terminales pour maintenir le port buissonnant de la plante. Si les plantes récemment achetées sont à l'étroit, rempotez-les sans attendre.
Nettoyage: les vaporisations suffisent. Pas de lustrants.

S.O.S.

Le feuillage et les fleurs se fanent et languissent: chaleur excessive. Placez dans un endroit plus frais, à une température inférieure à 15 °C et vaporisez les feuilles. Ces symptômes peuvent signaler aussi un manque de lumière. Si la plante est trop ombragée, placez-la dans un endroit plus éclairé, mais pas en plein soleil.

La plante devient cassante, les feuilles tombent: sécheresse excessive. Essayez de sauver la plante en plongeant le pot dans un seau d'eau pendant une demi-heure. Laissez-le égoutter et, à l'avenir, arrosez plus souvent.

L'humidité
La bruyère d'hiver a besoin d'une atmosphère fraîche, mais humide. Placez le pot dans une soucoupe d'eau emplie de cailloux. L'eau ne doit pas toucher le fond du pot.

Une autre façon d'entretenir l'humidité consiste à placer le pot dans un second récipient. On remplit de tourbe humide l'espace entre les deux pots.

Le feuillage et les fleurs foncent: trop au froid, température avoisinant probablement le point de congélation. Les nuits d'hiver, ne laissez pas la plante près des fenêtres. Maintenez-la à une température supérieure à 8 °C.

Croissance irrégulière des nouvelles pousses en été: manque d'engrais. Fertilisez tous les quinze jours en période de croissance. Épincez les pointes des tiges qui poussent démesurément.

Les fleurs se fanent: effets des lustrants. Ne les utilisez pas.

Insectes bruns sur les feuilles et les tiges: insectes écailleux. Enlevez avec un coton d'ouate imbibé d'alcool dénaturé et pulvérisez un insecti-

cide systémique, tous les quinze jours, jusqu'à élimination.

Les feuilles retombent, la plante sent mauvais: pourriture des racines causée par un mauvais drainage et la saturation. Assurez-vous que la plante ne séjourne pas dans l'eau et que les trous de drainage sont dégagés. La plante risque de ne pas récupérer.

Espostoa

Ces cactus montés en colonnettes couvertes de laine blanche proviennent des Andes, du sud de l'Équateur et du nord du Pérou. *Espostoa melanostele*, ou «cierge laineux», est un excellent représentant du genre. Plantes à croissance lente, en culture comme dans leur milieu naturel, les espostoas ne développent pas plus de 5 cm par an avant d'atteindre leur taille adulte. Lorsque, dans la nature, ils culminent à environ 1 m, ils garnissent un côté de leur tête d'une laine particulièrement épaisse, qui forme un «céphalium» d'où émergent les fleurs. Bien que la floraison soit peu probable à l'intérieur, notre élégant barbu ne cessera de vous fasciner en se parant la tête, chaque année, de nouvelles volutes de laine. Avec l'âge, la plante épaissit cette toison, jusqu'à masquer entièrement sa tige. Mais prenez garde! À demi enfouies sous cette laine se cachent des épines aussi acérées que des aiguilles.

Lumière: comme ils poussent à la lumière très intense des hautes montagnes, ces cactus ont besoin d'un maximum de soleil tout au long de l'année, sur le rebord ensoleillé d'une fenêtre ou dans une serre. S'ils en manquent, ils s'allongent et sont moins laineux.
Température: maintenez une température supérieure à 4 °C en hiver et inférieure à 38 °C en été. Aérez la plante autant que possible en été.
Arrosage: arrosez environ une fois par semaine au printemps et en été, tous les quinze jours si les plantes sont grandes. Vérifiez toujours le degré d'humidité du compost. Par temps couvert, il séchera moins vite et risquera d'être saturé. En automne, n'arrosez qu'une fois toutes les trois semaines au début, puis progressivement tous les mois. Si la plante se trouve dans un grand pot (23 cm ou plus), n'arrosez plus du tout en automne, pour laisser sécher le compost. Maintenez dans la sécheresse en hiver. Recommencez à arroser au printemps.

Bien qu'il en produise un peu au sommet de sa tige, *Espostoa superba* est beaucoup moins fourni en laine que les autres espèces. Comme celles-ci, il ne fleurira probablement pas à l'intérieur, bien qu'il puisse atteindre 1 m de haut au bout de dix à quinze ans.

Engrais: administrez, une fois par mois au printemps et en été, un engrais riche en potasse.

Voici comment se présentent normalement les tiges d'une plante cristée, illustrée ici par *Espostoa ritteri*. Au lieu d'ériger une seule colonne, les plantes cristées multiplient leurs tiges pour se donner une allure onduleuse et flottante.

Un *Espostoa melanostele* manifeste sa bonne santé par une croissance continue, bien que lente, et par la production annuelle d'une nouvelle laine blanche au sommet de sa tige. Lorsqu'il atteint 15 cm, il s'enroule ainsi la tête d'un ruban de plus en plus épais. Il est peu vraisemblable qu'il fleurisse à l'intérieur: il faudrait, en effet, attendre qu'il atteigne 1 m de haut, ce qui risque de prendre quinze ans.

Une bonne alimentation encouragera une croissance saine et rapide de la plante, ainsi que la production d'une laine épaisse.

Après le rempotage, tuteurez la plante contre le bâtonnet en l'y attachant, sans trop serrer, avec un lien fait de tissu doux. Dès qu'elle est bien racinée, enlevez tuteur et lien, afin de ne pas la marquer.

Un léger brossage permettra de rehausser l'élégance de votre plante, en donnant plus de bouffant à sa laine. Si elle noircit ou devient sale, ne lui faites pas un shampoing, mais brossez légèrement, en utilisant de l'eau tiède contenant une très petite quantité de détergent.

Un rempotage annuel favorisera une croissance rapide de la plante tout en rehaussant sa beauté.

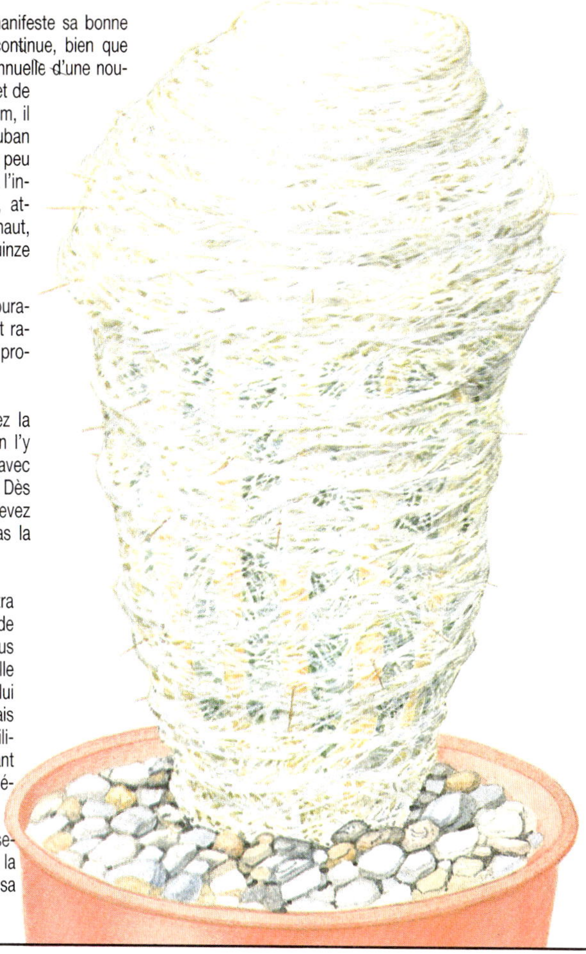

Terre: une part de sable graveleux (pas de sable de construction ou de plage) pour deux parts de compost de rempotage non terreux ou à base de terreau n° 2 (n° 3 pour les grandes plantes). Un bon drainage est indispensable.

Rempotage: à chaque printemps dans le pot de la taille immédiatement supérieure. Lorsque le pot a 13 cm, ne rempotez plus la plante que tous les deux ans. Lorsque celle-ci a environ 60 cm de haut, placez-la dans un pot de 23 cm et ne changez plus la taille de celui-ci. Dépotez la plante chaque année pour enlever le vieux compost et pour le remplacer par du frais. Le rempotage de ces grandes plantes nécessite deux personnes.

Nettoyage et lutte antiparasitaire: rendez à la laine son bouffant grâce à un léger brossage occasionnel. Toute vaporisation lui donnera un air mat et disgracieux. Pour la lutte parasitaire, utilisez de préférence des insecticides systémiques, absorbés par les racines. Les insecticides pulvérisés pénètrent difficilement dans la laine, dans laquelle se réfugient les parasites. Incorporez les insecticides à l'eau d'arrosage, deux ou trois fois par an, ou en cas de parasitisme.

Autres espèces: toutes les espèces disponibles se ressemblent beaucoup, bien que certaines soient moins laineuses que d'autres. *E. ritteri* porte des épines rougeâtres et une laine blanche clairsemée. *E. superba* est aussi une espèce moins laineuse. Outre *E. melanostele*, les espèces laineuses comprennent *E. lanata*, *E. sericata*, *E. nana*, *E. mirabilis* et d'autres.

Épine du Christ

Cette plante populaire, dite aussi «février à trois épines», ou «couronne d'épines», forme un arbrisseau épineux qui se ramifie généreusement, offrant volontiers ses fleurs rouges ou jaunes. Elle peut atteindre une hauteur de 30 à 40 cm et une largeur de 20 à 30 cm. Méfiez-vous de sa sève qui, comme chez toutes les euphorbes, contient un produit irritant, dangereux pour les yeux.

Lumière: un emplacement ensoleillé, tel que le rebord d'une fenêtre ou une serre, assurera de meilleurs résultats.
Température: exige un minimum de 7 °C, bien que certaines espèces préfèrent un prudent 10 °C. Aérez bien en été.
Arrosage: tous les quinze jours à partir du printemps et jusqu'à la fin de l'été; chaque semaine durant les mois les plus chauds, mais en laissant sécher le compost entre les arrosages. Réduisez l'apport d'eau en automne et maintenez la plante dans la sécheresse en hiver, quand les feuilles tomberont. Voir aussi *Introduction*.
Engrais: riche en potasse, deux ou trois fois en été.
Terre: un compost de rempotage à base de terreau n° 2, ou un compost non terreux, additionné de 30 % de sable grossier et graveleux.
Rempotage: tous les printemps dans le pot de la taille supérieure. Quand celle-ci est de 15 cm, secouez la terre des racines et rempotez avec un nouveau compost sans changer la taille du pot.
Multiplication: prélevez des boutures de tiges de 5 à 7 cm au printemps ou en été. Trempez la coupe dans l'eau pour arrêter l'écoulement du suc laiteux. Badigeonnez-la de poudre radiculaire aux hormones et laissez-la sécher. Au bout de trois jours, installez les boutures dans un compost sec. Arrosez-les trois semaines après, lorsqu'elles commencent à raciner. Lavez-vous bien les mains, si elles ont touché la sève.
Dessèchement et chute des feuilles: naturel, si la température est inférieure à 13 °C en hiver. Une nouvelle pousse reprendra au printemps.

Euphorbia milii, communément appelée «épine du Christ», varie fort en tailles: certains spécimens ont 30 cm de haut alors que d'autres ont une envergure de 2 m. Ses rameaux épineux portent des feuilles charnues vert luisant, qui tombent en hiver si la température est inférieure à 13 °C. Ses «fleurs» rouges sont en réalité des feuilles appelées «bractées», formant une cupule dont le centre jaune constitue la vraie fleur.

S.O.S.

Dessèchement et chute des feuilles: naturel, si la température est inférieure à 13 °C en hiver. Une nouvelle pousse reprendra au printemps. Si la température est plus élevée, arrosez une fois par mois pour prévenir la chute des feuilles. En été: surarrosage ou drainage défectueux. Laissez le compost sécher entre les arrosages, sinon les racines pourriront. Si vous pelez les racines endommagées, méfiez-vous de la sève qui s'en écoule. Arrêtez cet écoulement en trempant les racines dans l'eau.

L'extrémité de la tige est très mince, les feuilles sont vert-jaune pâle: obscurité excessive ou, en hiver, chaleur et humidité excessives. Amenez la plante au soleil, par expositions progressives étalées sur deux semaines. En hiver, maintenez-la dans la sécheresse, dans un endroit bien aéré.

Lorsque vous prélevez des **boutures**, portez des gants de protection contre la sève toxique. Coupez des pointes de 5 à 8 cm au printemps ou au début de l'été. Sectionnez juste au-dessus d'une feuille. Enlevez les feuilles qui se trouvent trop près de la coupure et trempez le bout dans l'eau pour arrêter l'écoulement de la sève.

Marques blanches sur les feuilles: effets des pulvérisations d'insecticide ou des vaporisations d'eau calcaire. Sans danger pour la plante.

Les feuilles roussissent et se recroquevillent en été: chaleur et sécheresse excessives. Placez dans un endroit plus aéré et arrosez quand la terre se dessèche par grandes chaleurs.

Luxuriance du feuillage, mais rareté des fleurs: suralimentation. N'arrosez plus jusqu'au printemps. Ne fertilisez que deux ou trois fois au printemps et en été.

Poussière fuligineuse sur les feuilles situées sous les fleurs: fumagine se développant sur le nectar. Diluez celui-ci en vaporisant chaque semaine en période de floraison. Incorporez un fongicide systémique aux vaporisations, une fois par mois. Une fois sèche, époussetez la moisissure.

Les feuilles noircissent et tombent, les bouts noircissent et s'amollissent, les racines pourrissent: humidité excessive. Choisissez un endroit plus aéré et pelez tige et racines endommagées. Badigeonnez les plaies de poudre radiculaire aux hormones et laissez sécher deux ou trois jours avant de replanter (voir *Introduction*).

La plante ne semble pas pousser, plaques laineuses blanches sur les racines: cochenilles des racines. Enlevez à l'eau la terre des racines, trempez celles-ci dans un insecticide de contact et laissez-les sécher avant de rempoter la plante dans un compost frais et un pot propre. Maintenez dans la sécheresse pendant deux semaines.

Poinsettia

«Fleur de Noël» de réputation presque mondiale, le poinsettia contemporain, dit aussi «étoile de Noël», illustre de façon remarquable les succès de l'horticulture scientifique. Mieux vaut le cultiver comme plante annuelle, car, à la fin de l'hiver, la chaleur des maisons entraîne vite sa défoliation, à moins qu'on ne le vaporise chaque jour. En revanche, une plus grande fraîcheur lui permettra de reprendre sa floraison d'une année à l'autre. Ses feuilles, minces et délicates, présentent de légères irrégularités de formes, une découpe dentée et de belles nervures.

Lumière: cette plante supporte la lumière solaire directe en hiver, mais elle doit être protégée du soleil de midi en période de croissance.
Température: entre 12 °C et 21 °C quand les bractées sont colorées. La plante supporte des températures plus basses en période de croissance, à condition d'être à l'abri du gel.
Arrosage: environ deux fois par semaine, voire davantage lorsque la terre sèche plus vite, par grandes chaleurs. Ne laissez jamais le compost se dessécher durant la période de croissance et pendant la floraison. Après celle-ci, ménagez une période de repos de trois à quatre semaines, en n'arrosant que tous les huit jours.
Humidité: vaporisez la plante tous les jours, en été, ou si elle est dans une pièce dotée du chauffage central.
Engrais: tous les quinze jours pendant la croissance et l'effloraison avec un engrais liquide dilué dans l'eau d'arrosage, suivant les recommandations.
Terre: un compost à base de tourbe.
Rempotage: chaque année à la mi-été, après le repos de la plante. Avant le rempotage, taillez les tiges. Manipulez délicatement racines et tiges, et ne tassez pas trop le compost. Utilisez le pot de la taille supérieure. Si la plante pousse vite, rempotez-la de nouveau en automne.
Nettoyage: les vaporisations suffisent. Pas de lustrants.

Un poinsettia sain porte des feuilles vert luisant et entoure ses petites fleurs d'une collerette de bractées rouges, roses ou blanches. Il se plaît dans la fraîcheur. Dans les pièces chaudes et desséchées par le chauffage central, il lui arrive de perdre ses feuilles. Une vaporisation quotidienne lui permettra de vivre en bonne santé d'une année à l'autre.

Marques de roussissement sur les feuilles: effets des lustrants. Ne les utilisez pas.

Les feuilles ont l'air moisies et poussiéreuses: botrytis. Pulvérisez un fongicide, chaque semaine, jusqu'à élimination.

La taille. Avant de rempoter la plante, taillez-la à la fin de la floraison. Portez des gants pour vous protéger de la sève toxique. Rabattez les tiges de moitié, en coupant juste audessus d'un pétiole. Soufrez les coupures et, si la sève coule, enduisez-les de vaseline avec un tampon d'ouate.

S.O.S.

es nouvelles feuilles restent etites et sont pâles: manque 'engrais. Fertilisez tous les uinze jours, pendant la croisance et la floraison.

'euilles striées et marbrées 'argent: maladie du plomb. 'as de remède. Brûlez la lante.

La plante entière s'incline: froid excessif ou courants d'air. Mettez la plante à l'abri, dans une pièce plus chaude. Maintenez une température minimale de 12 °C lorsque les bractées sont colorées. Évitez toute exposition au gel. Un froid excessif risque de tuer la plante.

Les bractées et les feuilles se ternissent par endroits: humidité excessive, surarrosage, pourriture des racines. Laissez sécher le compost avant de recommencer à arroser, puis arrosez moins souvent. Après la floraison, laissez la plante reposer pendant trois ou quatre semaines, en n'arrosant qu'une fois tous les huit jours.

Petits insectes blancs sous les feuilles: mouches blanches. Pulvérisez du malathion dilué, tous les quinze jours, jusqu'à élimination.

Les feuilles jaunissent, se recourbent et tombent: chaleur et sécheresse excessives. Placez la plante dans un endroit plus frais (à moins de 21 °C) et vaporisez chaque jour, pour accroître l'humidité. Assurez-vous que la terre ne se dessèche pas. Si elle sèche sous la surface, arrosez la plante en période de croissance. Ne l'exposez pas au soleil direct. Les feuilles tombent naturellement quand la plante est vieille.

es feuilles pâlissent et les ractées colorées tombent: bscurité excessive. Placez la lante dans un endroit plus :lairé. En hiver, elle supporte : soleil direct, mais, en période e croissance, il faut la protéer du soleil de midi.

Les feuilles se recroquevillent et se dessèchent: sécheresse excessive. Laissez le pot tremper dans un seau d'eau pendant dix à quinze minutes, puis laissez-le égoutter. Augmentez de 50 % la fréquence des arrosages.

Feuilles déformées et collantes, envers couvert d'insectes verts: pucerons. Pulvérisez du pyrèthre ou un insecticide systémique, tous les quinze jours, jusqu'à élimination.

Exacum affine

Exacum affine est une petite plante touffue, que l'on cultive souvent comme annuelle, bien qu'il s'agisse d'une bisannuelle. Originaire des tropiques, elle se plaît dans un endroit lumineux et assez chaud. On peut l'acheter en bourgeons, au début de l'été, ou la cultiver par semis. Effectuez celui-ci dans un plateau de compost pour semis au début du printemps. La germination a lieu à peu près en trois semaines, et la floraison devrait commencer à la mi-été, pour se poursuivre jusqu'à l'automne.

Lumière : la pleine lumière en tout temps, mais, par grandes chaleurs, évitez d'exposer les fleurs au soleil direct de midi.
Température : 16 °C pour la germination, ainsi que pour une floraison optimale. Hivernage : un minimum de 5 °C, un maximum de 16 °C.
Arrosage : maintenez les jeunes plants dans la moiteur et augmentez progressivement les arrosages quand la plante commence à fleurir. Comme la terre doit être toujours légèrement humide en période de croissance, arrosez deux ou trois fois par semaine en été. En hiver, laissez le compost se dessécher complètement entre les arrosages, qui seront effectués parcimonieusement, tous les dix à quatorze jours.
Humidité : par temps très chaud, vaporisez légèrement le matin ou le soir. Ne vaporisez pas en hiver.
Engrais : fertilisez chaque semaine avec un engrais liquide dilué à la dose recommandée, en commençant quatre semaines après le rempotage définitif des plantes.
Terre : un compost de rempotage non terreux.
Après la floraison : la plante peut hiverner pour refleurir l'été suivant. Laissez-la reposer après la défleuraison automnale. Ne l'alimentez plus et n'arrosez que pour entretenir une très légère humidité du compost. Conservez-la dans un endroit frais, à l'abri du gel, par exemple sous une véranda éclairée. Au début du printemps, rempotez-la dans un pot de 11 cm, et replacez-la dans un endroit chaud et lumineux.

Cette délicate plante au port d'arbrisseau atteint une hauteur maximale de 15 cm et produit, tout au long de l'été, une suite de fleurs odorantes bleu lilas aux étamines protubérantes rouges. Elle demande une bonne lumière toute l'année, mais elle craint le soleil direct, qui blanchit ses fleurs.

Les jeunes plantes jaunissent, la terre a une teinte foncée : surarrosage. Cela peut être fatal. Cessez d'arrosez et assurez-vous du bon fonctionnement du drainage. Reprenez les arrosages quand la terre est presque sèche. Maintenez celle-ci légèrement humide.

Les jeunes plants ne poussent pas : pourriture des racines, provoquée par un détrempage de la terre.

Les fleurs pâlissent : trop d soleil. Protégez la plante de rayons trop ardents, pa grandes chaleurs.

La plante se flétrit après un journée très chaude : chaleu et sécheresse excessives. Ra nimez la plante en la vaporisa à l'eau propre. Vaporisez e début de matinée si on prévo un temps très chaud, mais év tez les vaporisations en ple soleil.

S.O.S.

Petits insectes aptères sur feuilles, bourgeons ou fleurs: pucerons. Pulvérisez un insecticide à base de pyrèthre et répétez le traitement au bout de quinze jours, jusqu'à ce que la plante soit décontaminée.

Bourgeons, fleurs ou feuilles rongés: chenilles. Repérez-les et enlevez-les à la main. Elles infestent d'habitude les plantes poussant à l'extérieur, mais il leur arrive d'être introduites à l'intérieur.

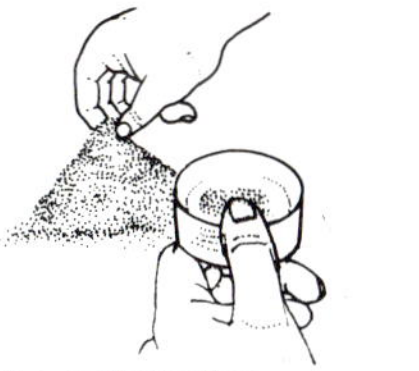

La multiplication
1 La semence est très fine. Mélangez-la à du sable fin pour obtenir un semis uniforme. Saupoudrez celui-ci de compost sec.

2 Placez le plateau dans un sac en plastique et couvrez le tout d'une feuille de papier. Exposez à la pleine lumière dès que les jeunes pousses apparaissent.

Moucherons blancs sur les feuilles ou autour de la plante: mouches blanches. Deux fois en l'espace de trois jours, pulvérisez un insecticide à base de pyrèthre. Si vous découvrez de petits œufs blancs écailleux sous les feuilles, pulvérisez, tous les trois jours, jusqu'à disparition des écailles ou des mouches.

Les feuilles jaunissent, la plante est faible: manque d'engrais. Administrez chaque semaine un engrais liquide dilué.

Pousse maigre et chétive, mais encore verte: endroit trop sombre. Placez la plante dans un endroit mieux éclairé. Les boutons floraux ne se formeront pas dans la demi-obscurité.

Les feuilles prennent une teinte très foncée en hiver: trop au froid. Placez la plante dans un endroit plus chaud. Mettez-la hiverner à l'abri du gel. Sinon elle périra.

Plante pendante et flasque: terre beaucoup trop sèche. Trempez le pot dans une coupe d'eau pendant quinze minutes, puis laissez-le égoutter. Donnez plus d'eau à chaque arrosage, en veillant à ne pas détremper la terre.

Fatshedera lizei

Lierre arborescent

Appelée aussi «aralia-lierre», «fatshedera de Lizé» ou «faux lierre», cette intéressante plante d'intérieur est issue d'un croisement entre un lierre et l'aralia du Japon (*Fatsia japonica*). À part leur taille (plus petite), ses feuilles sont semblables à celles de l'aralia, tandis que ses fleurs sont — comme celles du lierre — minuscules, vertes et plutôt insignifiantes. Cette plante grimpe à la verticale, comme un lierre, bien que ses minces tiges doivent être tuteurées à l'aide d'une canne de bambou ou d'un bâton gainé de mousse. Grâce à sa tolérance aux diverses conditions de vie en intérieur et à sa croissance rapide, elle formera, en grimpant avec d'autres plantes le long d'un bâton moussu, un bel ensemble ornemental.

Lumière: bien qu'elle préfère une bonne lumière indirecte, la plante supporte très bien un emplacement ombragé. Les variétés panachées demandent une lumière plus abondante que les vertes.

Température: un minimum de 8 °C en hiver, un maximum de 18 °C en été.

Arrosage: deux ou trois fois par semaine en été, afin de ne laisser se dessécher que le premier centimètre du compost; tous les sept à dix jours en hiver.

Humidité: vaporisez deux ou trois fois par semaine pendant la croissance printanière et estivale; une fois par semaine en hiver. Une vaporisation quotidienne aidera la plante à survivre par des températures supérieures à 18 °C.

Engrais: tous les quinze jours en période de croissance (printemps et été), avec un engrais dilué selon les recommandations du fabricant.

Terre: un compost à base de terreau n° 2.

Rempotage: à chaque printemps, dès le début de la croissance de la plante. Créez un ensemble plus touffu en empotant trois plantes dans le même pot.

Nettoyage: si les vaporisations ne suffisent pas, nettoyez les feuilles poussiéreuses ou souillées avec un chiffon humide. Appliquez un lustrant tous les deux ou trois mois.

Le lierre arborescent porte ses feuilles, lustrées et échancrées en cinq lobes effilés, sur une mince tige qu'il faut faire grimper le long d'un tuteur. Les cultivars «Variegata» sont panachés de blanc crème sur le bord des feuilles. Chez une plante saine, les feuilles garnissent toute la longueur des tiges.

Le tuteurage sur bâton moussu

1 Placez le bâton moussu au centre d'un pot bien drainé et ajoutez du compost pour le maintenir debout.

2 Placez la motte sur le compost. Si vous plantez ensemble plusieurs plantes, disposez-les à intervalles réguliers autour du tuteur.

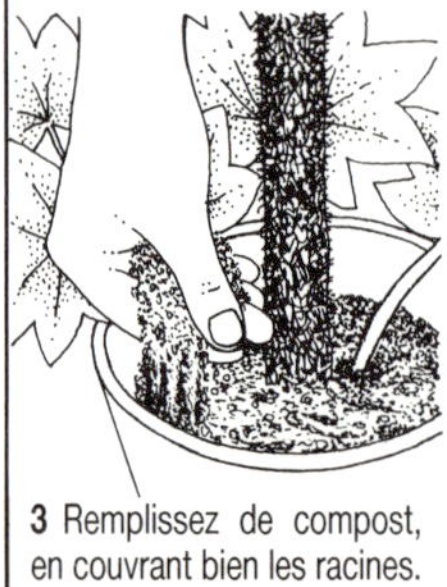

3 Remplissez de compost, en couvrant bien les racines. Tassez autour des racines et du tuteur, en veillant à ce que celui-ci soit vertical.

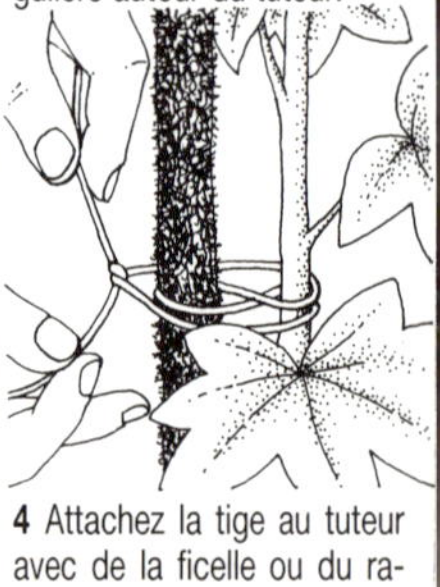

4 Attachez la tige au tuteur avec de la ficelle ou du raphia, en faisant les nœuds entre les feuilles et en laissant du mou.

S.O.S.

Nouvelles pousses étirées, feuilles très espacées: endroit trop sombre. Trouvez un emplacement plus lumineux.

Les plantes panachées prennent une teinte vert uni: endroit trop sombre. Placez-les dans un lieu plus éclairé, mais pas en plein soleil.

Plaques laineuses blanches sur les feuilles et à leurs aisselles: cochenilles. Enlevez-les avec un tampon d'ouate imbibé d'alcool dénaturé ou pulvérisez du malathion dilué, voire un insecticide systémique, jusqu'à élimination.

Les feuilles s'amollissent et jaunissent: surarrosage. Laissez le compost se dessécher avant de recommencer à arroser, ensuite faites-le moins souvent. Le premier centimètre du compost peut sécher entre les arrosages. En hiver, n'arrosez que tous les sept à dix jours. Ne laissez jamais le pot baigner dans l'eau.

Les feuilles ont l'air flasques et ternes: endroit trop chaud. Cette plante n'aime pas les températures supérieures à 18 °C. Placez-la, si possible, dans un endroit frais et vaporisez-la régulièrement par grandes chaleurs.

Feuilles déformées et collantes, petits insectes verts en dessous: pucerons. Pulvérisez du derris, du malathion dilué ou un insecticide systémique, tous les quinze jours, jusqu'à élimination. Augmentez le taux d'humidité en vaporisant régulièrement.

Feuilles pendantes: besoin d'eau. Arrosez immédiatement, ensuite deux à trois fois par semaine en été, tous les sept à dix jours en hiver.

Feuilles jaunies, filaments sur le dos: araignées rouges. Pulvérisez du malathion ou un insecticide systémique, tous les quinze jours, jusqu'à élimination. Augmentez le taux d'humidité en vaporisant, surtout par temps chaud. Maintenez la plante dans la fraîcheur.

Plaques de moisissure grise sur les feuilles: botrytis. Pulvérisez un fongicide systémique et placez la plante dans un endroit plus chaud et mieux aéré. Ne surarrosez pas en hiver.

La plante s'affaisse après le rempotage: racines endommagées. Placez toute la plante dans un sac de polyéthylène ou entourez-la de papier journal humide pendant deux jours.

Fatsia japonica

Aralia du Japon

Très facile à cultiver, l'aralia du Japon est une plante à grandes feuilles, à croissance rapide et capable de survivre dans des endroits très ombragés. Ses feuilles, robustes et luisantes, sont découpées en forme de palmes digitées et peuvent atteindre une envergure de 45 cm. Il pousse aussi bien à des températures élevées que basses, même à l'extérieur, où il craint toutefois le gel. Placé à la lumière, il produira même des ombelles de fleurs blanches à la mi-été. Il est aussi connu sous le nom d'*Aralia*.

Lumière: la plante réussira mieux à la pleine lumière, mais survivra cependant dans des coins sombres non exposés à la lumière naturelle.
Température: s'adapte à des températures variant entre 0 °C en hiver et 21 °C en été.
Arrosage: entretenez l'humidité tout au long de l'été en arrosant au moins deux fois par semaine. L'hiver, un arrosage hebdomadaire suffit, mais assurez-vous que le compost ne se dessèche jamais complètement.
Humidité: vaporisez tous les jours en été si la température avoisine le maximum toléré; deux fois par semaine en hiver. Cette plante aime l'humidité.
Engrais: ajoutez de l'engrais liquide à l'eau d'arrosage tous les quinze jours en période de croissance, en utilisant la dose recommandée.
Terre: un mélange à base de terreau n° 2.
Rempotage: rempotez la plante à chaque printemps, lorsqu'elle commence à faire de nouvelles feuilles. Utilisez un pot de la taille supérieure: la plante préfère avoir ses racines à l'étroit. Si la croissance est échevelée, vous pouvez rabattre les tiges juste au-dessus d'un pétiole, avant le rempotage. Soufrez les coupures pour prévenir l'infection.
Nettoyage: une vaporisation fine et régulière maintiendra la propreté des feuilles, bien que leur taille permette aussi de les essuyer avec un chiffon humide. N'utilisez les lustrants qu'une fois toutes les six semaines.

L'aralia du Japon peut atteindre 1,50 m de haut et de large. Ses élégantes feuilles sont vert uni ou panachées de blanc crème sur les bords. Les formes panachées poussent plus lentement que celles vert uni.

Feuilles déformées et collantes, insectes verts: pucerons. Pulvérisez un insecticide à base de pyrèthre ou du malathion dilué. Répétez le traitement, chaque semaine, jusqu'à élimination.

Pousse parcimonieuse des nouvelles feuilles, malgré une alimentation régulière: pot trop grand. La croissance est dirigée vers les racines et non vers les feuilles. Ne rempotez plus la plante pendant deux ans, et prenez toujours des pots qui n'ont qu'une taille de plus que les précédents.

Dos des feuilles couvert de filaments et de petits insectes rouges: araignées rouges. Enlevez les filaments avec une éponge humide, puis pulvérisez du malathion dilué, surtout sous les feuilles. Répétez le traitement, tous les quinze jours, jusqu'à disparition de tout symptôme. Augmentez le taux d'humidité en plaçant le pot sur des cailloux mouillés.

S.O.S.

Tiges longues et chétives, feuilles très espacées: chaleur excessive. Placez la plante dans un endroit plus frais et mieux aéré. Vaporisez chaque jour à l'eau tiède non calcaire. Température maximale: 21 °C.

La plante entière retombe: plante saturée d'eau. Videz toute eau excédentaire de la soucoupe et laissez la surface du compost se dessécher avant de recommencer à arroser. Par la suite, maintenez la terre humide, sans jamais laisser le fond du pot stagner dans l'eau. Après chaque arrosage, videz tout excédent d'eau écoulée dans la soucoupe. Vérifiez le bon fonctionnement du drainage.

Feuilles roussies et brûlées: vaporisations au soleil. Vaporisez en début de matinée ou en soirée, lorsque les feuilles ne sont pas exposées au soleil. Veillez à ce que la pointe des feuilles ne touche pas les vitres par temps ensoleillé.

Les jeunes feuilles noircissent: gel. La plante passe peut-être la nuit entre les rideaux et la fenêtre. Enlevez les feuilles abîmées et placez la plante dans un endroit plus chaud, à une température supérieure à 1 °C.

Les feuilles pâlissent: manque d'engrais. Fertilisez tous les quinze jours en période de croissance avec un engrais liquide dilué à la dose recommandée.

Les feuilles sont flasques: atmosphère trop sèche par grandes chaleurs. Vaporisez la plante chaque jour en été, surtout par température avoisinant 21 °C. L'hiver, vaporisez-la deux fois par semaine, plus souvent dans une pièce chaude et sèche.

Les feuilles retombent: compost trop sec. Plongez le pot dans un seau d'eau pendant dix à quinze minutes, puis laissez-le égoutter. Maintenez le compost humide en été et vaporisez la plante chaque jour.

Faucaria tigrina

Mâchoire de tigre

Originaire d'Afrique du Sud, ce genre offre plusieurs espèces, communément appelées «mâchoire de tigre» ou «mâchoire de chat». Ces plantes feront bel effet dans la lumière d'un appui de fenêtre ou dans une serre. Elles produisent des fleurs jaune vif pissenlit à la fin ou au début de l'automne. Elles poussent en touffes, hautes de 5 cm, et rempliront en quatre ou cinq ans un demi-pot ou une coupe de 15 cm. *Faucaria candicans* est une espèce à fleurs blanches, mais il est difficile de se la procurer. Il existe, toutefois, d'autres bonnes espèces à fleurs jaunes.

Faucaria albidens. Les faucarias, ainsi que le reflètent leurs noms populaires, portent des feuilles charnues disposées par paires et dotées de dents, rappelant la gueule ouverte d'un carnassier. Ils produiront des fleurs jaune vif à la fin de l'été et en automne à condition – comme la plupart des plantes grasses – de ne pas avoir souffert d'une chaleur et d'une humidité excessives l'hiver précédent.

Lumière: un emplacement ensoleillé est nécessaire pour assurer la floraison et maintenir une bonne coloration de la plante.

Température: un minimum de 4 °C est requis. Aérez bien en été.

Arrosage: commencez à arroser au printemps, environ une fois tous les quinze jours; toutes les semaines durant les mois les plus chauds. Réduisez en automne. Maintenez dans la sécheresse en hiver. Voir *Introduction*.

Engrais: inutile si la plante a été rempotée au printemps. Sinon, administrez un engrais riche en potasse deux ou trois fois en été.

Terre: un bon compost de rempotage à base de terreau n° 2, ou un compost non terreux, additionné de 30 % de sable grossier et graveleux.

Rempotage: à chaque printemps, dans un demi-pot ou une coupe d'une taille plus grande, sans trop déranger les racines. N'arrosez pas pendant deux semaines.

Multiplication: à l'aide d'un couteau, prélevez des boutures de pousses entières, au printemps ou en été. Badigeonnez-les de poudre radiculaire aux hormones et laissez-les sécher pendant trois jours avant de placer la base sur (ou légèrement dans) un compost sec. Arrosez-les lorsqu'après trois semaines elles racinent.

Les fleurs se recroquevillent rapidement et brunissent sur les bords: sécheresse en été ou exposition solaire excessive. Examinez la terre et arrosez-la quand elle sèche par grandes chaleurs. En été, protégez la plante des rayons ardents du soleil de midi.

Taches de rouille sur les feuilles, petits filaments: araignées rouges. Pulvérisez un insecticide et répétez le traitement, toutes les deux semaines, pendant trois mois. Par mesure préventive, pulvérisez deux ou trois fois par an.

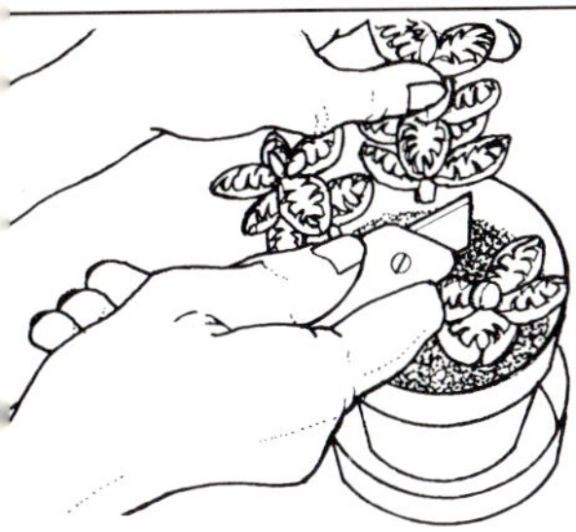

Le prélèvement des boutures

1 Au printemps, prélevez des pousses entières en coupant directement dans la tige, avec un couteau aiguisé.

2 Badigeonnez les coupures avec une poudre radiculaire aux hormones pour prévenir les infections et laissez sécher les boutures pendant deux ou trois jours. Placez ensuite les pousses sur un compost sec et n'arrosez pas avant qu'elles ne racinent.

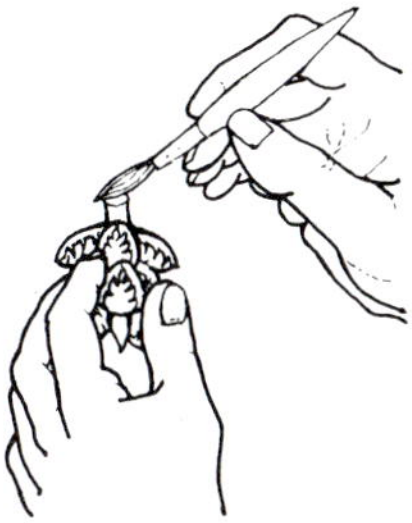

S.O.S.

Feuilles pâles sur tiges longues, pas de fleurs à la fin de l'été: obscurité ou chaleur excessive en hiver. Amenez la plante au plein soleil, par expositions progressives étalées sur deux semaines et gardez-la dans un endroit aéré. Maintenez une température inférieure à 10 °C en hiver.

Aucun signe de croissance, toutes conditions étant respectées: examinez les racines pour y repérer la présence éventuelle des cochenilles (plaques laineuses blanches). Enlevez à l'eau toute la terre des racines, trempez celles-ci dans un insecticide de contact et laissez-les sécher avant de rempoter la plante dans un compost frais et un pot propre.

Les feuilles se ratatinent, la plante se décolore et ne pousse pas en été: terre trop sèche ou besoin d'engrais ou de rempotage. Examinez la terre. Si elle est sèche, trempez le pot dans une coupe d'eau pendant une demi-heure, puis laissez-le égoutter. Rempotez la plante au printemps et fertilisez-la deux ou trois fois en été.

Plaques laineuses blanches dans le feuillage: cochenilles. Enlevez-les avec un petit pinceau trempé dans de l'alcool dénaturé et pulvérisez un insecticide de contact ou systémique. Répétez le traitement deux ou trois fois.

Les feuilles noircissent et se ratatinent: pourriture noire, pourriture des racines. Froid et arrosage excessifs ou humidité excessive. Maintenez une température supérieure à 4 °C en hiver. Pelez la tige noircie et saupoudrez un fongicide. Maintenez la plante au régime sec.

Marques de roussissement: brûlure solaire. Mettez la plante à l'abri du soleil direct, puis replacez-la, par une exposition graduelle de deux semaines, dans un endroit ensoleillé et plus aéré. En hiver, ces marques de roussissement peuvent accompagner le racornissement naturel des feuilles.

Fenestraria rhopalophylla

Plante-caillou

Cette espèce, dite aussi «plante-à-fenêtre» ou «caillou à fleurs», présente une forme à fleurs jaunes et une à fleurs blanches. Il existe aussi une plante à fleurs pourpre-rose, *Frithia pulchra*, qui leur ressemble beaucoup. Elles portent toutes des feuilles extraordinaires, façonnées en saucisse et dotées d'une extrémité transparente qui permet à la lumière de pénétrer à l'intérieur de la plante. Elles poussent en touffes serrées au ras du sol. Dans leur milieu naturel sud-africain, seules ces extrémités transparentes affleurent.

Lumière: un emplacement ensoleillé est nécessaire pour assurer une croissance compacte et induire la floraison.
Température: un minimum de 4 °C est requis. Aérez bien en été.
Arrosage: arrosez par le bas tous les quinze jours au printemps et en été, chaque semaine par grandes chaleurs. Laissez le compost se dessécher entre les arrosages. Réduisez ceux-ci en automne et maintenez la plante au régime sec en hiver.
Engrais: si vous n'avez pas rempoté la plante au printemps, utilisez un engrais riche en potasse deux ou trois fois en été. Si vous l'avez rempotée dans l'année, l'apport d'engrais n'est pas nécessaire.
Terre: un bon compost de rempotage à base de terreau n° 2, ou un compost non terreux, additionné de 30 % de sable grossier et graveleux.
Rempotage: à chaque printemps dans un pot plus grand, en veillant à ne pas trop déranger les racines. Après le rempotage, maintenez-la dans la sécheresse pendant deux semaines.
Multiplication: les feuilles individuelles ne racineront pas, mais on peut diviser la plante en petites touffes pour obtenir de nouvelles plantes. Séparez une touffe avec un couteau, badigeonnez les coupures avec une poudre radiculaire aux hormones et laissez sécher pendant trois jours avant de rempoter les touffes dans un compost frais et sec. Arrosez trois semaines après. La multiplication peut également se faire sans

Fenestraria rhopalophylla est remarquablement bien équipée pour survivre dans les régions très arides. En période de sécheresse, cette plante s'enfonce dans le sol pour ne laisser apparaître que le bout transparent de ses feuilles. Grâce à ces «fenêtres», la lumière est en mesure de pénétrer à l'intérieur de la plante.

Les tiges s'allongent et se couchent, se séparant les unes des autres et prenant une teinte vert pâle: chaleur et arrosage excessifs en hiver. Mettez la plante dans un endroit plus frais, à une température avoisinant 10 °C en hiver et laissez le compost se dessécher complètement en n'arrosant plus à partir de la fin de l'automne jusqu'au printemps. En été: endroit trop sombre. Maintenez à la pleine lumière afin de rehausser forme et couleur.

Les tiges se rétractent dans la terre pour ne laisser apparaître que leur extrémité: rare à l'intérieur, ce phénomène est provoqué par un excès de lumière. Ombragez la plante par grandes chaleurs estivales.

Les tiges ne poussent pas au printemps et en été: besoin d'engrais ou de rempotage. Rempotez la plante dans un compost frais et alimentez-la deux ou trois fois en période de croissance.

Absence de croissance malgré de bonnes conditions, les tiges se contractent. Examinez les racines pour repérer la présence éventuelle des cochenilles. En cas d'infestation, enlevez à l'eau la terre des racines et trempez celles-ci dans un insecticide. Laissez-les sécher avant de rempoter la plante dans un compost frais et un pot propre.

Les feuilles individuelles se dessèchent: sécheresse excessive ou eau sur les tiges. Arrosez par le bas et donnez une ration plus copieuse à chaque arrosage au printemps et en été.

Les tiges prennent une teinte brun clair et se ratatinent au niveau de la fenêtre: brûlure solaire. Mettez la plante à l'ombre, puis réexposez-la graduellement, en l'espace de deux semaines, au plein soleil. De nouvelles tiges peuvent pousser à la place de celles qui sont abîmées. Ces marques brunes peuvent aussi être causées par le froid. Maintenez la plante, loin des vitres, à une température supérieure à 4 °C en hiver.

.es tiges se décolorent: en-roit trop sombre. Amenez la lante au plein soleil, par expoitions progressives étalées sur eux semaines. Maintenez-la à a pleine lumière tout au long e l'année, en ne l'ombrageant ue si les tiges se rétractent ans la terre lors des grandes haleurs estivales.

La culture par semis

1 Au printemps, semez clair sur la surface d'un plateau ou d'un demi-pot. Tapotez les côtés du récipient pour ancrer la semence.

2 Versez par le bas un fongicide (dilué comme pour le «trempage» des jeunes plants) jusqu'à ce que la surface soit humide. Placez le plateau ou le pot dans un sac de polyéthylène, en rabattant les extrémités de celui-ci sous le récipient, afin de retenir l'humidité. Maintenez le semis à la lumière (pas en plein soleil), à une température de 21 °C. N'arrosez plus, sauf si la condensation sur le polyéthylène se dissipe par endroits ou sèche complètement.

3 Repiquez au bout de six mois dans des godets de 5 cm ou à intervalles de 2 cm dans des plateaux.

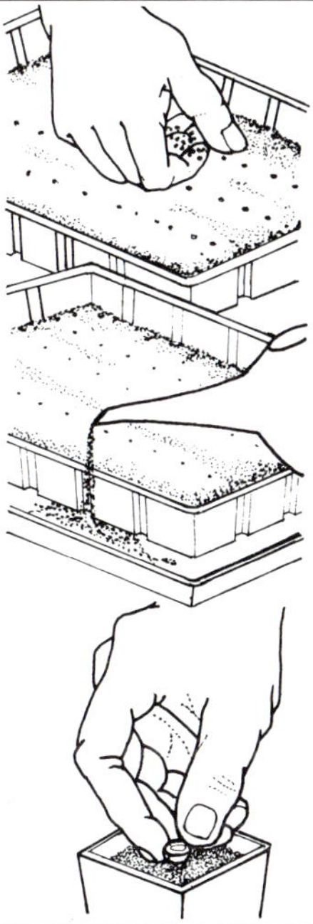

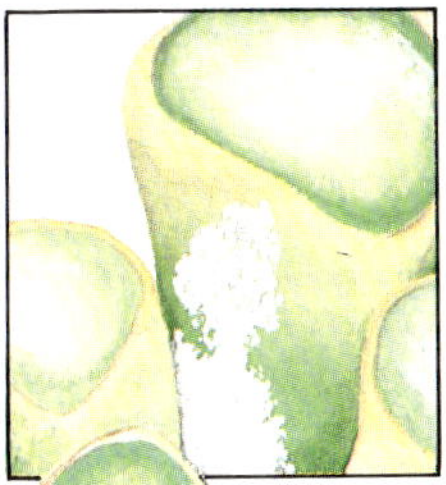

Plaques laineuses blanches sur les tiges: cochenilles. Enlevez-les avec un petit pinceau imbibé d'alcool dénaturé et pulvérisez un insecticide. Répétez le traitement deux ou trois fois pendant la saison de la croissance.

Toutes les tiges se ratatinent: beaucoup trop sec en été. En hiver: naturel pendant la période de repos dans la sécheresse. En été, trempez le pot dans une coupe d'eau pendant une demi-heure, laissez-le égoutter et, par la suite, donnez une ration d'eau plus copieuse à chaque arrosage.

Les tiges noircissent et s'amollissent: froid, surarrosage ou humidité excessifs. Placez la plante dans un endroit plus chaud, à une température avoisinant 10 °C en hiver, et laissez la terre se dessécher complètement. En été, laissez toujours celle-ci sécher entre les arrosages. Pelez la tige noircie et saupoudrez un fongicide.

Ferocactus

Ces plantes comptent parmi ces cactus qui ont la réputation de dispenser leur «succulente» réserve d'eau au voyageur assoiffé des déserts américains et mexicains. Aussi amère que doive être cette boisson, la légende persiste! Dans la nature, plusieurs de ces plantes forment des colonnes massives et épaisses, plus hautes qu'un homme, mais il en existe de plus modestes qui fleuriront en culture. Il est peu probable, toutefois, que vous assistiez à la floraison des grandes espèces, à moins que vous ne commenciez à les cultiver dès votre enfance. Il leur faut en effet de quinze à vingt ans pour arriver à maturité. Quoi qu'il en soit, la beauté de leurs superbes épines justifie souvent à elle seule leur culture.

Lumière: un maximum de lumière est requis pour assurer une croissance vigoureuse de la plante et de ses épines, ainsi que la floraison des petites espèces. Gardez-les sur l'appui de fenêtre le plus ensoleillé ou, de préférence, dans une serre.

Température: par précaution, maintenez une température supérieure à 4 °C en hiver; inférieure à 38 °C en été, dans la meilleure ventilation possible.

Arrosage: arrosez au printemps et en été chaque semaine (toutes les deux semaines pour les grandes plantes). Assurez-vous que le compost soit bien sec avant de recommencer à arroser. En automne, réduisez les arrosages à une fois toutes les trois semaines ou tous les mois. Maintenez les plantes dans la sécheresse en hiver.

Engrais: un engrais riche en potasse environ une fois par mois, au printemps et en été.

Terre: deux parts de sable grossier et graveleux (pas de sable de construction ou de plage) pour trois parts de compost de rempotage non terreux ou à base de terreau n° 2 (n° 3 pour les grandes plantes). Un bon drainage est indispensable.

Rempotage: à chaque printemps dans un pot d'une taille supérieure, durant les premières années. Lorsque la taille du pot est de 18 cm, rempotez la plante tous les deux ans ou renouvelez la terre dans un pot de

Ferocactus glaucescens couvre son corps vert bleuâtre d'aiguillons rouge vif. Bien qu'on le cultive souvent pour ses seules formes et couleurs, il fleurira après avoir atteint, au bout de dix ans environ, un diamètre d'une vingtaine de centimètres.

Ferocactus gracilis porte de superbes aiguillons crochus, au merveilleux coloris rouge vif. En culture, ses fleurs rouge flamboyant n'apparaîtront probablement pas avant qu'il n'ait atteint au moins 30 cm de haut, c'est-à-dire au bout d'une dizaine d'années.

même taille, après avoir bien secoué la vieille terre des racines. Après le rempotage, n'arrosez pas pendant quinze jours.

Nettoyage et lutte antiparasitaire: vaporisez à l'eau chaque semaine pour diluer le nectar poisseux qu'exsudent les aréoles. Deux ou trois fois par an, incorporez un insecticide à l'eau des vaporisations pour combattre les parasites.

Autres espèces: parmi les grandes espèces (de la taille d'un ballon de football) qui valent la peine d'être cultivées pour leurs épines, citons: *F. gracilis* ou *F. acanthodes*, célèbres pour la densité et la coloration rouge ou jaune de ses robustes épines, et *F. glaucescens* illustré ci-contre. Parmi les petites espèces, trois sont remarquables pour leurs fleurs: *F. macrodiscus* (ci-dessous), *F. viridescens* et *F. fordii*. Tous auront de six à huit ans lorsqu'ils seront assez grands pour fleurir. Quant à *F. latispinus*, il pousse plus lentement, mais fleurit à peu près à la même taille (8 à 10 cm). Il fait des fleurs roses et porte des épines crochues.

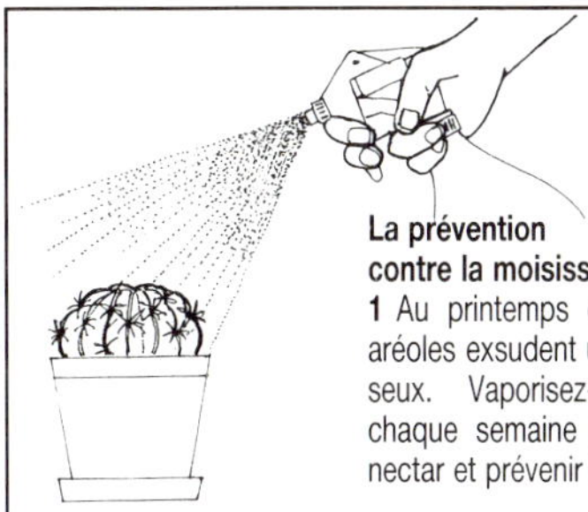

La prévention contre la moisissure

1 Au printemps et en été, les aréoles exsudent un nectar poisseux. Vaporisez-les à l'eau chaque semaine pour diluer le nectar et prévenir la moisissure.

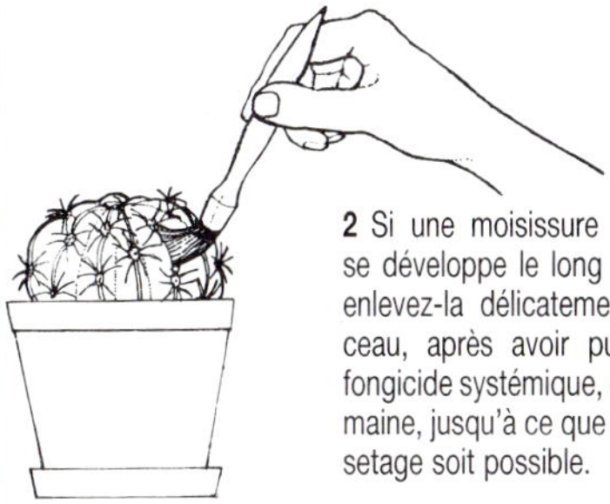

2 Si une moisissure fuligineuse se développe le long des côtes, enlevez-la délicatement au pinceau, après avoir pulvérisé un fongicide systémique, chaque semaine, jusqu'à ce que cet époussetage soit possible.

Ferocactus macrodiscus porte des épines recourbées qui passent, avec l'âge, du rouge au jaune clair. Plante à croissance lente, il fleurit au bout de six à huit ans, lorsqu'il fait 10 à 12 cm de large.

Une plante saine produit de brillantes nouvelles épines chaque année et accroît petit à petit sa taille. Il est particulièrement important de donner à cette plante un maximum de soleil en hiver, pour encourager la formation des boutons floraux.

Figuier pleureur

Le figuier pleureur est le plus connu des *Ficus* à petites feuilles. Ses branches retombantes, qui gagnent en grâce à mesure qu'il grandit, en font une plante très prisée des décorateurs d'intérieur. Chacune de ses tiges est généreusement garnie de feuilles vert moyen brillantes, mesurant quelque 8 cm de long sur 2,5 cm de large. Il demande un emplacement très lumineux pour fleurir, mais craint les courants d'air en hiver. Si le froid le dépouille de ses feuilles, il s'en remettra dans un endroit plus chaud, mais risquera de mourir dans les courants d'air. Parmi les nombreuses variétés de ce *Ficus*, certaines sont panachées. Bien traité, il formera un arbre élégant de 5 m de haut.

Bien que ses feuilles coriaces et cireuses l'aident à supporter l'air sec, le figuier pleureur apprécie une fine vaporisation quotidienne comme apport en humidité ambiante.

Lumière: en abondance, mais à l'abri du soleil direct.
Température: un minimum de 13 °C en hiver, un maximum de 24 °C en été.
Arrosage: à l'eau tiède, pas plus de deux fois par semaine en été, une fois tous les sept à dix jours en hiver. Il ne faut ni le surarroser, ni laisser son pot baigner dans l'eau. On utilisera de préférence de l'eau de pluie, car celle du robinet peut déposer des sédiments calcaires sur le système radiculaire, ce qui entraverait la croissance de la plante.
Humidité: une fine vaporisation quotidienne, sauf par températures inférieures à 15 °C.
Engrais: tous les quinze jours en période de croissance (printemps et été) avec un engrais dilué selon les recommandations du fabricant.
Terre: un compost à base de terreau n° 2.
Rempotage: à chaque printemps quand la plante est jeune. Contentez-vous de renouveler le terreau de surface chaque année, quand la plante est trop grande pour une manipulation aisée.
Nettoyage: les vaporisations suffisent. Utilisez un lustrant en bombe aérosol, une fois par mois environ.

Les feuilles sèchent et se parcheminent: sécheresse excessive de la terre, atmosphère trop sèche et trop chaude. Arrosez plus souvent et vaporisez chaque jour pour accroître l'humidité. Essayez de maintenir une température inférieure à 24 °C.

Le tuteurage. Les jeunes plantes ainsi que les plantes de taille moyenne doivent être tuteurées contre une solide canne de bambou, pour les soutenir en particulier lorsqu'on les transporte. Attachez la plante à la canne, sans trop serrer et en faisant passer l'attache entre deux branches latérales.

S.O.S.

Les feuilles tombent alors qu'elles sont vertes: obscurité excessive ou courant d'air, voire baisse subite de la température. En hiver: arrosage avec de l'eau trop froide. Reportez-vous aux soins recommandés et, si nécessaire, placez la plante dans un endroit plus chaud ou mieux éclairé. Une certaine chute de feuilles est naturelle lors de la pousse printanière des nouvelles.

Les feuilles noircissent: contact avec une vitre froide. Gardez la plante à distance des vitres.

Feuilles décolorées et écailles brunes sur des tiges et sous les feuilles: insectes écailleux. Enlevez ceux-ci avec un tampon d'ouate imbibé d'alcool dénaturé ou pulvérisez un insecticide systémique, tous les quinze jours, jusqu'à élimination.

Feuilles jaunies et tachetées, filaments en dessous: araignées rouges. Pulvérisez du malathion dilué ou un insecticide systémique, tous les quinze jours, jusqu'à élimination. Vaporisez la plante, surtout par grandes chaleurs, pour accroître le taux d'humidité.

Moisissure fuligineuse sur les feuilles: résultat de l'infestation par les insectes écailleux. Nettoyez les feuilles avec de l'eau savonneuse.

Au printemps, les nouvelles feuilles sont petites, la plante a l'air terne et sans vie: besoin de rempotage si la plante est petite, sinon changement du terreau de surface. Fertilisez la plante après le surfaçage, mais pas avant trois ou quatre semaines si elle est complètement rempotée.

Les feuilles jaunissent, puis tombent: humidité, arrosage excessifs ou pot baignant dans l'eau. Videz l'eau restant dans la soucoupe et laissez le compost se dessécher. Attendez que celui-ci soit sec et friable au toucher avant de recommencer à arroser.

Ficus elastica

Caoutchouc

Parmi toutes les plantes d'intérieur, *Ficus elastica*, dit aussi «gommier», demeure une des plus populaires, car, moyennant un minimum de soins, il croît et prospère dans la plupart des maisons. En Inde, son pays natal, il forme un arbre de 30 m de haut, mais l'horticulture en a produit des variétés d'intérieur à croissance plus compacte et à feuilles plus petites. Veillez à ne pas casser ces dernières ni à entailler la tige, de crainte de «saigner» la plante. Si cela se produit, cicatrisez immédiatement la plaie en la badigeonnant de vaseline avec un tampon d'ouate. D'excellents spécimens sont offerts par deux autres espèces: *F. lyrata* et *F. benghalensis*.

Lumière: cette plante pousse moins bien à l'ombre. Protégez-la du soleil direct.
Température: un minimum de 16 °C en hiver, un maximum de 29 °C en été.
Arrosage: évitez tout surarrosage. Dans le doute, attendez un jour ou deux et ne laissez jamais le pot baigner dans l'eau. Arrosez-la deux fois par semaine en été, une fois par semaine ou moins en hiver, uniquement quand le compost est sec. Utilisez de l'eau tiède en hiver.
Humidité: vaporisez la plante une fois par semaine au minimum; plus souvent par températures supérieures à 21 °C.
Engrais: tous les quinze jours au printemps et en été pendant la période de croissance, avec un engrais liquide dilué à la dose recommandée par le fabricant.
Terre: un mélange à base de terreau n° 2. Assurez-vous du bon fonctionnement du drainage.
Rempotage: une fois par an au printemps; plus souvent si la plante grandit rapidement et a besoin d'un plus grand pot pour ne pas basculer. Quand elle est trop grande pour être manipulée, renouvelez les 2 ou 3 premiers centimètres du compost et nourrissez-la tous les dix jours en été.
Nettoyage: essuyez les feuilles avec un chiffon humide, en les soutenant délicatement de la main. Ne les lustrez pas plus d'une fois par mois.

Les feuilles luisantes du caoutchouc mesurent, à maturité, quelque 25 cm de long sur 15 de large. Elles émergent, à la cime de la plante, d'un fourreau qui se détache à mesure qu'elles se développent. Si on enlève sa pointe terminale, la plante devrait se ramifier.

Le marcottage aérien

1 Si votre plante a perdu ses feuilles inférieures et que la croissance apicale se poursuit, pratiquez un marcottage aérien pour corriger son port. Entaillez superficiellement la tige en dessous d'une feuille ou d'une cicatrice foliaire. Insérez un petit caillou dans l'entaille et badigeonnez la plaie de poudre radiculaire aux hormones.

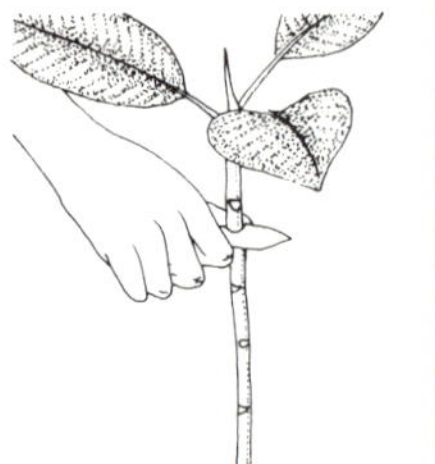

2 Entourez la plaie de mousse humide ou de papier doux et absorbant, ficelez le tout fermement et entourez-le de polyéthylène pour conserver l'humidité.

3 Quand la marcotte forme ses racines, coupez la tige sous celles-ci et empotez la marcotte dans un compost frais. Débarrassez-vous du reste de la plante.

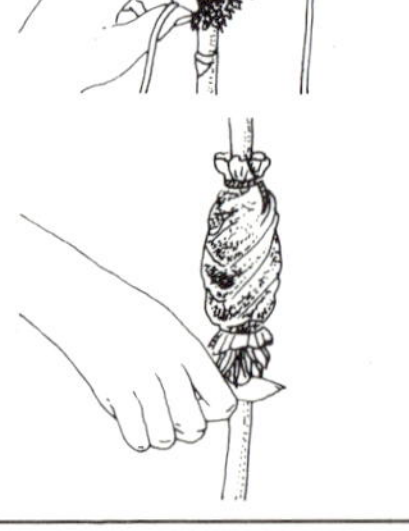

Les feuilles sont pâles, les nouvelles sont petites et déformées: besoin d'engrais. Fertilisez la plante tous les quinze jours pendant la croissance printanière et estivale.

Les feuilles pâlissent: excès du lumière. Placez la plante dans un endroit plus ombragé, à l'abri du soleil direct.

Taches jaunes sur les feuilles, filaments en dessous: araignées rouges. Enlevez les filaments avec une éponge humide, puis pulvérisez du malathion dilué, surtout sous les feuilles. Répétez le traitement tous les quinze jours jusqu'à élimination. Augmentez l'humidité.

Écailles brunes sous les feuilles et sur les tiges: insectes écailleux. Pulvérisez du malathion dilué sur l'envers des feuilles et, 48 h après, enlevez les écailles avec l'ongle du pouce. Répétez le traitement, chaque semaine, à quatre reprises. Ou bien, badigeonnez les parasites d'alcool dénaturé.

Brûlures sur les feuilles, surtout après les vaporisations: vaporisations au soleil. N'exposez pas et ne vaporisez pas la plante au plein soleil. Enlevez feuilles et pétioles abîmés.

Plaques laineuses blanches sur les feuilles: cochenilles. Pulvérisez du malathion dilué et enlevez parasites et «laine» avec une pince à épiler. Répétez le traitement tous les quinze jours, jusqu'à disparition de tout symptôme. Ou bien, badigeonnez les parasites d'alcool dénaturé et enlevez-les avec une pince à épiler.

Les feuilles pendent, se recourbent et ont l'air flasques: sécheresse excessive. Plongez le pot dans un seau d'eau pendant dix à quinze minutes, puis égouttez-le. Laissez la surface du compost se dessécher entre les arrosages, en vous méfiant particulièrement des grandes chaleurs et des pièces dotées du chauffage central.

S.O.S.

Les feuilles inférieures jaunissent, s'inclinent et tombent: terre trop mouillée. Laissez-la bien sécher avant d'arroser à nouveau. Utilisez de l'eau tiède en hiver. Chez les très vieilles plantes, la chute des feuilles inférieures est naturelle.

Des feuilles tombent subitement de toutes parts, d'autres sont couvertes de plaques brunes: froid excessif. Placez la plante dans un endroit plus chaud, à une température supérieure à 16 °C.

Figuier rampant

Cette belle plante grimpante, connue aussi sous le nom de «caoutchouc rampant», «figuier nain» ou *F. repens*, se plaît dans une atmosphère et un substrat humides. Bien que ce soit une cousine germaine du caoutchouc, ses minces tiges grimpantes ou rampantes, couvertes d'une masse de petites feuilles vertes, ne rappellent en rien cette parenté. Dans de bonnes conditions, elle ne tardera pas à escalader le mur d'une serre ou à couvrir toute la longueur d'un bâton moussu, en grandissant de près de 50 cm par an. Elle se prête également bien à la culture en vasques mixtes, en suspension et en bocal. Il en existe aussi une forme panachée, mais elle pousse lentement. Enfin, toujours apparenté au figuier rampant, *F. radicans* présente les mêmes habitudes de croissance, mais porte des feuilles plus grandes, plus fermes et souvent panachées.

Les petites feuilles cordées du figuier rampant se serrent le long de ses tiges minces pour former une masse épaisse de verdure. Une plante saine présente un port buissonnant, sans tiges dégarnies ni feuilles flétries. Au printemps et en été, elle révèle sa santé par de vigoureuses nouvelles pousses.

Tiges échevelées, feuilles très espacées: obscurité excessive. Placez la plante dans un endroit mieux éclairé, mais pas en plein soleil.

Lumière: cette plante se porte bien dans un endroit ombragé, loin des fenêtres. Au soleil direct, elle risque de se dessécher.
Température: un minimum de 8 °C en hiver. En été, elle tolérera des températures avoisinant 27 °C, pourvu qu'on la maintienne dans une bonne humidité.
Arrosage: deux ou trois fois par semaine en été, tous les deux jours en hiver afin que le compost soit constamment humide.
Humidité: vaporisez tous les jours en été (deux fois par températures supérieures à 24 °C), tous les deux jours en hiver.
Engrais: tous les quinze jours en période de croissance (printemps et été), avec un engrais dilué selon les recommandations du fabricant.
Terre: un mélange à base de terreau n° 2 ou un compost à base de tourbe.
Rempotage: à chaque printemps, si nécessaire, c'est-à-dire lorsque la plante est à l'étroit. Utilisez de préférence un petit pot.
Nettoyage: les vaporisations suffisent. Pas de lustrants.

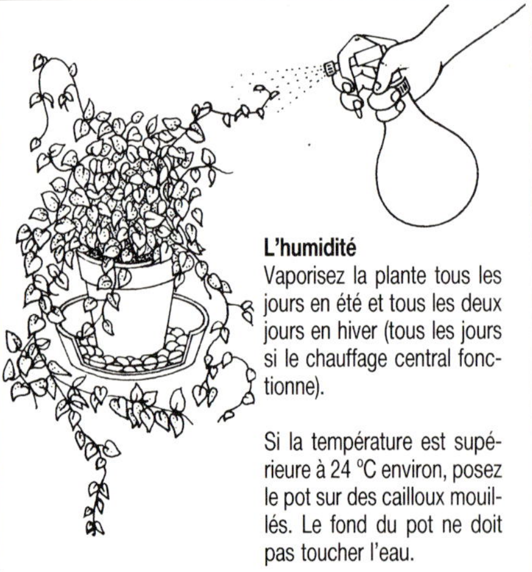

L'humidité
Vaporisez la plante tous les jours en été et tous les deux jours en hiver (tous les jours si le chauffage central fonctionne).

Si la température est supérieure à 24 °C environ, posez le pot sur des cailloux mouillés. Le fond du pot ne doit pas toucher l'eau.

S.O.S.

Les nouvelles feuilles restent petites ou la plante ne pousse pas en été: besoin de rempotage. Utilisez le pot de la taille supérieure.

Les feuilles jaunissent et tombent: terre trop humide, le pot baigne peut-être dans l'eau. Videz l'eau stagnant dans la soucoupe et attendez que le compost soit à peine humide avant de recommencer à arroser.

Plaques laineuses blanches sur les feuilles: cochenilles. Enlevez-les avec un tampon d'ouate imbibé d'alcool dénaturé ou pulvérisez du malathion dilué ou un insecticide systémique tous les quinze jours, jusqu'à élimination.

Feuilles décolorées et couvertes d'écailles brunes: insectes écailleux. Enlevez-les avec un tampon d'ouate imbibé d'alcool dénaturé ou pulvérisez du malathion dilué ou un insecticide systémique, tous les quinze jours, jusqu'à élimination.

Feuilles jaunies, filaments en dessous: araignées rouges. Pulvérisez du derris, du malathion dilué ou un insecticide systémique, tous les quinze jours, jusqu'à élimination. Vaporisez à l'eau chaque jour, pour accroître l'humidité.

Les feuilles se dessèchent et se recroquevillent: trop au sec ou trop ensoleillé. Si le compost est sec, trempez la plante dans un seau d'eau pendant dix à quinze minutes, puis laissez-le égoutter. Enlevez les feuilles desséchées et arrosez.

Fittonia de Verschaffelt

Ce joli fittonia, aux feuilles si spectaculairement nervurées, n'est peut-être pas la plante la plus facile à cultiver, mais, s'il pousse bien, il ne manquera pas de vous récompenser. C'est une plante qui occupera utilement un endroit ombragé, loin de la lumière directe, mais dans la chaleur et une humidité élevée. Elle se plaira aussi bien dans des vasques mixtes que dans de grands bocaux ou des terrariums. Ses feuilles, si délicatement veinées et découpées à la façon de celles des camélias, mesurent de 8 à 10 cm. Il convient d'enlever les petites fleurs qui s'épanouissent l'été, afin de permettre à la plante de canaliser sa vigueur vers les feuilles.

Lumière: la plante supporte l'ombre. En fait, elle souffre à la lumière directe, même à l'abri du plein soleil.
Température: comme elle se plaît dans une chaleur constante, maintenez une température minimale de 18 °C tout au long de l'année. Si la température monte au-dessus de 27 °C, l'humidité devrait être également élevée.
Arrosage: au moins trois fois par semaine en été, davantage par température avoisinant 27 °C. En hiver, arrosez environ tous les cinq jours afin que la plante ne se dessèche jamais. Examinez régulièrement le compost. Utilisez de l'eau douce, si possible.
Humidité: maintenez l'humidité élevée indispensable grâce à une vaporisation quotidienne en été.
Engrais: tous les quinze jours avec un engrais dilué dans l'eau d'arrosage. N'utilisez que la moitié de la dose recommandée par le fabricant.
Terre: un compost à base de terreau n° 2 ou à base de tourbe.
Rempotage: à chaque printemps, de préférence dans un pot peu profond, vu le système radiculaire superficiel de la plante. Le pot doit être impérativement bien drainé.
Nettoyage: les vaporisations suffisent. Pas de lustrants.

Un fittonia de Verschaffelt en bonne santé porte des feuilles dont le limbe, fondamentalement vert, est parcouru de veines blanches, ombrées de rouge. Chez sa forme miniaturisée, celles-ci sont plus argentées. Ces plantes sont compactes et ne présentent aucune feuille recourbée ou retombante. Bien qu'il soit difficile de les garder longtemps dans les pièces desséchées par le chauffage central, les efforts supplémentaires qu'on leur consacrera en valent bien la peine.

S.O.S.

Les feuilles inférieures jaunissent: trop d'eau, terre détrempée. Vérifiez si les trous de drainage sont bien dégagés et videz tout excédent d'eau de la soucoupe. Laissez sécher la terre jusqu'à ce qu'elle soit seulement un peu humide.

L'humidité
Les fittonias réclament une humidité constante. Vaporisez-les chaque jour en été; tous les deux jours en hiver.

Si les feuilles s'étiolent et se recroquevillent, placez le pot sur des cailloux partiellement immergés dans l'eau. Assurez-vous que le fond du pot ne touche pas l'eau.

Feuilles déformées et collantes, insectes verts: pucerons. Pulvérisez du pyrèthre ou un insecticide systémique tous les quinze jours jusqu'à élimination.

Les nouvelles feuilles sont petites et très espacées: obscurité excessive. Placez la plante dans un endroit mieux éclairé, mais pas dans l'embrasure d'une fenêtre.

Les feuilles s'étiolent et se recroquevillent sur les bords: atmosphère trop sèche. Vaporisez la plante chaque jour et posez le pot sur une soucoupe remplie de cailloux mouillés, en veillant à ce que le fond du pot ne baigne pas dans l'eau.

Marques de roussissement sur les feuilles: effets des lustrants. Ne les utilisez pas.

Les feuilles se recroquevillent, s'amincissent et se parcheminent: sécheresse et/ou lumière excessives. Trempez immédiatement le pot dans un seau d'eau non calcaire pendant dix à quinze minutes, puis laissez-le égoutter. Exposez la plante dans la pénombre. Enlevez les feuilles qui ne reprennent pas et arrosez plus souvent.

Les feuilles tombent et il n'en apparaît pas de nouvelles: froid excessif. Placez la plante dans une pièce plus chaude, à une température minimale de 18 °C, et écartez-la à tout prix des courants d'air.

Freesia refracta

Malgré leur aspect délicat et exotique, les freesias sont des plantes qui se cultivent très bien en pots ou en vasques, tout en se contentant d'un minimum de chaleur. C'est dans la fraîcheur d'une pièce ou d'une véranda aérée qu'ils réussissent le mieux. La multiplication se fait par semis ou par plantation des bulbes. Plantez ceux-ci à la mi-été, cinq ou six par pot de 12 cm, en les enterrant à une profondeur de 2,5 cm dans un compost humide. Gardez les potées dans un endroit frais et lumineux, sans les arroser, jusqu'à la pousse des feuilles. Effectuez le semis au début de l'été. Emplissez un pot de 24 cm avec un compost de rempotage et recouvrez celui-ci d'une couche de 2,5 cm de compost pour semis. Arrosez bien et semez quinze graines, en les espaçant. Recouvrez-les de 2 mm de compost pour semis et protégez-les du soleil direct. Lorsqu'ils ont environ 2,5 cm de haut, éclaircissez les jeunes plants pour n'en retenir qu'une dizaine. Les fleurs apparaîtront à la fin de l'hiver.

Lumière: le plein soleil, sauf durant le semis.

Température; de 4 °C à 7 °C en hiver. Pour la floraison, exposez les plantes à une température maximale de 13 °C.

Arrosage: plantez les bulbes dans un compost humide et attendez que la croissance se manifeste avant de les arroser. Augmentez les arrosages afin de prévenir le dessèchement du compost. Lorsqu'elles bourgeonnent et fleurissent, arrosez les plantes deux ou trois fois par semaine.

Humidité: les plantes exigent un emplacement frais, sec et aéré. Par très grandes chaleurs, vaporisez-les en début de matinée.

Engrais: nourrissez les plantes chaque semaine avec un engrais, liquide et dilué, pour jardins, à partir de l'apparition des bourgeons jusqu'au flétrissement du feuillage.

Terre: un mélange à base de terreau n° 2 ou non terreux.

Les fleurs très parfumées du freesia poussent en grappes unilatérales sur une tige ramifiée, mince et nerveuse. Il en existe des variétés dont les fleurs, simples ou doubles, se présentent en banc, jaune, rose, rouge, orange ou pourpre. Ces plantes peuvent atteindre une hauteur de 30 à 45 cm et portent des feuilles sveltes vert vif.

Les fleurs sont pâles, les tiges sont minces et chétives: chaleur ou obscurité excessives. Vérifiez. Les freesias demandent une exposition bien éclairée et une température maximale de 13 °C pour fleurir.

Tiges recourbées et désordonnées: manque de support. Les tiges poussent en longueur et de façon peu ordonnée. Il convient donc de les tuteurer.

Les feuilles prennent une teinte gris rosâtre, filaments sur le dos: araignées rouges.

Pulvérisez un insecticide à base de pyrèthre ou du malathion dilué. Répétez le traitement au bout de quinze jours, si les parasites sont encore présents.

S.O.S.

Petits insectes sur les bourgeons: pucerons. Les freesias sont très sensibles à leurs attaques. Pulvérisez donc chaque semaine un insecticide à base de pyrèthre sur les plantes bourgeonnantes.

Les bulbes conservés ou achetés sont mous: pourriture sèche. Ne plantez pas ces bulbes. Par mesure préventive, trempez toujours les bulbes dans du bénomyl après les avoir déterrés pour le stockage. Achetez des bulbes fermes, d'origine fiable.

Le tuteurage

À moins qu'elles ne soient tuteurées, les hampes florales ploieront au cours de la floraison. Enfoncez des cannes de bambou ou des baguettes à côté des hampes et attachez-les sans trop serrer.

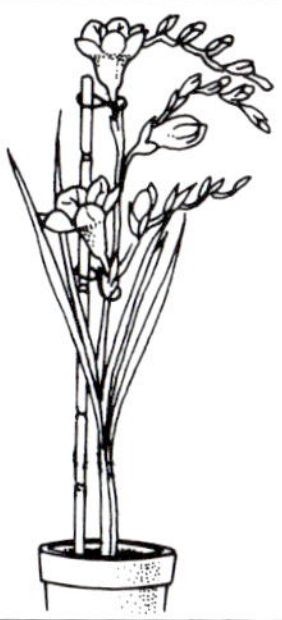

Marques brunes sur les tiges; feuilles barbouillées de jaune, voire parcheminées: maladie virale. Pas de remède. Détruisez les bulbes après la floraison. Comme cette maladie peut se propager par les pucerons, pulvérisez un insecticide à base de pyrèthre pour enrayer l'infestation.

Le bout des feuilles jaunit, puis brunit: flétrissement dû à la fusariose provoquée par un sol contaminé. La plante peut encore fleurir, mais ne conservez pas le bulbe. Cultivez toujours la plante dans un compost stérile.

Les boutons floraux brunissent et se parcheminent ou n'arrivent pas à éclore: sécheresse excessive. Augmentez les arrosages quand les premiers boutons apparaissent et maintenez le compost humide.

La plante ne pousse pas bien: terre trop sèche ou trop mouillée en automne. Maintenez-la légèrement humide. Si les bulbes sont dans leur deuxième année de croissance, il se peut qu'ils n'aient pas été, jusque-là, bien nourris. Nourrissez-les chaque semaine. Ne coupez pas le feuillage, laissez-le se flétrir si vous conservez les bulbes.

Les feuilles jaunissent: suspectez le surarrosage, si les feuilles sont flasques ou si le bulbe pourrit. Laissez sécher la plante, puis maintenez le compost légèrement humide. Après la floraison, les feuilles jaunissent naturellement. Ne les coupez pas avant qu'elles ne soient complètement desséchées.

Fuchsia

Nommés d'après Léonard Fuchs, un écrivain botaniste allemand du XVIe siècle, les fuchsias sont originaires d'Amérique centrale et du Sud. Les fleurs couvrent la gamme des coloris rose pâle à rouge foncé et pourpre. En hiver, on leur ménage d'habitude une période de repos, pendant laquelle on les place dans un endroit frais et clair.

Lumière: intense, y compris celle du plein soleil, à l'exclusion du soleil de midi en été.
Température: un maximum de 16 °C en été, bien que cette plante tolère 18 °C dans une humidité très élevée. En hiver, laissez-la reposer entre 7 °C et 10 °C jusqu'au début du printemps.
Arrosage: modéré, chaque semaine au printemps, deux fois par semaine en été, dès que la surface du compost commence à sécher. Après la floraison, revenez à un arrosage hebdomadaire. En hiver, laissez la surface de la terre se dessécher complètement entre les arrosages. Un arrosage tous les quinze jours devrait suffire.
Humidité: vaporisez la plante avec de l'eau non calcaire deux fois par semaine au printemps, et deux fois par jour en été, surtout par très grandes chaleurs. Vaporisez-la chaque semaine à la fin de l'été, pas du tout en automne et en hiver.
Engrais: dès que les bourgeons floraux apparaissent, fertilisez la plante chaque semaine avec un engrais liquide, dilué selon les recommandations. Ne la fertilisez plus à la fin de l'été.
Terre: une part de mélange à base de terreau n° 2, une part de tourbe, une part de fumier décomposé, une part de terreau de feuilles additionné de sable.
Rempotage: au début du printemps, après un rabattage jusqu'à la partie ligneuse de la tige pour conserver à la plante un port compact. Durant les deux première années, utilisez un pot de deux tailles au-dessus: la plante fleurira, en effet, plus généreusement si elle possède un système radiculaire plus prolifique.
Nettoyage: l'humidité des vaporisations suffit. Pas de lustrants.

Il apparaît presque chaque année de nouvelles variétés de fuchsias offrant une très grande diversité de coloris. Les plantes s'achètent toujours en fleurs, hautes de quelque 30 à 38 cm, et devraient être exposées à la lumière et à la fraîcheur.

Les feuilles noircissent: effet des lustrants. Ne les utilisez pas. Nettoyez les feuilles par vaporisations d'eau ou, en hiver, à l'aide d'un plumeau, si elles sont poussiéreuses.

Les bourgeons ne se développent pas, les fleurs se fanent rapidement: chaleur excessive. Gardez la plante le plus possible au frais en été, à une température maximale de 18 °C pour bien faire, mais pas sous 7 °C.

S.O.S.

Chute des bourgeons, suivie de celle des fleurs et des feuilles: sécheresse ou obscurité excessives. Par grandes chaleurs, vaporisez la plante deux fois par jour et placez le pot sur une soucoupe remplie de cailloux mouillés. Choisissez un emplacement plus clair.

Petitesse des nouvelles feuilles, absence de fleurs: besoin d'engrais. Fertilisez la plante toutes les semaines en été, dès l'apparition des bourgeons. Diluez l'engrais à la dose recommandée.

Les feuilles jaunissent et retombent: terre détrempée. Laissez la surface du compost se dessécher avant de recommencer à arroser. Vérifiez le drainage du pot. Ne laissez pas celui-ci stagner dans l'eau.

Capsule bulbeuse sur la tige florale: gousse (contenant la semence). Enlevez-la afin de prolonger la floraison. La multiplication se fait plus facilement par bouturage que par semis.

Feuilles et bourgeons floraux couverts de petites mouches: poucerons. Pulvérisez un insecticide à base de pyrèthre ou du malathion dilué. Répétez le traitement une semaine plus tard, puis chaque semaine jusqu'à élimination.

Croissance vigoureuse de la plante, profusion de feuilles et de tiges mais absence de fleurs: fertilisation hâtive. Alimentez la plante à l'apparition des bourgeons floraux.

Plante efflanquée et échevelée en été, absence de fleurs: obscurité excessive. Exposez la plante à une bonne lumière. Elle demande le soleil direct, sauf à midi en été. En hiver: chaleur excessive. Laissez la plante reposer à une température de 7 °C à 10 °C.

Les feuilles retombent: sécheresse excessive. Arrosez immédiatement la plante et vaporisez les feuilles. Au printemps et en été, arrosez-la quand la surface du compost se dessèche, une ou deux fois par semaine. En hiver, maintenez la terre sèche.

Plaques laineuses blanches à l'aisselle des feuilles: cochenilles. Pulvérisez du malathion dilué et enlevez parasites et «laine» avec une pince à épiler. Répétez le traitement tous les quinze jours, jusqu'à disparition de tout symptôme. Ou bien, badigeonnez les parasites avec de l'alcool dénaturé.

Plaques blanches sur les feuilles: effets des vaporisations au soleil. La plante a besoin d'une humidité élevée, mais il ne faut pas la vaporiser quand elle est exposée au soleil.

Les tiges restent vertes en automne/hiver: terre trop mouillée et chaleur excessive. Réduisez les arrosages à une fois tous les quinze jours pour que les tiges se lignifient et maintenez la plante à une température de 7 °C à 10 °C pendant la période du repos hivernal.

Les feuilles tombent en hiver: froid excessif. Maintenez une température de 7 °C à 10 °C en hiver,

Perce-neige

Le perce-neige, dit aussi «nivéole», «galantine», «violette de la Chandeleur» ou «violier d'hiver», est une plante qui fleurit, avant la plupart des autres bulbeuses, dès la mi-hiver s'il est cultivé à l'extérieur. On peut aussi le cultiver en pots ou en vasques et le rentrer pour la floraison. Plante très rustique, capable de résister à une légère gelée, il échoue complètement dans la chaleur de la plupart des habitations. Offrez-lui la pièce la plus froide de la maison, même durant la floraison. Plantez une dizaine de bulbes dans un pot ou une coupe de 12 cm au début de l'automne. Recouvrez-les et gardez-les huit semaines au moins sous de la cendre ou de la paille.

Lumière: l'obscurité totale huit semaines après la plantation, ensuite un emplacement lumineux à l'abri du soleil direct.

Température: aussi fraîche que possible durant leur séjour à l'obscurité, de préférence juste au-dessus de 0 °C. Maximum durant la floraison: de 7 °C à 10 °C. Ces plantes ne prospéreront pas dans la chaleur.

Arrosage: trempez le compost après la plantation, puis attendez que les plantes soient exposées à la lumière avant de recommencer à les arroser. Arrosez deux fois par semaine.

Humidité: une atmosphère de préférence sèche et aérée. Ne vaporisez pas les plantes.

Engrais: inutile, sauf si vous avez l'intention de conserver les bulbes pour les replanter en pleine terre l'année suivante. Dans ce cas, administrez un engrais dilué pour jardins tous les quinze jours, de l'apparition des pousses à la mort des feuilles.

Terre: un compost de rempotage à base de terreau n° 2 ou une fibre spéciale pour bulbes, ou de la terre de jardin mélangée à 30 % de sable lavé ou de gravier.

Après la floraison: coupez les capitules à la fin de la floraison et laissez le feuillage se flétrir naturellement. Si vous avez nourri les bulbes, déterrez-les et plantez-les en pleine terre. En pots, ils ne refleuriront pas.

Les fleurs blanc crème du perce-neige poussent sur des tiges de 15 à 20 cm de long. La meilleure variété pour la culture en pots est le perce-neige commun, *Galanthus nivalis*, dont la floraison a lieu de la mi-hiver à la mi-printemps. Achetez et plantez les bulbes dès qu'ils sont en vente, afin que les racines aient toute la saison pour se développer.

Croissance des feuilles, mais absence de fleurs: une chaleur excessive en est la cause principale. Température maximale pour la floraison: 10 °C. La présence de ces symptômes, alors que règne une fraîcheur suffisante, peut être due à une déshydratation du bulbe lors de la plantation.

Petitesse des feuilles et absence de fleurs: bulbe cultivé à l'intérieur l'année précédente. Les bulbes cultivés en pots ne refleuriront pas. Replantez-les à l'extérieur et achetez-en de nouveaux chaque année pour la culture en intérieur.

Les fleurs et les feuilles pâlissent, s'allongent et retombent: obscurité excessive. Exposez les plantes à la pleine lumière mais pas au plein soleil.

Lorsque les pots sortent de l'obscurité, le nez des bulbes s'allonge sans produire de pousses: ils ont sans doute été conservés trop longtemps dans l'obscurité ou à une température trop élevée. Jetez-les, car il est peu probable qu'ils fleurissent.

S.O.S.

La pointe des feuilles jaunit et sèche: chaleur et sécheresse excessives. Maintenez une température maximale de 0 °C et entretenez l'humidité du compost, sans toutefois le détremper.

La base des tiges et la calotte des bulbes sont rongées: si les bulbes sont cultivés à l'extérieur, les noctuelles sont à suspecter. Saupoudrez la terre avec un insecticide à base de lindane ou de bromophos. Ces parasites s'en prennent rarement aux bulbes cultivés en pots.

Taches brunes sur les feuilles ou les fleurs: maladie des taches foliaires affectant d'habitude les plantes cultivées à l'extérieur, en terre lourde. Très rare à l'intérieur.

La plantation

1 Au début de l'automne, plantez dix bulbes par pot, bien drainés, de 13 cm. Recouvrez-les de terre et arrosez-les bien.

2 Mettez-les à l'extérieur, si possible, et protégez-les de la lumière en les couvrant. Gardez-les au froid et à l'obscurité pendant huit semaines. Rentrez-les dans un local frais quand les pointes des tiges apparaissent et commencez les arrosages.

Moisissure grise, pourriture des feuilles ou des fleurs: botrytis, causé par une humidité élevée. Coupez les parties affectées, placez la plante dans un endroit frais et aéré. Elle a des chances de récupérer. Ne la vaporisez pas.

Les fleurs commencent à s'épanouir, puis brunissent et se fanent: humidité ou sécheresse excessive. La terre doit être humide et bien drainée. Il se peut que les bulbes fleurissent l'année suivante, s'ils sont replantés en pleine terre.

Feuilles jaunies et déformées, voire renflées par endroits: anguillules des tiges. Ces parasites n'attaquent généralement que les plantes cultivées à l'extérieur. Détruisez les bulbes affectés: ils ne fleuriront pas et les anguillules risquent d'envahir les autres bulbes.

Jasmin du Cap

En échange des difficultés que présente sa culture en intérieur, cette plante remarquable vous offrira le superbe parfum de ses fleurs, travaillées comme un ouvrage de porcelaine, et dont la blancheur immaculée rivalise avec la brillance des épaisses feuilles vert foncé. Étant donné sa répugnance pour le calcaire, il ne faut lui donner ni eau, ni terre qui en contiennent.

Lumière: la pleine lumière du jour, mais à l'abri des rayons directs du soleil de midi en été.

Température: de 18 °C à 21 °C tout au long du printemps et de l'été. Elle supportera jusqu'à 24 °C si l'humidité est élevée. Température minimale en hiver: 10 °C.

Arrosage: deux ou trois fois par semaine au printemps et en été, une fois par semaine en automne et en hiver afin de permettre une certaine sécheresse de la surface du compost. N'utilisez que de l'eau tiède et non calcaire.

Humidité: vaporisez à l'eau non calcaire au printemps et en été, en évitant de mouiller fleurs et bourgeons. Posez le pot sur un nid de cailloux partiellement immergés dans l'eau, pour entretenir une humidité élevée. Évitez de garder ces plantes dans les pièces dotées du chauffage central, sauf si les radiateurs sont munis d'un humidificateur.

Engrais: arrosez avec du chelate de fer une fois au début du printemps et une autre fois en été. Ensuite donnez-leur un engrais liquide dilué selon les recommandations, toutes les deux semaines jusqu'en automne.

Terre: un mélange acide composé à parts égales de tourbe de bruyère et de terreau non calcaire.

Rempotage: au début du printemps durant les trois premières années, en utilisant chaque fois le pot de la taille supérieure. Ensuite, ne les rempotez que si la motte est compacte. Lorsque la taille du pot atteint enfin 18 cm, contentez-vous de renouveler le terreau de surface.

Nettoyage: les vaporisations suffisent. Tous les deux mois, vous pouvez appliquer sur les feuilles un lustrant à base d'huile végétale.

Le feuillage vert foncé et luisant du jasmin du Cap avantage on ne peut mieux l'éclatante blancheur de ses fleurs magnifiques et richement parfumées. Cette plante a toutefois une tendance exaspérante à laisser tomber ses boutons la veille même de leur éclosion. Ce phénomène est dû aux effets néfastes et combinés du calcaire, d'une humidité insuffisante et d'une température trop basse.

Fleurs décolorées: effets des vaporisations d'eau. Protégez les fleurs lorsque vous les vaporisez.

S.O.S.

Les feuilles noircissent en hiver: froid excessif. Placez la plante dans un endroit plus chaud et ne laissez pas la température descendre sous 10 °C.

Les feuilles pâlissent: obscurité excessive. Exposez la plante à la pleine lumière du jour, mais pas au soleil direct de midi.

Filaments sous les feuilles: araignées rouges. Enlevez les filaments avec une éponge humide, puis pulvérisez du malathion, surtout sous les feuilles. Répétez le traitement, tous les quinze jours, jusqu'à disparition de tout symptôme. Augmentez l'humidité en posant le pot sur des cailloux mouillés.

L'humidité

Le jasmin du Cap se plaît dans une humidité élevée, surtout au printemps et en été. Vaporisez la plante tous les jours à l'eau non calcaire, en protégeant fleurs et bourgeons. Posez le pot sur une soucoupe emplie de cailloux baignant partiellement dans l'eau, sans laisser celle-ci toucher le fond du pot, afin de ne pas engorger les racines.

La plante ne fleurit pas: atmosphère trop sèche. Vaporisez-la chaque jour à l'eau tiède non calcaire, et augmentez l'humidité en posant le pot sur une soucoupe emplie de cailloux mouillés. Lorsque les fleurs apparaissent, veillez à ne pas les mouiller.

La plante s'affale, les bourgeons tombent: froid et humidité excessifs. Laissez la surface du compost se dessécher avant de recommencer à arroser et augmentez la température à au moins 16 °C. À mesure que la température s'élève, augmentez l'humidité en vaporisant davantage et en posant le pot sur un lit de cailloux mouillés.

Petitesse des nouvelles feuilles: besoin d'engrais. Administrez, tous les quinze jours, un engrais liquide dilué à raison de la moitié de la dose recommandée par le fabricant. Ajoutez du chelate de fer à l'eau, une fois au printemps et une fois en été, en respectant les directives.

Feuilles décolorées et couvertes de petits disques ronds: insectes écailleux. Pulvérisez du malathion sur le dos des feuilles et, 48 h après, enlevez les écailles avec l'ongle du pouce. Répétez le traitement hebdomadairement, pendant quatre semaines, jusqu'à élimination.

Marques de roussissement sur les feuilles et les fleurs: vaporisations au soleil. Ne vaporisez les plantes qu'en début de matinée ou en soirée.

Les feuilles jaunissent, mais les veines restent vertes: effets du calcaire de l'eau dure ou mauvais compost. Arrosez la plante avec du sel de fer une fois au printemps et une fois en été, en suivant les directives du fabricant. N'arrosez et ne vaporisez qu'à l'eau non calcaire.

Les fleurs jaunissent: humidité trop élevée. Aérez davantage la plante, mais maintenez une température minimale de 16 °C à 18 °C en été, de 10 °C en hiver et veillez à ce que l'humidité ne baisse pas trop, sinon les bourgeons tomberont.

Plaques laineuses blanches à l'aisselle des feuilles: cochenilles. Pulvérisez du malathion dilué et enlevez parasites et «laine» avec une pince à épiler. Répétez le traitement, tous les quinze jours, jusqu'à disparition de tout symptôme. Ou bien, badigeonnez les parasites avec de l'alcool dénaturé et enlevez-les avec une pince à épiler.

Les bourgeons floraux tombent, bien que la plante soit saine: calcaire de l'eau du robinet ou humidité insuffisante. N'arrosez et ne vaporisez qu'avec de l'eau non calcaire. Maintenez une humidité et une température élevées en été. Température requise en été: de 18 °C à 21 °C.

Chute des feuilles en été: compost trop sec. Plongez le pot dans un seau d'eau pendant dix à quinze minutes, puis laissez-le égoutter. Maintenez le compost humide en été, en arrosant tous les jours s'il se dessèche par grandes chaleurs, mais ne laissez pas le pot stagner dans l'eau.

Gasteria liliputana

Poussant en rosette, *G. liliputana* est une petite espèce appartenant à un genre qui compte de grandes plantes pouvant atteindre un mètre de haut. De culture facile, il résistera à bien des mauvais traitements, mais, convenablement soigné, il formera, en trois ou quatre ans, tout un bouquet de tiges et de mignonnes fleurs roses et vertes.

Gasteria liliputana épanouit ses fleurs roses et vertes au printemps et au début de l'été. Leur forme, qui rappelle celle d'un estomac, vaut à la plante son nom scientifique «gasteria» (par lequel les Latins désignaient cet organe). C'est une petite espèce qui fait seulement quelque 5 cm de haut, bien que certaines plantes du genre auquel elle appartient puissent atteindre jusqu'à 1 m.

Lumière : cultivée à l'intérieur, cette plante demande un emplacement ensoleillé pour une croissance et une floraison optimales mais, en serre et à une température supérieure à 32 °C, un certain ombrage est nécessaire.

Température : un minimum de 4 °C est requis. Aérez bien en été.

Arrosage : tous les quinze jours au printemps et en été, toutes les semaines durant les mois les plus chauds. En automne, réduisez progressivement la quantité et la fréquence des arrosages pour les suspendre complètement au début de l'hiver. Voir *Introduction*.

Engrais : riche en potasse, trois ou quatre fois durant l'été.

Terre : un bon compost de rempotage à base de terreau n° 2 ou un compost non terreux, additionné de 30 % de gros sable graveleux.

Rempotage : tous les printemps dans le pot de la taille supérieure, voire plus grand si la croissance a été bonne. Après le rempotage, maintenez la plante dans la sécheresse pendant deux semaines.

Multiplication : au printemps, prélevez des pousses entières (garnies de racines) avec un couteau et replantez-les, ou bien repiquez des feuilles. N'utilisez pas les feuilles situées à la base de la plante. Badigeonnez la coupe de la feuille avec une poudre radiculaire aux hormones, laissez-la sécher pendant trois jours et placez-la sur un compost sec. Arrosez au bout de trois semaines, après la formation des racines. De nouvelles pousses apparaîtront environ huit semaines après. N'enlevez pas la feuille mère avant qu'elle ne soit totalement sèche.

Plaques laineuses blanches sur les feuilles : cochenilles. Enlevez-les avec un petit pinceau trempé dans de l'alcool dénaturé et pulvérisez un insecticide. Répétez le traitement deux ou trois fois en période de croissance.

Feuilles marquées de brun-pourpre : lumière solaire excessive. Placez la plante dans un endroit légèrement plus ombragé.

Les feuilles noircissent et tombent, les racines pourrissent : pourriture noire, excès de froid et d'humidité. Placez la plante dans un endroit plus chaud et, en été, ne l'arrosez que si le compost est desséché.

Les feuilles inférieures brunissent, se ratatinent et tombent : brûlure solaire. Chaleur et sécheresse excessives. Placez la plante dans un endroit plus frais et, par grandes chaleurs, arrosez-la.

Feuilles longues, minces et vert-jaune pâle, absence de fleurs: obscurité excessive. Placez la plante graduellement (en l'espace de deux semaines) dans un endroit plus ensoleillé.

Rareté des feuilles, nouvelle pousse parcimonieuse: besoin d'engrais ou de rempotage. Rempotez la plante chaque année dans un compost frais, et fertilisez-la chaque mois en été.

La multiplication

Au printemps, enlevez avec un couteau des feuilles individuelles situées au centre de la plante, en coupant le plus près possible de leur base. Les rosettes poussant comme rejets à côté de la tige principale peuvent être séparées de la même façon.

Espèces de petites patelles sur les feuilles: insectes écailleux. Pulvérisez sur les feuilles et versez dans la terre un insecticide systémique. Au bout de 2 semaines, ramassez les insectes avec un objet pointu.

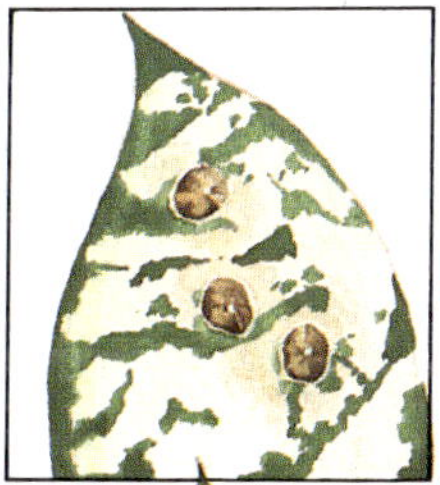

Les fleurs se ratatinent rapidement, les feuilles font de même: sécheresse excessive, en été. Arrosez davantage, mais laissez le compost se dessécher entre les arrosages. En hiver, les feuilles se ratatinent naturellement pour conserver l'humidité en période de sécheresse.

Insectes verts sur les boutons floraux ou sur les fleurs: pucerons. Pulvérisez un insecticide et répétez le traitement, toutes les deux semaines, jusqu'à élimination.

S.O.S.

La pointe des feuilles se dessèche et brunit légèrement, croissance parcimonieuse: atmosphère trop sèche et étouffante. Arrosez plus copieusement, entrecoupez les arrosages de périodes de sécheresse. Placez la plante dans un endroit plus aéré.

Taches noires sur les feuilles: cause incertaine, désordre physiologique. Coupez les feuilles atteintes et essayez de donner à la plante un emplacement moins ensoleillé et d'arroser plus souvent.

Croissance lente de la plante, plaques laineuses blanches visibles sur les racines lors du rempotage: cochenilles des racines. Enlevez à l'eau la terre des racines et trempez celles-ci dans un insecticide de contact. Laissez-les sécher avant de les rempoter dans un compost frais et un pot bien lavé. Maintenez la plante sèche pendant deux semaines.

Gazania

D'origine sud-africaine, le *Gazania* adore le soleil. Cette plante est donc tout indiquée pour les jardinières, que les grosses pluies détrempent rarement, contrairement à ce que qui se passerait en pleine terre. Bien que de façon incomplète, elle ferme ses grandes fleurs en fin d'après-midi. On la cultive d'habitude comme annuelle, mais on peut la conserver d'une année à l'autre à des températures hivernales modérées. À la fin de l'été, il est cependant préférable de placer la plante dans une serre ou sous une véranda abritée. À l'achat, choisissez des plantes bien vertes, n'empiétant pas trop les unes sur les autres dans leur pot. À moins qu'elles ne soient plantées dans des pots ou de petits récipients, elles ne devraient présenter aucun bourgeon.

Lumière: optimale en tout temps.
Température: 18 °C pendant la germination, puis une acclimatation progressive aux conditions extérieures. À l'extérieur, le gazania tolère des températures très élevées mais pas le gel.
Arrosage: préfère la sécheresse, sauf dans sa phase de jeune pousse. Trempez complètement le récipient, puis attendez que le compost soit presque sec avant de recommencer à arroser.
Humidité: pas de vaporisations par le haut.
Terre: un compost de rempotage à base de terreau n° 2 ou non terreux.
Engrais: tous les quinze jours pour le compost à base de terreau, chaque semaine pour le non terreux, en suivant les recommandations du fabricant.
Multiplication: dès que les jours commencent à rallonger, semez les graines sur la surface d'un compost pour semis bien drainé. Couvrez celui-ci de 2 mm de compost sec et de papier brun. La germination dure environ dix jours. Repiquez les pousses dès que leur taille permet de les manipuler. La multiplication peut aussi se faire par bouturage au début de la mi-été.
Nettoyage: coupez les fleurs fanées à la base de leur tige, sans abîmer le collet de la plante.

Une fleur simple du gazania peut développer au moins 10 cm de diamètre. Généralement pointus, les pétales comportent souvent une tache ronde et foncée à leur base, qui forme ainsi un collier autour du cœur de la fleur. Les feuilles, très serrées au pied de la plante, peuvent atteindre de 15 à 20 cm de haut.

Feuilles minces et pâles: beaucoup trop au sec. Trempez la terre puis laissez-la sécher. La présence de ces symptômes, en dépit d'un arrosage régulier, témoigne d'un manque d'engrais. Fertilisez régulièrement la plante pour animer les couleurs des feuilles et des fleurs.

Le bouturage

1 Coupez au couteau une pousse latérale située à la lisière de la touffe. La pousse devrait avoir environ 10 cm de long. Enlevez la feuille inférieure et badigeonnez le bout de la bouture avec de la poudre radiculaire.

2 Piquez la bouture dans un pot de 9 cm empli de compost pour semis. Arrosez bien et placez le tout sous châssis ou derrière un paravent de verre. Utilisez de la toile de jute comme protection contre le plein soleil. La bouture racinera au bout de quatre à six semaines.

S.O.S.

Feuilles jaunies, fleurs déformées: virus. Pas de remède. Détruisez la plante et ne faites pas d'autres plantations dans la même terre.

La plante ne prospère pas, les feuilles jaunissent petit à petit et les fleurs sont rares: pourriture de la racine, due sans doute à un surarrosage. Laissez la terre se dessécher: la plante a des chances de récupérer. Elle préfère la sécheresse.

Écume blanche sur les feuilles: aphrophore écumeux (cicadelle écumeuse, crachats de coucou). Enlevez les parasites à la main ou au jet d'eau. Si la plante est gravement atteinte, pulvérisez du malathion dilué.

Amas de petits insectes, surtout sur les bourgeons: aphidés. Pulvérisez du pirimicarbe et répétez le traitement dix jours après si les symptômes persistent.

Endroit des feuilles ponctué ou maculé de blanc, envers cotonneux et rosâtre: araignées rouges. Pulvérisez du diméthoate et répétez le traitement au bout de quinze jours.

Feuilles tachetées de blanc argenté: thrips. Pulvérisez du malathion dilué.

Formation de petits amas de terre sèche à la surface du compost: les fourmis ont choisi la plante pour y faire leur nid ou «cultiver» les pucerons. Poudrez la surface de la terre avec du derris. Bien que les fourmis soient sans réel danger pour la plante, ce traitement sapera leur emprise sur le sol.

Certaines feuilles deviennent flasques: infestation probable des racines par les limaces. Semez des appâts pour limaces au pied de la plante, en respectant les directives et en veillant à la protection des animaux domestiques et des viviers. Enlevez les parasites morts.

Gerbera jamesonii

Marguerite du Transvaal

Cette plante compense l'absence d'attrait de son feuillage par la beauté et la longévité de ses magnifiques fleurs satinées. Ses feuilles et ses fortes tiges florales sont légèrement velues et duveteuses. Ses fleurs (de 10 à 13 cm de diamètre) présentent une grande diversité de coloris, couvrant la gamme des pêche, des roses, des mauves et des magenta. Les variétés hybrides assortissent tous ces coloris à leur centre noir. Certaines variétés se prêtent mieux à la culture en serre, à l'abri du gel.

Lumière : cette plante se plaît à une bonne lumière indirecte, voire au soleil. Exposez-la à la lumière d'une fenêtre, mais pas au soleil ardent de la mi-été.
Température : un minimum de 8 °C en hiver ; un maximum de 18 °C à 21 °C en été, dans un lieu bien aéré.
Arrosage : deux ou trois fois en été, pour maintenir l'humidité du compost. En hiver, laissez celui-ci sécher, en n'arrosant que tous les dix à quinze jours.
Humidité : vaporisez la plante une fois par semaine en période de croissance ; deux ou trois fois par semaine lorsqu'il fait plus de 21 °C. Ne la vaporisez pas en hiver ou sous 15 °C.
Engrais : tous les quinze jours, avec un engrais liquide dilué, à raison de la moitié de la dose recommandée par le fabricant. Une ration au printemps et en été suffit.
Terre : un mélange composé de deux parts de terreau n° 2, d'une part de tourbe et d'une part de sable. Un bon drainage est indispensable.
Rempotage : à chaque printemps, dans un pot profond et d'au moins 15 cm de diamètre. Lors du rempotage, enlevez les pousses latérales, que vous pourrez utiliser comme boutures. Disposez une bonne couche de matériaux de drainage dans le fond du pot.
Nettoyage : l'humidité des vaporisations suffit. Ne vaporisez pas les fleurs. N'essuyez pas les feuilles, car, dépouillée de son revêtement duveteux, la plante meurt. Pas de lustrants.

La marguerite du Transvaal demande une bonne exposition à la lumière, y compris au soleil, sauf à midi en été. Ses fleurs – répliques frappantes de nos marguerites – poussent sur de fortes tiges légèrement velues et durent deux ou trois semaines, voire une ou deux semaines avant d'être coupées pour l'agrément des vases.

Les feuilles se recroquevillent et brunissent : sécheresse excessive ou terre détrempée. Vérifiez. En été, entretenez l'humidité de la terre en arrosant tous les deux ou trois jours, mais sans jamais laisser le pot stagner dans l'eau. Le compost doit être tel qu'il permette à l'eau de s'y infiltrer librement. En hiver, laissez-le sécher entre les arrosages.

L'arrosage

1 Examinez toujours le compost avant d'arroser les marguerites du Transvaal. En été, il devrait toujours être humide au toucher – ni lourd, ni détrempé. En hiver, il faut attendre qu'il soit sec et friable avant de recommencer à l'arroser.

2 Versez de l'eau à même le compost, puis laissez-la s'infiltrer et s'écouler dans la soucoupe. Attendez dix à quinze minutes, puis jetez l'excédent. Vérifiez régulièrement les trous de drainage.

Les fleurs n'apparaissent pas, les feuilles s'allongent: obscurité et froid excessifs, besoin d'engrais. Placez la plante dans un lieu plus chaud (pas plus de 21 °C) et bien éclairé. Elle tolère le soleil. Au printemps et en été, nourrissez-la avec un engrais liquide, en administrant la moitié de la dose recommandée.

Les feuilles noircissent: froid excessif. Placez la plante dans une pièce plus chaude. En hiver, maintenez-la à une température supérieure à 8 °C; en été, supérieure à 13 °C.

S.O.S.

Champignons sur les feuilles: botrytis. Placez la plante dans une endroit plus chaud (sous 21 °C), et pulvérisez chaque semaine un fongicide systemique, jusqu'à élimination.

Les feuilles pourrissent en hiver: terre trop mouillée, surarrosage. En hiver, laissez le compost sécher, au moins jusqu'à mi-profondeur du pot avant de recommencer à arroser, et ne vaporisez pas la plante lorsque la température n'atteint pas 15 °C. Assurez-vous de la bonne composition de la terre et du bon fonctionnement du drainage.

La plante s'affale: chaleur excessive. Veillez à maintenir une température inférieure à 21 °C et placez la plante dans un endroit plus frais, si possible. Augmentez l'humidité en l'arrosant et en la vaporisant.

Plaques noires sur les feuilles: effet des lustrants. Ne les utilisez pas. En été, ne nettoyez que par vaporisations d'eau tiède non calcaire. Par températures inférieures à 15 °C, ne vaporisez pas la plante.

Moucherons blancs voletant autour de la plante: mouches blanches. Pulvérisez un insecticide à base de pyrèthre, tous les quinze jours, jusqu'à élimination.

Les feuilles brunissent, mais ne se recroquevillent pas: atmosphère trop humide. Peut entraîner le botrytis. Placez la plante dans un endroit plus chaud, à une température avoisinant 10 ° C, avec une bonne ventilation.

Gibbaeum dispar

La culture de cette plante sud-africaine est un peu déroutante, car, contrairement à la plupart des succulentes, elle pousse à la fin de l'automne et en hiver, pour produire ses fleurs rouge-pourpre au printemps. Il faut donc lui établir un programme d'arrosages différent de celui de la plupart des autres plantes grasses, dont la dormance dans la sécheresse a lieu en hiver. Elle fait environ 3 cm de haut et s'étale sur 10 cm. Parmi les autres espèces, citons: *G. album,* aux fleurs blanches ou roses; *G. pubescens* ou *G. shandii,* aux fleurs rouge-violet, et *G. velutinum,* aux fleurs rose-lilas. Toutes ces plantes sont à croissance hivernale.

Lumière: le plein soleil, surtout en automne et en hiver, lorsque les bourgeons se forment.
Température: un minimum de 7 °C en hiver. Donnez-lui de l'air frais en été.
Arrosage: relisez les recommandations générales sur l'entretien des plantes grasses, données dans l'*Introduction*, tout en vous rappelant que la période de repos de cette plante se situe fin printemps/début été, et non en hiver. Après la floraison, maintenez-la sèche pendant quatre à six semaines, puis commencez à arroser tous les quinze jours à la fin de l'été. En automne et en hiver, arrosez-la tous les mois; au début du printemps, tous les quinze jours.
Engrais: inutile, sauf si la plante n'a pas été rempotée depuis deux ans. Sinon, fertilisez-la une fois avec un engrais liquide riche en potasse, lorsque vous arrosez en automne.
Terre: un compost de rempotage à base de terreau n° 2 ou un compost non terreux, additionné de 40 % de sable grossier et graveleux.
Rempotage: seulement tous les trois ans, pour renouveler le compost ou lorsque les racines remplissent le pot. Utilisez des demi-pots ou des coupes. Après le rempotage, n'arrosez pas pendant trois semaines.
Multiplication: séparez les têtes avec un couteau tranchant en été, pour les utiliser comme boutures. La multiplication par semis est difficile.

Gibbaeum dispar. Comme ils croissent en hiver, les gibbaeums requièrent un programme d'arrosage spécial, qu'il convient de respecter minutieusement. Ils ne fleuriront qu'à exposition très ensoleillée, surtout en automne et en hiver, saisons où ils forment leurs boutons floraux entre leurs paires de feuilles vertes et charnues.

Plaques blanches laineuses parmi le feuillage: cochenilles. Enlevez-les avec un petit pinceau trempé dans de l'alcool dénaturé et pulvérisez un insecticide. En période de croissance, répétez le traitement deux ou trois fois.

La plante prend une teinte brun clair et se ratatine du côté tourné vers la vitre: roussissement. Éloignez-la de la vitre, afin de permettre à l'air de circuler entre celle-ci et la plante. Au printemps, méfiez-vous des éclaircies subites et très ensoleillées. Ombragez la plante pendant une semaine, pour qu'elle s'habitue à cet ensoleillement. Si les têtes sont complètement desséchées, sectionnez-les délicatement.

Le traitement radiculaire

1 Malgré la petitesse de sa partie aérienne, le gibbaeum pousse d'épaisses racines, semblables à des navets. Lors du rempotage, soyez à l'affût des cochenilles des racines.

2 Si vous en repérez, enlevez à l'eau la terre des racines, et plongez celles-ci dans une coupe d'insecticide dilué selon les recommandations. Laissez-les sécher pendant deux jours.

3 Rempotez la plante dans un compost sec et un pot propre. Ne l'arrosez plus pendant deux ou trois semaines, afin de permettre aux racines de se répandre dans le nouveau compost.

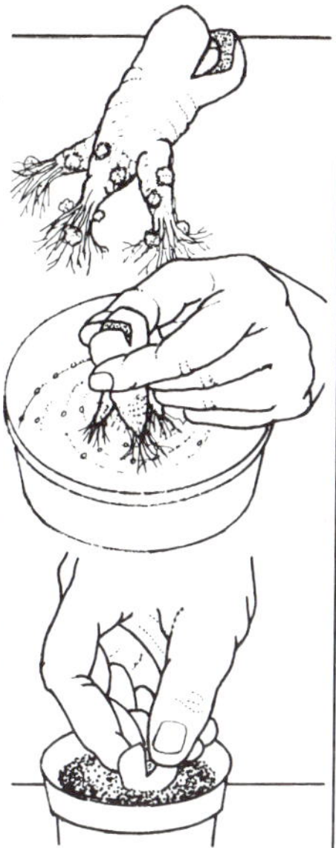

S.O.S.

Taches en forme de petites patelles brunes: insectes écailleux. Pulvérisez un insecticide et ramassez les écailles au bout d'une ou deux semaines.

Taches et plaques brunes irrégulières: froid excessif en hiver. Maintenez la plante plus au chaud (au-dessus de 7 °C).

Absence de fleurs: phénomène courant. La plante demande un emplacement très ensoleillé. Essayez de la laisser à l'extérieur pendant l'été, à l'abri de la pluie.

Les feuilles s'étiolent et poussent tout en longueur au printemps et/ou en été: arrosage au mauvais moment de l'année. Maintenez la plante sèche pendant quatre à six semaines à partir de la fin du printemps.

Croissance parcimonieuse, les feuilles se ratatinent: naturel, pendant la période du repos estival. Au printemps: besoin de rempotage. En automne: une dose d'engrais est nécessaire. En hiver: sécheresse excessive. Arrosez juste assez pour maintenir les feuilles charnues, surtout lors de la formation des bourgeons. Une fois par mois suffit.

Croissance peu visible de la plante, plaques laineuses blanches visibles sur les racines lors du rempotage: cochenilles des racines. Enlevez à l'eau la terre des racines, plongez celles-ci dans un insecticide de contact et laissez-les sécher avant de rempoter la plante dans un compost frais et un pot propre. Maintenez la plante dans la sécheresse pendant deux semaines.

La plante s'allonge, «bâille» tout en prenant une teinte vert jaunâtre: manque de lumière. En l'espace de deux semaines, placez graduellement la plante dans un endroit plus ensoleillé. Elle a besoin du plein soleil lorsque les bourgeons se forment en automne et en hiver. Si la lumière est faible, elle ne fleurira pas.

La plante se ratatine, puis noircit et s'amollit, surtout en hiver: froid excessif ou surarrosage. Maintenez-la à une température supérieure à 7 °C en hiver, et arrosez-la chaque mois, après avoir laissé le compost sécher complètement. N'arrosez pas en été. Afin d'éviter la pourriture due à une atmosphère humide, ne vaporisez pas la plante et gardez-la dans un endroit clair et aéré.

Glaïeul

Les splendides épis du glaïeul des jardins sont très prisés pour la confection des bouquets, mais, cultivées en pots, certaines variétés agrémenteront plus longtemps vérandas ou rebords de fenêtres ensoleillées. Choisissez des cormus (ou faux-bulbes) de *Gladiolus x colvillei*, et replantez-les individuellement, au début de l'automne, à 7 cm de profondeur, dans des pots de 11 cm emplis de compost légèrement humide. Maintenez les potées au froid et à l'ombre et, lorsque les pousses apparaîtront, donnez-leur un emplacement frais et lumineux.

Les fleurs en trompette de *Gladiolus x colvillei* se présentent sous une cinquantaine de coloris différents. Haute de 45 à 60 cm, cette variété naine du glaïeul des jardins et des fleuristes est un bon candidat pour la culture en pots.

Lumière: une obscurité totale de huit semaines après la plantation, puis la pleine lumière, sur le rebord d'une fenêtre.
Température: un maximum de 5 °C à 7 °C durant leur séjour à l'obscurité. Un maximum de 13 °C pour une floraison optimale.
Arrosage: empotez les cormus dans un compost humide, puis maintenez-les secs jusqu'au début de la croissance. Augmentez les arrosages à deux ou trois fois par semaine pendant la floraison.
Humidité: une atmosphère fraîche et sèche. Pas de vaporisations.
Engrais: si vous conservez les cormus pour les cultiver l'année suivante, commencez à les nourrir dès que la hampe florale émerge du collet. Administrez chaque semaine un engrais pour jardins, dilué à raison de la moitié de la dose recommandée.
Terre: un mélange à base de terreau n° 2 ou non terreux.
Après la floraison: coupez la hampe après le flétrissement complet de toutes les fleurs. Laissez le feuillage se faner naturellement et continuez à arroser et à alimenter la plante chaque semaine. Une fois le feuillage mort, coupez-le au ras de la terre et placez le pot dans un endroit frais et sombre. Déterrez les cormus en automne, séparez les petits et rempotez-les pour une nouvelle floraison, ou conservez-les à l'abri du gel, pour les replanter en pleine terre le printemps suivant.

L'épi floral porte peu de bourgeons, ou ceux-ci ne s'ouvrent pas: obscurité excessive. Pour fleurir, les glaïeuls ont besoin d'une abondante lumière.

L'épi floral n'émerge pas: les cormus étaient trop petits ou n'ont pas été nourris la saison précédente. Ne plantez que des cormus d'au moins 8 cm de diamètre.

La séparation des rejetons
Lorsque de nouveaux petits cormus poussent autour du parent, dépotez-les et attendez qu'ils se dessèchent complètement. Ensuite, séparez-les délicatement et rempotez-les individuellement. Dans un bon compost, ils devraient fleurir dans les deux ans.

S.O.S.

Fleurs striées, voire déformées: maladie à virus. Pas de remède. La plante continuera à fleurir, mais ne conservez pas le faux-bulbe.

Les bourgeons floraux ou les feuilles jaunissent ou brunissent, les bourgeons ne se développent pas, les fleurs se fanent: sécheresse et chaleur excessives. Maintenez le compost humide. N'exposez jamais la plante à une température supérieure à 13 °C, elle se flétrirait.

Fleurs tachées de brun: botrytis. Pulvérisez du bénomyl. Répétez au bout d'une semaine si la moisissure persiste. Ne vaporisez pas d'eau sur la plante: cela encouragerait le botrytis.

Stries pâles sur les feuilles, les bourgeons ne se développent pas: thrips. Courant chez les glaïeuls. Pulvérisez un insecticide à base de pyrèthre tous les dix jours, en évitant de mouiller les fleurs.

Les feuilles et les bourgeons jaunissent et meurent: surarrosage. La manifestation de ces symptômes en dépit d'une terre peu mouillée peut signaler la pourriture du bulbe: jetez-le.

Feuilles striées et jaunies: fusariose. Détruisez plante et cormus: il n'y a pas de remède.

Les plantes cultivées à l'extérieur ont leurs feuilles et fleurs rongées: chenilles ou limaces. Dépistez-les et détruisez-les. Poudrez la terre avec un insecticide à base de méthoxychlore ou de carbaryl pour vous débarrasser des chenilles.

Petites taches grises sur les feuilles: septoriose, maladie qui affecte généralement les plantes cultivées à l'extérieur. Pulvérisez de la bouillie bordelaise. Ne conservez pas les cormus des plantes affectées.

Gloriosa superba

Lis de Pobéguin

Gloriosa superba réclame chaleur et soins en échange de ses superbes fleurs rouge et jaune. Originaire des forêts d'Afrique tropicale, c'est une plante peu rustique, qui exige un emplacement chaud, humide et bien éclairé. On achète généralement cette plante au printemps, ou on la cultive à partir de tubercules, mis en pots à la fin de l'hiver ou au début du printemps. Enterrez les tubercules individuellement à 5 cm de profondeur dans des pots de 15 cm, emplis de compost non terreux, et maintenez-les dans un endroit lumineux et ensoleillé.

Lumière: bonne en tout temps. Par très grandes chaleurs, protégez les fleurs contre le soleil de midi.

Température: commencez la culture à une température de 16 °C à 18 °C. Une fois que le feuillage pousse vigoureusement, augmentez la température jusqu'à 29 °C. Laissez les tubercules reposer entre 10 °C et 13 °C.

Arrosage: maintenez la terre légèrement humide, jusqu'à ce que la croissance soit vigoureuse. Ensuite, augmentez progressivement les arrosages. Durant la floraison, un arrosage quotidien peut être nécessaire. N'arrosez pas durant la période de repos.

Humidité: élevée. Posez le pot sur une soucoupe emplie de cailloux mouillés. Vaporisez la plante chaque jour.

Engrais: lorsque la plante a 30 cm de haut, fertilisez-la chaque semaine avec un engrais liquide, dilué selon les recommandations du fabricant. Poursuivez ce traitement jusqu'à la mort du feuillage.

Terre: un compost pour rempotage non terreux.

Après la floraison: enlevez les capitules fanés et diminuez les arrosages afin de donner le temps à la surface du compost de se dessécher. Lorsque le feuillage et les tiges sont flétris, rabattez-les au ras de la terre et cessez les arrosages. Couchez les potées sur le côté dans un endroit sombre et à une température de 10 °C à 13 °C. Ne les arrosez pas. Fin hiver, début printemps, enlevez les tubercules, séparez les rejetons et rempotez-les.

Les belles fleurs rouge et or de *Gloriosa superba* mesurent 10 cm de long et s'épanouissent l'été. Les feuilles pâles sont allongées et se terminent par de délicates vrilles, qui permettent à la plante de s'accrocher et de grimper sur fils de fer et treillages. Comme elle peut grandir de 2 m en une saison, il est essentiel de tuteurer la plante ou de la palisser.

Croissance chétive et absence de fleurs: obscurité excessive ou, dans le cas d'une floraison parcimonieuse, tubercule privé de nourriture l'année précédente, ou hiverné à température trop froide. Ne conservez pas les tubercules qui ne fleurissent pas bien. Exposez la plante à une bonne lumière, au besoin artificielle.

Feuilles foncées, croissance lente: froid excessif ou courants d'air. Placez la plante dans un endroit plus chaud, à une température supérieure à 18 °C et à l'abri des courants d'air.

Base de la tige et du tubercule percée de trous: en présence de traînées baveuses, suspectez les limaces et semez des appâts. Veillez à ce que ceux-ci soient hors de portée des enfants et des animaux domestiques.

Avant leur mise en pots, examinez les **tubercules**. S'ils sont mous et moisis lorsque vous les déterrez, c'est qu'on les a surarrosés lors de la fane du feuillage ou arrosés pendant la période de repos: jetez-les. S'ils sont grignotés ou rongés: invasion de souris. Stockez les tubercules dans un endroit qui sera inaccessible aux prédateurs. S'ils ne poussent pas bien après le rempotage: plantation tardive, après la reprise de la croissance. Rempotez-les fin hiver/début printemps afin de ne pas endommager leurs fragiles racines.

Le support
Le lis de Pobéguin grandit de 2 m en une saison, et s'accroche aux supports avec des vrilles situées à la pointe de ses feuilles. Lors du rempotage, dressez dans le pot des cannes de bambou ou un treillis, à 2,5 cm au moins du tubercule. Si vous effectuez cette installation à un autre moment, veillez à ne pas abîmer les tiges et les feuilles, et enfoncez cannes ou treillis à bonne distance du bulbe et des racines.

S.O.S.

Les pousses, qui avaient débuté vigoureusement, jaunissent à partir de la base: terre trop mouillée. Le tubercule n'a besoin que d'une terre légèrement humide. Augmentez les arrosages au fur et à mesure que la plante grandit. Vérifiez le drainage.

Feuilles et tiges flasques et pendantes: chaleur excessive. Cette plante supporte des températures élevées, mais protégez-la du soleil, qui brûle à travers les vitres. Ou bien: air trop sec. Dans ce cas, posez le pot sur un lit de cailloux mouillés.

Les feuilles durcissent, bronzent et se froissent: tarsonème, parasite difficile à éliminer. Pulvérisez tous les dix jours un insecticide à base de pyrèthre. Il est toutefois possible que la plante ne récupère pas. Ne pulvérisez pas en plein soleil.

Les feuilles prennent une teinte jaune-vert avant la défloraison: sécheresse excessive. Maintenez le compost humide en tout temps, en arrosant la plante chaque jour, si nécessaire, par grandes chaleurs.

La plante ne pousse pas bien, pourtant toutes les conditions semblent satisfaites: suspectez le charançon de la vigne. Fouillez la terre pour y repérer la présence éventuelle de larves en forme de «C» et, au besoin, saupoudrez un insecticide à base de lindane ou de malathion.

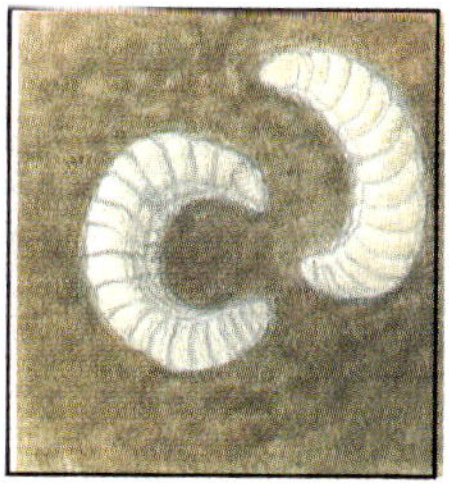

Grevillea robusta

Ce curieux arbre à feuillage persistant est une plante qui, jeune, convient à la décoration des maisons et des serres. Ses grandes feuilles vert bronze, rappelant les frondes des fougères, peuvent atteindre 30 cm et ont le dos soyeux. Résistant à des températures très basses, il se comporte comme une plante rustique dans les régions tempérées épargnées par le gel. Sa culture s'effectue aisément par semis et, lorsqu'il est jeune, on le prend souvent pour une fougère. Pourtant, il grandit rapidement, du moins s'il bénéficie d'une bonne exposition à la lumière ou de préférence au soleil. En Australie, son pays natal, il est haut de 30 m ; à l'intérieur, il peut atteindre 2 m en trois ans !

Un grevilléa en bonne santé porte un feuillage vert bronze, rappelant celui des fougères, et couvert d'un duvet soyeux sur le dos. Il pousse mieux dans un endroit ensoleillé, mais se contente d'une température peu élevée. À l'achat, assurez-vous que la plante respire la fraîcheur et la vigueur.

Lumière : de préférence le plein soleil.
Température : un minimum de 8 °C à 10 °C en hiver ; la température ambiante normale en été, mais en prévoyant une bonne ventilation au cas où elle serait supérieure à 21 °C.
Arrosage : jusqu'à trois fois par semaine en été, surtout par températures supérieures à 21 °C. Une fois par semaine en hiver, avec sevrage complet par temps très froid.
Humidité : vaporisez la plante deux fois par semaine pendant la période de croissance estivale. En hiver : environ tous les quinze jours, à moins qu'il ne fasse 10 °C ou moins.
Engrais : tous les dix jours en période de croissance (printemps et été) avec un engrais liquide, dilué selon les recommandations.
Terre : la plante aime un compost sans calcaire, mais s'accommode d'un mélange à base de terreau n° 2.
Rempotage : à chaque printemps. Si la croissance est rapide, utilisez un nouveau pot plus grand de deux tailles que le précédent. Lorsque l'arbre devient trop encombrant et trop lourd, ne renouvelez que le terreau de surface et recommencez tout de suite les fertilisations.
Nettoyage : l'humidité des vaporisations suffit. Pas de lustrants.

Le renouvellement du terreau de surface

1 Au printemps, enlevez délicatement 2,5 cm du terreau de surface, en veillant à ne pas abîmer les racines.

2 Remplacez-le par un compost frais en tassant bien tout autour de la plante.

3 Arrosez bien la plante et nourrissez-la immédiatement en incorporant à l'eau un engrais liquide.

S.O.S.

Croissance lente de la plante, branches minces et étiques: nécessité d'un rempotage printanier. Une absence de croissance au printemps et en été traduit un manque d'engrais.

Feuilles collantes, insectes verts: pucerons. Pulvérisez du derris ou du pyrèthre, tous les quinze jours, jusqu'à élimination.

Feuilles mildiousées: terre trop mouillée. Maintenez-la humide en été, mais, en hiver, laissez la couche de surface se dessécher entre les arrosages. Sous 8 °C, interrompez complètement les arrosages.

Les feuilles se recroquevillent et se dessèchent: chaleur excessive. Placez la plante dans un endroit plus frais et mieux aéré. Vaporisez-la régulièrement.

Les feuilles tournent au vert foncé. Manque de lumière.

Les feuilles jaunissent, l'envers est couvert de filaments: araignées rouges. Pulvérisez du malathion dilué, tous les quinze jours, jusqu'à élimination.

Les feuilles brunissent, puis tombent: terre et atmosphère trop sèches. En été, augmentez les arrosages pour maintenir la moiteur de la terre. Vaporisez la plante deux fois par semaine en période de croissance.

Marques brunes sur les feuilles: effets des lustrants. Ne les utilisez pas. Nettoyez par vaporisations d'eau.

Chute des feuilles en hiver: froid excessif. Maintenez une température minimale de 8 °C.

Guzmania lingulata

Dans son milieu naturel, l'Amérique du Sud et les Antilles, cette plante pousse sur les branches des arbres. Elle déploie ses feuilles pour former une rosette centrale, dans laquelle elle recueille l'eau de pluie, et d'où naissent ses bractées. À mesure que celles-ci se développent, ses feuilles rubanées ont tendance à perdre leur coloration, mais le coloris rouge vineux des bractées elles-mêmes se maintient pendant huit semaines environ. C'est aussi le laps de temps nécessaire pour qu'un épi de petites fleurs jaunes émerge parmi les bractées. Le guzmania ne fleurit qu'une fois durant sa vie de trois ans.

Lumière : une abondante lumière naturelle et diffuse tout au long de l'année. Pas de soleil direct.
Température : maintenez une température de 16 °C à 21 °C au printemps et en été. Le guzmania tolère des températures pouvant descendre jusqu'à 13 °C en hiver, à condition que l'humidité soit peu élevée.
Arrosage : maintenez la plante humide au printemps et en été, en remplissant la rosette centrale une ou deux fois par semaine, et en laissant l'eau déborder sur le compost. En hiver, n'arrosez que si la surface est sèche et que la rosette soit vide. Utilisez toujours de l'eau non calcaire.
Humidité : bien que tolérante, cette plante bénéficiera d'une vaporisation quotidienne par températures avoisinant le maximum recommandé. Elle se plaît dans un milieu bien aéré. Une humidité très élevée et des températures basses favorisent le botrytis.
Engrais : une fois au printemps avec un engrais liquide dilué au quart de la dose recommandée et versé dans la rosette.
Terre : un mélange composé à parts égales de terreau non calcaire et de tourbe.
Rempotage : lorsque les rejets se développent. Attendez que la plante mère se dessèche avant de les rempoter.
Nettoyage : essuyez les feuilles tous les deux mois avec un lustrant à base d'huile végétale. Si elles sont poussiéreuses entretemps, utilisez une éponge humide. Ne vaporisez pas les bractées.

Le guzmania produit des bractées couleur de vin, parmi lesquelles émerge un épi de petites fleurs jaunes. Outre *Guzmania lingulata*, l'espèce comprend bien d'autres variétés, ayant toutes les mêmes exigences de température, d'humidité et d'arrosage.

Filaments sous les feuilles : araignées rouges. Enlevez les filaments avec une éponge humide, puis pulvérisez du malathion dilué, surtout sous les feuilles. Répétez le traitement tous les quinze jours, jusqu'à disparition des symptômes. Augmentez l'humidité en posant le pot sur une soucoupe emplie de cailloux mouillés, ou en l'entourant de tourbe, dans un cache-pot.

L'arrosage

Emplissez la rosette centrale de la plante d'eau non calcaire, en la laissant déborder sur le compost. Maintenez celui-ci humide en été, en l'arrosant deux fois par semaine par grandes chaleurs. En hiver, attendez que la rosette soit vide et la surface du compost, sèche.

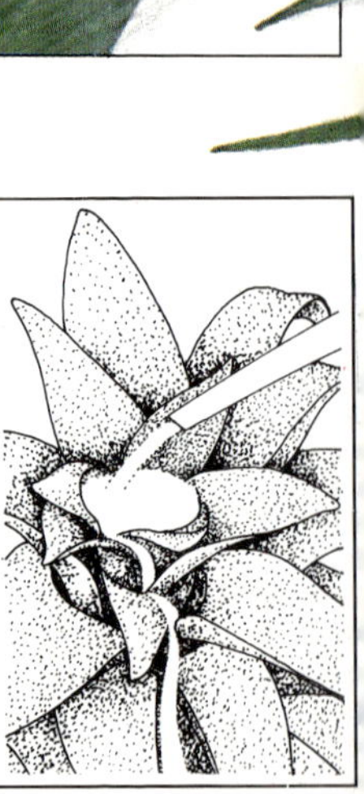

S.O.S.

a pointe des feuilles brunit t sèche, la plante se recroqueville: chaleur excessive et tmosphère trop sèche. Par empératures avoisinant le naximum recommandé, vaposez la plante chaque jour à eau tiède non calcaire, et plaez le pot dans un cache-pot, n insérant de la tourbe entre s deux. Maintenez, si posible, une température inféeure à 21 °C.

La plante mère meurt tandis que se développe une pousse latérale: naturel au bout de trois ans. Attendez que la plante mère meure, puis séparez délicatement le rejet et empotez-le individuellement dans un mélange de sphaigne et de tourbe.

La plante noircit en hiver: froid excessif. Accompagné de pourriture à la base de la plante, ce noircissement est également dû à une terre détrempée. Choisissez un endroit plus chaud (au moins 13 °C) et laissez la surface du compost sécher avant d'arroser à nouveau.

Marques blanches sur les feuilles: vaporisations d'eau calcaire. Utilisez, pour les vaporisations, de l'eau non calcaire ou de l'eau de pluie.

L'épi ne fleurit pas: trop au froid ou air trop sec; obscurité excessive, voire besoin d'engrais. Vérifiez. Placez la plante dans un endroit plus chaud, à une température de 16 °C à 21 °C, et augmentez l'humidité en la vaporisant à l'eau tiède non calcaire. Exposez-la à la lumière: elle tolère le plein soleil. Au printemps, versez une fois dans la rosette centrale un engrais dilué, à raison du quart de la dose recommandée.

La plante pourrit en été: botrytis – trop au froid et terre trop humide. Pulvérisez un fongicide, puis placez la plante dans un endroit plus chaud et vaporisez-la moins souvent. Laissez la surface du compost sécher entre les arrosages. Température optimale en été: entre 16 °C et 21 °C.

laques laineuses blanches à base de la plante: cochenilles. Pulvérisez du malathion ilué et enlevez parasites et laine» avec une pince à épiler. épétez le traitement, tous les uinze jours, jusqu'à disparion des symptômes. Ou bien, adigeonnez les parasites avec e l'alcool dénaturé et enlevezs avec une pince à épiler.

Les feuilles brunissent et sèchent: sécheresse excessive. En été, la rosette centrale doit être toujours remplie et le compost, humide. Laissez sécher la surface de celui-ci en hiver. Utilisez toujours de l'eau non calcaire.

Les feuilles inférieures meurent: froid excessif ou, après la floraison, plante au bout de sa vie. Placez-la dans un endroit plus chaud, entre 16 °C et 21 °C.

Gymnocalycium

Originaire d'une vaste région sud-américaine (Bolivie, Paraguay, Brésil, Uruguay et Argentine), cette cactée appartient à un genre très populaire. Celui-ci se compose surtout de plantes très épineuses, à tige unique globuleuse et à généreuses inflorescences de quelques centimètres de large. Elles se contentent généralement d'un pot de 13 cm. Chez *Gymnocalycium baldianum* (p. 309), les fleurs sont rouges, mais, chez d'autres espèces, elles peuvent être vertes, jaunes, rouges, roses. Elles sont cependant le plus souvent blanches, rehaussées de rose ou de rouge. Outre qu'on les trouve facilement, leur quasi-indestructibilité leur permet de pardonner bien des négligences.

Lumière: comme la plupart des cactées, cette plante demande un emplacement ensoleillé. Cultivée en serre, elle réclame un léger ombrage durant les mois les plus ensoleillés.

Température: par sécurité, au-dessus de 4 °C. En été, en dessous de 38 °C avec, si possible, une bonne ventilation d'air frais.

Arrosage: à peu près une fois tous les quinze jours au printemps et en été; une fois par semaine par grandes chaleurs. Avant les arrosages, assurez-vous que le compost est bien sec. Réduisez-les à un par mois en automne et arrêtez-les en hiver.

Engrais: riche en potasse, une fois par mois au printemps et en été.

Terre: une part de sable grossier et graveleux (pas celui de construction ou de plage) pour deux parts de compost pour rempotage à base de terreau n° 2 ou non terreux.

Rempotage: mieux vaut rempoter ces plantes chaque année, dans le pot de la taille supérieure lorsqu'elles sont jeunes et, même lorsqu'elles ont atteint leur taille maximale et qu'elles se trouvent dans des pots de 13 cm, il faut renouveler le compost (sans changer la taille du pot). Après le rempotage, ne les arrosez pas pendant deux semaines.

Nettoyage et lutte antiparasitaire: vaporisez les plantes poussiéreuses à l'eau, en incorporant à celle-ci, deux ou trois fois par an, un insecticide.

Facile à cultiver et très florifère, *Gymnocalycium bruchii* formera rapidement toute une colonie de tiges ne mesurant chacune que 2 cm de haut et de large. Les fleurs s'épanouissent au début de l'été, en groupes de deux ou trois par tête: une grande colonie peut en compter cent, voire davantage. La plante illustrée ci-dessus occupe une coupe de 13 cm.

Autres espèces: parmi les grandes espèces, *G. buenekeri* est une des meilleures. Il forme une plante globuleuse flanquée de quelques rares mais épaisses côtes vert mat. Bien espacés, ses aiguillons émergent à peine de son épiderme, apparemment pour le parer plutôt que pour le défendre. Vers l'âge de dix ans, il atteint 15 cm de haut pour une largeur égale, et produit une demi-douzaine de robustes rejetons. Ses fleurs sont joliment teintées de rose. *G. saglione* forme aussi une grande plante, mais c'est un solitaire du genre non surgeonnant. Il porte de superbes épines rouges ou jaunes et produit des fleurs rose pâle. Il existe un grand nombre de plus petites espèces dont une bonne sélection pourrait inclure, outre *G. baldianum* (à droite), *G. andreae* ou *G. leeanum* (fleurs jaunes), *G. bicolor* (fleurs roses/blanches), *G. bruchii* (touffes de petites têtes aux épines entremêlées et à fleurs roses et blanches) et *G. friedrichii* (épiderme pourpre rougeâtre et fleurs roses).

Gymnocalycium bicolor, ainsi nommé en raison de ses épines bicolores noir et blanc, est une plante robuste qui, en poussant en largeur plutôt qu'en hauteur, fait un diamètre de 10 cm en cinq ans. Il produit de grandes fleurs rose coquillage au bout de trois ans, lorsqu'il fait environ 5 cm de large.

La culture par semis

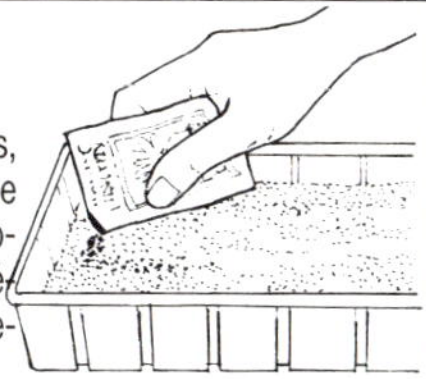

1. Semez clair au printemps, sur la surface d'une terrine emplie d'un compost approprié. Tapotez les côtés du récipient, pour ancrer la semence.

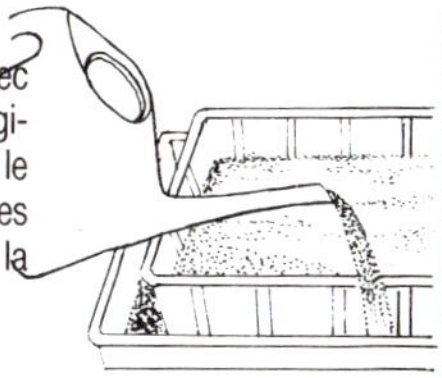

2. Arrosez par la base, avec de l'eau contenant un fongicide dilué (comme pour le «trempage» des jeunes pousses), jusqu'à ce que la surface ressue.

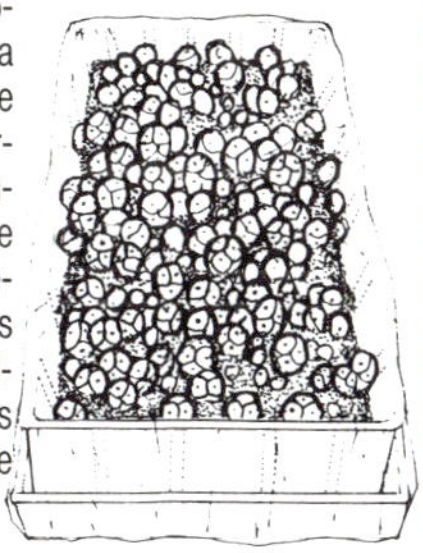

3. Couvrez le semis de polyéthylène et exposez-le à la lumière (pas au soleil), à une température de 21 °C. N'arrosez plus, sauf si la condensation sur le polyéthylène se dissipe ou sèche complètement. Repiquez les jeunes pousses six mois après individuellement dans des pots de 5 cm ou à intervalles de 2 cm dans un plateau.

Gymnocalycium baldianum produit des fleurs rouge vif lorsqu'il a deux ou trois ans et qu'il ne fait que 5 cm de large environ. Celles-ci émergent, au cours de l'été, d'un bouton vert foncé situé au sommet de la plante. Chacune dure environ une semaine.

Il est préférable de tenir les gymnocalyciums à l'abri du soleil de midi en été. Si vous les cultivez en serre, ombragez-les légèrement durant les mois les plus chauds.

Bien que ces cactées soient peu sujettes aux attaques des araignées rouges, un insecticide administré préventivement, deux ou trois fois par an, les protégera de ces parasites.

Gynura sarmenteux

Cette plante ornementale – qui a l'air d'une ortie de luxe – se distingue par la fine pilosité pourpre de son feuillage et de ses tiges. Elle produit de petites fleurs jaunes et malodorantes, qu'il convient de supprimer, d'autant plus qu'elles prennent au feuillage la force dont il a besoin pour sa croissance rapide. Dans son jeune âge, le gynura sarmenteux fait bel effet en vasques mixtes, où il anime de ses coloris le feuillage vert des autres plantes. Comme il a tendance à s'écheveler en grandissant, il vaut mieux le reproduire par bouturage tous les deux ans. Cette plante se laisse facilement cultiver si elle bénéficie d'une lumière abondante. Maintenez-lui un port buissonnant en pinçant le sommet des tiges échevelées.

Lumière: la plante pousse mieux au plein soleil, qui anime le coloris pourpre de son feuillage.

Température: un minimum de 15 °C en hiver, bien qu'il résiste à 13 °C, du moins si l'on suspend les arrosages. Maximum en été: 21 °C.

Arrosage: tous les deux jours en été, une fois par semaine en hiver. N'arrosez pas si la température ne dépasse pas 13 °C. Secouez les gouttelettes des feuilles afin que celles-ci ne jouent pas le rôle de loupes au soleil.

Humidité: bien qu'elle ne l'exige pas, la plante se plaît sur un lit de cailloux baignant partiellement dans l'eau d'une soucoupe.

Engais: une fois par mois, en période de croissance (printemps et été), avec un engrais dilué selon les recommandations.

Terre: un compost à base de terreau n° 2.

Rempotage: au début de la deuxième année, moment où l'on devrait peut-être aussi la tuteurer, si elle n'est pas cultivée en suspension.

Nettoyage: vaporisez la plante une fois toutes les trois ou quatre semaines, par temps couvert. On peut aussi l'épousseter avec une petite brosse à cheveux. Pas de lustrants.

Les feuilles franchement dentelées du gynura sarmenteux sont couvertes d'une fine pilosité velouteuse et se colorent, chez les plantes saines et exposées à une bonne lumière, d'un pourpre très chaud. Ses fleurs (plutôt malodorantes) devraient être supprimées dès leur apparition. À l'achat, choisissez des plantes touffues dont aucun épi floral n'est visible.

Plante échevelée, feuilles très espacées: carence nutritive ou vieillissement de la plante, si elle a plus de deux ans. Reproduisez la plante en prélevant, au printemps, des boutures sur les extrémités des tiges saines.

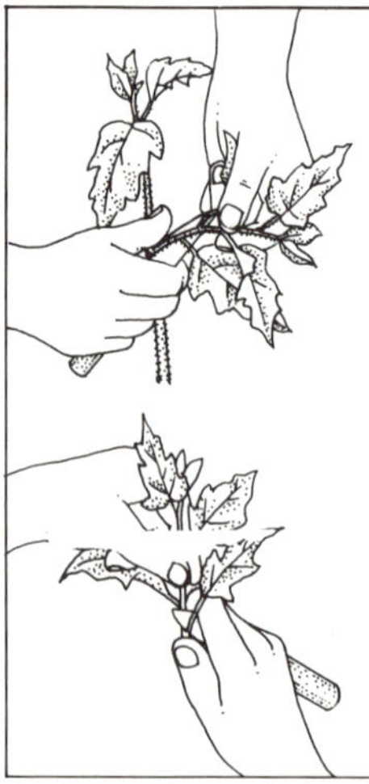

Le bouturage

1 Coupez une extrémité de tige saine, comportant deux paires de feuilles et un point végétatif. Sectionnez la tige en dessous d'une feuille.

2 Enlever la paire de feuilles inférieures, afin que la bouture présente une section dégarnie. Plantez la bouture de telle sorte que la dernière feuille inférieure soit juste au ras de la terre. Maintenez-la dans l'humidité et la chaleur (de 18 °C à 21 °C) pendant trois semaines. Coiffez-la d'un sac de polyéthylène, pour conserver l'humidité. Découvrez-la 5 mm par jour.

S.O.S.

Petitesse des nouvelles feuilles et apparition d'un épi floral: supprimez les fleurs, afin de diriger la force végétative dans les feuilles.

Feuilles déformées et collantes, insectes verts: pucerons. Pulvérisez du pyrèthre ou un insecticide systémique, tous les quinze jours, jusqu'à élimination.

Flétrissement des feuilles et des tiges: sécheresse excessive. Trempez le pot pendant cinq minutes dans un seau d'eau, puis laissez-le égoutter. Si la plante s'affale et ne pousse pas bien malgré un arrosage adéquat, il faut peut-être la rempoter. Examinez les racines, pour voir si elles sont à l'endroit.

Marques brunes sur des feuilles, qui pourtant n'ont pas été vaporisées à l'eau: effets des lustrants. Ne les utilisez pas.

Les feuilles perdent leur teinte pourpre et deviennent toutes vertes: obscurité excessive. Placez la plante au soleil.

Les feuilles ont l'air roussies: effets de l'eau laissée sur les feuilles après les arrosages ou les vaporisations. Secouez les gouttelettes restant sur le feuillage. Ne vaporisez pas celui-ci en plein soleil.

La plante s'affaisse et les tiges pourrissent: surarrosage ou froid excessifs. Le surarrosage peut être mortel. Laissez sécher la terre avant de recommencer à arroser, et vérifiez le drainage du pot. Maintenez la plante à une température supérieure à 15 °C.

Haworthia attenuata

Pouce écrasé

Cette plante grasse, appelée aussi «pouce de savetier», qui jouit d'une grande popularité, pousse en touffe. La variété illustrée ici, *Haworthia attenuata* v. *caespitosa*, est souvent étiquetée à tort *Haworthia fasciata*. Elle pare l'extérieur de ses feuilles de stries blanches et peut faire 10 cm de haut tout en s'étalant sur 20 à 30 cm. À quelques exceptions près, ces plantes sont toutes de culture aisée et elles offrent à votre choix plus d'une centaine de noms.

Lumière: ces plantes n'exigent pas un ensoleillement permanent, mais bien une exposition solaire de trois à quatre heures par jour, voire un appui de fenêtre bien éclairé, mais non exposé au soleil direct. En serre, ombragez-les durant les très grandes chaleurs estivales.

Température: un minimum de 4 °C. Aérez-les en été.

Arrosage: tous les quinze jours au printemps et en été, chaque semaine durant les mois les plus chauds, après avoir laissé sécher le compost. Réduisez les arrosages en automne et maintenez les plantes dans la sécheresse en hiver. Voir *Introduction*.

Engrais: riche en potasse, deux ou trois fois en été.

Terre: un compost pour rempotage à base de terreau n° 2 ou non terreux, additionné de 30 % de sable grossier et graveleux.

Rempotage: à chaque printemps dans le pot de la taille au-dessus. Les espèces à système radiculaire superficiel poussent mieux dans des demi-pots ou coupes. Après le rempotage, n'arrosez pas pendant deux semaines.

Multiplication: vous pouvez prélever des pousses entières émises autour de la plante principale ou des feuilles individuelles (utilisez un couteau ou détachez délicatement les feuilles avec les doigts). Badigeonnez-les de poudre radiculaire aux hormones laissez-les sécher pendant trois jours, puis empotez-les dans un compost frais. Arrosez-les au bout de trois semaines, lorsqu'elles racinent. Certaines feuilles sont longues à raciner et à former, à leur base, de nouvelles plantules.

Haworthia attenuata. Les haworthias proviennent des régions désertiques et montagneuses de l'Afrique du Sud où, à l'état sauvage, ils poussent souvent sous les buissons, pour se protéger des ardeurs du soleil. Ce sont donc des plantes tout indiquées pour les jardinières et les coins moins ensoleillés de la serre, là où elles ne recevront le soleil direct que quelques heures par jour.

Plaques laineuses blanches surtout à la base et à la pointe des feuilles: cochenilles. Enlevez-les avec un petit pinceau trempé dans de l'alcool dénaturé et pulvérisez un insecticide. Répétez le traitement deux ou trois fois en période de croissance.

Absence de croissance au printemps et/ou en été, en dépit de bonnes conditions: examinez les racines, pour y repérer la présence éventuelle des cochenilles des racines. S'il y en a, enlevez, à l'eau, la terre des racines, et trempez celles-ci dans un insecticide. Laissez-les sécher, avant de rempoter la plante dans un compost frais et un pot propre. N'arrosez pas pendant deux semaines.

Insectes verts sur fleur et tige: pucerons. Pulvérisez un insecticide à base de pyrèthre, et répétez le traitement, tous les dix jours, jusqu'à élimination.

Croissance lente de la plante au printemps et en été: atrophie des racines, due à un surarrosage ou a une terre trop lourde ou trop compacte. Dépotez la plante et examinez les racines. Si elles pourrissent, pelez la base jusqu'aux tissus sains, et badigeonnez la plaie de poudre radiculaire aux hormones. Rempotez la plante dans un compost frais contenant au moins 30 % de sable grossier et graveleux.

Les feuilles s'allongent, leurs coloris vert et blanc se ternissent: obscurité excessive ou, en hiver, chaleur et humidité excessives. Cette plante demande la pleine lumière en hiver et une lumière intense avec un ensoleillement de trois à quatre heures en été. Afin d'éviter le roussissement, exposez progressivement la plante à une lumière plus forte. En hiver, essayez de maintenir une température plus fraîche.

S.O.S.

Les feuilles se referment, leurs extrémités se recroquevillent: chaleur et sécheresse excessives. Aérez la plante par températures estivales supérieures à 24 °C, et arrosez-la.

Les feuilles noircissent et pourrissent: froid excessif, terre et atmosphère trop humides. En été, laissez la terre se dessécher entre les arrosages. La présence de petites taches noires peut révéler une maladie. Mettez la plante à l'abri de la lumière intense du soleil et arrosez-la régulièrement en été. À l'aide d'un couteau, coupez à leur base les feuilles atteintes.

Hebe

Véronique

Les véroniques forment de beaux arbrisseaux durables, qui résistent aux grands vents, du moins s'ils sont à l'abri des fortes gelées. Il existe des variétés naines pour les jardinières, et tout un éventail de grandes pour les terrasses et les balcons. Suivant le climat sous lequel vous vivez, il peut se révéler nécessaire de les protéger en hiver, en les entourant d'un abri ou en les déplaçant dans un endroit protégé. En été, en revanche, elles profiteront d'un séjour au soleil.

Ces arbrisseaux à fleurs et à feuillage persistant proviennent surtout de Nouvelle-Zélande. Ils présentent une diversité de tailles allant de 15 cm à 2 m. Leur floraison se situe, suivant les espèces, entre la fin du printemps et le début de l'automne, et couvre la gamme des blancs, des bleus, des pourpres et même des cramoisis.

Lumière: abondante avec, à la rigueur, un ombrage d'environ trois heures. À l'intérieur, une lumière optimale.
Température: la plupart des véroniques résistent à de légères gelées et, bien arrosées, supportent des températures élevées.
Arrosage: en été, maintenez le compost humide et bien drainé. En hiver, n'arrosez que pour prévenir l'assèchement complet de la terre.
Humidité: vaporisez la plante par le haut, lorsqu'on dépasse les 21 °C.
Terre: un mélange à base de terreau n° 2.
Engrais: une alimentation régulière en été avec un engrais organique liquide ou sec, selon les recommandations du fabrican.
Multiplication: prélevez des boutures de 10 cm de long, entre la fin et le début de l'été. Coupez en dessous d'un nœud foliaire et enlevez les feuilles inférieures. Badigeonnez les boutures de poudre radiculaire et piquez-les en rond, par quatre, dans des pots de 9 cm. Elles racineront au bout de six semaines environ. Ensuite, empotez-les séparément.
Nettoyage: après la floraison, coupez les hampes florales.
Variétés: pour les jardinières: «Carl Teschers», violet-bleu, au début de l'été (22 cm); «Carnosula», à la mi-été (15 cm); «Pagei», feuillage gris-bleu, fleurs blanches à la fin du printemps (22 cm). Pour les terrasses: «Midsummer Beauty», lavande, début et fin de l'été (1 m); «Autumn Glory», pourpre, début été-début automne (60 cm).

Feuilles gris-vert, fleurs ternes: sécheresse excessive. Arrosez copieusement la plante afin que le fond du récipient soit bien mouillé, puis attendez que la surface du compost soit sèche avant de recommencer à arroser. Présents malgré un arrosage adéquat, ces symptômes dénoncent une carence nutritive. Fumez en surface avec un engrais organique à base de potasse. Alimentez régulièrement la plante.

Feuilles couvertes de taches brunes, rondes et auréolées de pourpre, couleur brun clair ou mort de certaines pousses ou tiges: taches des feuilles du hebe. Coupez toute tige qui se meurt et pulvérisez du bénomyl, tous les quinze jours, jusqu'à élimination.

Le bord des feuilles brunit: brûlure des racines, due à un engrais trop puissant. Utilisez toujours la dose recommandée. Les engrais secs doivent être répandus sur une terre bien arrosée. Leur absorption sera facilitée par un nouvel arrosage.

Le feuillage fonce puis pâlit, les feuilles tombent: effets des gelées. La plante a des chances de reprendre au printemps. Émondez, au début du printemps, les pousses endommagées. En hiver, protégez la plante ou placez-la dans un lieu abrité.

S.O.S.

Tige molle et brune, parcourue de filaments blanchâtres; jaunissement de tout l'arbuste: champignon du miellat. Pas de remède. Brûlez la plante et ne replantez ni arbres ni arbustes au jardin pendant deux ans. Cette maladie ne devrait pas affecter les arbrisseaux cultivés en pots, à moins que la terre ne soit contaminée. Méfiez-vous des champignons vénéneux poussant à la base des souches des arbres morts.

Les feuilles pâlissent et s'amincissent, les tiges sont efflanquées: obscurité excessive. Trouvez un emplacement plus lumineux.

La taille

Afin de les maintenir touffues, taillez les plantes après la défleuraison. Taillez en boule, à la cisaille, les plantes à petites feuilles.

Quant aux plantes à grandes feuilles, taillez-les au sécateur, en effectuant les coupes juste au-dessus d'une feuille. Évitez de couper dans celles-ci.

Taches jaunâtres, voire cloques pâles sur les feuilles, moisissure blanchâtre en dessous: mildiou duveteux. Pulvérisez de la bouillie bordelaise, tous les quinze jours, jusqu'à élimination.

Endroit des feuilles ponctué de taches blanches, envers couvert de pellicules grises et de fins filaments: araignées rouges. Pulvérisez du diméthoate et répétez le traitement jusqu'à décontamination des nouvelles pousses, en respectant la dose et les espacements

Jaunissement des feuilles à partir de la base de la plante, absence de croissance: engorgement ou pourriture des racines, suite à un surarrosage. Laissez se drainer la terre, vérifiez les trous de drainage et, à l'avenir, arrosez moins souvent.

Hedera

Lierre

Natif d'Europe septentrionale, le lierre est une plante presque vivace. Il se plaît aussi bien à l'ombre qu'au plein soleil, bien qu'une exposition entre ces deux extrêmes améliore la coloration de son feuillage. Sa résistance aux maladies et aux parasites ainsi que sa faculté d'adaptation en font une plante idéale pour la culture en pots. Les variétés naines occuperont de préférence, et pendant de longues années, les jardinières, tandis que les plus vigoureuses tapisseront de plus grands espaces. Pour contenir leur croissance, une taille occasionnelle peut se révéler nécessaire.

Lumière: les formes panachées demandent une bonne lumière.
Température: le lierre résiste au gel. Les boutures reprennent facilement, bien que plus rapidement à 16 °C.
Arrosage: maintenez le compost humide, mais sans le détremper.
Humidité: par temps chaud et sec (au-dessus de 21 °C), vaporisez la plante par le haut.
Terre: au choix, sauf celle formée d'une masse d'argile peu perméable. L'idéal est un mélange à base de terreau n° 2.
Engrais: liquide ou sec, administré selon la dose et les espacements recommandés. Avant d'utiliser un engrais sec, arrosez d'abord la terre et laissez-la se drainer.
Multiplication: au printemps et en été, coupez une pousse portant des racines aériennes, longue d'environ 10 cm. Plantez-la à l'extérieur ou à l'intérieur. Elle finira vite par raciner, même sans poudre radiculaire. Les boutures dépourvues de racines aériennes reprendront aussi facilement, bien que plus lentement.
Variétés: «Buttercup», à petites feuilles dorées; «Glacier», à petites feuilles vert pâle et blanc; «Chicago», petit, vert et pourpre; «Tricolor», petit, argenté, excellent pour les jardinières; *Colchia dentala aurea*, grand, rapide, vert éclaboussé d'or; *Canariensis*, à grandes feuilles épaisses, vert et crème; *Sagitaefolia*, haut, vert-jaune.

Les tiges rampantes ou grimpantes du lierre à feuillage persistant portent des racines aériennes, qui s'accrochent aux murs, aux treillis ou à la surface du sol pour couvrir de leurs belles feuilles de larges espaces. Ces feuilles varient en tailles et en couleurs, certaines étant fortement panachées. Les fleurs sont petites, mais elles donnent naissance à des baies décoratives.

Écailles sur le dos des feuilles, le long des nervures: insectes écailleux. Enlevez-les avec un tampon d'ouate imbibé d'alcool dénaturé.

L'humidité

Vaporisez régulièrement le feuillage, surtout par temps chaud et sec, afin de le maintenir frais et propre, tout en prévenant les infestations d'araignées rouges.

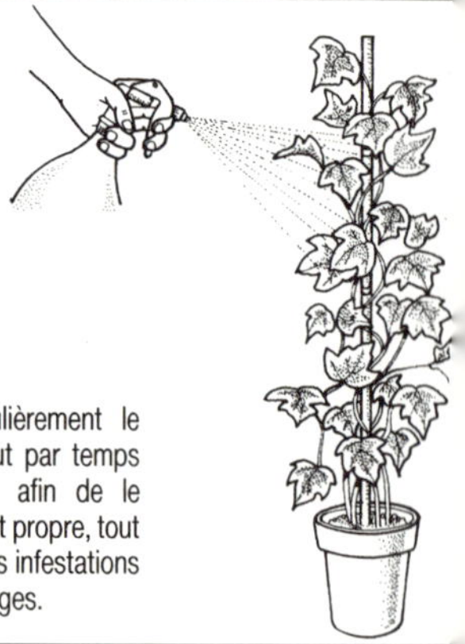

S.O.S.

Feuilles supérieures rongées: chenilles. Enlevez les parasites visibles et pulvérisez du carbaryl ou du malathion.

Insectes aptères et dépôt blanc sur l'envers des feuilles: cochenilles. Enlevez-les avec un tampon d'ouate imbibé d'alcool dénaturé, et pulvérisez du diméthoate.

Petits insectes sur la pointe des tiges, feuilles collantes et couvertes de suie: aphidés. Pulvérisez du pirimicarbe. Répétez le traitement après dix jours.

Le bord des feuilles brunit et sèche: plante secouée par les vents. Elle continuera à pousser, mais les feuilles risquent de tomber.

Dépôt poudreux blanc sur les tiges: mildiou poudreux. Cette maladie affecte parfois la plante après une longue sécheresse. Pulvérisez du bénomyl, tous les quinze jours.

Les feuilles inférieures jaunissent, la tige et le feuillage foncent; la tige est couverte de moisissure: terre détrempée. Vérifiez et dégagez les trous de drainage.

Petites mouches noires voltigeant à la surface de la terre: terre infestée par les larves de la mouche sciaride. Traitez la terre avec du malathion dilué.

Les feuilles, qui se flétrissent, sont ponctuées de minuscules taches pâles; dépôt rosâtre et farineux sur le dos; présence éventuelle de fines toiles autour des feuilles; araignées rouges. Pulvérisez du malathion dilué ou du diméthoate, tous les quinze jours, jusqu'à élimination. Vaporisez régulièrement la plante avec de l'eau, par mesure préventive.

Panachures des feuilles peu prononcées: obscurité excessive. Si possible, exposez la plante à une meilleure lumière. Les variétés vert uni se portent mieux dans les endroits sombres.

Feuilles minces et gris-vert: sécheresse excessive ou carence nutritive. Vérifiez. Maintenez la terre moite, sans la détremper, et nourrissez régulièrement la plante.

Le bord des feuilles se dessèche et celles-ci tombent: terre beaucoup trop sèche. Arrosez immédiatement. Ne laissez pas la plante trop longtemps sans eau. Vaporisez-la régulièrement par temps chaud.

Petites taches brunes ou foncées sur les feuilles: maladie cryptogamique des taches. Pulvérisez un fongicide et répétez le traitement quinze jours après.

Stries argentées sur les feuilles: thrips. Pulvérisez du malathion dilué ou tout insecticide systémique, mais pas en plein soleil.

Le bord des feuilles situées près de la terre est rongé: limaces ou escargots, si la terre est couverte de traînées baveuses. Semez des appâts antilimaces, en respectant les recommandations du fabricant. S'il n'y a pas de bave: cloportes. Poudrez la terre avec un produit à base de lindane.

Hedera canariensis

Lierre des Canaries

Ce lierre à grandes feuilles jouit d'une grande popularité comme plante d'intérieur. Moins rustique que *Hedera helix* à petites feuilles (p. 320), il ne résiste pas au gel à l'extérieur. Il demande une lumière abondante et une humidité élevée, surtout en hiver, mais il faut éviter de trop l'arroser. Comme il a tendance à pousser de façon désordonnée et échevelée, il faut bien le tuteurer et le tailler. Pincez les nouvelles pousses une ou deux fois par an, pour donner à la plante un port plus buissonnant.

Lumière: la plante préfère une lumière intense, mais ne l'exposez pas au plein soleil de midi en été afin d'éviter le blanchiment de son feuillage.
Température: un minimum de 7 °C en hiver, de préférence de 16 °C à 18 °C en été. Par temps plus chaud, augmentez l'humidité.
Arrosage: deux fois par semaine en été, une fois par semaine en hiver. Laissez la surface du compost se dessécher entre les arrosages.
Humidité: vaporisez la plante chaque jour en été, ou si elle subit le chauffage central; une fois par semaine si la température avoisine le minimum recommandé en hiver. Pour un apport constant d'humidité, posez le pot dans une soucoupe emplie de cailloux mouillés.
Engrais: tous les quinze jours pendant la croissance printanière et estivale, avec un engrais liquide dilué.
Terre: un mélange à base de terreau ou de tourbe n° 2.
Rempotage: vu leur croissance rapide, il faut rempoter les jeunes plantes deux fois par an. Lorsqu'elles ont plus de deux ans, rempotez à chaque printemps. Si leur taille rend leur manipulation difficile, renouvelez, chaque année, les cinq à sept premiers centimètres de terre.
Nettoyage: une vaporisation régulière maintiendra la plante propre, mais, si elles sont très poussiéreuses, essuyez les feuilles avec un chiffon humide. N'utilisez les lustrants qu'une fois par mois.

Hedera canariensis «Gloire de Marengo» est le plus commun des lierres à larges feuilles. «Golden leaf» est une autre belle plante aux feuilles présentant deux tons verts qui, souvent, s'animent de reflets dorés à la lumière vive. Comme chez toutes les plantes panachées, les coloris de leur feuillage bénéficieront d'une bonne lumière.

S.O.S.

La plante est très sensible aux attaques de l'araignée rouge, surtout quand l'atmosphère est chaude et sèche. Maintenez une humidité élevée en la vaporisant régulièrement et en posant le pot sur des cailloux mouillés.

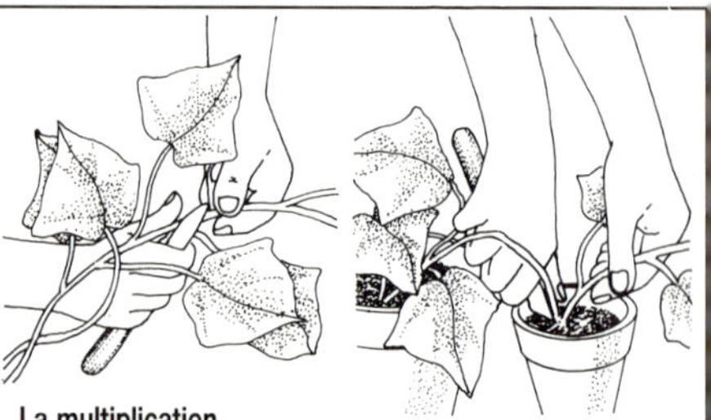

La multiplication

1 Posez un petit pot à côté de la plante. Choisissez une tige vigoureuse et incisez l'épiderme inférieur, juste en dessous d'une feuille. Rabattez la tige contre le compost du nouveau pot et laissez-la y reposer en la maintenant avec un crochet.

2 Entretenez l'humidité. Dès que les racines se forment au niveau de l'entaille et que de nouvelles pousses se manifestent à l'extrémité de la tige, sectionnez la marcotte du pied mère avec un bon couteau.

Feuilles déformées et collantes, insectes verts: pucerons. Pulvérisez un insecticide à base de pyrèthre ou du malathion dilué. Répétez le traitement chaque semaine.

Plaques brunes sur les feuilles et à leur pointe: terre et atmosphère trop sèches. Trempez immédiatement le pot dans un seau d'eau pendant dix à quinze minutes, puis laissez-le égoutter. Vaporisez la plante chaque jour par grandes chaleurs, et posez le pot sur une soucoupe emplie de cailloux mouillés.

Les feuilles se recroquevillent et ont l'air foncées: froid excessif. En hiver, maintenez la plante à une température supérieure à 7 °C. Elle ne résiste pas au gel.

Tout le feuillage noircit: terre détrempée. Videz toute eau restant dans la soucoupe, et laissez la surface du compost sécher, avant de recommencer à arroser.

Jaunissement des feuilles, filaments en dessous: araignées rouges. Enlevez-les avec une éponge humide et pulvérisez du malathion dilué, surtout sous les feuilles. Répétez le traitement tous les quinze jours, jusqu'à disparition du symptôme. Augmentez l'humidité.

Feuilles décolorées, écailles brunes: insectes écailleux. Pulvérisez du malathion dilué sous les feuilles et, 48 h après, enlevez les écailles avec l'ongle du pouce. Répétez le traitement, chaque semaine et à quatre reprises, jusqu'à élimination.

Pâleur et blanchiment des feuilles: lumière solaire excessive ou besoin d'engrais. Ou encore: obscurité excessive. Vérifiez. Exposez la plante à une bonne lumière indirecte. Fertilisez-la tous les quinze jours au printemps et en été avec un engrais, en respectant la dose recommandée.

Feuilles sèches et cassantes: chaleur excessive. Placez la plante dans un endroit plus frais et plus aéré. Vaporisez-la chaque jour en été. Essayez de la maintenir à une température inférieure à 18 °C.

Marques argentées sur les feuilles: thrips. Pulvérisez du malathion dilué ou un insecticide systémique, chaque semaine, jusqu'à élimination.

Plaques de suie noire sur les feuilles: fumagine. Essuyez les feuilles avec un désinfectant doux à usage domestique.

Hedera helix

Lierre commun

Hedera helix est une des premières plantes à avoir été cultivées en intérieur, et une des rares plantes ornementales d'origine européenne. Suivant les variétés, ses feuilles peuvent être aussi petites que l'ongle d'un doigt ou larges de 6 cm, vert uni ou richement panachées. Ces plantes ne se plaisent pas dans une atmosphère trop chaude ou trop sèche, et se portent mieux en culture mixte. Elles font aussi bel effet en suspension ou palissées contre un treillis. Si leurs tiges inférieures se dégarnissent, épincez les tiges maîtresses deux fois par an.

Les nombreuses variétés du lierre multiplient la dimension et la découpe de ses feuilles tout en nuançant diversement leurs coloris vert et blanc ou vert et crème. La plante manifeste sa santé par la fermeté et la brillance de son feuillage, ainsi que par une profusion de vigoureuses pousses centrales.

Lumière: de préférence, exposez ce lierre à une bonne lumière, d'autant plus abondante que ses feuilles sont plus panachées. Le soleil direct, toutefois, risque de blanchir ses feuilles.
Température: en hiver, un minimum de 7 °C à l'intérieur. Températures optimales en été: de 16 °C à 18 °C. Par températures plus élevées, augmentez l'humidité.
Arrosage: deux fois par semaine en été, pas plus d'une fois par semaine en hiver.
Humidité: vaporisez les plantes chaque jour en été ou, si elle se trouve dans une pièce dotée du chauffage central, une fois par semaine à exposition plus fraîche. Pour augmentez l'humidité, posez le pot sur une soucoupe de cailloux mouillés.
Engrais: tous les quinze jours pendant la croissance printanière et estivale, avec un engrais dilué selon les recommandations.
Terre: un compost à base de terreau n° 2 ou à base de tourbe.
Rempotage: rempotez les plantes matures (deux ans ou plus) tous les printemps. Si elles ont l'air d'être à l'étroit dans leur pot, rempotez les jeunes, à croissance rapide, deux fois par an, si nécessaire. Si elles sont très grandes, renouvelez le terreau de surface chaque année.
Nettoyage: l'humidité des vaporisations suffit, mais, si le feuillage est très poussiéreux, essuyez-le avec un chiffon humide.

Les tiges sont efflanquées et les feuilles, très espacées, tombent: obscurité et froid excessifs. Placez la plante dans un endroit plus clair et plus chaud, à une température supérieure à 7 °C.

Le rempotage

Il faut rempoter la plante lorsque ses racines sortent du pot et qu'elle cesse de pousser.

Dépotez-la et dégagez délicatement la terre autour de la motte, sans endommger les racines. Rempotez-la dans le pot de la taille supérieure, sans l'arroser pendant deux jours, afin d'encourager l'enracinement.

S.O.S.

Feuilles décolorées, écailles brunes: insectes écailleux. Enlevez-les avec un tampon d'ouate imbibé d'alcool dénaturé ou pulvérisez du pyrèthre ou un insecticide systémique, tous les quinze jours, jusqu'à élimination.

Les plantes panachées prennent une teinte vert uni: suralimentation ou obscurité excessive. Vérifiez et, le cas échéant, placez-les dans un endroit plus clair. Ne les nourrisez plus jusqu'au printemps suivant.

Les feuilles pâlissent en été: excès de soleil direct. Placez la plante dans un endroit légèrement ombragé.

Marques argentées sur les feuilles: thrips. Pulvérisez du pyrèthre ou un insecticide systémique, tous les quinze jours, jusqu'à élimination.

Jaunissement des feuilles, filaments au dos: araignées rouges. Pulvérisez du malathion dilué, tous les quinze jours, jusqu'à élimination.

Les feuilles noircissent complètement: plante saturée d'eau, surarrosage. Laissez sécher le compost avant de recommencer à arroser et, à l'avenir, arrosez moins souvent. En hiver, laissez sécher le premier centimètre du compost entre les arrosages.

Dessèchement et crispation sévères des feuilles: chaleur et sécheresse excessives. Si possible, placez la plante dans un endroit plus frais (audessous de 18 °C). Augmentez l'humidité en la vaporisant chaque jour.

Plaques de suie noire sur les feuilles: fumagine. Essuyez les feuilles avec une solution de 6 ou 7 gouttes de désinfectant dilué dans une tasse d'eau.

Feuilles déformées et collantes, insectes verts: pucerons. Pulvérisez du pyrèthre ou un insecticide systémique, tous les quinze jours, jusqu'à élimination.

Héliotrope

Originaire du Pérou, l'héliotrope, ou «herbe de Saint-Fiacre», peut être cultivé de plusieurs façons: comme plante naine et buissonnante, sous la forme d'une pyramide de 60 à 75 cm de haut, ou comme plante de tige de 120 cm. Faciles à cultiver en jardinières, les variétés naines embaumeront de leur parfum la petite place qu'il vaut la peine de leur réserver.

Lumière: la plante demande un maximum de lumière, tout en supportant un ombrage de quelques heures. En hiver à l'intérieur: le plus possible.
Température: de 18 °C à 21 °C pour la germination. Les boutures printanières demandent une chaleur de fond et une température ambiante de 16 °C. Il craint le gel.
Arrosage: maintenez le compost humide, sans le détremper.
Humidité: seringuez le feuillage par grandes chaleurs.
Terre: un mélange à base de terreau n° 2. Un compost non terreux pour rempotage convient aux plantes naines.
Engrais: tous les dix jours, si le compost est à base de terreau; tous les cinq, s'il est non terreux. Avec un engrais, dilué selon les recommandations.
Multiplication: par semis au début du printemps. Procédez comme avec les browallias (p. 130), en repiquant les jeunes pousses dans des pots de 9 cm après la pousse de la deuxième paire de feuilles. Prélevez les boutures au printemps ou à la fin de l'été. Les boutures d'été doivent être repiquées en rond sur le périmètre d'un compost pour semis dans un pot de 9 cm et être hivernées à une température de 7 °C. Au début du printemps, sectionnez les huit premiers centimètres des boutures et repiquez chaque section dans des pots de 9 cm.
Nettoyage: enlevez les têtes mortes avec un bon couteau.
Variétés: pour plantation générale: «Marine», naine, à fleurs pourpre très foncé et très odorantes. Pour culture en haute tige (de plein vent): *Peruvianum* var. «Gigantia», lavande, odorante.

Le feuillage vert foncé, souvent teinté de pourpre, donne aux héliotropes un air plutôt sombre. Leurs minuscules fleurs pourpres ou blanches forment de larges corymbes au centre de la plante. Leur attrait réside avant tout dans le puissant parfum de vanille qu'elles dégagent, surtout le soir.

Fleurs déchiquetées ou manquantes: perce-oreilles. Ces parasites peuvent se cacher dans le creux des cannes de bambou servant de tuteurs. On les tuera en introduisant un fil de fer dans la canne.

Le feuillage prend une teinte très sombre, presque noire: vents très froids. Protégez la plante.

À l'intérieur et en hiver, la plante est couverte d'une moisissure duveteuse: botrytis. Cette affection peut se déclarer sur le bout d'une pousse latérale isolée, ou sur une partie endommagée de la plante. Pulvérisez de l'iprodione, une fois par mois en hiver.

La plante étant à l'intérieur, le bord des feuilles brunit et se recroqueville: effet des fumées du chauffage à gaz ou autres appareils de chauffage. Ou encore: effet des pulvérisations d'insecticides en plein soleil.

Feuilles ponctuées de petites taches blanchâtres, voire percées de trous: effets d'une forte averse de grêle sur les feuilles tendres et et larges. Par mauvais temps, protégez la plante.

S.O.S.

Moucherons sur le dos des feuilles, la plante se trouvant à l'intérieur; présence de petites écailles claires: mouches blanches. Pulvérisez du perméthrine, tous les trois jours, jusqu'à disparition de toute trace d'écailles et de mouches.

La plante languit, les feuilles se flétrissent: sécheresse excessive ou surarrosage, pourriture des racines. Examinez le compost. S'il est sec, arrosez copieusement la plante. S'il est mouillé et lourd, vérifiez le drainage et laissez sécher le compost avant de recommencer à arroser. Ensuite, maintenez la terre humide, sans la détremper. L'engorgement provoquera la pourriture des racines et la mort de la plante.

La culture en haute tige

1. Enlevez toutes les pousses latérales de la jeune plante ou de la bouture au printemps. Maintenez le compost humide et nourrissez régulièrement la plante. Supprimez les bourgeons floraux.

2. Au fur et à mesure que la tige grandit, attachez-la tous les 15 cm à un tuteur de 130 cm. Continuez à enlever les pousses latérales. Au début de l'automne, rempotez la plante et, en hiver, gardez-la presque sans eau dans un endroit clair et aéré. Ne la nourrissez pas.

Feuilles et fleurs collantes et couvertes de petites mouches: aphidés. Pulvérisez du pirimicarbe. Il est important de prémunir contre cette infestation les plantes que l'on «discipline».

Petites écailles sur l'envers des feuilles, en particulier lorsque les plantes poussent à l'intérieur: insectes écailleux. Pulvérisez du malathion dilué et badigeonnez les insectes avec un pinceau imbibé d'alcool dénaturé pour qu'ils lâchent prise. Ensuite, frottez délicatement les feuilles.

Les feuilles perdent leurs riches coloris: accompagné de mouchetures, ce symptôme dévoile probablement la présence des thrips. Pulvérisez du malathion dilué. Si aucune marque n'est présente sur le feuillage, la décoloration est due à une carence nutritive. Fertilisez régulièrement la plante.

Le feuillage est noir et trempé: plante tuée par le gel. L'héliotrope n'y résiste pas. À la fin du printemps, protégez les jeunes plantes, lors de leur acclimatation ou au début de leur plantation.

Feuilles trouées: limaces. Entourez la plante d'appâts antilimaces, en suivant les indications du fabricant. Veillez alors à protéger animaux domestiques et poissons.

Hibiscus rosa-sinensis

Rose de Chine

Cet arbuste subtropical donne des fleurs exotiques rouges, jaunes ou orange, qui ne durent qu'un ou deux jours avant de se flétrir et de tomber. Exposés à une humidité trop élevée, ses boutons risquent de tomber avant de s'éclore, sauf chez certains hybrides récents, spécialement cultivés pour pallier cet inconvénient. À l'achat, assurez-vous que la plante n'ait pas perdu ses boutons inférieurs.

Lumière: une abondante lumière diffuse, mais jamais le plein soleil.
Température: de 18 °C à 21 °C au printemps et en été. Maximum en été: 27 °C. Réduisez à 13 °C en hiver.
Arrosage: deux ou trois fois par semaine en été, afin d'assurer une moiteur constante du compost, mais sans laisser le pot tremper dans l'eau. En hiver, n'arrosez la plante que si le compost est sec, c'est-à-dire, en principe, une fois seulement tous les quinze jours par températures avoisinant 13 °C.
Humidité: au printemps et en été, vaporisez la plante chaque jour à l'eau tiède non calcaire. Posez le pot sur une soucoupe emplie de cailloux mouillés. Aérez bien. En hiver, une vaporisation hebdomadaire suffit.
Engrais: tous les quinze jours au printemps et en été, surtout après l'apparition des bourgeons floraux, avec un engrais liquide, dilué selon les recommandations du fabricant.
Terre: un mélange composé à parts égales de terreau n° 3 et de tourbe, en réduisant celle-ci à un tiers pour les plantes adultes.
Rempotage: à chaque printemps, dans le pot de la taille supérieure, jusqu'à un maximum de 18 cm. La plante est plus prolifique si elle est relativement à l'étroit. Une fois la taille maximale du pot atteinte, renouvelez le terreau de surface chaque année.
Nettoyage: l'humidité des vaporisations suffit. Vous pouvez toutefois essuyer les feuilles avec un chiffon humide. Pas de lustrants.

L'hibiscus offre un choix de fleurs exotiques rouges, jaunes ou orange, qui ne durent chacune qu'un ou deux jours avant de sécher et de se flétrir. Afin de prévenir la chute des boutons provoquée par une humidité trop basse, vaporisez la plante chaque jour au printemps et en été, avec de l'eau tiède non calcaire.

Les bourgeons floraux tombent avant d'éclore: atmosphère trop sèche. Vaporisez la plante à l'eau tiède non calcaire chaque jour en été, chaque semaine en hiver. Pendant la croissance printanière et estivale, maintenez la température entre 18 °C et 21 °C.

Marques noires sur les feuilles: effet des lustrants. Ne les utilisez pas. Nettoyez les feuilles par vaporisations d'eau tiède non calcaire.

Les feuilles pâlissent: obscurité excessive. Placez la pointe dans un endroit plus clair, mais pas au soleil direct.

Les feuilles tombent, bien qu'encore vertes: terre détrempée, en été. Les racines pourrissent. Vérifiez le drainage et laissez se dessécher la surface du compost avant d'arroser à nouveau. Ensuite, arrosez deux fois par semaine en été. En hiver, la chute des feuilles est provoquée par le froid. Maintenez une température de 13 °C et une plus grande sécheresse du compost durant tout l'hiver.

S.O.S.

La taille

Au printemps, rabattez de moitié les tiges avec un sécateur, en sectionnant en biais, juste au-dessus d'une feuille ou d'une pousse latérale. Soufrez les plaies et, si la sève s'écoule, badigeonnez-les de cendre ou de vaseline, pour favoriser la cicatrisation.

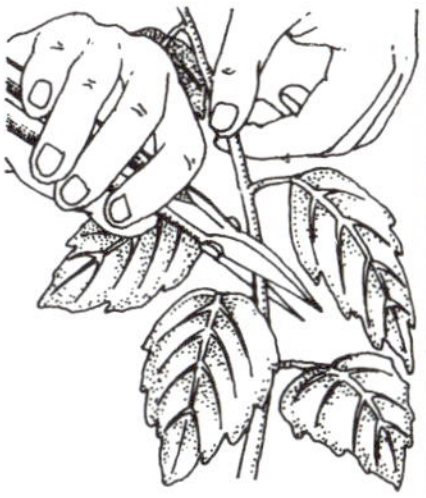

Les nouvelles feuilles restent petites, les fleurs n'apparaissent pas: carence nutritive. Au printemps et en été, nourrissez la plante toutes les deux semaines, en respectant la dose recommandée.

La plante se flétrit, les feuilles sont flasques et ternes: chaleur et sécheresse excessives. Arrosez-la et placez-la dans un endroit plus frais, à moins de à 21 °C en été, avoisinant 13 °C en

Plante tout en tige et échevelée: il faut la tailler, mais ne le faites qu'au printemps ou en été. Soufrez les plaies pour prévenir les maladies.

Feuilles déformées et collantes, petits insectes: pucerons. Pulvérisez un insecticide à base de pyrèthre ou du malathion dilué. Répétez le traitement, chaque semaine, jusqu'à élimination.

Plaques laineuses blanches à l'aisselle des feuilles: cochenilles. Pulvérisez du malathion dilué et enlevez parasites et «laine» avec une pince à épiler. Répétez le traitement, tous les quinze jours, jusqu'à disparition de tout symptôme. Ou bien: badigeonnez les parasites avec de l'alcool dénaturé.

Les feuilles perdent leur lustre, filaments au dos: araignées rouges. Enlevez les filaments avec une éponge humide, puis pulvérisez du malathion dilué, surtout sous les feuilles. Protégez les fleurs. Répétez le traitement, tous les quinze jours, jusqu'à élimination. Augmentez l'humidité. N'utilisez pas de lustrants.

Chute des fleurs un jour après leur épanouissement: naturel. Une fois pleinement épanouies, les fleurs ne durent qu'un jour.

Amaryllis

L'amaryllis offre le merveilleux spectacle de ses énormes fleurs en hiver et au printemps. Bien que leur croissance n'exige que chaleur et eau, les bulbes achetés en pots ont généralement subi un traitement qui les limite à une seule floraison. Heureusement, vous pouvez, sans difficulté, empoter vous-même des bulbes non traités et continuer à les cultiver pour leurs fleurs, durant trois à cinq ans. Empotez-les individuellement, à la fin de l'hiver, en les laissant dépasser d'un tiers, dans des pots de 12 cm.

Lumière: bonne en tout temps. Protégez les fleurs du soleil direct. Après la floraison, la pleine lumière est nécessaire pour permettre au feuillage d'achever sa végétation et de jaunir.
Température: de 16 °C à 24 °C en période de croissance, bien que les fleurs persistent plus longtemps à températures plus fraîches. Température pour le repos végétatif: 10 °C.
Arrosage: la terre doit toujours être humide. Arrosez les potées deux ou trois fois par semaine, davantage par grandes chaleurs et durant la floraison. Pas d'arrosage durant le repos.
Humidité: si l'atmosphère de la pièce est sèche, vaporisez légèrement les bourgeons. Ne vaporisez jamais les fleurs ou les feuilles, même en période de repos.
Engrais: chaque semaine avec un engrais liquide, à la dose recommandée, à partir de l'éclosion des fleurs jusqu'au flétrissement du feuillage.
Terre: un mélange à base de terreau n° 2. Si vous avez l'intention de réutiliser le bulbe l'année suivante, n'utilisez pas de fibre pour bulbe.
Après la floraison: ne coupez pas les tiges avant qu'elles ne soient complètement séchées. Réduisez progressivement les arrosages, puis interrompez-les complètement durant six à huit semaines. Ensuite, déterrez le bulbe, séparez les rejetons et rempotez le bulbe mère. Rempotez les rejetons dans un bon compost pour rempotage. Ils fleuriront au bout de deux ou trois ans.

L'amaryllis produit des fleurs parfumées en forme de trompette, au pavillon large de 30 cm et aux coloris rouges, orange, blancs et roses. Elle peut en porter trois à six sur sa longue hampe de 60 cm, et ce n'est qu'à l'approche de la défleuraison qu'elle pousse ses feuilles. Dans de bonnes conditions, les fleurs s'épanouiront les unes après les autres, pour durer chacune plusieurs semaines.

S.O.S.

Croissance lente, ou nulle, du bulbe: froid excessif. Placez-le à une température minimale de 16 °C. Si l'absence de croissance persiste, placez le pot sur un radiateur ou une autre source chaleur, pendant un jour ou deux.

Les fleurs semblent délavées: excès de soleil direct. Protégez les fleurs contre le soleil direct et ardent: elles dureront plus longtemps.

Les fleurs prennent une teinte foncée ou noire: froid excessif. Enlevez les fleurs abîmées et placez la plante dans un endroit plus chaud.

Taches blanches et cireuses sous les feuilles, éventuellement couvertes de moisissure: cochenilles. Pulvérisez du malathion dilué. Répétez le traitement, dix jours après, si les symptômes persistent.

Les feuilles paraissent très pâles: trop d'eau. Assurez-vous du bon fonctionnement du drainage. Laissez la terre se dessécher presque complètement avant de recommencer à arroser. Ne laissez jamais l'eau stagner dans le pot.

Malgré de bonnes conditions, absence de croissance après l'empotage. Ne plantez que des bulbes fermes et sains, achetés chez un négociant fiable. Avant de rempoter vos bulbes, assurez-vous qu'ils n'ont pas subi les attaques des souris ou des limaces. Rejetez les bulbes dont la croissance ne se manifeste pas au bout de six semaines.

Fleurs pendantes, tige pâle: chaleur excessive. Placez la plante dans un endroit plus frais. Température maximale: 24 °C.

Le feuillage prend une teinte vert grisâtre, les fleurs pendent: sécheresse excessive. Augmentez les arrosages durant la floraison afin d'entretenir une humidité constante du compost.

Jaunissement des feuilles après la floraison: cycle de croissance naturel. Après le dessèchement complet du feuillage, cessez les arrosages, déterrez et stockez le bulbe. Avant la défleuraison, le jaunissement de la plante peut être provoqué par l'anguillule. Déterrez et détruisez le bulbe.

Les bulbes ne poussent pas bien durant la deuxième saison: carence nutritive durant la première saison. L'alimentation des bulbes doit se poursuivre jusqu'au flétrissement complet du feuillage. Éliminez les bulbes qui ne poussent pas bien.

Croissance lente après un départ végétatif vigoureux: charançons de la vigne. Fouillez la terre pour y repérer les larves en forme de «C». Traitez la terre avec un produit à base de lindane.

Les caïeux ne fleurissent pas: trop jeunes ou atteints d'une maladie. Détruisez les bulbes qui ne fleurissent pas malgré de bonnes conditions.

Howea forsteriana

Originaire des îles Lord Howe, dans le Pacifique, *Howea forsteriana* est le palmier des salons de thé de la Belle Époque. Les spécimens adultes peuvent s'élever à plus de 3 m à l'intérieur. En revanche, ce sont des plantes à croissance lente, qui ne produisent qu'une feuille par an. C'est la raison pour laquelle on les plante généralement par trois ou quatre dans le même pot. Ils se font très bien à divers éclairages, y compris à l'ombre, où ils peuvent survivre longtemps.

Lumière: la plante préfère une lumière naturelle indirecte, mais supporte très bien un éclairage artificiel.
Température: un minimum de 10 °C en hiver, un maximum de 24 °C en été.
Arrosage: en été, maintenez une légère humidité, en arrosant une ou deux fois par semaine. En hiver, une fois tous les sept à dix jours, en laissant entre-temps le compost sécher presque totalement.
Humidité: vaporisez chaque jour sur la plante un fin brouillard d'eau tiède non calcaire, en été et surtout par températures de 24 °C ou plus.
Engrais: tous les quinze jours en été, avec un engrais liquide dilué dans l'eau des arrosages, selon les recommandations du fabricant.
Terre: un mélange fibreux composé de quatre parts de terreau n° 2, d'une part de tourbe de carex (laiche) ou de mousse et d'une part d'aiguilles de pin décomposées.
Rempotage: au printemps, dans le pot de la taille supérieure, et seulement si la plante est à l'étroit. Dépotez délicatement les jeunes plantes en veillant à ne pas effriter la motte et à ne pas séparer les plantes individuelles. Ne rempotez pas les grandes plantes adultes: contentez-vous de renouveler le terreau de surface.
Nettoyage: essuyez les feuilles chaque semaine avec un chiffon humide. Utilisez un détachant à base d'huile végétale, 6 ou 7 gouttes de lait dans une tasse d'eau tiède ou un lustrant liquide dilué dans de l'eau (une dose quatre fois plus faible que celle qui est recommandée). Pas de lustrant en aérosol.

Howea forsteriana déploie ses longues et gracieuses frondes à mesure qu'il déroule sa tige engainante. Il n'en produit toutefois qu'une seule par an. Il a besoin d'une bonne lumière indirecte, mais il pousse également bien à la lumière artificielle. Comme la plupart des autres palmiers à croissance lente, il partage souvent le même pot avec plusieurs membres de son espèce.

La pointe des feuilles brunit: normal, mais si le brunissement s'étend au-delà de la pointe, augmentez l'humidité. Retaillez les pointes avec une paire de ciseaux.

La taille des frondes et des feuilles

Coupez les frondes inférieures mortes le plus près possible de la tige principale. Si les pointes des feuilles sont brunes et sèches, retaillez-les avec une bonne paire de ciseaux, en coupant juste à la lisière extérieure du tissu sain.

S.O.S.

Les nouvelles frondes ne se déploient pas: obscurité et sécheresse excessives. Placez la plante dans un endroit plus éclairé (pas au plein soleil) et maintenez-la humide en été. Vaporisez-la chaque jour à l'eau tiède non calcaire.

Marques argentées et noires sur les feuilles: thrips. Pulvérisez du malathion dilué, tous les quinze jours, jusqu'à élimination.

Plaques brunes sur les feuilles: effets des lustrants. N'utilisez pas les lustrants en aérosol. Choisissez de l'eau, ou un détachant à base d'huile végétale.

L'épi foliaire noircit: froid excessif. Les jeunes feuilles sont les premières à être atteintes. Placez la plante dans un endroit plus chaud (au moins 10 °C). En hiver, laissez la terre se dessécher presque complètement entre les arrosages.

Les nouvelles feuilles sont plus petites que les adultes: carence nutritive. Alimentez la plante tous les quinze jours en été.

Une seule plante se dessèche, les autres demeurant saines: racines endommagées (peut-être à la suite d'une chute) et température trop élevée. Enlevez la plante morte.

Disques bruns sur le dos des feuilles: insectes écailleux. Badigeonnez-les d'alcool dénaturé et enlevez-les avec l'ongle du pouce ou pulvérisez du malathion dilué, tous les quinze jours, jusqu'à élimination.

Les plus vieilles feuilles se dessèchent: chaleur excessive. N'exposez pas la plante à une température supérieure à 24 °C. Placez-la dans un endroit plus frais, arrosez-la et vaporisez-la régulièrement.

La plante noircit et pourrit à la base: excès d'eau, surarrosage. Elle risque de mourir. Essayez de la sauver en laissant la terre sécher complètement, et en lui donnant un emplacement chaud et lumineux.

Toute la plante se dessèche: manque d'eau, surtout en été, saison durant laquelle la plante devrait bénéficier d'une humidité constante.

Fleur de porcelaine

Cette plante aux tiges grêles se distingue de *Hoya carnosa* (p. 332) par la petitesse de ses feuilles cireuses vert uni. Plus exigeante aussi en température, elle est tout indiquée pour la culture en paniers suspendus. Ses fleurs, réunies en ombelles pendantes, se garnissent d'une corolle blanc porcelaine, au centre rose cramoisi ou violet. Ne placez pas cette plante sur les meubles cirés, car ses fleurs exsudent des gouttelettes de nectar collant, qui risquent de les abîmer. Cette plante est assez difficile à se procurer et il n'est guère aisé d'induire sa floraison. Toutefois, le délicieux parfum de ses fleurs vaut la peine qu'on lui consacre quelques efforts.

En plein été, *Hoya bella* produit des fleurs cireuses à centre rose cramoisi et à pétales blancs disposées en étoile. Ces fleurs ne mesurent pas plus de 1 cm, mais elles se réunissent en inflorescences ombellées. En été, gardez votre fleur de porcelaine dans une pièce bien ventilée, où règne une température de 18 °C à 21 °C, et vaporisez-la deux fois par semaine.

Lumière : une bonne lumière diffuse, à l'abri du soleil de midi en été. Le plein soleil en hiver.

Température : de 18 °C à 21 °C au printemps et en été, bien que des hausses passagères de 30 °C ne présentent aucun danger. En hiver, maintenez une température de 16 °C.

Arrosage : chaque semaine au printemps et en été ; en automne et en hiver, n'arrosez la plante que tous les quinze jour et uniquement lorsque le compost est sec.

Humidité : au printemps et en été, vaporisez la plante au moins deux fois par semaine avec de l'eau non calcaire, sans mouiller les feuilles. La culture en suspension est bénéfique. Une bonne aération est indispensable.

Engrais : tous les quinze jours au printemps et en été seulement, avec un engrais liquide, dilué selon les recommandations.

Terre : un mélange composé à parts égales de terreau n° 2 et de tourbe grossière.

Rempotage : au printemps et seulement si la plante est tout à fait à l'étroit, c'est-à-dire pratiquement tous les deux ou trois ans.

Nettoyage : l'humidité des vaporisations peut suffire. Essuyez occasionnellement les feuilles avec un lustrant à base d'huile végétale.

Plaques laineuses blanches à l'aisselle des feuilles : cochenilles. Pulvérisez du malathion dilué et enlevez parasites et « laine » avec une pince à épiler. Répétez, tous les quinze jours, jusqu'à disparition de tout symptôme, ou badigeonnez avec de l'alcool dénaturé.

La suppression des fleurs

Lorsque les fleurs meurent, enlevez les capitules et leurs pédoncules. N'enlevez pas la courte tige latérale qui porte l'ombelle. C'est d'elle en effet qu'émergeront les nouveaux boutons floraux.

Les fleurs produisant un nectar collant, pendant la floraison, protégez les meubles, sur lesquels vous posez le pot.

S.O.S.

Absence de bourgeonnement: trop d'eau, surarrosage. Laissez la surface du compost se dessécher avant de recommencer à arroser. Par la suite, n'arrosez que lorsqu'elle est sèche. Une fois par semaine en été et une fois tous les quinze jours en hiver devrait suffire.

Les feuilles noircissent: froid excessif. Placez la plante dans une pièce plus chaude, à une température minimale de 16° C en hiver, de 18 °C en été.

Filaments sous les feuilles: araignées rouges. Enlevez les filaments avec un chiffon humide, puis pulvérisez du malathion dilué, surtout sous les feuilles. Répétez le traitement, tous les quinze jours, jusqu'à disparition de tout symptôme. Vaporisez la plante pour accroître l'humidité.

Petitesse des nouvelles feuilles, absence de floraison: manque d'engrais. Fertilisez tous les quinze jours en période de croissance et de floraison avec un engrais liquide dilué.

Crispation et pâleur des feuilles: atmosphère trop sèche. Vaporisez les plantes exposées à la chaleur et à la sécheresse, deux fois par semaine, avec de l'eau tiède non calcaire, en évitant de mouiller les fleurs.

Les feuilles se rident et se contractent en hiver: terre trop sèche. La plante n'en souffrira pas, à moins que la terre ne se dessèche complètement: une période de sécheresse hivernale favorise la prochaine floraison estivale.

Dessèchement des bourgeons: effet du soleil direct. Exposez la plante à une bonne lumière diffuse, à l'abri du soleil direct, pendant le bourgeonnement.

Gouttes de nectar sur les fleurs: phénomène naturel. Glissez un plateau ou un napperon sous le pot, pour protéger les meubles.

Les feuilles se recourbent, les fleurs tombent: gaz ou autres émanations polluantes. Placez la plante dans un endroit non pollué.

Chute des fleurs et absence de nouvelles en été: compost trop sec. Plongez immédiatement le pot dans un seau d'eau et laissez-le tremper pendant dix à quinze minutes, puis laissez-le égoutter. Laissez la surface du compost se dessécher entre les arrosages.

Aspect terne des feuilles: froid excessif. Placez la plante dans une pièce plus chaude et maintenez-la à une température de 16 °C en hiver, supérieure à 18 °C en été.

Croissance efflanquée, absence de floraison: obscurité excessive. Exposez la plante à une très bonne lumière. Elle supporte le plein soleil, sauf en période de bourgeonnement, et a besoin de la pleine lumière en hiver.

Hoya carnosa

Hoya charnu

Cette magnifique plante, appelée aussi «fleur de cire», justifie déjà sa présence dans un intérieur par la seule beauté de son feuillage charnu vert foncé, qui peut, en bon grimpant, couvrir de grandes surfaces en peu de temps. Mais elle possède un autre atout: en été, elle produit des fleurs étoilées de couleur chair et de texture cireuse. Une plante bien acclimatée se couvre de ces inflorescences au parfum vaguement exotique et exsudant un nectar rappelant le miel. Ne déplacez pas cette plante après la formation de ses bourgeons floraux, sous peine de provoquer leur chute.

Hoya carnosa porte des feuilles vert uni ou panachées de vert et blanc. Une fois bien acclimaté, il produit tout au long de l'été des inflorescences pouvant compter jusqu'à trente petits capitules. Chez une plante saine, les feuilles sont fermes, légèrement charnues, et garnissent toute la longueur de la tige.

Lumière: un emplacement bien éclairé, mais pas au soleil de midi, qui roussirait les feuilles.
Température: un minimum de 10 °C en hiver, un maximum de 24 °C en été.
Arrosage: chaque semaine en été, chaque quinzaine en hiver, de préférence avec de l'eau de pluie. Un bon drainage est essentiel.
Humidité: vaporisez la plante au moins une fois par semaine en été, sans mouiller les fleurs épanouies. Placez le pot sur un lit de cailloux mouillés à l'intérieur d'un cache-pot, lui-même tapissé de tourbe humide.
Engrais: tous les quinze jours avec un engrais liquide, dilué à raison de la moitié de la dose recommandée.
Terre: un compost à base de terreau n° 2. De la brique finement broyée favorisera la floraison.
Rempotage: comme cette plante préfère être à l'étroit dans son pot, ne la rempotez que tous les deux ou trois ans, dans un pot en argile. Ou alors, contentez-vous de renouveler le compost de surface et d'alimenter la plante.
Nettoyage: les vaporisations devraient suffire, mais on peut aussi essuyer les feuilles avec un linge humide. Les produits lustrants ne doivent pas être utilisés plus d'une fois par mois, ni toucher les fleurs épanouies.

Le palissage sur arceau

1. Enfoncez contre les bords opposés du pot un arceau en fil de fer ou en bambou souple jusqu'aux deux tiers du compost. Rabattez la tige sur un des côtés de l'arceau et entrelacez-la autour de celui-ci, sans meurtrir ni les feuilles ni la tige.

2. Attachez une ficelle à l'une des extrémités de l'arceau et enfilez-la jusqu'à l'autre extrémité, tout en laissant du mou autour de la tige. Ne serrez pas trop les nœuds. Lorsqu'elle aura parcouru tout l'arceau, la tige pourra rejoindre son point de départ, en poursuivant vers l'avant ou en rebroussant chemin.

S.O.S.

Les fleurs n'apparaissent pas, les feuilles se fanent et tombent: obscurité excessive. Placez la plante dans un endroit mieux éclairé, mais pas au soleil direct de midi. Une plante trop confinée dans son pot risque aussi de ne pas fleurir. Examinez les racines. Si elles paraissent à l'étroit, rempotez la plante au printemps dans le pot de la taille supérieure.

Marques de roussissement sur les feuilles: exposition excessive au soleil direct de midi, voire effets des vaporisations d'eau au plein soleil. Protégez la plante contre le soleil de midi et ne vaporisez qu'en début de matinée.

Plaques laineuses blanches sur les feuilles: cochenilles. Enlevez-les avec un tampon d'ouate imbibé d'alcool dénaturé ou pulvérisez un insecticide systémique, tous les quinze jours, jusqu'à élimination. Cette plante est sujette à cette infestation.

Chute des bourgeons avant leur éclosion: froid excessif, plante située trop près d'une fenêtre ou trop souvent déplacée. Maintenez-la à une température minimale de 10 °C en hiver, et ne la changez pas de place quand elle commence à produire ses bourgeons floraux.

Production de nouvelles feuilles, mais absence de floraison: besoin d'une alimentation plus fréquente. Fertilisez la plante tous les quinze jours tout au long de l'année, avec un engrais liquide dilué à raison de la moitié de la dose recommandée.

Les feuilles se dessèchent et se recroquevillent: chaleur et sécheresse excessives. Maintenez la plante à une température inférieure à 24 °C et vaporisez-la au moins une fois par semaine par grandes chaleurs. Pour augmenter l'humidité, utilisez des cailloux mouillés ou de la tourbe humide.

Écailles brunes sur le dos des feuilles, accompagnées d'une substance gluante: insectes écailleux. Enlevez-les avec un tampon d'ouate imbibé d'alcool dénaturé ou pulvérisez un insecticide systémique, tous les quinze jours, jusqu'à élimination.

Les feuilles jaunissent, se flétrissent et pourrissent: terre détrempée, surarrosage. Laissez s'assécher le compost avant de recommencer à arroser et réduisez de moitié la fréquence des arrosages. Un bon drainage est indispensable.

Huernia primulina

Malgré son appartenance à un genre de plantes dites parfois «à fleurs-charognes», *Huernia primulina* se prête bien à la culture en intérieur, car ses fleurs n'émettent pas l'odeur de viande pourrie caractéristique de ce groupe. Parmi les autres bonnes espèces, citons: *Huernia zebrina*, aux fleurs rouge et jaune vif; *H. oculata*, brun chocolat et blanc; *H. hystrix*, jaune grisâtre et brun; *H. hallii*, jaune crémeux, etc.

Huernia primulina est la seule espèce d'huernia qui produise des fleurs vraiment jaunes; les autres mélangent les coloris rouges, bruns ou crème. Bien que sa pollinisation se fasse par les mouches, on ne voit pas comment elle attire celles-ci, puisque son odeur est à peine perceptible.

Lumière: un emplacement ensoleillé sur l'appui d'une fenêtre ou en serre. Dans celle-ci, protégez la plante contre le soleil brûlant de la mi-été. Elle supporte l'emplacement lumineux, mais peu ensoleillé, d'un appui de fenêtre, bien qu'elle y fleurisse moins bien.

Température: un minimum de 4 °C, mais de préférence 10 °C. Donnez-lui de l'air frais en été.

Arrosage: au printemps, laissez le pot tremper dans une soucoupe, jusqu'à ce que la terre soit saturée d'eau, puis cessez tout arrosage pendant un mois. En été, arrosez la plante tous les quinze jours; chaque semaine par grandes chaleurs. Réduisez les arrosages en automne et suspendez-les en hiver par températures inférieures à 13 °C. Par températures plus élevées, effectuez un arrosage parcimonieux une fois par mois. Voir *Introduction*.

Engrais: riche en potasse, deux ou trois fois en été.

Terre: un compost pour rempotage à base de terreau n° 2, ou un compost non terreux, avec 40 % de sable grossier et graveleux.

Rempotage: à chaque printemps dans un demi-pot ou un récipient d'une taille supérieure. Si les vieilles tiges sont déparées, supprimez-les lors du rempotage: seules les jeunes tiges de l'année courante ou précédente produisent des fleurs.

Multiplication: prélevez les boutures, avec un bon couteau, au niveau des articulations naturelles des tiges. Divisez les grandes touffes en groupes de trois ou quatre tiges.

S.O.S.

Les tiges jaunissent, puis noircissent en hiver: froid excessif. La plante passe peut-être la nuit entre les rideaux et les vitres. Placez-la dans un endroit plus chaud, à une température supérieure à 4 °C.

Les tiges noircissent et se ratatinent, certaines tombent: trop au froid, terre trop mouillée et humidité excessive. Laissez le compost se dessécher complètement, et maintenez la plante à une température supérieure à 4 °C en hiver. Excisez les parties pourries de la tige. Si les racines sont noires et pourries, traitez-les et rempotez la plante (voir *Introduction*). Ou bien, prélevez des boutures sur des tiges saines.

Le prélèvement des boutures

1 Prélevez les boutures après la floraison. Enlevez une jeune tige se trouvant à la périphérie de la touffe, en sectionnant au couteau au niveau de son articulation avec une vieille tige.

2 Badigeonnez la base de la bouture et la plaie de la vieille tige avec de la poudre radiculaire aux hormones. Laissez sécher la bouture pendant deux jours avant de la coucher sur un compost sec.

La division des touffes

1 Divisez des touffes de six à huit tiges au printemps ou au début de l'été. Dépotez-les et enlevez la terre des tiges inférieures.

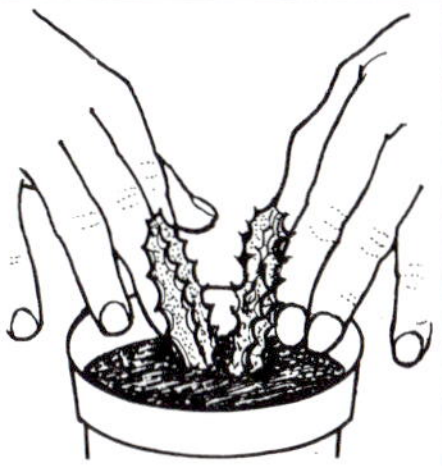

2 Rempotez-en la moitié avec leurs racines, en procédant comme d'habitude. Faites des boutures avec l'autre moitié, en les laissant sécher pendant deux ou trois jours avant de leur faire reprendre racines.

Les tiges se ratatinent et sèchent. En hiver: chaleur et sécheresse excessives. En été et au printemps: sécheresse excessive, besoin d'engrais ou cochenilles des racines. Si la terre est sèche au printemps et en été, augmentez la ration d'eau à chaque arrosage. En hiver, humectez la terre chaque mois. Si l'alimentation et la composition du compost sont adéquates, voyez si les racines sont recouvertes de plaques laineuses blanches; plongez alors les racines dans un insecticide et laissez-les sécher avant de rempoter la plante.

Allongement des tiges, coloration pâle, surtout aux extrémités; rareté des fleurs: obscurité excessive. Exposez la plante à la pleine lumière pendant deux semaines. Ces symptômes peuvent aussi se manifester dans des conditions de chaleur et d'humidité excessives. Durant le repos végétatif, maintenez une température avoisinant 10 °C.

Marques de roussissement sur les tiges: brûlure solaire, exposition subite de la plante au plein soleil et à une température étouffante. Protégez-la du soleil direct, puis réexposez-la graduellement en l'espace de deux semaines.

Les tiges se ratatinent, plaques laineuses blanches en particulier à la base: cochenilles. Enlevez-les avec un petit pinceau trempé dans de l'alcool dénaturé et pulvérisez un insecticide de contact ou systémique. Répétez le traitement deux ou trois fois en période de croissance.

La plante s'affaisse ou ne pousse pas, mouches noires autour de la plante et au niveau de la terre: sciarides. Examinez les racines. Si elles sont pourries, pelez-les jusqu'à élimination de toute trace de pourriture ou de larves. Ensuite, traitez-les et rempotez la plante (voir *Introduction*).

Jacinthe de Hollande

Colorée et odorante, la jacinthe de Hollande, ou «jacinthe des jardins», est parmi les plantes bulbeuses, une des plus faciles à cultiver en pots ou en coupes, sous réserve de trois conditions. Il faut d'abord qu'elle passe au moins huit semaines dans un endroit très frais et très sombre pour former son système radiculaire. Ensuite, il faut la priver de chaleur tant que le bouton floral ne s'est pas complètement dégagé du collet du bulbe. Enfin, il faut l'arroser copieusement durant son plein épanouissement.

Les jacinthes atteignent une hauteur d'environ 25 cm. Chaque bulbe produit une seule hampe, porteuse de vingt à trente petites fleurs en forme de clochette pendante, aux coloris rouges, roses, bleus, jaunes ou blancs. Dans de bonnes conditions, la floraison dure de quatre à six semaines. Les variétés spécialement traitées en vue de leur floraison à l'intérieur vous assureront de meilleurs résultats.

Lumière: après la plantation, une obscurité totale d'au moins huit semaines, puis une lumière partielle jusqu'au verdissement du feuillage. Pendant la floraison: la pleine lumière, mais à l'abri du soleil direct.

Température: un maximum de 7 °C durant leur séjour dans l'obscurité, de 16 °C à 18 °C pendant la floraison. Maintenez la plante au frais, jusqu'à l'émergence complète du bourgeon floral.

Arrosage: plantez les bulbes dans un compost humide, que vous maintiendrez légèrement humide, en l'examinant chaque semaine, durant leur végétation à l'obscurité. Pendant la floraison, arrosez la plante deux ou trois fois par semaine.

Humidité: un emplacement sec et aéré. Ne vaporisez pas les jacinthes.

Engrais: si vous avez l'intention de conserver les bulbes pour les replanter au jardin, nourrissez-les, à la dose recommandée, chaque semaine après la formation des boutons floraux. Ne les nourrissez pas en pleine floraison.

Terre: si vous cultivez les bulbes dans des pots dotés de trous de drainage, utilisez un bon compost fibreux pour rempotage. Pour les coupes, une fibre spéciale pour bulbes est préférable.

Après la floraison: coupez la tige au ras du bulbe après la floraison. Lorsque le feuillage se flétrit, vous pouvez replanter les bulbes en pleine terre.

La hampe pleinement épanouie fléchit: obscurité excessive. Exposez la plante à une abondante lumière, mais à l'abri du plein soleil. Avant l'épanouissement complet de la fleur, tuteurez la hampe contre une baguette enfoncée dans la terre.

Rabougrissement des nouvelles feuilles ou absence de croissance: jaunissement de la jacinthe. Pas de remède. Déterrez et détruisez le bulbe, qui était probablement déjà contaminé à l'achat. Achetez toujours des bulbes fermes et propres de source fiable.

Plantés ensemble dans une grande coupe, les bulbes ne fleurissent pas en même temps. Complantez toujours des bulbes de la même variété: suivant celle-ci, la floraison peut avoir lieu à des périodes différentes. Ne mélangez pas les coloris dans une même coupe.

L'hydroculture
Les jacinthes peuvent être cultivées dans l'eau, dans des récipients spéciaux. Tapissez le fond de ceux-ci de charbon de bois et emplissez-les d'eau non calcaire. Placez le bulbe dans le goulot, la base affleurant l'eau. Les racines pousseront dans celle-ci.

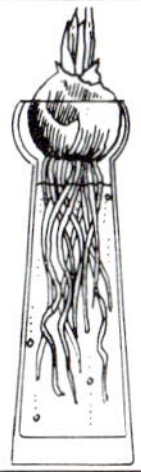

S.O.S.

Jaunissement et recroquevillement subits des fleurs, des boutons et des feuilles: pourriture molle, sans doute provoquée par une terre trop riche ou une chaleur excessive. Prévenez cette maladie en utilisant un compost pour rempotage ou de la fibre pour bulbes. Maintenez ceux-ci au frais. Pas de remède: détruisez la plante contaminée.

Le nez du bulbe prend une teinte noire ou bronze, après avoir été exposé à la lumière: cette altération affecte généralement les bulbes cultivés au jardin, à cause d'une exposition forte et subite à la lumière. Maintenez-les dans un endroit frais et ombragé jusqu'au verdissement des feuilles.

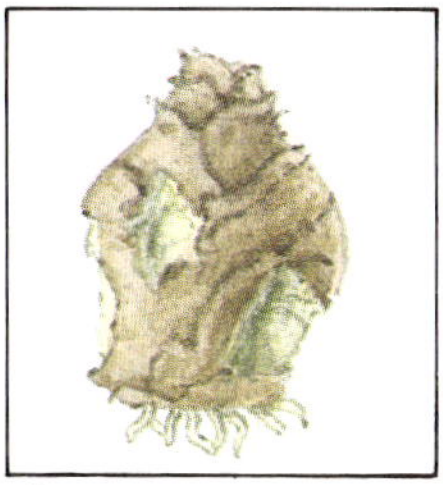

À sa sortie de l'obscurité, le bulbe est rongé: les bulbes stockés ou plantés au jardin sont sujets aux attaques des souris. Conservez-les hors de portée des souris, ou prévoyez des pièges.

Les feuilles sont petites et pendantes; absence de bourgeons floraux: le bulbe était trop petit ou avait subi un forçage l'année précédente. Choisissez toujours des bulbes jeunes et sains, destinés à la culture en intérieur.

Bonne croissance des feuilles au milieu desquelles l'épi floral demeure enfoui: exposition précoce du bulbe à la chaleur et à la lumière. Attendez que le bourgeon émerge complètement du bulbe avant d'exposer celui-ci à la lumière.

Les bourgeons jaunissent ou ne s'ouvrent pas: terre détrempée ou trop sèche. Maintenez-la légèrement humide.

Hydrangea macrophylla

Hortensia

Mieux connu sous le nom d'hortensia, l'hydrangea commun se prête bien à la culture en pots à l'intérieur et se plaît au jardin après la défleuraison. Durant la floraison, il faut l'arroser copieusement afin de prévenir l'affaissement de son feuillage. Il fleurit en rose, en bleu ou en blanc. On peut faire bleuir les roses en incorporant au compost une solution d'alun (sulfate d'aluminium) ou faire rosir les bleus par addition d'une solution ferrugineuse.

Lumière : la pleine lumière, à l'exclusion du soleil direct qui dessèche la plante. À l'ombre, le feuillage jaunit et la plante se rabougrit.
Température : un minimum de 8 °C pendant la dormance hivernale. Une température élevée à 13 °C au début du printemps encouragera la croissance de la plante. En été, un maximum de 18 °C.
Arrosage : tous les jours à la fin du printemps et en été, en trempant le pot jusqu'au dessus du niveau du compost dans un seau d'eau, pendant cinq minutes environ. Arrosez la plante tous les deux jours au début du printemps ; en automne et en hiver, uniquement lorsque le compost paraît sec.
Humidité : une vaporisation quotidienne d'eau non calcaire au printemps et en été.
Engrais : chaque semaine au printemps et en été, en ajoutant la dose recommandée d'un engrais liquide à l'eau du trempage. Afin de ne pas gaspiller l'engrais, laissez égoutter l'excédent dans le seau, une fois la plante bien arrosée. Conservez le mélange pour l'apport d'engrais suivant. Renouvelez le mélange toutes les six semaines.
Terre : un mélange composé à parts égales de terreau n° 2 et de fumier décomposé, additionné de colorants si vous voulez changer la couleur des fleurs. La terre doit être non calcaire.
Rempotage : chaque année avant la floraison.
Nettoyage : les vaporisations suffisent. Pas de lustrant.

On peut faire bleuir les hortensias, qui sont naturellement roses, en incorporant à l'eau d'arrosage un colorant spécial contenant de l'alun. Si les fleurs bleuissent dans certains types de terre, on peut leur rendre leur coloris rose originel en y ajoutant de la limaille de fer ou un colorant. Quelle que soit la couleur de ses fleurs, une plante saine devrait porter un feuillage bien vert, ne montrant aucun signe d'affaissement ou de décoloration.

Les fleurs changent de couleur: si ce sont des bleues qui rosissent, il suffit d'ajouter du sulfate d'aluminium à l'eau des trempages pour qu'elles retrouvent bien vite leur teinte originelle. Quant aux roses, il est peu probable qu'elles bleuissent, car, le rose étant leur couleur naturelle, la fleur ne bleuit que par addition de colorants spéciaux pour hortensias.

Les fleurs brunissent et se crispent: chaleur excessive et atmosphère trop sèche. Placez la plante dans un endroit plus frais (sous 18 °C) et vaporisez-la chaque jour à l'eau non calcaire. Éloignez-la des sources de

S.O.S.

Jeunes feuilles déformées et collantes, insectes verts: pucerons. Pulvérisez un insecticide à base de pyrèthre ou du malathion dilué, tous les quinze jours, jusqu'à élimination. Enlevez les feuilles atteintes et isolez la plante afin que les pucerons n'envahissent pas les autres.

L'arrosage

Les hortensias ont besoin de beaucoup d'eau en été et leur feuillage languit lamentablement si le compost s'assèche trop.

1. Trempez le pot dans un seau d'eau jusqu'au dessus du compost. Attendez environ cinq minutes, le temps que les bulles cessent de remonter à la surface.

2. Enlevez la potée et laissez-la égoutter dans une soucoupe ou un égouttoir. Videz l'excédent.

3. Une fois par semaine, vous pouvez ajouter à l'eau un engrais liquide. Dans ce cas, gardez l'eau qui reste dans le seau ainsi que l'excédent écoulé, pour l'utiliser une autre fois.

Les jeunes feuilles jaunissent, les nervures des plus âgées saillent: effets du calcaire. L'eau des arrosages ou des vaporisations ainsi que le compost doivent être exempts de calcaire. Pour favoriser une reprise rapide de la plante, arrosez-la une fois avec une solution à base de chélate de fer.

Absences de nouvelles pousses au printemps: Froid excessif au début du printemps. Favorisez la pousse en plaçant la plante à une température d'au moins 13 °C. Commencez à augmenter les arrosages à tous les deux jours et à alimenter la plante chaque semaine.

Le feuillage jaunit lentement et la floraison est rétive: obscurité excessive. Exposez la plante à une bonne lumière indirecte, mais pas au plein soleil.

Taches brunes sur les feuilles: affection cryptogamique, botrytis. Saupoudrez les feuilles de fleur de soufre ou pulvérisez un fongicide systémique dilué dans de l'eau, tous les quinze jours, jusqu'à élimination.

Jaunissement des feuilles, filaments en dessous: araignées rouges. Pulvérisez du malathion dilué et enlevez les filaments avec un tampon d'ouate trempé dans du malathion dilué.

Toute la plante languit, le feuillage retombe; les feuilles finissent par brunir et se recourber: sécheresse excessive. Plongez immédiatement le pot dans un seau d'eau, attendez trente minutes, puis laissez-le égoutter.

Marques de brûlure noires sur les feuilles: effets des lustrants. Ne les utilisez pas. Nettoyez les feuilles par vaporisations d'eau non calcaire.

Hypoestes phyllostachya

Plante aux éphélides

Cultivée avant tout pour les couleurs de ses jolies feuilles oblongues, grandes de 3 à 5 cm, cette plante a été récemment améliorée. Autrefois peu ordonnée et s'étalant en tous sens, elle présente aujourd'hui un port plus compact, ce qui en fait une bonne plante tapissante pour les vasques mixtes. Ces coloris tranchés forment aussi un heureux contraste avec les plantes vertes ou panachées. Bien qu'on puisse l'hiverner, on lui assurera un port plus soigné et plus compact en la reproduisant à chaque printemps. Les plantes plus âgées produisent toutefois de délicates fleurs pourpres et blanches. La multiplication peut se faire soit par bouturage de pointes de tiges, soit par semis.

Lumière: cette plante a besoin d'une bonne lumière, comme celle d'une fenêtre non exposée au soleil. À l'ombre, elle perd la panachure rose de son feuillage qui, en revanche, roussit au soleil direct.
Température: si possible, un minimum de 18 °C en hiver. En été, elle se fait à la température ordinaire de la pièce. Par grandes chaleurs (24 °C), veillez à ce qu'elle soit bien ventilée.
Arrosage: trois fois par semaine en été, une fois par semaine durant le repos végétatif hivernal, avec de l'eau tiède.
Humidité: à moins que la plante ne soit en vasque mixte, posez le pot sur une soucoupe remplie de cailloux mouillés. Ne la vaporisez pas.
Engrais: tous les quinze jours, avec un engrais liquide dilué dans l'eau des arrosages, en utilisant la moitié de la dose recommandée.
Terre: un compost à base de terreau n° 2.
Rempotage: à chaque printemps, si vous gardez la plante d'une année à l'autre. Mais si voulez des plantes jeunes, vigoureuses et compactes, mieux vaut les reproduire à chaque printemps.
Nettoyage: époussetez délicatement les feuilles avec un chiffon doux. N'utilisez pas de lustrant.

Si elles ne sont pas exposées à une bonne lumière, les feuilles d'*Hypoestes phyllostachya* perdent leur belle panachure rose. Par ailleurs, elles roussissent à la lumière vive du soleil. Si vous placez cette plante devant une fenêtre, veillez à filtrer la lumière à travers un fin rideau. Les panachures se présentent sous forme de minuscules points roses ou d'éclaboussures.

L'humidité
Il est important d'entretenir l'humidité de cette plante tout au long de l'année. Comme les vaporisations risquent d'abîmer les feuilles, posez le pot sur une soucoupe emplie de cailloux baignant partiellement dans l'eau. Ne saturez pas les racines en laissant le fond du pot tremper dans l'eau.
Vous pouvez aussi placer le pot dans un récipient, plus chaud, et intercaler de la tourbe mouillée entre les deux.

Les feuilles perdent leur panachure: obscurité excessive. Trouvez une emplacement plus lumineux, par exemple une fenêtre, mais en évitant le plein soleil.

S.O.S.

Marques brunes sur les feuilles : soleil direct. Éloignez la plante des fenêtres ensoleillées. Ces marques peuvent aussi provenir de l'emploi des lustrants. Ne les utilisez pas.

Les feuilles retombent et ont l'air ternes : froid excessif ou arrosage à l'eau froide. Placez la plante dans un endroit plus chaud, à une température supérieure à 18 °C. En hiver, arrosez-la avec de l'eau tiède.

Jaunissement et chute des feuilles : trop humide, surarrosage. Laissez sécher le compost avant de recommencer à arroser, ensuite arrosez moins souvent. En hiver, une fois par semaine suffit, afin de permettre à la première moitié du compost de sécher.

Feuilles pâles et couvertes d'insectes bruns : insectes écailleux. Enlevez-les avec un tampon d'ouate imbibé d'alcool dénaturé ou pulvérisez un insecticide systémique, tous les quinze jours, jusqu'à élimination.

Les feuilles se recourbent vers l'intérieur, se dessèchent et se parcheminent : chaleur et sécheresse excessives. Placez la plante dans un endroit plus frais et plus aéré (sous 24 °C). Posez le pot sur une soucoupe emplie de cailloux mouillés, pour augmenter l'humidité. Si la terre est sèche, ajoutez de l'eau.

Impatiens walleriana

Impatiente

Cette plante, aussi appelée «patience» ou «balsamine», est une des plus aisées à cultiver en intérieur. Elle peut prendre racines dans l'eau, croît très vigoureusement et donne des fleurs aux coloris éclatants. Bien qu'on puisse la conserver d'une année à l'autre, elle a tendance à s'écheveler et à s'étaler de façon désordonnée. Aussi vaut-il mieux la multiplier par boutures prélevées au printemps ou la reproduire par semis. L'impatiente commune produit une profusion de fleurs roses ou rouges. Obtenus récemment, les nouveaux hybrides à feuillage multicolore se cultivent comme les autres, mais exigent des températures hivernales un peu plus élevées.

Lumière: cette impatiente aime le soleil direct. Un appui de fenêtre ensoleillé constitue un emplacement idéal.
Température: un minimum de 13 °C en hiver, élevé de préférence à 18 °C. Maximum en été: 22 °C.
Arrosage: deux ou trois fois par semaine en été. En hiver, entretenez une certaine sécheresse, en arrosant tous les dix jours ou moins par températures inférieures au minimum recommandé.
Humidité: pas de vaporisation, car cela risque de provoquer des affections fongiques ou de marquer les fleurs. En été, posez le pot sur une soucoupe remplie de cailloux mouillés lorsque la température avoisine ou dépasse 22 °C.
Engrais: une fois par semaine durant la période de croissance estivale avec un engrais dilué dans l'eau d'arrosage. N'utilisez que la moitié de la dose recommandée.
Terre: un compost à base de terreau n° 3.
Rempotage: annuellement, après la première année. N'utilisez pas un pot trop grand: la plante fleurit mieux à l'étroit. Il est préférable de la reproduire à chaque printemps.
Nettoyage: époussetez la plante avec un plumeau, ou bien mettez-la à la pluie en été, en la débarrassant de l'excédent d'eau avant de la rentrer. Pas de lustrant.

Les impatientes présentent toute une gamme de coloris roses et rouges, auxquels se sont ajoutées récemment des formes à feuillage rougeâtre ou panaché. Une plante saine devrait être touffue, garnie de feuilles bien colorées et, en été, couverte de fleurs aux couleurs vives. Chez les plantes âgées, les tiges charnues ont tendance à pousser de façon échevelée et désordonnée, mais leur multiplication se fait aisément par semis ou par bouturage.

Feuilles et fleurs tachetées de marques brunes: effets des lustrants. Ne les utilisez pas. Nettoyez les feuilles avec un plumeau.

Les feuilles pâlissent, les tiges s'allongent et s'échevellent: besoin d'engrais ou de rempotage. Rempotez la plante au printemps dans un compost frais et nourrissez-la, en administrant la moitié de la dose recommandée, une fois par semaine en période de croissance.

Des insectes blancs s'envolent dès qu'on touche la plante: mouches blanches. Pulvérisez du derris ou du pyrèthre, tous les quinze jours, jusqu'à élimination.

La plante s'affaisse et les feuilles se recourbent; les feuilles et les tiges commencent à pourrir: froid et humidité excessifs. La plante est menacée. Laissez-la sécher avant de recommencer à arroser et placez-la dans un endroit plus chaud, à une température avoisinant 18 °C. Ne la vaporisez pas.

Le bouturage

1 Remplissez d'eau, aux deux tiers, un récipient en verre peu profond, après y avoir mis trois ou quatre petits morceaux de charbon de bois. Couvrez le récipient avec du papier aluminium percé de trous.

2 Prélevez sur la plante une pousse latérale de 8 cm, en coupant à son articulation à la tige. Enfoncez la bouture dans l'eau à travers les trous. Lorsqu'elle racine, mettez-la dans un petit pot. Maintenez le tout couvert de polyéthylène pendant trois ou quatre jours.

Absence de fleurs: obscurité excessive. Placez la plante devant une fenêtre exposée au soleil direct.

Plante échevelée, tiges dégarnies de leurs feuilles inférieures: vieillissement. Multipliez la plante par bouturage.

S.O.S.

Dépôts de suie sur les feuilles: fumagine, provoquée par une infestation de pucerons. Enlevez la moisissure avec un tampon d'ouate trempé dans un fongicide et pulvérisez du malathion dilué, tous les quinze jours, jusqu'à élimination.

Feuilles déformées et gluantes, couvertes d'insectes verts: pucerons. Pulvérisez du derris ou du pyrèthre, tous les quinze jours, jusqu'à élimination.

Les feuilles pâlissent, filaments sur l'envers: araignées rouges. Pulvérisez du malathion dilué, tous les quinze jours, jusqu'à élimination.

Les feuilles se dessèchent, se recourbent et meurent: chaleur et sécheresse excessives. Placez la plante dans un endroit plus frais, à une température maximale de 22 °C. Entretenez l'humidité du compost et de l'atmosphère en arrosant deux ou trois fois par semaine en été.

Moisissure poudreuse blanche sur feuilles et tiges: affection fongique. Laissez sécher la moisissure et placez la plante dans un endroit plus chaud, à une température minimale de 13 °C. Pulvérisez une fois un fongicide systémique.

Les feuilles pâlissent et tombent: froid excessif. Placez la plante dans un endroit plus chaud, de préférence à une température de 18 °C.

Iris nains

À part les formes naines, la plupart des iris atteignent des tailles trop élevées pour être cultivés en pots. Tous se cultivent à partir de bulbes, qu'il faut planter au début de l'automne si l'on veut assister à leur floraison de la fin de l'hiver à la mi-printemps. Plantez six à huit bulbes dans un pot ou une coupe de 12 cm, en les recouvrant de terre. Il n'est pas nécessaire de garder les iris dans un endroit sombre après empotage. Conservez-les au frais et au jour sur un appui de fenêtre ombragé, jusqu'à l'approche de la floraison, époque pendant laquelle vous les placerez dans un endroit bien éclairé.

L'iris nain compte parmi les plantes bulbeuses les plus faciles à cultiver en pots ou en coupes. On choisira aussi bien *Iris reticulata*, *Iris danfordiae*, *Iris bakeriana* qu'*Iris histriodes*. Tous peuvent atteindre une hauteur de 10 à 20 cm et produisent, à la fin de l'hiver ou au printemps, des fleurs d'aspect exotique, d'habitude pourpres ou bleues et souvent tachetées de blanc.

Lumière: un éclairement modéré durant la période de croissance, la pleine lumière durant la floraison, pendant laquelle il faut cependant protéger les fleurs contre le soleil direct.
Température: maintenez les iris au frais, à des températures de 4 °C à 7 °C en période de croissance, de 13 °C à 16 °C maximum pendant la floraison.
Arrosage: trempez le compost après la plantation, ensuite maintenez-le humide en l'arrosant chaque semaine; deux ou trois fois par semaine durant la floraison.
Humidité: un milieu frais et sec est indispensable. Ne vaporisez pas les iris.
Engrais: si vous avez l'intention de conserver les bulbes pour une seconde culture, nourrissez-les tous les dix jours avec un engrais liquide.
Terre: un compost pour rempotage à base de terreau n° 2 ou une fibre spéciale pour bulbes.
Après la floraison: coupez les hampes florales tout à la fin de la floraison, mais laissez jaunir le feuillage. Réduisez progressivement les arrosages. Recoupez le feuillage jauni, déterrez le bulbe, séparez tout rejeton et stockez le bulbe-mère pour le rempoter ou le planter en pleine terre au début de l'automne. Les rejetons peuvent être replantés au jardin où ils fleuriront au bout de deux ou trois ans.

Bigarrures sur l'endroit des feuilles, fines toiles sur l'envers: araignées rouges. Essuyez les feuilles avec un tampon d'ouate imbibé de malathion dilué. Répétez le traitement quinze jours après, pour tuer les larves.

Longues découpures dans le bord des feuilles: larves de tenthrède. Ce parasite ne s'en prend d'habitude qu'aux plantes cultivées à l'extérieur. Pulvérisez du derris.

Absence de fleurs: bulbe de mauvaise qualité, malade ou non nourri l'année précédente. Choisissez toujours des bulbes fermes et sains de source fiable. Fertilisez-les régulièrement si vous avez l'intention de les réutiliser.

S.O.S.

Feuilles et fleurs barbouillées, striées et déformées: maladie à virus, à laquelle les iris sont très sujets. Pas de remède. Ne conservez pas les bulbes.

Petites taches brunes sur les fleurs; moisissure grise sur les feuilles; base des pousses parfois couverte d'un dépôt visqueux: botrytis. Une humidité élevée et une mauvaise ventilation favorisent cette affection. Ne vaporisez pas les iris et améliorez la ventilation. Pulvérisez du bénomyl.

Jaunissement des feuilles, pourriture des racines: plante saturée d'eau. Arrosez-la deux ou trois fois par semaine pour la maintenir légèrement humide, sans la détremper.

Taches gris-brun sur les feuilles: maladie des taches de l'iris, provoquée par un compost acide ou mal dosé et un surarrosage. Poudrez légèrement la terre de calcaire broyé et pulvérisez de l'iprodione. En fin de saison, plongez les bulbes dans un fongicide et, l'année suivante, cultivez-les dans un compost frais. Si les feuilles sont couvertes de taches noires, vous êtes peut-être en présence de la maladie de l'encre, mais cette affection ne frappe que les bulbes préalablement cultivés à l'extérieur. Coupez et brûlez les feuilles atteintes.

Les feuilles pâlissent, les bourgeons floraux se ratatinent et ne s'ouvrent pas: chaleur ou sécheresse excessives. La terre doit être humide en permanence. Température maximale pour une croissance optimale: de 13 °C à 16 °C. Vérifiez et apportez les corrections nécessaires.

Plante couverte çà et là de petits insectes: pucerons, dévastateurs et propagateurs de maladies à virus. Pulvérisez chaque semaine un insecticide à base de pyrèthre.

La pointe des feuilles sèche et jaunit; les fleurs se flétrissent et meurent: dans des conditions de chaleur et de sécheresse non excessives, le malaise peut être dû à un forçage des plantes à température trop élevée suivi d'un refroidissement. Achetez des plantes de source fiable.

Feuilles et tiges pâles et étirées; les bourgeons ne s'ouvrent pas: obscurité excessive. Placez la plante dans un endroit lumineux, mais à l'abri du soleil direct.

Feuilles rongées, trainées baveuses: limaces ou escargots. Semez des appâts antilimaces. S'il n'y a pas de trainées baveuses, les dégâts sont peut-être l'œuvre des chenilles: poudrez la terre avec un produit à base de carbaryl ou de malathion.

Jasmin

Souvent confondu avec *Stephanotis floribunda, Jasminum polyanthum* produit, au cœur de l'hiver, des centaines de minuscules fleurs blanches, étoilées et délicieusement parfumées. Cette plante réclame beaucoup de fraîcheur. On la cultivera de préférence en serre, avant de la placer dans la maison pendant sa floraison. À la fin de celle-ci, il convient de la rabattre de moitié, afin de lui assurer un port buissonnant l'année suivante. En été, on encouragera la croissance des pousses latérales en épinçant progressivement, chaque mois, les pousses maîtresses.

Lumière: une abondante lumière diffuse. Évitez d'exposer le jasmin au soleil direct en été: son feuillage ne tarderait pas à se dessécher.
Température: en été, une température optimale de 16 °C, maximale de 18 °C dans un endroit bien aéré. Par températures plus élevées, la plante prendra une teinte brune. Pendant la floraison estivale: 13 °C. Température minimale tout au long de l'année: de 7 °C à 10 °C.
Arrosage: tous les quatre ou cinq jours pendant la floraison; deux ou trois fois par semaine en été pour maintenir l'humidité du compost, sans jamais laisser le pot stagner dans l'eau. En hiver et en dehors de la floraison, n'arrosez la plante que si la surface du compost est desséchée.
Humidité: une vaporisation quotidienne si l'atmosphère est sèche, sans mouiller les fleurs épanouies. Mettez le pot dans un récipient plus grand, en intercalant de la tourbe humide entre les deux.
Engrais: tous les quinze jours au printemps et en été avec un engrais liquide, dilué selon les recommandations.
Terre: un mélange composé de trois parts de terreau n° 2 et d'une part de tourbe.
Rempotage: au début du printemps après la floraison et la taille. Au printemps, les pousses maîtresses devraient être épincées chaque mois, jusqu'à la fin de l'été.
Nettoyage: les vaporisations devraient suffire. Pas de lustrant.

Plante à floraison hivernale, le jasmin produit une masse de minuscules fleurs étoilées, blanches ou roses. Dans les pièces dotées du chauffage central, vaporisez-le chaque jour, car ses fleurs et son feuillage se flétrissent rapidement dans une atmosphère sèche.

Feuilles pâles, envers couvert de filaments: araignées rouges. Enlevez les filaments avec un chiffon humide, puis pulvérisez du malathion dilué, surtout sous les feuilles. Répétez, tous les quinze jours, jusqu'à élimination. Augmentez l'humidité en posant le pot sur des cailloux mouillés.

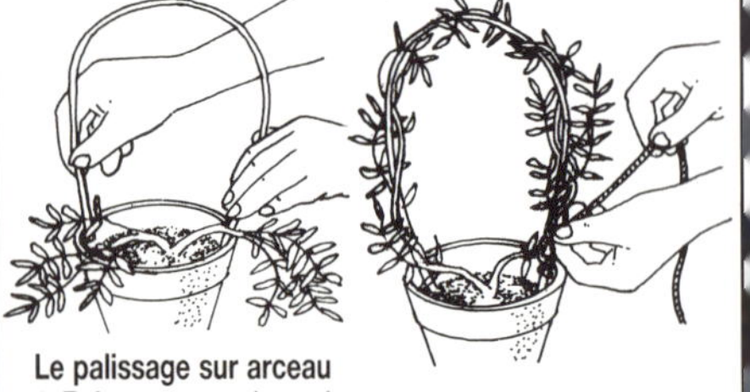

Le palissage sur arceau
1 Enfoncez aux deux tiers des côtés opposés du pot les extrémités d'un fil de fer. Rabattez la tige de la plante sur un des côtés de l'arceau et enroulez-la délicatement autour de celiui-ci.

2 Attachez une ficelle à l'une des extrémités de l'arceau et enfilez-la en laissant du mou autour de la tige.Évitez de faire des nœuds, qui endommageraient celle-ci.

S.O.S.

Les feuilles brunissent et deviennent cassantes: terre trop sèche ou lumière solaire trop vive. Examinez le compost. S'il est sec, laissez tremper le pot dans un seau d'eau pendant dix à quinze minutes, puis laissez-le égoutter. Maintenez le compost humide en été, en arrosant éventuellement tous les jours, sans pour autant laisser le pot baigner dans l'eau. Vaporisez la plante tous les jours à l'eau tiède non calcaire. Si elle est en plein soleil, exposez-la à la lumière diffuse.

Brunissement des feuilles ainsi que des bourgeons avant leur éclosion: atmosphère trop sèche et trop chaude. Vaporisez la plante tous les jours et posez le pot sur un lit de cailloux mouillés. Température maximale: 18 °C.

Absence de fleurs: manque d'engrais, si les nouvelles feuilles sont petites. Administrez un engrais liquide dilué à la dose recommandée, tous les quinze jours en période de croissance. Si la croissance de la plante est lente, c'est peut-être que le pot est trop grand: la plante fleurit mieux si elle est légèrement à l'étroit. Ne la rempotez plus pendant deux ans.

Les fleurs ne s'ouvrent pas: manque de lumière. Exposez la plante à la lumière naturelle diffuse et non au soleil direct.

Feuilles déformées, collantes et couvertes d'insectes verts: pucerons. Pulvérisez un insecticide à base de pyrèthre ou du malathion dilué. Répétez le traitement au bout d'une semaine, puis chaque semaine, jusqu'à élimination.

Mouches voletant autour de la plante: mouches blanches. Pulvérisez un insecticide à base de pyrèthre ou du malathion dilué. Répétez le traitement une semaine après, puis toutes les semaines, jusqu'à élimination.

Noircissement des feuilles: froid excessif. Placez la plante dans un endroit plus chaud, en maintenant une température minimale de 7 °C à 10 °C. Ce noircissement peut être causé par les lustrants. Ne les utilisez pas.

Les feuilles retombent et pâlissent: plante trop humide par basses températures ou terre saturée d'eau. En hiver, laissez sécher la surface du compost entre les arrosages. En été, maintenez-le humide, sans laisser le pot baigner dans l'eau.

Kalanchoe de Blossfeld

Couramment vendu par les fleuristes, ce kalanchoe forme une plante de 30 cm de haut et porte de larges feuilles vertes et charnues. Ses petites fleurs rouges, jaunes ou roses s'épanouissent en éclatants bouquets, de l'automne au printemps. Certaines espèces se vendent en fleurs presque toute l'année. *Kalanchoe tomentosa*, une autre espèce, porte des feuilles garnies d'un duvet vert argenté et ourlées de brun.

Lumière: une exposition ensoleillée pour une coloration des feuilles et une floraison optimales.
Température: le kalanchoe supporte un minimum de 7 °C, mais pousse mieux à 10 °C. Donnez-lui de l'air frais en été.
Arrosage: tous les quinze jours au printemps et en été, chaque semaine en pleine canicule si la terre se dessèche rapidement. Réduisez les arrosages en automne et par températures inférieures à 7 °C. N'arrosez pas en hiver. Par températures de 12 °C ou plus, arrosez une fois par mois, juste assez pour empêcher le flétrissement du feuillage.
Engrais: riche en potasse, deux ou trois fois en été.
Terre: un compost pour rempotage à base de terreau n° 2 ou un compost non terreux, additionné de 20 % de sable grossier et graveleux.
Rempotage: à chaque printemps, dans un plus grand pot.
Multiplication: prélevez des pousses entières ou des boutures de feuilles au printemps ou en été. Coupez les pousses au couteau; enlevez délicatement les feuilles, en leur gardant une base aussi grande que possible. Appliquez une poudre radiculaire aux hormones sur les plaies des boutures et laissez sécher celles-ci pendant trois jours avant de les coucher sur un compost frais et sec. Arrosez-les lorsqu'elles racinent, au bout de trois semaines environ. Certains kalanchoes (appelés aussi bryophyllums) produisent des plantules sur leurs feuilles. On peut enlever celles-ci n'importe quand et les traiter de la même façon.

Kalanchoe tomentosa porte un feuillage légèrement duveteux. Sa multiplication s'effectue aisément par bouturage de feuilles qui, une fois arrachées délicatement, s'enracineront sur un compost sec pour produire plusieurs nouvelles plantes. Quant à *Kalanchoe blossfeldiana* (à droite), mieux vaut le multiplier par bouturage de tiges.

Feuilles déformées, comme si elles étaient attaquées par un virus: dégâts généralement dus à un usage abusif d'insecticides. Utilisez des insecticides à base de pyrèthre. La plante peut se rétablir.

Bords des feuilles rongés: charançons de la vigne. Versez un insecticide en poudre autour du pot et arrosez la terre avec un insecticide systémique, pour tuer les larves logées dans la tige. Ou bien, pelez la base de la tige jusqu'à ce que les larves se manifestent, puis réenracinez la tige (Voir *Introduction*).

Nouvelle croissance parcimonieuse après la floraison: besoin de rempotage ou d'engrais. Rempotez la plante à chaque printemps et nourrissez-la deux ou trois fois en été.

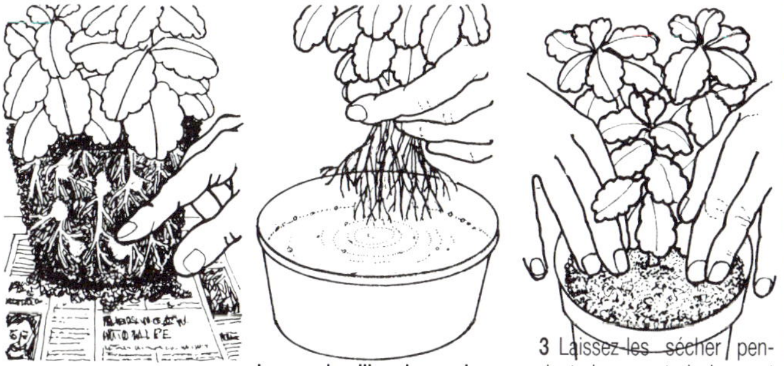

Les cochenilles des racines

1 Lors du rempotage, examinez les racines pour y repérer la présence éventuelle des cochenilles (plaques laineuses blanches).

2 Au besoin, enlevez à l'eau courante la terre des racines et plongez celles-ci dans un insecticide dilué.

3 Laissez-les sécher pendant deux ou trois jours et replantez-les dans un compost frais et un pot propre. N'arrosez pas la plante pendant deux ou trois semaines.

S.O.S.

Plaques mildiousées et noircies sur les feuilles: humidité excessive. Pulvérisez de la fleur de soufre et aérez mieux. Ne laissez pas de l'eau sur les feuilles. Si elles sont mouillées par temps trop froid, les tiges brunissent et les feuilles tombent. En hiver, maintenez la plante dans la sécheresse, sauf par températures supérieures à 10 °C, auquel cas arrosez-la chaque mois juste assez pour empêcher le flétrissement du feuillage.

Tiges tout en longueur, jeunes feuilles pâles ou vert jaunâtre: obscurité excessive. En l'espace de deux semaines, exposez graduellement la plante au soleil. Si elles sont mouillées par temps trop chaud en hiver, les tiges risquent de s'allonger et les feuilles de retomber.

Plaques laineuses blanches sur les feuilles: cochenilles. Enlevez-les avec un petit pinceau trempé dans de l'alcool dénaturé et pulvérisez un insecticide à base de pyrèthre.

Dessèchement et chute des feuilles: sécheresse ou froid excessifs. Vérifiez. Température optimale en hiver: environ 10 °C. En été, arrosez la terre quand elle est sèche; en hiver, chaque mois par températures supérieures à 10 °C. Si ces symptômes persistent malgré de bonnes conditions, les cochenilles des racines sont peut-être à l'œuvre. Vérifiez (*voir ci-dessus*).

Kleinia tomentosa

Parmi ce genre, dont plusieurs membres sont classés comme plantes grasses, *Kleinia tomentosa,* souvent désignée sous le nom de *Senecio haworthii,* est une des plus attrayantes. Cette plante enrobe ses feuilles dans la blancheur immaculée d'une laine dense, qui les moule comme une toile d'araignée. Originaire d'Afrique du Sud, où elle est bien équipée pour résister aux ardeurs du soleil, elle réclame un emplacement très ensoleillé pour fleurir en culture. Elle s'élève à 25, voire 30 cm de haut sur 10 à 15 cm de large. Parmi les autres espèces qui méritent notre attention, citons *Kleinia* (*Senecio*) *medley-woodii,* à feuilles plates et laineuses, et *K. rowleyanus,* à tiges pendantes et feuilles semblables à des pois.

Lumière: le plein soleil est indispensable pour une coloration optimale de cette plante.

Température: il lui faut un minimum de 7 °C et de l'air frais en été.

Arrosage: tous les quinze jours au printemps et en été, mais en laissant sécher le compost entre les arrosages. En pleine canicule, arrosez la plante chaque semaine. Réduisez les arrosages en automne. En hiver, un arrosage mensuel devrait suffire pour empêcher le compost de s'effriter par dessèchement. Voir aussi *Indroduction.*

Engrais: riche en potasse, trois ou quatre fois en été.

Terre: un compost à base de terreau n° 2 ou non terreux, additionné de 30 % de sable grossier et graveleux.

Rempotage: à chaque printemps dans le pot de la taille au-dessus. Lorsque celle-ci est de 15 cm, secouez délicatement la terre de la motte et rempotez la plante dans un pot propre, de taille identique, avec un compost frais. Après le rempotage, n'arrosez pas la plante pendant deux semaines.

Multiplication: prélevez des boutures de tiges au printemps ou en été. Badigeonnez-les légèrement de poudre radiculaire aux hormones, laissez-les sécher pendant deux ou trois jours et placez-les dans un compost frais et sec.

Kleinia tomentosa. Une plante saine porte des feuilles sur toute la longueur de ses tiges. Il faut l'arroser avec circonspection: un manque d'eau entraîne la chute des feuilles inférieures, un excès provoque la pourriture des racines. Veillez à la planter dans un compost à forte teneur en gravier, afin que l'excédent d'eau s'écoule librement.

Les feuilles se rident et tombent, se réduisant à un toupet à l'extrémité des tiges; celles-ci se ratatinent: sécheresse ou chaleur excessives en hiver. En hiver, arrosez la plante une fois par mois si les feuilles se mettent à se rider et à tomber; maintenez une température d'environ 10 °C. Au printemps et en été, augmentez la ration d'eau à chaque arrosage, en laissant le compost se dessécher dans l'entre-temps. Aérez bien la plante par grande chaleur.

S.O.S.

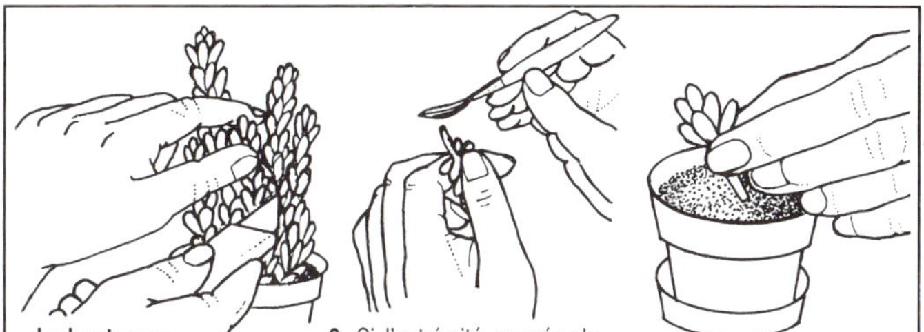

Le bouturage

1. Au printemps ou au début de l'été, coupez entre les feuilles des tiges de 5 cm.

2. Si l'extrémité coupée de la tige n'est pas dénudée, enlevez la feuille inférieure. Badigeonnez les plaies de poudre radiculaire aux hormones.

3. Posez la bouture sur la surface d'un compost sec et attendez qu'elle racine au bout de deux ou trois semaines avant de l'arroser.

Feuilles très espacées, revêtement blanc parcimonieux sur les nouvelles: obscurité excessive. Exposez la plante au plein soleil, en l'espace de deux semaines.

Noircissement et chute des feuilles, tige noire et molle: froid excessif et terre détrempée ou humidité excessive. Maintenez la plante plus au chaud, à une température supérieure à 7 °C en hiver. Pelez la partie noircie de la tige et poudrez les plaies avec un fongicide. En hiver, ne donnez que la ration d'eau mensuelle nécessaire pour empêcher la chute du feuillage.

Croissance nouvelle parcimonieuse, plaques laineuses blanches sur les racines: cochenilles des racines. Enlevez à l'eau toute la terre des racines, plongez celles-ci dans un insecticide de contact et laissez-les sécher avant de rempoter la plante dans un compost frais et un pot propre. Maintenez-la à sec pendant deux semaines.

Les feuilles se ratatinent et sont couvertes de marques de roussissement: atmosphère trop chaude et suffocante, brûlures solaires. Aérez la plante en été et protégez-la de la lumière vive du soleil. Réexposez-la graduellement en l'espace de deux semaines.

Plaques laineuses blanches sur les feuilles: cochenilles. Enlevez-les avec un petit pinceau trempé dans de l'alcool dénaturé et pulvérisez un insecticide de contact ou systémique. Répétez le traitement deux ou trois fois en période de croissance.

Les tiges inférieures perdent leurs feuilles, croissance nouvelle parcimonieuse: besoin urgent de rempotage. Rempotez la plante dans un compost frais à chaque printemps.

Lachenalia tricolor

À condition d'être cultivé au frais, *Lachenalia tricolor* vous offrira durant de nombreuses semaines le spectacle impressionnant de ses fleurs, surtout si vous en regroupez plusieurs dans le même pot. La variété pendante, *Lachenalia pendula,* est tout indiquée pour les paniers suspendus, qu'elle décorera de ses tiges retombantes, porteuses de petites fleurs rouges. Dès le début de l'automne, plantez cinq ou six bulbes par pot de 11 cm, en les recouvrant d'un centimètre de compost. Laissez les potées à l'extérieur ou dans un lieu frais et très lumineux. Au début de l'hiver, rentrez-les pour la floraison dans une pièce à température inférieure à 13 °C.

Lumière: le plein soleil est requis en tout temps, sauf pendant la floraison. Protégez les fleurs contre le soleil de midi.

Température: une température minimale de 7 °C et un maximum de 13 °C pendant la floraison. Cette plante ne résiste pas à une gelée.

Arrosage: après la plantation, maintenez le compost à peine humide. Augmentez les arrosages lorsque les pousses sont visibles. Les bulbes pourrissent rapidement si la terre est trop mouillée. Evitez donc de les surarroser.

Humidité: de préférence une atmosphère sèche et fraîche. Pas de vaporisations.

Engrais: un engrais liquide pour jardins, dilué à la dose recommandée, chaque semaine dès que la plante a 10 cm de haut jusqu'à la défleuraison.

Terre: un compost pour rempotage non terreux ou un mélange composé de deux parts de compost pour rempotage à base de terreau n° 3 et d'une part de tourbe.

Après la floraison: enlevez les fleurs fanées, mais ne coupez pas le feuillage. Réduisez graduellement les arrosages. Lorsque le feuillage est flétri, rabattez-le au niveau de la terre. Laissez les bulbes en pots dans un endroit frais, sec et exposé au plein soleil. L'automne suivant, rempotez-les dans un compost frais. Ils fleuriront durant deux ou trois ans, tout en se multipliant par rejetons.

Originaires d'Afrique du Sud, les lachenalias fleurissent à la fin de l'automne ou au début du printemps. Il en existe deux types: *Lachenalia tricolor,* qui donne des fleurs rouges, jaunes ou orange disposées sur des épis droits de 30 cm, et *Lachenalia pendula* qui, par ses épis retombants de petites fleurs rouges, est tout indiqué pour les paniers suspendus.

Hampe retombante et peu garnie de fleurs: chaleur tout à fait excessive. Placez la plante dans un endroit où règne une température maximale de 13 °C.

Plante saine, mais croissance lente: froid excessif. Placez la plante dans un lieu plus chaud, de préférence à une température avoisinant 10 °C. Si l'épi n'émerge pas, c'est qu'il fait trop sombre. Placez la plante au plein soleil jusqu'à l'épanouissement des fleurs, ensuite protégez-la de la lumière vive du soleil du midi.

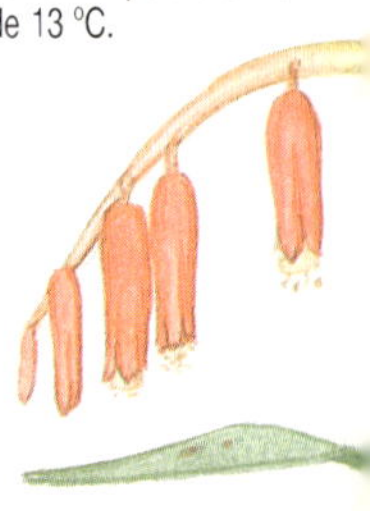

Taches noires ou espèces de verrues sur les feuilles: marques naturelles du feuillage.

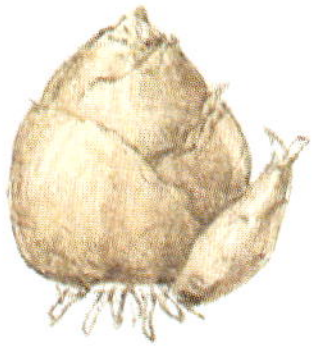

Les bulbes n'ont pas produit de caïeux ou, à l'arrachage, ceux-ci sont très petits: carence nutritive du compost. Fertilisez-le chaque semaine avec un engrais liquide pour jardins. Les bulbes fleuriront probablement une autre année.

Déterrés pour le rempotage, les bulbes sont mous et moisis: les bulbes n'ont pas séché ni mûri. Cessez les arrosages après la coupe du feuillage. Jetez les bulbes malades.

Petits insectes aptères sur les bourgeons: pucerons. Pulvérisez un insecticide à base dc pytrèthre. Répétez le traitement, tous les dix jours, jusqu'à élimination.

Moisissures sur les fleurs: humidité trop élevée. Conservez la plante dans un endroit frais el aéré. Ne la vaporiscz pas.

Fleurs bordées de brun: soleil trop chaud. Quand la plante est en fleurs, protégez celles-ci contre le soleil de midi.

S.O.S.

Fleurs ou feuilles noircies et trempées: effets du gel, si la plante est restée dehors. Enlevez toute pousse noircie, mais laissez les bulbes dans le pot: ils pourront fleurir s'ils sont rempotés l'année suivante.

Fleurs flasques et pendantes, tiges retombantes: sécheresse excessive. Maintenez le compost légèrement humide en augmentant graduellement les arrosages.

Les feuilles jaunissent, les fleurs sont flasques et pendantes: pourriture des racines. Effet d'un surarrosage ou d'une terre contaminée. Le compost ne doit être que légèrement humide. Utilisez toujours un compost stérile. Les bulbes ne récupéreront pas. Détruisez-les.

Lapageria rosea

Cette magnifique plante grimpante à feuillage persistant produit, de la fin de l'été à la fin de l'automne, de splendides fleurs rose cramoisi, cireuses et translucides. Si on ne la taille pas, elle s'élèvera jusqu'à 6 m, notamment dans une serre, dont elle tapissera, de ses fleurs pendantes, arcades ou voûte. Dans la maison, mieux vaut la palisser contre un treillage, tout en la cultivant dans des pots relativement petits pour favoriser la densité de son système radiculaire, et en la taillant d'un tiers après la floraison. Malheureusement, cette plante attire un grand nombre de parasites.

Lumière: naturelle et diffuse en été, à l'exclusion du soleil direct. Une lumière plus abondante en hiver, et le plein soleil.
Température: optimale de 18 °C à 21 °C, maximale de 24 °C en été. Minimum en hiver: 13 °C.
Arrosage: au moins deux fois par semaine en été, pour maintenir l'humidité du compost. Ne laissez jamais tremper le pot dans l'eau. Réduisez la fréquence des arrosages à une fois par semaine en hiver, et laissez sécher la surface du compost entre les arrosages.
Humidité: une vaporisation quotidienne au printemps et en été, jusqu'à l'infloraison. Pendant la floraison, entretenez l'humidité en posant le pot sur une soucoupe emplie de cailloux partiellement immergés dans l'eau. Pas de vaporisations en automne ni en hiver.
Engrais: tous les quinze jours au printemps et en été avec un engrais liquide, dilué à raison de la moitié de la dose recommandée.
Terre: trois parts de tourbe fibreuse, une part de mélange à base de terreau n° 2 et une part, en quantités égales, de charbon de bois et de tourbe.
Rempotage: au début du printemps pour les jeunes plantes, dans le pot de la taille au-dessus. Lorsque celle-ci est de 18 cm, rempotez la plante dans le pot de la même taille.
Nettoyage: vaporisez la plante à l'eau non calcaire. Pas de lustrant.

Lapageria rosea est une plante grimpante à feuillage persistant, dans lequel pendent gracieusement de splendides fleurs rose cramoisi. Il faut la palisser contre un treillage, car sinon elle atteindra facilement 6 m.

Feuilles collantes et couvertes d'insectes verts: pucerons. Prévenez leurs attaques en pulvérisant chaque semaine du malathion dilué. Les pucerons ont vite fait d'endommager cette plante.

Toute la plante noircit: effets des lustrants. N'en utilisez pas. Ne nettoyez la plante que par un époussetage délicat au plumeau ou au pinceau en poils de chameau.

La plante ne fleurit pas: obscurité excessive. Trouvez-lui un emplacement bien éclairé. Elle supporte le plein soleil, sauf durant les grandes chaleurs estivales.

Filaments sur les fleurs et sur les feuilles: araignées rouges. Enlevez les filaments avec un chiffon humide, puis pulvérisez du malathion dilué, surtout sous les feuilles. Répétez le traitement tous les quinze jours, jusqu'à disparition de tout symptôme. Augmentez l'humidité.

Disques sur les feuilles: insectes écailleux. Pulvérisez du malathion dilué sur le dos des feuilles et, 48 h après, enlevez les écailles avec l'ongle du pouce. Répétez le traitement chaque semaine, à quatre reprises, jusqu'à élimination.

S.O.S.

Petitesse des nouvelles feuilles, absence de floraison: carence nutritive. Alimentez la plante chaque semaine pendant les périodes de croissance et de floraison, avec un engrais liquide dilué à la dose recommandée.

Feuilles roussies: effet des vaporisations en plein soleil. Si la plante est exposée à la pleine lumière, ne la vaporisez qu'en début de matinée ou en soirée.

Feuilles rongées: thrips. Pulvérisez du malathion dilué sur toute la plante et répétez le traitement au bout d'une semaine. En serre, fumigation.

Noircissement des feuilles et pourriture des tiges, surtout en hiver: botrytis, plante surexposée au froid et à l'humidité. Pulvérisez un fongicide, puis placez la plante dans un endroit plus chaud, à une température d'au moins 13 °C, et vaporisez-la moins souvent.

Mouches voletant autour de la plante: mouches blanches. Pulvérisez un insecticide à base de pyrèthre ou du malathion dilué. Répétez le traitement chaque semaine.

La plante devient flasque, surtout en été: terre trop sèche ou chaleur solaire excessive. Plongez le pot dans un seau d'eau pendant dix à quinze minutes, puis laissez-le égoutter. En été, maintenez le compost humide.

Les feuilles retombent et se dessèchent: atmosphère trop sèche ou trop chaude. Vaporisez la plante chaque jour à l'eau tiède non calcaire et augmentez l'humidité en posant le pot sur une soucoupe remplie de cailloux mouillés. Température optimale: de 18 °C à 21 °C; maximale: 24 °C.

Plaques laineuses blanches à l'aisselle des feuilles: cochenilles. Pulvérisez du malathion dilué et enlevez parasites et «laine» avec une pince à épiler. Répétez le traitement, tous les quinze jours, jusqu'à disparition des symptômes. Ou bien: badigeonnez les parasites avec de l'alcool dénaturé et enlevez-les avec une pince à épiler.

Chute des bourgeons floraux: froid excessif. Placez la plante dans un endroit plus chaud, à une température minimale de 13 °C.

Lis

Parmi toutes les plantes bulbeuses à fleurs, le lis est une des plus belles et des plus élégantes. Bien que la plupart soient rustiques et ne se prêtent qu'à la culture à l'extérieur, on dispose aujourd'hui de plusieurs hybrides asiatiques et orientaux aptes à la culture en pots. Les lis achetés en pots au stade du bourgeonnement ne réclameront pour fleurir qu'une abondante lumière et de copieux arrosages. Vous pouvez aussi les cultiver à partir de leurs bulbes. En hiver, plantez chacun d'eux dans un pot de 10 cm. Exposez-les au frais et à la lumière, en augmentant les arrosages au fur et à mesure qu'ils grandissent. Après la floraison, il est inutile de les conserver, car, une fois cultivés en pots, ils refleuriront rarement. Parmi les lis rustiques, certains, tel l'hybride «Mid-Century Enchantment», peuvent aussi être cultivés en pots.

Lumière: la pleine lumière en tout temps, en protégeant les fleurs contre le soleil brûlant.

Température: les lis se portent mieux à des températures de 13 °C à 18 °C, sans trop souffrir des écarts éventuels. Toutefois, ils ne résistent ni au gel ni aux chaleurs extrêmes.

Arrosage: le compost doit être constamment humide. Arrosez-le deux fois par semaine après le rempotage, davantage à mesure que la plante grandit. Un arrosage copieux, voire quotidien, pendant la floraison.

Humidité: de préférence un emplacement frais et bien ventilé. Par grandes chaleurs, vaporisez les fleurs le soir.

Engrais: un engrais liquide administré à la dose recommandée, tous les dix jours si le compost est à base de terreau, tous les cinq s'il est non terreux.

Terre: un mélange à base de terreau n° 2.

Après la floraison: les fleurs s'épanouissent les unes après les autres. Enlevez les capitules fanés pour conforter la floraison. Les plantes cultivées en pots ne refleuriront plus.

Les lis se cultivent facilement en pots, si l'on choisit les bonnes variétés. On a développé récemment des hybrides asiatiques et orientaux, qui produisent de somptueuses fleurs façonnées en petites cloches et disposées quatre à huit à la fois sur une seule hampe de 45 à 60 cm. Ces fleurs sont blanches ou crème, avec des tachetures rouges, roses ou pourpres.

Pâleur et petitesse des feuilles, rareté des bourgeons: carence nutritive. Augmentez la fréquence, non la dose, des apports d'engrais. Une croissance chétive générale peut être due à une obscurité ou à une chaleur excessives. Exposez la plante au frais et à la lumière. Si, outre ces symptômes, les feuilles sont flasques, on est en présence de thrips. Dès lors, saupoudrez la terre avec un produit à base de bromophos, de lindane ou de malathion.

S.O.S.

Petits insectes sur bourgeons, feuilles ou fleurs: pucerons. En s'attaquant aux plantes, ils propagent des maladies. Pulvérisez un insecticide à base de pyrèthre, tous les dix jours, pendant la période croissance. N'en pulvérisez pas sur les fleurs.

Toute la plante est flasque; les fleurs pendent, se fanent rapidement ou tombent: sécheresse excessive. Le compost doit être humide en permanence et la plante doit être copieusement arrosée durant la floraison. Les fleurs récupéreront à condition qu'elles ne soient pas trop longtemps exposées à la sécheresse.

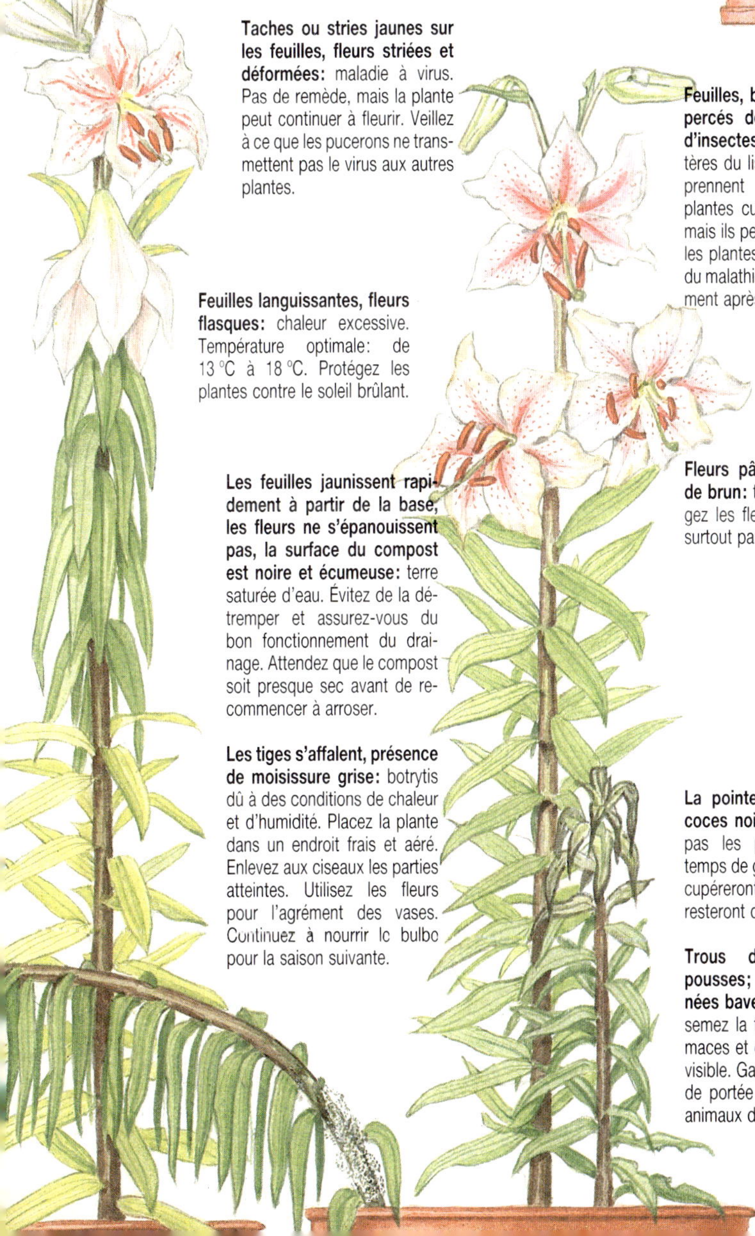

Taches ou stries jaunes sur les feuilles, fleurs striées et déformées: maladie à virus. Pas de remède, mais la plante peut continuer à fleurir. Veillez à ce que les pucerons ne transmettent pas le virus aux autres plantes.

Feuilles, bourgeons et fleurs percés de trous; présence d'insectes rouges: coléoptères du lis. Ces insectes s'en prennent d'habitude aux plantes cultivées à l'extérieur, mais ils peuvent aussi attaquer les plantes en pots. Pulvérisez du malathion. Répétez le traitement après dix jours.

Feuilles languissantes, fleurs flasques: chaleur excessive. Température optimale: de 13 °C à 18 °C. Protégez les plantes contre le soleil brûlant.

Les feuilles jaunissent rapidement à partir de la base, les fleurs ne s'épanouissent pas, la surface du compost est noire et écumeuse: terre saturée d'eau. Évitez de la détremper et assurez-vous du bon fonctionnement du drainage. Attendez que le compost soit presque sec avant de recommencer à arroser.

Les tiges s'affalent, présence de moisissure grise: botrytis dû à des conditions de chaleur et d'humidité. Placez la plante dans un endroit frais et aéré. Enlevez aux ciseaux les parties atteintes. Utilisez les fleurs pour l'agrément des vases. Continuez à nourrir le bulbe pour la saison suivante.

Fleurs pâles, voire bordées de brun: trop de soleil. Protégez les fleurs du soleil direct, surtout par grandes chaleurs.

La pointe des feuilles précoces noircit: gel. Ne laissez pas les potées dehors par temps de gelée. Les feuilles récupéreront, mais les pointes resteront décolorées.

Trous dans les jeunes pousses; présence de trainées baveuses; limaces. Parsemez la terre d'appâts antilimaces et enlevez toute limace visible. Gardez les appâts hors de portée des enfants et des animaux domestiques.

Lithops

Plante-caillou

Originaire d'Afrique du Sud, ce genre, appelé parfois aussi «pierre vivante», comprend des plantes merveilleusement bien adaptées pour survivre à de sévères sécheresses. Elles se prêtent bien à la culture en intérieur ou en serre, à condition que l'on suive les recommandations en matière d'arrosage. C'est ainsi qu'il importe de les priver d'eau lorsque, en hiver, poussent de nouvelles feuilles à travers les vieilles, lesquelles se ratatinent et se dessèchent. Leurs nombreuses variétés présentent une grande diversité de formes, de couleurs et de motifs.

Lithops dorotheae. Cette plante-caillou doit sa grande popularité à l'enchevêtrement de ses marbrures. Chaque tête mesure environ 2,5 cm. On regroupe souvent plusieurs espèces de couleurs différentes dans une coupe peu profonde, dont on tapisse de cailloux les espaces vides entre les plantes, pour simuler leur environnement naturel. Si vous adoptez ce mode de culture, assurez-vous que la coupe soit bien dotée de trous de drainage.

Lumière: ces plantes ont besoin d'un ensoleillement maximal pour une croissance compacte, une bonne coloration et la floraison.
Température: bien qu'elles supportent des températures basses en hiver, on évitera, par précaution, d'exposer ces plantes à des températures inférieures à 4 °C. En été, aérez-les le plus possible.
Arrosage: lorsque les feuilles ratatinées sont desséchées au point de se casser au toucher, c'est-à-dire au début de l'été, commencez à arroser la plante une fois toutes les deux semaines ou, après ces premiers arrosages, chaque semaine s'il fait vraiment très chaud. Suspendez complètement les arrosages au début de l'hiver pour ne les reprendre qu'au début de l'été, lorsque les feuilles se sont de nouveau desséchées. Voir *Introduction.*
Engrais: fertilisez les plantes, que vous n'avez pas rempotées au printemps, deux fois en été, avec un engrais riche en potasse.
Terre: un bon compost de rempotage à base de terreau n° 2, ou un compost non terreux, additionné de 40 % de sable grossier et graveleux.
Rempotage: à chaque printemps dans un pot d'une taille supérieure en veillant à ne pas déranger les racines.
Multiplication: d'habitude par semis, bien que des tiges entières puissent être bouturées au printemps.

Les feuilles s'allongent et se décolorent: obscurité excessive. En l'espace de deux semaines, exposez graduellement la plante au plein soleil. Ces symptômes peuvent aussi se manifester en hiver à la suite d'un excès d'eau ou d'une obscurité excessive. Essayez de maintenir la plante à une température inférieure à 20 °C et dans un compost sec.

En serre, plante retrouvée dépotée avec des marques triangulaires sur le bout des feuilles: visite des oiseaux. Il leur arrive souvent de prendre ces plantes pour des baies. Rempotez la plante et tenez les oiseaux à l'écart.

La multiplication

1 Si la plante a formé des touffes, prélevez des têtes individuelles au printemps.

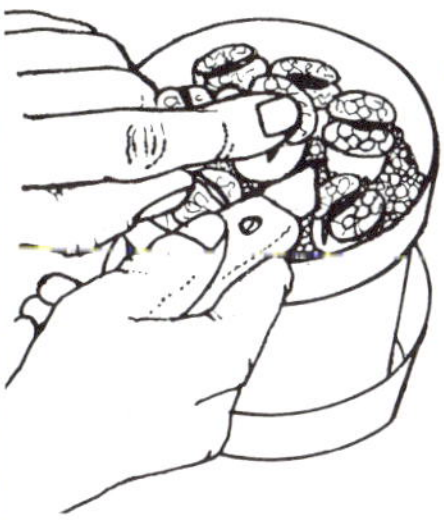

2 Badigeonnez la base de poudre radiculaire aux hormones et laissez sécher pendant deux ou trois jours.

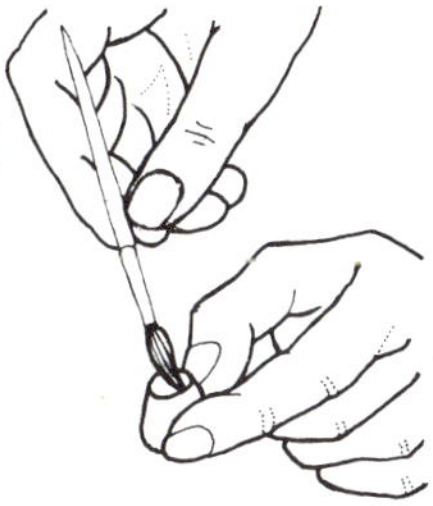

3 Placez les têtes sur la surface d'un compost sec et ne les arrosez pas avant qu'elles ne racinent.

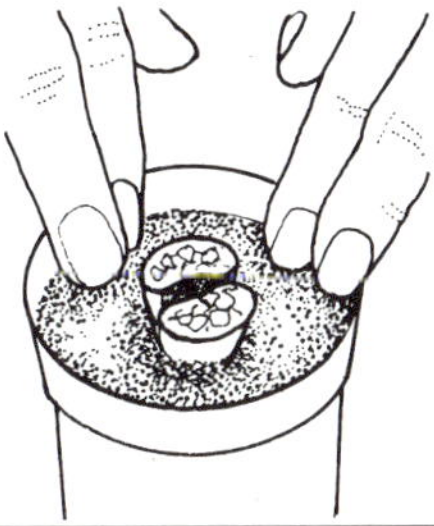

La suppression des fleurs fanées

N'arrachez pas les capitules fanés. Attendez qu'ils soient complètement desséchés pour pouvoir les enlever sans forcer.

S.O.S.

Croissance vive et simultanée de deux paires de feuilles sur chaque tête: anomalie due à un arrosage effectué avant le dessèchement des vieilles feuilles. Lorsque celles-ci meurent, cessez les arrosages, jusqu'à leur dessèchement complet.

Absence de fleurs: manque de lumière ou arrosage effectué à la mauvaise époque. Vérifiez. Si la plante est à l'ombre, amenez-la en l'espace de deux semaines au plein soleil. Tenez-la à sec du début du printemps au début de l'été.

Plaques laineuses blanches dans les fissures: cochenilles. Enlevez-les avec un petit pinceau trempé dans de l'alcool dénaturé et pulvérisez un insecticide de contact ou systémique.

La plante noircit et mollit: excès d'eau en été, humidité et froid excessifs en hiver; pourriture des racines. En hiver, maintenez la plante à une température supérieure à 4 °C dans une atmosphère sèche. La plante est peut-être morte. Vérifiez tout de même les racines. Si elles pourrissent à la base, pelez les parties molles (voir *Introduction*).

Les feuilles se flétrissent, brunissent et meurent: cycle naturel. Chaque paire de feuilles meurt après un an. Ne les enlevez pas avant qu'elles ne se détachent facilement.

Marques brunes sur les feuilles: exposition trop rapide au soleil. Protégez la plante contre le soleil de midi au début de l'été.

Croissance peu apparente de la plante, plaques laineuses blanches visibles sur les racines lors du rempotage: cochenilles des racines. Enlevez à l'eau la terre des racines, plongez celles-ci dans un insecticide de contact et laissez-les sécher avant de rempoter la plante dans un compost frais et un pot bien lavé. Attendez deux semaines avant de recommencer les arrosages.

Livistona chinensis

Populaire dans de nombreux pays, ce palmier d'intérieur est particulièrement décoratif lorsque, dans sa jeunesse, sa tige raide émerge de son centre pour déployer en éventail ses feuilles découpées jusqu'au milieu du limbe, en longs segments pointus. Une plante mature peut élever, jusqu'à une hauteur de 8 m, des feuilles de 1,50 m d'envergure. Dans leur milieu naturel, les feuilles de certaines espèces sont utilisées dans la construction des toitures, la confection de chapeaux ou dans la corderie. Bien qu'assez rustique, ce palmier ne résiste pas au gel. Comme plante d'intérieur, il mesure quelque 90 cm à l'achat et finit par atteindre environ 1,50 m, tout en formant son tronc à mesure que meurent ses feuilles engainantes.

Lumière: la pleine lumière, mais à l'écart du soleil estival. À l'ombre, ce palmier croît moins vite.
Température: un minimum de 10 °C en hiver, de 15 °C en été. Température optimale tout au long de l'année: de 18 °C à 22 °C, avec un maximum de 24 °C en été.
Arrosage: entretenez une humidité constante de la terre, en arrosant la plante, y compris le tronc, tous les jours en été. En hiver: une ou deux fois par semaine.
Humidité: une vaporation hebdomadaire. Placez les jeunes plantes sur une soucoupe emplie de cailloux partiellement immergés dans l'eau, afin d'accroître l'humidité.
Engrais: chaque semaine au printemps et en été avec un engrais dilué à l'eau des arrosages, suivant les recommandations.
Terre: un mélange à base de terreau n° 3 et de fumier, à parts égales. Un bon drainage est essentiel.
Rempotage: rempotez les jeunes plantes tous les printemps dans des pots bien drainés. Pour les grandes plantes adultes, changez le terreau de surface. Administrez un engrais directement après le terreautage, mais pas avant deux semaines dans le cas du rempotage complet.
Nettoyage: essuyez les feuilles avec un chiffon humide. Pas de lustrant.

Livistona chinensis porte des feuilles coriaces et légèrement luisantes qu'il déploie comme de grands éventails verts. Leurs segments pointus se réunissent à mi-chemin de la base de l'éventail et se garnissent de fins fils flottant parmi les pointes.

Petits disques bruns sur feuilles et tiges: insectes écailleux. Badigenonnez-les d'alcool dénaturé et enlevez-les avec l'ongle du pouce. On peut pulvériser du malathion sur les tiges - pas sur les feuilles -, tous les quinze jours, jusqu'à élimination.

S.O.S.

Plaques laineuses blanches au point d'attache des frondes au tronc: cochenilles. Arrosez la terre avec du malathion dilué selon les recommandations. Pulvérisez la même solution sur les tiges (pas sur les feuilles, car cela les «brûlerait»).

Filaments sous les feuilles: araignées rouges. Essuyez les feuilles, chaque semaine, jusqu'à élimination, avec un chiffon imbibé d'un insecticide à base de pyrèthre, dilué à raison de la moitié de la dose normale. N'utilisez pas de nicotine ni de malathion: ces produits brûleraient les feuilles.

Absence de nouvelles frondes: épuisement de la terre. Si la plante est jeune, rempotez-la au printemps; si elle est adulte, renouvelez le terreau de surface. Fertilisez-la régulièrement.

Croissance lente et jaunissement des feuilles: excès d'eau, mauvais drainage. Laissez sécher le compost avant de recommencer à arroser et vérifiez le fonctionnement du drainage.

Les nouvelles frondes ne s'ouvrent pas: obscurité excessive ou besoin d'eau. Placez la plante dans une pièce plus éclairée ou rapprochez-la d'une fenêtre exposée à la lumière. Maintenez le compost humide en été, en l'arrosant chaque jour s'il sèche rapidement. Ne laissez pas la plante tremper dans l'eau.

La pointe des nouvelles feuilles brunit: un certain brunissement est naturel; un brunissement complet est provoqué par un manque d'eau. Maintenez le compost moite en été.

Plaques brunes sur les feuilles: effets des lustrants. Ne les utilisez pas.

Les feuilles noircissent: froid excessif. Si la plante se trouve à l'extérieur en été, rentrez-la par températures inférieures à 10 °C.

Les feuilles se dessèchent: chaleur excessive. N'exposez pas la plante à une température supérieure à 24 °C et, en été, aérez bien la pièce. Température optimale: de 18 °C à 21 °C. Les frondes plus âgées finissent par se dessécher: ce phénomène est naturel chez une plante en bonne santé. Enlevez les frondes fanées en les coupant au sécateur, le plus près possible du tronc.

Lobélie

Bien que les lobélies soient des plantes vivaces semi-rustiques, on les cultive presque toujours comme annuelles, en effectuant un semis dès que les jours commencent à allonger. Les variétés rampantes conviennent bien pour la garniture des bacs ou des bassins, dont elles habilleront tout un côté. Elles font aussi bel effet en suspension, dans un panier ou une jardinière.

Parmi les lobélies figurent des plantes naines et compactes de 10 à 15 cm de haut et des rampantes à tiges longues de 60 cm. Elles épanouissent, durant une longue saison, de minuscules inflorescences aux coloris blancs, cramoisis, violets et bleu clair à bleu foncé.

Lumière: maximale à tous les stades de la croissance. À l'extérieur: 30 % du temps à l'ombre, si la lumière est bonne durant le reste de la journée.
Température: de 16 °C à 18 °C durant le premier mois suivant le semis, en passant graduellement à 7 °C avant la plantation à l'extérieur. Mettez ces plantes à l'abri du gel.
Arrosage: maintenez la terre légèrement humide, sans la détremper.
Humidité: vaporisez la plante le soir, par grandes chaleurs.
Terre: un compost bien drainé pour rempotage à base de terreau n° 2 ou non terreux.
Engrais: un apport régulier tous les dix jours pour le compost terreux; tous les cinq pour le non terreux. Un engrais liquide plus riche en potasse qu'en azote maintiendra l'intensité des couleurs et permettra à la plante de résister aux maladies.
Multiplication: la semence étant très fine, incorporez-y une demi-part de sable très fin. Semez clair sur toute la surface du compost. Ne recouvrez pas la semence de compost. Placez le bac dans un sac en plastique, fermez hermétiquement celui-ci, couvrez-le de plusieurs couches de papier journal et entretenez une température de 16 °C à 18 °C. Découvrez le semis après la germination et repiquez les jeunes pousses lorsque leur taille permet de les manipuler. Replantez-les à l'extérieur après les gelées et que les fleurs sont sur le point de s'épanouir.
Nettoyage: enlevez les tiges que les maladies ont noirci.

Feuilles jaunies, nervures foncées; terre noire et acide: terre détrempée. Vérifiez le fonctionnement du drainage et laissez la terre sécher avant de recommencer à arroser.

Petitesse et teinte gris-vert des feuilles: carence nutritive. Alimentez plus souvent la plante, sans toutefois augmenter la dose d'engrais.

S.O.S.

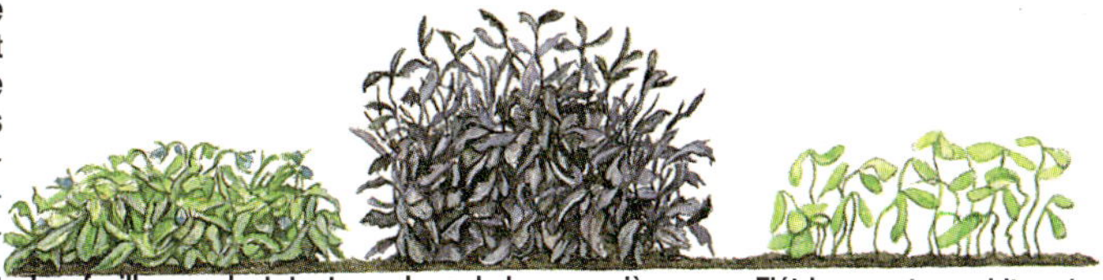

Feuilles parsemées de taches chamois qui finissent par se rejoindre au point de les couvrir entièrement; tiges striées: alternariose. Pulvérisez de l'iprodione et, une semaine après, du bénomyl. Alternez ces deux traitements, tous les quinze jours, pour prévenir l'infection. La floraison des plantes contaminées se poursuivra, mais cessera plus tôt que d'habitude. Comme l'alternariose peut être portée par les semences, veillez à ce que celles que vous achetez soient traitées contre cette maladie. Toutefois, les spores peuvent aussi affecter les plantes qui végètent, surtout si elles sont mouillées.

Les feuilles pendent, toute la plante s'affale: sécheresse excessive. Arrosez immédiatement la plante et, par la suite, prévenez le dessèchement de la terre par des arrosages plus fréquents.

Lors de leur première sortie à l'extérieur, les jeunes plantes prennent une teinte pourpre: froid subit. La plante en sera entravée dans sa croissance, mais elle se rétablira. Exposez graduellement les plantes aux conditions extérieures. Protégez-les du gel si elles passent la nuit à l'extérieur.

Bourgeons et extrémités des tiges ridés ou déformés: pucerons. Pulvérisez un insecticide universel et répétez le traitement dix jours après. N'effectuez pas de pulvérisations sous le soleil brûlant: attendez le soir.

Flétrissement subit des jeunes pousses ou des jeunes plantes; minceurs des tiges; présence d'une fibre cotonneuse: pythium ou fonte des semis. Enlevez les plantes atteintes et trempez le compost avec un fongicide.

Le bord des feuilles se parchemine: engrais liquide trop puissant. Diluez toujours les engrais à la dose recommandée par le fabricant.

Bords blancs et nécrosés des feuilles: effets des insecticides pulvérisés en plein soleil. Pulvérisez-les le soir, lorsque les abeilles ont quitté les fleurs.

Plaques grises et sèches sur les feuilles: effets du gel. Protégez les jeunes plantes la nuit et fortifiez-les graduellement. Bien fortifiées, les lobélies supporteront un certain gel.

Pâleur des fleurs, mollesse des tiges: déséquilibre entre la teneur en potasse et en azote de l'engrais. Une plus grande proportion de potasse est conseillée. Vérifiez.

Moisissure duveteuse grise sur les feuilles, les tiges ou toute la couronne: botrytis. Enlevez délicatement les parties atteintes et pulvérisez du bénomyl ou de l'iprodione. À l'intérieur, placez les plantes dans un endroit bien ventilé.

Lobivia

Originaires de Bolivie, pays dont le nom a servi à former l'anagramme du genre «lobivia», ces cactées poussent également en Argentine et au Pérou. Elles se distinguent par leurs grandes et généreuses inflorescences, dont les coloris couvrent toute la gamme des blancs aux jaunes, orange, roses, rouges et pourpres. Certaines espèces sont bicolores, tel *Lobivia maximiliana* (p. 365) qui produit des fleurs panachées de rouge et de jaune. Tout en variant sous bien des aspects, ce sont, pour la plupart, des plantes globuleuses qui émettent des rejets, après trois ou quatre ans, pour former des touffes de 15 à 20 cm ou plus, qu'elles recouvrent d'aiguillons généralement bruns ou noirâtres.

Lumière: pour favoriser au maximum leur floraison, offrez aux lobivias l'emplacement ensoleillé d'un appui de fenêtre ou d'une serre, où il ne faudra les ombrager que par températures supérieures à 38 °C. A faible exposition, leur croissance sera difforme, leurs aiguillons malingres et leur floraison nulle.
Température: maintenez-les à une température supérieure à 4 °C en hiver, inférieure à 38 °C en été. Aérez-les autant que possible.
Arrosage: arrosez-les chaque semaine au printemps et en été, tous les quinze jours s'ils se trouvent dans des pots de 13 cm ou plus. Assurez-vous d'abord que le premier arrosage ait bien été absorbé. En automne, réduisez les arrosages à une fois toutes les trois semaines ou tous les mois. En hiver, cessez-les complètement.
Engrais: riche en potasse, chaque mois au printemps et en été.
Terre: une part de sable grossier et graveleux (pas le sable de construction ou de plage) pour deux parts de compost de rempotage non terreux ou à base d'un bon terreau. N° 2 pour les petites plantes, n° 3 pour les grandes.
Rempotage: durant leurs premières années, il convient de rempoter ces plantes à chaque printemps dans des pots légère-

Parmi les espèces courantes, *Lobivia jajoiana* est un des rares lobivias qui a tendance à vivre en solitaire un certain temps, et le seul à porter des aiguillons crochus. Ses fleurs épanouissent leurs pétales aux coloris éclatants pour dévoiler une gorge noire, piquée d'anthères crémeuses.

Lobivia rebutioides, var. *chlorogana,* appartient à un groupe complexe de plantes si prodigues en fleurs qu'elles s'en couvrent au point d'en suffoquer. Ces fleurs ne durent qu'un jour ou deux au plus, mais la floraison se reproduit chaque année, du moins si la plante est rempotée régulièrement dans le pot de la taille supérieure et bénéficie de bonnes conditions de croissance.

ment plus grands. Lorsque la taille du pot atteint 13 cm, un rempotage bisannuel suffit. Celui-ci peut se faire sans plus augmenter la taille du récipient. Éliminez délicatement tout le vieux compost et remplacez-le par du frais. Après le rempotage, n'arrosez pas les plantes avant deux semaines.

Nettoyage et lutte antiparasitaire: vaporisez les plantes poussiéreuses et, deux ou trois fois par an, incorporez à l'eau un insecticide antiparasitaire.

Autres espèces: la sélection est considérable et présente une grande variété allant des types couverts d'aiguillons rares mais robustes, à ceux qui s'y enfouissent comme sous une épaisse carapace. Certaines espèces ne forment qu'une seule tête n'atteignant jamais plus de 10 cm, alors que d'autres poussent en touffes de 30 cm de diamètre, voire davantage. La plupart fleurissent facilement et une bonne sélection pourrait comprendre: *L. maximiliana* (ci-dessous); *L. jajoiana*, à corolle jaune, orange ou rouge et à gorge noire; *L. rebutioides*, à fleurs jaunes; *L. backebergiana*, à fleurs carminées et reflets bleus sur les pétales; *L. winterana*, à fleurs rose profond et longuement tubulées; et enfin *L. hastifera*, aux fleurs rose pâle à gorge blanche.

La suppression des fleurs fanées

Il est conseillé de supprimer les fleurs fanées avant l'automne et l'hiver. Si on les laisse sur la plante, elles risquent d'entraîner la pourriture à partir de leur point d'attache et de nourrir les cochenilles.

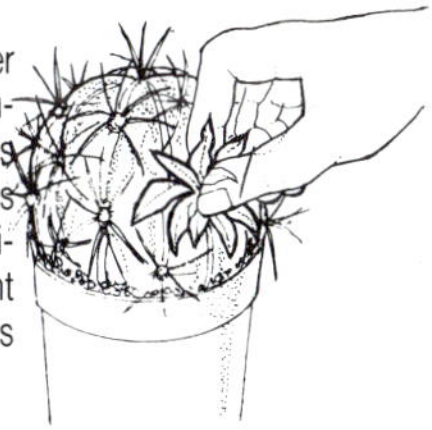

En cas d'infestation de cochenilles, enlevez la «laine» avec un petit pinceau imbibé d'alcool dénaturé et pulvérisez sur la plante du malathion dilué. Si nécessaire, répétez le traitement au bout de dix jours.

Lobivia maximiliana produit ses remarquables fleurs rouge et jaune en été, quand il atteint 5 cm de diamètre à l'âge de trois ou quatre ans. Les inflorescences naissent sur les côtés de la plante à partir de petits bourgeons feutrés. Une fois épanouies, elles ne durent qu'un jour ou deux. Cette plante peut finir par faire de 6 à 8 cm de haut sur 4 à 5 cm de large.

Mammillaire

Les mammillaires proviennent surtout du Mexique, où leur habitat s'étend des corniches et parois abruptes des hautes montages aux régions plates et sablonneuses encore sous l'influence des embruns marins. On en connaît plus de deux cents espèces, dont certaines ne sont guère plus grandes qu'un gland, alors que d'autres forment des touffes massives capables de remplir toute une brouette. La plupart produisent une profusion de fleurs disposées en cercle sur la couronne des tiges et couvrant toute la gamme des blancs, des jaunes, des roses, des rouges et des pourpres. Les aiguillons, disposés en verticilles, peuvent être robustes et acérés comme les aiguilles servant à la fabrication des tentes; fins et souples comme des cheveux: dressés, incurvés, tordus ou crochus comme des hameçons; clairsemés ou denses au point de dissimuler complètement le corps de la plante; colorés de toute la palette des noirs aux blancs purs en passant par les bruns et les jaunes.

Lumière: un emplacement ensoleillé, surtout lorsque les bourgeons se forment en hiver et au printemps.
Température: une ou deux mises à part, toutes les espèces se plaisent à une température minimale de 4 °C en hiver, bien qu'une température de 7 °C soit plus prudente. En été, maintenez-les à une température inférieure à 38 °C, en les aérant autant que possible.
Arrosage: chaque semaine au printemps et en été, toutes les deux semaines pour les potées de 13 cm ou plus. Arrosez-les chaque mois en automne, pas du tout en hiver.
Engrais: chaque mois au printemps et en été, avec un engrais riche en potasse.
Terre: une part de sable grossier et graveleux (pas de sable de construction ou de plage) pour deux parts de compost non terreux ou à base d'un bon terreau n° 2.
Rempotage: chaque année jusqu'à ce que

Moyennant un rempotage et un apport d'engrais réguliers, *Mammillaria compressa* formera, en dix ans de croissance, une touffe de 30 cm de diamètre, voire davantage. Agée d'au moins quinze ans, la plante illustrée ici occupe une cuvette de 38 cm.

Mammillaria candida doit son nom à la blancheur de son épaisse couverture d'aiguillons. Il produit des fleurs rose pâle lorsqu'il atteint une largeur et une hauteur d'environ 8 cm, voire plus tôt, s'il bénéficie d'une abondante lumière solaire.

le pot mesure 13 cm, ensuite tous les deux ans seulement, sauf si la plante est à l'étroit. Utilisez des pots peu profonds, sauf pour les espèces à grosses racines tubéreuses.

Nettoyage et lutte antiparasitaire: vaporisez les plantes poussiéreuses une fois par mois et, deux ou trois fois par an, incorporez à l'eau un insecticide par mesures préventives.

Autres espèces: grâce à ses fleurs pourpres, *Mammillaria zeilmanniana* (ci-dessous) est sans conteste une des plus populaires. Quant aux autres, il est impossible de les énumérer toutes ici. La liste suivante ne représente qu'un petit échantillon des plus belles et des plus satisfaisantes: *M. blossfeldiana,* aux épines crochues et fleurs à raies carmin: *M. bocasana,* aux longues soies blanches et fleurs crème ou roses; *M. candida,* aux épines blanches ou rosâtres et fleurs rose pâle; *M. carmenae,* à épines blanches et fleurs rose intense; *M. erythrosperma,* à aiguillons crochus et fleurs vieux rose; *M. hahniana,* aux longs poils blancs et fleurs rouge pourpré; *M. longiflora,* à épines crochues et grandes fleurs roses; *M. guelzowiana,* aux longs poils, épines crochues et grandes fleurs roses de 5 à 6 cm de large; *M. microhelia,* aux aiguillons disposés en étoiles et aux fleurs verdâtres ou roses; *M. prolifera,* en touffes, aux aiguillons jaunes ou bruns et aux fleurs jaunes, etc.

Mammillaria zeilmanniana fleurit au printemps et en été, lorsqu'il fait quelque 3 à 4 cm de haut. La floraison s'échelonne sur une période d'environ un mois, chaque fleur durant plus ou moins une semaine. Les rejetons, qui produisent aussi leurs propres fleurs, encerclent sa base lorsqu'il est âgé de deux ou trois ans. On peut les utiliser pour la reproduction. En pot, cette plante fait de 5 à 6 cm de haut sur 3 à 4 cm de large.

Les rejetons

1 Prélevez des rejetons situés à la base de la plante, en coupant au couteau à l'endroit le plus étroit. N'effectuez pas cette opération pendant la floraison. Les rejetons devraient mesurer au moins 1 cm de large.

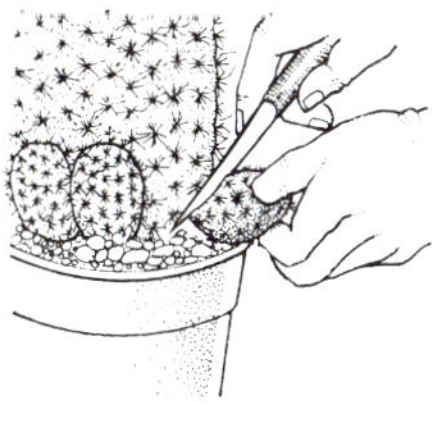

2 Badigeonnez la base avec une poudre radiculaire aux hormones additionnée d'un fongicide et laissez sécher les coupes pendant au moins deux jours. Placez ensuite les boutures dans un compost frais. Maintenez-les à la lumière, sans les arroser pendant deux à trois semaines.

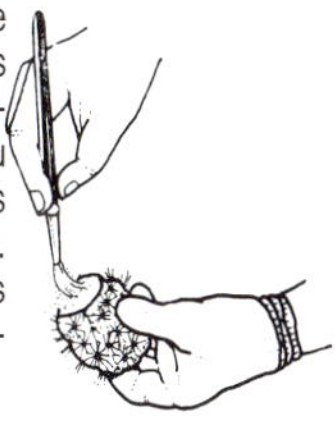

Maranta leuconeura

Marante

Cette marante appartient à une famille de plantes d'intérieur comptant parmi les plus décoratives. Leurs feuilles sont si joliment décorées que certaines semblent avoir été peintes à la main. En général, ces plantes prospèrent mieux en vasques mixtes grâce à l'humidité plus élevée qu'elles y trouvent, et dont elles ont tant besoin en raison de leurs origines tropicales.

Lumière : ces plantes préfèrent une exposition à la lumière indirecte, à l'écart des fenêtres ensoleillées. Elles se plaisent à l'ombre en été, mais demandent plus de lumière en hiver.
Température : elles survivent à une température de 10 °C, à condition de laisser sécher la terre entre les arrosages, mais se portent mieux à des températures supérieures à 16 °C. En été, elles se font à des températures de 27 °C à 29 °C, du moins si l'humidité est élevée.
Arrosage : maintenez le compost légèrement humide en tout temps, sauf par températures inférieures à 10 °C. Arrosez ces plantes deux ou trois fois par semaine en été ; une fois par semaine en hiver ; tous les dix jours par températures avoisinant 10 °C.
Humidité : élevée. Vaporisez les plantes tous les jours en été, deux fois par semaine en hiver. Si elles ne sont pas en culture mixte, placez le pot sur des cailloux mouillés.
Engrais : durant la croissance, ajoutez à l'eau d'arrosage, tous les quinze jours au printemps et en été, un engrais liquide, dilué à raison de la moitié de la dose recommandée.
Terre : un mélange meuble et poreux, par exemple, à base de tourbe n° 2.
Rempotage : une fois par an, au printemps, sans trop tasser le compost. En culture mixte, renouvelez chaque année 2,5 cm du terreau de surface.
Nettoyage : les vaporisations devraient maintenir les plantes propres, mais vous pouvez aussi essuyer délicatement les feuilles poussiéreuses avec un chiffon humide. Pas de lustrant.

Maranta leuconeura tricolor est la plus ornementale de toutes les marantes. Ses feuilles magnifiquement colorées et revêtues d'une douce pruine duveteuse exigent une humidité élevée pour garder leur fraîcheur et leur éclat. N'essayez jamais de les rendre plus brillantes avec des lustrants.

Feuilles flasques, brunes et bigarrées ; bords enroulés : terre trop mouillée. Videz toute eau stagnant dans la soucoupe et laissez la surface du compost sécher avant de recommencer à arroser. Maintenez la terre humide, sans la détremper. Par températures inférieures à 10 °C, un arrosage tous les dix jours suffit.

S.O.S.

Les feuilles se fanent, filaments sur l'envers : araignées rouges. Enlevez les filaments avec une éponge humide, puis pulvérisez du malathion dilué, surtout sous les feuilles. Répétez le traitement, tous les quinze jours, jusqu'à disparition des symptômes.

La division des racines

1 On peut diviser les grandes plantes, bien fournies en tiges et en racines, au début du printemps, dès que les nouvelles feuilles commencent à pousser.

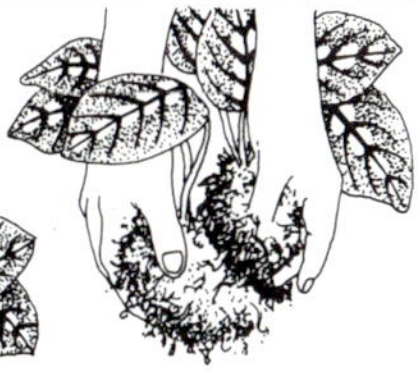

2 Préparez deux pots propres avec une couche de drainage et du compost. Dépotez la plante et, à l'aide d'un bâtonnet rond, dégagez délicatement le vieux compost.

3 Agrippez fermement la motte et fractionnez-la en vous assurant que chacune des deux sections porte des racines et des tiges.

4 Rempotez les deux sections séparément, sans trop tasser la terre autour des racines. Laissez les potées, sans eau, pendant deux jours à l'ombre. Ces conditions permettent aux racines de se répandre dans le pot, à la recherche d'eau. Replacez les potées à une bonne lumière indirecte et recommencez à les arroser comme d'habitude.

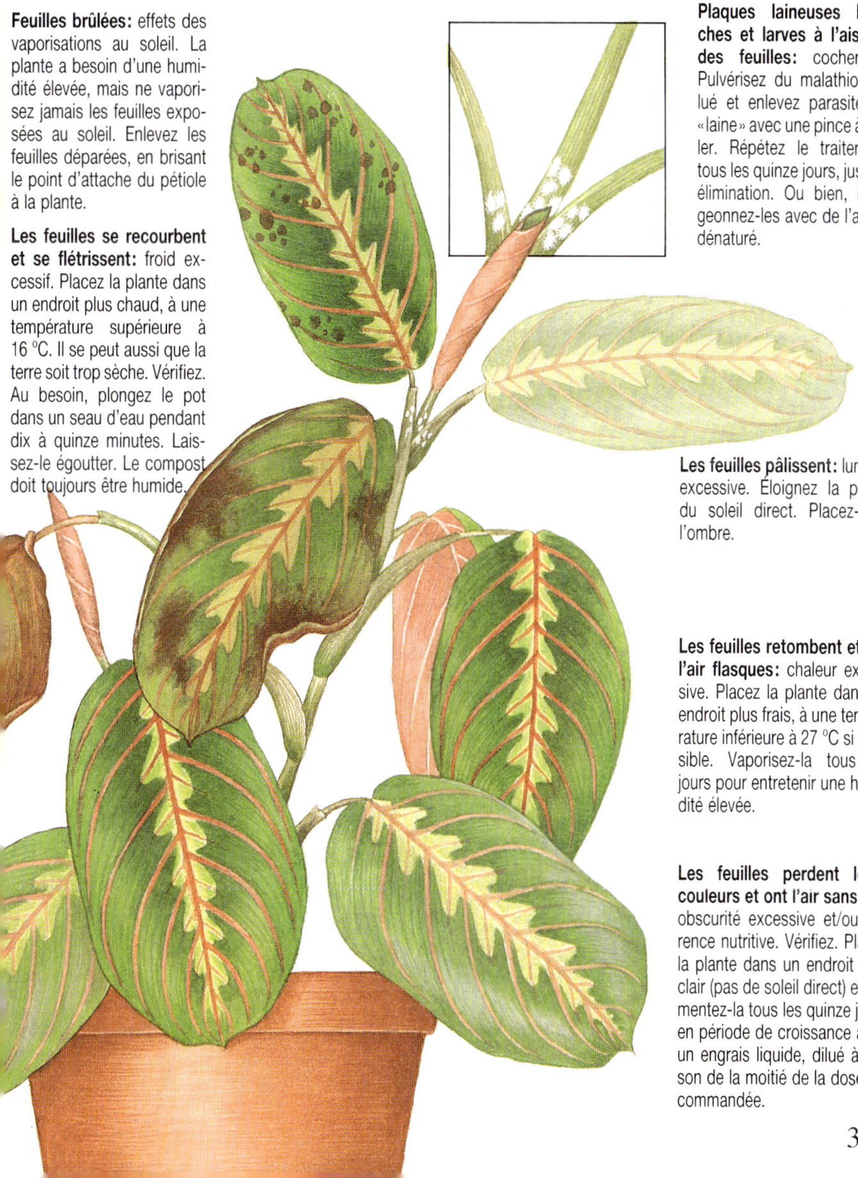

Feuilles brûlées: effets des vaporisations au soleil. La plante a besoin d'une humidité élevée, mais ne vaporisez jamais les feuilles exposées au soleil. Enlevez les feuilles déparées, en brisant le point d'attache du pétiole à la plante.

Les feuilles se recourbent et se flétrissent: froid excessif. Placez la plante dans un endroit plus chaud, à une température supérieure à 16 °C. Il se peut aussi que la terre soit trop sèche. Vérifiez. Au besoin, plongez le pot dans un seau d'eau pendant dix à quinze minutes. Laissez-le égoutter. Le compost doit toujours être humide.

Plaques laineuses blanches et larves à l'aisselle des feuilles: cochenilles. Pulvérisez du malathion dilué et enlevez parasites et «laine» avec une pince à épiler. Répétez le traitement, tous les quinze jours, jusqu'à élimination. Ou bien, badigeonnez-les avec de l'alcool dénaturé.

Les feuilles pâlissent: lumière excessive. Éloignez la plante du soleil direct. Placez-la à l'ombre.

Les feuilles retombent et ont l'air flasques: chaleur excessive. Placez la plante dans un endroit plus frais, à une température inférieure à 27 °C si possible. Vaporisez-la tous les jours pour entretenir une humidité élevée.

Les feuilles perdent leurs couleurs et ont l'air sans vie: obscurité excessive et/ou carence nutritive. Vérifiez. Placez la plante dans un endroit plus clair (pas de soleil direct) et alimentez-la tous les quinze jours en période de croissance avec un engrais liquide, dilué à raison de la moitié de la dose recommandée.

Microcoelum weddelianum

Cocotier nain

Comme il ne donne pas de noix de coco, c'est pour son feuillage que l'on cultive en intérieur ce magnifique palmier nain. Malgré une apparente délicatesse, c'est une plante résistante, dont l'entretien ne pose guère de problèmes. Il requiert une atmosphère humide. Pour cette raison, il est bon d'en cultiver plusieurs à la fois dans le même pot, voire en bonbonne, mode de culture auquel le prédestine sa croissance lente. Dans tous les cas, c'est une plante qui n'aime pas qu'on perturbe ses racines. On le désigne parfois sous le nom de *Cocos* ou *Syagrus weddeliana*.

Le cocotier nain porte des frondes vertes d'apparence délicate. Comme il pousse lentement, on en plante d'habitude plusieurs ensemble, pour obtenir une potée plus touffue. C'est une plante qui pose peu de problèmes, à condition de bénéficier d'une atmosphère humide.

Lumière: ce cocotier tolère un éclairement intense, y compris le soleil direct. Si la lumière du jour est insuffisante, une lumière artificielle profitera à sa croissance.

Température: un minimum de 16 °C en hiver, un maximum de 21 °C en été.

Arrosage: en été, maintenez le compost humide, sans le saturer, en effectuant deux ou trois arrosages par semaine. En hiver, tous les huit à dix jours, après avoir laissé le compost se dessécher presque complètement.

Humidité: une fine vaporisation d'eau tiède non calcaire, deux fois par semaine. Posez le pot sur une soucoupe emplie de cailloux baignant partiellement dans l'eau. Le microclimat humide de la culture en bocal convient parfaitement à cette plante (voir p. 17).

Terre: un mélange composé de trois parts de terreau n° 1 et d'une part de tourbe de carex ou de mousse.

Rempotge: chaque année au début du printemps, dans le pot en argile de la taille supérieure. Dégagez d'un coup toute la motte. Si plusieurs spécimens sont plantés ensemble, ne séparez pas les mottes de racines.

Nettoyage: essuyez chaque semaine les deux faces des feuilles avec un chiffon humecté d'eau tiède non calcaire. Pas de lustrant.

La pointe des feuilles brunit: atmosphère trop sèche. Vaporisez la plante chaque jour sous une fine bruine d'eau tiède non calcaire.

Les nouvelles feuilles se dessèchent: chaleur excessive. N'exposez pas la plante à des températures supérieurs à 21 °C. Vaporisez-la chaque semaine à l'eau tiède non calcaire pour augmenter l'humidité. Si ce dessèchement est accompagné d'une absence de croissance en été, assurez-vous que la plante ne trempe pas dans l'eau.

Toute la plante se dessèche: racines perturbées, peut-être à la suite d'une chute. Raffermissez soigneusement la terre et continuez à arroser la plante comme d'habitude. Si elle survit, rempotez-la délicatement au printemps suivant.

La plante ne pousse pas: obscurité excessive. Ce palmier a besoin d'une lumière intense tout au long de l'année. Si ce symptôme persiste en dépit du bon emplacement, il faut peut-être rempoter la plante. Faites-le au printemps suivant et, entre-temps, alimentez la plante régulièrement.

S.O.S.

Les nouvelles feuilles brunissent: froid excessif. Placez la plante dans un endroit plus chaud, à une température minimale de 16 °C.

Le rempotage

Rempotez la plante au printemps, lorsque les racines s'engagent à travers les trous du pot et que l'épuisement de la terre se manifeste par l'absence de nouvelles frondes. Disposez une couche de drainage et de compost dans un pot d'une taille supérieure au précédent. Les palmiers préfèrent les pots hauts et étroits.

1. Dépotez la plante.

2. Dégagez délicatement la terre rassise des racines, à l'aide d'un crayon ou d'un bâtonnet.

3. Centrez la motte sur le compost du nouveau pot.

4. Complétez le remplissage avec du compost frais, en veillant à bien couvrir toutes les racines. Laissez la potée à l'ombre, sans eau, pendant deux jours afin d'encourager les racines à s'établir dans le compost.

Plaques brunes sur certaines feuilles: effets des lustrants. Ne les utilisez pas. Nettoyez les deux faces des feuilles à l'eau tiède seulement.

Dessèchement et crispation des feuilles inférieures: besoin d'eau. Laissez tremper le pot dans un seau d'eau jusqu'à ce que les bulles cessent de remonter à la surface. Laissez égoutter l'excédent de liquide avant de remettre la plante à sa place.

Sensitive

La grande attraction de cette plante réside dans l'étonnant mouvement de repli que ces feuilles effectuent au moindre contact, fût-ce celui d'une goutte d'eau. C'est cette particularité qui lui vaut l'immense succès dont elle jouit depuis tant d'années, même si cette sensibilité n'a pas encore été expliquée scientifiquement. Originaire des tropiques sud-américains, la sensitive se plaît dans une humidité élevée et à l'abri du plein soleil. Dans son milieu naturel, c'est un arbrisseau vivace. Comme plante d'intérieur, il convient donc de l'alimenter régulièrement pour la maintenir en bonne santé, mais on ne doit pas la faire hiverner puisqu'elle se multiplie facilement par semis.

Lumière: une bonne exposition à la lumière, à l'abri du soleil direct.
Température: la sensitive pousse mieux à une température de 18 °C à 24 °C. Elle ne supporte pas le froid.
Arrosage: maintenez le compost légèrement humide en tout temps. Un arrosage quotidien peut être nécessaire par grandes températures. Afin de ne pas déranger le feuillage, versez délicatement l'eau à même le pourtour du compost ou dans la soucoupe.
Humidité: entretenez l'humidité en posant le pot sur une soucoupe remplie de cailloux baignant à moitié dans l'eau. Ne vaporisez pas le feuillage, car il se rétracte au contact de l'eau.
Engrais: commencez à alimenter la plante trois semaines après son rempotage définitif, ensuite administrez-lui une ration chaque semaine, jusqu'à la fin de la floraison, d'un engrais liquide, dilué à la dose recommandée. Si le compost est non terreux, fertilisez la plante tous les quatre ou cinq jours.
Terre: un compost pour rempotage à base de terreau n° 2 ou non terreux.
Après la floraison: défaites-vous de la plante en automne, lorsque la floraison est achevée et que le feuillage commence à se flétrir.

Dès qu'on les touche, les feuilles vertes et plumeuses de la sensitive se rétractent le long de la tige qui, dans le même temps, se courbe. Cette plante s'élève jusqu'à 45 cm de haut sur une tige ligneuse, garnie de quelques aiguillons, et produit à la mi-été de petites fleurs duveteuses mauve pâle.

S.O.S.

La multiplication

1. Semez sur la surface préparée et saupoudrez légèrement le semis de compost sec. Repiquez les jeunes pousses dès que leur taille permet de les manipuler. Transplantez-les dans des pots de 11 cm, une fois qu'elles poussent bien.

2. Arrosez les potées par le bas, afin de ne pas mouiller le feuillage et ne les déplacez pas trop souvent, car cela peut suffire à déclencher le mouvement de rétraction des feuilles.

Croissance longiforme et chétive de la plante: obscurité excessive. Une bonne lumière est indispensable, mais évitez le soleil direct.

La plante languit, le feuillage se contracte: sécheresse tout à fait excessive. Pour entretenir l'humidité du compost, arrosez la plante tous les jours, par grandes chaleurs.

Mouchetures blanchâtres sur les feuilles: thrips. Pulvérisez du malathion dilué. Répétez le traitement dix jours après, si de nouvelles marques apparaissent.

Les feuilles pâlissent: excès de soleil direct. Ombragez la plante durant les grandes chaleurs.

Plante jaunie, terre noire et écumeuse: surarrosage. Assurez-vous du bon fonctionnement du drainage, puis laissez la terre s'assécher avant de recommencer à arroser.

Moucherons noirs voletant au-dessus du compost: mouches sciarides ou mouches à fongus. Un compost non terreux favorise l'infestation par ces parasites. Arrosez le compost avec du malathion dilué pour tuer les moucherons ainsi que les larves qui pourraient s'y trouver.

Plante couverte çà et là de petits insectes aptères: pucerons. Pulvérisez, tous les dix jours, un insecticide à base de pyrèthre.

Petitesse et teinte vert grisâtre des feuilles; la plante ne prospère pas: besoin d'engrais. La plante a besoin d'un apport hebdomadaire d'engrais liquide pour une croissance saine.

Le feuillage jaunit, la plante ne prospère pas: épuisement dû à des attouchements continuels. Laissez-lui le temps de récupérer. Ne vaporisez pas d'eau sur le feuillage. Donnez tous les cinq jours un apport d'engrais. Entretenez l'humidité.

Fines toiles autour des feuilles, celles-ci pouvant être pâles et flasques: araignées rouges. Pulvérisez du malathion dilué.

Feuilles retombantes et foncées: froid excessif. Placez la plante dans un endroit plus chaud, à une température supérieure à 18 °C. Une plante gelée sera noire, détrempée et mourra.

Feuilles jaunies et retombantes: chaleur excessive ou atmosphère trop sèche. Augmentez l'humidité en posant le pot dans une soucoupe emplie de cailloux mouillés. Vaporisez autour de la plante, et non directement sur les feuilles. Placez la plante plus au frais.

Monstera deliciosa

Faux philodendron

Parmi les grandes plantes d'intérieur, le faux philodendron - dit aussi « monstéra délicieux », « monstère », « arbre à pain du Mexique » ou « cériman » - est une des plus élégantes, mais elle est pourtant facile à cultiver et très accommodante aux variations de température. En revanche, il ne dévoilera toute la beauté de son feuillage aux profondes échancrures que si on lui réserve un grand espace. Afin d'empêcher la plante de s'étaler horizontalement, il faut la tuteurer contre un bâton gainé de mousse, ou une solide canne.

Lumière: évitez-lui le soleil direct. Il se plaît bien à l'ombre, loin des fenêtres.
Température: il supporte 10 °C en hiver, mais préfère un minimum de 13 °C. En été, il supporte facilement des températures allant jusqu'à 24 °C, voire davantage, si l'humidité augmente aussi.
Arrosage: ne le surarrosez pas. Laissez le compost sécher entre les arrosages. En été, un arrosage hebdomadaire suffit, sauf si la température dépasse 21 °C; en hiver: toutes les deux semaines. Avant d'arroser, assurez-vous toujours que la surface du compost soit sèche.
Humidité: vaporisez-le deux ou trois fois par semaine en été, une fois par semaine en hiver. Utilisez de l'eau douce, si possible. Placez le pot sur un lit de cailloux mouillés.
Engrais: ne le suralimentez pas. En été, ajoutez, toutes les trois semaines, à l'eau d'arrosage un engrais liquide, dilué à la dose recommandée.
Terre: un mélange poreux à base de tourbe n° 3.
Rempotage: à chaque printemps. Lorsque la plante est trop grande pour être manipulée aisément, renouvelez les cinq à sept premiers centimètres de la terre. Soutenez toujours la plante avec un tuteur ordinaire ou un bâton moussu.
Nettoyage: essuyez les feuilles avec un chiffon humide, en les soutenant délicatement d'une main. Utilisez un lustrant une fois par mois.

À l'état sauvage, le faux philodendron croît dans des régions exposées à de grands vents. Il prévient les dégâts que pourraient lui causer ceux-ci, sans doute grâce aux profondes échancrures et perforations de son feuillage. Ne coupez jamais les racines aériennes qui émergent de la tige: elles sont indispensables à la santé de la plante.

Les pointes des feuilles sont brunes: sécheresse excessive. Arrosez immédiatement la plante et, à l'avenir, examinez chaque semaine le compost. La surface devrait sécher en été, mais cela se produira plus rapidement par températures élevées.

Feuilles pâles, filaments sur l'envers: araignées rouges. Enlevez les filaments avec une éponge humide, puis pulvérisez du malathion dilué, surtout sous les feuilles. Répétez le traitement, tous les quinze jours.

Les feuilles inférieures jaunissent, puis brunissent surtout en hiver: trop d'eau. Laissez la surface du compost se dessécher complètement avant de recommencer à arroser; ensuite, n'arrosez qu'une fois tous les quinze jours environ, afin de permettre au compost de sécher entre les arrosages.

S.O.S.

La plante ne pousse pas: obscurité excessive. Elle a besoin d'une certaine lumière indirecte pour bien pousser. Si elle se trouve dans un coin très sombre, installez un éclairage artificiel.

Certaines feuilles ne se fendent pas: vous êtes en possession d'une plante appelée *Philodendron perfusum*, souvent désignée par le même nom populaire que la plante décrite ici.

Laides fentes et déchirures dans les feuilles: dégâts causés par les humains. Placez la plante hors de portée des coups.

Plaques noires sur les feuilles: froid excessif. Placez la plante dans un endroit plus chaud, à une température supérieure à 13 °C.

En été, marques brunes au centre et sur les bords des feuilles: effets des vaporisations au soleil. Ne vaporisez jamais les feuilles exposées au soleil. Enlevez les feuilles très abîmées, en sectionnant au niveau de l'aisselle. Utilisez un couteau bien effilé.

Les feuilles pâlissent: carence nutritive. Alimentez la plante toutes les trois semaines pendant la croissance estivale des nouvelles feuilles.

Plaques laineuses blanches à l'aisselle des feuilles: cochenilles. Pulvérisez du malathion dilué et enlevez parasites et «laine» avec une pince à épiler. Répétez le traitement, tous les quinze jours, jusqu'à disparition de tout symptôme.

Les feuilles se dessèchent et se recroquevillent: terre et atmosphère trop sèches. Arrosez bien la plante et vaporisez-la deux à trois fois par semaine en été. Par températures élevées, vérifiez régulièrement l'état du compost.

Bananier nain

Plante très accommodante, le bananier nain se cultive facilement, du moins s'il bénéficie d'une humidité abondante et d'une bonne ventilation. Il se prête toutefois mal à la décoration des petites pièces, en raison de la longueur et de la grande fragilité de ses gracieuses feuilles, qui peuvent, à l'âge adulte, atteindre 1 m. Elles se lacèrent, en effet, au moindre choc ou sous l'effet de la sécheresse atmosphérique, en particulier le long des nervures. En revanche, s'il bénéficie d'une exposition chaude et lumineuse, le bananier croît très vite, s'élevant d'un mètre par an et arrivant même à fructifier s'il est cultivé en serre.

Lumière: de préférence un emplacement clair et ensoleillé.

Température: un minimum de 16 °C en hiver, la température normale de la pièce en été. Par grandes chaleurs, ne le confinez pas dans une pièce renfermée.

Arrosage: deux ou trois fois pendant la croissance estivale, sans jamais laisser la plante se dessécher. En hiver, un arrosage tous les dix jours suffit, la plante pouvant être maintenue dans une plus grande sécheresse. Veillez à ne jamais laisser de gouttes d'eau sur les feuilles: celles-ci risqueraient de roussir au soleil.

Humidité: vaporisez la plante tous les deux jours en été, chaque semaine en hiver. Placez le pot sur une soucoupe remplie de cailloux mouillés pour accroître l'humidité.

Engrais: tous les quinze jours en période de croissance (printemps et été) avec un engrais liquide, dilué selon les recommandations du fabricant.

Terre: un bon mélange à base de terreau n° 3 additionné d'une petite quantité de fumier.

Rempotage: à chaque printemps. Si la taille des plantes les rend difficiles à manipuler, renouvelez la couche de surface.

Nettoyage: les vaporisations suffisent. Mais si les feuilles sont très sales, essuyez-les délicatement avec un chiffon humide tout en les soutenant d'une main pour ne pas les abîmer. Pas de lustrant.

À maturité, les feuilles du bananier nain peuvent atteindre 1 m de long, mais elles sont très délicates. Elles se déploient, une à la fois, à partir du centre de la plante pour former un pseudotronc (stipe). Chez une plante saine, elles ne présentent aucune tache brune sur les bords et n'ont aucune fente ou déchirure.

Feuilles déchirées et abîmées. Les feuilles délicates du bananier nain se lacèrent facilement. Placez l'arbre en un lieu sûr. Les feuilles peuvent aussi se fendre sous l'effet de l'air sec. Vaporisez donc la plante tous les deux jours en été ou si elle se trouve dans une pièce dotée du chauffage central, et posez le pot sur une soucoupe emplie de cailloux mouillés.

La suppression des feuilles abîmées

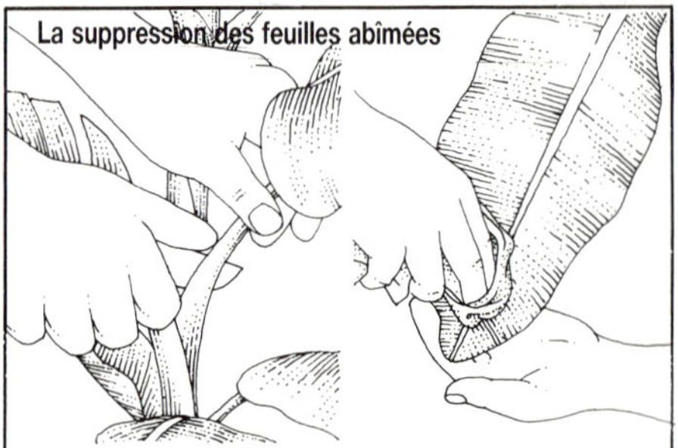

Coupez au couteau la tige de la feuille le plus près possible de la tige principale. Soufrez la coupe pour prévenir toute infection. Si la sève s'écoule, badigeonnez la coupe de vaseline.

Le nettoyage
Si les feuilles sont poussiéreuses, essuyez-les délicatement avec une éponge humectée d'eau tiède. Comme elles sont délicates, soutenez-les de l'autre main.

S.O.S.

Au printemps, aucun signe de nouvelles feuilles: rempotage (ou surfaçage) et fertilisation nécessaires. Si vous renouvelez la couche de surface, alimentez tout de suite la plante.

Les feuilles se recroquevillent, s'amincissent et se parcheminent; il arrive aussi qu'elles noircissent sur les bords et finissent par mourir: froid excessif. Placez la plante plus au chaud, à une température d'au moins 18 °C, et enlevez les feuilles mortes.

Marques brunes sur les feuilles: effets des lustrants ou du soleil direct, surtout après les vaporisations. N'utilisez pas de lustrant et ne vaporisez pas la plante en plein soleil.

Les feuilles pâlissent: obscurité excessive. Placez la plante dans un lieu plus clair. Ne la vaporisez pas quand le soleil donne sur les feuilles.

Plaques laineuses blanches à l'aisselle des feuilles, surtout des plus âgées: cochenilles. Enlevez-les avec un tampon d'ouate imbibé d'alcool dénaturé ou pulvérisez du malathion dilué, tous les quinze jours, jusqu'à élimination.

Pourriture visqueuse sur les tiges et la base: humidité excessive ou vaporisations trop fréquentes par basses températures. Poudrez de fleur de soufre les parties pourries et placez la plante dans un endroit plus chaud, à une température d'au moins 18 °C.

Feuilles décolorées, filaments sur l'envers: araignées rouges. Pulvérisez du malathion, tous les quinze jours, jusqu'à élimination.

Jaunissement des feuilles inférieures: décoloration naturelle de feuilles âgées, qui se flétrissent petit à petit et finissent par tomber.

Les feuilles brunissent sur les bords et se dessèchent: sécheresse excessive. Arrosez la plante plus souvent et augmentez l'humidité en la vaporisant tous les deux jours en été ou dans les pièces dotées du chauffage central, et en plaçant le pot sur une soucoupe emplie de cailloux mouillés.

Perles d'Espagne

Originaire d'Espagne, ce muscari – parfois appelé «raisin de terre», «panache de Vénus» ou «jacinthe de Sienne» – est aujourd'hui naturalisé dans la plupart des climats tempérés. Il constitue un bon choix pour la culture en intérieur, en pots ou en vasques, où il fleurira de la fin de l'hiver à la mi-printemps. Choisissez des bulbes fermes, propres et sains. Plantez-en de six à huit par demi-pot de 12 cm, en les recouvrant légèrement. Gardez-les pendant au moins huit semaines au froid et à l'obscurité totale à l'extérieur sous de la cendre ou de la paille, ou dans un placard froid. Lorsque les pointes des pousses commencent à lever, placez les potées dans un local frais, aéré et clair.

Lumière: huit semaines d'obscurité totale après la plantation, puis une abondante lumière indirecte.
Température: un maximum de 4 °C à 7 °C pendant leur séjour à l'obscurité. Pour la floraison, une exposition éclairée, à une température maximale de 16 °C.
Arrosage: trempez le compost après la plantation, ensuite suspendez les arrosages jusqu'à l'exposition à la lumière. Arrosez les potées deux ou trois fois par semaine pour entretenir l'humidité du compost, sans le détremper.
Humidité: un milieu sec et aéré. Ne vaporisez pas ces plantes.
Engrais: tous les quinze jours en période de croissance et de floraison avec un engrais liquide, dilué à la dose recommandée.
Terre: un compost pour rempotage à base de terreau n° 2 ou une fibre spéciale pour bulbes. Les bulbes cultivés dans de la fibre ne refleuriront plus.
Après la floraison: coupez la hampe florale. Laissez le feuillage se flétrir naturellement. Ensuite, rabattez-le et placez la potée dans un endroit frais. Déterrez les bulbes à l'automne suivant, séparez les caïeux et plantez-les, ainsi que le bulbe-mère, au jardin.

Les petites fleurs de *Muscari botryoides* sont disposées en épis pyramidaux autour de la hampe principale, qui s'élève à une hauteur de 20 à 25 cm. La variété la plus répandue est bleu ciel profond, mais il en existe aussi des mauves et des blanches.

Les feuilles sont pâles, les hampes florales retombent: obscurité excessive. Placez la plante dans un endroit plus éclairé.

Moisissure grise ou blanche sur les feuilles: maladie cryptogamique. Évitez les vaporisations. Maintenez la plante dans une pièce bien ventilée. Le bulbe peut encore produire des fleurs, mais ne le conservez pas.

Croissance lente et chétive du bulbe: cultivée à l'extérieur, la plante est peut-être l'hôte des larves (en forme de C) du charançon de la vigne. Saupoudrez la terre avec un produit à base de lindane, de bromophos ou de malathion.

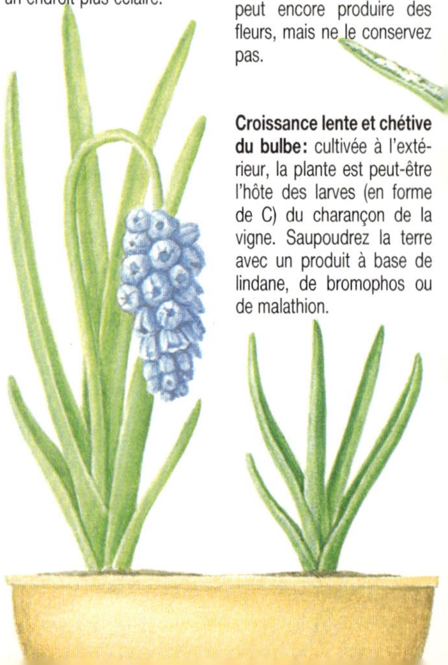

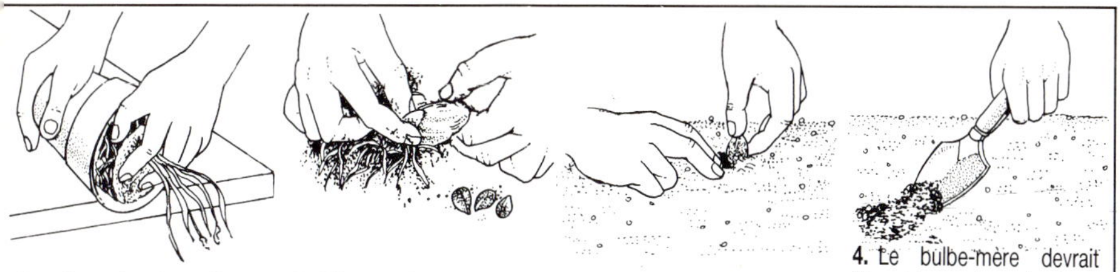

La séparation des caïeux

1. Le bulbe-mère produit des caïeux. Lorsque le feuillage s'est fané, après la floraison, dépotez le bulbe et laissez-le sécher.

2. Séparez délicatement les caïeux du bulbe-mère.

3. Plantez les caïeux en pleine terre à une profondeur de 5 à 7 cm. Leur floraison pourra intervenir dans deux ans.

4. Le bulbe-mère devrait être, lui aussi, replanté en pleine terre, car il ne refleurira pas en pot avant deux ans. Avant l'apparition des pousses, épandez un engrais universel pour jardins.

S.O.S.

La plante fait des feuilles, mais pas de fleurs: si vous avez rempoté un bulbe de l'année précédente, vous ne l'avez peut-être pas suffisamment nourri. Si vous voulez les conserver, nourrissez les bulbes tous les quinze jours avec un engrais liquide. Ne rempotez pas des caïeux qui ne fleurissent qu'au bout de deux ans.

Les feuilles jaunissent, les fleurs se fanent et tombent, la surface de la terre est écumeuse: terre saturée d'eau. Cela se produit quand les bulbes sont cultivés dans des coupes dépourvues de trous de drainage. Avant la plantation, disposez une couche de graviers dans le fond du pot. Si l'eau stagne, laissez la terre se dessécher avant de recommencer à arroser.

Les fleurs se fanent rapidement: atmosphère trop chaude et étouffante, ou excès de soleil direct. Maintenez la plante dans une pièce bien ventilée, à une température maximale de 16 °C. Protégez-la du soleil direct.

Les feuilles retombent: sécheresse excessive. Arrosez la plante deux ou trois fois par semaine pour maintenir le compost légèrement humide, sans le détremper.

Les hampes florales sont très courtes: plantation effectuée trop tard dans la saison. Plantez les bulbes au début de l'automne. Ne conservez pas ces bulbes pour les rempoter. Mais ils refleuriront si vous les plantez au jardin.

Hampes florales rongées au niveau du sol: dégâts encourus par les plantes cultivées à l'extérieur. Agrotis des moissons ou limaces. Si des traînées baveuses sont visibles, placez des appâts antilimaces, hors de portée des enfants et des animaux domestiques. Saupoudrez les agrotis avec un produit à base de lindane, de bromophos ou de malathion.

Narcissus

Narcisse

Appelé, suivant l'espèce, «coucou», «jeanette», «jonquille», «porillon» ou «trompette de la Méduse», le narcisse forme une famille comprenant des centaines de variétés. Toutes ces plantes se cultivent à partir de leurs bulbes, qui donnent naissance à des feuilles rubanées et à des fleurs, dont les pétales sont groupés autour d'une coupe centrale, dite trompette. Classées selon la longueur des trompettes et des pétales, elles sont appelées «narcisses» lorsque la trompette est au moins aussi longue que les pétales. Pour la culture en pots ou en vasques, choisissez une des petites variétés ou achetez des bulbes traités pour leur floraison en intérieur.

Le narcisse présente des variétés dont les pétales vont du jaune au blanc et sont assortis de trompettes rouges, orange ou roses. Les variétés naines, d'une hauteur moyenne de 30 cm, sont les meilleures pour la culture en intérieur, où leur floraison peut intervenir à tout moment, du début de l'hiver à la fin du printemps. Le contact du bulbe ou de la sève peut provoquer une irritation cutanée, mais celle-ci est de courte durée.

Lumière: une obscurité totale de huit semaines. Une lumière diffuse jusqu'au verdissement et une bonne croissance des pousses, puis la pleine lumière pour la floraison.

Température: maximale de 4 °C à 7 °C pendant le séjour des bulbes à l'obscurité, aussi fraîche que possible jusqu'à la sortie du bourgeon, maximale de 16 °C.

Arrosage: arrosez à fond le compost après la plantation, puis cessez tout arrosage jusqu'à l'exposition des potées à la lumière. Dès lors, maintenez le compost humide en l'arrosant deux ou trois fois par semaine.

Humidité: une bonne ventilation.

Engrais: si vous voulez conserver les bulbes, nourrissez-les chaque semaine avec un engrais liquide dilué, à la dose recommandée, en commençant lorsque les pousses ont 7 cm de haut.

Terre: un mélange à base de terreau n° 2 additionné d'une poignée de fibre spéciale pour bulbes finement broyée.

Après la floraison: si vous voulez conservez les bulbes, coupez les hampes florales fanées. Laissez aux feuilles le temps de se flétrir (au moins huit semaines), ensuite coupez-les à ras de terre. Déterrez le bulbe, séparez les caïeux, stockez le bulbe dans un endroit frais et sec ou plantez-le au jardin. Rempotez-le en automne.

Le bourgeon floral pâlit, brunit et cesse de pousser: sécheresse excessive durant la croissance. La plante doit rester humide. Elle ne fleurira pas. Continuez cependant à l'alimenter jusqu'au flétrissement du feuillage: le bulbe peut être conservé pour un autre rempotage.

Excellente croissance du feuillage, mais absence de fleurs: suralimentation. Commencez à nourrir la plante lorsqu'elle a 7 cm de haut, avec un engrais liquide dilué administré hebdomadairement.

Le bourgeon demeure au niveau du collet: exposition prématurée à la lumière et à la chaleur. Attendez que la croissance soit vigoureuse et que le bourgeon se dégage du collet avant d'exposer la potée à la pleine lumière.

S.O.S.

La pointe des feuilles se recroqueville, tache brune sur les fleurs: maladie cryptogamique. Pulvérisez de la bouillie bordelaise, mais si la maladie est grave, la plante ne se rétablira pas.

Fleurs tachetées de brun clair, plaques rougeâtres sur les feuilles: botrytis. Coupez les feuilles atteintes. Pulvérisez de la bouillie bordelaise.

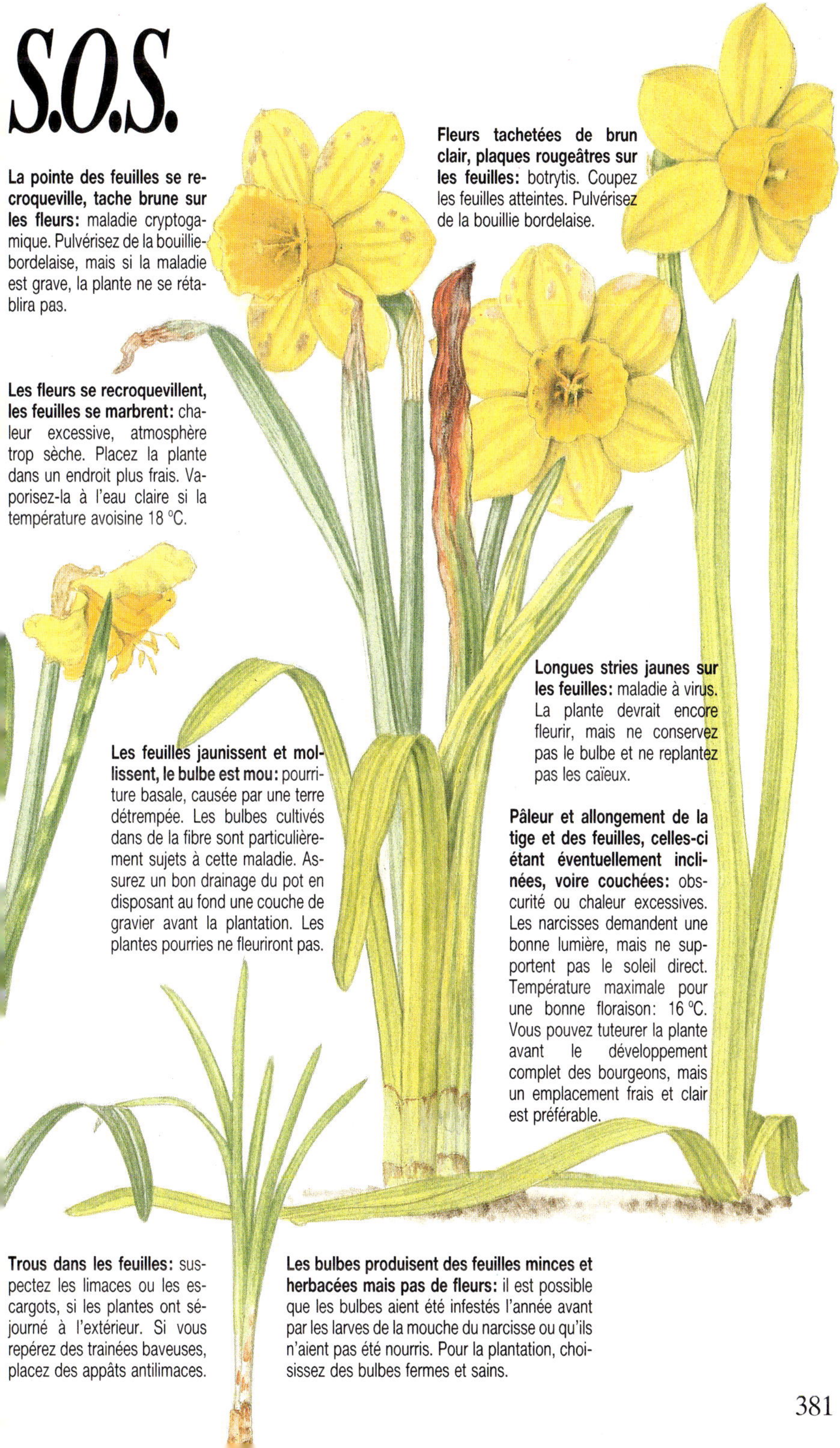

Les fleurs se recroquevillent, les feuilles se marbrent: chaleur excessive, atmosphère trop sèche. Placez la plante dans un endroit plus frais. Vaporisez-la à l'eau claire si la température avoisine 18 °C.

Longues stries jaunes sur les feuilles: maladie à virus. La plante devrait encore fleurir, mais ne conservez pas le bulbe et ne replantez pas les caïeux.

Les feuilles jaunissent et mollissent, le bulbe est mou: pourriture basale, causée par une terre détrempée. Les bulbes cultivés dans de la fibre sont particulièrement sujets à cette maladie. Assurez un bon drainage du pot en disposant au fond une couche de gravier avant la plantation. Les plantes pourries ne fleuriront pas.

Pâleur et allongement de la tige et des feuilles, celles-ci étant éventuellement inclinées, voire couchées: obscurité ou chaleur excessives. Les narcisses demandent une bonne lumière, mais ne supportent pas le soleil direct. Température maximale pour une bonne floraison: 16 °C. Vous pouvez tuteurer la plante avant le développement complet des bourgeons, mais un emplacement frais et clair est préférable.

Trous dans les feuilles: suspectez les limaces ou les escargots, si les plantes ont séjourné à l'extérieur. Si vous repérez des trainées baveuses, placez des appâts antilimaces.

Les bulbes produisent des feuilles minces et herbacées mais pas de fleurs: il est possible que les bulbes aient été infestés l'année avant par les larves de la mouche du narcisse ou qu'ils n'aient pas été nourris. Pour la plantation, choisissez des bulbes fermes et sains.

Nematanthus radicans

Originaire du Brésil, *Nematanthus radicans* garnit toute la longueur de ses tiges de fleurs orange vif, dont la forme curieuse rappelle celle des sabots de jadis, du moins si l'on en croit les Anglo-Saxons qui désignent cette plante sous le nom de «plante-sabot».

Lumière: une bonne lumière naturelle indirecte, à l'abri du plein soleil. Une fenêtre éclairée, non exposée au plein soleil, constitue un emplacement idéal.
Température: jamais inférieure à 13 °C. Cette plante supporte un maximum de 24 °C en été, à condition d'être bien ventilée.
Arrosage: tout excès d'eau provoquant la chute des fleurs, n'arrosez cette plante que lorsque la surface du compost est sèche. Mais cette chute se produit aussi par manque d'eau. Avant les arrosages, vérifiez toujours l'état du compost: la quantité d'eau nécessaire est en effet fonction de la température. Si celle-ci avoisine le maximum toléré en été, trois ou quatre arrosages par semaine peuvent être nécessaires; en hiver, une fois tous les sept à dix jours suffit.
Humidité: comme elle aime une atmosphère sèche, il ne faut pas humidifier cette plante en la vaporisant ou en la posant sur un lit de cailloux mouillés. Durant la floraison, les vaporisations entraînent la pourriture des fleurs.
Engrais: tous les quinze jours au printemps et en été, avec un engrais liquide dilué selon les recommandations du fabricant.
Terre: quatre parts de tourbe et de terreau de feuilles mélangées à une part de terreau et une part de sable. Ou bien: un mélange à base de terreau n° 2 et de tourbe, à parts égales, plus une poignée de sable pour le drainage.
Rempotage: tous les deux ans au printemps avec un nouveau compost, mais dans un pot de taille identique (13 cm). Une bonne couche de matériaux de drainage dans le fond du pot est essentielle.
Nettoyage: si la plante est sale, vaporisez-la à l'eau non calcaire, mais seulement par températures supérieures à 21 °C environ. Pas de lustrant.

Nematanthus radicans porte des feuilles luisantes, presque «succulentes», et épanouit sur toute la longueur de ses tiges des fleurs orange en forme de poche. Grâce à ses feuilles charnues, qui lui permettent de conserver l'humidité, il est moins exigeant que les autres plantes à fleurs. Toutefois, une sécheresse excessive entraîne la chute des fleurs.

S.O.S.

Les tiges foliaires poussent tout en longueur, les feuilles sont très espacées, la plante ne fleurit pas: obscurité excessive. Exposez la plante à la lumière, pas au soleil direct. Taillez-la au début du printemps afin d'encourager la floraison des nouvelles pousses.

La taille

Il faut tailler les plantes échevelées à la fin du printemps, afin d'encourager la croissance des pousses latérales.

Coupez de moitié environ, juste au dessus d'une feuille, les longues tiges échevelées. Assurez à la plante un port harmonieux.

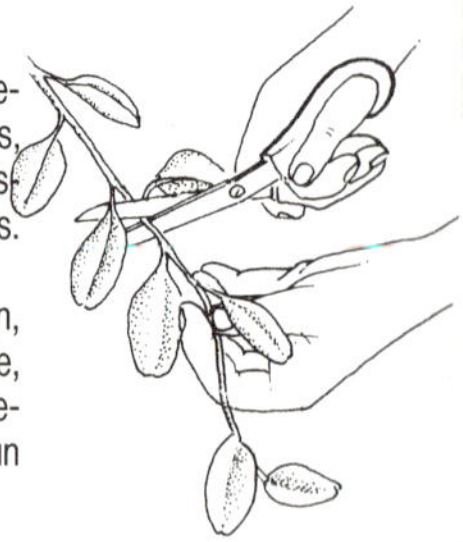

La plante ne pousse pas au printemps; absence de fleurs: besoin de rempotage dans un compost frais ou carence nutritive. Il se peut que le pot soit trop grand. Rempotez la plante tous les deux ans, au printemps, dans un pot de 13 cm. Fertilisez-la, tous les quinze jours, au printemps et en été. Taillez-la au début du printemps, pour encourager la floraison.

Traces de lait de chaux sur les feuilles: vaporisations à l'eau calcaire. Ne vaporisez la plante qu'avec de l'eau non calcaire ou de l'eau de pluie. Ne la vaporisez pas pendant la floraison.

Plaques noires sur certaines feuilles: effets des lustrants. N'en utilisez pas. Ne nettoyez la plante que par vaporisations d'eau non calcaire.

Les feuilles et les fleurs pâlissent, certaines se dessèchent bien que toutes les conditions semblent bonnes: lumière solaire trop forte. Placez la plante dans un endroit bien éclairé, à l'abri du soleil direct. Une fenêtre non exposée au soleil est un emplacement idéal.

La pointe des tiges brunit: chaleur excessive. Placez la plante dans un endroit plus frais, à une température inférieure à 24 °C, à l'abri du soleil direct.

Les feuilles noircissent: froid excessif. Placez la plante en un lieu plus chaud, à une température minimale de 13 °C.

Moucherons voletant autour de la plante: mouches blanches. Pulvérisez un insecticide systémique et arrosez-en la terre une fois par semaine jusqu'à élimination.

Filaments sous les feuilles: araignées rouges. Pulvérisez un insecticide systémique sous les feuilles, tous les quinze jours, jusqu'à élimination. Enlevez les filaments avec un tampon d'ouate trempé dans le même produit.

Les feuilles mollissent et deviennent spongieuses: terre détrempée ou atmosphère trop humide. N'arrosez la plante qu'environ une fois par semaine en hiver, si la température descend à 16 °C, afin de laisser sécher le compost. En été, arrosez-la lorsque la surface de la terre est sèche au toucher. Placez-la dans un endroit moins humide et bien aéré.

Les fleurs tombent avant leur plein épanouissement: sécheresse excessive ou terre détrempée. Examinez le compost et ne l'arrosez que si la surface est sèche. Trois ou quatre arrosages par semaine peuvent se révéler nécessaires lorsque la température avoisine le maximum toléré en été (24 °C).

Plaques laineuses blanches sur les feuilles et à leur aisselle: cochenilles. Essuyez les feuilles avec un tampon d'ouate imbibé d'alcool dénaturé. Arrosez la terre tous les quinze jours, avec du malathion dilué, jusqu'à élimination.

Némésie

Originaire d'Afrique du Sud, la némésie est une annuelle qui se cultive facilement dans toute espèce de récipients. Elle donne bien, par exemple, en association avec une plante verte nouvellement plantée, mais qui paraît un peu perdue dans un espace qu'elle ne remplira que bien plus tard. Le seul inconvénient de cette association est que la némésie achève sa floraison à la mi-été et qu'il faudra donc la remplacer par d'autres plantes.

Lumière: la pleine lumière pour les jeunes pousses cultivées en intérieur, le plein soleil pour les plante cultivées à l'extérieur.
Température: de 10 °C à 18 °C pour la germination. À l'extérieur, une température minimale de 4 °C, à l'abri du gel.
Arrosage: arrosez parcimonieusement les jeunes pousses sans toutefois les laisser se dessécher. Maintenez légèrement humide le compost des plantes matures.
Humidité: cette plante préfère la sécheresse. Pendant la floraison, ne la vaporisez pas et ne l'arrosez pas par le haut.
Terre: une bonne texture et un bon drainage. Utilisez un mélange à base de terreau n° 1 ou un compost pour rempotage non terreux.
Engrais: commencez à nourrir la plante trois semaines après la plantation à l'extérieur, avec un engrais liquide dilué à raison de la moitié de la dose recommandée; tous les dix jours si le compost est terreux, tous les cinq s'il est non terreux.
Multiplication: semez du début du printemps au début de l'été sur un compost pour semis bien drainé, en recouvrant les semences d'une fine couche de compost bien tamisé. Maintenez le semis à une température de 10 °C à 18 °C. Lorsque les pousses apparaissent après quatre jours, exposez-les à la pleine lumière. À faible exposition, elles ne tardent pas à pousser tout en longueur et à s'affaisser. Repiquez-les lorsque leur taille permet de les manipuler et replantez-les à l'extérieur à la fin de gelées.
Nettoyage: enlevez les feuilles jaunies et les fleurs tombées parmi le feuillage.

Les némésies nuancent les couleurs de leurs fleurs de toute une gamme de tons chauds couvrant les blancs, les jaunes, les orange, les rouges et les bruns. Elles s'élèvent à une hauteur d'environ 30 cm pour produire, dès le début de l'été, un grand éclaboussement de couleurs.

Les feuilles des plantes se trouvant dans les terrines à semis présentent des taches pâles: maladie cryptogamique des taches foliaires. Traitez la plante avec de la bouillie bordelaise.

Affaissement des jeunes pousses, base filiforme des tiges: pythium. Les némésies sont très sujettes à cette maladie, si elles ne poussent pas dans un milieu stérile et bien éclairé. Même l'eau des arrosages doit être stérile. Enlevez les plantes atteintes et arrosez la terre avec un fongicide.

Les jeunes pousses meurent: les semences étaient probablement atteintes d'alternariose. Achetez toujours des graines de bonne qualité et de source fiable.

S.O.S.

Plante allongée et faible: obscurité excessive ou semis très serré. Lorsque vous repiquez les jeunes pousses dans les terrines à semis, prévoyez des intervalles spacieux pour le développement latéral des plantes.

La taille

Après la floraison, rabattez les tiges à 8 cm au-dessus du niveau du compost, en utilisant une paire de ciseaux bien effilés. Ajoutez une légère couverture d'engrais sec afin d'encourager une nouvelle production de feuilles et de fleurs.

Moisissure duveteuse grise sur les feuilles: botrytis. Sur les jeunes plantes, cette maladie est due à l'eau laissée sur les feuilles durant la nuit, ou à une plantation trop serrée. Arrosez les plantes le matin. Sur les plantes plus âgées, le mal est encouragé par les fleurs mortes encombrant le feuillage. Ramassez fleurs et feuilles mortes.

Les fleurs pourrissent: vaporisation d'eau ou forte pluie. Pendant la floraison, ne vaporisez pas et n'arrosez pas la plante par le dessus.

Dépôt blanc écumeux, surtout à l'aisselle des feuilles: aphrophore écumeuse, insecte qui suce la sève et qui se cache dans l'écume. Enlevez les dépôts à la main ou lavez-les avec un insecticide ou au jet d'eau.

Amas de petits insectes sur le feuillage des jeunes plantes: aphidés. Pulvérisez un insecticide et, au besoin, répétez le traitement au bout de quinze jours. Les plantes plus âgées sont moins sujettes à cette infestation.

Le bas des tiges noircit, le feuillage jaunit: phytophtora entraînant la pourriture des tiges et des racines, suite à de l'eau ou à une terre contaminées. La plante a peu de chances de survivre: enlevez-la et traitez la terre avec un fongicide.

Le bord des feuilles des plantes, jeunes ou adultes, est rongé: limaces ou escargots. Les limaces se cachent probablement sous les plateaux à semis, les escargots sous les pierres, etc. Enlevez tout parasite visible et déposez des appâts antilimaces en respectant les recommandations du fabricant.

La plante se flétrit: sécheresse excessive. Maintenez la terre légèrement humide. Examinez-la chaque jour par grandes chaleurs.

Bien qu'encore verte, la plante s'affaisse: il se peut qu'elle ait été sectionnée au ras du sol par les noctuelles. Seul un compost non stérilisé peut occasionner cette infestation. Fouillez la couche supérieure de la terre, à une profondeur de 2,5 cm. En l'absence de noctuelles, suspectez les limaces et placez des appâts en respectant les recommandations du fabricant.

Neochilenia

Alors que la plupart des cactées produisent des fleurs aux couleurs vives, *Neochilenia,* originaire du Chili, les colorent délicatement en tons pastel. Ce sont en général de petites plantes globuleuses de taille basse, qui recouvrent leur épiderme à pigmentation noirâtre d'aiguillons noirs, bruns et jaunes. Elles dépassent rarement 7 cm de haut et ne produisent pas de rejetons. *N. nigriscoparia* (p. 387) est un bon représentant du genre. Leurs fleurs s'épanouissent à partir du centre de la plante, sous forme d'entonnoir de 3 à 5 cm de large et dans des coloris blanc, crème, jaune ou rose. Selon certains botanistes, ces plantes seraient erronément désignées sous le nom de «néochilenia»: on devrait soit les nommer«nichelia», soit les regrouper dans le genre *Neoporteria* (p. 388). Peu de collectionneurs et aucun pépiniériste, toutefois, ne suivent leur suggestion. La plupart des collectionneurs s'en tiennent au nom de «néochilenia» pour désigner ces plantes très caractéristiques.

Lumière: gardez ces plantes sur l'appui ensoleillé d'une fenêtre ou en serre, en les ombrageant durant les mois les plus chauds.
Température: supérieure à 4 °C en hiver et inférieure à 38 °C en été, avec une aération optimale.
Arrosage: arrosez-les une fois par mois au printemps, une fois tous les quinze jours en été. Une fois par semaine si la terre se dessèche rapidement. Tenez-les à sec en hiver. Tout surarrosage entraînera la pourriture des racines et risquera de tuer la plante.
Engrais: une fois par mois au printemps et en été, avec un engrais riche en potasse.
Terre: deux parts de compost pour rempotage non terreux ou à base de terreau n° 2 et une part de sable grossier et graveleux (pas de sable de construction ou de plage).
Rempotage: rempotez la plante chaque année. Lorsque la taille du pot atteint 10 cm,

Neochilenia imitans est un des rares néochilenias qui finit par pousser en colonne et qui dispose en rangs bien ordonnés ses épines denses et menues. La fleur surprend lorsque, d'un bourgeon presque noir, elle s'épanouit pour dévoiler son intérieur jaune pâle. Espèce à croissance lente, il lui faut cinq ans pour faire 5 cm de haut.

De formes globuleuse aplatie, *Neochilenia kesselringianus* est un représentant typique du genre. Ses fleurs, dont la gorge foncée forme un heureux contraste avec les pétales rose pâle, dégagent un parfum aromatique. Il atteint rarement plus de 8 cm de diamètre, mais fleurit déjà à l'âge de trois ans, alors qu'il n'a que la moitié de cette taille.

ne la rempotez que tous les deux ans ou renouvelez le compost dans un pot de même taille. Lors du rempotage, veillez à ne pas abîmer les épaisses racines et choisissez un pot dont la taille permette de les recevoir confortablement, tout en ménageant autour de celles-ci suffisamment de place pour le nouveau compost.

Nettoyage et lutte antiparasitaire: dépoussiérez la plante en la vaporisant une fois par mois et incorporez un insecticide aux vaporisations deux ou trois fois par an.

Autres espèces: comme les semences de la plupart des cinquante à soixante espèces existantes sont produites commercialement, il arrive que des espèces différentes voient le jour. Outre *N. nigriscoparia* (ci-dessous), une bonne sélection comprend: *N. napina,* aux courts aiguillons noirs assortis de fleurs crème, et sa variété *spinosior* aux longs aiguillons noirs et fleurs roses; *N. imitans,* aux menus aiguillons et fleurs jaune pâle; *N. jussieui,* aux robustes épines brunâtres et aux fleurs roses parcourues d'une bande médiane plus foncée; *N. chilensis,* aux épines jaunes ou blanches, parmi les plus denses du genre, et aux fleurs rose-rouge; *N. kesselringianus,* aux fleurs blanches et aux aréoles méticuleusement agencées. Enfin, *N. atra,* beau mais rarement disponible, est une cactée à croissance lente, épiderme foncé et fleurs jaune pâle garnies de pétales externes noirâtres.

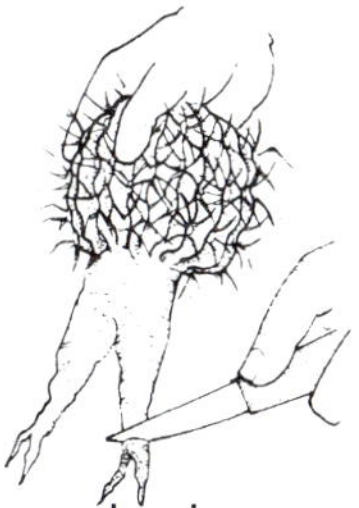

La mouche sciara
Si la plante ne pousse pas et que des mouches noires sont présentes autour du compost, examinez les racines pour y repérer les larves de la mouche sciara. Si les racines sont endommagées, pelez les parties molles jusqu'aux tissus fermes et sains.

Neochilenia nigriscoparia porte sur son épiderme naturellement foncé de longs aiguillons noirs, qu'il renouvelle au printemps et en été. Lorsqu'il atteint environ 5 cm de large, à l'âge de 4 ou 5 ans, des fleurs en forme d'entonnoir émergent du centre de la plante au début de l'été. Cette poussée de fleurs dure environ une semaine pour ne se reproduire d'habitude que l'année suivante.

Neoporteria

On estime parfois que le genre *Neoporteria* devrait inclure les néochilenias (p. 386), mais la plupart des collectionneurs préfèrent désigner ces deux groupes de cactées sous des noms différents, car de nombreux traits les distinguent nettement. *Neoporteria multicolor* (p. 389) est un représentant typique du groupe couramment connu sous le nom néoporterias. Ce sont des plantes à peine visibles sous la dense vannerie de leurs aiguillons enchevêtrés et courbés. Ils atteignent des tailles assez imposantes, formant d'habitude une seule tête d'au moins 20 cm de haut sur 10 à 12 cm de large en l'espace de dix à douze ans. La couleur des aiguillons varie du blanc crème aux jaune, brun et noir. Généralement longs et incurvés vers l'intérieur, ils se rejoignent au sommet de la plante qu'ils hérissent comme un porc-épic, sans toutefois former un écran totalement impénétrable, puisque c'est à travers eux que les fleurs se fraient un passage. Les fleurs des néoporterias se distinguent de celles de la plupart des autres cactées par leur forme : les pétales extérieurs sont étalés tandis que les intérieurs ne s'écartent pas du centre de la fleur. Elles présentent d'habitude divers tons bicolores roses et jaunes.

Lumière : une exposition solaire maximale sur l'appui d'une fenêtre ou dans une serre, tout au long de l'année.
Température : supérieure à 4 °C en hiver et inférieure à 38 °C en été, avec une aération optimale.
Arrosage : tous les quinze jours en été, toutes les semaines si la plante se trouve dans un pot de moins de 10 cm et après avoir laissé le compost se dessécher entre les arrosages. Au printemps et en automne : un arrosage mensuel. En hiver : maintenez la plante à sec.
Engrais : riche en potasse, une fois par mois au printemps et en été.

Neoporteria wagenknechtii porte des aiguillons robustes et acérés, qui rendent son rempotage difficile. Il fleurit lorsqu'il a atteint quelque 5 cm de haut et de large, à l'âge de quatre ou cinq ans environ. La plante illustrée ici présente des boutons,

Terre : deux parts de sable grossier et graveleux (pas de sable de construction ou de plage) pour trois parts de compost pour rempotage non terreux ou à base de terreau n° 2.
Rempotage : rempotez la plante chaque année jusqu'à ce qu'elle remplisse un pot de 13 cm, ensuite tous les deux ans. Si elle n'est pas à l'étroit, rempotez-la dans le même pot en renouvelant le compost. Ne l'arrosez plus pendant deux semaines. Lors du rempotage, méfiez-vous des aiguillons : ils sont très acérés.
Nettoyage et lutte antiparasitaire : dépoussiérez la plante en la vaporisant une fois par mois et incorporez un insecticide aux vaporisations deux ou trois fois par an, pour prévenir le parasitisme.
Autres espèces : comme les semences sont produites commercialement et que ces cactées sont faciles à cultiver, il en existe plusieurs espèces. Outre *N. multicolor* (à droite) signalons-en encore trois bonnes : *N. laniceps*, aux piquants brun kaki à brun foncé et presque aussi fins que des cheveux ; *N. litoralis*, aux piquants généralement jaunes ; *N. wagenknechtii*, aux robustes aiguillons et aux fleurs roses.

Le rempotage

Portez des gants pour vous protéger les mains et manipulez délicatement la plante afin de ne pas endommager ses aiguillons acérés.

1 Dépotez la plante et examinez la motte radiculaire. Si celle-ci est recouverte de nombreuses racines blanches chevelues, il faut rempoter la plante. Vérifiez s'il y a des parasites. Au besoin, pour le traitement, reportez-vous aux pp. 38-41.

2 Avec les doigts, émiettez délicatement la terre de la motte pour enlever le vieux compost, en veillant à ne pas briser les racines. Si le compost s'effrite facilement et que la motte soit bien fournie en nouvelles racines, la plante peut être rempotée dans le même pot avec un compost frais.

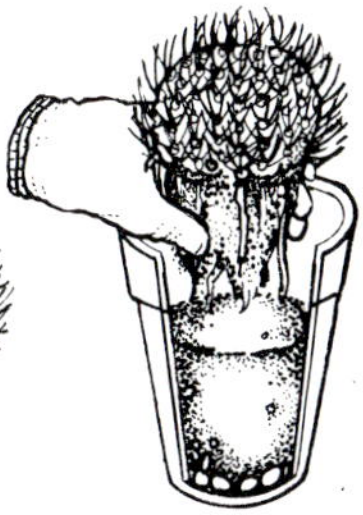

3 Si la motte forme une masse compacte, disposez dans le pot de la taille au-dessus une couche de matériaux de drainage, puis une couche de compost frais (2,5 cm). Descendez la motte sur celui-ci.

4 Versez du compost frais autour de la motte, tassez délicatement et couvrez la surface d'une dernière couche de gravillons. Le compost devrait s'élever au même niveau qu'auparavant, c'est-à-dire jusqu'à environ 2,5 cm du bord du pot. Afin de permettre aux racines de se répandre dans le nouveau compost, n'arrosez pas la plante pendant deux semaines.

Neoporteria multicolor porte des aiguillons dont les coloris couvrent la gamme des blanchâtres aux noirâtres en passant par tous les tons jaunes et bruns. Bénéficiant d'une lumière solaire suffisante, il fleurira à la fin de l'été lorsqu'il aura atteint environ 7 cm de large, à l'âge de cinq ou six ans. Les quelque douzes à quinze fleurs qui s'épanouissent en l'espace d'environ deux semaines sont, par leur forme, typiques des néoporterias: les pétales externes sont étalés tandis que les internes s'écartent à peine du centre de la fleur.

Neoregelia carolinae

Cette plante se distingue par ses longues feuilles rubanées vert et crème, disposées autour d'une rosette de feuilles bractéales orange vif. Petites et d'habitude mauves, les vraies fleurs émergent à peine du centre des bractées. C'est une plante qui appartient à la grande famille des broméliacées, au même titre, notamment, que l'ananas. Dans leur milieu naturel, plusieurs d'entre elles poussent sur les arbres, où elles se nourrissent des éléments nutritifs contenus dans l'eau qu'elles recueillent dans leur rosette centrale plutôt que dans le sol. Les feuilles de *Neoregelia carolinae* s'étalent presque à l'horizontale sur 45 cm environ. Cette espèce a récemment donné naissance à la variété «Perfecta», au port plus compact et à coloris rouge vif.

Lumière: un emplacement bien éclairé, quelque peu exposé au soleil, à l'exclusion du soleil de midi.
Température: de préférence une température constante de 15 °C tout au long de l'année. Minimum toléré en hiver: 13 °C. Maximum en été: 21 °C.
Arrosage: maintenez le centre de la rosette à moitié empli d'eau en tout temps, en renouvelant celle-ci toutes les semaines. Arrosez le compost toutes les semaines en été, tenez la plante dans une plus grande sécheresse en hiver, en ne l'arrosant que tous les dix à quinze jours.
Humidité: vaporisez la plante par le dessus toutes les semaines.
Engrais: en été, lors du renouvellement de l'eau de la rosette centrale, ajoutez un engrais liquide toutes les deux semaines. N'utilisez que la moitié de la dose recommandée.
Terre: un compost à base de tourbe et terreau n° 2, à parts égales.
Rempotage: chaque année, au début de l'été. Malgré la petitesse des racines, la plante peut exiger un pot plus grand, car elle a tendance à étaler ses feuilles.
Nettoyage: essuyez les feuilles avec un chiffon humide. Pas de lustrant.

Neoregelia carolinae épanouit de minuscules fleurs au centre de sa rosette, mais c'est dans les coloris vifs de ses bractées que réside son apanage. Comme la floraison n'a lieu qu'une seule fois, achetez des plantes qui ne portent aucune trace de fleurs mortes et dont les feuilles externes rayées sont propres et exemptes de toute flétrissure.

Les feuilles retombent, se dessèchent et paraissent pâles, malgré un bon arrosage: chaleur excessive. Maintenez la plante à une température inférieure à 21 °C. Une température constante de 15 °C constitue l'idéal.

Les feuilles ont l'air blanchies: chaleur excessive du soleil de midi. En été, protégez la plante du soleil direct tout en l'exposant à une bonne lumière.

S.O.S.

La plante se dessèche et se recroqueville: sécheresse excessive. Veillez à ce qu'il y ait toujours de l'eau dans la rosette et à ce que la terre soit régulièrement arrosée.

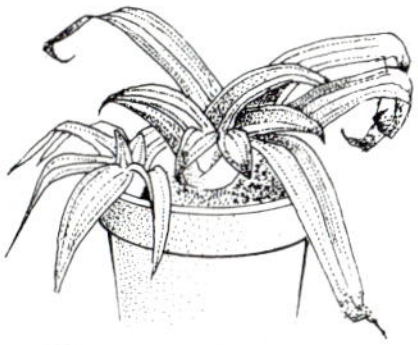

Le prélèvement des rejets

Après le flétrissement complet des fleurs et des feuilles de la plante mère, les rejets auront la moitié de la taille de celle-ci et pourront en être séparés.

1. Disposez, dans un petit pot, une couche de matériaux de drainage, recouverte d'un mélange de tourbe mouillée et de sable.

2. Dégagez la plante du pot et séparez au couteau le rejet avec ses racines.

3. Placez le rejet dans le nouveau pot et tassez le compost autour de la base, en couvrant les racines. Arrosez-le bien et couvrez le pot de polyéthylène pendant deux ou trois jours pour accroître l'humidité. Jetez la plante mère.

Les feuilles pâlissent: obscurité excessive. Placez la plante dans un endroit plus éclairé, quelque peu exposé au soleil, à l'exclusion du soleil de midi en été.

Flétrissement des feuilles, filaments en dessous: araignées rouges. Pulvérisez, tous les quinze jours, du malathion ou du derris dilué.

Dépérissement du centre de la rosette mais apparition de jeunes pousses latérales: naturel au bout de deux ou trois ans. Ne séparez pas les nouvelles pousses avant le flétrissement complet du centre de la plante-mère.

Les fleurs se recroquevillent et noircissent: effets des lustrants. Ne les appliquez pas sur les fleurs.

La base de la plante pourrit: froid excessif ou excès d'eau. La plante peut mourir. Laissez-la tout de même sécher et évacuez l'eau de la rosette centrale jusqu'à l'éventuel rétablissement de la plante.

Écailles brunes sous les feuilles: insectes écailleux. Enlevez-les avec un tampon d'ouate imbibé d'alcool dénaturé ou pulvérisez un insecticide systémique, tous les quinze jours, jusqu'à élimination.

Fougère de Boston

La fougère de Boston est une des variétés les plus répandues de la grande famille des *Nephrolepis*. C'est une plante qui fait bel effet et se porte bien en suspension dans une corbeille. À mesure qu'elle grandit, elle déploie ses nouvelles frondes à partir de son centre. À l'achat, assurez-vous donc que le feuillage central est en bonne santé. Bien humidifiée, elle est d'une entretien facile, même si les extrémités de ses feuilles s'effilochent facilement quand on les meurtrit en les effleurant au passage. La multiplication peut se faire par séparation des plantules qu'elle produit au printemps.

À l'achat d'une fougère de Boston, choisissez une plante dont le feuillage central est d'un beau vert vif: c'est en effet du centre de la plante que se déploient les nouvelles frondes. Vert pâle et luxuriantes, celles-ci se développent gracieusement en forme de lance tout en s'infléchissant vers le haut.

Lumière: cette fougère se plaît à la lumière naturelle et diffuse, mais supporte aussi un emplacement très ombragé. Maintenez-la à l'abri du soleil direct.

Température: en été, un minimum de 18 °C et un maximum de 24 °C. En hiver: de 13 °C à 15 °C.

Arrosage: en été, entretenez l'humidité du compost en l'arrosant deux ou trois fois par semaine avec de l'eau non calcaire. En hiver, à peu près une fois par semaine, après avoir laissé le compost se dessécher presque complètement.

Humidité: une vaporisation quotidienne à l'eau tiède non calcaire est essentielle pour une croissance saine de la plante. Posez celle-ci sur une soucoupe remplie de cailloux partiellement immergés dans l'eau. Les salles de bains et les cuisines sont de bons emplacements pour cette plante.

Engrais: tous les quinze jours en période de croissance (printemps et été), avec un engrais liquide dilué à l'eau des arrosages selon les recommandations du fabricant.

Terre: un compost tourbeux ou une part de mélange à base de terreau n° 1 pour deux parts de tourbe stérilisée.

Rempotage: à chaque printemps, dans le pot en plastique de la taille au-dessus. Pour un bon drainage, disposez des tessons dans le fond du pot.

Nettoyage: vaporisez la plante à l'eau non calcaire. Pas de lustrant.

Blanchiment, dessèchement et crispation des feuilles: soleil direct excessif. Placez la plante dans un endroit plus ombragé.

Dépôts blancs sur les feuilles: vaporisations d'eau calcaire. Utilisez de l'eau de pluie, si possible.

La plante retombe en hiver: terre détrempée ou pot trempant dans l'eau. Par températures inférieures à 15 °C, laissez sécher le compost entre les arrosages.

S.O.S.

Noircissement des feuilles: froid excessif. Placez la plante dans une pièce plus chaude, à une température minimale de 15 °C en hiver, de 18 °C en été.

Pâleur et rabougrissement des nouvelles feuilles: carence nutritive. Alimentez la plante tous les quinze jours durant sa croissance estivale, avec un engrais liquide dilué à la dose recommandée.

La taille des frondes

1. Avec une bonne paire de ciseaux, coupez à leur base les frondes brunies et recroquevillées.

2. Si les extrémités des frondes s'effilochent et se dessèchent, enlevez-les aux ciseaux, en faisant la coupe juste dans la partie abîmée. Ne coupez pas dans les tissus sains.

Les feuilles noircissent et se recroquevillent: effets des lustrants, des gaz polluants ou des insecticides. N'utilisez ni lustrants ni insecticides. Gardez la plante dans un endroit non pollué par les gaz polluants.

Les feuilles se dessèchent, se recroquevillent et tombent; les nouvelles frondes centrales sont brunes: besoin d'eau. Coupez à leur base les frondes recroquevillées et arrosez bien la plante, en plongeant le pot dans un seau d'eau pendant une heure. Ensuite, laissez-la égoutter.

Brunissement de la pointe des feuilles qui se flétrissent et se crispent: chaleur excessive, atmosphère trop sèche. Placez la plante dans un endroit plus frais et vaporisez-la chaque jour à l'eau tiède non calcaire.

Amaryllis de Guernesey

Originaire d'Afrique du Sud, l'amaryllis de Guernesey peut, contrairement à bien d'autres plantes bulbeuses, fleurir durant quatre ou cinq ans sans être rempoté. Achetez des bulbes fermes, exempts de toute tache foncée ou de tout creux. Plantez-les à la fin de l'été ou au début de l'automne, séparément dans des pots de 10 cm ou par trois dans un pot de 18 cm. La moitié du bulbe devrait émerger du compost. Donnez-leur un emplacement frais, aéré et bien éclairé. Après la floraison, il faut leur ménager une période de repos.

Lumière: une exposition quotidienne à une lumière vive, aussi longue que possible. Protégez les fleurs contre le soleil de midi.
Température: cette plante pousse mieux à une température constante de 13 °C à 16 °C. Durant son repos, on peut l'exposer à des températures plus froides, mais elle ne résistera pas au gel.
Arrosage: chaque semaine après l'apparition des nouvelles pousses, deux ou trois fois par semaine pendant la floraison et la pleine feuillaison. La terre doit toujours être humide. Réduisez les arrosages lorsque les feuilles jaunissent. Arrêtez-les complètement durant la période de repos.
Humidité: un emplacement sec et bien ventilé. Ne vaporisez pas cette plante.
Engrais: chaque semaine avec un engrais liquide dilué à la dose recommandée, dès l'apparition des nouvelles pousses et jusqu'à la taille du feuillage après la floraison.
Terre: un compost pour rempotage à base de terreau nº 2. N'utilisez pas de fibre spéciale pour bulbes.
Après la floraison: coupez la hampe florale, puis laissez le feuillage jaunir et se flétrir complètement. Rabattez celui-ci au niveau du sol, cessez les apports en engrais et laissez sécher la potée. Exposez celle-ci au soleil, de préférence à l'extérieur. À la fin de l'été, surfacez la terre avec une couche de 2,5 cm de compost frais et humide.

Les amaryllis de Guernesey produisent une seule hampe florale de 38 à 45 cm de haut, coiffée d'une ombelle de fleurs rose saumon ou rouge vif. Il arrive que la feuillaison n'intervienne qu'après la formation complète du bourgeon. Un peu plus rustique, *Nerine bowdenii* porte des feuilles épaisses et luisantes, qui ne se fanent pas complètement en hiver.

Les bulbes
L'absence de floraison, chez un bulbe sain lors de la plantation, peut être due au parasitisme, voire à une humidité ou une sécheresse excessives. Vérifiez et apportez le remède adéquat. Par ailleurs, l'absence de refloraison d'un bulbe peut provenir d'un apport d'engrais insuffisant. Nourrissez-le en vue du futur bon épanouissement du bourgeon embryonnaire. Comme ils ne fleurissent pas plus de quatre ou cinq ans de suite, il est inutile de conserver plus longtemps les bulbes. Si, durant la période de repos, ils se couvrent d'un dépôt visqueux ou de moisissure: excès d'eau. Après la coupe du feuillage, ne les arrosez pas du tout. **Bulbe mou lors de la plantation ou après le repos:** fusariose, probablement causée par un arrosage durant la période de repos. Achetez toujours des bulbes fermes et sains, provenant de source fiable. Ne les arrosez pas durant la période de repos.

Base des tiges sectionnée, plante couchée au sol: agrotis des moissons, probablement logé à une profondeur de 2,5 cm du compost. Au besoin, saupoudrez celui-ci avec un insecticide. Utilisez toujours un compost stérile.

S.O.S.

Grandes taches brunes sur les fleurs ou les feuilles: affection fongique, provoquée sans doute par une humidité élevée ou des vaporisations d'eau. Pulvérisez de la bouillie bordelaise.

Fleurs ou feuilles déformées, éventuellement accompagnées de stries foncées: virus de la mosaïque. Pas de remède. Détruisez la plante et le bulbe.

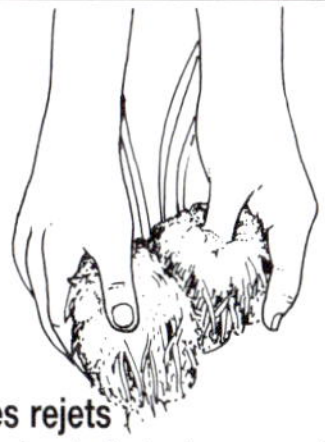

Les rejets

Au bout de trois ou quatre ans, la potée abonde en rejets. Dépotez la plante et divisez la touffe. Replantez ensemble les petits rejets dans un grand pot. Rempotez les grands séparément dans un compost frais et moite.

Hampes florales et bulbes rongés: limaces ou escargots. Vérifiez s'il y a des traînées baveuses et, au besoin, disposez des appâts antilimaces. Tenez ceux-ci à l'écart des enfants et des animaux domestiques.

Noircissement des fleurs et des feuilles: effets du gel, ce qui ne devrait pas se produire si les plantes sont cultivées à l'intérieur. Ces plantes ne résistent à aucun degré de gel.

Les fleurs et les feuilles perdent leurs couleurs vives et ont l'air flasques: sécheresse excessive. Maintenez la terre humide, sans la saturer, durant la croissance.

Flétrissement des feuilles et des tiges: chaleur et humidité excessives. Maintenez la plante à une température avoisinant de 13 °C à 18 °C, dans un endroit aéré. Ne la vaporisez pas.

Croissance lente et rabougrie de la plante: froid excessif. Maintenez la plante à une température constante de 13 °C à 18 °C. Si ces symptômes subsistent, examinez la terre pour y repérer la présence éventuelle de larves du charançon de la vigne, qui sont peut-être en train de ronger les racines. Au besoin, saupoudrez la terre avec un produit à base de lindane, bromophos ou malathion. N'utilisez pas la terre du jardin.

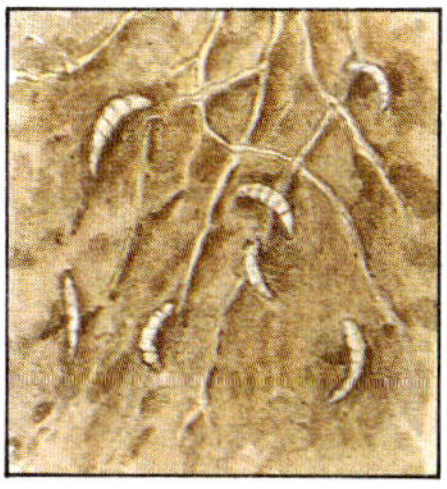

Laurier-rose

Le laurier-rose, dit aussi «laurose», «oléandre» ou «nérion», est une jolie plante dont les fleurs, simples ou doubles, sont délicatement colorées et façonnées en trompettes. Les feuilles sont lancéolées et disposées par paires tout le long des tiges. Comme ces feuilles et, parfois, les fleurs sont toxiques, ni l'homme ni les animaux ne doivent les consommer. Cultivée en pot, cette plante s'élève à quelque 45 cm, bien qu'elle puisse, en serre et dans un grand bac, atteindre plus de 2 m. Les types panachés, *Nerium oleander* «Variegata», sont de port plus compact et de croissance plus lente. Les fleurs, dont certaines sont odorantes, présentent un éventail de coloris couvrant des blancs, des roses délicats, des orange, voire des pourpres.

Lumière: cette plante se plaît à exposition très claire et s'accommode du plein soleil. Un ombrage excessif entrave l'infloraison.
Température: un minimum de 5 °C en hiver. En été, le laurier-rose préfère la fraîcheur; par températures supérieures à 15 °C, il faut le sortir ou le garder dans une pièce très aérée.
Arrosage: chaque jour en été par températures supérieures à 18 °C environ, tous les dix jours en hiver, avec de l'eau de pluie, si possible. L'eau froide peut entraver la floraison.
Humidité: vaporisez la plante avec de l'eau non calcaire une fois par semaine en été, surtout par températures supérieures à 18 °C, mais jamais sur le temps de midi.
Engrais: toutes les semaines pendant la croissance estivale, avec un engrais liquide.
Terre: un compost à base de terreau n° 3.
Rempotage: d'habitude tous les deux ou trois ans, au printemps. La plante prospère mieux dans un grand pot. En dehors des rempotages, surfacez et fertilisez le compost au printemps.
Nettoyage: par vaporisations d'eau tiède ou avec un chiffon humide, si la plante est sale. Pas de lustrant.

Les fleurs du laurier-rose se succèdent tout au long de l'été, bien que chacune d'elles dure peu. Le feuillage manifeste sa bonne santé par sa couleur naturellement un peu mate et sa texture coriace. À l'achat, choisissez des plantes garnies à la fois de bourgeons et de fleurs. Assurez-vous que les feuilles soient exemptes de parasites.

Les pousses latérales

1 Afin d'encourager l'éclosion des bourgeons, coupez immédiatement les pousses latérales situées en dessous des cymes. Cette taille permet à la plante de canaliser son énergie vers les bourgeons.

2 Disposez les tiges dans un bocal peu profond, empli aux deux tiers d'eau tiède et couvert de papier aluminium. Trois ou quatre morceaux de charbon de bois maintiendront la fraîcheur de l'eau. À exposition chaude (de 16 °C à 18 °C), les boutures racineront et on pourra les empoter dans de petits pots. Couvrez ceux-ci avec du polyéthylène durant deux ou trois jours, pour accroître l'humidité.

S.O.S.

Pâleur des feuilles et absence de nouvelles pousses: besoin d'engrais ou de rempotage. Rempotez la plante tous les deux ou trois ans au printemps. Les autres années, surfacez le compost. Fertilisez celui-ci chaque semaine en été.

Pourriture des bourgeons avant leur éclosion: froid excessif ou eau trop froide. Exposez la plante à une plus grande chaleur (si possible, n'excédant pas 15 °C, sauf si la pièce est bien aérée) et arrosez-la à l'eau tiède en hiver.

Pâleur des feuilles qui se dessèchent et se recroquevillent, absence de nouvelles pousses: sécheresse excessive. Trempez le pot dans un seau d'eau pendant quinze minutes, puis laissez-le égoutter. En été, maintenez le compost humide en l'arrosant chaque jour.

Tiges échevelées, absence de bourgeons floraux en été: chaleur et sécheresse excessives. En été, arrosez la plante chaque jour et vaporisez-la à l'eau tiède. Placez-la dans un endroit plus frais (sous 15 °C, si possible) ou dans une pièce très aérée.

Marques brunes sur les feuilles: froid excessif, voire «brûlures» dues au gel si la plante est à l'extérieur. Températures minimales en hiver: 5 °C. Les lustrants peuvent également entraîner ce genre de taches. Ne les utilisez pas.

Plaques laineuses blanches sur les feuilles et à leur aisselle: cochenilles. Enlevez-les avec un tampon d'ouate imbibé d'alcool dénaturé ou pulvérisez un insecticide systémique, chaque semaine, jusqu'à élimination.

Marques de roussissement sur les feuilles: vaporisations d'eau effectuées sur les feuilles sous une lumière solaire intense. Ne vaporisez la plante qu'en début de matinée et assurez-vous que l'eau ne stagne pas sur les feuilles.

Écailles brunes sous les feuilles et sur les tiges: insectes écailleux. Enlevez-les avec un tampon d'ouate imbibé d'alcool dénaturé ou pulvérisez un insecticide systémique chaque semaine, jusqu'à élimination.

Absence de bourgeons floraux, feuilles et tiges étant par ailleurs saines: obscurité excessive. Placez la plante dans un endroit plus clair, au plein soleil.

Tabac

Originaire d'Amérique du Sud, cette plante odorante appartient à la même famille que celle du tabac que l'on fume. Par soirées humides, l'arôme de certaines variétés est très pénétrant, mais les recherches destinées à obtenir de nouveaux coloris l'ont atténué chez d'autres. Ces plantes exigent le soleil et doivent être protégées du gel, quels que soient les soins qu'on ait apportés à leur acclimatation.

Lumière: maximale, à l'intérieur comme à l'extérieur.
Température: 18 °C pour la germination. Le tabac craint le gel.
Arrosage: maintenez le compost moite, sans le saturer.
Humidité: la sécheresse pendant la floraison. Vaporisez la plante après une journée chaude (21 °C), surtout au début de leur transplantation.
Terre: un compost pour rempotage à base de terreau n° 3 ou non terreux.
Engrais: commencez à nourrir les plantes lorsqu'elles sont à l'extérieur dans leur récipient provisoire. Administrez toutes les deux semaines un engrais dilué à raison de la moitié de la dose recommandée. À compter de deux semaines après la transplantation définitive, administrez toute la dose recommandée, tous les dix jours si le compost est terreux, tous les cinq s'il est non terreux.
Multiplication: effectuez le semis à la mi-printemps sur la surface d'un compost pour semis. Ne recouvrez pas les graines de compost, mais placez le plateau dans un sac en plastique et couvrez le tout avec du papier épais. La germination s'effectue en quatre ou cinq jours. Repiquez les jeunes pousses lorsque leur taille permet de les manipuler, en les espaçant de 8 cm. Elles s'accommodent du plein soleil durant la croissance.
Nettoyage: une fois les fleurs fanées, coupez à sa base la hampe florale, afin d'empêcher la plante de monter en graine et de favoriser ainsi la production d'autres fleurs.

Les variétés du tabac odorant, propres à la culture en pots, font d'habitude 25 à 38 cm de haut et se colorent, entre autres, de jaune citron, de rose, de rouge et de blanc. La variété «Affinis», blanche et plus grande, ferme partiellement ses fleurs pendant la journée pour les rouvrir à l'approche du soir.

La plante cesse de croître, la terre est trouble et nauséabonde: plante saturée d'eau. Cessez les arrosages et véritifiez le drainage. Attendez que le compost soit presque sec avant de recommencer à arroser.

Le bord des feuilles brunit et se recroqueville: pulvérisations d'insecticide sous une lumière solaire intense ou brûlures des racines suite à une dose d'insecticide trop concentré. N'excédez jamais la dose recommandée par le fabricant. N'effectuez les vaporisations que le soir.

Les feuilles de la première pousse, venant en contact avec la terre, sont découpées en dentelle: larves de la mouche sciaride. Trempez le compost avec du malathion dilué en respectant les recommandations du fabricant. Rincez les feuilles à l'eau claire pour enlever l'excédent d'insecticide, qui pourrait les roussir.

S.O.S.

Feuilles maculées de vert-jaune pâle, tige tordue ou noueuse: maladie virale. Si l'affection est grave, dépotez la plante et détruisez-la. Si elle est bénigne, la floraison a des chances de se poursuivre jusqu'à la fin de la saison. S'il y a infestation d'aphidés, ces symptômes se manifesteront sans doute sur toutes les plantes.

Bien qu'elles soient encore très petites, les jeunes plantes, dans les plateaux pour semis, commencent à produire des hampes florales; les feuilles sont gris-vert: carence nutritive. Nourrissez-les tout de suite. Il est préférable que les hampes florales ne se développent pas avant la transplantation, c'est-à-dire avant le «démarrage» complet des racines.

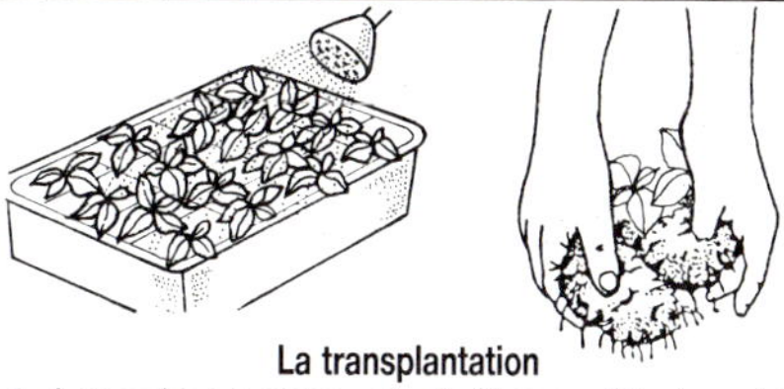

La transplantation

1. Arrosez bien le plateau et laissez-le égoutter. Tapotez légèrement une des extrémités du plateau contre le sol, tenez une main ouverte en face des plantes et basculez le plateau vers l'avant. Les plantes se dégageront de celui-ci d'un seul bloc.

2. Séparez délicatement les racines en émiettant le moins possible la motte. Transplantez chaque plant dans un récipient individuel.

Insectes ailés vert/brun à l'intérieur des fleurs et sous les feuilles: aphidés. Pulvérisez du malathion dilué, en respectant les directives du fabricant.

Minceur et coloration très pauvre des tiges florales, rareté des fleurs: obscurité excessive. Placez les plantes dans un endroit plus clair, si possible.

Texture dure et ligneuse des tiges florales: carence nutritive. Fertilisez la plante une fois par semaine avec un engrais riche en azote. Ensuite, alimentez-la régulièrement.

Feuilles trouées et bords rongés: limaces ou escargots. Placez des appâts antilimaces en suivant les recommandations du fabricant. Tenez ces produits à l'écart des animaux domestiques et des viviers.

La plante noircit: effets du gel. Au début de l'hiver, mettez toujours la plante à l'abri du gel.

Petitesse et coloration vert-gris des feuilles: sécheresse excessive. Arrosez la potée et maintenez-la toujours humide, sans la détremper.

La plante s'incline: pourriture des racines, suite à une terre non stérile, ou surarrosage. Cessez les arrosages.

Notocactus

Notocactus est originaire de l'Amérique du Sud. Les fleurs des notocactus comptent parmi les plus grandes de la famille des cactées: elles peuvent mesurer jusqu'à 12 cm de large. Généralement d'un jaune soyeux, elles s'épanouissent à profusion lorsqu'au bout de quatre ou cinq ans, la plante fait environ 7 à 8 cm de large et ne cessent d'augmenter en taille et en nombre à mesure que la plante grandit. La plupart des notocactus sont de culture aisée et beaucoup s'agrémentent d'aiguillons et de fleurs à bel effet décoratif.

Lumière: pour une floraison optimale, exposez ces plantes sur un appui de fenêtre ensoleillé. En serre, ombragez-les légèrement en été.
Température: supérieure à 8 °C en hiver, inférieure à 38 °C en été. Aérez les plantes aussi souvent que possible.
Arrosage: contrairement à la plupart des cactées, celles-ci ne devraient jamais être tenues complètement à sec en hiver, du moins par température minimale de 8 °C. Arrosez-les une fois par mois par le bas du pot. Au printemps, augmentez la fréquence des arrosages à une fois tous les quinze jours. En été, un arrosage hebdomadaire peut se révéler nécessaire. En automne, réduisez de nouveau les arrosages.
Engrais: chaque mois au printemps et en été, avec un engrais riche en potasse.
Terre: trois parts de compost pour rempotage non terreux ou à base de terreau n° 2, avec une part de sable grossier et graveleux.
Rempotage: chaque année dans le pot de la taille au-dessus. Lorsque celle-ci est de 13 cm, un rempotage bisannuel suffit. Certaines espèces de notocactus poussant plus vite que d'autres, vérifiez si la plante est à l'étroit. Il faut réserver de la place autour des racines, dont on a enlevé le vieux compost, pour y ajouter le nouveau.
Nettoyage et lutte antiparasitaire: dépoussiérez la plante en la vaporisant une fois par mois et prévenez le parasitisme en administrant un insecticide deux ou trois fois par an.

Notocactus crassigibbus produit de grandes fleurs qui, en plein soleil, s'étalent pour recouvrir complètement le corps de la plante. Il commence sa floraison lorsqu'il mesure, à l'âge de quatre ou cinq ans, de 5 à 8 cm de large. La plante illustrée ci-dessus occupe un pot de 14 cm.

Notocactus purpureus appartient à un groupe dont la floraison intervient d'habitude à la fin de l'été, saison où la plupart des cactées - y compris les autres notocactus -, l'ont déjà achevée. Cette espèce demeure généralement solitaire et fleurit lorsqu'elle mesure quelque 5 à 8 cm, à l'âge de quatre ou cinq ans environ.

Autres espèces: *N. scopa,* aux aiguillons rouges et blancs et aux modestes fleurs jaunes, fait partie des espèces à aiguillons très denses; *N. haselbergii,* aux aiguillons blancs et fleurs rouges; *N. graessneri,* aux aiguillons jaunes et petites fleurs vertes, et le magnifique *N. magnificus* qui hérisse son corps bleu d'aiguillons jaune pastel. Il donne de grandes (à droite) fleurs jaunes. Les têtes individuelles atteignent la taille d'un gros melon et forment des touffes pouvant remplir un plateau de 25 cm. Toutes ces espèces à aiguillons denses sont parfois connues sous le nom d'ariocactus ou de brasilicactus. Parmi les autres espèces qui méritent qu'on s'y attarde, citons: *N. crassigibbus,* à fleurs jaunes de 12 cm; *N. buiningii,* à épiderme vert laiteux et fleurs jaunes; *N. horstii,* fleurs orange; *N. uebelmannianus,* fleurs pourpres; *N. rutilans,* fleurs roses; *N. ottonis,* fleurs jaunes, et *N. purpureus,* fleurs rose pourpré.

Notocactus leninghausii est probablement le plus populaire des notocactus, bien qu'il ne fleurisse pas avant d'avoir atteint une hauteur de 15 cm environ. Cultivé en intérieur, il finira par s'élever jusqu'à 23-25 cm. La floraison a lieu au début de l'été et dure à peu près une semaine, les fleurs s'épanouissant par quatre ou plus à la fois. À la même époque, il se met à produire un ensemble de rejetons à sa base.

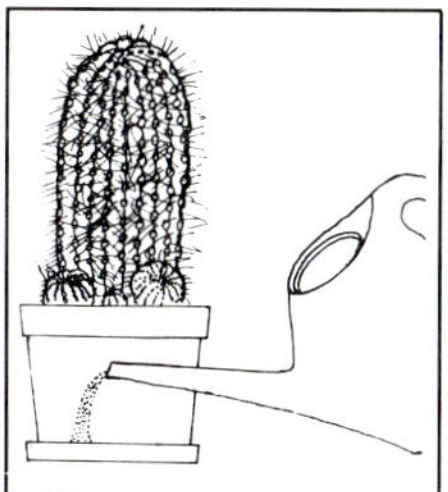

L'arrosage

En hiver, ne laissez pas les notocactus au sec. Durant la même saison, maintenez-les à une température supérieure à 8 °C et arrosez-les chaque mois par le bas du pot. En été, arrosez-les par le dessus de la plante ou à même le compost.

Figuier d'Inde

Parfois appelé «figuier de Barbarie», «raquette», «oponce», «nopal» ou «main de nègre», *Opuntia* forme le plus grand genre de cactées. Son aire de répartition s'étend en direction du sud jusqu'à l'Argentine pour remonter, à travers les Amériques, jusqu'au Canada. On l'a introduit et naturalisé dans bien d'autres parties du monde, en particulier dans les régions méditerranéennes, voire en Australie, où sa nature envahissante crée un problème. La plupart de ces plantes sont formées d'articles aplatis en forme de disques, mais il en existe qui s'articulent en segments petits et arrondis, voire cylindriques. Leur taille varie de quelques centimètres à plusieurs mètres. La plupart sont faciles à cultiver, bien que l'espace dont on dispose généralement soit insuffisant pour accommoder certains grands spécimens. Par ailleurs, seul un petit nombre produit des fleurs. Encore faut-il qu'ils bénéficient toute l'année d'un emplacement très ensoleillé. *Opuntia albata,* aux séduisantes fleurs jaunes, est un des plus faciles à cultiver.

Lumière: pour croître vigoureusement, ces plantes exigent une exposition à une lumière solaire maximale, par exemple sur l'appui d'une fenêtre ensoleillé. Si la lumière vient à manquer, elles ne tardent pas à pousser de façon désordonnée et doivent être tuteurées. Un ensoleillement constant tout au long de l'année est nécessaire pour la floraison.

Température: supérieure à 4 °C en hiver, inférieure à 38 °C en été, Aérez ces plantes le plus souvent possible.

Arrosage: une fois par semaine en été, à condition de laisser sécher la terre entre les arrosages. Au printemps et en automne arrosez tous les quinze jours. En hiver, gardez au sec.

Engrais: une fois par mois au printemps et en été, avec un engrais riche en potasse.

Terre: deux parts de compost pour rempotage non terreux ou à base de terreau n° 2,

Opuntia oligotricha appartient à un ensemble d'espèces dont les aiguillons rappellent la texture du papier, et qui s'articulent en segments cylindriques très fragiles. Il fleurira lorsqu'il aura atteint quelque 15 cm de haut, soit à l'âge de trois ou quatre ans, du moins s'il bénéficie d'une bonne exposition, en particulier d'une abondante lumière solaire tout au long de l'année.

Opuntia albata peut atteindre de 13 à 15 cm de haut, mais il fleurit déjà au bout de trois ou quatre ans, alors qu'il n'en fait que de 6 à 8. La floraison a lieu au début de l'été et dure approximativement une semaine. Chaque aréole produit à son extrémité trois ou quatre fleurs jaune pâle. Un oponce sain produira de nouveaux articles chaque année et, moyennant une bonne lumière, ne devrait pas être tuteuré.

Une couche de gravillons disposée sur la surface du compost constitue une bonne prévention contre le durcissement et le tassement du compost après les arrosages. Elle empêche aussi les éclaboussures de boue sur les tiges peu élevées et retient l'humidité dans le pot par grandes chaleurs.

avec une part de sable grossier et graveleux.

Rempotage: chaque année jusqu'à ce que la plante remplisse un pot de 13 cm, ensuite seulement tous les deux ans. Afin de ne pas toucher les aiguillons acérés, laissez glisser la plante hors du pot jusqu'à ce que vous puissiez prendre la motte en mains. Faites-vous aider pour rempoter les grandes plantes.

Nettoyage et lutte antiparasitaire: dépoussiérez la plante en la vaporisant chaque mois et prévenez le parasitisme en incorporant, deux ou trois fois par an, un insecticide aux vaporisations. Veillez à traiter les deux faces des tiges.

Autres espèces: parmi les espèces à articles cylindriques, peu se cultivent en intérieur, étant donné qu'elles y produisent rarement les magnifiques aiguillons qu'elles portent dans la nature. Il arrive, toutefois, que *O. tunicata* soit occasionnellement en vente.

Le prélèvement des boutures

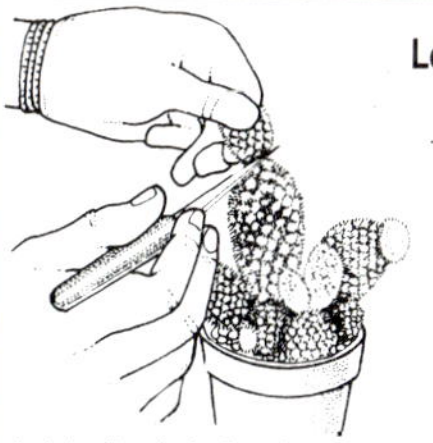

1 A la fin de la floraison, enlevez des morceaux entiers en coupant au couteau à l'endroit le plus étroit.

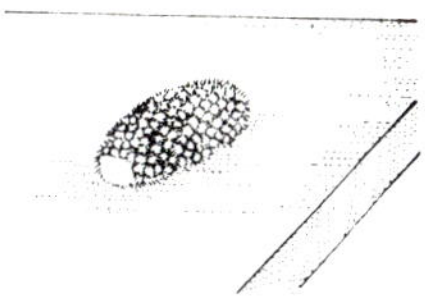

2 Saupoudrez la plaie de la bouture et de la tige avec une poudre radiculaire aux hormones contenant un fongicide. Laissez sécher les boutures pendant deux jours.

3 Placez une bouture sur la surface d'un compost pour rempotage dans un pot de 5 ou de 8 cm. Le bout coupé doit entrer en contact avec le compost.

4 Couvrez-la de compost juste assez pour la maintenir debout ou laissez-la reposer contre le bord du pot. Exposez-la à la lumière (pas au soleil) pendant deux ou trois semaines jusqu'à l'enracinement.

Exposés à une lumière faible, les oponces finissent vite par perdre leur forme de raquette ronde, s'allongent et prennent une teinte jaune-vert pâle. Coupez les tiges allongées et, en l'espace de quelques semaines, amenez graduellement la plante au soleil.

Opuntia albata porte des aiguillons sans barbes. Dans cette catégorie, relevons aussi les espèces intéressantes (mais imberbes) suivantes: *O. microdasys,* aux aiguillons jaunes, brun-rouge ou blancs; *O. basilaris,* aux aréoles violet pourpré, et *O. violacea* var. «santa-rita», aux longs aiguillons et aréoles violettes. Toutes ces cactées peuvent être cultivées jusqu'à ce qu'elles remplissent un pot de 18 cm; au-delà de cette taille, il est préférable de multiplier la plante en faisant raciner une des aréoles.

Orbea variegata

Stapelle

Aussi appelée *Stapelia variegata,* cette plante est à placer parmi les «plantes-à-fleurs-charognes», en raison de son odeur de viande pourrie. Elle pousse en touffes pour remplir un demi-pot ou plateau de 15 cm, et s'élève jusqu'à 6 cm en l'espace de quatre ou cinq ans. Bien ensoleillée, elle produit de fascinantes fleurs jaune crème maculées de brun, façonnées en étoiles à cinq branches pointues et s'épanouissant sur 5 à 7 cm de large. Sa multiplication s'effectue aisément par bouturage de tiges. Parmi les autres bonnes espèces intéressantes figurent: *Orbea ciliata,* à fleurs blanc crémeux ourlées de cils blancs; *O. woodii,* à fleurs rouges; *O. lutea,* à fleurs jaune vif.

Comme la plupart des plantes nauséabondes de cette catégorie, *Orbea variegata* se trouvera mieux, durant sa floraison, à exposition ensoleillée et à l'extérieur, car l'odeur de ses fleurs est destinée à favoriser la pollinisation par les mouches et elle est, pour les humains, plutôt fétide.

Lumière: un emplacement ensoleillé est nécessaire pour maintenir le feuillage touffu et provoquer la floraison.

Température: par précaution, un minimum de 4 °C. Assurez une bonne ventilation en été.

Arrosage: tous les quinze jours au printemps et en été, chaque semaine en période de canicule, en laissant le compost sécher entre les arrosages. Réduisez les arrosages en automne et tenez la plante au sec en hiver, sauf si les tiges languissent.

Engrais: deux ou trois fois en été, avec un engrais riche en potasse. Il n'est pas nécessaire d'alimenter les plantes qui ont été rempotées au printemps.

Terre: un compost pour rempotage à base de terreau n° 2 ou non terreux, additionné de 30 % de sable grossier et graveleux.

Rempotage: à chaque printemps avec un nouveau compost dans un demi-pot et plateau plus grand. Après quatre ou cinq ans, débarrassez-vous des vieilles tiges déparées et ne retenez que les jeunes pousses, car c'est à partir d'elles que se formeront les fleurs.

Multiplication: prélevez des boutures de tiges entières, en coupant au couteau au niveau des articulations naturelles.

Les tiges se ratatinent, présence de plaques laineuses blanches surtout à la base: cochenilles. Enlevez-les avec un petit pinceau imbibé d'alcool dénaturé et pulvérisez un insecticide de contact ou systémique. Répétez le traitement deux ou trois fois en période de croissance.

Les tiges, en particulier les pointes, s'allongent et pâlissent; rareté des fleurs: obscurité excessive. En l'espace de deux semaines, amenez la plante à la pleine lumière. Ces symptômes peuvent se manifester aussi en hiver par chaleur et humidité excessives. Durant la dormance, maintenez une température inférieure à 10 °C.

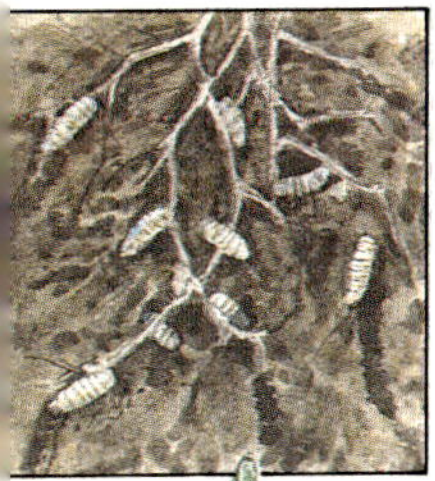

Le prélèvement des boutures

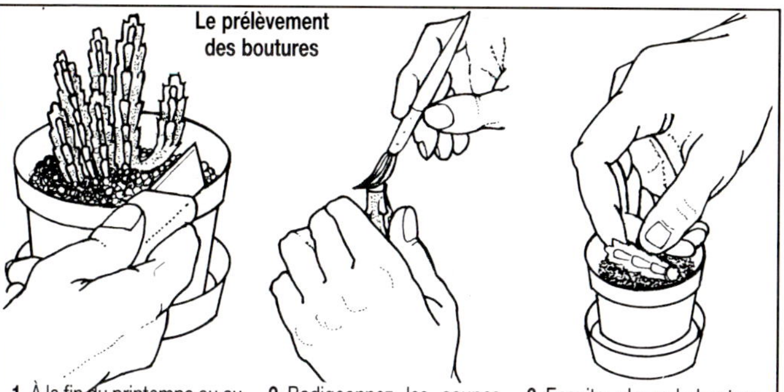

1 À la fin du printemps ou au début de l'été, prélevez dans sa totalité une nouvelle tige en coupant au niveau de son articulation. Les tiges situées à la périphérie sont les plus jeunes.

2 Badigeonnez les coupes avec une poudre radiculaire aux hormones, afin de prévenir toute infection. Laissez-les sécher pendant deux ou trois jours.

3 Ensuite, placez la bouture sur un compost sec dans un petit pot. Arrosez-la lorsqu'elle commence à raciner.

S.O.S.

Les tiges se ratatinent et ne poussent pas au printemps, en dépit de bonnes conditions apparentes: vérifiez les racines pour y repérer la présence éventuelle des cochenilles des racines. Au besoin, plongez les racines dans un insecticide.

Les tiges jaunissent, puis noircissent en hiver: froid excessif. La plante est peut-être restée entre les rideaux et les vitres durant la nuit. Placez-la dans un endroit plus chaud, à une température supérieure à 4 °C.

Marques de roussissement sur les tiges: brûlure solaire, due à une exposition trop rapide de la plante au soleil direct et dans une pièce étouffante. Éloignez la plante du soleil direct, puis réexposez-la graduellement, en l'espace de deux semaines. Placez-la dans un endroit mieux aéré.

Les tiges se ratatinent et se dessèchent: plusieurs causes possibles. Chaleur et sécheresse excessives en hiver; sécheresse excessive ou besoin d'engrais en été. Si la terre est desséchée, augmentez chaque fois la quantité d'eau, mais en laissant le compost se dessécher entre les arrosages. En hiver, humidifiez légèrement la terre chaque mois.

Les tiges ne poussent pas, certaines noircissent et se ratatinent, d'autres s'affaissent: froid, humidité et arrosages excessifs. Laissez le compost se dessécher complètement et maintenez la plante à une température supérieure à 4 °C en hiver. Excisez toute partie pourrie de la tige. Si les racines sont noires et pourries, traitez-les et rempotez la plante (voir *Introduction*).

La plante s'affaisse ou ne pousse pas; mouches noires autour de la plante et de la terre: mouches sciarides. Examinez les racines. Si elles sont pourries, pelez-les jusqu'à disparition de toute trace de pourriture ou de larves. Ensuite traitez-les et rempotez la plante (voir *Introduction*).

Pierre-de-lune

Cette plante populaire, dite aussi «plante-aux-œufs» ou «plante aux dragées», porte des feuilles grises disposées en rosettes et recouvertes d'une délicate pruine blanche. La plante commence par pousser toute droite, puis s'étale jusqu'à couvrir une surface de 20 cm à 30 cm tout en s'élevant à une hauteur de 8 à 10 cm. Parmi les rares espèces cultivées, citons *P. viride,* dont les feuilles vert olive sont boudinées, *P. bracteosum,* aux feuilles épaisses et aplaties. Toutes ces plantes sont de culture aisée.

Pachyphytum oviferum, la plante-aux-dragées, doit la coloration spéciale de ses feuilles renflées et ovales à la pruine poussiéreuse qui les recouvre. On se gardera de toucher ou d'endommager ces feuilles, notamment en les mouillant. Cette plante fleurit au printemps après son repos hivernal.

Lumière: une position ensoleillée permettra à cette plante de maintenir la coloration bleue et la pruine de ses feuilles.
Température: un minimum de 4 °C est nécessaire, mais la chute des feuilles sera moindre à 10 °C.
Arrosage: commencez à arroser la plante tous les quinze jours au printemps et en été, chaque semaine par temps très chaud. Réduisez les arrosages en automne et, par températures inférieures à 10 °C, suspendez-les en hiver. Au-delà de 10 °C, arrosez la plante chaque mois pendant tout l'hiver. (Voir aussi *Introduction*).
Engrais: riche en potasse, deux ou trois fois en été.
Terre: un compost pour rempotage à base de terreau n° 2 ou un compost non terreux, additionné de 30 % de sable grossier et graveleux.
Rempotage: à chaque printemps dans un demi-pot ou plateau plus grand, en évitant les manipulations qui abîmeraient la pruine des feuilles.
Multiplication: prélevez des boutures de tiges ou de feuilles, en coupant les tiges au couteau et en enlevant délicatement les feuilles avec les doigts. Badigeonnez les coupes avec une poudre radiculaire aux hormones, laissez-les sécher pendant trois jours, puis couchez-les sur un compost frais et sec. Arrosez les boutures lorsqu'au bout de trois semaines elles auront raciné.

S.O.S.

Feuilles marquées sur les bords ou çà et là: effleurements (humains, rideaux, chats?) Ces marques déparent les feuilles sans les mettre en danger.

Feuilles déformées comme si elles étaient atteintes d'un virus: abus d'insecticides, surtout de ceux à base de malathion. Généralement, la plante s'en remet.

Bords des feuilles rongés, croissance parcimonieuse, tige enflée: charançons de la vigne. Saupoudrez la terre avec un insecticide. Pelez la tige à partir de la base jusqu'à sa partie centrale brune, badigeonnez la plaie avec une poudre radiculaire aux hormones et réenracinez la plante (voir *Introduction*).

Le prélèvement des boutures

1 Les feuilles racinent à la fin du printemps ou au début de l'été. Choisissez une tige bien fournie en feuilles et enlevez-en une. N'utilisez pas les feuilles situées au bas des tiges. Couchez la feuille sur un compost sec, la base en contact avec la surface.

2 Ou bien, coupez au couteau une tige de 5 à 8 cm portant une bonne couronne de feuilles; laissez-la sécher pendant deux jours, badigeonnez la coupe de la bouture et de la plante avec une poudre radiculaire aux hormones et posez la bouture sur un compost sec.

Les feuilles demeurent petites et rares: besoin de rempotage ou, si la terre est complètement desséchée, besoin de plus d'eau. Trempez le pot dans une coupe avant d'arroser plus copieusement, mais laissez toujours le compost sécher.

Les feuilles ont l'air roussies: exposition excessive et trop subite au soleil ou ventilation déficiente. Acclimatez graduellement la plante au plein soleil après l'hiver et aérez-la.

Petits insectes verts sur les fleurs ou sur les bourgeons floraux: pucerons. Pulvérisez un insecticide à base de pyrèthre, tous les dix jours.

Pousse centrale allongée, feuilles vert pâle: lumière insuffisante. En l'espace de deux semaines, exposez graduellement la plante au soleil.

Absence de fleurs: obscurité excessive. Maintenez la plante à la pleine lumière tout au long de l'année.

Plaques laineuses blanches entre les feuilles et sur les tiges: cochenilles. Enlevez-les avec un pinceau trempé dans de l'alcool dénaturé, en veillant à ne pas endommager le revêtement des feuilles, et pulvérisez un insecticide à base de pyrèthre.

Les feuilles tombent, la tige se dégarnit: froid et sécheresse excessifs ou coups sur les feuilles. Vérifiez. Maintenez une température avoisinant 10 °C en hiver. En été, arrosez la plante lorsque le compost se dessèche.

La tige noircit et pourrit, la plante se désagrège: excès d'eau. Laissez toujours le compost se dessécher entre les arrosages. Humidifiez-le légèrement en hiver.

Croissance peu visible, plaques laineuses blanches sur les racines: cochenilles des racines. Enlevez à l'eau la terre des racines, plongez celles-ci dans un insecticide de contact et laissez-les sécher avant de rempoter la plante dans un compost frais et un pot propre.

Les feuilles inférieures se ratatinent en hiver: chaleur excessive. Si vous ne l'arrosez pas en hiver, essayez de maintenir la plante à une température inférieure à 13 °C.

Pachypodium succulentum

Cette espèce sud-africaine est facile à cultiver. Elle possède un gros tubercule qui, vu l'enracinement aisé de ses tissus mous, pousse généralement mi-exposé sur le compost. Ce tubercule se ramifie en branches épineuses, qui produisent des fleurs au printemps, ensuite des feuilles et d'autres fleurs en été. Celles-ci varient du blanc pur au blanc ou rose strié de rouge. La plante peut atteindre de 20 à 30 cm de haut et de large.

Lumière: tous les pachypodiums ont besoin du plein soleil.
Température: un minimum de 13 °C, bien que l'espèce sud-africaine supporte des températures aussi basses que 4 °C en hiver, du moins dans la sécheresse.
Arrosage: commencez à arroser la plante tous les quinze jours dès que la croissance se manifeste, c'est-à-dire habituellement à la fin du printemps. Laissez le compost se dessécher entre les arrosages. Arrosez toutes les semaines en période de canicule, réduisez les arrosages à une fois tous les quinze jours en automne et suspendez-les dès le début de l'hiver, saison où les feuilles brunissent et tombent. N'arrosez plus jusqu'à la nouvelle pousse des feuilles. Prévenez le dessèchement des extrémités des pousses en les vaporisant chaque mois en hiver.
Engrais: deux ou trois fois en été, avec un engrais riche en potasse.
Terre: un mélange à base de terreau n° 2 ou un compost non terreux, additionné de 40 % de sable grossier et graveleux.
Rempotage: à chaque printemps, dans le pot de la taille au-dessus, en évitant d'abîmer les racines. Lorsque la taille du pot est de 15 cm, ne rempotez plus la plante pendant deux ou trois ans, mais nourrissez-la régulièrement.
Multiplication: de préférence par semis de graines achetées chez un pépiniériste spécialisé. Les jeunes pousses grandissent rapidement, les plus rapides pouvant atteindre 20 cm en trois ou quatre ans.

Pachypodium succulentum. Mieux vaut acheter ces plantes comme jeunes pousses: lorsqu'elles ont déjà formé des tubercules, leur culture en intérieur est en effet plus difficile. N'oubliez pas de vaporiser de temps en temps les tiges durant le repos hivernal, sinon leurs extrémités risquent de se ratatiner.

Les extrémités des pousses meurent, en brunissant et durcissant; au printemps, les nouvelles pousses se forment bien en deçà de l'extrémité des tiges. Prévenez ce dessèchement excessif en vaporisant les extrémités des tiges en hiver. Enlevez avec une paire de ciseaux ou un sécateur les pointes endommagées, lorsqu'elles sont complètement desséchées. Ne sectionnez pas dans les parties saines des tiges.

S.O.S.

Plaques laineuses blanches parmi le feuillage: cochenilles. Enlevez-les avec un petit pinceau trempé dans de l'alcool dénaturé et pulvérisez un insecticide. Répétez le traitement deux ou trois fois.

Plaques brunes ou blanches sur les feuilles. Les plaques brunes sont des brûlures provoquées par une exposition subite au soleil ardent dans un lieu mal ventilé. Les blanches proviennent de vaporisations d'insecticides ou d'eau calcaire.

Les fleurs se flétrissent rapidement: chaleur et sécheresse excessives. Vérifiez régulièrement l'état du compost et arrosez-le lorsqu'il se dessèche en été. Après un temps couvert, n'exposez pas la plante au grand soleil.

Les feuilles prennent une teinte vert pâle ou vert-jaune; absence de fleurs: obscurité excessive. Exposez graduellement la plante au plein soleil.

Nouvelle croissance peu manifeste au printemps: carence nutritive, besoin de rempotage ou cochenilles des racines. Examinez les racines. Si elles sont couvertes de plaques laineuses blanches, enlevez la terre à l'eau, plongez les racines dans un insecticide et laissez-les sécher avant de rempoter la plante dans un compost frais et un pot propre.

Noircissement et chute des feuilles, ramollissement du tubercule et de l'extrémité des tiges: froid excessif et excès d'eau. Placez la plante dans un endroit plus chaud. En hiver, régime sec pour la plante. Pelez les tissus pourris et badigeonnez les plaies de fongicide. Examinez les racines pour y repérer la présence des larves de la mouche sciaride ou du charançon de la vigne (voir *Introduction*)

Les feuilles pâlissent, se recroquevillent et tombent: en été, chaleur et sécheresse excessives ou excès d'eau. Vérifiez. Si le compost est sec, trempez le pot dans une coupe d'eau pendant une demi-heure, puis laissez-le égoutter. Si la terre est noire et détrempée, laissez-la sécher complètement avant de recommencer à arroser. S'il ne pousse pas de nouvelles feuilles, mais que la tige soit ferme, rempotez la plante dans un compost frais et sec. Attendez deux semaines avant de recommencer à arroser. Les feuilles tombent en automne/hiver et repoussent au printemps.

La plante nouvellement acquise présente des plaques molles sur sa tige bulbeuse ou sur les racines et, sous le couteau, des plaques orange dans les tissus: la pourriture orange s'est développée sur des racines endommagées. À l'aide d'un bon couteau propre, enlevez par fines tranches les parties malades, jusqu'à élimination de toute trace d'orange. Badigeonnez les plaies avec une poudre radiculaire aux hormones contenant un fongicide et laissez-les sécher complètement avant de réenraciner la plante dans un compost sec.

Plante-aux-crevettes-jaunes

Introduite assez récemment dans le monde des plantes à fleurs ornementales, *Pachystachys lutea* n'est pas sans rappeler la plus courante *Beloperone guttata* (p. 118), dite «plante-aux-crevettes». Toutes deux appartiennent en effet à la famille des acanthacées. Les bractées jaune vif de *P. lutea* se dressent au sommet des tiges foliaires et se garnissent de petites fleurs blanches en gueule de loup. Après la floraison, on peut cultiver la plante pour son feuillage.

Lumière: la pleine lumière, y compris le soleil d'été. Pendant sa dormance hivernale, cette plante préfère un emplacement plus ombragé.
Température: en été, de préférence une moyenne de 16 °C, avec un maximum de 21 °C. Des températures moins élevées en hiver, bien qu'à partir de 7 °C, on assiste à une chute temporaire des feuilles.
Arrosage: en été, entretenez l'humidité du compost, en effectuant deux ou trois arrosages par semaine, davantage si le compost se dessèche rapidement par grandes chaleurs. En hiver, environ une fois par semaine. Ne laissez pas le compost se dessécher, ni le pot stagner dans l'eau.
Humidité: vaporisez la plante deux ou trois fois par semaine et posez le pot dans une soucoupe emplie de cailloux mouillés, pour accroître l'humidité. Lorsqu'elles se forment, ne vaporisez pas les bractées: elles pourriraient.
Engrais: chaque semaine en période de croissance, avec un engrais liquide dilué selon les recommandations.
Terre: un compost à base de terreau n° 2. Un bon drainage est indispensable.
Rempotage: à chaque printemps. Jusqu'à l'âge de cinq ans, les plantes s'accommodent d'un pot de 13 cm. Disposez une bonne couche de tessons ou de cailloux dans le pot pour en améliorer le drainage.
Nettoyage: époussetez les feuilles sales avec un pinceau doux ou un plumeau. Pas de lustrant.

Les épis jaunes de *Pachystachys lutea* sont formés de feuilles spéciales appelées bractées: les vraies fleurs sont constituées par les petits pétales blancs qui poussent sur les côtés des épis. Chez une plante saine, les tiges sont garnies sur toute leur longueur de feuilles fermes et brillantes. La plante signale tout manque de soin ou d'attention par la pâleur, le ternissement ou la longueur de son feuillage.

Plante efflanquée, feuilles très espacées: taille nécessaire. Taillez la plante au début du printemps, afin d'encourager son buissonnement et une abondante floraison.

La taille
Après le flétrissement des fleurs et des bractées, rabattez sévèrement les tiges jusqu'à 7 à 15 cm du compost. Effectuez les coupes juste au-dessus d'un pétiole.

L'humidité
Posez le pot dans une soucoupe emplie de cailloux baignant partiellement dans l'eau afin d'accroître l'humidité, mais évitez de saturer le compost en laissant le fond du pot toucher l'eau. Le compost doit être, en effet, bien drainé. Lorsqu'elles se forment, ne vaporisez pas les bractées: elles pourriraient.

S.O.S.

Pourriture et chute des fleurs et des bractées colorées: emplacement renfermé et étouffant ou vaporisations d'eau sur les fleurs et les bourgeons. Placez la plante dans un endroit aéré, à l'abri des courants d'air, et placez le pot sur un lit de cailloux mouillés.

La plante ne pousse pas au printemps ni en été: obscurité excessive et/ou carence nutritive. La plante exige la pleine lumière en été, y compris la lumière solaire. Nourrissez-la chaque semaine au printemps et en été.

Plaques blanches laineuses sous les feuilles et à leur aisselle: cochenilles. Enlevez-les avec un tampon d'ouate imbibé d'alcool dénaturé. Arrosez la terre, toutes les six semaines, avec du malathion dilué.

Moucherons autour de la plante: mouches blanches. Pulvérisez un insecticide à base de pyrèthre sur l'envers des feuilles et sur la terre, tous les quinze jours, jusqu'à élimination.

Les feuilles pâlissent et ternissent: besoin d'engrais ou de rempotage. Rempotez la plante au printemps dans un compost frais et nourrissez-la chaque semaine en période de croissance, surtout durant la floraison.

Les feuilles languissent et tombent: sécheresse excessive, dessèchement des racines. Laissez tremper le pot dans un seau d'eau pendant trente minutes, puis laissez-le égoutter. Augmentez la fréquence des arrosages, afin que le compost soit constamment humide.

Feuilles barbouillées de jaune, surtout le long des nervures: insectes écailleux, s'il se trouve des écailles brunes sur les feuilles. Pucerons, si les feuilles sont gluantes et couvertes de petits insectes. Enlevez les insectes écailleux avec un tampon d'ouate imbibé d'alcool dénaturé. Dans les deux cas, arrosez la terre avec un insecticide systémique, tous les quinze jours, jusqu'à élimination.

Dessèchement et crispation des feuilles: chaleur et sécheresse atmosphérique excessives. Si possible, maintenez la plante à une température inférieure à 21 °C et augmentez l'humidité en posant le pot dans une soucoupe emplie de cailloux mouillés.

Feuilles déformées, gluantes et couvertes d'insectes verts: pucerons Pulvérisez un insecticide à base de pyrèthre sur l'envers des feuilles, tous les quinze jours, jusqu'à élimination, et arrosez le sol, tous les quinze jours, avec un insecticide systémique dilué. Placez la plante dans un endroit mieux aéré.

Les feuilles se ternissent et languissent, les inférieures tombent: froid excessif et/ou racines saturées d'eau. En période de croissance, la plante exige une température minimale de 16 °C. Ne la laissez jamais tremper dans l'eau, bien que le compost doive être humide. S'il vous paraît lourd et mouillé, laissez sécher la surface avant de recommencer à arroser. Vérifiez les trous du drainage.

Chute des feuilles en hiver: froid excessif. Placez la plante dans un endroit plus chaud, à une température avoisinant 10 °C.

Pandanus veitchii

Qualifié de «plante élégante et majestueuse» par un éminent botaniste du siècle dernier, ce pandanus a besoin de beaucoup d'espace pour déployer au mieux toute la grâce de ses feuilles, qui peuvent atteindre jusqu'à 1 m de long. Ces feuilles, qui rappellent celles de l'ananas, se développent en spirale à partir d'une tige centrale qui semble se tordre avec l'âge en se filetant à la façon d'un boulon. À l'âge de deux ou trois ans, il produit des racines aériennes qui, en s'enracinant dans le sol forment des échasses.

Lumière: abondante, à l'exclusion du soleil de midi. Cette plante a besoin d'un peu de lumière solaire chaque jour. Elle se détériore à exposition trop sombre.
Température: un minimum de 10 °C en hiver, bien que la plante ne doive pas être arrosée à cette température et qu'elle se porte mieux à 15 °C. La température ambiante normale en été, avec un apport supplémentaire d'humidité et une très bonne aération par grandes chaleurs (à partir de 24 °C).
Arrosage: deux ou trois fois par semaine en été, tous les dix jours avec de l'eau tiède en hiver. Abstenez-vous si la température atteint le minimum hivernal toléré. Assurez-vous que l'aisselle des feuilles soit exempte d'eau en tout temps, car cela risquerait de provoquer la pourriture. Un arrosage par le bas est préférable.
Humidité: vaporisez la plante une fois par semaine en été; tous les dix à quinze jours durant les autres saisons. Posez le pot sur une soucoupe emplie de cailloux mouillés.
Engrais: tous les vingt jours en période de croissance (printemps et été) avec un engrais liquide dilué selon les recommandations.
Terre: un compost à base de terreau n° 2 additionné de tourbe, dans une proportion de 4:1.
Rempotage: d'habitude tous les douze à quinze mois au printemps. La plante se plaît mieux dans un petit pot.
Nettoyage: essuyez les feuilles avec un chiffon humide ou utilisez un lustrant toutes les trois semaines.

Pandanus veitchii porte des feuilles vertes aux bords épineux, ourlés de blanc crème ou jaunâtre. Elles poussent en spirale à partir du centre, tout en s'arquant gracieusement pour créer un effet décoratif remarquable. Elles exigent une exposition claire et un emplacement tel qu'on ne puisse effleurer accidentellement leurs épines.

Le rempotage
Rempotez cette plante au printemps, lorsque les racines sont à l'étroit et que les nouvelles feuilles sont petites. Commencez par un bon arrosage. Ensuite, disposez, dans le pot de la taille au-dessus, une couche de matériaux de drainage, superposée d'une couche de compost à base de terreau n° 2 additionné de tourbe.

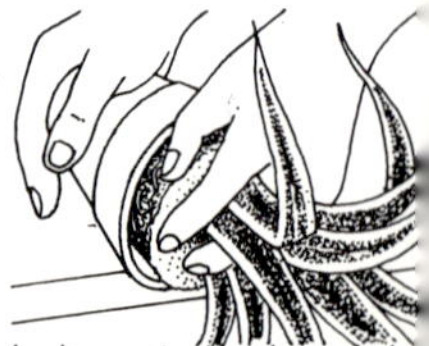

1 Saisissez d'une main la base du vieux pot, en maintenant le terreau de l'autre. Tapotez le bord du pot: la plante et le compost sortiront d'un bloc.

2 Enlevez la terre rassise, sans abîmer les racines, y compris les aériennes. Centrez la motte sur le compost du nouveau pot. Recouvrez les racines de compost, en laissant un espace de 2,5 à 5 cm entre la couche de surface et le bord du pot.

3 Coupez les racines aériennes, couvrez-les de compost frais en automne.

S.O.S.

Les feuilles deviennent toutes vertes, la plante ne croît pas: obscurité excessive. Placez la plante dans un endroit plus clair. Veillez à l'exposer au soleil du matin ou de l'après-midi.

Pâleur et blanchiment des feuilles: exposition excessive au soleil de midi. La plante a besoin d'une exposition quotidienne au soleil du matin ou de l'après-midi; évitez-lui le soleil ardent de midi.

Ecailles brunes et dépôt gluant sous les feuilles: insectes écailleux. Enlevez-les avec un tampon d'ouate imbibé d 'alcool dénaturé et pulvérisez du malathion dilué, tous les quinze jours, jusqu'à élimination.

Petitesse des nouvelles feuilles: besoin d'engrais ou de rempotage. Vérifiez si les racines sont très à l'étroit. Si oui, rempotez la plante dans le pot d'une taille supérieure.

Les feuilles se recroquevillent et brunissent: chaleur et sécheresse excessives. Arrosez plus souvent la plante et placez-la dans un endroit plus frais (sous 24 °C, si possible).

Pourriture des feuilles: gouttelettes d'eau laissées sur les feuilles après les vaporisations ou les arrosages. Arrosez la plante par le bas et, par température de 10 °C, laissez sécher la terre.

Marques brunes sur le bord des feuilles: atmosphère trop sèche. Posez le pot sur une soucoupe emplie de cailloux mouillés afin d'accroître l'humidité.

Filaments sous les feuilles et marques jaunes sur l'endroit: araignées rouges. Pulvérisez du malathion dilué ou un insecticide systémique, tous les quinze jours, jusqu'à élimination.

Pourriture de la base des feuilles: excès d'eau, surarrosage. Laissez sécher la terre avant de recommencer à arroser. En hiver, laissez la première moitié du compost se dessécher entre les arrosages. Si la température est inférieure à 10 °C, suspendez complètement les arrosages.

Feuilles molles, brunes et spongieuses: effets du gel. Coupez à leur base les feuilles mortes et placez la plante dans un endroit plus chaud, de préférence à une température d'au moins 15 °C.

Parodia

Depuis leur mise en culture, il y a quarante ans environ, ces cactées doivent leur grande popularité auprès des collectionneurs à la beauté de leurs piquants et à leur généreuse floraison. Ce sont de petites plantes, dont certaines atteignent une hauteur maximale de 20 à 30 cm en l'espace de dix ans, sinon plus. Vu leur système radiculaire superficiel, elles déborderont rarement d'un pot de 10 cm. Les coloris de leurs fleurs varient du rouge foncé, comme chez *Parodia penicillata* (p. 415) en passant par l'orange et le jaune, tandis que leurs aiguillons couvrent la gamme du blanc pur aux presque noirs en passant par les jaunes et les bruns. Elles proviennent d'une vaste région sud-américaine couvrant la Bolivie, le Paraguay et l'Argentine.

Lumière: un appui de fenêtre ensoleillé est essentiel pour une bonne production de piquants et de fleurs. En serre, ombragez légèrement ces plantes durant les mois les plus ensoleillés et exposez-les à la pleine lumière le reste de l'année.
Température: en hiver, elles se portent mieux à une température avoisinant 8 °C, mais survivent à 4 °C. En été, maintenez-les à une température inférieure à 38 °C, en leur donnant de l'air frais aussi souvent que possible.
Arrosage: chaque semaine en été, tous les quinze jours si la plante se trouve dans un pot de plus de 10 cm. Réduisez les arrosages à une fois par mois au printemps et en automne. Suspendez-les durant les mois les plus froids de l'hiver.
Engrais: riche en potasse, deux ou trois fois au printemps et en été.
Terre: trois parts de compost pour rempotage à base de terreau n° 2 pour une part de sable grossier et graveleux (pas de sable de construction ou de plage).
Rempotage: à chaque printemps, dans le pot de la taille supérieure. Lorsque celle-ci est de 10 cm, un rempotage bisannuel suffit. Si la plante n'est pas à l'étroit, dépotez-la, secouez délicatement la terre entourant

Parodia penicillata peut atteindre de 10 à 15 cm de haut. Dès le début de l'été, il épanouit des bouquets de fleurs rouges qu'il perd et renouvelle successivement durant une semaine à un mois. Malgré leur croissance lente, la plupart des parodias fleurissent lorsqu'ils mesurent seulement quelque 2,5 cm de

Si vous effectuez une culture par semis, maintenez le plateau ou les pots sous une couverture de polyéthylène pendant un an environ. Au bout de six mois, les jeunes pousses seront encore presque aussi petites que la tête d'une épingle et porteront souvent une minuscule racine. Si vous les découvrez trop tôt, elles se dessécheront rapidement.

Parodia comosa se garnit de coussinets duveteux blancs, appelés aréoles, qu'il dispose en rangs bien ordonnés et dont la blancheur contraste avec le brun foncé des aiguillons qui en émergent. Lorsque la plante fait quelque 5 cm de haut, à l'âge de quatre ou cinq ans, on peut s'attendre à l'éclosion d'une profusion de petites fleurs jaunes. N'arrosez pas par le haut.

Parodia hausteiniana est remarquable par la densité et le coloris ambre chaud de ses aiguillons. Comme ceux-ci sont souvent crochus, ils se prennent aisément dans les rideaux ou dans les vêtements. Si, par accident, la plante se dépote de cette façon, rempotez-la dans un compost sec, sans l'arroser pendant deux semaines.

les racines et renouvelez le compost. Vu leur système radiculaire généralement superficiel, rempotez ces plantes dans des demi-pots ou des plateaux.

Nettoyage et lutte antiparasitaire: à l'exception des espèces très laineuses, telles que *P. nivosa* et *schwebsiana,* vous pouvez dépoussiérer ces plantes en les vaporisant chaque mois. Incorporez un insecticide aux vaporisations deux ou trois fois par an.

Autres espèces: *P. chrysacanthion* ressemble à *P. penicillata,* mais il épanouit des fleurs jaunes disposées au centre en groupes de dix, voire davantage. Ses épines denses, longues et minces comme de fragiles éclats de verre jaune en font une des plus belles cactées épineuses. Il existe un grand nombre de plus petites espèces présentant des aiguillons et des fleurs diversement colorés. Citons entre autres: *P. comosa,* à fleurs jaunes, et *P. hausteiniana,* aux aiguillons jaunes et crochus et à fleurs jaunes; *P. nivosa,* qui est une espèce plus laineuse aux aiguillons blancs comme neige et aux fleurs rouges; *P. prolifera,* qui forme des groupes de petites têtes aux aiguillons blanc et jaune et aux fleurs jaunes; *P. maassii,* une des plus grandes, aux aiguillons blancs, jaunes ou bruns et aux fleurs jaunes ou orange.

Passiflora caerulea

Passiflore

Cultivée à la maison, cette plante, dite aussi «fleur de la passion», est d'habitude disciplinée autour d'un arceau ou contre un treillage. C'est ainsi montée qu'elle se présente généralement à la vente. On la cultive de préférence en serre ou sous une véranda, car elle exige des températures hivernales très fraîches. À l'abri du gel, elle poussera même à l'extérieur. A la pleine lumière, elle fleurit à profusion de l'été jusqu'à l'hiver, et donne même des fruits.

Lumière: la pleine lumière, y compris le soleil. À exposition trop sombre, cette plante ne fleurira pas.
Température: maintenez une température de 18 °C à 24 °C à partir du printemps jusqu'à l'automne, toujours inférieure à 24 °C en été. De l'automne au printemps: de 13 °C à 18 °C.
Arrosage: maintenez le compost humide en arrosant copieusement tous les jours à partir du printemps jusqu'à la fin de l'été - chaque jour par températures supérieures à 24 °C. En hiver, seulement lorsque la surface du compost semble sèche, c'est-à-dire tous les sept à dix jours.
Humidité: deux ou trois vaporisations d'eau non calcaire chaque semaine en été. Ne vaporisez pas cette plante en hiver ou lorsqu'elle est exposée au soleil.
Engrais: chaque semaine au printemps et en été avec un engrais liquide dilué à raison de la moitié de la dose recommandée. Ne nourrissez pas cette plante en hiver.
Terre: deux parts de tourbe, deux parts de terreau et une part de sable grossier.
Rempotage: à chaque printemps après avoir rabattu la plante du tiers environ pour encourager une nouvelle pousse vigoureuse. Rempotez-la dans le pot d'une taille au-dessus seulement, sinon elle produira cette année un feuillage abondant mais peu de fleurs. (Si vous désirez une grande plante, utilisez un pot de deux tailles plus grandes. Toutefois, la plante risque de ne pas fleurir cette année-la).
Nettoyage: les vaporisations suffisent. Pas de lustrant.

La fleur de la Passion a ainsi été baptisée par les premiers missionnaires espagnols d'Amérique du Sud. Ils ont cru reconnaître dans la forme de la fleur les symboles de la Passion du Christ. Certaines parties représenteraient les blessures, les clous, la croix, la couronne d'épines et les apôtres.

Plaques laineuses blanches à l'aisselle des feuilles: cochenilles. Pulvérisez du malathion dilué et enlevez les parasites et la «laine» avec une pince à épiler. Répétez le traitement, tous les quinze jours, jusqu'à disparition de tout symptôme. Ou bien: badigeonnez les parasites avec de l'alcool dénaturé et enlevez-les avec une pince à épiler.

Petitesse des nouvelles feuilles: carence nutritive. Alimentez la plante avec un engrais dilué à raison de la moitié de la dose recommandée, chaque semaine en période de croissance.

Feuilles déformées et gluantes: pucerons. Pulvérisez un insecticide à base de pyrèthre ou du malathion dilué. Répétez le traitement une semaine après, puis une fois tous les huit jours, jusqu'à élimination de tout symptôme.

La plante a l'air flasque et les feuilles jaunissent: terre trop sèche. Plongez le pot dans un seau d'eau pendant dix à quinze minutes, puis laissez-le égoutter.

Feuilles complètement couverte d'un dépôt duveteux blanc: botrytis, moisissure. Froid et humidité excesifs. Pulvérisez un fongicide, puis placez la plante dans un endroit plus chaud, à une température d'au moins 13 °C.

La taille

Taillez la plante au printemps, avant l'apparition des bourgeons. Rabattez la tige principale du tiers, en coupant en biais juste au-dessus d'une feuille, avec un sécateur. Racourcissez de moitié les pousses latérales et enlevez toute pousse croissant à la base de façon désordonnée.

Le fruit demeure jaune et est couvert de quelques taches noires: froid excessif. Placez la plante dans un endroit plus chaud et mieux éclairé, à une température d'au moins 18 °C.

Marques de roussissement sur les fleurs: vaporisations au soleil. Ne vaporisez pas les fleurs et ne vaporisez les feuilles qu'en début de matinée et en soirée.

La plante se flétrit, bien que la terre soit humide: plante saturée d'eau, pot stagnant dans l'eau. Videz toute eau contenue dans la soucoupe et laissez la surface du compost sécher avant de recommencer à arroser. Ensuite, entretenez la moiteur du compost en été, sans jamais laisser la base du pot baigner dans l'eau.

Les pointes végétatives s'inclinent et retombent: chaleur et sécheresse atmosphérique excessives. Placez la plante dans un endroit mieux ventilé et augmentez l'humidité en la vaporisant régulièrement et en posant le pot sur une soucoupe emplie de cailloux mouillés. Température maximale: 24 °C.

Pâleur des feuilles, filaments sur l'envers: araignées rouges. Enlevez les toiles avec un chiffon humide, puis pulvérisez du malathion dilué, surtout sous les feuilles. Répétez le traitement, tous les quinzes jours jusqu'à disparition de tout symptôme. Augmentez l'humidité ambiante.

S.O.S.

Absence de fleurs: pot trop grand ou, si les feuilles sont également petites, carence nutritive. La plante fleurit mieux si elle est légèrement à l'étroit dans un pot. Ne la rempotez pas pendant deux ans. Nourrissez-la avec un engrais dilué à raison de la moitié de la dose recommandée, chaque semaine en période de croissance. Une pousse trop rapide des feuilles est due à une suralimentation. Suspendez les apports en engrais pendant deux ou trois semaines et n'utilisez toujours que la moitié de la dose recommandée. N'alimentez pas la plante en hiver.

Géranium royal

Les pélargoniums, parfois appelés «pélargonium de fantaisie», «des fleuristes» ou «à cinq macules», sont souvent confondus avec les géraniums, plantes jardinières qui leur sont étroitement apparentées. Les variétés destinées à la culture en intérieur exigent l'abri d'une fenêtre exposée au soleil. Ce sont des plantes colorées, dont la culture estivale vous donnera sans difficultés de grandes satisfactions, moyennant un emplacement bien éclairé et aéré, ainsi que de copieux arrosages. Les fleurs des pélargoniums forment de grands capitules dont les coloris délicats, allant des rose pastel les plus doux aux rouges les plus foncés, contrastent souvent avec une gorge plus sombre.

Lumière: l'emplacement d'une fenêtre exposée au soleil est requis afin d'assurer à ces plantes une lumière adéquate tout au long de l'année.
Température: de 13 °C à 15 °C en hiver, la température ambiante ordinaire en été, avec un maximum de 24 °C.
Arrosage: deux ou trois fois par semaine en été, en veillant au bon drainage du pot. En hiver, entretenez une certaine sécheresse du compost en arrosant une fois tous les dix jours environ. Suspendez les arrosages par températures inférieures à 16 °C.
Humidité: ces plantes préfèrent une atmosphère assez sèche. Ne les vaporisez pas par le haut: les tiges risqueraient de pourrir.
Engrais: tous les quinze jours pendant la croissance printanière et estivale, avec un engrais liquide dilué selon les recommandations du fabricant.
Terre: un compost à base de terreau n° 1.
Rempotage: deux fois durant la première année. Ensuite, contentez-vous de renouveler le compost de surface à chaque printemps et de nourrir la plante, étant donné qu'elle fleurit mieux à l'étroit.
Nettoyage: époussetez la plante au plumeau. Ne la vaporisez pas. N'utilisez pas de lustrant.

Un pélargonium sain porte de belles feuilles vertes, sans traces de jaunissement ni bords meurtris. Devant une fenêtre ensoleillée, il produit, de la fin du printemps à la fin de l'été, une suite de bourgeons qu'il épanouit en éclatants bouquets de fleurs rose pâle à rouge foncé.

Croissance efflanquée de la plante, feuilles très espacées, jaunissement des feuilles inférieures: obscurité excessive. Placez la plante à la lumière d'une fenêtre exposée au soleil.

S.O.S.

Insectes blancs s'envolant de la plante dès qu'on la touche: mouches blanches. Pulvérisez un insecticide à base de derris ou de malathion, tous les quinze jours, jusqu'à élimination.

Masse de pousses déformées, au niveau de la terre: galle de la feuille, maladie bactérienne. Pas de remède. Détruisez la plante et n'en tirez pas de boutures.

Saine et abondante croissance des feuilles mais absence de fleurs: suralimentation. Alimentez la plante toutes les trois semaines au lieu de tous les quinze jours, et n'excédez jamais la dose recommandée. Essayez une autre marque d'engrais.

L'arrosage

1 Il faut arroser les pélargoniums avec circonspection afin de maintenir le compost humide, sans le saturer, en été mais plus sec en hiver. Vérifiez toujours le taux d'humidité de la surface du compost avant d'arroser à nouveau.

2 Arrosez la plante par le haut du pot et laissez écouler l'excédent d'eau. Au bout de dix minutes, videz toute eau restant dans la soucoupe. Suspendez les arrosages par températures inférieures à 16 °C.

Les feuilles jaunissent et sont barbouillées de taches brunes: atmosphère trop sèche et étouffante. Arrosez plus souvent la plante – deux ou trois fois par semaine en été – et placez-la dans un endroit plus aéré.

Les feuilles noircissent et prennent une teinte rouge: froid nocturne excessif. Placez la plante dans un endroit plus chaud, où règne une température minimale de 13 °C.

Feuilles déformées et couvertes d'anneaux jaune pâle: maladie virale. Pas de remède. Détruisez la plante.

La base de la tige noircit et pourrit: pied noir, maladie cryptogamique provoquée par le froid et le surarrosage. Généralement fatale. Placez la plante dans une pièce plus chaude (à une température avoisinant 15 °C) en hiver et laissez-la sécher avant de recommencer à arroser.

Géranium

Le *Pelargonium zonale* et le pélargonium à feuilles de lierre, qu'ils soient de jardin ou de massifs, sont des plantes destinées avant tout à la culture à l'extérieur, mais ils réussissent aussi à l'intérieur, sur un appui de fenêtre ensoleillé. Tous devraient passer l'hiver à l'intérieur, dans un endroit frais, sec et clair.

Lumière: exposez les jeunes pousses à une bonne lumière intérieure et ombragez les boutures pendant l'enracinement. Une exposition lumineuse pour les plantes matures. Un ombrage intermittent est approprié.
Température: au moins 21 °C pour la germination. Les boutures cultivées à l'intérieur exigent une chaleur de fond de 18 °C. Les géraniums craignent le gel.
Arrosage: utilisez de l'eau courante, pas de l'eau qui a stagné. Laissez sécher la potée entre les arrosages.
Humidité: la sécheresse, pas de vaporisations par le dessus.
Terre: un mélange non terreux pour la germination et les boutures. Ensuite, un mélange à base de terreau n° 2 ou un compost pour rempotage non terreux.
Engrais: un engrais liquide, à raison de la moitié de la dose recommandée, chaque semaine, dans le mélange terreux, tous les trois jours dans le non terreux. Lorsque les plantes poussent bien à l'extérieur, utilisez la totalité de la dose recommandée.
Multiplication: prélevez les boutures à la mi-été ou au début de l'automne si la plante est cultivée à l'extérieur, au début de l'automne et au début du printemps si elle est cultivée à l'intérieur. Piquez-en trois ou quatre par pot de 10 cm, sur chaleur de fond de 18 °C si elles proviennent de plantes cultivées à l'intérieur. Effectuez le semis au début de l'automne ou du printemps, dans un compost humide et à une température d'au moins 21 °C. Avant de semer, coupez l'extrémité pointue des graines.
Nettoyage: enlevez les tiges florales fanées, en sectionnant près de la tige principale, de sorte que les bouts ne saillent pas.

Peu de plantes rivalisent avec l'éclat des coloris et la longévité des fleurs des géraniums, qui sont les hôtes les plus familiers des jardinières et des balcons. Les coloris vont du blanc à l'écarlate éclatant en passant par le rose. La hauteur de la plante varie de 15 à 75 cm.

S.O.S.

Trous dans les bourgeons et les feuilles: chenilles. Repérez-les et détruisez-les avec un produit à base de méthoxychlore, carbaryl ou bromophos. En une seule nuit, elles peuvent dévorer une floraison d'un mois.

Maladie et jaunissement subits de la plante: pied noir (pythium), à cause d'une terre non stérile et surarrosée. Pas de remède. Dépotez délicatement la plante et traitez la région malade avec un produit à base de thirame, de manèbe ou de zinèbe.

Les feuilles inférieures sont bordées de jaune, les feuilles et les fleurs rapetissent: carence nutritive. Augmentez la fréquence des apports hebdomadaires d'engrais. N'augmentez pas la dose.

1 Choisissez une pousse portant au moins deux paires de feuilles et une pousse, en coupant en dessous de la seconde paire pour obtenir une bouture de 10 cm de long.

2 Dégarnissez la section située sous les feuilles, puis enlevez la paire inférieure. Trempez la coupe dans de la poudre radiculaire aux hormones et piquez les boutures dans un compost pour semis, en les disposant en cercle tout autour du bord du pot.

La préparation d'une bouture

L'envers des feuilles est ponctué de taches blanches/pâles comme des têtes d'épingle, l'envers est couvert d'un dépôt farineux: araignées rouges. Pulvérisez du diméthoate ou du derris liquide. Répétez le traitement jusqu'à ce que les feuilles reprennent une coloration bien verte.

Abondance de feuilles mais absence ou petitesse des fleurs: suralimentation. Lorsque les plantes sont jeunes, n'utilisez que la moitié de la dose d'engrais recommandée. Administrez la dose entière lorsqu'elles arrivent à maturité.

Mauvaise croissance de la plante, absence de fleurs: obscurité excessive. Placez la plante dans un endroit plus éclairé, en plein soleil si possible.

Moisissure grise sur les capitules, qui ont l'air tout défaits: botrytis. Ces symptômes se manifestent par conditions humides à la suite d'une pluie ou de vaporisations régulières. Enlevez très délicatement les capitules afin de prévenir la propagation des spores et pulvérisez du bénomyl.

Boutons floraux déformés ou jeunes pousses tendres: aphidés. Pulvérisez du piricarbe ou du derris.

Feuilles supérieures couvertes de taches jaune pâle qui vont en s'agrandissant et dépôt poudreux couleur cachou sur l'envers: rouille du pélargonium. Pulvérisez un fongicide à base de dinocap.

Au printemps, les feuilles rougissent tout de suite après leur transplantation à l'extérieur: la plante, qui était sous abri, a subi un coup de froid brutal. Le transfert de la plante, des conditions intérieures à celles de l'extérieur, doit se faire graduellement.

Les feuilles se mettent à jaunir à partir de la base: sécheresse excessive. Augmentez légèrement les apports d'eau, sans saturer la plante.

La plante n'a pas l'air fraîche, la terre est trouble et nauséabonde: drainage déficient ou surarrosage. Assurez-vous que les trous de drainage soient bien dégagés. Attendez que le compost soit sec avant de recommencer à arroser.

Pellaea rotundifolia

Alors que la plupart des fougères de la famille *Pellaea* sont de petites plantes destinées avant tout à la culture en corbeilles suspendues ou en rocailles intérieures, *P. rotundifolia,* elle, est disponible en potées. Elle «donne» bien comme plante d'intérieur, à condition de bénéficier d'une température fraîche à modérée, d'une exposition légèrement ombragée et d'un substrat constamment humide. Elle se porte bien en serre. Ses feuilles rondes et légèrement coriaces se disposent alternativement tout le long des deux côtés des tiges, sur lesquelles elles poussent directement sans former de pétioles.

Lumière: naturelle et diffuse, à l'exclusion du soleil direct. Cette plante supporte la pénombre.
Température: elle supporte un minimum de 7 °C en hiver. Température idéale tout au long de l'année: 13 °C. Maximum idéal en été: 18 °C.
Arrosage: au moins trois fois par semaine en été, une ou deux fois par semaine en hiver, afin d'entretenir une humidité constante de la terre. Ne mouillez pas le feuillage: la plante en mourrait. Ne laissez pas le pot baigner dans l'eau.
Humidité: de préférence, une atmosphère sèche et aérée. Une humidité élevée entraîne la mort de la plante. Ne la vaporisez pas à l'eau.
Engrais: tous les quinze jours dès le début du printemps jusqu'à la mi/fin été avec un engrais dilué dans l'eau des arrosages selon les recommandations du fabricant.
Terre: un mélange composé à parts égales de terreau n° 2, de terreau de feuilles ou de tourbe, additionné de calcaire broyé. Un bon drainage est essentiel, car la plante ne doit pas être saturée d'eau.
Rempotage: cette plante possède très peu de racines et peut passer toute sa vie dans un pot de 10 cm. Renouvelez le compost tous les deux ans. Divisez la plante si elle s'affaisse sous le poids de sa couronne.
Nettoyage: époussetez la plante au plumeau. Ne la vaporisez pas. N'utilisez ni chiffon humide ni lustrant.

Les feuilles rondes, coriaces et légèrement lustrées de *Pellaea rotundifolia* sont portées par de minces tiges brunes. Le pourtour des feuilles est légèrement gaufré et ne devrait présenter aucune trace de brun ou de dessèchement.

Certaines frondes se dessèchent complètement: sécheresse excessive. Entretenez une humidité constante du compost, en arrosant trois fois par semaine en été, deux fois par semaine en hiver.

L'arrosage et le nettoyage

Arrosez la plante par la base du pot. Laissez tremper celui-ci pendant quinze minutes, puis videz l'excédent d'eau. Lors des apports d'engrais, incorporez celui-ci à l'eau des arrosages.

Nettoyez délicatement les feuilles au plumeau. Ne les vaporisez pas et n'utilisez pas de lustrant.

S.O.S.

La plante ne pousse pas: carence nutritive, ou, si toutes autres conditions sont satisfaites, pot trop grand. Rempotez la plante au printemps dans un plus petit pot. Un pot de 10 cm suffit.

Certaines feuilles isolées brunissent et se dessèchent: atmosphère trop humide ou feuilles mouillées suite aux vaporisations ou aux arrosages. Ne vaporisez pas la plante et arrosez-la par le bas.

Toute la plante brunit: chaleur excessive. Placez-la dans un endroit plus frais et maintenez la terre constamment moite. Rabattez aux ciseaux le feuillage bruni le plus près possible de la terre.

Toute la plante devient flasque et retombe: drainage déficient. Éliminez toujours l'eau excédentaire de la soucoupe après les arrosages.

Noircissement et mort du feuillage: effets des lustrants. Ne les utilisez pas. Seules les feuilles vaporisées subiront ces dégâts. Coupez les feuilles au ras des tiges et les frondes au ras de la terre.

Certaines feuilles prennent une teinte jaune brunâtre et l'envers est couvert de filaments: araignées rouges. Ne pulvérisez pas, mais incorporez un insecticide systémique à l'eau des arrosages, une fois par semaine, jusqu'à disparition des parasites. Enlevez les filaments au plumeau.

Noircissement des feuilles: froid excessif. Maintenez la plante à une température de 13 °C tout au long de l'année.

Les frondes se dessèchent à partir des pointes, les feuilles noircissent: effets du soleil direct. Exposez la plante à une lumière diffuse.

La plante a l'air terne et sans vie, bien que les feuilles soient encore vertes: obscurité excessive. Placez la plante dans un endroit plus clair, mais pas au soleil.

Pellionia

De culture relativement facile, cette belle plante rampante se porte bien en suspension. On en cultive couramment deux espèces: *Pellionia pulchra* et *P. daveauana*. La première porte des feuilles rondes vert argenté, maculées de taches sombres le long des nervures. Plus pointues, les feuilles de la seconde présentent une plage centrale plus claire. Plantes à croissance lente, il faut les arroser avec circonspection en hiver, car elles risquent de pourrir. Si elles poussent tout en tiges et que leur centre s'effeuille, mieux vaut en recommencer la culture par multiplication végétative. Les boutures prélevées en été racinent facilement.

Avec l'âge, les feuilles de *Pellionia* passent d'un rouge terne à un vert argenté, maculé d'un vert plus foncé le long des nervures. Les jeunes feuilles sont délicates: toute manipulation maladroite risque de les meurtrir.

Lumière: cette plante se porte bien à exposition ombragée, mais elle préfère une lumière indirecte, à l'abri du soleil direct.
Température: un minimum de 16 °C en hiver, un maximum de 27 °C en été. Par températures trop élevées, augmentez l'humidité.
Arrosage: entretenez une humidité constante du compost, sauf si la température atteint le minimum toléré. Évitez tout arrosage excessif et ne laissez pas le pot tremper dans l'eau. Deux arrosages hebdomadaires en été, un par semaine en hiver suffisent.
Humidité: cette plante demande une atmosphère humide. Vaporisez-la chaque jour par températures supérieures à 21 °C, une fois par semaine en hiver par températures inférieures à 18 °C.
Engrais: toutes les trois semaines au printemps et en été avec un engrais liquide administré à la dose recommandée.
Terre: cette plante aime un compost poreux, tel un mélange à base de tourbe n° 2.
Rempotage: à chaque printemps. Les jeunes feuilles étant tendres, veillez à ne pas les meurtrir.
Nettoyage: les vaporisations devraient suffire à maintenir la plante propre. N'utilisez pas de lustrant.

Moucherons verts et substance gluante sur les feuilles: pucerons. Pulvérisez un insecticide à base de pyrèthre ou du malathion dilué. Répétez le traitement au bout d'une semaine, ensuite chaque semaine jusqu'à élimination.

Le bouturage
1 Si la plante est échevelée, prélevez des boutures en été. Coupez des extrémités de tiges de 5 à 8 cm de long, portant une pousse et au moins deux paires de feuilles.
2 Élaguez la section située sous les feuilles, enlevez les feuilles inférieures et appliquez une poudre radiculaire aux hormones sur la plaie. Piquez les boutures dans un mélange de sable et de tourbe, et maintenez-les au chaud, sous une couverture de polyéthylène.

Les feuilles sont flasques, la plante s'affaisse: sécheresse excessive du compost. Arrosez la plante immédiatement. Laissez la surface du compost sécher légèrement avant de recommencer les arrosages. En hiver, effectuez un arrosage modéré une fois par semaine seulement.

S.O.S.

Les feuilles sont pâles, voire roussies par endroits: excès de soleil direct. Exposez la plante à une bonne lumière indirecte.

Les feuilles se crispent et se tachent: effets des lustrants. Ne les utilisez pas. Nettoyez les feuilles seulement par vaporisations d'eau tiède non calcaire. Enlevez les feuilles abîmées.

Base des tiges couverte de moisissure grise en hiver: botrytis, suite à un excès de froid et d'humidité. Pulvérisez un fongicide, puis placez la plante dans un endroit plus chaud, à une température supérieure à 16 °C, et réduisez la fréquence des vaporisations d'eau. Laissez la surface du compost se dessécher entre les arrosages. Enlevez les feuilles abîmées.

Les tiges pourrissent, le feuillage s'affaisse: humidité excessive du compost. Laissez sécher la surface de celui-ci avant de recommencer à arroser. Par la suite, n'arrosez la plante que lorsque la surface est sèche. Deux arrosages par semaine en été, un par semaine en hiver devraient suffire, mais vérifiez l'état du compost avant d'arroser.

Crispation des feuilles et des tiges, chute des feuilles: chaleur excessive. Placez la plante dans un endroit plus frais et plus aéré. Vaporisez-la tous les jours avec de l'eau tiède non calcaire. Température maximale: 27 °C.

La plante pousse tout en longeur et s'effeuille: obscurité excessive. Placez la plante dans un endroit plus éclairé (mais pas au soleil direct).

Plante-aux-cannes blanches

Les plantes-aux-cannes blanches, dites aussi «queue-de-souris» ou «pépéromia à feuilles de magnolia», portent des feuilles épaisses et charnues, assez semblables à celles des plantes grasses. Outre *Peperomia magnoliaefolia,* il existe bien d'autres variétés: *P. caperata,* aux feuilles gaufrées vert foncé; *P. hederifolia,* aux feuilles gris pâle, et *P. sandersii* ou *argyreia,* qui se distingue entre toutes par ses feuilles satinées, striées de vert argenté et portées par des tiges rouge vif. *P. magnoliaefolia* commence par pousser des feuilles vert uni pour les panacher de vert et de crème en cours de croissance.

Par son feuillage vert et crème, le pépéromia à feuilles de magnolia est une plante de belle tenue en toutes saisons. Petit et touffu, il fait rarement plus de 20 cm de haut. Certaines variétés produisent de fleurs disposées en épis érigés, généralement d'un blanc cassé, faisant penser à des queues de souris.

Lumière: maintenez cette plante à l'abri du soleil direct, mais pas à la pénombre. Elle préfère une lumière indirecte.
Température: entre 16 °C et 18 °C en hiver, pouvant tomber à 10 °C pendant de courtes périodes et à condition que la plante soit maintenue sèche. Maximum en été: 24 °C.
Arrosage: laissez sécher le compost entre les arrosages. Effectuez ceux-ci tous les dix jours en été, tous les quinze à dix-huit jours seulement en hiver. Le surarrosage risque de provoquer la pourriture et le botrytis, surtout en hiver.
Humidité: comme elles aiment une atmosphère humide, vaporisez ces plantes deux fois par semaine en été et en hiver, sauf par températures inférieures à 16 °C. Posez le pot sur des cailloux mouillés.
Engrais: tous les quinze jours au printemps et en été, avec un engrais liquide dilué à raison de la moitié de la dose.
Terre: un mélange à base de terreau n° 1.
Rempotage: au printemps, et seulement si la plante est à l'étroit. Ces plantes possèdent un système radiculaire restreint et se portent mieux dans de petits pots.
Nettoyage: les vaporisations suffisent. Si vous essuyez les feuilles avec un chiffon humide, soyez prudent, car elles se cassent facilement. Pas de lustrant.

Les feuilles se ratatinent, se dessèchent et meurent: chaleur excessive. Placez la plante dans un endroit plus frais, à une température inférieure à 24 °C.

Une partie du feuillage et la base de la tige noircissent et pourrissent: excès d'eau. Laissez le compost se dessécher avant de recommencer à arroser la plante, puis réduisez la fréquence des arrosages. Une fois tous les dix jours en été, une fois tous les quinze à dix-huit jours en hiver devraient suffire.

S.O.S.

Chute des feuilles: froid excessif. Placez la plante dans un endroit plus chaud, à une température supérieure à 16 °C.

La plante ne pousse pas et a l'air terne: carence nutritive. Alimentez-la avec un engrais liquide dilué à raison de la moitié de la dose recommandée, tous les quinze jours au printemps et en été.

Les feuilles sont ternes et pâles: excès de lumière. Exposez la plante à une lumière moins forte, dans un endroit plus ombragé.

Les boutures

1 Prélevez des boutures sur l'extrémité des tiges, au printemps. Coupez des sections portant deux paires de feuilles et une pousse. Élaguez le bout situé sous les feuilles.

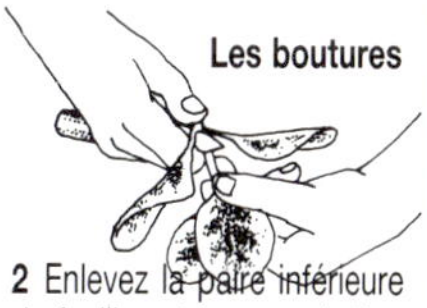

2 Enlevez la paire inférieure de feuilles et trempez la tige dans une poudre radiculaire aux hormones. Piquez-la dans un mélange de sable et de terreau de feuilles. Maintenez-la sous abri, à une température de 18 °C, pendant trois semaines.

Taches de rouille sur les feuilles: effets des lustrants. Ne les utilisez pas. Ne nettoyez les feuilles que par vaporisation ou avec un chiffon humide. Enlevez les feuilles abîmées en coupant au niveau de leur articulation à la tige.

Jaunissement des feuilles, filaments sur l'envers: araignées rouges. Enlevez les filaments avec un chiffon humide, puis pulvérisez du malathion dilué, surtout sous les feuilles. Répétez le traitement, tous les quinze jours, jusqu'à disparition de tout symptôme. Augmentez l'humidité.

Les feuilles ont l'air cloquées: plante saturée d'eau, baignant peut-être dans celle-ci. Videz l'eau de la soucoupe et laissez la surface du compost se dessécher avant de recommencer à arroser. Après les arrosages, éliminez toujours l'excédent d'eau de la soucoupe.

Moisissure grise sur les tiges: botrytis, provoqué par un excès de froid et d'eau. Pulvérisez un fongicide, puis placez la plante dans un endroit plus chaud et vaporisez-la moins souvent à l'eau. En hiver, il est préférable de maintenir une température supérieure à 16 °C. Laissez la surface du compost se dessécher entre les arrosages. Enlevez les feuilles endommagées en coupant au niveau de leur articulation à la tige.

Les feuilles sont flasques et pendantes: sécheresse excessive du compost et de l'atmosphère. Arrosez immédiatement la plante en plongeant le pot dans un seau d'eau pendant dix à quinze minutes, puis laissez-le égoutter. Vaporisez la plante deux fois par semaine tout au long de l'année, sauf par températures inférieures à 16 °C.

Petunia hybrida

Pétunia

Originaires d'Argentine, les pétunias sont des plantes pérennes semi-rustiques, bien que, de nos jours, on les cultive généralement comme annuelles. Plantes on ne peut plus florifères, elles apprécient l'abri qu'offre d'habitude la culture en pots. Leurs fleurs, en effet, souffrent facilement des pluies, même si la plante elle-même s'en remet rapidement. Comme ils résistent aux petites gelées, on peut transplanter les pétunias à l'extérieur, très tôt dans l'année.

Les pétunias modernes sont des plantes compactes et buissonnantes de 30 à 45 cm de haut. Leurs fleurs campanulées couvrent presque toutes les couleurs du spectre. Il existe quelques variétés à stries bicolores et on a obtenu récemment une jaune.

Lumière: les jeunes pousses réclament une bonne lumière. À l'extérieur, exposez les plantes au plein soleil, avec un ombrage n'excédant pas 20 %.
Température: 18 °C pour la germination. À l'extérieur, les pétunias supportent une légère gelée. Température optimale: supérieure à 10 °C.
Arrosage: laissez la potée sécher presque complètement entre les arrosages.
Humidité: ne vaporisez pas les fleurs.
Terre: un mélange à base de terreau n° 1 ou un compost pour rempotage non terreux.
Engrais: tous les quinze jours si le compost est terreux, en commençant six semaines après la plantation; chaque semaine si le compost est non terreux; trois semaines après la plantation. Utilisez de préférence un engrais liquide.
Multiplication: effectuez le semis des fines semences à la mi-printemps dans une terrine. Ne recouvrez pas le semis de compost. Placez-le dans un germoir ou un sac en plastique, à une température de 18 °C, dans un endroit légèrement ombragé, à l'abri du plein soleil. La germination se fait en huit jours. Repiquez les jeunes pousses dans de petits pots ou à intervalles de 5 cm dans des plateaux lorsque leur taille permet de les manipuler. Maintenez-les à une température de 10 °C et à une lumière maximale. La croissance aura déjà lieu à 7 °C, mais plus lentement.
Nettoyage: après les pluies, enlevez les fleurs mouillées.

La culture par semis

1 Semez clair dans un compost bien drainé pour semis. Placez les fines semences dans le creux d'une main et, de l'index de l'autre main, tapotez-en le tranchant afin d'effectuer un semis uniforme. Ne recouvrez pas celui-ci de compost.

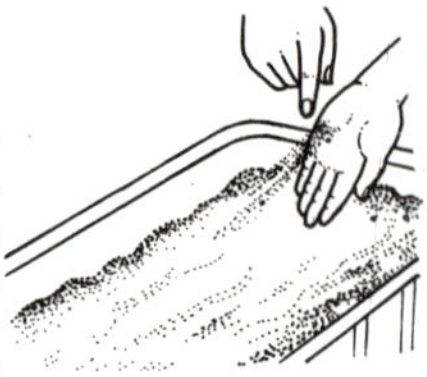

2 Placez le semis dans un germoir ou dans un sac en plastique, à une température de 18 °C. Protégez-le du soleil, sans l'exposer complètement à l'ombre.

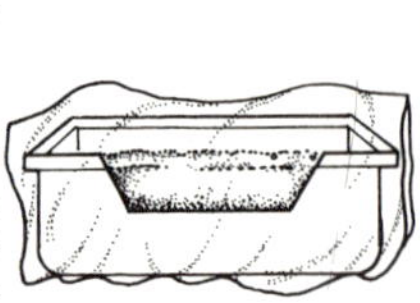

3 Après la levée (huit jours), découvrez le germoir. Repiquez les jeunes pousses individuellement lorsque leur taille permet de les manipuler aisément.

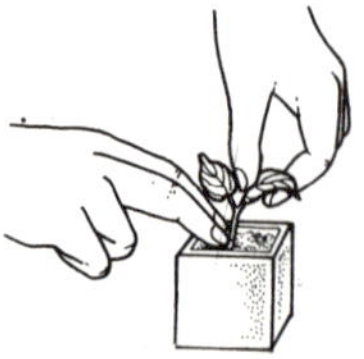

S.O.S.

Croissance lente des jeunes plantes: froid excessif. Ces plantes supportent de légères gelées, mais poussent mieux à des températures supérieures à 10 °C.

Luxuriance du feuillage, mais rareté des fleurs: suralimentation. N'alimentez la plante que six semaines après sa plantation dans le mélange à base de terreau. Après cela, administrez-lui régulièrement un engrais liquide, à raison de la moitié de la dose recommandée.

La plante se flétrit et languit: chaleur et sécheresse excessives. Arrosez bien la plante, mais laissez la terre se dessécher entre les arrosages. Les pétunias résistent bien au temps sec.

Croissance échevelée et filiforme des jeunes plantes: obscurité excessive. Exposez-les à une lumière plus intense, y compris au plein soleil.

Moucherons verts ailés sur les feuilles et à l'intérieur de la fleur, feuilles gluantes: aphidés. Pulvérisez un insecticide systémique et répétez le traitement au bout de quinze jours, en cas de récurrence.

Toutes les fleurs sont décolorées et trempées: forte pluie. Enlevez toutes les vieilles fleurs: de nouveaux boutons ne tarderont pas à éclore. Si possible, protégez les plantes des fortes pluies.

Macules blanches sur les fleurs: alternariose. Pulvérisez une fois du bénomyl.

Feuilles marbrées de jaune, plaques sombres sur les hampes florales: virose de la mosaïque du tabac. Pas de remède, mais la plante n'en souffrira pas trop. Afin d'enrayer la maladie, stérilisez les récipients avant de planter d'autres pétunias ou tabacs.

La plante jaunit à partir de la base, les feuilles ont l'air flasques et pendantes: pourriture radiculaire, due à un surarrosage. Vérifiez que les trous de drainage sont dégagés et laissez sécher la terre entre les arrosages. Les pétunias préfèrent la sécheresse à l'humidité excessive.

Stries brun clair sur les pétioles et les tiges, qui finissent par noircir: phase avancée de l'alternariose. Pulvérisez du bénomyl ou, si la floraison est achevée, enlevez les plantes.

Philodendron bipenné

Plantes dont la culture en intérieur est des plus aisées, les philodendrons sont tout indiqués pour le débutant. Les types à port droit ou rayonnant sont très utiles: dans des conditions normales, ils s'accommodent en effet d'un emplacement assez sombre. Bien qu'ils soient moins populaires que les variétés grimpantes, leur culture en vaut la peine. Ils portent des feuilles, épaisses et légèrement charnues, de quelque 38 cm d'envergure sur des tiges de 60 cm. Les plantes plus âgées pouvant former des feuilles plus grandes encore, il est préférable de les cultiver isolément. Si les tiges se ploient en s'écartant excessivement du bord du pot, on peut les tuteurer contre des cannes de bambou.

Ce philodendron à port droit porte des feuilles d'une envergure d'environ 35 cm. Chez une plante saine, ces feuilles sont d'un vert vif luisant et échancrées presque jusqu'à la nervure centrale. À peine découpées au début de leur croissance, elles revêtent leur forme caractéristique à mesure qu'elles grandissent.

Lumière: cette plante préfère un emplacement bien éclairé, à l'abri du soleil direct, mais supportera une exposition à quelque distance des fenêtres.
Température: un minimum de 12 °C en hiver; un maximum de 24 °C en été, à condition de maintenir une bonne humidité.
Arrosage: deux fois par semaine pendant la croissance estivale, une fois par semaine en hiver. Ne laissez par le pot tremper dans l'eau.
Humidité: vaporisez sur la plante une fine bruine d'eau tiède deux fois par semaine, tout au long de l'année.
Engrais: tous les quinze jours en période de croissance (printemps et été) avec un engrais liquide dilué selon les recommandations du fabricant.
Terre: un mélange à base de terreau n° 2 ou un compost à base de tourbe n° 2.
Rempotage à chaque printemps, jusqu'à ce que la plante remplisse un pot de 18 cm. Une fois cette taille atteinte, contentez-vous de renouveler la couche de surface au printemps.
Nettoyage: essuyez les feuilles avec un chiffon humide, en les soutenant d'une main. N'utilisez les lustrants qu'une fois tous les deux mois.

Filaments sous les feuilles, qui commencent à se décolorer: araignées rouges. Pulvérisez du malathion dilué ou un insecticide systémique, tous les quinze jours, jusqu'à élimination.

S.O.S.

Les feuilles ont l'air ternes et ne poussent pas au printemps: froid excessif. Placez la plante dans un endroit plus chaud, à une température d'au moins 12 °C.

Le nettoyage

Nettoyez les feuilles avec un chiffon humide, en les soutenant d'une main. Utilisez les lustrants une fois tous les deux mois, tout au plus.

Allongement des tiges, qui deviennent pendantes et flasques: obscurité excessive. Exposez mieux la plante, mais pas au plein soleil. Sans exiger l'exposition sur une fenêtre, elle a besoin d'une certaine lumière pour prospérer.

Marques de roussissement sur les feuilles: effets du soleil direct. Ne vaporisez pas les plantes exposées au soleil et maintenez-les dans un endroit plus ombragé.

Les feuilles languissent: chaleur et sécheresse excessives. Laissez tremper la plante dans un seau d'eau pendant dix à quinze minutes, puis laissez-la égoutter. Arrosez-la plus souvent et maintenez-la dans un endroit plus froid.

Les feuilles jaunissent, puis tombent: excès d'eau, surarrosage. Vérifiez si les trous de drainage sont bien dégagés et laissez sécher le compost avant de recommencer à arroser. En hiver, laissez sécher la couche de surface entre les arrosages.

Petitesse ou absence de nouvelles feuilles: besoin d'engrais ou de rempotage. Examinez les racines et rempotez la plante au printemps, si elles sont à l'étroit. Alimentez régulièrement la plante en période de croissance.

Philodendron roux

Les philodendrons appartiennent à une très grande famille de plantes, dont plusieurs se prêtent très bien à la culture en intérieur. On les répartit généralement en deux types: les érigés et les grimpants. Parmi ces derniers, plusieurs variétés ont été spécialement produites pour la culture en intérieur. De croissance rapide, toutes ces grandes plantes doivent être tuteurées contre une canne de bambou ou un bâton moussu. Chez les types à grandes feuilles, celles-ci sont pointues et, bien que surtout vertes, elles présentent parfois une coloration si foncée qu'elles virent presque au noir, au rouge ou au doré. Poussant de 60 à 90 cm par an, ce sont des plantes idéales pour les bureaux et les salles d' exposition.

Les philodendrons grimpants à grandes feuilles, tel ce *Philodendron erubescens* «Emerald Queen», sont des plantes à croissance rapide, qui, dans de bonnes conditions, s'élèvent de 60 à 90 cm par an. Il est indispensable de les tuteurer solidement contre une canne de bambou ou un bâton moussu.

Lumière: cette plante préfère la lumière indirecte (jamais le soleil direct de midi), mais peut survivre dans la pénombre.
Température: de 13 °C à 18 °C en hiver, un maximum de 24 °C en été.
Arrosage: pendant la croissance estivale, maintenez le compost humide en arrosant deux fois par semaine. En hiver, une fois par semaine, après avoir laissé sécher la surface du compost.
Humidité: deux vaporisations hebdomadaires tout au long de l'année. En hiver, utilisez de l'eau tiède.
Engrais: tous les quinze jours en période de croissance (printemps et été) avec un engrais liquide administré à la dose recommandée par le fabricant.
Terre: un mélange à base de terreau ou de tourbe n° 2.
Rempotage: les jeunes plantes doivent être rempotées au moins tous les printemps. Lorsque leur taille les rend difficiles à manipuler, renouvelez chaque année les cinq à sept premiers centimètres du compost et alimentez régulièrement la plante.
Nettoyage: essuyez les feuilles avec un chiffon humide. Utilisez un lustrant une fois par mois, tout au plus.

Le tuteurage sur bâton moussu

1 Choisissez un bambou dont la longueur correspond à la distance entre le fond du pot et le sommet de la plante. Nouez un morceau de ficelle à environ 22 cm de l'extrémité du bambou.

2 Procurez-vous une quantité de mousse de sphaigne suffisante pour couvrir le reste de la canne. Relâchez-en la texture à l'aide d'un bâtonnet ou d'un crayon. Enroulez la mousse autour de la canne en l'y maintenant avec la ficelle. Nouez fermement celle-ci à l'extrémité du bambou.

3 Installez le bambou lors du rempotage et attachez-y la plante en effectuant des nœuds lâches à plusieurs endroits.

S.O.S.

Apparence terne des feuilles, absence de nouvelles au printemps: froid excessif. Placez la plante dans un endroit plus chaud, à une température supérieure à 13 °C.

Plaques laineuses blanches sur les tiges et à l'aisselle des feuilles: cochenilles. Pulvérisez du malathion dilué et enlevez parasites et «laine» avec une pince à épiler. Répétez le traitement, tous les quinze jours, jusqu'à élimination. Ou bien, badigeonnez les parasites avec de l'alcool dénaturé et enlevez-les avec une pince à épiler.

Les feuilles jaunissent et tombent: plante saturée d'eau. Videz toute eau stagnant dans la soucoupe, vérifiez le drainage et laissez la surface du compost se dessécher avant de recommencer à arroser. Avant les arrosages, vérifiez toujours l'état du compost, surtout en hiver.

Marques de roussissement sur les feuilles: vaporisations effectuées au soleil. Ne vaporisez jamais les feuilles lorsqu'elles sont exposées au soleil. Enlevez aux ciseaux les feuilles déparées, en sectionnant au niveau de l'aisselle.

Petitesse ou absence de croissance des nouvelles feuilles: carance nutritive. Alimentez la plante, tous les quinze jour en été, avec un engrais administré à la dose recommandée par le fabricant.

Commencement de décoloration des feuilles, filaments sur l'envers: araignées rouges. Enlevez les filaments avec une éponge humide, puis pulvérisez du malathion dilué, surtout sous les feuilles. Répétez le traitement, tous les quinze jours, jusqu'à disparition des symptômes. Augmentez l'humidité.

Les feuilles languissent: terre ou atmosphère trop sèches et/ou chaleur excessive. Vérifiez. En cas de sécheresse, plongez le pot dans un seau d'eau pendant dix à quinze minutes, puis laissez-le drainer. Maintenez le compost moite en été, en arrosant chaque fois que la surface commence à sécher. Par températures supérieures à 24 °C, placez la plante dans une pièce plus fraîche.

Allongement des tiges, qui sont flasques et pendantes: obscurité excessive et/ou carence nutritive. Placez la plante dans un endroit plus clair, mais pas au soleil direct. Alimentez-la tous les quinze jours en été avec un engrais administré à la dose recommandée par le fabricant.

Philodendron grimpant

Originaire des Antilles, cette plante est le plus populaire de tous les philodendrons. Il croît rapidement, exige un minimum de soins et se porte assez bien à exposition sombre. À bonne croissance, il ne tardera pas à couvrir tout un treillage de ses feuilles cordiformes vert foncé. Grimpant vigoureux, ce philodendron exige un tuteurage permanent et, quelle que soit la nature de celui-ci, il y accroche ses petites racines aériennes. Si vous le cultivez en suspension, suivant une pratique récente, maintenez-lui un port touffu en pinçant les tiges maîtresses deux ou trois fois en été. Cette plante est bonne aussi pour l'hydroculture.

Philodendron scandens porte des feuilles cordiformes de quelque 10 à 12 cm de long qui, chez une plante saine, devraient être d'un vert vif très intense. À l'achat, écartez tout sujet à tiges efflanquées ou présentant un feuillage jaunissant. Cette espèce à petites feuilles peut être conduite comme grimpant ou, en suspension, comme rampant.

Lumière: à part le soleil direct, dont il faut le protéger, ce philodendron se fait à la plupart des expositions. Toutefois, il poussera mieux devant une fenêtre non exposée au soleil direct.
Température: un minimum de 18 °C en hiver, bien qu'il puisse survivre jusqu'à 13 °C. Maximum en été: 24 °C.
Arrosage: deux fois par semaine pendant la croissance estivale. Maintenez une plus grande sécheresse en hiver, en effectuant un arrosage par semaine, voire moins. Assurez-vous toujours que la surface du compost soit sèche avant d'arroser.
Humidité: vaporisez la plante deux fois par semaine, tout au long de l'année. En hiver, utilisez de l'eau tiède.
Engrais: tous les quinze jours, en été, avec un engrais liquide dilué à la dose recommandée.
Terre: un mélange à base de terreau ou de tourbe n° 2. Le compost doit être poreux.
Rempotage: rempotez la plante à chaque printemps. Lorsque sa taille la rend difficilement maniable, contentez-vous de renouveler les cinq à sept premiers centimètres du compost, en veillant à ne pas déranger les racines. Assurez-vous du bon fonctionnement du drainage.
Nettoyage: essuyez les feuilles avec un chiffon humide. Utilisez un lustrant une fois par mois, tout au plus.

Le surfaçage

1 Lorsque la plante est trop grande pour être dépotée, raclez délicatement les cinq à sept premiers centimètres du compost.

2 Ajoutez du compost frais en ménageant, pour les arrosages, un espace d'un à deux centimètres entre le compost et le bord du pot.

3 Avec la paume de la main, tassez fermement tout autour des racines et arrosez bien la plante. Incorporez un engrais liquide à l'eau de l'arrosage pour reconstituer les éléments nutritifs et continuez à alimenter la plante tous les quinze jours en période de croissance.

S.O.S.

Menus insectes sur l'extrémité des tiges, extrémités déformées, moisissure fuligineuse sur les feuilles: pucerons. Pulvérisez un insecticide à base de pyrèthre et répétez le traitement, chaque semaine, jusqu'à élimination.

Mouchetures sur les feuilles, filaments sur l'envers: araignées rouges. Enlevez les filaments avec un chiffon humide, puis pulvérisez du malathion dilué, surtout sous les feuilles. Répétez le traitement, tous les quinze jours, jusqu'à élimination. Augmentez l'humidité.

La plante cesse de pousser au printemps ou en été, les feuilles sont ternes: froid excessif. Placez la plante dans une pièce plus chaude, à une température supérieure à 18 °C. Par température plus fraîche, entretenez une plus grande sécheresse.

Brunissement et crispation des feuilles: froid tout à fait excessif, voire gel. La plante se trouve-t-elle derrière les rideaux durant la nuit? Placez-la dans une pièce plus chaude.

Jaunissement et chute des feuilles inférieures: plante saturée d'eau ou vaporisée à l'eau froide. Videz toute eau stagnant dans la soucoupe et laissez la surface du compost se dessécher avant de recommencer à arroser. Avant les arrosages, vérifiez toujours l'état du compost, surtout en hiver. Durant cette saison, vaporisez la plante à l'eau tiède.

Extrémités des tiges efflanquées, feuilles très espacées: obscurité excessive et/ou carence nutritive. Vérifiez. Placez la plante dans un endroit plus clair, mais pas au soleil direct, et alimentez-la tous les quinze jours en période de croissance.

Les feuilles languissent, les tiges sont flasques et pendantes: chaleur et sécheresse excessives. Arrosez la plante immédiatement et placez-la, si possible, dans un endroit plus frais, à une température inférieure à 24 °C.

Marques brunes et noires au centre et à l'extrémité des feuilles: effets du soleil direct. La plante touche peut-être les vitres. Ne la laissez pas au soleil. Enlevez aux ciseaux les feuilles endommagées.

Écailles brunes sous les feuilles: insectes écailleux. Pulvérisez du malathion dilué sur l'envers des feuilles et, quarante-huit heures après, enlevez les écailles avec l'ongle du pouce. Répétez le traitement, chaque semaine, jusqu'à élimination. Ou bien, badigeonnez les écailles avec de l'alcool dénaturé et enlevez-les avec l'ongle du pouce.

Phlebodium aureum

Phlebodium aureum pousse à partir d'un rhizome velu qui repose, mi-enfoui, dans le compost et finit, avec le temps, par s'étaler sur toute la surface du pot. Étroitement enroulées sur elles-mêmes à leur naissance, les nouvelles pousses se déroulent, au cours de leur croissance, pour former des pétioles, bruns et grêles, d'une longueur de 56 cm, qu'elles complètent par d'élégantes frondes vertes de 40 à 50 cm. Sur l'envers de ces dernières, de petites spores brun-orange parsèment chaque côté de la nervure centrale.

Lumière: une lumière diffuse très élevée est indispensable à cette plante. Évitez à celle-ci le soleil direct.
Température: de 13 °C à 18 °C du début du printemps à la fin de l'automne. Par températures supérieures à 21 °C, les feuilles se recroquevillent. Minimum en hiver: 10 °C.
Arrosage: maintenez le compost humide, en arrosant trois fois par semaine en été, une ou deux fois par semaine en hiver, en laissant le premier centimètre du compost se dessécher entre les arrosages. Ne laissez pas la plante baigner dans l'eau.
Humidité: vaporisez la plante chaque jour à l'eau tiède non calcaire, de la fin de l'hiver au début de l'automne. Posez le pot sur un lit de cailloux baignant dans l'eau.
Engrais: tous les quinze jours, en été seulement, avec un engrais liquide dilué à l'eau des arrosages. Utilisez la moitié de la dose recommandée.
Terre: un mélange composé à parts égales de terreau n° 2, de tourbe, de terreau de feuilles et de sable graveleux pour rempotage.
Rempotage: au printemps dans un pot plus grand de deux tailles, étant donné que les rhizomes peuvent s'étaler sur toute la surface du compost. Divisez les rhizomes tous les deux ou trois ans et rempotez-les dans des pots bien drainés de 13 cm. Chaque section devrait porter des racines et deux ou trois tiges.
Nettoyage: une vaporisation quotidienne à l'eau non calcaire. Pas de lustrant.

Phlebodium aureum porte de gracieuses frondes vert vif sur de longues tiges qui débutent en vert pour virer au brun au cours de leur croissance. Ces tiges sont émises par un rhizome velu qui repose mi-enfoui dans le compost et qui finit par couvrir toute la surface du pot. Chez une plante saine, les feuilles sont brillantes, fraîches et parcourues sur l'envers, au printemps et en été, de spores orange.

L'humidité

1 Entretenez une humidité constante autour du pot en posant celui-ci sur une soucoupe emplie de cailloux mouillés baignant partiellement dans l'eau. Veillez à ce que le niveau de l'eau n'atteigne pas la base du pot.

Ou bien:

2 Placez le pot dans un autre récipient garni de tourbe humide.

Absence de nouvelle croissance au printemps, bien que toutes les conditions semblent satisfaites: terre trop lourde. Rempotez la plante dans le mélange adéquat.

S.O.S.

Les tiges sont à l'étroit dans le pot, le rhizome remplit celui-ci: besoin de rempotage ou de division. Effectuez ces opérations tous les deux ou trois ans, au printemps.

Pâleur des nouvelles feuilles: obscurité excessive. Cette plante réclame une bonne lumière naturelle diffuse, mais craint le soleil direct.

La pointe des frondes noircit: engrais trop riche. N'alimentez la plante que toutes les deux semaines en période de croissance, avec un engrais dilué, à raison de la moitié de la dose recommandée.

Le feuillage se dessèche et brunit: atmosphère trop sèche. Vaporisez chaque jour la plante et augmentez le taux d'humidité en posant le pot sur des cailloux mouillés ou en le plaçant dans une salle de bains ou une cuisine embuée.

Début de pourriture des frondes: excès d'eau ou plante trempant dans l'eau. Si vous utilisez des cailloux mouillés pour augmenter l'humidité, veillez à ce que le niveau de l'eau n'atteigne pas le fond du pot.

Les frondes noircissent et se recroquevillent: effets des lustrants. Ne les utilisez pas. Nettoyez les frondes uniquement par vaporisations d'eau tiède non calcaire.

Flétrissement de la plante: sécheresse et chaleur excessives. Maintenez le compost moite et arrosez-le chaque jour en été. Placez la plante dans un endroit plus frais (maximum: 21 °C).

Mouches voletant à la surface du compost: mouches blanches. Incorporez un insecticide à base de pyrèthre à l'eau des arrosages, tous les quinze jours, jusqu'à élimination. N'utilisez pas de malathion et ne pulvérisez pas les insecticides sur la plante.

Les folioles se dessèchent les unes après les autres: excès de soleil direct. Placez la plante dans un endroit plus ombragé. Ne la vaporisez pas au soleil.

Palmier des Canaries

Il faut une maison spacieuse pour abriter cette plante, car, cultivée en intérieur, elle peut atteindre 4,50 m de haut. À maturité, elle forme une plante trapue, portée par une grosse motte radiculaire, qui, chez un spécimen de 2,50 m, nécessiterait un pot de la taille d'un petit tonneau. À mesure qu'elle grandit et que les feuilles inférieures se flétrissent, elle se forme un tronc. Il faut enlever ces feuilles à l'aide d'une scie ou d'un couteau. Comme il supporte des températures assez basses, ce palmier peut passer l'été à l'extérieur, même dans les régions septentrionales. C'est une plante à croissance lente (de 15 à 25 cm par an).

Lumière: durant son jeune âge, cette plante réclame une lumière naturelle indirecte et elle supporte le plein soleil lorsqu'elle a plus de quatre ans.

Température: en hiver, une température fraîche d'environ 10 °C. En été, un maximum de 27 °C, avec une bonne circulation d'air frais par grandes chaleurs.

Arrosage: entretenez une humidité uniforme en arrosant au moins deux fois par semaine en été. En hiver, n'arrosez que si la surface du compost est sèche, soit environ une fois tous les quinze jours.

Humidité: deux vaporisations hebdomadaires en été par températures supérieures à 27 °C. Pas de vaporisaitons en hiver.

Engrais: tous les quinze jours en été, avec un engrais liquide dilué à l'eau des arrosages.

Terre: un mélange lourd et non tourbeux, à base de terreau n° 3 par exemple. Utilisez un terreau argileux rougeâtre pour les grandes plantes originaires du sud de l'Europe.

Rempotage: annuel pour les petits spécimens. Contentez-vous de renouveler le compost de surface des grands spécimens cultivés en bacs.

Nettoyage: vaporisez la plante à l'eau tiède non calcaire ou époussetez-la à l'aide d'un plumeau. Fixez celui-ci au bout d'une baguette afin de vous protéger. N'utilisez pas de lustrants.

Le palmier des Canaries commence par produire des feuilles vert pâle qui, avec l'âge, virent au vert foncé, tout en se garnissant de filaments fibreux bruns sur les bords. Un feuillage sain est naturellement luisant et il convient de ne pas y appliquer de lustrant, sous peine de le voir noircir et se flétrir.

Le surfaçage

1 Il faut renouveler le compost au printemps. Enlevez à la truelle les premiers 5 cm, en veillant à ne pas abîmer les racines.

2 Ajoutez du nouveau compost, en tassant délicatement autour des racines. Afin d'encourager celles-ci à s'y répandre, n'arrosez pas la plante pendant deux jours. Nourrisez-la régulièrement.

Les palmes inférieures se dessèchent: naturel, du moins si le reste de la plante continue à croître sainement. Supprimez les palmes mortes au couteau ou à la scie, en coupant le plus près possible du tronc.

S.O.S.

La palme centrale demeure pâle et ne se déploie pas: lumière solaire trop intense, atmosphère trop sèche. Protégez la plante du soleil direct et vaporisez-la deux fois par semaine, s'il fait plus de 27 °C.

Absence de croissance au printemps: besoin d'engrais ou de rempotage. Rempotez la plante au printemps et fertilisez-la, toutes les deux semaines, avec un engrais liquide, en administrant toute la dose.

Brunissement des jeunes feuilles, suivi de celui des externes: froid excessif. Placez la plante dans un endroit plus chaud, à une température supérieure à 10 °C.

Les feuilles se recroquevillent: sécheresse excessive. Arrosez la plante deux fois par semaine en été.

Plaques laineuses blanches à l'aisselle des folioles: cochenilles. Pulvérisez du malathion dilué, jusqu'à en saturer les aisselles, tous les quinze jours, jusqu'à élimination.

Plaques noires sur les feuilles: effets des lustrants. Ne les utilisez pas. Nettoyez les feuilles au plumeau ou par vaporisations d'eau.

Dessèchement des jeunes palmes: lumière solaire excessive. Exposez la plante à une lumière égale. Les plantes plus âgées supportent le soleil.

La plante pourrit en hiver: froid excessif ou atmosphère trop humide. Placez la plante dans un endroit plus chaud (à une température minimale de 10 °C) et ne la vaporisez pas avant le printemps.

Brunissement, dessèchement et chute subite de plusieurs palmes: chaleur excessive. Augmentez la ventilation et les vaporisations d'eau par grandes chaleurs.

Phoenix roebelinii

Dattier nain des Canaries

Cette plante au feuillage fin pousse à partir d'une tige bulbeuse. Comme elle a tendance à émettre des drageons à sa base, il faut supprimer ceux-ci, sous peine de la voir s'affaiblir. Comme elle se présente souvent, à l'achat, par groupes de deux ou trois pieds, rendant la potée plus touffue, ne confondez pas ces rejets avec les plantes-mères. Contrairement aux autres variétés de phoenix, *Phoenix roebelinii* (parfois désigné erronément sous le nom de *P. humilis*) ne garnit pas ses palmes de pinnules acérées. Il pousse ses nouvelles palmes, légèrement plus grandes que les précédentes, à partir du centre.

Phoenix roebelinii porte des palmes tendres et gracieuses, dont la délicatesse et la fragilité sont plus apparentes que réelles, et qui émergent d'une tige bulbeuse. Normalement, cette plante n'atteint pas une taille suffisante pour lui permettre de former un tronc.

Lumière: jeune, cette plante demande une lumière naturelle diffuse. À exposition ombragée, elle croît lentement.
Température: un minimum de 13 °C en hiver; un maximum de 21 °C en été, à condition de bénéficier d'une bonne humidité.
Arrosage: deux fois par semaine en été, environ une fois tous les dix à quinze jours en hiver, saison pendant laquelle il convient de laisser le compost sécher presque complètement entre les arrosages.
Humidité: vaporisation quotidienne à l'eau tiède non calcaire pour maintenir l'humidité. Placez le pot sur une soucoupe de cailloux humides, ou bien dans un plus grand récipient, en intercalant de la mousse humide entre les deux.
Engrais: tous les quinze jours en été, avec un engrais liquide dilué à l'eau des arrosages selon les recommandations du fabricant.
Terre: trois parts d'un mélange à base de terreau n° 2 pour une part de tourbe.
Rempotage: à chaque printemps dans le pot en argile de la taille au-dessus.
Nettoyage: la vaporisation quotidienne destinée à l'humidification maintiendra les feuilles propres. Si celles-ci sont poussiéreuses, essuyez-les délicatement avec un chiffon humide. Pas de lustrant.

Dessèchement et crispation des palmes: besoin d'eau. Plongez le pot dans un seau d'eau pendant une demi-heure, puis laissez-le égoutter.

La suppression des drageons
Il convient de supprimer les drageons émis à la base bulbeuse de la plante. Dépotez celle-ci et séparez les drageons de la plante-mère, avec un bon couteau et le plus près possible de la base.

S.O.S.

Absence de nouvelles palmes au printemps et en été. Si c'est le printemps, rempotez la plante. Si c'est l'été, fertilisez-la régulièrement jusqu'au printemps, saison où vous la rempoterez.

Les jeunes feuilles brunissent et se dessèchent avant de se déployer: lumière solaire trop intense. Exposez la plante à une lumière naturelle diffuse jusqu'au déploiement complet des feuilles.

Feuilles mouchetées de jaune, filaments en dessous: araignées rouges. Pulvérisez du malathion dilué, surtout sous les feuilles, tous les quinze jours.

Brunissement et dessèchement des feuilles inférieures: atmosphère trop sèche. Vaporisez régulièrement la plante, surtout en été, et placez le pot sur un lit de cailloux mouillés.

Plaques laineuses blanches à l'aisselle des feuilles: cochenilles. Pulvérisez du malathion, tous les quinze jours, jusqu'à élimination, et incorporez-en à l'eau des arrosages, tous les quinze jours, jusqu'à élimination.

La plante languit, a l'air sans vie et commence à jaunir: excès d'eau, racines saturées. Laissez le compost se dessécher avant de recommencer à arroser la plante. Arrosez celle-ci moins souvent en hiver qu'en été.

Noircissement et dessèchement des palmes: effets des lustrants. Ne les utilisez pas. Nettoyez la plante par vaporisations d'eau tiède non calcaire.

Piléa de Cadière

Cette jolie plante touffue, parfois aussi appelée «plante-aluminium» ou «herbe-au-feu-d'artifice», se cultive facilement et se porte bien en vasques mixtes. Vu sa tendance à monter un peu en tiges, il convient de pincer les jeunes pousses à la mi-été, afin de faire ramifier les tiges inférieures. Les feuilles sont ovales, mesurent environ 37 mm de long sur 18 de large, et portent des marbrures argentées sur fond vert foncé. Elles poussent par paires le long des tiges, qu'elles multiplient dans le même pot. L'espèce comprend plusieurs variétés, dont une naine.

Lumière: cette plante donne bien sur l'appui d'une fenêtre protégée du soleil direct de midi. Non exposée à la lumière, elle a tendance à monter en tiges. En hiver, évitez que les feuilles ne touchent les vitres.
Température: un minimum de 15 °C en hiver, bien que la plante puisse survivre à des températures plus basses si l'on suspend les arrosages. Maximum en été: 21 °C.
Arrosage: deux ou trois fois en été; une fois par semaine en hiver, sans jamais laisser se dessécher le compost.
Humidité: vaporisez la plante tous les jours en été et environ une fois par semaine en hiver sauf par températures ambiantes très élevées (21 °C), auquel cas il convient de la vaporiser tous les jours. Si elle est exposée au plein soleil, secouez du feuillage les gouttelettes excédentaires.
Engrais: tous les quinze jours en période de croissance printanière et estivale, avec un engrais liquide dilué selon les recommandations du fabricant.
Terre: un mélange composé de trois parts de terreau n° 2 additionné d'une part de tourbe.
Rempotage: au printemps. Avant le rempotage, rabattez de la moitié les tiges afin de favoriser une nouvelle pousse buissonnante.
Nettoyage: les vaporisations destinées à l'humidification suffisent. Si la plante est très sale ou poussiéreuse, nettoyez-la à l'aide d'un petit pinceau sec. Pas de lustrant.

Un piléa de Cadière en bonne santé porte un feuillage aux marbrures bien dessinées. Au printemps et en été, il devrait présenter un port soigné et ramifié de nombreuses nouvelles pousses vigoureuses. Pâles au début, les jeunes feuilles développent leurs couleurs à mesure qu'elles grandissent.

Petitesse des nouvelles feuilles: besoin d'engrais ou de rempotage. Si les racines sont entrelacées et nues, rempotez la plante au printemps dans un nouveau compost.

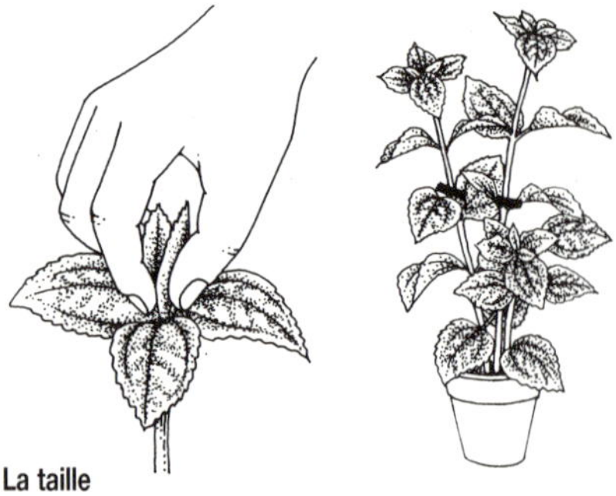

La taille
Si la plante pousse en tiges et que son feuillage est dégarni, pincez les extrémités des tiges. La partie inférieure de ces dernières se garnira de nouvelles pousses. Avant le rempotage printanier, rabattez de moitié les tiges folles. Coupez-les avec une paire de ciseaux juste au-dessus d'un paire de feuilles.

La plante pousse tout en tiges, les feuilles sont très espacées: obscurité excessive. Placez la plante dans un lieu plus clair. Taillez les tiges poussant tout en longueur et pincez les pousses, pour favoriser le buissonnement de la plante.

La plante s'affaisse, feuilles et tiges languissent: la plante est morte sous l'effet du gel.

S.O.S.

Plaques laineuses blanches sur les feuilles et les tiges: cochenilles. Enlevez-les avec un tampon d'ouate imbibé d'alcool dénaturé ou pulvérisez du malathion dilué, tous les quinze jours, jusqu'à élimination.

Feuilles déformées, gluantes et couvertes d'insectes verts: pucerons. Pulvérisez du pyrèthre ou un insecticide systémique, tous les quinze jours, jusqu'à élimination.

Le feuillage languit: besoin d'eau. Laissez bien tremper le pot dans un seau d'eau pendant dix à quinze minutes, puis laissez-le égoutter. Arrosez la plante plus souvent et vaporisez-la régulièrement.

Noircissement de quelques feuilles isolées en hiver: effets du froid dégagé par les vitres avec lesquelles les feuilles sont en contact. Écartez la plante des fenêtres.

Plaques de moisissure grise sur les feuilles: botrytis, dû au surarrosage. Laissez sécher la plante avant de recommencer à l'arroser et soufrez les feuilles atteintes.

Marques de roussissement sur les feuilles: effets des lustrants. Ne les utilisez pas. Nettoyez la plante uniquement par vaporisations ou à l'aide d'un pinceau sec. Enlevez les feuilles abîmées.

Noircissement et chute des feuilles: froid excessif. Placez la plante dans un endroit plus chaud, à au moins 15 °C.

Pittosporum tenuifolium

Le feuillage vert de cette plante d'agrément est souvent utilisé par les fleuristes pour enjoliver, en hiver, les bouquets de fleurs coupées. *Pittosporum tenuifolium,* en particulier sa forme panachée, n'en demeure pas moins une bonne plante d'intérieur à port buissonnant ou arborescent. Exigeant en lumière, mais s'adaptant bien à la fraîcheur des températures hivernales, il est tout indiqué pour les vérandas, les solariums ou les serres. C'est une plante à croissance estivale rapide.

Lumière: cette plante exige un emplacement très lumineux et supporte le plein soleil. Une obscurité excessive entraîne la chute du feuillage.
Température: un minimum de 4 °C en hiver. Cette plante supportera de légères gelées sous une couverture de polyéthylène. En été, un minimum de 24 °C, à condition de bénéficier, à l'intérieur, d'une très bonne ventilation d'air frais et d'une humidité élevée.
Arrosage: entretenez une humidité constante du compost, en arrosant la plante deux ou trois fois par semaine en été; une fois par semaine en hiver. Suspendez complètement les arrosages si la température tombe en deçà du minimum.
Humidité: une vaporisation quotidienne si la plante est exposée au chauffage central en hiver ou par températures estivales supérieures à 21 °C . À expositions différentes, vaporisez-la deux fois par semaine.
Engrais: tous les quinze jours en période de croissance, avec un engrais liquide administré selon les recommandations du fabricant.
Terre: un mélange à base de terreau n° 2. Ces plantes exigent un terreau lourd pour les maintenir droites.
Rempotage: rempotez les jeunes plantes à chaque printemps. Si leur taille les rend difficiles à manier, renouvelez les 5 à 7 premiers centimètre du compost lors de la pousse des nouvelles feuilles.
Nettoyage: les vaporisations devraient suffire à maintenir la propreté de la plante, mais on peut aussi utiliser un lustrant une fois par mois.

Pouvant atteindre plus d'un mètre en intérieur, cette plante réclame une exposition très lumineuse, de préférence au plein soleil. Il n'est pas nécessaire de l'avoir vu pousser comme plante d'intérieur pour pouvoir reconnaître son feuillage: celui-ci est, en effet, très répandu dans les compositions des fleuristes.

Feuillage flasque et pendant: terre trop sèche. Laissez tremper le pot dans un seau d'eau pendant dix à quinze minutes, puis laissez-le égoutter. Maintenez le compost humide en été, en arrosant tous les jours s'il se dessèche par grandes chaleurs. Ne laissez pas la plante baigner dans l'eau. Vaporisez-la chaque jour à l'eau tiède non calcaire.

Plaques laineuses blanches sous les feuilles: cochenilles. Pulvérisez du malathion dilué et enlevez parasites et «laine» avec une pince à épiler. Répétez le traitement, tous les quinze jours, jusqu'à disparition des symptômes. Ou alors, badigeonnez les parasites avec de l'alcool dénaturé et enlevez-les avec une pince à épiler.

Pâleur et chute des feuilles: lumière insuffisante. Exposez la plante à une lumière naturelle diffuse, mais pas au soleil direct.

Le feuillage languit et jaunit: excès d'eau, surarrosage. Laissez la surface du compost se dessécher avant de recommencer à arroser. Tenez la plante à sec s'il fait moins de 5 °C. Sinon, arrosez-la deux ou trois fois par semaine en été, une fois par semaine en hiver.

S.O.S.

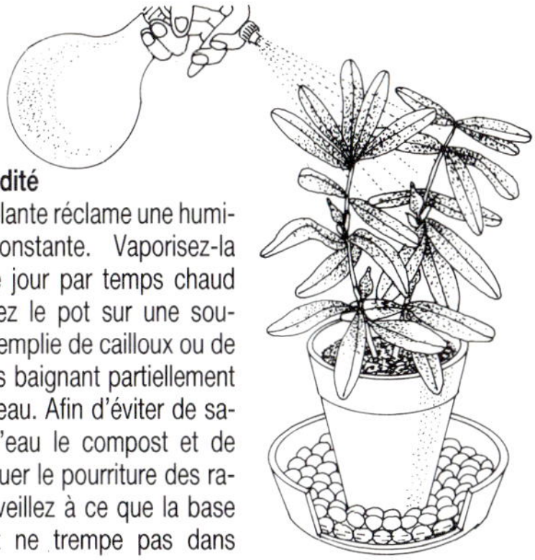

L'humidité

Cette plante réclame une humidité constante. Vaporisez-la chaque jour par temps chaud et posez le pot sur une soucoupe emplie de cailloux ou de graviers baignant partiellement dans l'eau. Afin d'éviter de saturer d'eau le compost et de provoquer le pourriture des racines, veillez à ce que la base du pot ne trempe pas dans l'eau.

La plante ne croît pas en été: carence nutritive. Administrez un engrais, à la dose recommandée, tous les quinze jours au printemps et en été.

Noircissement des jeunes feuilles: froid excessif. Placez la plante dans un endroit plus chaud. Ne l'exposez pas à des températures inférieures à 4 °C.

Les feuilles panachées perdent leurs marbrures: obscurité excessive. Exposez la plante à une bonne lumière. Elle supporte le plein soleil.

Feuilles couvertes de taches ressemblant à des brûlures: effets des vaporisations au soleil. Bien que la plante ait besoin d'une humidité élevée, il ne faut pas vaporiser les feuilles lorsqu'elles sont exposées au soleil. Avec une paire de ciseaux, coupez les feuilles déparées au niveau de leur aisselle.

Les feuilles se crispent et se dessèchent: chaleur excessive. Placez la plante dans un endroit plus frais et plus aéré. Vaporisez-la chaque jour à l'eau tiède non calcaire. Température maximale: 24 °C.

Les feuilles se fanent, l'envers est couvert de filaments et de petits insectes: araignées rouges. Enlevez les filaments avec un chiffon humide, puis pulvérisez du malathion surtout sous les feuilles. Répétez le traitement, tous les quinze jours, jusqu'à disparition des symptômes. Augmentez l'humidité.

Platycerium bifurcatum

Corne-d'élan

La corne-d'élan ou «corne-de-cerf» est tout indiquée pour la culture en suspension, bien qu'elle pousse aussi sur un morceau de liège. Les feuilles situées à la base des «cornes» principales brunissent et se parcheminent naturellement: ce sont en effet des feuilles stériles, qui servent de support aux feuilles principales. N'enlevez pas les filaments pendants que ces dernières émettent, sous peine de tuer la plante. Contrairement à la plupart des fougères, la corne-d'élan s'accommode d'une atmosphère sèche. Il est parfois difficile de l'arroser, car les feuilles stériles recouvrent le compost au point de ne laisser aucun interstice permettant d'y verser l'eau au goulot.

Les frondes vertes et duveteuses de la corne-d'elan émergent des feuilles noir brunâtre situées au centre de la plante. Leur déploiement rappelle celui des bois d'un cerf ou d'un élan et constitue en bel élément décoratif, en particulier si elles sont montées sur un morceau de liège ou de bois flotté. Cette plante exige des températures légèrement plus élevées.

Lumière: cette plante exige une lumière abondante, y compris celle du soleil. Suspendue au niveau de la verrière, elle ombragera une serre.
Température: un minimum de 15 °C en hiver. En été, maintenez une température de 18 °C à 24 °C.
Arrosage: une fois par semaine, trempez le pot dans l'eau, sauf s'il est doté d'un plateau d'égouttage permettant un arrosage par imbibition. Laissez sécher le compost.
Humidité: comme cette plante supporte une atmosphère sèche, elle ne réclame aucune humidification spéciale. Par températures estivales égales ou supérieures à 24 °C, vaporisez-la une fois par semaine à l'eau non calcaire.
Engrais: une fois par mois au printemps et en été, avec un engrais liquide dilué selon les recommandations du fabricant.
Terre: une part de mousse de sphaigne hachée pour deux parts de compost à base de tourbe.
Rempotage: rempotez les jeunes plantes tous les deux ans. Possédant un système radiculaire réduit, les plantes matures n'aiment pas qu'on les dérange.
Nettoyage: une vaporisations mensuelle à l'eau non calcaire ou un nettoyage délicat au plumeau. Pas d'essuyage ni de lustrant.

Le montage sur écorce

1 Choisissez un morceau de liège, une branche ou un bois flotté bien façonné. À défaut de creux naturel, pratiquez-en un au couteau pour y loger la plante.

2 Dépotez la plante sans enlever le compost autour de la motte.

3 Enveloppez les racines de mousse de sphaigne humide et fixez le tout avec du fil de fer.

4 Maintenez fermement la mousse et la motte contre le bois ou l'écorce en les attachant avec du fil de fer. Gardez la motte humide et vaporisez régulièrement la plante.

S.O.S.

Croissance rabougrie, absence de duvet sur les feuilles: carence nutritive, lumière insuffisante ou surarrosage. Vérifiez. Nourrissez la plante chaque mois en été, exposez-la à une bonne lumière et laissez le compost se dessécher entre les arrosages.

La plante entière devient flasque: trop froid ou trop sec. Mettez la plante dans une pièce plus chaude. Si elle est desséchée, plongez le pot dans un seau ou une coupe d'eau pendant une demi-heure, puis laissez-le égoutter avant de le remettre en place.

Disques bruns sur les feuilles: insectes écailleux. Badigeonnez ceux-ci d'alcool dénaturé et enlevez-les avec l'ongle du pouce. N'utilisez pas d'insecticide.

Noircissement des feuilles principales: effets des lustrants, réactions aux pulvérisations d'insecticides aérosols ou aux gaz polluants ambiants. N'utilisez ni lustrants, ni insecticides en vaporisation, et maintenez la plante dans un endroit non pollué.

Moucherons voletant autour des frondes: mouches blanches. Incorporez un insecticide systémique à l'eau des arrosages, une fois par semaine, jusqu'à élimination. Ne pulvérisez pas d'insecticides sur les feuilles.

Les feuilles situées à l'arrière brunissent et se parcheminent: développement naturel. Ne les enlevez pas, à moins qu'elles ne soient prêtes à tomber. Dans ce cas, coupez-les au couteau au ras de la terre.

Pourriture et chute des frondes vertes: excès d'eau. Laissez le compost sécher complètement entre les arrosages. Enlevez les feuilles endommagées en les coupant au couteau, aussi près que possible du pot. Ne laissez jamais le pot baigner dans l'eau.

Plectranthus australis

Bien qu'elle soit un des premiers hôtes des jardins d'intérieur, cette plante n'a jamais joui d'une grande popularité. Malgré l'aspect ordinaire de son feuillage, elle fait néanmoins bel effet dans un panier suspendu, qu'elle décore joliment de ses délicates fleurs mauves, qui s'épanouissent à l'extrémité de ses tiges pendantes fin automne/début hiver. Ses feuilles vert pâle, légèrement aromatiques, doivent être manipulées avec précaution, car elles se brisent très facilement. Cette espèce, originaire d'Australie, comprend une variété au feuillage panaché et une autre dont le feuillage est d'un vert plus foncé.

Les feuilles vert pâle, dentées et légèrement aromatiques de *Plectranthus australis,* doivent être manipulées avec précaution, car elles se cassent facilement. Bien qu'elle soit cultivée avant tout pour son feuillage rampant, elle produit de délicates fleurs mauves fin automne/début hiver.

Lumière: de préférence dans l'embrasure d'une fenêtre non exposée au soleil de midi en été. Cette plante supporte une certaine ombre.
Température: un maximum de 21 °C à 27 °C en été, un minimum de 13 °C en hiver.
Arrosage: deux arrosages copieux chaque semaine en hiver, en laissant bien sécher la surface du compost entre les distributions. Vérifiez régulièrement l'état du compost des paniers suspendus, car ils se dessèchent rapidement.
Humidité: cette plante se fait à l'humidité normale; mais sa propreté et son éclat bénéficieront d'une double vaporisation hebdomadaire.
Engrais: un engrais liquide administré toutes les trois semaines en été à la dose recommandée.
Terre: un mélange à base de terreau n°2 additionné de 10 % de tourbe et de sable doux.
Rempotage: à chaque printemps. Toutefois, si la plante pousse tout en tiges, multipliez-la par bouturage de pointes de rameaux. Deux ou trois fois en été, pincez les extrémités des tiges pour faire buissonner la plante. Au printemps, on peut aussi diviser les grandes plantes.
Nettoyage: les vaporisations devraient suffire, mais, si la plante est très poussiéreuse, époussetez-la au plumeau. N'utilisez pas de lustrant.

Plante croissant tout en tiges et en broussailles: vieillesse. Reproduisez-la par bouturage de pointes de jeunes rameaux.

Jaunissement du feuillage, filaments sur le dos des feuilles, présence d'insectes rouges: araignées rouges. Enlevez les filaments avec un chiffon humide, puis pulvérisez du malathion dilué. Répétez le traitement, tous les quinze jours, jusqu'à disparition des symptômes. Effectuez régulièrement des vaporisations en fine bruine.

La plante est flasque et s'affaisse: sécheresse excessive. Arrosez immédiatement la plante et laissez sécher la surface du compost avant l'arrosage suivant. En hiver, un arrosage hebdomadaire suffit.

Pâleur des feuilles, croissance lente de la plante: obscurité excessive. Exposez la plante devant une fenêtre non exposée au soleil direct.

La multiplication

Les extrémités des jeunes tiges racinent facilement au printemps. Juste en dessous d'une feuille, coupez des pointes de 7 à 10 cm, taillez la section située en dessous des feuilles, enlevez la paire inférieure de feuilles et piquez la bouture dans un mélange de tourbe et de sable. Maintenez-la dans la chaleur et l'humidité jusqu'à l'apparition des nouvelles pousses.

S.O.S.

Dessèchement et crispation des feuilles: effets du soleil. Exposez la plante à une lumière naturelle diffuse, à l'abri des rayons nocifs du soleil. Enlevez les feuilles abîmées, en les coupant au niveau de l'aisselle.

Les feuilles sont flasques et pendantes: chaleur excessive. Placez la plante dans un endroit plus frais, à une température inférieure à 27 °C. Vaporisez-la deux fois par semaine, surtout par grandes chaleurs. Si elle se trouve devant une fenêtre, protégez-la du soleil de midi en été et vaporisez-la en début de matinée ou en soirée.

Feuilles tachetées de brun: effets des lustrants. Ne les utilisez pas. Nettoyez les feuilles uniquement par vaporisation d'eau tiède non calcaire. Enlevez les feuilles abîmées en les coupant au niveau de l'aisselle.

Mildiou sur les tiges, commencement de pourriture: botrytis, dû à un excès de froid et d'humidité. Pulvérisez un fongicide, puis maintenez la plante au chaud (à plus de 13 °C) et vaporisez-la moins souvent. Laissez la surface du compost se dessécher entre les arrosages.

Les feuilles tombent alors qu'elles sont encore vertes: carence nutritive. Administrez la moitié de la dose recommandée d'un engrais, toutes les trois semaines durant la période de croissance printanière et estivale.

Jaunissement et chute des feuilles: plante saturée d'eau, trempant dans celle-ci. Éliminez toute eau restant dans la soucoupe et laissez sécher la surface du compost avant de recommencer à arroser. À l'avenir, maintenez le compost moite, sans jamais laisser le fond du pot tremper dans l'eau. Éliminez tout excès d'eau écoulée dans la soucoupe après chaque arrosage.

Plantes-cailloux

Pleiospilos fait partie de ces plantes sud-africaines qui, par mimétisme, se confondent avec les pierres de leur milieu environnant. Il ressemble au lithops (p. 358), sauf que le corps de la plante fait penser à des morceaux de granit gris, érodés par les intempéries, plutôt qu'à des galets lisses. Plus que toute autre espèce, *Pleiospilos hilmari* se distingue par la beauté de ses coloris, qui nuancent de pourpre son épiderme méticuleusement moucheté. À la fin de l'été, il produit une profusion de fleurs jaune vif. Les principaux problèmes que présente la culture de cette plante proviennent avant tout d'un éclairement insuffisant et des arrosages effectués en temps inopportuns.

Lumière: pour une croissance optimale, ces plantes exigent l'emplacement d'un appui de fenêtre ensoleillé, bien qu'elles soient sujettes aux brûlures solaires au printemps, en particulier par journées très ensoleillées faisant suite à une période de temps couvert.
Température: par précaution, un minimum de 4 °C. En été, ces plantes doivent bénéficier d'une bonne ventilation.
Arrosage: aucun arrosage avant le début de l'été, ensuite un seulement toutes les deux ou trois semaines, en laissant bien sécher la terre entre les distributions. Réduisez celles-ci vers la fin de l'automne et suspendez-les en hiver et au printemps.
Engrais: uniquement si la plante n'a pas été rempotée pendant trois ans. Administrez un engrais riche en potasse, deux fois seulement en été.
Terre: un compost pour rempotage à base de terreau n° 2 ou un compost non terreux, additionné de 50 % de sable graveleux.
Rempotage: chaque année, rempotez les jeunes plantes. Au bout de trois ans, opérez tous les 24 mois. Après le rempotage effectué à la fin du printemps, tenez les plantes à sec pendant deux semaines.
Multiplication: on peut multiplier les vieilles touffes par bouturage, mais la multiplication par semis est préférable.

Pleiospilos hilmari. Les plantes-cailloux se confondent facilement avec les cailloux qui les entourent. Il leur arrive de pousser en touffes, bien que les formations d'une à trois têtes soient les plus fréquentes. À la fin de l'été, elles produisent des fleurs jaune vif entre leurs feuilles épaisses.

Croissance vive et simultanée de deux paires de feuilles sur chaque tête: phénomène dû aux arrosages effectués avant le flétrissement des vieilles feuilles. Dès que les feuilles commencent à se flétrir, cessez les arrosages jusqu'à leur complet dessèchement.

S.O.S.

Croissance peu visible et, lors du rempotage, découverte des plaques laineuses blanches sur les racines: cochenilles. Enlevez à l'eau la terre des racines, plongez celles-ci dans un insecticide de contact et laissez-les sécher avant de rempoter la plante dans un compost frais et un pot bien lavé. Attendez deux semaines avant de recommencer à arroser.

La culture par semis

1 Effectuez un semis clair au printemps, sur le compost d'une caissette ou d'un demi-pot. Tapotez les côtés du récipient pour ancrer les semences.

2 Par le bas du récipient, versez un fongicide dilué comme pour le trempage des jeunes pousses. Continuez à verser la solution, jusqu'à ce que la surface du compost soit humide. Placez la caissette ou le pot dans un sac de polyéthylène. Rabattez l'extrémité de celui-ci sous le récipient, afin de retenir l'humidité.

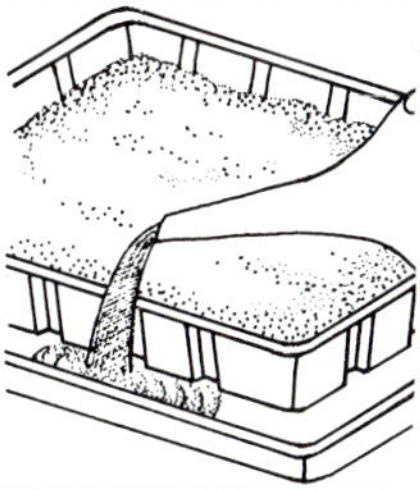

Les feuilles s'allongent et se décolorent: obscurité excessive. En l'espace de deux semaines, exposez graduellement la plante au plein soleil. Ces symptômes peuvent aussi se manifester par chaleur et humidité excessives en hiver.

Absence de fleurs: lumière insuffisante ou arrosage effectué au mauvais moment. Vérifiez. Si la plante est à l'ombre, exposez-la en l'espace de deux semaines au plein soleil. Ne l'arrosez pas du début de l'hiver au début du printemps.

Plaques laineuses blanches dans les crevasses ainsi qu'entre les nouvelles et les vieilles feuilles: cochenilles. Enlevez-les avec un petit pinceau trempé dans de l'alcool dénaturé et pulvérisez un insecticide de contact ou systémique. Répétez le traitement, toutes les deux ou trois semaines, jusqu'à élimination.

Les feuilles se flétrissent, brunissent et meurent: naturel. Chaque paire de feuilles meurt au bout d'un an. Attendez que les vieilles feuilles se détachent sans efforts avant de les enlever.

Marques sur la plante: dépôt farineux endommagé par des manipulations maladroites ou brûlures solaires. Au début de l'été, protégez la plante contre le soleil de midi. Par temps chaud, donnez-lui de l'air frais.

La plante noircit et mollit: excès d'eau en été ou en hiver, ou trop froid et humide; pourriture des racines. Maintenez la plante dans une atmosphère sèche, à une température supérieure à 4 °C en hiver. Traitez les racines (voir *Intoduction*).

Les feuilles se fissurent et se crevassent: arrosage effectué au mauvais moment de l'année ou surarrosage. Laissez sécher la plante et réduisez la ration d'eau à chaque arrosage, en suspendant complètement celui-ci en hiver.

Plumbago

La propriété qu'aurait cette plante, dite aussi «dentelaire du Cap», de guérir du saturnisme, lui a valu son nom latin *Plumbago,* dérivé de *plumbum.* C'est un arbuste sarmenteux qui, à l'achat, se présente souvent monté sur un arceau. Il produit des fleurs bleu pâle, disposées en épis sur l'extrémité de ses tiges sarmenteuses. Après la floraison, il faut le rabattre à 15 cm du pot et lui ménager une période de repos hivernal au frais et au sec. Pour une repousse généreuse, augmentez la chaleur et la fréquence des arrosages à partir du printemps.

Lumière: cette plante demande la pleine lumière, à l'abri du soleil de midi en été. Maintenez-la à l'ombre durant la dormance hivernale.

Température: 7 °C en hiver, de 13 °C à 21 °C du début du printemps jusqu'à l'automne.

Arrosage: deux fois par semaine au printemps et en été, en entretenant une moiteur constante du compost, mais sans laisser le pot tremper dans l'eau. En hiver, n'arrosez la plante qu'après l'assèchement de la surface du compost, soit une fois tous les dix jours environ.

Humidité: une vaporisation quotidienne d'eau tiède non calcaire au printemps et en été. Ne vaporisez pas les fleurs.

Engrais: tous les quinze jours après l'apparition des premiers boutons floraux, avec un engrais liquide dilué. Cessez les apports d'engrais en automne et en hiver.

Terre: un mélange composé à parts égales de terreau de feuilles, de tourbe, de sable et de terreau n° 3.

Rempotage: au début du printemps dans le pot de la taille au-dessus. Lorsque celle-ci est de 25 cm, rempotez, chaque année, la plante dans le pot de la même taille, en renouvelant le compost. La plante ne pousse bien que si la motte radiculaire est compacte. Disposez une bonne couche de tessons dans le fond du pot.

Nettoyage: les vaporisations destinées à l'humidification et effectuées à l'abri du soleil direct devraient suffire. Pas de lustrant.

La dentelaire du Cap est un arbuste sarmenteux qui produit des fleurs bleu pâle ou lavande, disposées en épis sur le bout des tiges. Plante à croissance vigoureuse, elle doit être taillée sévèrement après la floraison, car celle-ci n'intervient que sur les pousses de l'année courante.

Plaques laineuses blanches à l'aisselle des feuilles: cochenilles. Pulvérisez du malathion dilué et enlevez parasites et «laine» avec une pince à épiler. Répétez le traitement, tous les quinze jours, jusqu'à disparition des symptômes, ou alors, badigeonnez les insectes avec de l'alcool dénaturé et enlevez-les avec une pince à épiler.

Noircissement des feuilles, malgré de bonnes conditions de température et d'humidité: effets des lustrants. Ne les utilisez pas. Nettoyez les feuilles uniquement par vaporisations d'eau tiède non calcaire. Enlevez les feuilles abîmées.

Les feuilles se recroquevillent: trop froid, trop humide ou trop sec. Vérifiez la température. Par températures inférieures à 13 °C en été ou à 7 °C en hiver, la plante a trop froid. Placez-la plus au chaud. Si la température est adéquate en hiver, ce malaise est dû à un compost trop humide. Laissez sécher la surface de celui-ci entre les arrosages de l'hiver. Le compost est, au contraire, trop sec si ces symptômes se manifestent malgré une température estivale adéquate.

Rareté des fleurs au printemps et en été: il fallait tailler la plante l'année précédente. Taillez les tiges florales de l'année courante, après la floraison, afin d'encourager la croissance de nouveaux rameaux, sur lesquels se formeront les fleurs de l'année suivante. Ne taillez pas la plante au printemps, avant la floraison.

Le tuteurage sur arceau

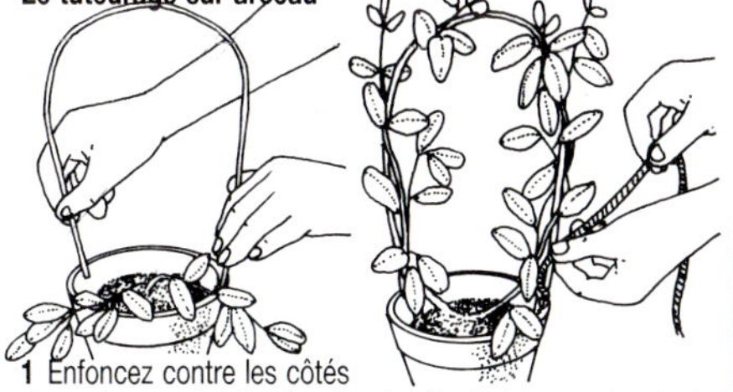

1 Enfoncez contre les côtés du pot les extrémités d'un fil de fer ou d'une mince canne de bambou aux deux tiers du compost. Rabattez la tige sur un des côtés de l'arceau et enroulez-la délicatement tout autour de celui-ci.

2 Afin de bien maintenir la plante à l'arceau, nouez une ficelle à l'une des extrémités de celui-ci et enfilez-la jusqu'à l'autre extrémité, en laissant du mou autour de la tige.

S.O.S.

Les bourgeons floraux n'éclosent pas: excès de froid ou d'obscurité. Placez la plante dans un endroit plus chaud, à une température minimale de 18 °C, optimale de 21 °C en été. Assurez-vous que la plante soit exposée à une bonne lumière.

Petitesse des nouvelles feuilles: carence nutritive. Fertilisez la plante avec un engrais dilué à la dose recommandée, tous les quinze jours après l'apparition des premiers bourgeons floraux.

Insectes verts et gluants sur les bourgeons floraux: pucerons. Pulvérisez un insecticide à base de pyrèthre ou du malathion dilué. Répétez le traitement au bout d'une semaine, puis chaque semaine, jusqu'à élimination.

Brunissement et crispation des feuilles, chute des bourgeons floraux: chaleur ou sécheresse atmosphérique excessives. Placez la plante dans un endroit plus frais (à moins de 21 °C) et bien aéré, si possible. Vaporisez-la avec de l'eau tiède non calcaire et posez le pot sur une soucoupe emplie de cailloux mouillés.

Pourriture des feuilles inférieures: plante saturée d'eau, trempant dans celle-ci. Cela se produit surtout en hiver. Éliminez l'eau stagnant dans la soucoupe et laissez sécher la surface de compost avant de recommencer à arroser. Ensuite, maintenez le compost humide en été, mais, en hiver, laissez sécher la surface entre les arrosages.

Portulacaria afra

L'unique espèce de ce genre sud-africain présente une forme à feuillage vert et — plus jolie — la panachée, au feuillage jaune et vert, illustrée ici. Plante à croissance lente, elle forme une plante naine, semblable à un bonsaï, de quelque 25 cm de large sur 12 à 15 cm de haut en l'espace de cinq à dix ans. S'épanouissant rarement en culture, ses fleurs jaunes rappellent celles de la pâquerette ou du séneçon.

Portulacaria afra variegata ressemble à un *Crassula ovata* (p. 202) en miniature. Plante à croissance lente, il lui faut quelque cinq ans pour remplir une coupe ou un demi-pot de 13 cm. Il fait aussi bel effet dans un pot ordinaire ou en suspension. Cultivé en intérieur, il ne fleurit que rarement.

Lumière: cette plante exige une exposition ensoleillée continue pour une croissance optimale, mais elle poussera bien aussi si on lui offre une ou deux heures de soleil par jour.
Température: il lui faut un minimum de 4 °C. Donnez-lui de l'air frais en été.
Arrosage: commencez à arroser la plante tous les quinze jours à partir du printemps jusqu'à la fin de l'été, chaque semaine en période de canicule. Réduisez les arrosages en automne et, afin de prévenir l'assèchement du compost, n'en effectuez qu'un par mois en hiver.
Engrais: riche en potasse, deux à trois fois en été.
Terre: un compost pour rempotage à base de terreau n° 2 ou un compost non terreux, additionné de 30 % de sable grossier et graveleux.
Rempotage: rempotez les jeunes plantes à chaque printemps. Lorsque les tiges mesurent environ 22 cm, attendez deux ou trois ans. Après le rempotage, n'arrosez pas la plante pendant deux semaines. Evitez de heurter les feuilles, car elles se cassent facilement.
Multiplicaiton: vous pouvez prélever des boutures de tiges d'environ 5 cm au printemps et en été. Badigeonnez-les de poudre radiculaire aux hormones, laissez-les sécher quelques jours et piquez-les dans un compost sec. Arrosez-les au bout de trois semaines environ, lorsqu'elles commencent à raciner. Le semis est également possible si vous arrivez à vous procurer les semences. Veillez à ce que les jeunes pousses ne se dessèchent pas durant les six premiers mois.

Plaques laineuses blanches parmi les feuilles: cochenilles. Enlevez-les avec un petit pinceau trempé dans de l'alcool dénaturé et pulvérisez un insecticide de contact ou systémique. Répétez le traitement, toutes les deux semaines, jusqu'à élimination.

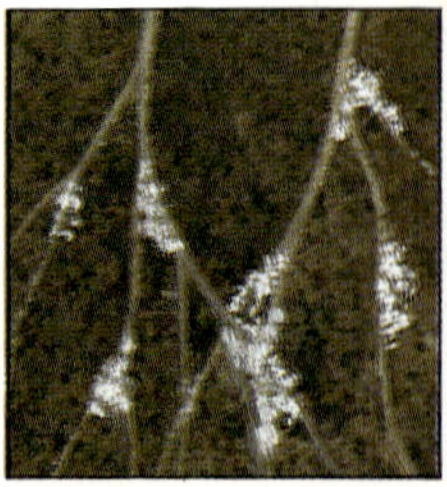

Chute des feuilles inférieures, rareté des nouvelles pousses: besoin de rempotage ou d'engrais. Rempotez la plante à chaque printemps dans un compost frais et alimentez-la deux ou trois fois par an avec un engrais riche en potasse. Si ces symptômes se manifestent malgré de bonnes conditions, examinez les racines pour y repérer la présence éventuelle des cochenilles (plaques laineuses blanches sur les racines). Au besoin, enlevez à l'eau toute la terre des racines, plongez celles-ci dans un insecticide de contact.

La multiplication

1 Pour prélever les boutures au printemps ou en été, sectionnez la tige, au couteau, juste en dessous d'une feuille. Badigeonnez les deux plaies avec une poudre radiculaire aux hormones afin de prévenir l'infection.

2 Si vous effectuez un semis, posez le demi-pot ou le plateau à semis dans un autre récipient et versez l'eau des arrosages dans ce dernier, jusqu'à ce que la surface du compost ressue. Répétez régulièrement cette opération, afin de maintenir le semis humide.

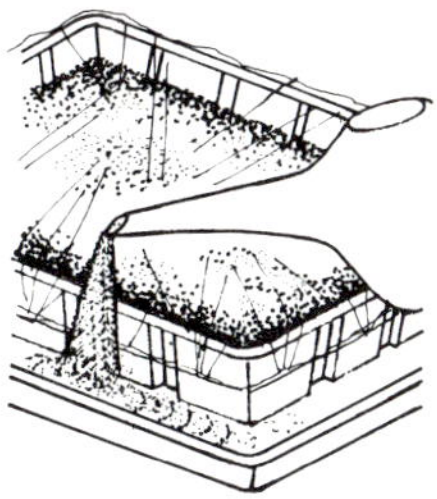

S.O.S.

Les feuilles noircissent et tombent, le bout des tiges noircit et mollit, les racines pourrissent: froid excessif et, probablement, excès d'eau. Maintenez la plante à une température supérieure à 4 °C. Excisez la partie noircie de la tige et badigeonnez la plaie avec de la poudre radiculaire aux hormones contenant un fongicide.

Allongement des tiges, rareté et pâleur des feuilles: obscurité excessive ou, en hiver, chaleur excessive et excès d'eau. Maintenez la plante à la pleine lumière tout au long de l'année. Si elle se trouve à l'ombre, amenez-la graduellement au soleil en l'espace de deux semaines afin de prévenir l'insolation. En hiver, maintenez-la à sec, à une température, si possible, inférieure à 10 °C.

Les feuilles se crispent, brunissent, puis tombent: sécheresse trop sévère et trop longue. En été et au printemps, laissez tremper la plante dans une coupe d'eau pendant une demi-heure, puis laissez-la sécher avant de recommencer à arroser. Arrosez-la plus régulièrement. En hiver, arrosez-la une fois par mois afin de prévenir l'assèchement complet du compost.

Plaques brunes sur les feuilles: brûlure solaire. Placez la plante dans un endroit plus aéré et protégez-la du grand soleil pendant deux semaines. Ensuite, en l'espace de deux semaines, réexposez-la graduellement.

Bords des feuilles rongés, tige renflée, rareté des nouvelles pousses: charançons de la vigne. Saupoudrez la base du pot avec un insecticide et arrosez le compost avec un insecticide systémique pour tuer les larves logées dans la tige. Ou bien, pelez la tige à partir de la base pour dépister les larves, ensuite réenracinez-la.

Primula malacoides

Primevère

Les primevères forment un vaste ensemble de plantes à fleurs poussant à l'état sauvage dans de nombreuses parties du monde. Bien que la plupart soient des plantes vivaces, quelques-unes conviennent bien à la culture en intérieur, en particulier *Primula obconica* (p. 458) et *Primula malacoides*. D'habitude achetée en fleurs, cette dernière peut aussi être cultivée par semis, pour produire, dès la fin de l'hiver ou le début du printemps, de nombreuses hampes se parant de fleurs durant six à dix semaines. Après la germination – qui intervient au début de l'été –, il faut conserver les jeunes plantes dans un endroit frais et aéré, telles une véranda ou une serre non chauffée, et les rentrer dans une pièce claire après la formation des boutons floraux.

Les fleurs roses, blanches ou mauves de *Primula malacoides* se disposent en ombelles sur des hampes de 25 cm, qui émergent parmi un feuillage vert pâle velouté. Elles débutent leur épanouissement à la base de hampes qu'elles garnissent plusieurs semaines durant. Les hampes et les bourgeons sont couverts d'une poudre blanche, naturelle, qu'il ne faut pas confondre avec le mildiou.

Lumière: une bonne lumière en tout temps. Toutefois, il faut protéger les jeunes pousses du soleil direct en été.
Température: ces plantes craignent la chaleur. Maximum pour une croissance optimale: de 7 °C à 10 °C.
Arrosage: un arrosage hebdomadaire suffit, après avoir laissé sécher le compost des jeunes plantes. À mesure que les bourgeons se forment, augmentez la fréquence des arrosages, sans toutefois la porter à plus de deux ou trois fois par semaine: ces plantes sont, en effet, sujettes à la pourriture des racines si elles sont surarrosées. Ne laissez pas non plus tremper le pot dans l'eau.
Humidité: entretenez une bonne ventilation ambiante. Ne vaporisez pas les feuilles: l'humidité accroît leur sensibilité aux affections fongiques.
Engrais: à partir de l'éclosion des premiers bourgeons jusqu'à la fin de la floraison, fertilisez la plante chaque semaine avec un engrais liquide dilué à la dose recommandée.
Terre: un mélange à base de terreau n° 2 ou un compost pour rempotage non terreux.

Feuilles déformées et couvertes de stries foncées: maladie virale. Pas de remède. Détruisez la plante avant qu'elle ne contamine les autres.

La plante noircit: effets du gel. Cette primevère exige une atmosphère fraîche, mais ne résiste pas au gel. Par nuits froides, ne la confinez pas entre les vitres et les rideaux, et ne la laissez pas dehors.

Feuilles tachetées de brun: maladie cryptogamique des taches foliaires. L'humidité favorise cette affection: aérez donc davantage la plante. Évitez les vaporisations d'eau sur les feuilles. Pulvérisez de l'iprodione.

Feuillage grisâtre et flasque: sécheresse excessive. Augmentez les arrosages à deux ou trois fois par semaine. Le compost devrait être constamment humide.

S.O.S.

Les jeunes pousses cessent de croître: pythium, affection sans doute contractée suite à une terre ou une eau non stériles. Utilisez toujours un compost stérile et de l'eau fraîche non contaminée. Jetez les jeunes pousses et effectuez un nouveau semis.

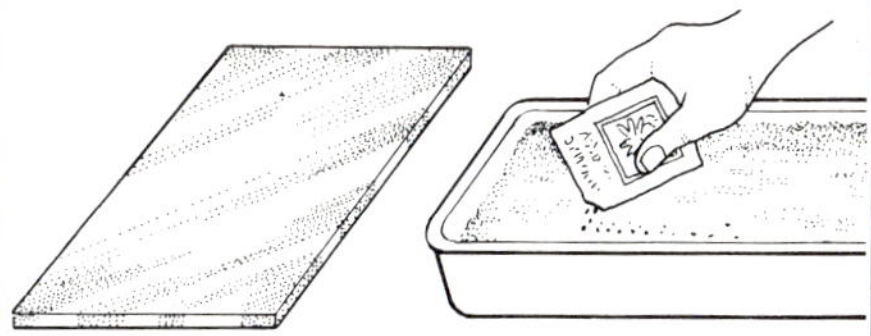

La multiplication

Semez très clair au début de l'été. Ne recouvrez pas le semis de compost, mais posez une plaque de verre sur le plateau, pour conserver l'humidité. Lorsque leur taille permet de les manipuler, repiquez les jeunes pousses à intervalles de 5 cm. Dès qu'elles sont à l'étroit dans le plateau, empotez-les individuellement dans des pots de 11 cm, où elles peuvent rester pour la floraison.

Les bourgeons floraux sont flasques et pendent, surtout à la veille de la floraison; le feuillage est peut-être trempé: botrytis. Pulvérisez du bénomyl. Ne surarrosez pas la plante et ne mouillez pas les feuilles. Placez-la dans un endroit plus aéré.

La plante se flétrit, les fleurs s'affaissent: pourriture des racines, généralement due à un surarrosage. Les plantes gravement atteintes risquent de ne pas reprendre. Laissez sécher le compost, puis recommencez à l'arroser progressivement.

Petitesse et étiolement des feuilles, extrême petitesse des fleurs: carence nutritive. Durant la floraison, alimentez la plante chaque semaine avec un engrais liquide dilué.

Les bourgeons ne se développent pas, ou bien sont rares et pâles: obscurité excessive. Exposez la plante à une bonne lumière, mais pas au soleil direct.

Petits insectes aptères sous les feuilles ou les bourgeons: pucerons. Pulvérisez un insecticide à base de pyrèthre. Au besoin, répétez le traitement au bout de dix jours.

Les tiges foliaires s'allongent et faiblissent, les fleurs se détériorent: chaleur excessive. Maintenez la plante à une température maximale de 7 °C à 10 °C.

Présence de petits insectes blancs et d'écailles blanches sur l'envers des feuilles: mouches blanches. Pulvérisez un insecticide à base de pyrèthre, chaque semaine, jusqu'à élimination.

Primevère d'appartement

Bien qu'elle se distingue par sa robustesse et sa longévité, cette primevère ne jouit pas de la popularité qu'elle mérite, parce que ses feuilles provoquent parfois, au toucher, une irritation cutanée. Pourtant, celle-ci n'affecte que le dixième de la population et, si vous n'êtes pas sujet à cette dermatite primulaire, cette primevère vaut la peine d'être cultivée. Contrairement aux autres primevères, on peut la cultiver en hiver pour en obtenir des fleurs l'année suivante. Divisez les racines après la floraison printanière ou effectuez un semis à la mi-été pour le printemps suivant. Semez en casiers sans recouvrir les semences de compost. La germination peut durer trois ou quatre semaines (à une température de 10 °C à 13 °C). Les jeunes pousses sont prêtes pour le repiquage après la formation complète d'une paire de vraies feuilles. Lorsque les jeunes plantes sont à l'étroit, empotez-les d'abord dans des pots de 11 cm.

Lumière: la pleine lumière en tout temps. Toutefois, il faut protéger la plante du soleil ardent de l'été.
Température: de 10 °C à 13 °C pour une croissance optimale. Les températures peuvent être légèrement plus froides pendant le repos. Cette plante craint le gel.
Arrosage: un compost humide, mais non saturé. Par temps chaud, effectuez deux ou trois arrosages par semaine; moins en hiver.
Humidité: assurez une bonne ventilation. Pas de vaporisations.
Engrais: chaque semaine, avec un engrais liquide administré à la dose recommandée. Commencez les apports d'engrais trois semaines après l'empotage définitif de la plante et poursuivez-les durant la période de croissance et de floraison. N'alimentez pas la plante pendant son hivernage.
Terre: un mélange à base de terreau n° 2.

Originaire de Chine, *Primula obconica* mesure environ 30 cm au moment de la floraison. Les fleurs, portées par de hautes hampes, sont blanches, roses, mauves ou bleues. La floraison débute d'habitude au printemps pour se poursuivre durant plusieurs semaines. La fine pilosité qui recouvre l'envers des feuilles occasionne parfois des irritations.

Feuilles grisâtres et flasques, fleurs flasques et pendantes: chaleur ou sécheresse excessives. Placez la plante dans un endroit plus frais, à l'abri du soleil direct. Augmentez les arrosages afin d'entretenir une humidité constante du compost.

Feuillles tachées de brun: maladie cryptogamique des taches foliaires. Comme l'humidité rend cette plante plus sensible à cette maladie, améliorez la ventilation. Pulvérisez de l'iprodione.

Taches vert pâle ou jaunes sur les feuilles, dépôt duveteux sur l'envers: mildiou duveteux. Saupoudrez la plante avec un produit cuprique. Ne la vaporisez pas à l'eau, sous peine de l'exposer davantage encore aux maladies fongiques.

Présence de petits insectes blancs et d'écailles blanches sous les feuilles: mouches blanches. Pulvérisez un insecticide à base de pyrèthre, chaque semaine, jusqu'à élimination.

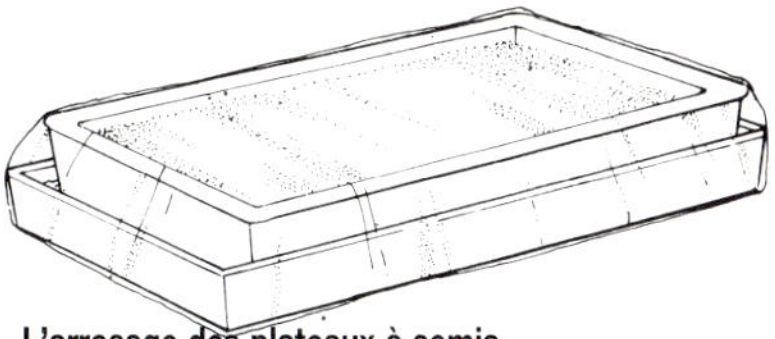

L'arrosage des plateaux à semis
Maintenez les plateaux dans des sacs de plastique jusqu'à la germination, en veillant à ce que la surface du compost soit constamment humide. Pour ce faire, posez le plateau dans un autre récipient contenant 2,5 cm d'eau et laissez-le tremper jusqu'à ce que la surface du compost ressue.

Croissance chétive malgré de bonnes conditions; il se peut aussi que la plante ne soit pas bien ancrée dans le compost: examinez la surface de celui-ci pour y repérer la présence éventuelle des larves de charançons de la vigne. Au besoin, saupoudrez le compost avec un produit à base de lindane, de bromophos ou de malathion.

Croissance buissonnante du feuillage mais rareté des fleurs: suralimentation. Administrez chaque semaine un engrais liquide dilué à la dose recommandée.

Le bord des feuilles brunit: effets du soleil ou des produits chimiques. Protégez la plante du soleil direct. Si vous effectuez des pulvérisations de produits chimiques, ne le faites jamais lorsque la plante est exposée à une lumière intense. Pulvérisez en soirée.

Pâleur du feuillage, petitesse des fleurs: carence nutritive. Administrez chaque semaine un engrais liquide, dilué à la dose recommandée.

S.O.S.

Petits insectes aptères çà et là sur la plante: pucerons. Pulvérisez un insecticide à base de pyrèthre, tous les dix jours, jusqu'à élimination.

Feuilles déformées, striées ou tachetées: maladie virale. La plante a encore des chances de fleurir, mais détruisez-la après la floraison.

Taches rondes et jaunes sur les feuilles: psylles. Infestation rare. Pulvérisez du malathion dilué.

Le feuillage languit et jaunit: surarrosage. N'arrosez la plante que pour entretenir une légère humidité du compost.

Les plantes s'étiolent lamentablement durant la journée, bien qu'elles récupèrent quelquefois le soir: champignon de la pourriture radiculaire, souvent suite à un surarrosage. Laissez le compost se dessécher presque complètement, puis, en commençant progressivement, n'arrosez que pour maintenir le compost à peine humide.

Primevère des jardins

Messagères bien connues du printemps, les primevères vulgaires (ou «des jardins») méritent, malgré leur courte floraison, d'occuper de bonne heure bacs et jardinières. Il est préférable de ne pas les acheter en fleurs, car elles s'acclimatent difficilement. La vraie primevère des jardins, *Primula acaulis,* dont *Primula vulgaris* est un cultivar, exige les mêmes soins.

Mesurant de 13 à 23 cm au moment de la floraison, la primevère vulgaire porte un feuillage vert vif et des fleurs très diversement colorées. Celles-ci se disposent généralement en groupes sur chaque tige, bien qu'il en existe des solitaires, comme chez *Primula acaulis.*

Lumière: le plus possible au printemps; 40 % d'ombre en plein été pendant le repos de la plante ou son acclimation à un nouvel emplacement.
Température: n'excédant pas 13 °C. Une exposition ombragée en été. Ces plantes résistent au gel.
Arrosage: une terre fraîche et humide. Une terre trop sèche entraîne la chute des bourgeons floraux avant la floraison.
Humidité: rafraîchissez le feuillage en le vaporisant par temps chaud.
Terre: un mélange à base de terreau n° 3 ou, de préférence, un compost pour rempotage non terreux.
Engrais: après la floraison, surfacez le compost d'une couche d'engrais à base de poisson, de sang et d'os. Cessez les apports d'engrais à partir du début de l'automne jusqu'à la fin de l'hiver, ensuite administrez un engrais dilué à la dose recommandée, tous les cinq jours, jusqu'à la pleine floraison.
Multiplication: semez fin printemps/début été. Effectuez un semis clair en terrine. Couvrez le semis de 2 mm de compost humide, maintenez-le dans un sac de plastique bien scellé, au frais (7 °C) et à l'abri du soleil jusqu'à la levée (de 10 à 20 jours). Le compost devrait rester humide sans arrosage. Repiquez les jeunes pousses individuellement dans des petits pots ou à intervalles de 5 cm dans des plateaux, lorsque leur taille permet de les manipuler. Après la floraison, vous pouvez aussi diviser les plantes.
Nettoyage: enlevez les fleurs fanées et, à la fin de l'hiver, les feuilles mortes.

Boutons floraux endommagés, voire complètement mangés: oiseaux, en particulier les moineaux. Ils peuvent s'attaquer aux plantes dès que les bourgeons apparaissent, bien qu'une seule couleur puisse les attirer. Disposez des fils de coton noir au-dessus des plantes, en les fixant à des bâtonnets dépassant celles-ci de 5 cm. L'efficacité des produits chimiques est de courte durée.

Le feuillage retombe, la terre est noire et acide: terre détrempée. Vérifiez le drainage et réduisez la fréquence des arrosages. Maintenez le compost humide, sans le saturer.

Jaunissement subit et flétrissement de toute la plante: pourriture radiculaire. Enlevez délicatement la plante et détruisez-la. Arrosez la terre avec un fongicide dilué.

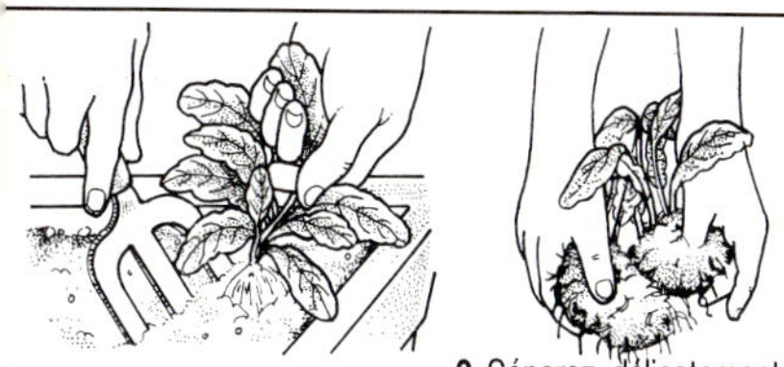

La division

1 Après la floraison, enlevez délicatement la plante de son récipient et secouez la terre entourant les racines.

2 Séparez délicatement racines et tiges. Replantez les sections dans un endroit ombragé ou dans un pot. Maintenez les plantes à l'humidité et au frais. Mettez-les en place à la mi-automne. Au printemps, enlevez les feuilles mortes.

S.O.S.

Les plantes multipliées par division n'ont pas produit de feuilles saines et vertes avant le début de l'automne: plantation effectuée par grand soleil ou effets des limaces. Replantez les plantes divisées à l'ombre et posez, chaque mois, des appâts antilimaces. Les feuilles inférieures se recroquevillent naturellement à la fin de l'hiver, et doivent être enlevées.

Feuilles et bourgeons couverts de petits insectes verts: aphidés. Pulvérisez du malathion dilué ou un insecticide universel. Suite à une attaque survenue en automne, les bourgeons et les fleurs seront peut-être déformés le printemps suivant. Par mesures préventives, traitez les plantes chaque mois en été.

Bords des jeunes feuilles desséchés et recroquevillés par endroits, au printemps: manipulations des feuilles par temps de gel. Ne touchez pas les feuilles lorsqu'elles sont gelées.

Le feuillage dissimule presque entièrement les fleurs: obscurité ou chaleur excessives dans un lieu confiné. Pas de remède. Placez la plante dans de meilleures conditions l'année suivante.

Feuilles trouées: limaces ou escargots. Posez des appâts antilimaces en respectant les recommandations du fabricant et en veillant à la protection des animaux domestiques et des viviers.

Feuilles vert pâle, nervures presque blanches: carence nutritive. Durant la croissance printanière, alimentez la plante tous les cinq jours.

Chute des bourgeons floraux: sécheresse excessive. Maintenez la terre légèrement humide, surtout pendant le bourgeonnement.

Couronne couverte de moisissure duveteuse grise: botrytis, dû à une ventilation déficiente. Enlevez les tissus pourris et pulvérisez du bénomyl et de l'iprodione. Répétez le traitement au bout de dix jours.

Fougère rubanée

Parmi les deux cent cinquante espèces que regroupe le genre *Pteris, P. cretica* est une fougère d'aspect robuste, qui se cultive aisément en intérieur, à condition de bénéficier d'une humidité permanente. *P. cretica albolineata* est une variété panachée, tandis que *P. c. crispata* porte des feuilles irrégulièrement découpées et terminées par une foliole supplémentaire.

Forme bigarrée de *Pteris cretica,* la fougère illustrée ici garnit toute la longueur de ses feuilles d'une étroite bande médiane blanche. Malgré leur apparente délicatesse, ses feuilles, assez épaisses et robustes, résistent à de grandes variations d'éclairement et de température. Une plante saine se reconnaît par la pousse simultanée de plusieurs tiges portant des feuilles brillantes, dont les pointes ne manifestent aucun signe de décoloration.

Lumière: ces plantes préfèrent une lumière diffuse, bien qu'elles tolèrent une exposition très ombragée. Ne les exposez pas au soleil. *P. cretica albolineata* exige moins de lumière que les autres formes panachées et craint le soleil direct.

Température: un minimum de 10 °C à 13 °C en hiver, un maximum de 21 °C en été.

Arrosage: tous les jours en été, deux ou trois fois par semaine en hiver, afin que le compost soit toujours humide. Ne laissez pas le pot tremper dans l'eau.

Humidité: aussi forte que possible. Vaporisez la plante chaque jour à l'eau tiède non calcaire. Posez le pot sur une soucoupe emplie de cailloux baignant partiellement dans l'eau ou dans un autre pot tapissé de tourbe humide. La plante se portera d'autant mieux que l'atmosphère sera plus humide.

Engrais: tous les quinze jours, en été seulement, avec un engrais liquide dilué dans l'eau des arrosages. N'utilisez que la moitié de la dose recommandée.

Terre: un compost comprenant une part de mélange à base de terreau n° 1, deux parts de tourbe stérilisée et une part de sable lavé. Un compost à base de tourbe convient bien aussi.

Rempotage: à chaque printemps, dans le pot en plastique de la taille au-dessus. Ne tassez pas trop le nouveau compost, vous étoufferiez les racines.

Nettoyage: vaporisez la plante à l'eau non calcaire. Si vous essuyez les feuilles, procédez délicatement: elles sont très cassantes. Cette plante craint les lustrants. Ne les utilisez pas.

S.O.S.

Petits disques bruns sur l'envers des feuilles: insectes écailleux. Badigeonnez-les d'alcool dénaturé et enlevez-les avec l'ongle du pouce. S'il y a d'autres insectes, incorporez un insecticide à base de pyrèthre à l'eau des arrosages, tous les quinze jours, jusqu'à élimination. N'utilisez pas du malathion.

Noircissement des feuilles: effets des lustrants ou de la pollution atmosphérique. Ne nettoyez le feuillage que par vaporisations et n'utilisez jamais de produits en aérosols dans la pièce où se trouve la plante.

Les plantes panachées perdent leurs marbrures; les autres formes poussent lentement: obscurité excessive. Les variétés vertes tolèrent un emplacement très ombragé, mais les panachées exigent une bonne lumière.

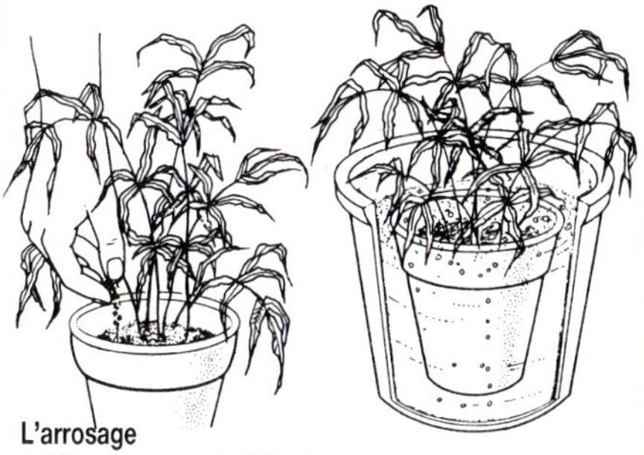

L'arrosage

1 Tâtez le compost. S'il est meuble et friable, arrosez la plante par le haut du pot, avec de l'eau de pluie si possible. Au bout de quinze minutes, éliminez l'excédent d'eau écoulée.

2 Ou bien, plongez le pot dans un seau d'eau et laissez-le tremper, le temps que les bulles cessent de monter à la surface. Ensuite, laissez-le égoutter.

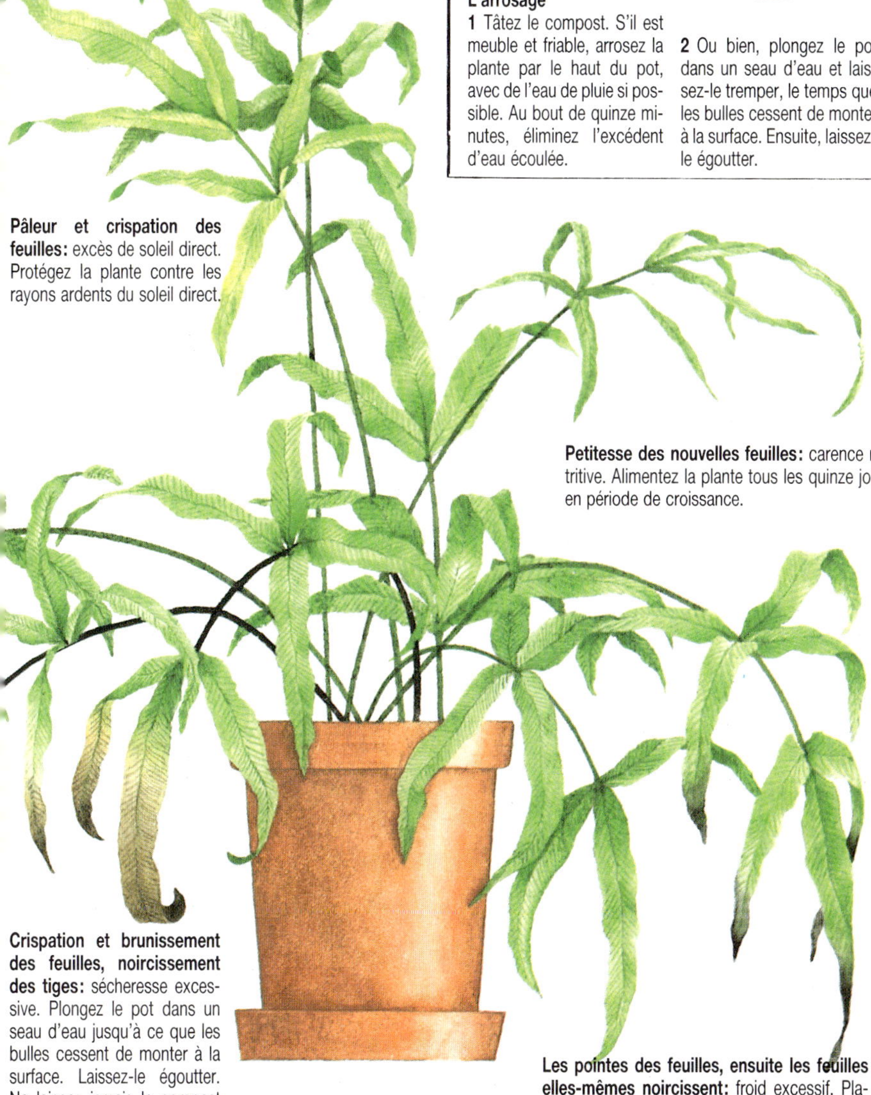

Pâleur et crispation des feuilles: excès de soleil direct. Protégez la plante contre les rayons ardents du soleil direct.

Petitesse des nouvelles feuilles: carence nutritive. Alimentez la plante tous les quinze jours en période de croissance.

Crispation et brunissement des feuilles, noircissement des tiges: sécheresse excessive. Plongez le pot dans un seau d'eau jusqu'à ce que les bulles cessent de monter à la surface. Laissez-le égoutter. Ne laissez jamais le compost sécher.

Les pointes des feuilles, ensuite les feuilles elles-mêmes noircissent: froid excessif. Placez la plante dans un endroit plus chaud. Si toute la plante noircit, c'est qu'elle a souffert du gel: elle ne survivra pas.

Fougère à crêtes

Les frondes de cette plante, appelée aussi «ptéris tremble», ressemblent à celles de la fougère aigle commune, bien qu'elles soient moins coriaces et beaucoup plus petites. Elles mesurent environ 46 cm de long, alors qu'elles font plus d'un mètre chez la fougère aigle, qui ne peut être cultivée en pots. *P. tremula,* en revanche, forme des potées extrêmement décoratives, qu'elle garnit symétriquement d'une multitude de folioles délicates. Comme ses frondes sont très cassantes, veillez à ne pas les accrocher accidentellement.

La fougère tremble ressemble à une version miniaturisée de la fougère aigle sauvage. Une plante en bonne santé porte des frondes vert vif qui, toutefois, se recroquevillent, noircissent ou brunissent par chaleur et sécheresse excessives. La multiplication s'effectue facilement par semis des spores, qui peuvent même se semer spontanément au pied de la plante-mère, voire dans les pots des plantes avoisinantes.

Lumière: une lumière diffuse, à l'exclusion du soleil direct.
Température: un minimum de 10 °C en hiver, un maximum de 21 °C en été, légèrement plus élevée si la plante bénéficie d'une forte humidité, comme celle d'une serre par exemple.
Arrosage: tous les jours en été et deux ou trois fois par semaine en hiver afin que le compost soit toujours humide. Ne laissez pas la plante baigner dans l'eau.
Humidité: vaporisez la plante à l'eau tiède non calcaire chaque jour et posez le pot sur une soucoupe emplie de cailloux baignant partiellement dans l'eau. Mieux: placez le pot dans un second pot, plus grand, en intercalant de la tourbe humide entre les deux, ou cultivez la plante dans un récipient doté d'un système d'auto-arrosage (voir p. 19). Elle ne croîtra bien qu'en échange d'une humidité élevée.
Engrais: tous les quinze jours en été et une fois par mois en hiver, avec un engrais dilué dans l'eau des arrosages. Utilisez la moitié de la dose recommandée.
Terre: un mélange composé d'une part de terreau n° 1, de deux parts de tourbe stérilisée et d'une part de sable lavé.
Rempotage: à chaque printemps, dans le pot en plastique de la taille au-dessus.
Nettoyage: les vaporisations destinées à l'humidification devraient suffire. En été, les feuilles se lavent bien à l'eau de pluie, à températures supérieures à 13 °C. Pas de lustrant.

Les folioles prennent une teinte brune et se recroquevillent: sécheresse excessive. La terre doit être toujours humide. Si plusieurs frondes meurent, coupez-les au ras de la terre et plongez le pot dans un seau d'eau, tous les jours, pendant quinze minutes jusqu'à l'apparition de nouvelles pousses. Ensuite, laissez égoutter la potée.

L'humidité

Il est particulièrement important de bien humidifier cette plante. Vaporisez-la chaque jour à l'eau chaude et entretenez une humidité constante en la mettant dans un second pot garni de tourbe humide.

Le bout des folioles, en particulier celui des plus jeunes, se recroqueville, puis noircit: chaleur et sécheresse excessives. Vaporisez régulièrement la plante et placez-la dans un endroit plus frais.

Les nouvelles folioles sont petites et ne prennent pas la même forme que les adultes: carence nutritive.

Le feuillage a l'air brûlé, les frondes sont noircies: effets des lustrants ou du malathion. Ne les utilisez pas.

Pâleur des folioles, croissance lente et déformée: obscurité excessive. Placez la plante dans un endroit plus clair, à l'abri du soleil direct.

Les folioles noircissent à partir de l'extrémité: froid excessif. Placez la plante dans un endroit plus chaud. Elle est gelée, si toutes les frondes sont noircies. Elle ne reprendra pas.

Moucherons blancs autour de la plante: mouches blanches. Pulvérisez un insecticide à base de pyrèthre, tous les quinze jours, jusqu'a élimination.

Petits disques bruns sur les folioles: insectes écailleux. Badigeonnez-les d'alcool dénaturé et enlevez-les avec l'ongle du pouce. N'utilisez pas du malathion.

Pâleur des frondes, folioles recroquevillées: excès de soleil direct. Placez la plante dans un endroit plus ombragé où règne une certaine lumière diffuse.

S.O.S.

Rebutia

Les rébutias comptent parmi les meilleures cactées que puisse s'offrir le débutant: ils poussent bien sur un appui de fenêtre ensoleillé et fleurissent à profusion dès qu'ils atteignent 2,5 cm de haut. Ils forment des touffes qui nécessitent rarement un pot excédant 13 cm. Leurs aiguillons sont tendres et flexibles. Leurs fleurs couvrent la gamme des rouges, des orange, des roses, des jaunes et des blancs. Bien qu'il soit un nouveau venu, *Rebutia perplexa* (p. 467) est déjà très répandu.

Lumière: un appui de fenêtre ensoleillé ou l'abri d'une serre pour une floraison optimale.

Température: par précaution, maintenez ces plantes à une température supérieure à 4 °C en hiver, bien que, tenues à sec, elles supportent des températures inférieures au point de congélation. En été, maintenez-les à une température inférieure à 38 °C en leur donnant le plus d'air frais possible.

Arrosage: arrosez ces plantes chaque semaine en été (toutes les deux semaines si elles sont dans des coupes peu profondes de 13 cm ou plus), tous les mois au printemps et en automne, pas du tout en hiver.

Engrais: un engrais riche en potasse, trois ou quatre fois au printemps et en été.

Terre: trois parts de compost pour rempotage non terreux ou à base de terreau n° 2 pour une part de sable grossier et graveleux.

Rempotage: rempotez les plantes tous les ans dans la coupe ou le demi-pot de la taille au-dessus. Lorsque celle-ci est de 13 cm, il suffit de les rempoter tous les deux ans, sauf si elles atteignent ou dépassent les côtés du récipient. Si elles ne remplissent pas celui-ci, contentez-vous de renouveler le compost après avoir enlevé la vieille terre de la motte.

Nettoyage et lutte antiparasitaire: vaporisez les plantes une fois par mois pour les dépoussiérer et incorporez à l'eau un insecticide, deux ou trois fois par an, pour combattre le parasitisme. La plupart des rébutias sont particulièrement sensibles aux attaques de l'araignée rouge et de la cochenille.

Quasi inconnu il y a vingt ans, *Rebutia albiflora* est vite devenu une des cactées les plus prisées. Il couvre ses minuscules tiges de soies blanches vitreuses et fleurit à profusion, à l'âge d'un ou deux ans, alors qu'il fait seulement 1 cm de haut. Il se multiplie facilement par bouturage de ses rejets, qui sont faiblement articulés. Malheureusement, il est sensible aux araignées rouges.

Quoique de culture assez récente, *Rebutia flavistyla* est largement commercialisé. Il produit des fleurs d'un orange rougeâtre à l'âge de deux ou trois ans, alors qu'il mesure quelque 3 cm de large.

Autres espèces: toutes les espèces, estimées à un nombre minimum de cinquante et en vente chez les pépiniéristes spécialisés, forment des touffes généreuses et fleurissent aisément. Parmi les nombreuses espèces qui s'offrent à votre choix, une bonne sélection pourrait comprendre: *R. perplexa* et *R. albiflora,* aux menues têtes de la taille d'un gland de chêne et aux épines et fleurs blanches; *R. marsoneri* et *R. aureiflora,* aux fleurs d'un jaune riche et profond; *R. krainziana,* aux aiguillons courts et bien blancs, épidermes foncés et fleurs rouge sang; *R. kupperana,* aux épines longues, raides, brunes et jaunes, et fleurs rouge flamme; *R. haagei,* aux têtes en forme de petits cônes et fleurs rose saumon; *R. violaciflora,* aux fleurs rose-lilas; *R. muscula,* aux aiguillons blancs, denses et courts, et fleurs orange; *R. kariusiana,* aux fleurs rose pâle, et *R. flavistyla,* aux fleurs orange rougeâtre.

Rebutia haagei appartient à un groupe de rébutias que l'on désigne parfois sous le nom de «médiolobivia» et qui poussent en denses touffes de tiges gris brûnatre et produisent une profusion de fleurs rouges ou roses. Chez *R. haagei,* celles-ci couvrent les tons foncés à clairs du rose saumon et durent chacune une semaine ou davantage. La plante fleurit à l'âge de deux ou trois ans, alors qu'elle fait à peine 2,5 cm de haut.

Rebutia perplexa forme des groupes de petites têtes vertes, couvertes d'aiguillons jaunes. Ses adorables petites fleurs roses s'épanouissent à partir de la base après une culture d'un an. La floraison intervient vers la fin du printemps et dure une semaine à un mois. Chez une plante saine, le centre de chaque tête se couvrira aussi de nouveaux aiguillons aux coloris éclatants. Comme tous les rébutias, *R. perplexa* est sujet à l'infestation par l'araignée rouge, dont la présence se manifeste par un brunissement de tout l'épiderme de la plante.

Rhapide

Originaire du sud de la Chine et du Japon, ce genre comprend cinq espèces de palmiers. De tenue soignée et élégante, ils abondent en tiges grêles et délicates, et s'élèvent à une hauteur d'environ 90 cm. Les palmes, qui émergent des nombreux troncs semblables à des cannes de bambou, se composent de cinq à sept segments. En tombant, les vieilles feuilles laissent à leur base des téguments dont elles recouvrent le tronc comme d'un tissu fibreux. Le tronc lui-même a l'épaisseur d'un pouce et ressemble à une canne à pêche. Ce palmier devrait être protégé du soleil ardent, sous lequel son feuillage finit par jaunir.

Lumière: à l'abri du soleil en été, la pleine lumière en hiver.
Température: un minimum de 7 °C en hiver, de 10 °C à 16 °C au printemps et en été.
Arrosage: tous les jours en été, afin d'entretenir la moiteur de la terre. En hiver: trois fois par semaine. Évitez de saturer les racines en laissant le pot tremper dans l'eau.
Humidité: entretenez une humidité élevée en vaporisant la plante deux fois par jour en été avec de l'eau tiède non calcaire. En hiver, trois vaporisations hebdomadaires suffisent. Posez le pot dans une soucoupe emplie de cailloux baignant partiellement dans l'eau, ou cultivez la plante dans un récipient doté d'un système d'auto-arrosage.
Engrais: chaque semaine en été, avec un engrais dilué à l'eau des arrosages suivant les recommandations du fabricant.
Terre: un mélange composé d'un bon terreau n° 2, additionné à parts égales de tourbe et de sable. Il est important de prévoir un drainage parfait.
Rempotage: chaque année, en drainant le fond du pot avec une bonne couche de tessons.
Nettoyage: les vaporisations destinées à l'humidification devraient suffire. N'utilisez pas de lustrant.

Plus petites que chez bien d'autres palmiers, les feuilles de *Rhapis excelsa* poussent en bouquets sur des tiges grêles et délicates. Elles sont très sensibles à la pollution atmosphérique et réagissent mal à toute vaporisation de produits en aérosols. Une plante saine porte des palmes vert luisant dont les pointes ne présentent ni brunissement ni noircissement.

S.O.S.

Plaques brunes sur les feuilles: effets des lustrants ou de la pollution atmosphérique. N'utilisez aucun produit en aérosols et gardez cette plante dans une pièce exempte de tout gaz polluant.

La suppression des frondes mortes
Lorsque les vieilles feuilles se dessèchent et meurent, coupez-les au sécateur ou avec une paire de ciseaux au niveau de la tige principale. Si les feuilles brunissent et se déparent à l'extrémité, coupez celle-ci avec une paire de ciseaux. Ne sectionnez pas dans la partie saine de la feuille.

Filaments sous les feuilles, qui finissent par jaunir: araignées rouges. Pulvérisez un insecticide à base de pyrèthre sous les feuilles, chaque semaine, jusqu'à élimination. Arrosez une fois la terre avec du malathion dilué à raison de la moitié de la dose recommandée.

Les extrémités des palmes ne s'ouvrent pas: besoin d'eau et d'humidité. En été, vaporisez la plante deux fois par jour et arrosez-la quotidiennnement.

Disques bruns sur l'envers des feuilles, marques sur l'endroit: insectes écailleux. Badigeonnez d'alcool dénaturé l'envers des feuilles et la tige, puis enlevez les insectes avec l'ongle du pouce.

Jaunissement des feuilles: lumière excessive. Cette plante se plait à la lumière du jour, non au soleil.

Les feuilles plus âgées se dessèchent: les vieilles feuilles meurent naturellement les unes après les autres, à mesure que les nouvelles poussent. Toutefois, par chaleur ou sécheresse excessives, plusieurs palmes peuvent se dessécher simultanément. Dans ce cas, vaporisez la plante deux fois par jour et placez-la plus au frais.

Plaques laineuses blanches à l'aisselle des feuilles: cochenilles. Badigeonnez-les avec de l'alcool dénaturé et enlevez la «laine» avec une pince à épiler. Ou bien, arrosez la terre avec du malathion dilué à la moitié de la dose recommandée, tous les quinze jours, jusqu'à élimination.

Brunissement de l'extrémité des jeunes feuilles: besoin d'eau et d'humidité. En été, vaporisez la plante deux fois par jour à l'eau tiède non calcaire et arrosez-la quotidiennement.

Noircissement des feuilles: froid excessif. Températures minimales: 7 °C en hiver, 10 °C en été.

Cercles blanc crayeux et irréguliers sur les feuilles: calcaire des vaporisations à l'eau dure. N'utilisez que de l'eau douce.

Absence de nouvelles feuilles en période de croissance: carence nutritive. En été, alimentez la plante chaque semaine.

Azalée

Cette spectaculaire plante d'intérieur à fleurs appartient à la famille des rhododendrons, mais, contrairement à ceux-ci et aux autres azalées, ce n'est pas une plante rustique : plantée au jardin, elle ne résistera donc pas au gel. Elle exige avant tout de copieuses distributions d'eau, aussi bien en arrosage qu'en vaporisation.

Lumière : abondante et diffuse, mais à l'abri du soleil direct.
Température : maintenez ces plantes à une température de 13 °C tout au long de l'hiver, bien qu'elles supportent, durant de courtes périodes, des températures allant de 16 °C à 18 °C si l'humidité est élevée. Pendant le bourgeonnement, maintenez-les sous 13 °C.
Arrosage : copieux. Le meilleur arrosage consiste à tremper le pot dans un seau d'eau douce, en laissant celle-ci couvrir la surface du compost. Attendez (environ dix minutes), le temps que les bulles cessent de remonter à la surface, puis laissez égoutter la potée pendant une demi-heure avant de la remettre à sa place habituelle. Ne la laissez pas trop tremper.
Humidité : vaporisez la plante tous les jours de l'année avec de l'eau non calcaire, sans mouiller les fleurs. Posez le pot sur une soucoupe emplie de cailloux mouillés.
Engrais : commencez à nourrir la plante lorsqu'elle bourgeonne au début de l'automne, à raison d'une fois par semaine jusqu'au printemps. Ensuite, réduisez les apports à une fois tous les quinze jours pour les suspendre complètement à la mi-été. Utilisez un engrais liquide dilué selon les recommandations du fabricant.
Terre : un mélange composé à parts égales de terreau de feuilles, de tourbe et d'aiguilles de pin, additionné d'un quart de sable lavé.
Rempotage : en été, enterrez le pot à l'extérieur, dans un endroit ombragé. Poursuivez les arrosages et les vaporisations. Au début de l'automne, rempotez la plante dans le pot de la taille au-dessus. Utilisez de préférence des pots en argile.
Nettoyage : les vaporisations suffisent. Pas de lustrant.

Les azalées sont des plantes d'intérieur, dont la floraison hivernale égaie une saison durant laquelle peu d'autres plantes sont en fleurs. Le commerce les offre généralement lorsqu'elles font 45 cm de haut et de large, mais il en existe aussi des formes plus coûteuses, taillées sur tige ou en pyramide.

Marques noires sur les fleurs : effets des lustrants ou des insecticides. N'utilisez aucun lustrant et ne pulvérisez aucun insecticide sur les fleurs.

Marques noires sur les feuilles : effets des lustrants. Ne les utilisez pas.

Dessèchement et chute des feuilles et des fleurs : arrosage insuffisant, chaleur et sécheresse atmosphérique excessives ou excès d'eau. Vérifiez. En cas de sécheresse, plongez le pot dans un seau d'eau et laissez-le tremper le temps que les bulles cessent de remonter à la surface. Laissez-le égoutter avant de le remettre en place. Effectuez cet arrosage tous les jours par grandes chaleurs et vaporisez la plante tous les jours de l'année avec de l'eau tiède non calcaire. Maintenez la plante dans un endroit plus frais, à une température idéale de 13 °C environ.

Les feuilles se couvrent de poils : naturel. Ne les enlevez pas.

Plante tout en tiges et désordonnée: taille nécessaire. Taillez la plante après la floraison, en enlevant les tiges folles qui dépassent les bouquets de fleurs.

Les nouvelles feuilles restent petites, les fleurs ne se forment pas: carence nutritive. Alimentez la plante une fois par semaine, dès que les premiers bourgeons apparaissent et durant la floraison, en incorporant un engrais liquide à l'eau des arrosages ou un engrais foliaire à l'eau des vaporisations.

L'arrosage

Immergez le pot, jusqu'au-dessus du bord, dans un seau d'eau. Vaporisez les feuilles. Attendez quinze minutes, puis retirez le pot et laissez-le égoutter. N'utilisez que de l'eau non calcaire.

S.O.S.

Les fleurs ne s'épanouissent pas: plante saturée d'eau, baignant dans celle-ci, ou chaleur excessive. Vérifiez. Dix à quinze minutes après les arrosages, videz toujours tout excédent d'eau. Vaporisez la plante chaque jour à l'eau tiède non calcaire et maintenez-la à une température avoisinant 13 °C.

Les feuilles prennent une teinte vert pâle: obscurité excessive ou effet du calcaire, pouvant entraîner la mort de la plante. Si la plante se trouve à l'obscurité, placez-la dans un endroit plus clair: elle supporte le plein soleil. Assurez-vous que le compost ne contienne pas de calcaire.

Anneaux blancs sur les feuilles: mineuse de l'azalée. Pulvérisez du malathion dilué sur les feuilles. Répétez le traitement au bout d'une semaine.

Téguments bruns autour des fleurs: naturel. Ils tombent à mesure que les fleurs s'épanouissent.

Noircissement des feuilles: froid excessif. Placez la plante dans un endroit plus chaud, à une température supérieure à 10 °C.

Feuilles tachetées de jaune, filaments en dessous: araignées rouges. Pulvérisez du

malathion dilué, en évitant d'en appliquer sur les feuilles, car cela les brûlerait. Répétez le traitement hebdomadairement pendant quatre semaines.

Moucherons autour de la plante: mouches blanches. Pulvérisez un insecticide à base de pyrèthre, en évitant, si possible, de mouiller les fleurs. Répétez le traitement, tous les quinze jours, jusqu'à élimination.

Rhoeo spathacea

Originaire du Mexique, cette jolie plante est étroitement apparentée à *Tradescantia,* notre familière éphémère (p. 538). Malheureusement, elle se révèle moins facile à cultiver. En réalité, elle ne s'adresse qu'aux personnes qui ont acquis une grande expérience dans la culture des plantes d'intérieur. Ses petites fleurs blanches s'épanouissent à moitié enfouies dans une cupule bractéale conchiforme, située à l'aisselle des feuilles. On procédera aux arrosages de cette plante avec un soin tout particulier, surtout en hiver, saison où tout surarrosage risque d'entraîner sa pourriture. Débutant sous forme de rosette, le feuillage finit graduellement par s'élever sur une courte tige, que couronnent aussi les fleurs.

Lumière: exposition très lumineuse à mi-ombragée, à l'exclusion du soleil de midi en été.

Température: un minimum de 16 °C en hiver, une température ambiante ordinaire de 21 °C en été.

Arrosage: maintenez le compost humide en tout temps, en l'arrosant deux ou trois fois par semaine en été. En hiver, soyez très prudent, en particulier par températures avoisinant le minimum toléré: un arrosage par semaine tout au plus, avec de l'eau tiède (et douce). Vérifiez toujours l'état du compost.

Humidité: en été et en hiver, vaporisez la plante au moins deux fois par semaine, davantage par températures avoisinant le maximum toléré. En hiver, utilisez de l'eau tiède.

Engrais: tous les quinze jours au printemps et en été, avec un engrais liquide administré à raison de la moitié de la dose recommandée.

Terre: un mélange à base de terreau ou de tourbe n° 2.

Rempotage: à chaque printemps, lorsque la plante est à l'étroit. Si elle croît lentement, attendez un an.

Nettoyage: les vaporisations devraient maintenir la propreté de la plante. N'utilisez pas de lustrant.

Rhoeo spathacea se cultive de préférence comme petite plante isolée, plutôt qu'en association avec d'autres plantes, dans des vasques mixtes. Il faut l'arroser avec beaucoup de circonspection, surtout en hiver: surarrosée et exposée à des températures trop basses, elle ne tarde pas à pourrir.

Toute la plante est barbouillée ou tachetée de brun: effets des lustrants. Ne les utilisez pas. N'effectuez les nettoyages que par vaporisations d'eau tiède non calcaire. Enlevez les feuilles abîmées en les sectionnant au couteau à la base.

Les feuilles sont pâles, la plante a l'air fatiguée: lumière insuffisante. Exposez la plante à une lumière naturelle diffuse, pas au soleil direct.

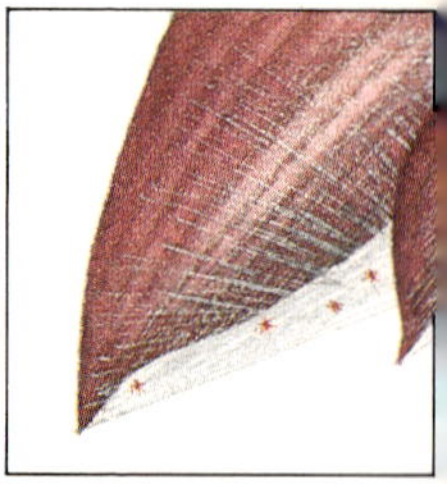

Petits insectes et filaments sous les feuilles: araignées rouges. Enlevez les filaments avec un chiffon humide, puis pulvérisez du malathion dilué, surtout sous les feuilles. Répétez le traitement, tous les quinze jours, jusqu'à la disparition des symptômes. Augmentez l'humidité en posant le pot sur une soucoupe emplie de cailloux mouillés.

La plante pousse tout en tige et perd ses feuilles inférieures: vieillesse. Reproduisez la plante à partir des rejets émis à la base.

La plante s'alourdit au point de ne pouvoir rester droite: besoin de rempotage. Rempotez-la dans un pot plus grand et tassez bien le compost à la base de la plante.

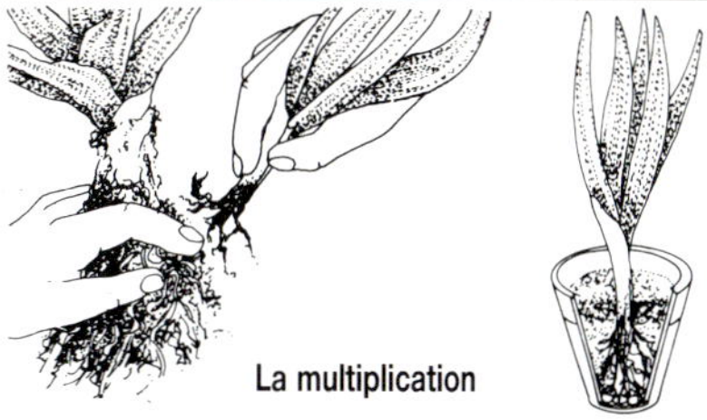

La multiplication

1 Après la floraison, la plante émet souvent des rejets à sa base. Quand ceux-ci atteignent quelque 10 cm de haut, enlevez-les délicatement, en prenant soin de ne pas abîmer leurs menues racines.

2 Replantez-les dans de petits pots pourvus d'un drainage et emplis d'un compost composé à parts égales de tourbe et de sable. Exposez les pots à l'ombre, sans les arroser pendant deux jours. Traitez ensuite les rejets.

S.O.S.

Les extrémités des feuilles brunissent, les feuilles s'inclinent et se recourbent: sécheresse excessive du compost et/ou de l'atmosphère. Examinez le compost. S'il est desséché, arrosez-le copieusement et, à l'avenir, assurez-vous qu'il soit constamment moite.

Centre et bords des feuilles marqués de brun: effets des vaporisations au soleil. Cette plante a besoin d'une humidité élevée, mais il ne faut pas la vaporiser lorsqu'elle est exposée au soleil. Enlevez les feuilles déparées, en sectionnant au couteau à la base.

Les feuilles se recourbent vers l'intérieur, prennent une teinte foncée et meurent: froid excessif. Placez la plante dans un endroit plus chaud. Ne l'exposez pas à des températures inférieures à 16 °C.

Pourriture de la tige: compost trop humide. Laissez sécher la surface du compost avant de recommencer à arroser. Deux ou trois arrosages hebdomadaires peuvent se révéler nécessaires en été, un tout au plus en hiver.

Rose de Chine

Les rosiers de Chine sont les seuls rosiers qui réussissent comme plantes d'intérieur. Ils atteignent de 23 à 30 cm de haut et produisent, selon les variétés, des fleurs simples, doubles ou groupées en bouquets. Ils exigent par-dessus tout une bonne lumière et une humidité élevée durant la période de croissance printanière et estivale. Après la floraison, il convient de sortir les potées et de les enterrer jusqu'au ras du sol, tout en surfaçant le compost d'une couche de tourbe légèrement humide et en les nourrissant avec un engrais, dilué à raison de la moitié de la dose recommandée. S'il ne vous est pas possible de procéder ainsi, ménagez-leur, après la floraison, une période de deux mois de repos dans un lieu aussi frais que possible.

Lumière: la pleine lumière du jour, y compris le soleil.
Température: 7 °C en hiver, à l'intérieur comme à l'extérieur (voir ci-dessus). Au début du printemps, augmentez graduellement la température à mesure que les nouvelles pousses apparaissent. Maximum en été: 21 °C.
Arrosage: deux ou trois fois par semaine en été, une fois par semaine en hiver, de quoi prévenir le dessèchement complet du compost.
Humidité: une vaporisation quotidienne au printemps et en été, en évitant de mouiller les fleurs, vu que les gouttelettes risquent de les brûler, surtout par grand soleil. Posez le pot sur une soucoupe emplie de cailloux mouillés.
Engrais: tous les quinze jours pendant la croissance printanière et estivale, avec un engrais liquide, dilué selon les recommandations du fabricant.
Terre: un compost à base de terreau n° 2 et de tourbe, à parts égales.
Rempotage: à chaque printemps, dans le pot de la taille au-dessus. N'utilisez pas de pots trop grands: ces plantes fleurissent mieux à l'étroit.
Nettoyage: les vaporisations suffisent. Pas de lustrant.

Mesurant quelque 30 cm de haut, les rosiers de Chine font figure de plantes d'intérieur inhabituelles et, en situation claire et humide, ils fleuriront tous les deux mois tout au long de l'année. Dans des conditions de plus grande sécheresse, il faut les sortir après leur floraison estivale et les rentrer lorsqu'ils rebourgeonnent.

Moisissure poudreuse blanche sur les feuilles et les bourgeons: mildiou, maladie provoquée par un dessèchement radiculaire, une sous-alimentation et des températures diurnes chaudes suivies de nuits froides. Pulvérisez immédiatement un fongicide et répétez le traitement, chaque semaine, jusqu'à élimination.

Moisissure poudreuse noire sur les jeunes tiges: fumagine. Celle-ci se développe sur les déjections gluantes des pucerons. Pulvérisez du malathion dilué et un fongicide, deux fois par semaine, jusqu'à élimination.

Pâleur du centre des feuilles: carence en magnésium. Utilisez un engrais spécial pour rosiers, riche en magnésium. Certains engrais pour tomates conviennent aussi. Vérifiez-en la composition en lisant l'étiquette.

Les jeunes feuilles sont vert pâle et couvertes de taches rouges: carence en azote. Fertilisez la plante tous les quinze jours au printemps et en été, et utilisez un compost approprié.

S.O.S.

Insectes verts sur les bourgeons et les hampes florales: pucerons. Pulvérisez un insecticide systémique chaque semaine, jusqu'à élimination. Arrosez la terre avec la même solution, une fois par semaine, jusqu'à élimination.

Les nervures foliaires prennent une teinte jaune pâle ou crème: maladie virale bénigne. Fertilisez la plante.

Croissance échevelée de la plante, absence de fleurs: obscurité excessive. Exposez la plante à la lumière d'une fenêtre exposée au plein soleil.

La plante se flétrit, bien que les feuilles ne tombent pas: besoin d'eau. Arrosez deux à trois fois par semaine en été, une fois par semaine en hiver, sans laisser le pot tremper dans l'eau.

Grandes plaques jaunes sur les feuilles: terre trop riche en calcaire. Utilisez un engrais normal pour rosiers, toutes les deux semaines au printemps et en été. Si le problème persiste, administrez une dose de chélate de fer.

Brunissement et crispation des feuilles: chaleur et sécheresse atmosphérique excessives. Température estivale maximale à l'intérieur: 21 °C. Vaporisez la plante chaque jour au printemps et en été, mais pas au plein soleil. Posez le pot sur un lit de cailloux mouillés afin d'accroître l'humidité.

Les pétales des fleurs sont rongés: thrips. Ces insectes s'en prennent couramment aux plantes d'intérieur durant les chaleurs estivales. Pulvérisez du malathion dilué, chaque semaine, jusqu'à élimination.

Plaques de brûlures noires sur les feuilles: effets des lustrants. Ne les utilisez pas. Nettoyez les feuilles uniquement par vaporisations d'eau non calcaire.

Les nervures jaunissent, les feuilles se couvrent de grandes taches jaunes: plante gorgée d'eau. Ne la laissez jamais tremper dans l'eau et laissez sécher la surface du compost entre les arrosages.

Feuilles froissées et tachées de brun: effets du gel pendant l'hivernage. Si les plantes sont exposées à l'extérieur à de longues périodes de gel, couvrez-les de paille et enveloppez-les dans de la toile.

Feuilles couvertes de grandes taches noires auréolées de jaune; chute des feuilles: marsonia ou maladie des taches noires. Sans traitement, tout le feuillage tombera et la plante mourra. Pulvérisez un fongicide deux fois par semaine, et améliorez la ventilation autour de la plante. Enlevez et brûlez les feuilles et les tiges atteintes.

Ruellia makoyana

Nommées d'après Jean de la Ruelle, botaniste et médecin de François Ier, au début du XVIe siècle, ces plantes florifères ont connu une grande vogue durant la Belle Epoque, puis ont presque complètement disparu du marché, pour ne faire leur réapparition que tout récemment. Ce regain de popularité se justifie par la beauté des fleurs et des feuilles veinées d'argent. Si vous cultivez ces plantes, prenez particulièrement garde aux pucerons, qui s'en prennent aux tendres pousses terminales des tiges.

Lumière: une abondante lumière diffuse, à l'exclusion du soleil direct. En hiver, exposez ces plantes huit heures par jour à la lumière, en ayant recours à un éclairage artificiel, afin de prolonger la floraison.
Température: un minimum de 13 °C. En été: de 13 °C à 18 °C. Si l'humidité est élevée, la plante tolérera un maximum de 21 °C durant de courtes périodes.
Arrosage: durant six semaines à partir du début du printemps, arrosez le compost dès qu'il commence à sécher (soit tous les dix jours). Pendant le reste de l'année, arrosez-le deux jours après le dessèchement de la surface (soit tous les cinq jours).
Humidité: élevée, par températures supérieures à 18 °C. Vaporisez la plante deux fois par semaine, à l'eau non calcaire, par températures comprises entre 13 °C et 18 °C, tous les jours si elles sont plus élevées. Tout au long de l'année, posez le pot sur une soucoupe emplie de cailloux mouillées. Ne vaporisez pas les fleurs.
Engrais: tous les quinze jours, sauf durant la période de repos. Administrez un engrais dilué à la dose recommandée.
Rempotage: au début de l'automne. Au bout de deux ans, prélevez des boutures en été et piquez-les dans un mélange de tourbe et de sable. Après douze semaines, empotez-les dans un compost normal et fertilisez-les.
Terre: un mélange à base de terreau n° 2 et de mousse, à parts égales.
Nettoyage: les vaporisations suffisent. N'utilisez que de l'eau non calcaire. Pas de lustrant.

Plante à floraison hivernale et à rameaux étalés, *Ruellia makoyana* porte un feuillage veiné d'argent qui l'embellit tout au long de l'année. Afin de prolonger le temps de sa floraison, exposez-le à un éclairage artificiel pour compenser la faible lumière du jour en hiver.

Moisissure poudreuse blanche sur les feuilles et les tiges: botrytis. Excès de froid et d'humidité. Pulvérisez un fongicide, ensuite placez la plante dans un endroit plus chaud et vaporisez-la moins souvent. Laissez la surface du compost sécher entre les arrosages. Température minimale: 13 °C. Enlevez les feuilles.

Taches brunes sur les fleurs et les feuilles: effets des vaporisations au plein soleil. Exposez la plante à une lumière diffuse et enlevez les feuilles ou les fleurs endommagées.

L'humidité

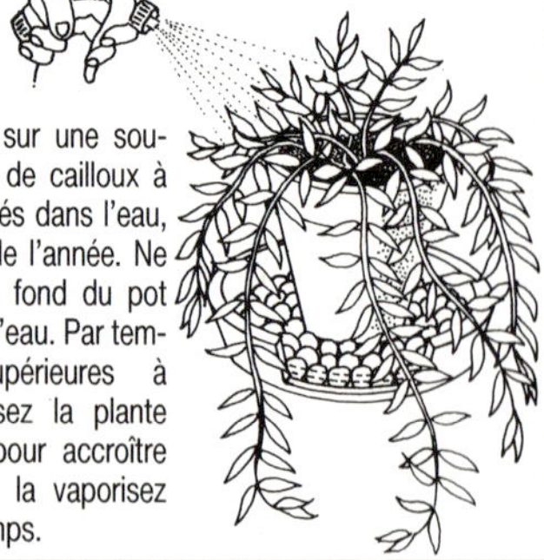

Posez le pot sur une soucoupe emplie de cailloux à moitié immergés dans l'eau, tout au long de l'année. Ne laissez pas le fond du pot tremper dans l'eau. Par températures supérieures à 18 °C, vaporisez la plante chaque jour pour accroître l'humidité. Ne la vaporisez pas au printemps.

S.O.S.

Pousses terminales couvertes d'insectes: pucerons. Pulvérisez un insecticide à base de pyrèthre ou du malathion dilué. Répétez le traitement au bout d'une semaine, ensuite chaque semaine.

Mouches voletant autour de la plante: mouches blanches. Pulvérisez un insecticide à base de pyrèthre ou du malathion dilué. Répétez le traitement au bout d'une semaine, ensuite chaque semaine, jusqu'à élimination.

Toute la plante languit, mais la température est bonne: plante gorgée d'eau. Éliminez tout excédent d'eau stagnant dans la soucoupe et laissez sécher la surface du compost avant de recommencer à arroser. Ensuite, maintenez celui-ci légèrement humide, sans jamais laisser le fond du pot tremper dans l'eau.

Les fleurs pourrissent, pourtant la température et l'humidité sont bonnes: effets des vaporisations d'eau sur les fleurs. Protégez celles-ci de la main ou à l'aide d'une feuille de papier lorsque vous vaporisez le feuillage.

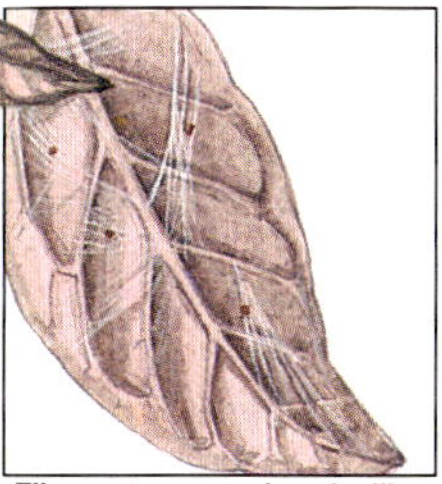

Filaments sous les feuilles, qui sont pâles: araignées rouges. Enlevez les filaments avec un chiffon humide, puis pulvérisez du malathion dilué, surtout sous les feuilles. Répétez le traitement, tous les quinze jours, jusqu'à disparition des symptômes. Augmentez l'humidité.

Noircissement des feuilles: froid excessif ou effets des lustrants. Placez la plante dans un endroit plus chaud, à une température minimale de 13 °C. N'utilisez pas les lustrants. Nettoyez la plante uniquement par vaporisations d'eau tiède non calcaire. Enlevez les feuilles abîmées.

Plantes tout en tiges, tiges inférieures dégarnies: plante trop âgée. Reproduisez-la en prélevant des boutures en été.

La plante se recroqueville: sécheresse ou chaleur excessives. Vérifiez le compost. S'il est sec, arrosez-le immédiatement en le laissant tremper dans un seau d'eau de dix à quinze minutes. Prévenez le dessèchement complet du compost en l'arrosant deux jours après que la surface semble sèche, sauf durant le repos printanier. Par températures supérieures à 21 °C, placez la plante dans un endroit plus frais.

Croissance tout en longueur, absence de fleurs: obscurité excessive. Placez la plante dans un endroit exposé à une lumière diffuse, pas au soleil direct.

Violette d'Uzambara

Découverte dans les montagnes de l'Afrique orientale, l'espèce originelle de cette plante était bleue. Aujourd'hui, grâce à l'hybridation, on dispose de plantes à fleurs simples ou doubles, plus persistantes et comptant des variétés roses, rouges, blanches et bicolores. Il leur suffit d'un pot relativement petit, de la chaleur et d'une forte humidité pour donner une bonne floraison.

La violette d'Uzambara est une des plus populaires plantes d'intérieur au monde, malgré sa floraison souvent rétive. Le secret d'une culture réussie réside dans une chaleur (permanente de 16 °C) associée à une technique d'arrosage spéciale et à une forte humidité.

Lumière : la pleine lumière en été, à l'exclusion du soleil printanier et estival. En hiver, la plante tolère le soleil.
Température : 16°C tout au long de l'année. Un minimum de 13 °C et, si l'humidité est élevée, un maximum de 27 °C sont tolérés.
Arrosage : posez le pot dans une soucoupe et remplissez celle-ci à ras bord deux fois par semaine, tout au long de l'année. Au bout d'une demi-heure, videz l'excédent d'eau afin que le pot ne trempe pas dans celle-ci. N'arrosez pas la plante par le haut du pot
Humidité : pas de vaporisations. Procurez l'humidité élevée indispensable en posant le pot sur une soucoupe emplie de cailloux baignant partiellement dans l'eau. Pour les arrosages, utilisez une autre soucoupe. Vous pouvez aussi placer le pot dans un autre, plus grand, en intercalant de la tourbe humide entre les deux.
Engrais : toutes les deux semaines, au printemps et en été, incorporez un engrais liquide à l'eau des arrosages. Jetez l'excédent. Utilisez la dose recommandée.
Terre : un compost pour rempotage à base de tourbe.
Rempotage : environ tous les deux ans, si la plante semble vraiment à l'étroit dans son pot. Utilisez des pots peu profonds. Maintenez la disposition en rosette des feuilles, en supprimant, si nécessaire, celles qui pointent vers le centre de la plante.
Nettoyage : époussetez la plante à l'aide d'un pinceau fait de poils de chameau. Pas de vaporisations ni de lustrant. Supprimez les fleurs mortes.

Le feuillage pâlit : lumière excessive ou carence nutritive. Si elle est exposée au soleil, exposez la plante à une lumière diffuse. Si, en plus du feuillage pâle, les nouvelles feuilles sont petites, alimentez la plante. Utilisez un engrais liquide, administré à la dose recommandée, toutes les deux semaines pendant la période de croissance et de floraison.

Noircissement des feuilles : effets des lustrants. Ne vaporisez jamais de lustrants ni d'eau sur cette plante. Si elle est poussiéreuse, époussetez-la délicatement avec un pinceau doux en poils de chameau.

Petitesse et densité excessive des nouvelles feuilles : besoin de rempotage. Rempotez la plante au printemps, dans le pot de la taille au-dessus. Veillez toutefois à ce qu'elle soit à l'étroit.

L'arrosage
Arrosez la plante deux fois par semaine, tout au long de l'année. Posez le pot dans une soucoupe et remplissez celle-ci d'eau à ras bord. Laissez tremper le pot pendant une demi-heure, puis éliminez l'excédent d'eau. Ne laissez pas la plante tremper dans l'eau.

L'humidité
Cette plante réclame une humidité élevée, mais il ne faut pas la vaporiser. Placez des cailloux dans une soucoupe et posez-y le pot. Versez-y de l'eau, à mi-hauteur des cailloux. Assurez-vous que le fond du pot ne touche pas l'eau.

S.O.S.

La plante est saine, mais elle ne fleurit pas: pot trop grand. Cette plante fleurit mieux si elle est légèrement à l'étroit dans son pot. Ne la rempotez pas pendant deux ans.

Absence de fleurs, malgré un pot de taille adéquate et de bonnes conditions: incorporez à l'eau des arrosages une pincée de sel afin d'induire la floraison.

Petitesse et rareté des fleurs: phénomène fréquent après une seconde floraison dans l'année courante. Supprimez les fleurs fanées et fertilisez la plante, tous les quinze jours durant tout l'été, avec un engrais administré à la dose recommandée.

Les fleurs sont translucides par endroits: effet de l'eau. Ne mouillez pas les fleurs de cette plante. Bien qu'elle exige une atmosphère humide, il ne faut pas la vaporiser.

Pourriture des feuilles et des fleurs: distributions d'eau trop fréquentes et arrosages par le haut. Arrosez la plante deux fois par semaine, durant toute l'année, en laissant tremper le pot dans une soucoupe d'eau pendant une demi-heure. Ne l'arrosez pas par le haut. Au bout d'une demi-heure, éliminez l'excédent d'eau.

Marques brunes sur les feuilles: effets de l'eau, surtout à exposition ensoleillée. Ne vaporisez jamais d'eau sur cette plante. Maintenez un haut niveau d'humidité en posant le pot sur une soucoupe emplie de cailloux mouillés.

Jaunissement subit d'une plante par ailleurs saine: gaz polluants ou courants d'air. Protégez la plante en la plaçant dans une pièce non polluée.

Les feuilles se recourbent et ont l'air flasques et sèches: besoin d'arrosage ou chaleur et sécheresse atmosphérique excessives. Arrosez la plante deux fois par semaine tout au long de l'année, en versant l'eau toujours par le bas du pot. Par températures avoisinant les 27 °C, augmentez l'humidité en posant le pot sur une soucoupe de cailloux mouillés. Ne vaporisez pas cette plante.

Le feuillage a l'air flasque et abattu: froid excessif. Placez la plante dans un endroit plus chaud, à une température minimale de 13 °C.

Salvia splendens

Sauge splendide

Originaire du Brésil, la sauge, dite parfois sclarée, toute-bonne, orvale, serve ou thé de Grèce, est une plante vivace. Dans les pays aux hivers froids, mieux vaut cependant la cultiver comme annuelle. Comme elle ne dépasse que rarement une hauteur de 30 cm, les variétés modernes sont tout indiquées pour les jardinières.

Lumière: maximale en tout temps.
Température: 21°C pour la germination, 16 °C pour les jeunes plants. Si vous cultivez ces plantes à l'extérieur, protégez-les des vents froids. Elles craignent le gel.
Arrosage: maintenez le compost humide.
Humidité: pour le semis et les jeunes plants: un léger seringuage. Pas d'apports d'humidité pendant la floraison.
Terre: un mélange à base de terreau n° 3 ou un compost pour rempotage non terreux.
Engrais: commencez à fertiliser les jeunes plants quand ils sont encore en caissette, avec un engrais liquide dilué, à raison de la moitié de la dose recommandée. Dix jours après la mise en place définitive, fertilisez-les, en utilisant la dose recommandée, tous les dix jours si le compost est terreux, tous les cinq s'il est non terreux.
Multiplication: comme il est difficile d'hiverner les boutures, mieux vaut effectuer un semis à la mi-été. Utilisez un compost pour rempotage non terreux et recouvrez le semis de 1,5 cm de compost fin en le tassant légèrement. Enveloppez le semis dans un sac de plastique et couvrez le tout d'un papier épais. Maintenez une température de 21 °C. Après la germination (de 7 à 10 jours), exposez les jeunes pousses à la pleine lumière. Repiquez-les individuellement dans des pots de 9 cm ou, dans des plateaux, à intervalles de 8 cm, dès que leur taille permet de les manipuler (environ quinze jours après le semis). Maintenez les pots ou les plateaux à une température de 21 °C pendant une autre semaine, puis à une température de 16 °C pendant leur séjour à l'extérieur.
Nettoyage: épincez les grappes florales mortes pour encourager la ramification de la plante.

Les sauges sont des plantes buissonnantes de 23 à 38 cm de haut et à fleurs disposées en grappes pyramidales. Les boutons floraux étant précoces, choisissez des plantes dont les boutons sont colorés sans être trop ouverts. Les feuilles devraient être d'un beau vert frais et garnir toute la longueur de la tige.

Feuilles ponctuées de jaune ou de blanc, envers couvert d'un dépôt farineux: araignées rouges. Pulvérisez du malathion dilué tous les dix jours jusqu'à élimination.

Marques jaunes et vert pâle sur les feuilles supérieures et l'extrémité des nouvelles pousses: ces symptômes se manifestent parfois après un arrêt de la croissance imputable au froid. Ils disparaissent d'habitude avec le retour de la chaleur.

Développement de moisissure grise sur les fleurs ou sur le feuillage: botrytis. Enlevez délicatement toute partie atteinte afin de prévenir la chute des spores sur les autres plantes, ensuite pulvérisez du bénomyl.

La plante se flétrit au grand soleil: besoin de plus d'eau. Maintenez toujours la terre légèrement humide. Le feuillage jaunit si la plante est privée d'eau durant de trop longues périodes.

La base des jeunes pousses noircit et se ratatine: pythium ou autre pourriture des racines et de la tige. Les jeunes pousses ne reprendront pas. Enlevez les plantes atteintes et celles qui les entourent. Traitez le compost avec un fongicide. Si la saison s'y prête, effectuez un nouveau semis dans le compost stérile et arrosez-le et vaporisez-le uniquement avec de l'eau du robinet.

Le feuillage noircit et la plante s'affaisse: gel. Mettez la plante à l'abri du gel au printemps.

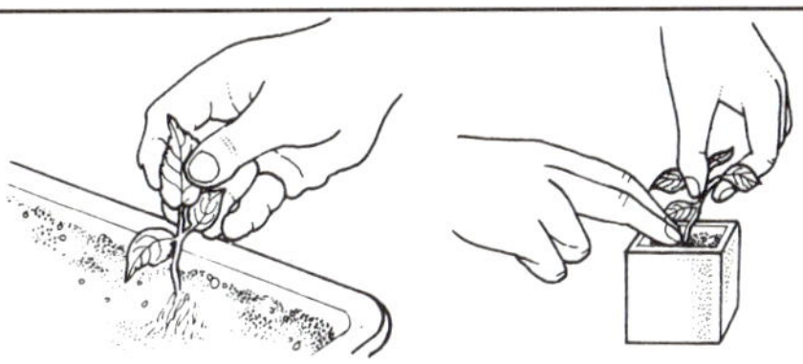

Le repiquage

1 Lorsque leur taille permet de les manipuler, retirez les jeunes pousses de la caissette, en les tenant délicatement par les feuilles.

2 Préparez des pots de 9 cm ou une caissette pourvus de trous de drainage. Repiquez les jeunes pousses individuellement dans les pots ou à intervalles de 8 cm dans la caissette. Maintenez le compost humide .

S.O.S.

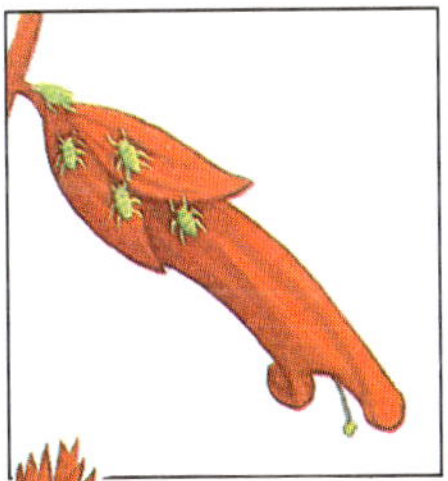

Amas de petits insectes sur l'extrémité des nouvelles pousses, voire à l'intérieur des fleurs: aphidés. Pulvérisez du pirimicarbe ou du malathion dilué. Le pirimicarbe ne présente aucun danger pour les abeilles.

Déformation des hampes florales, pouvant être accompagnée d'un renfoncement en-dessous des fleurs: punaises. Pulvérisez un insecticide systémique.

Feuilles déchiquetées, voire tige sectionnée: limaces ou escargots. Disposez des appâts antilimaces, en respectant les recommandations du fabricant.

Stries foncées et déformation des feuilles: virus. Pas de remède, mais la floraison n'est pas nécessairement compromise. Détruisez les plantes à la fin de la saison.

Les feuilles inférieures jaunissent; celles du haut prennent une teinte gris-vert: carence nutritive. Augmentez la fréquence - pas la dose - des apports d'engrais.

Toute la tige est noire, les feuilles sont jaunes, les fleurs s'inclinent: plante gorgée d'eau. Vérifiez le drainage. La plante ne se rétablira pas. Si les autres plantes ne sont pas atteintes, laissez leur compost se dessécher presque complètement avant de recommencer à les arroser.

Sansevière

Facile à cultiver et si différente de la plupart des plantes d'intérieur par la forme de ses feuilles, cette sansevière devrait figurer dans toute collection. Elle s'accommode de presque toutes les conditions, à l'exception des surarrosages qui, en hiver surtout, risquent de provoquer la pourriture de ses feuilles. Il est, toutefois, étonnant de constater qu'elle prospère bien en hydroculture (voir p. 18). Elle produit d'intéressantes fleurs jaunes étoilées, portées par une hampe émergeant tout droit du terreau à côté des feuilles. Après la défleuraison, il faut supprimer cette hampe avec un couteau. Comme elle requiert un arrosage spécial, il est difficile de cultiver la plante en association avec d'autres, à moins d'isoler son pot du compost environnant en le plaçant dans un second récipient empli de sable sec. Ainsi, on pourra arroser normalement les autres plantes.

Lumière: cette plante prospère à la pleine lumière solaire, mais peut survivre à l'ombre.

Température: en hiver, un minimum de 16 °C ou, à la rigueur, 10 °C. En été, une température ambiante normale, avec un maximum de 24 °C.

Arrosage: ne surarrosez jamais. Dans le doute, ne l'arrosez pas. Environ une fois par semaine en été, seulement toutes les trois semaines en hiver devrait suffire. Veillez au bon fonctionnement du drainage.

Humidité: cette plante se plaît à atmosphère sèche. Ne la vaporisez pas.

Engrais: toutes les trois semaines en été, avec un engrais liquide administré à la dose recommandée.

Terre: un mélange à base de terreau n° 2.

Rempotage: la sansevière préfère pousser dans un petit pot jusqu'à ce que celui-ci éclate. Un rempotage tous les deux ou trois ans environ suffit. Veillez à ce que le compost soit bien tassé tout autour de la plante, car, sous le poids de sa croissance verticale, elle verse facilement.

La *Sansevieria trifasciata* porte de longues feuilles en forme de glaive, marbrées au centre et marginées de crème. Les variétés à feuilles toutes vertes, que l'on trouve occasionnellement, sont d'habitude des cultivars obtenus par bouturage. Afin de maintenir ces coloris crème, la multiplication doit se faire par division de la plante. La variété à feuilles plus petites, *S. hahnii*, réclame les mêmes soins.

Les boutures de feuilles

1 Sectionnez, au couteau, la base d'une feuille saine et découpez celle-ci en tronçons de 2,5 cm. Incisez légèrement l'extrémité qui était située du côté de la base.

2 Piquez les tronçons à mi-profondeur dans une caissette de sable, le bout incisé dirigé vers le bas.

3 Arrosez copieusement les boutures et couvrez-les. Maintenez-les à une température de 21 °C jusqu'à ce qu'elles manifestent une bonne croissance. Lorsqu'elles portent deux ou trois nouvelles feuilles, on peut les enlever et les rempoter dans de petits pots.

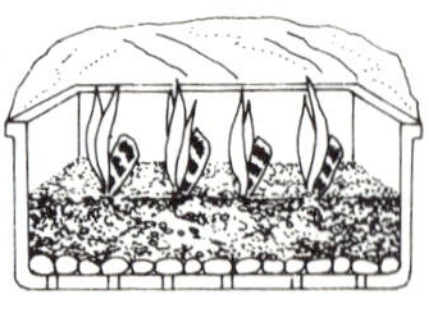

S.O.S.

Plaques laineuses blanches sur les feuilles: cochenilles. Pulvérisez du malathion dilué et enlevez parasites et «laine» avec une pince à épiler. Répétez le traitement tous les quinze jours, jusqu'à disparition des symptômes. Ou bien, badigeonnez les parasites d'alcool dénaturé et enlevez-les avec un pince à épiler.

Marques brunes sur les feuilles, bords desséchés: la plante est en contact avec une vitre ensoleillée. Écartez-la de celle-ci.

Taches de rouille brune sur les feuilles: effets des lustrants. Ne les utilisez pas. Nettoyez les feuilles avec un chiffon humide. Enlevez les feuilles très abîmées en les coupant à la base avec un bon couteau.

Les feuilles sont noires et molles: effets du gel. La plante a peut-être séjourné entre les rideaux et les vitres par nuit de gel. Placez-la dans un endroit plus chaud, à une température supérieure à 16 °C.

Pourriture de la base des feuilles: plante gorgee d'eau. Éliminez toute eau restant dans la soucoupe et laissez bien sécher le compost avant de recommencer à l'arroser. En hiver, n'arrosez la plante que toutes les trois semaines environ, en été pas plus d'une fois par semaine. Assurez-vous du bon fonctionnement du drainage.

Pâleur des feuilles, qui perdent leurs marbrures: obscurité excessive et/ou carence nutritive. Exposez la plante au soleil et nourrissez-la toutes les trois semaines en été, avec un engrais administré à la dose recommandée.

Plaques brunes sur les feuilles: excès d'eau. Laissez sécher la surface du compost avant de recommencer à arroser la plante. N'arrosez celle-ci qu'une fois par semaine en été, toutes les trois semaines en hiver. Dans le doute, ne l'arrosez pas.

Dessèchement et brunissement des feuilles: chaleur et sécheresse excessives. Placez la plante dans un endroit plus frais, à une température inférieure à 24 °C, et arrosez-la immédiatement. Par grandes chaleurs, vérifiez régulièrement l'état du compost.

Bords rongés des nouvelles feuilles, qui ont l'air déformées: charançons de la vigne. Pulvérisez un insecticide à base de pyrèthre tous les quinze jours, jusqu'à élimination.

Les nouvelles feuilles sont molles et pendantes: suralimentation. Cessez les apports d'engrais jusqu'à ce que les feuilles durcissent, ensuite administrez tous les quinze jours la moitié de la dose recommandée d'un engrais. N'alimentez pas la plante en automne, ni en hiver.

Saxifrage

Les saxifrages évoquent d'habitude la montagne, où elles s'agrippent aux rochers et s'enfouissent sous la neige et la glace en hiver. Elles font donc figure d'insolites plantes d'intérieur, mais la variété présentée ici se prête à ce genre de culture. En été, elles produisent de menues fleurettes blanches et une foison de jeunes plantules, portées par des stolons, sortes de tiges grêles qui retombent par-dessus le bord du pot. En suspension, les stolons et les plantules pendent gracieusement, tandis que, dans une grande vasque ou un grand bac, la plante s'étale considérablement. Le feuillage vert est veiné de vert clair ou de blanc.

Lumière: un appui de fenêtre, à l'abri des rayons ardents du soleil estival, constitue un emplacement idéal.

Température: un minimum de 8 °C en hiver, un idéal de 12 °C à 15 °C en été, la plante préférant des températures fraîches. Elle n'aime pas les températures élevées du chauffage central et risque de se dessécher à 20 °C.

Arrosage: trois fois par semaine en été. En hiver, laissez le compost se dessécher entre les arrosages, qui devraient être effectués tous les dix jours tout au plus, sauf si la température ambiante est élevée (20 °C). Vérifiez régulièrement l'état du compost. Un bon drainage est essentiel pour prévenir la pourriture. Comme elles se dessèchent rapidement en été, veillez à arroser régulièrement les plantes en suspension.

Humidité: elle n'est pas importante, pourvu que la température soit modérée. Par grandes chaleurs, une vaporisation effectuée tous les quinze jours maintiendra la fraîcheur du feuillage.

Engrais: une fois par mois, en été, avec un engrais dilué à l'eau des arrosages. Utilisez la moitié de la dose recommandée.

Terre: un compost à base de terreau n° 2.

Rempotage: à chaque printemps.

Nettoyage: vaporisez le feuillage s'il est poussiéreux ou sale. Pas de lustrants.

Cette saxifrage, dont les stolons rappellent les coulants des fraisiers, porte des feuilles vert foncé aux nervures bordées de vert clair. Une vaporisation en fine bruine, effectuée tous les quinze jours, la maintiendra propre et exempte de poussière.

S.O.S.

Feuilles pâles et ternes: obscurité excessive. Placez la plante dans un endroit plus clair, à l'abri des rayons ardents du soleil estival. La pâleur et le brunissement des feuilles peuvent aussi être le fait de la chaleur du soleil direct.

Feuilles déformées, gluantes et couvertes d'insectes verts: pucerons. Pulvérisez du pyrèthre ou un insecticide systémique tous les quinze jours jusqu'à élimination. La plante est très sujette à cette infestation.

Plaques laineuses blanches sur les feuilles et sur les tiges: cochenilles. Enlevez-les avec un tampon d'ouate imbibé d'alcool dénaturé ou pulvérisez du malathion dilué tous les quinze jours jusqu'à élimination.

La plante s'affaisse, les feuilles sont flasques, les tiges pourrissent: excès d'eau, surarrosage. Laissez sécher la terre avant de recommencer à arroser la plante. Vérifiez le drainage et réduisez la fréquence des arrosages.

La plante languit: sécheresse excessive. Laissez tremper la potée dans un seau d'eau pendant une demi-heure, puis laissez-la bien égoutter Arrosez la plante plus régulièrement.

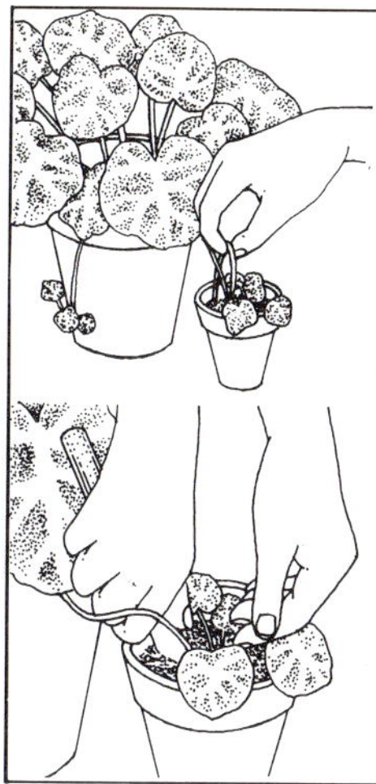

La multiplication

1 Disposez une couche de matériaux de drainage dans un petit pot et emplissez celui-ci d'un compost moitié sable, moitié mélange à base de terreau n° 2. Approchez le pot de la plante-mère et placez la plantule au centre. Tassez le compost autour de celle-ci et arrosez-le bien.

2 Lorsque la plantule fait de nouvelles feuilles, sevrez le stolon en niveau de la nouvelle plante.

Marques brunes sur les feuilles: effets des lustrants ou du soleil direct. N'utilisez pas de lustrants et n'exposez pas la plante au soleil.

Les tiges poussent tout en longueur et le feuillage manque de densité: chaleur excessive (supérieure à 21 °C). Placez la plante dans un endroit plus frais.

Filaments sous les feuilles, qui commencent à se décolorer: araignées rouges. Pulvérisez du malathion dilué, tous les quinze jours, jusqu'à élimination. Par températures élevées (de 18 °C à 21 °C), vaporisez la plante chaque semaine pour accroître l'humidité.

Moisissure grise sur les feuilles, qui brunissent et se recroquevillent: botrytis, plante trop humide. Placez la plante dans un endroit plus chaud (de 12 à 15 °C) et laissez-la sécher avant de l'arroser. Pulvérisez un fongicide systémique.

Absence de stolons ou de nouvelles feuilles au printemps et en été: carence nutritive. Nourrissez la plante chaque mois en été.

Feuilles fatiguées, plusieurs d'entre elles meurent: vieillesse. Reproduisez la plante à partir des stolons et jetez la plante-mère.

Arbre-parapluie

Avec l'introduction de nouvelles variétés, certaines au port plus compacte, d'autres au feuillage magnifiquement panaché, *Schefflera arboricola*, dit aussi « arbre ombelle », connaît depuis quelques années un regain de popularité. La plus grande, *Schefflera actinophylla,* atteint 2,50 m de haut et porte des feuilles de 20 cm de long, tandis que *S. arboricola* s'élève, en pot ou en bac, à 120 cm environ.

Lumière: comme la plupart des plantes, l'arbre-parapluie préfère une bonne lumière indirecte, avec un peu de soleil matinal, mais il tolère aussi un emplacement plus ombragé.
Température: entre 13 °C et 18 °C en hiver, température normale de la pièce en été. Augmentez la ventilation au-dessus de 27 °C.
Arrosage: maintenez le compost humide, en l'arrosant deux ou trois fois par semaine en été; une fois par semaine en hiver.
Humidité: vaporisez la plante à l'eau non calcaire deux fois par semaine, tout au long de l'année. Dans l'atmosphère sèche des pièces dotées du chauffage central, posez le pot sur des cailloux mouillés.
Engrais: tous les quinze jours, durant la croissance estivale, avec un engrais dilué, à raison de la moitié de la dose recommandée.
Terre: un mélange à base de terreau ou de tourbe n° 2.
Rempotage: comme elles poussent de 30 cm par an, il faut rempoter les jeunes plantes deux fois par an. Quant aux plus âgées, ne les rempotez qu'une fois par an, voire tous les deux ans. Lorsque leur taille rend le rempotage difficile, renouvelez les 5 à 7 premiers centimètres du compost au printemps, et alimentez régulièrement la plante en été. Les grandes plantes peuvent également nécessiter un tuteurage. Enfoncez une canne de bambou dans le compost lorsque vous effectuez le rempotage.
Nettoyage: les vaporisations maintiendront la propreté de la plante. Utilisez un lustrant une fois par mois, tout au plus.

Capable de pousser de 30 cm, voire davantage, en une saison, l'arbre-parapluie finit par s'élever à 120 cm de haut. Il porte des feuilles vertes ou panachées, qu'il dispose au sommet de ses tiges en gracieuses ombelles de sept folioles. On trouve aussi des variétés plus petites.

Les feuilles panachées se décolorent: obscurité excessive. Exposez la plante à une bonne lumière indirecte.

Les jeunes plantes portent des feuilles composées d'un nombre insuffisant de folioles: naturel chez une plante jeune.

Le nettoyage

Vaporisez régulièrement les feuilles pour les humidifier et les dépoussiérer. Pour les rendre plus brillantes, incorporez aux vaporisations un lustrant liquide, une fois par mois tout au plus.

S.O.S.

La plante monte en tiges, les feuilles sont très espacées: chaleur excessive. Placez la plante dans un endroit plus frais et mieux aéré. Vaporisez-la à l'eau tiède non calcaire deux fois par semaine. Par températures supérieures à 27 °C, donnez-lui de l'air frais.

Plante flasque, feuilles pendantes: sécheresse excessive. Plongez le pot dans un seau d'eau pendant dix à quinze minutes, puis laissez-le s'égoutter. Maintenez la terre humide en été, et arrosez-la tous les jours par grandes chaleurs. Ne laissez pas le pot tremper dans l'eau. Vaporisez la plante chaque jour à l'eau tiède non calcaire.

Pâleur, voire jaunissement des feuilles: carence nutritive. Fertilisez la plante, tous les quinze jours en période de croissance (printemps et été), avec un engrais dilué à raison de la moitié de la dose recommandée.

Écailles brunes sur les tiges, les pétioles et sous les feuilles: insectes écailleux. Pulvérisez du malathion dilué sur l'envers des feuilles et, quarante-huit heures après, enlevez les écailles avec l'ongle du pouce. Répétez le traitement quatre semaines de suite jusqu'à élimination.

Feuilles déformées, gluantes et couvertes d'insectes verts: pucerons. Pulvérisez un insecticide à base de pyrèthre ou du malathion dilué. Répétez le traitement au bout d'une semaine, puis chaque semaine, jusqu'à élimination.

Jaunissement des feuilles, filaments en dessous: araignées rouges. Enlevez les filaments avec un chiffon humide, puis pulvérisez du malathion dilué, surtout sous les feuilles. Répétez le traitement tous les quinze jours, jusqu'à disparition des symptômes. Augmentez l'humidité en posant le pot sur une soucoupe emplie de cailloux mouillés.

Les feuilles jaunissent, s'inclinent et tombent: excès d'eau. Laissez sécher la surface du compost avant de recommencer à arroser et vérifiez le drainage du pot. Ne laissez pas celui-ci tremper dans l'eau. Si la plante a froid, les feuilles, encore vertes, risquent de tomber les unes après les autres.

Schizanthus hybridus

Originaires du Chili, les schizanthus peuvent être cultivés en pots, à l'extérieur comme à l'intérieur. Les plantes achetées en fleurs au début de l'été poursuivront leur floraison jusqu'à la fin de l'automne, du moins si elles sont exposées à la fraîcheur et à la lumière, et si on ne les arrose pas trop. On peut aussi les multiplier par semis au début de l'automne et les cultiver sous l'abri frais d'une véranda ou d'une serre, pour les laisser fleurir au début du printemps à la lumière d'un rebord de fenêtre. Semez les graines dans une caissette emplie de compost pour semis, et placez le tout dans un sac en plastique ou dans un germoir. Maintenez le semis à une température de 10 °C à 16 °C et, lorsque leur taille permet de les manipuler, repiquez les jeunes pousses dans des godets de 5 cm. Lorsqu'elles auront grandi, transplantez-les dans des pots de 9 cm. Laissez les variétés naines fleurir dans ces derniers, mais rempotez les grandes dans des pots de 15 cm dès qu'elles sont à l'étroit.

Lumière: maximale en tout temps. Protégez les jeunes plantes d'un soleil trop fort.
Température: de 10 °C à 15 °C pour la germination, 7 °C pendant la croissance hivernale.
Arrosage: maintenez le compost légèrement humide jusqu'au rempotage définitif, puis arrosez-le tous les deux ou trois jours. Assurez-vous que le drainage fonctionne.
Humidité: une atmosphère sèche et fraîche est essentielle. Les vaporisations d'eau rendent cette plante vulnérable aux affections fongiques.
Engrais: pour vous assurer une bonne floraison de la plante, fertilisez celle-ci avec un engrais liquide, administré à la dose recommandée, chaque semaine lorsque la plante se trouve dans un petit pot, puis tous les quatre jours, jusqu'au flétrissement complet des dernières fleurs.
Terre: un mélange à base de terreau n° 2 ou non terreux.

Les schizanthus s'élèvent à 60 cm, mais, pour la culture en intérieur, on préférera les variétés naines modernes, qui font 30 cm de haut. Ce sont des plantes très sensibles à la pollution atmosphérique. Dans de bonnes conditions toutefois, elles se couvrent d'une telle abondance d'épis de fleurs roses ou lilas qu'elles en dissimulent presque entièrement leurs petites feuilles légèrement tomenteuses.

S.O.S.

Jaunissement des feuilles, croissance arrêtée: excès d'eau. Arrosez la plante deux ou trois fois par semaine. Ne laissez pas le pot tremper dans l'eau.

Croissance tout en tiges de la plante, absence de bourgeons floraux: obscurité beaucoup trop grande. Les schizanthus ont besoin de la pleine lumière en tout temps pour fleurir.

Les fleurs brunissent et se parcheminent sur les bords: pulvérisations d'insecticide au plein soleil. Effectuez toujours les pulvérisations le soir. Prévoyez une bonne ventilation et ne vaporisez jamais la plante.

Petits insectes aptères sur les feuilles, les bourgeons ou les fleurs: pucerons. Ces parasites s'en prennent souvent à ces plantes. En cas d'attaque, pulvérisez chaque semaine un insecticide à base de pyrèthre.

La couronne de feuilles se flétrit et prend une teinte bronze: flétrissement, virose qui n'affecte d'habitude que les plantes cultivées à l'extérieur. Pas de remède: détruisez la plante avant que le virus ne se propage.

Les feuilles prennent une teinte vert grisâtre et brunissent sur les bords, les fleurs tombent: carence nutritive. Nourrissez la plante tous les quatre jours avec un engrais liquide, dilué à la dose recommandée.

Écume blanche à l'aisselle des feuilles au printemps: aphrophore écumeuse. D'habitude, ces parasites ne s'en prennent qu'aux plantes cultivées à l'extérieur. Enlevez les dépôts écumeux à l'eau. N'utilisez pas de produits chimiques en vaporisation.

La plante languit, les fleurs retombent: sécheresse excessive. Une fois dans son pot définitif, arrosez la plante tous les deux ou trois jours, plus souvent par grandes chaleurs.

La plante a l'air abattue, le bord des feuilles et des fleurs brunit: vérifiez les conditions atmosphériques. Il se peut qu'il fasse trop chaud, surtout pour une plante achetée en fleurs. Placez-la dans un endroit plus frais. Exposé à la pollution atmosphérique, le schizanthus ne prospère pas.

Toute la plante a l'air flasque et terne: excès de chaleur ou de froid. Les plantes bien acclimatées se portent mieux à une température avoisinant 10 °C. Une bonne ventilation est essentielle. Les schizanthus détestent le chauffage central. Exposez-les à de meilleures conditions.

Dépôt poudreux blanc sur les feuilles et en particulier sur les tiges: mildiou poudreux. Pulvérisez du dinocap ou un autre fongicide. Les plantes exposées à la sécheresse sont particulièrement sujettes à cette maladie.

La base de la tige a l'air minée et prend une teinte brun rougeâtre: affection fongique de la pourriture des racines. Si la tige soutient encore la plante, traitez-la avec un fongicide cuprique. La maladie peut provenir d'une terre ou d'une eau contaminées.

Cactus crabe

«Schlumbergera» désigne désormais le célèbre cactus de Noël (*Zygocactus*), qui, comme le suggère son appellation populaire, fleurit en Europe au milieu de l'hiver. En réalité, bien que certaines espèces fleurissent de fait à Noël, la floraison naturelle intervient plus tard chez d'autres. Comme ils poussent à l'état spontané dans les jungles brésiliennes, les schlumbergeras réclament un traitement différent de celui des cactées du désert: un compost non terreux à base de tourbe, des arrosages répartis sur toute l'année et une exposition légèrement moins lumineuse que celle des autres cactées. En somme, on les traite d'habitude comme des plantes d'intérieur ordinaires. Les nombreux hybrides horticoles offrent un grand éventail de formes aux tiges généralement dentées et aux fleurs couvrant la gamme des blancs aux pourpres en passant par les roses et les rouges.

Les schlumbergeras hybrides offrent un vaste choix de coloris, parmi lesquels les plus pâles, tel *S.* «Wintermarchen», sont les plus recherchés. Ils fleurissent au bout d'un ou deux ans, après avoir formé leur système radiculaire et produit quelques nouvelles tiges.

Lumière: ces cactées se portent bien sur le rebord intérieur d'une fenêtre ensoleillée, mais, en serre, il faut éviter de les exposer à une lumière solaire continue durant de longues périodes: deux ou trois heures par jour devraient suffire. En période de canicule, ombragez légèrement la serre.

Température: maintenez une température hivernale de 4 °C, mais, si vous voulez que la floraison intervienne vers Noël, une température avoisinant 10 °C est préférable. Température maximale en été: 38 °C, avec une ventilation optimale.

Arrosage: prévenez le dessèchement complet du compost en l'arrosant une fois par mois en hiver, tous les quinze jours au printemps et en automne. En été, effectuez un arrosage hebdomadaire, après avoir laissé sécher le compost.

Engrais: un engrais riche en potasse, une fois par mois au printemps, en été et en automne. Ne fertilisez pas ces plantes pendant leur floraison.

Terre: de préférence un compost non terreux à base de tourbe pure. Certains horticulteurs préfèrent un terreau de feuilles, qui ressemble davantage au substrat naturel de ces cactées.

Rempotage: les schlumbergeras grandissent rapidement, pouvant atteindre 30 cm de large en trois ou quatre ans. Rempotez-les chaque année dans le pot de la taille au-dessus, en manipulant délicatement la motte, car ils n'aiment pas qu'on dérange leurs racines. Comme la base de la plante se lignifie avec l'âge, il convient de les reproduire après un certain temps.

Nettoyage et lutte antiparasitaire: pour maintenir leur fraîcheur et les dépoussiérer, vaporisez ces plantes au moins une fois par semaine. Deux ou trois fois par an, incorporez un insecticide aux vaporisations, pour combattre le parasitisme, et un fongicide pour prévenir la maladie des taches orange ou brunes.

Autres espèces: les nombreux hybrides du fameux cactus de Noël fleurissent au milieu de l'hiver, mais il existe une espèce de schlumbergera, le cactus de Pâques, dont la floraison plus tardive intervient au printemps, et dont les fleurs sont rouge vif.

Le bouturage des articles (différents renflements de la même tige). Un mois après la floraison, prélevez ces articles en coupant avec un bon couteau au niveau de leur articulation.

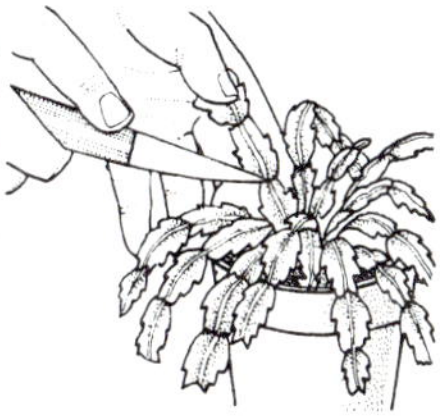

Appliquez sur les plaies une poudre radiculaire hormonale contenant un fongicide et laissez les boutures sécher deux jours. Ensuite, piquez le bout des boutures dans un compost non terreux presque sec, à une profondeur d'environ 1 cm. Arrosez-les au bout de deux semaines.

Ces plantes apprécient une vaporisation hebdomadaire à l'eau distillée ou à l'eau de pluie. L'eau du robinet tend en effet à marquer les feuilles. Par temps chaud, augmentez la fréquence des vaporisations. Effectuez-les le soir.

Il existe deux plantes similaires qui valent la peine qu'on s'y intéresse: *S (Rhipsalidopsis) rosea*, qui produit des fleurs rose-lilas et des articles longs de 3 cm seulement, et *S. (Épiphyllanthus) obovatus*, qui ressemble à un oponce à petites tiges, et qui produit des fleurs écarlates.

Chez un schlumbergera sain, les tiges forment de nouveaux articles et la floraison a lieu en hiver. Les fleurs s'épanouissent à l'extrémité des nouveaux articles et durent une ou deux semaines.

Scirpe

Les scirpes, aussi appelés «souchets», «roseaux à taureau» ou «joncs des chaisiers», forment une famille de plantes qui aiment les lieux humides. Comme elle pousse dans l'eau, la variété miniature présentée ici peut servir à la décoration des aquariums, mais, cultivée en pot, elle constitue aussi une bonne plante d'intérieur, qui persistera longtemps si elle bénéficie d'un compost et d'une atmosphère humides. Ses feuilles herbacées commencent par pousser tout droit, pour former ensuite une gracieuse courbe de 13 à 25 cm. Elle pousse mieux dans des pots d'argile et est à son avantage lorsqu'elle est petite et jeune: avec l'âge, en effet, sa croissance se fait de façon désordonnée et échevelée.

Lumière: ce scirpe supporte le plein soleil, mais préfère une lumière indirecte. Il survivra quatre à six semaines dans un coin ombragé.
Température: plante accommodante, le scirpe supporte une température de 8 °C en hiver, mais se plaît mieux à températures avoisinant 13 °C. Au-delà de 24 °C, augmentez l'humidité.
Arrosage: comme la croissance de cette plante est continue, maintenez son substrat humide en toute saison, été comme hiver, sauf si la température atteint le minimum toléré. Arrosez-la deux ou trois fois par semaine, tout au long de l'année.
Humidité: vaporisez la plante chaque jour; deux fois par jour par grandes chaleurs.
Engrais: un engrais liquide administré toutes les trois semaines en période de croissance, à la dose recommandée. À températures ambiantes normales, ces apports d'engrais peuvent se révéler nécessaires tout au long de l'année.
Terre: un mélange à base de terreau n° 2. Les racines demandent un compost bien ferme.
Rempotage: tous les six mois. Mais plutôt que d'utiliser un plus grand pot, divisez la plante en deux. Utilisez, si possible, un pot en argile et prévoyez un bon drainage.

Ce scirpe produit de minuscules fleurs crème à l'extrémité de ses tiges herbacées. Bien que celles-ci s'étalent gracieusement, elles se prêtent peu à la culture en suspension, car elles ne peuvent croître que dans un compost constamment tenu très humide.

La plante a l'air échevelée, désordonnée et fatiguée: il faut la rempoter et la diviser en deux. Les petites plantes sont plus décoratives que les grandes.

S.O.S.

Tronçons de feuilles brûlés: effets du soleil. Exposez la plante à une lumière naturelle diffuse, à l'abri des rayons nocifs du soleil. Enlevez les feuilles abîmées.

La division des touffes

1 Si la plante prend de l'ampleur et pousse tout en tiges, divisez les racines et les tiges au printemps. Dépotez la plante et enlevez délicatement la vieille terre entourant les racines. Préparez deux pots drainés et emplis de compost.

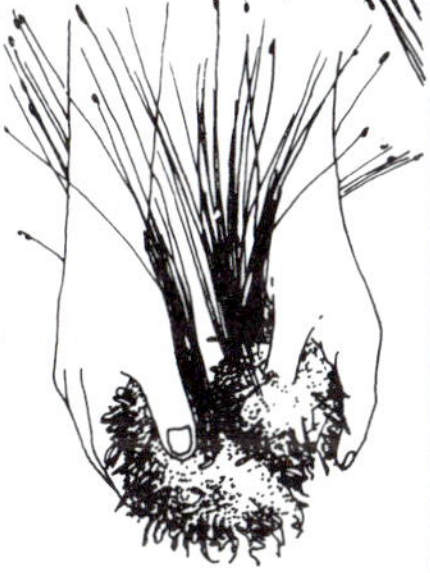

2 À la main, séparez délicatement racines et tiges en deux parties égales. Rempotez chaque section séparément et laissez les potées à l'ombre, sans les arroser pendant deux jours afin d'encourager les racines à se répandre dans le compost.

La plante ne pousse pas: carence nutritive. Pendant la période de croissance, administrez un engrais, à la dose recommandée, toutes les trois semaines.

En été, tout le feuillage périphérique brunit: chaleur excessive. Placez la plante dans un endroit plus frais et mieux ventilé. Vaporisez-la chaque jour à l'eau tiède non calcaire. Température maximale: 24 °C.

Petits insectes verts dans le feuillage: pucerons. Pulvérisez un insecticide à base de pyrèthre ou du malathion dilué. Répétez le traitement au bout d'une semaine, ensuite chaque semaine jusqu'à élimination.

Taches de rouille brunes sur les feuilles: excès de lustrants. Utilisez-les seulement une fois par mois.

Les feuilles se décolorent: lumière insuffisante. Exposez la plante à une très bonne lumière. Elle supporte le soleil direct.

La plante a l'air flasque et desséchée: terre trop sèche. Plongez le pot dans un seau d'eau pendant dix à quinze minuters, puis laissez-le égoutter. Maintenez le compost constamment humide en été. Arrosez-le tous les jours s'il se dessèche par grandes chaleurs. Vaporisez la plante chaque jour à l'eau tiède non calcaire.

Orpin de Morgan

L'orpin fait partie d'un vaste genre de plantes grasses réparties sous les climats tant tropicaux que tempérés. Originaire du Mexique, *Sedum morganianum* est un des plus beaux représentants des espèces non rustiques que compte le genre, et qui portent toutes des tiges ou feuilles charnues. Il réclame l'abri de la maison ou d'une serre, où il fera bel effet en suspension. Bien qu'il nécessite une bonne exposition lumineuse tout au long de l'année, on lui évitera, pour une meilleure croissance, la pleine lumière du soleil estival.

Lumière: cette plante ne révélera tous ses coloris que si elle bénéficie d'une exposition continue au plein soleil.
Température: bien que plusieurs espèces supportent des températures proches du point de congélation, ces plantes préfèrent un minimum de 4 °C en hiver. En été, donnez-leur de l'air frais.
Arrosage: vaporisez abondamment la plante tous les mois en hiver ou arrosez-la juste assez pour empêcher le dessèchement complet du compost, soit une fois par mois, soit toutes les six semaines. Au printemps et en été: toutes les deux semaines ou, par temps très chaud, chaque semaine. Réduisez les arrosages en automne. Voir *Introduction*.
Engrais: inutile si la plante est rempotée chaque année. Sinon, utilisez un engrais riche en potasse en été, deux fois tout au plus.
Terre: un compost pour rempotage à base de terreau n° 1 ou un compost non terreux, additionné de 30 % de sable grossier et graveleux.
Rempotage: à chaque printemps dans un demi-pot ou une coupe peu profonde. Lorsque la taille du récipient est de 13 cm, ne rempotez la plante que tous les deux ans. Comme les racines sont courtes, utilisez toujours des récipients peu profonds. Après le rempotage, n'arrosez pas la plante pendant deux semaines.
Multiplication: par bouturage de tiges entières ou de feuilles.

Sedum morganianum fait un effet très décoratif en suspension. En hiver, veillez à ce que le compost ne se dessèche pas complètement, car sinon les feuilles se recroquevilleront et tomberont, enlaidissant les tiges ainsi dégarnies par endroits. Seules les grandes plantes adultes produisent des fleurs roses à l'extrémité des tiges. L'attrait de cette plante réside essentiellement dans son feuillage.

Le bouturage

1 À la fin du printemps ou au début de l'été, prélevez des boutures de tiges en sectionnant celles-ci à 5 cm de l'extrémité. Badigeonnez les coupes avec une poudre radiculaire aux hormones, pour prévenir l'infection. Laissez-les sécher pendant deux jours, puis placez les boutures sur un compost sec. Ne les arrosez pas avant l'apparition des racines.

2 Ou bien, enlevez avec les doigts une feuille d'une tige saine et couchez-la sur un compost sec, la base touchant la surface de celui-ci.

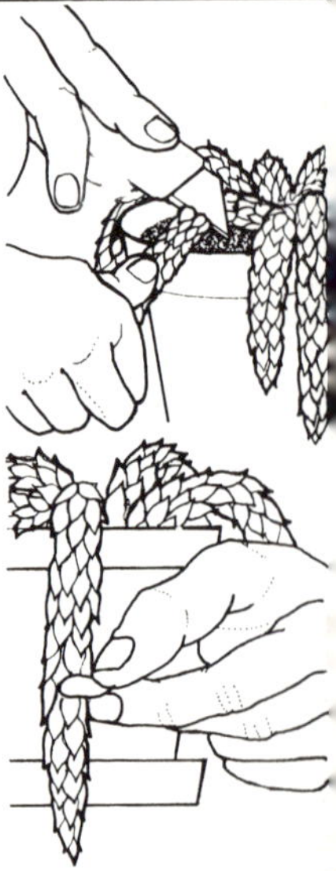

S.O.S.

Absence de croissance, chute des feuilles qui sont réduites à une touffe à l'extrémité de la tige: surarrosage, si la tige inférieure est molle ou noircie. Laissez bien sécher la plante avant de recommencer à l'arroser et épluchez la tige noircie (voir *Introduction*). En hiver, n'effectuez qu'un arrosage par mois. Si ces symptômes sont présents en dépit de bonnes conditions et d'une tige ferme, examinez les racines, pour y repérer d'éventuelles cochenilles des racines.

Absence de fleurs: obscurité excessive. En l'espace de deux semaines, exposez la plante au plein soleil. Elle a besoin de soleil toute l'année durant.

Les tiges, qui n'ont pas poussé au printemps et en été, sont courtes: mauvais compost ou bien la plante n'a pas été rempotée ou fertilisée. Rempotez-la le printemps suivant dans un compost frais ou bien fertilisez-la deux fois en été. Pas en hiver.

Petitesse des nouvelles feuilles, nouvelle pousse parcimonieuse au printemps: la plante doit être rempotée dans un demi-pot ou plateau de compost frais. Veillez à ne pas abîmer les feuilles durant ce travail et utilisez chaque fois un pot d'une taille au-dessus.

Plaques laineuses blanches sur les feuilles: cochenilles. Enlevez-les avec un petit pinceau trempé dans l'alcool dénaturé et pulvérisez un insecticide. Répétez le traitement deux ou trois fois au printemps et en été.

Les feuilles situées près des vitres sont brun clair et ratatinées: brûlure solaire, probablement après une période de temps couvert. Ombragez la plante pendant deux semaines, puis réexposez-la graduellement au plein soleil. Par temps chaud en été, protégez-la du soleil de midi.

Tige dénudée, feuilles très espacées: obscurité excessive. En l'espace de deux semaines, exposez la plante au soleil.

Les feuilles se ratatinent et tombent: sécheresse excessive. Laissez tremper la potée dans une coupe d'eau pendant une demi-heure, puis laissez-la égoutter et arrosez-la plus copieusement chaque fois que le compost se dessèche.

Les feuilles se rident, noircissent et tombent: l'extrémité des tiges est noire et molle: excès de froid et d'eau ou humidité excessive. Placez la plante à une température avoisinant 10 °C en hiver, et laissez sécher le compost s'il est trempé. Pelez les parties noircies et poudrez les plaies avec un fongicide.

Les paniers suspendus
Les plantes cultivées dans des paniers suspendus se dessèchent plus rapidement que les autres. Vérifiez régulièrement l'état du compost et arrosez la plante lorsqu'il sèche en été. En hiver, arrosez-le chaque mois, surtout par températures supérieures à 10 °C, afin de prévenir la chute des feuilles.

Selaginella uncinata

Sélaginelle

Plante traçante, la sélaginelle peut se cultiver en terre ou sur un morceau d'écorce, à condition de bénéficier de l'humidité atmosphérique très élevée, sans laquelle elle ne tarde pas à brunir et à mourir. C'est pour cette raison qu'elle se prête bien à la culture en bocal ou en vitrine, laquelle offre à la plante une humidité élevée et constante, tout en la protégeant des courants d'air. La plupart des variétés commercialisées se présentent en divers tons verts.

Lumière: un éclairement modéré assurera une bonne croissance de cette plante. Ne la gardez pas dans un coin sombre, mais ne l'exposez pas non plus à une lumière très intense ou au plein soleil.
Température: un minimum de 13 °C en hiver, un maximum de 18 °C en été.
Arrosage: tous les jours au printemps ou en été, sauf si la plante est cultivée en vitrine ou en bocal. Arrosez-la une fois par semaine en hiver. Il faut maintenir le compost humide en tout temps.
Humidité: cette plante ne prospérera bien qu'à humidité très élevée. L'atmosphère embuée d'une cuisine lui convient, mais l'abri d'une vitrine ou d'une serre fraîche constitue un emplacement idéal. Ne la placez pas dans une pièce où règne une atmosphère très sèche que des vaporisations, même quotidiennes, ne pourraient humidifier suffisamment.
Engrais: tous les quinze jours en été, uniquement avec un engrais dilué à l'eau des arrosages. N'utilisez que la moitié de la dose recommandée.
Terre: un compost à base de tourbe, additionné proportionnellement d'un tiers de sphaigne hachée, pour en assurer la porosité.
Rempotage: tous les deux ans au printemps, dans un pot bien drainé. Si vous cultivez la plante en vitrine ou en bocal, renouvelez le compost de surface.
Nettoyage: vaporisez la plante à l'eau tiède non calcaire. L'utilisation d'un plumeau risquerait de briser les tiges qui sont très cassantes. Pas de lustrant.

Selaginella uncinata forme une masse de frondes vert vif qui, chez une plante saine, ne portent aucune foliole brune ou recroquevillée. Ses menues feuilles, semblables à des écailles, chatoient sous le jeu de la lumière.

L'extrémité des frondes se recroqueville: sécheresse excessive. En période de croissance, il faut arroser cette plante tous les jours.

Certaines folioles noircissent et meurent: effets des lustrants. Ne les utilisez pas.

Noircissement des folioles et des tiges: froid excessif. Température minimale en hiver: 13 °C. Placez la plante dans une pièce plus chaude et maintenez une humidité élevée. Enlevez avec des ciseaux les tiges déparées.

Brunissement subit et simultané des frondes, dessèchement de toute la plante: chaleur excessive. Si possible, placez la plante dans un endroit plus frais (18 °C est un maxi-

Les folioles restent pâles: obscurité excessive. Placez la plante dans un endroit plus clair, mais pas au soleil direct.

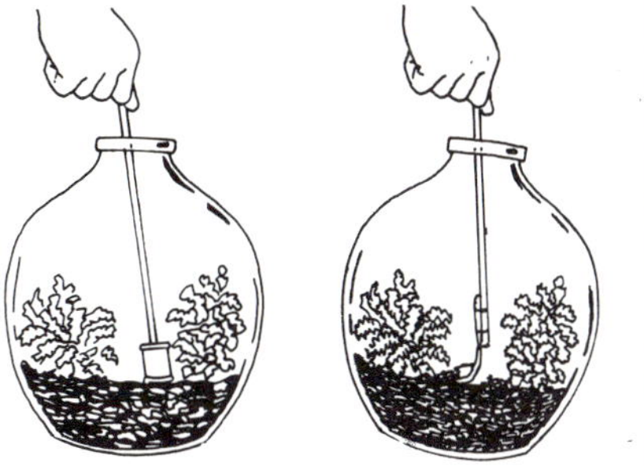

La culture en bocal et le surfaçage

1 Avec une cuiller en bois fixée à l'extrémité d'un bâtonnet, enlevez délicatement 2,5 cm du compost de surface.

2 Ajoutez le nouveau compost et tassez le tout autour de la plante à l'aide d'une bobine de coton fixée à un bâtonnet.

S.O.S.

Les frondes se dessèchent à partir de l'extrémité, puis noircissent graduellement: effets du soleil direct. Placez la plante dans un endroit plus ombragé.

Moucherons au niveau de la surface du compost: mouches blanches. Incorporez un insecticide systémique à l'eau des arrosages, tous les quinze jours, jusqu'à élimination. Ne pulvérisez pas d'insecticides sur les feuilles sous peine de les «brûler».

Les folioles ne poussent pas: carence nutritive. Fertilisez la plante, tous les quinze jours en été, avec un engrais administré à raison de la moitié de la dose recommandée.

La plante a l'air «fatiguée» et terne: terre trop compacte, entravant la croissance des racines. Rempotez la plante dans le compost approprié.

Les folioles brunissent et se recroquevillent: humidité insuffisante. Comme cette plante a besoin d'une humidité très élevée, vaporisez-la tous les jours et posez le pot sur des cailloux mouillés.

Reine de la nuit

Cette cactée à tiges grimpantes, aussi appelée cierge rostré, a reçu le nom populaire de «reine de la nuit» parce qu'elle n'offre ses fleurs blanches et parfumées que le temps d'une nuit. Plante à croissance vigoureuse, elle peut grandir de plusieurs mètres chaque année. Pour une croissance optimale, il faut la cultiver dans un grand pot, ou la planter dans un coin d'une serre. Il faut entrelacer la tige dans les mailles d'un grand treillis ou autour d'une canne de bambou. On peut aussi la faire courir le long des barres du faîtage d'une serre. Si on ne la taille pas, ses tiges s'enchevêtreront dans un fouillis inextricable. Les diverses espèces proviennent de Cuba, de Haïti, du Mexique et du Texas où, enracinées dans le sol, elles montent à l'assaut des plus hautes branches des arbres.

Cette plante, que l'on considère être un représentant de *Selenicereus grandiflorus,* serpente le long des barres du faîtage d'une serre de 3,50 m, dans un mouvement de va-et-vient. Ses énormes fleurs de 20 à 30 cm de large s'épanouissent dans la chaleur des soirées d'été et imprègnent toute la serre de leur parfum.

Lumière: cette plante exige une exposition continue au plein soleil, par exemple sur le rebord d'une fenêtre ou sous une véranda ensoleillée. En serre, on peut l'enraciner dans un coin ombragé, à condition de diriger la tige vers l'emplacement le plus lumineux possible. Sans la pleine lumière, elle ne fleurira pas.
Température: cette cactée supporte une température de 4 °C, mais préfère de 7 °C à 10 °C en hiver. En été, maintenez-la à des températures inférieures à 38 °C, tout en lui donnant le plus d'air frais possible.
Arrosage: arrosez la plante une fois tous les quinze jours au printemps et en été, ou une fois par mois si elle occupe un grand pot de 23 cm ou plus. Laissez sécher le compost entre les arrosages. Au début de l'automne, cessez ceux-ci afin que le compost soit sec avant que les températures ne baissent trop. N'arrosez pas la plante en hiver.
Engrais: tous les mois au printemps et en été, avec un engrais riche en potasse.
Terre: un compost pour rempotage non terreux ou à base de terreau n° 2, sans gravier ni sable.

Rempotage: rempotez la plante à chaque printemps jusqu'à ce que les racines tapissent les parois d'un pot de 23 cm. Ensuite, contentez-vous de renouveler le compost tous les trois ans, sans changer la taille du pot, sauf si les racines y sont à l'étroit. Durant les années où la plante n'est pas rempotée, coupez le vieux bois au printemps.
Nettoyage et lutte antiparasitaire: vaporisez la plante chaque semaine au printemps et en été, en incorporant à l'eau un insecticide, deux ou trois fois par an, pour combattre le parasitisme.
Autres espèces: il existe une demi-douzaine de noms, mais, en culture, il est difficile de savoir avec précision quelles espèces ils désignent. Toutes se ressemblent et produisent les grandes fleurs qui leur vaut tant de célébrité. Parmi les espèces dénommées, on rencontre parfois *S. grandiflorus*, *S. macdonaldiae* et *S. pseudospinulosus*.

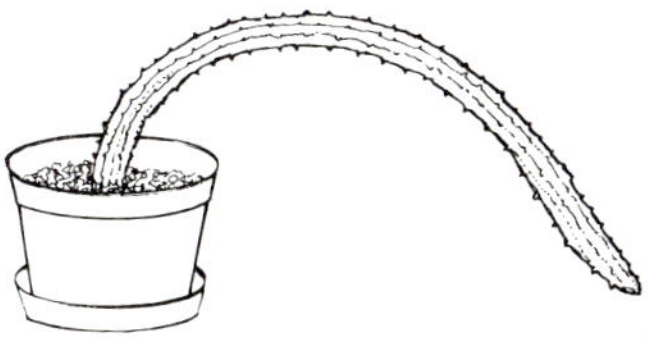

Le tuteurage

1 Commencez à tuteurer la plante lorsqu'elle atteint 1 m de long. Rempotez-la d'abord dans un pot suffisamment grand pour recevoir la motte et ne pas entraver la croissance future.

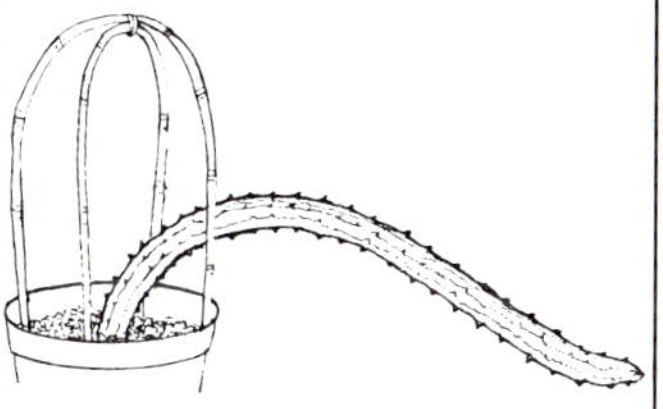

2 Enfoncez profondément les extrémités de deux baguettes flexibles (du genre utilisé en vannerie) le long des côtés opposés du pot. Nouez fermement les deux arceaux ainsi formés au niveau de leur intersection.

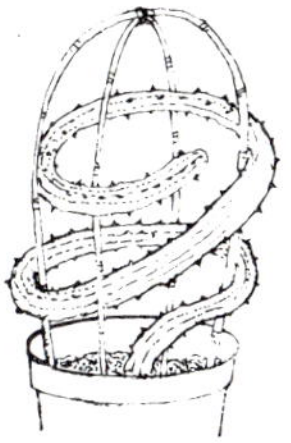

3 À mesure que la tige s'allonge, entrelacez-la autour des arceaux. Il est important de s'y prendre lorsque la tige est jeune et flexible, car, avec l'âge, elle se lignifie.

Selenicereus pteranthus fleurit d'habitude au bout de trois à cinq ans, lorsque ses tiges mesurent de 60 à 90 cm de long. Larges d'environ 25 cm, les fleurs s'épanouissent deux ou trois à la fois en été, en se succédant durant une période d'un mois environ. Les fleurs éclosent le soir pour s'épanouir pleinement la nuit et mourir le matin.

Cinéraire hybride

Très prisé comme potée fleurie, ce cinéraire, dit aussi «à fleurs sanglantes», ne prospérera que s'il est au frais et a de l'air: s'il a trop chaud, il ne tardera pas à mourir. Bien qu'on les achète d'habitude en fleurs ou en bourgeons à la fin de l'hiver ou a début du printemps, ces plantes se cultivent aussi par semis. Effectuez celui-ci en caissette, entre la mi-printemps et le début de l'été, en le couvrant d'une fine couche de compost pour semis. Maintenez-le à une température de 13 °C et repiquez les jeunes pousses en godets, lorsque leur taille permet de les manipuler. À mesure que les racines remplissent le pot, rempotez-les trois fois, jusqu'au rempotage définitif dans des pots de 15 cm, où ils fleuriront le printemps suivant.

Lumière: une exposition lumineuse en tout temps, mais à l'abri du soleil direct.
Température: les cinéraires n'aiment pas les températures élevées. Maximum: 13 °C. Température optimale en hiver: plus ou moins 7 °C.
Arrosage: maintenez le compost à peine humide jusqu'au rempotage définitif. Pendant la floraison, arrosez la plante tous les deux ou trois jours. Un bon drainage est indispensable.
Humidité: de préférence un emplacement frais et sec. N'effectuez pas de vaporisations sur ces plantes: elles les rendent plus sensibles encore aux affections fongiques.
Engrais: les plantes achetées ne doivent pas être fertilisées, car la suralimentation durcit et enlaidit les feuilles. Quant à celles qui sont issues d'un semis, fertilisez-les toutes les deux semaines, à partir de l'apparition des nouveaux bourgeons, avec un engrais administré à raison de la moitié de la dose recommandée.
Terre: un mélange à base de terreau n° 2 ou un compost pour rempotage non terreux.
Après la floraison: supprimez les fleurs mortes pour encourager la formation de nouveaux bourgeons.

En hauteur, les cinéraires font de 15 à 20 cm; en largeur, ils peuvent dépasser ces mesures, une fois couverts de leurs corymbes de fleurs de 20 à 25 cm. Rappelant la pâquerette, celles-ci s'épanouissent au printemps et se succèdent sur une période de six à dix semaines dans des coloris couvrant la gamme des roses, des rouges, des mauves, des bleus et des blancs.

Moucherons blancs autour de la plante, parfois accompagnés d'écailles blanches sous les feuilles: mouches blanches. Pulvérisez un insecticide à base de pyrèthre, tous les trois jours, jusqu'à la disparition des mouches et des écailles. N'effectuez pas les pulvérisations en plein soleil.

Stries argentées sur les feuilles: thrips de l'oignon. Pulvérisez du malathion dilué et répétez le traitement au bout de dix jours.

S.O.S.

Taches jaunes sur les feuilles, nervures foncées: virus du flétrissement de la tomate. Affection peu courante. Pas de remède: détruisez la plante.

Les feuilles se flétrissent, les fleurs languissent et meurent: chaleur, sécheresse ou humidité excessives. Vérifiez. Maintenez la plante à une température inférieure à 13 °C et le compost légèrement humide.

Les feuilles prennent une teinte foncée, la plante ne prospère pas: froid excessif. Placez la plante dans un endroit plus chaud, à une température ne dépassant pas 13 °C. Si les feuilles sont noires, suspectez le gel et ne conservez pas la plante.

La base de la tige noircit, la plante se flétrit au soleil: phytophtora, maladie favorisée par une terre trop mouillée ou un drainage insuffisant. Comme il n'y a pas de remède, prenez des mesures préventives.

Petitesse et teinte gris-vert des feuilles, petitesse des capitules: carence nutritive durant la croissance. Lorsque les bourgeons apparaîtront l'an prochain, administrez une demi-dose d'engrais liquide.

Les fleurs pâlissent et finissent éventuellement par s'incliner: soleil direct excessif. Pendant la floraison, maintenez la plante à l'ombre.

L'arrosage
Avant les arrosages, tâtez toujours le compost, surtout si la plante languit. Le feuillage languira, que la plante soit trop arrosée, assoiffée ou exposée au plein soleil, même si le compost est humide. Ne faites pas d'erreur de diagnostic.

Petits insectes aptères sur les bourgeons et les feuilles: pucerons, auxquels les cinéraires sont très sensibles. Par précaution, pulvérisez, chaque semaine, un insecticide à base de pyrèthre.

L'intérieur des feuilles est traversé de lignes blanches, étroites et ondulées: larves mineuses. Détruisez-les en écrasant de l'ongle l'extrémité de la traînée. Pulvérisez du malathion afin de prévenir d'autres infestations.

Petits renflements orange sur l'endroit des feuilles, taches poudreuses blanches sur l'envers: maladie cryptogamique de la rouille, favorisée par les vaporisations d'eau. Pulvérisez un fongicide. Veillez à ce que le dépôt poudreux ne tombe pas sur les autres feuilles.

Les tiges et les pétioles s'allongent et s'amincissent: obscurité excessive. Exposez la plante à la lumière, pas au soleil.

Feuilles trouées, surtout près des bords: chenilles, dont l'infestation est probable si les plantes sont restées à l'extérieur. Dépistez-les et détruisez-les.

Senecio maritima

Cinéraire maritime

Originaire de l'Europe méridionale, le cinéraire maritime est une plante pérenne que l'on cultive d'habitude comme annuelle, en raison de l'aspect ligneux et assez échevelé qu'elle revêt avec l'âge. On peut le cultiver par semis ou par bouturage. Il supporte un gel modéré et se plaît dans presque tous les types de sols.

Lumière: la pleine lumière. Ombragez les boutures jusqu'à ce qu'elles racinent.
Température: 13 °C pour la germination. Les boutures prélevées à la mi-été n'exigent aucune chaleur supplémentaire. Protégez ces plantes des grands froids, mais elles supportent des gelées modérées.
Arrosage: maintenez le compost légèrement humide.
Humidité: ce cinéraire préfère une atmosphère sèche. Pas de vaporisations.
Terre: n'importe quel compost à base de terreau ou non terreux. Si vous gardez la plante plusieurs années, ajoutez du compost frais pour la troisième saison.
Engrais: tous les quinze jours, avec un engrais liquide dilué à la dose recommandée.
Multiplication: effectuez un semis au début du printemps. Couvrez-le de compost juste assez pour le cacher, et maintenez-le à une température de 13 °C. Repiquez les jeunes pousses lorsque leur taille permet de les manipuler et gardez-les dans un endroit frais et aéré, jusqu'à leur sortie à la mi-printemps. Empotez-les avant la fin du printemps. Pour le bouturage, prélevez à la mi-été des pousses non florifères de 8 à 10 cm de long. Enlevez la paire des feuilles inférieure et badigeonnez la coupe de poudre radiculaire. Piquez les boutures individuellement dans des petits pots ou disposez - en plusieurs autour du bord d'un pot de 11 cm. Arrosez-les bien et placez-les à l'ombre. Maintenez le compost humide: l'enraciment aura lieu au bout de trois semaines. Rempotez individuellement les boutures qui ont raciné en groupes, dans des pots de 9 cm, et cultivez-les à l'extérieur jusqu'à la fin de l'automne, saison où il faudra les protéger.

Le cinéraire maritime garde son beau feuillage blanc argenté tout au long de l'année. En été, il tranche à merveille au milieu des fleurs; en hiver, il forme des plages de lumière. Il épanouit ses fleurs jaune citron durant sa seconde année.

Espèces de petits poux verts sur les jeunes pousses: aphidés. Pulvérisez du malathion dilué ou du pirimicarbe. Avec l'âge, la plante est moins sujette à cette infestation.

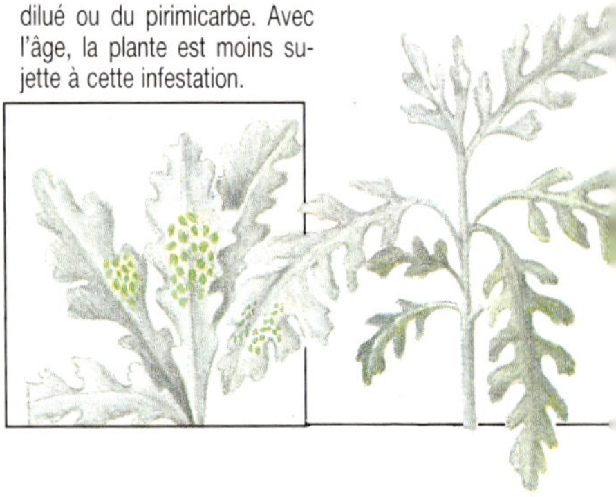

Les feuilles sont gris-vert foncé au lieu de blanc argent Cette coloration est naturelle chez les jeunes pousses, qui pre dront leur «vraie» couleur bien avant la transplantation. Chez l plantes plus âgées, elle est due à un compost trop riche, surto si la plante a été régulièrement alimentée avec un engrais riche azote. Fertilisez la plante avec du sulfate de potasse et arrosez-bien. À l'avenir, choisissez un engrais aux composants bien d sés.

S.O.S.

Le surfaçage
Si vous gardez la plante d'une année à l'autre, renouvelez les premiers 7,5 cm du compost après le second hiver. Enlevez délicatement la terre entourant les racines. Ajoutez du compost frais en le tassant bien autour des racines. Arrosez bien la plante.

Fines stries jaunâtres sur les feuilles: thrips. Ces parasites se manifestent d'habitude par grandes chaleurs. Pulvérisez du malathion dilué le soir et répétez le traitement au bout de quinze jours.

etites taches sombres sur ›s feuilles, surtout chez les ›unes pousses: maladie ryptogamique des taches foaires, probablement l'alternaose. Cette maladie se proage par les semences ou par air. Achetez toujours des seences ayant subi un traiteent. Pulvérisez de l'iprodione u de la bouillie bordelaise.

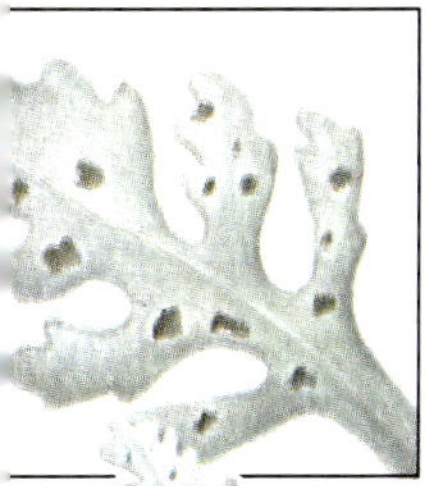

Brunissement du bord des feuilles: engrais ou insecticide trop concentrés, ou pulvérisations d'insecticides au plein soleil et par temps chaud. En hiver, il s'agit probablement des effets du gel, auquel cas il ne faut pas tailler les tiges atteintes avant le début du printemps. Ne pulvérisez les insecticides qu'en début de matinée ou en soirée, en respectant les recommandations du fabricant.

Décoloration des feuilles et flétrissement de la plante: terre trop sèche. Trempez la potée et laissez-la s'égoutter, jusqu'à ce que la terre soit seulement légèrement humide avant de recommencer à arroser.

Trous dans les feuilles, boutons floraux mangés: chenilles. Enlevez les parasites et, si l'infestation est grave, pulvérisez du carbaryl ou du méthoxychlore.

La base de la plante brunit et devient pâteuse, la terre est écumeuse: terre détrempée. Les cinéraires préfèrent une relative sécheresse à une trop grande humidité du compost. Assurez-vous que les trous de drainage soient bien dégagés et laissez sécher la potée avant de recommencer à arroser.

Les plantes adultes s'affaissent le long du bac, surtout lors de la pousse des hampes florales: avec l'âge, ce cinéraire présente une croissance naturellement efflanquée. Vous pouvez soit tuteurer la plante, suit, par souci d'esthétisme, coupez les hampes florales.

Sinningia speciosa

Gloxinia élégant

Comptant parmi les plus belles plantes à floraison estivales, le gloxinia durera plus d'une année si on le soigne bien. Après deux ou trois ans, il sera cependant peut-être préférable de le reproduire, car, avec l'âge, ses fleurs diminuent en taille et en qualité. Il faut déplacer cette plante avec précaution: en effet, ses larges feuilles plates se fendillent et se cassent facilement. Ses fleurs en trompette émergent du feuillage sur des hampes individuelles.

Lumière: une exposition bien claire, à l'abri du soleil direct de midi.
Température: de 15 °C à 21 °C en été et à l'intérieur. Après la fin de leur végétation en automne, les tubercules devraient être stockés dans un endroit sec, à une température minimale de 6 °C. Au début du printemps, exposez-les à une température de 21 °C pour la repousse.
Arrosage: trois arrosages par semaine en été, moins à partir de l'automne et jusqu'au dessèchement complet. L'eau ne doit pas atteindre le cœur de la plante.
Humidité: une fine vaporisation quotidienne à l'eau tiède pendant la croissance, en évitant de mouiller les feuilles. Secouez les gouttelettes restant sur les feuilles. Augmentez l'humidité ambiante en posant le pot sur une soucoupe emplie de cailloux baignant partiellement dans l'eau, ou en le plaçant dans un autre récipent, garni de tourbe humide.
Engrais: chaque semaine pendant la croissance printanière et estivale, avec un engrais liquide dilué selon les recommandations du fabricant.
Rempotage: rempotez deux ou trois fois, durant leur première année, les jeunes plantes cultivées par semis ou par bouturage. Rempotez les vieux tubercules chaque année dans un compost frais après leur repos hivernal. Utilisez un pot de même dimension qu'auparavant, afin que le tubercule occupe bien toute la largeur du compost. Placez-le à demi enfoui dans celui-ci.
Nettoyage: les vaporisations suffisent. Pas de lustrant.

Les gloxinias produisent des fleurs veloutées, en forme de trompette, et de larges feuilles aux nervures bien marquées. La première fleur devrait être accompagnée, au cœur de la plante, de nombreux nouveaux bourgeons. Les feuilles vert foncé et assez charnues devraient être fermes et intactes, sans bords recourbés ni décolorés.

S.O.S.

Feuilles crevassées ou déchirées: on a heurté ou abîmé la plante en la déplaçant. Manipulez cette plante avec précaution: ses feuilles sont fragiles.

Feuilles déformées, collantes et couvertes d'insectes verts: pucerons. Pulvérisez du pyrèthre ou un insecticide systémique, tous les quinze jours, jusqu'à élimination.

Le rempotage

1 Rempotez les tubercules au début du printemps, juste avant la repousse. Préparez un pot de la même taille qu'auparavant, assez large pour permettre au tubercule d'y être confortable et réservez tout autour un espace d'au moins 3 cm pour la croissance des tiges et des rejets. Disposez une bonne couche de matériaux de drainage au fond du pot et emplissez celui-ci aux deux tiers avec du compost.

2 Placez le tubercule dans le pot et ajoutez du compost jusqu'à ce qu'il soit à demi enfoui. Ne le recouvrez pas complètement, mais tassez bien le compost tout autour.

3 Tenez la potée à sec pendant deux ou trois jours, puis arrosez-la et maintenez-la dans un endroit chaud (21 °C) pour favoriser la repousse.

4 Lorsque la repousse a bien démarré, augmentez les arrosages à deux ou trois fois par semaine, afin que le compost soit toujours humide, mais jamais saturé.

Les feuilles et les bourgeons pourrissent: froid excessif et/ou eau sur la couronne de la plante. Placez-celle-ci à au moins 15 °C et laissez sécher le compost entourant la couronne avant d'arroser à nouveau. Effectuez les arrosages par le bas du pot et non à même le compost. En hiver, laissez la terre sécher complètement.

Cercles bruns sur les feuilles: virus du flétrissement de la tomate. Pas de remède: détruisez la plante immédiatement. Les lustrants peuvent aussi provoquer le même effet. Ne les utilisez pas.

Marques et taches sur les fleurs: vaporisations d'eau sur les fleurs. Ne vaporisez pas celles-ci. Si des gouttelettes restent dessus, secouez-les immédiatement.

Les fleurs sont petites et portées par de courtes tiges: obscurité excessive. Placez la plante en un lieu plus éclairé, par exemple devant une fenêtre, mais à l'abri du soleil direct de midi.

Petitesse et pâleur des nouvelles feuilles: carence nutritive. Fertilisez la plante chaque semaine au printemps et en été avec un engrais liquide.

Les feuilles s'enroulent et deviennent flasques: excès de soleil ou de sécheresse. Arrosez la plante par le bas du pot et protégez-la du soleil direct.

Solanum capsicastrum

Cerisier de Noël

Le cerisier de Noël, dit aussi «cerisier d'hiver» ou «de Jérusalem», est une des 900 espèces d'une famille de plantes à laquelle appartient notamment la pomme de terre. Ses fleurs, qui s'épanouissent en été, font place en automne à de jolies baies, qui demeurent sur la plante tout au long de l'hiver, voire jusqu'au début du printemps. Bien que non toxiques, ces baies ne doivent pas être consommées, car elles provoquent des maux d'estomac violents. Ces plantes se plaisent à des températures modérées et peuvent passer l'hiver dehors à condition d'être protégées du gel. Après la chute des baies, il est bon de rabattre la plante à la moitié de sa taille originelle. Pour ce faire, coupez chaque tige juste au-dessus d'une feuille. En automne, pincez les extrémités des tiges non florifères.

Lumière: la pleine lumière, y compris le soleil direct. La fraîcheur d'une fenêtre exposée au soleil constitue un emplacement idéal.
Température: un minimum de 13 °C en hiver, mais de préférence 18 °C. Maximum en été: 18 °C, surtout à l'intérieur.
Arrosage: deux ou trois fois par semaine au printemps et en été afin que la plante ne se dessèche jamais. En hiver, une fois tous les quinze jours, afin de maintenir le compost légèrement humide.
Humidité: vaporisez la plante chaque jour en été en début de matinée, avec de l'eau non calcaire. Posez le pot sur une soucoupe de cailloux mouillés, sans laisser le fond du pot toucher l'eau. Ou bien, placez le pot dans un autre récipient, garni de tourbe humide.
Engrais: chaque semaine au printemps et en été, avec un engrais liquide, dilué selon les recommandations du fabricant.
Terre: un mélange composé de trois parts de terreau n° 2 pour une part de tourbe.
Rempotage: à chaque printemps, en drainant le pot avec du gravier. Pour les plantes adultes, un pot de 13 cm suffit.
Nettoyage: les vaporisations suffisent.

Les minuscules fleurs blanches du cerisier de Noël s'épanouissent de la mi-été pour faire place à des fruits en baies dont la couleur vire lentement du vert au rouge-orange vif. Ces baies demeureront sur la plante tout l'hiver, si elle bénéficie d'une situation fraîche et humide.

La plante ne fructifie pas après la floraison: les fleurs n'ont pas été fécondées. Vaporisez les fleurs à l'eau tiède non calcaire ou bien passez sur chacune d'elles un coup de pinceau doux, pour véhiculer le pollen.

S.O.S.

Croissance rabougrie de la plante, cercles jaunes sur les feuilles: virus du flétrissement de la tomate. Pas de remède. Brûlez la plante.

Rareté des feuilles: obscurité excessive. Placez la plante devant une fenêtre ensoleillée, mais fraîche. Elle a besoin de la pleine lumière pour bien pousser.

Les baies se ratatinent, les nouvelles feuilles se dessèchent: chaleur excessive. Placez la plante dans un endroit plus frais, à une température inférieure à 18 °C en été, de 18 °C en hiver.

Plaques duveteuses sur les nouvelles feuilles: botrytis, maladie provoquée par une humidité excessive par temps froid. Dès que le symptôme se manifeste, pulvérisez un fongicide. Placez la plante dans un endroit plus chaud et moins humide.

Certaines feuilles noircissent pas endroits et se recroquevillent: effets des lustrants. Ne les utilisez pas. Vaporisez les feuilles seulement à l'eau non calcaire.

Jaunissement des feuilles, malgré une terre humide: sécheresse atmosphérique excessive. Vaporisez la plante chaque semaine à l'eau non calcaire, mais pas lorsqu'elle est exposée à une lumière solaire intense, qui brûlerait les feuilles.

Les feuilles pâlissent: besoin de rempotage ou d'engrais. Si c'est le début du printemps, rempotez la plante dans un compost frais. Au milieu du printemps ou en été, alimentez-la chaque semaine avec un engrais liquide.

Toutes les feuilles noircissent et les baies se ratatinent: froid excessif, effets du gel. Mettez la plante à l'abri du gel et enlevez les feuilles et les tiges abîmées. La plante a des chances de reprendre au printemps.

Filaments sous les feuilles, qui finissent par jaunir: araignées rouges. Pulvérisez du malathion dilué, tous les quinze jours, jusqu'à élimination.

Certaines feuilles inférieures jaunissent et se couvrent de taches brunes: carence en magnésium. Administrez, une fois par mois, un engrais pour tomates au lieu de l'engrais liquide ordinaire.

Le feuillage languit, les feuilles et les baies situées au bas de la plante tombent: chaleur excessive. Laissez tremper le pot dans un seau d'eau jusqu'à ce que les bulles cessent de remonter à la surface. Ne laissez jamais cette plante se dessécher, surtout au printemps et en été.

La plante ne pousse pas, malgré de bonnes conditions: elle est peut-être saturée d'eau (elle ne doit jamais tremper dans l'eau) ou se trouve dans un trop grand pot. Assurez-vous que les trous de drainage soient bien dégagés. Un pot de 13 cm suffit pour une plante adulte.

Soleirolia soleirolii

En serre, cette plante croît presque comme de la mauvaise herbe. En revanche, elle convient très bien à la décoration des vasques ou des bacs. Portées par des tiges très fines, ses minuscules feuilles arrondies ne tarderont pas à couvrir d'un tapis épais tout un morceau de terre dégarnie ou une bordure. Apparentée à l'ortie, c'est une espèce corse qui se multiplie facilement au printemps. Elle se plaît dans un endroit frais, humide et exempt de gaz polluants. On la désigne parfois sous le nom de *Helxine soleirolii* et elle ressemble à *Nertera depressa*, qui lui est aussi apparentée. Cette dernière pousse moins vite, mais se couvre de minuscules baies rouges à la fin de l'été et en automne. Elle exige, elle aussi, une humidité très élevée.

Lumière: cette plante croît à la plupart des expositions, mais c'est à la lumière indirecte que sa croissance sera la plus vigoureuse. Après les arrosages, protégez-la du soleil direct. Elle supporte l'ombre.

Température: un minimum de 7 °C en hiver, un maximum de 21 °C en été, saison où le soleil direct risque de la brûler.

Arrosage: maintenez le compost humide en toute saison, en arrosant la plante trois ou quatre fois par semaine en été, une fois par semaine en hiver. Le compost ne doit jamais se dessécher.

Humidité: une vaporisation quotidienne par températures supérieures à 21 °C, sinon une par semaine suffit.

Engrais: ce n'est pas nécessaire de fertiliser la plante, mais, si vous lui donnez tous les quinze jours un engrais liquide dilué à la dose recommandée, elle croîtra plus rapidement.

Terre: un mélange à base de terreau n° 2.

Rempotage: au printemps. Il vaut mieux diviser la plante avant de la rempoter. Les touffes divisées formeront rapidement de nouvelles plantes compactes.

Nettoyage: la petitesse des feuilles ne permet pas de les essuyer, mais les vaporisations devraient suffire pour les dépoussiérer. N'utilisez pas de lustrant.

Soleirolia soleirolii est une plante tout indiquée pour tapisser les endroits dénudés d'un bac ou d'un grand pot. Assurez-vous toutefois de ne la cultiver qu'en compagnie de plantes qui, comme elle, exigent une humidité très élevée tout au long de l'année.

La plante se recroqueville, les feuilles pendent: terre trop sèche. Laissez tremper le pot dans un seau d'eau pendant dix à quinze minutes, puis laissez-le égoutter. Entretenez l'humidité en été, en arrosant la plante tous les jours si elle se dessèche par grandes chaleurs. Ne laissez pas le pot tremper dans l'eau. Vaporisez régulièrement la plante.

Noircissement des feuilles en hiver: froid excessif. Placez la plante dans un endroit plus chaud, à une température supérieure à 4 °C.

Flétrissement de la plante: chaleur et sécheresse excessives. Placez la plante dans un endroit plus frais, à une température inférieure à 21 °C. Arrosez-la.

La division des racines

1 Comme ces plantes couvrent rapidement leur pot, il est préférable de les diviser chaque année pour les maintenir dans des dimensions raisonnables. Effectuez la division au printemps, avant le rempotage. Disposez d'abord un drainage et une couche de terreau n° 2 dans deux pots. Arrosez la plante.

2 Dépotez la plante et enlevez délicatement l'excès de terre entourant les racines, en vous aidant d'un crayon ou d'un bâtonnet rond.

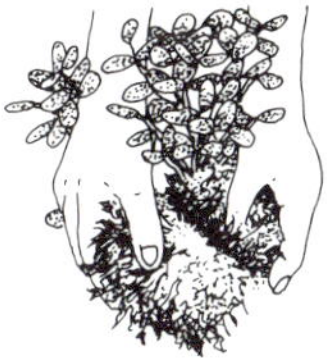

3 Divisez délicatement la touffe, de telle sorte que chaque section soit bien fournie à la fois en tiges et en racines.

4 Rempotez chaque section séparément et laissez les

potées à l'ombre sans les arroser pendant deux jours afin d'inciter les racines à se répandre dans le nouveau compost.

Les feuilles sont couvertes de petits insectes qui s'envolent quand on déplace la plante ou qu'on la touche: mouches blanches. Pulvérisez un insecticide à base de pyrèthre ou du malathion dilué. Répétez le traitement chaque semaine, jusqu'à élimination.

Marques de rouille sur les feuilles: effets des lustrants. Ne les utilisez pas. Ne nettoyez les feuilles que par vaporisations d'eau tiède non calcaire. Enlevez les feuilles abîmées, en les coupant au niveau de la base du pétiole.

S.O.S.

Jaunissement et mort des feuilles: plante saturée d'eau, trempant dans celle-ci. Cette plante se plaît dans un compost humide, mais il ne faut pas la laisser tremper dans l'eau: ses racines pourriraient. Assurez-vous que le drainage fonctionne bien. Avant d'arroser, vérifiez toujours l'état du compost, surtout en hiver, saison où il se dessèche moins rapidement.

Brûlures sur une partie de la plante: effet d'un soleil trop fort. Exposez la plante à une bonne lumière indirecte, à l'abri des rayons nocifs du soleil. Enlevez les feuilles abîmées, en les coupant au niveau de la base du pétiole.

Sonerila margaritacea

La beauté saisissante de cette plante justifie bien les quelques peines que sa culture pourrait représenter en raison de sa délicatesse. Ses petites feuilles ovales vert foncé sont portées par des tiges de couleur rougeâtre. D'habitude, elles n'excèdent pas 7 cm de long, mais elles poussent à profusion. En automne, la plante se couvre de jolies petites fleurs roses groupées en corymbes, dont la disparition rapide n'enlève rien à sa beauté. Originaire de Java, elle se plaît à exposition chaude et humide, à l'abri du soleil direct. On la multiplie par bouturage de pointes de tiges, que l'on prélève au printemps et en été pour les faire raciner dans un compost de tourbe et de sable. Comme les plantes plus âgées ont tendance à perdre leurs feuilles inférieures, il est bon de procéder à ce bouturage au bout de deux ou trois ans.

Lumière: cette plante craint la lumière directe. Le soleil de midi peut lui être fatal. Il est préférable de la maintenir partiellement à l'ombre.
Température: un minimum de 16 °C en hiver. À températures plus basses, les feuilles tombent. Maximum en été: 24 °C.
Arrosage: maintenez le compost humide en toute saison, en arrosant la plante deux ou trois fois par semaine en été, une fois par semaine en hiver. Un bon drainage est indispensable.
Humidité: cette plante se plaît dans une atmosphère humide. Vaporisez-la tous les deux jours et, si possible, posez le pot sur une soucoupe emplie de cailloux mouillés.
Engrais: tous les quinze jours pendant la croissance estivale, avec un engrais liquide dilué à la dose recommandée.
Terre: un mélange à base de terreau n° 2.
Rempotage: à chaque printemps. Toutefois, comme elles ont tendance à pousser tout en tiges, il est souvent préférable de multiplier les vieilles plantes par bouturage plutôt que de les rempoter.
Nettoyage: les vaporisations devraient suffire. N'utilisez pas de lustrant.

Par les motifs de son feuillage, *Sonerila margaritacea* convient bien à la décoration des vasques mixtes, où il forme un beau contraste avec le vert plus uni des autres plantes dont il tire aussi un supplément d'humidité. Cultivé seul, il réclame une atmosphère assez humide.

S.O.S.

Les feuilles se recourbent, paraissent ternes et flasques: chaleur excessive. Placez la plante dans une pièce plus fraîche, à une température inférieure à 21 °C, si possible, et vaporisez-la tous les deux jours.

Chute des feuilles en hiver: froid excessif. Placez la plante dans un endroit plus chaud. Ne la maintenez pas à des températures inférieures à 16 °C.

La plante s'amincit et pousse tout en tiges, petitesse et pâleur des feuilles. Carence nutritive. Alimentez la plante avec un engrais dilué à la dose recommandée, tous les quinze jours pendant la croissance estivale.

Tout le feuillage est flasque: sécheresse excessive du compost et de l'atmosphère. Arrosez la plante immédiatement et vaporisez-la. Laissez sécher légèrement la surface du compost avant de poursuivre les arrosages. En hiver, arrosez-la seulement une fois par semaine, mais vaporisez-la régulièrement.

La plante s'affaisse: plante saturée d'eau, trempant dans celle-ci. Éliminez tout excédent d'eau subsistant dans la soucoupe et laissez sécher la surface du compost avant de recommencer à arroser la plante. À l'avenir, maintenez le compost humide sans laisser tremper le fond du pot dans l'eau. Après les arrosages, éliminez toujours l'excédent d'eau écoulée dans la soucoupe.

La plante pousse en longueur et tout en tiges, absence de feuilles inférieures: vieillesse. Multipliez la plante par bouturage de pointes de tiges.

Petits insectes rouges sous les feuilles: araignées rouges. Enlevez les toiles avec un chiffon humide et pulvérisez du malathion dilué, surtout sous les feuilles. Répétez le traitement, tous les quinze jours, jusqu'à disparition des symptômes. Augmentez l'humidité.

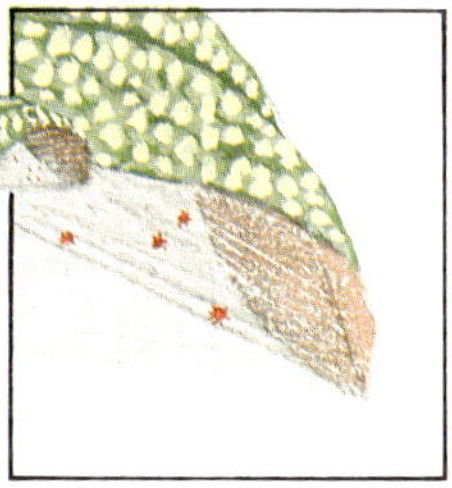

Marques brunes sur les feuilles: effets des lustrants. Ne les utilisez pas. Nettoyez les feuilles uniquement par vaporisations d'eau tiède non calcaire. Enlevez les feuilles endommagées, en coupant au niveau de l'aisselle avec une paire de ciseaux.

Les feuilles se recourbent et meurent: effets du soleil. Exposez la plante à une lumière naturelle diffuse, à l'abri des rayons nocifs du soleil. Enlevez les feuilles endommagées.

Sparmannia africana

Tilleul d'appartement

Son élégance fait du tilleul d'appartement, ou anémone africaine, une magnifique plante d'intérieur. Bien qu'il soit assez rare, vous ne perdrez rien à explorer le marché pour vous procurer cet arbuste. Originaire d'Afrique du Sud, ce tilleul exige une lumière abondante, mais supporte des températures assez basses. Lorsqu'il a plus de trois ans, en particulier s'il pousse à l'étroit dans son pot, il lui arrive de produire des bouquets de fleurs blanches, garnies d'étamines pourprées. Si ses dimensions deviennent trop encombrantes, on peut le tailler au printemps. Pour ce faire, coupez en biseau, au sécateur, juste au-dessus d'une feuille ou d'un rameau latéral. Poudrez de soufre les plaies afin de prévenir toute infection.

Lumière: une bonne lumière naturelle, à l'abri du soleil estival de midi, qui risquerait de brûler les feuilles de la plante.

Température: jusqu'à 7 °C en hiver, à condition de laisser la terre se dessécher complètement entre les arrosages. Maximum en été: 24 °C.

Arrosage: comme le compost ne doit jamais se dessécher en été, arrosez-le trois fois par semaine. En hiver, un arrosage par semaine, ou tous les dix jours par températures inférieures à 10 °C, suffit.

Humidité: vaporisez la plante deux ou trois fois par semaine en été lorsque les feuilles ne sont pas exposées au soleil.

Engrais: incorporez, tous les quinze jours au printemps et en été, à l'eau des arrosages un engrais liquide dilué à la dose recommandée.

Terre: riche, par exemple un mélange à base de terreau n° 3.

Rempotage: comme elle croît rapidement, rempotez cette plante au moins deux fois au cours de la première année, puis à chaque printemps. Si vous ne l'avez pas rempotée pendant trois ans et la nourrissez chaque semaine, elle devrait fleurir.

Nettoyage: les feuilles et les tiges étant très fragiles, époussetez-les légèrement au plumeau. Pas de lustrant.

Couvertes de poils soyeux, les feuilles vert pastel de cet élégant tilleul d'appartement sont découpées comme celles du vrai tilleul. Pour une croissance saine, il exige beaucoup de lumière tout en s'accommodant de températures assez basses. Dans des conditions idéales, il atteindra jusqu'à 2 m de haut dans un pot ou un bac.

Marques de rouille sur les feuilles: effets des lustrants. Ne les utilisez pas. Nettoyez les feuilles en les époussetant délicatement au plumeau. Enlevez les feuilles abîmées en les coupant au niveau de l'aisselle.

Le rempotage des grandes plantes

1 Renouvelez le compost des grandes plantes sans changer la taille du pot. Attendez que la terre soit sèche, puis dépotez la plante et couchez-la sur une surface plane. Enlevez le vieux compost avec un bâtonnet.

2 Taillez les plus longues racines au sécateur. Lavez le pot, emplissez-le de compost frais et replacez-y la plante. Maintenez celle-ci à l'ombre, sans l'arroser pendant deux jours, afin de lui permettre de reprendre.

Plaques laineuses blanches à l'aisselle des feuilles: cochenilles. Pulvérisez du malathion dilué et enlevez parasites et «laine» avec une pince à épiler. Répétez le traitement, tous les quinze jours, jusqu'à disparition des symptômes. Ou bien, badigeonnez les parasites avec de l'alcool dénaturé et enlevez-les avec une pince à épiler. Écartez les autres plantes.

Les feuilles jaunissent, la plante pousse tout en longueur: obscurité excessive. Placez la plante dans un endroit plus éclairé, mais en la protégeant du soleil de midi en été.

Petitesse ou absence des nouvelles feuilles: carence nutritive. Fertilisez la plante tous les quinze jours au printemps et en été.

S.O.S.

Les feuilles ont l'air translucides, la plante languit: froid excessif. Placez la plante dans un endroit plus chaud, à une température supérieure à 7 °C. Par nuits de gel, ne la confinez pas entre les rideaux et les vitres.

Les feuilles se dessèchent et s'enroulent: chaleur excessive. Placez la plante dans un endroit plus frais, à une température inférieure à 24 °C, et vaporisez-la deux ou trois fois par semaine par grandes chaleurs.

Mildiou sur les feuilles: surarrosage, plante saturée d'eau. Laissez sécher la surface du compost avant de recommencer à arroser et, en hiver, laissez le compost se dessécher presque complètement entre les arrosages.

Feuilles brunies et roussies par endroits: effets des vaporisations au soleil, trop de soleil direct ou sécheresse atmosphérique excessive. Bien qu'elle soit exigeante en humidité, cette plante ne doit jamais être vaporisée lorsqu'elle est exposée au soleil. En été, protégez-la du soleil de midi et vaporisez-la deux ou trois fois par semaine, par grandes chaleurs.

Chute du feuillage: sécheresse excessive. Plongez le pot dans un seau d'eau pendant dix à quinze minutes, puis laissez-le égoutter. Maintenez le compost humide en été, en arrosant la plante trois fois par semaine. Vaporisez-la deux ou trois fois par semaine.

Spathiphyllum wallisii

Cette plante est décorative à deux titres: elle porte à la fois un beau feuillage ornemental et de gracieuses fleurs blanches, très persistantes, qu'elle épanouit presque sans interruption dès l'âge de six mois. Ces fleurs sont portées par une longue hampe formée d'une spathe (enveloppe extérieure) blanche et d'un spadice central crème qui, avec l'âge, prennent tous deux une délicate teinte verte. Dès que les fleurs se flétrissent, rabattez leurs hampes, au sécateur, à ras du compost. Au printemps, on peut diviser les plantes à l'étroit dans leur pot. Pour ce faire, divisez délicatement racines et tiges en deux sections, rempotez celles-ci séparément et maintenez-les à l'ombre et à une température avoisinant 21 °C, jusqu'à l'apparition des nouvelles pousses. L'hydroculture convient très bien à cette plante.

Un spathiphyllum en bonne santé porte des feuilles d'un vert vif luisant et devrait produire, en été, de nouvelles hampes florales. Chaque fleur dure de cinq à six semaines et, avec l'âge, vire du blanc au vert. Dès qu'une fleur se fane, il faut la couper au sécateur, à la base de la hampe, afin de favoriser la refloraison.

Lumière: une exposition mi-ombragée en été, la pleine lumière en hiver. Cette plante craint le soleil direct en été.
Température: minimale de 13 °C, optimale de 16 °C à 18 °C en hiver. Par températures plus élevées, augmentez l'humidité.
Arrosage: deux ou trois fois par semaine en été, une fois par semaine en hiver, afin que le compost soit toujours humide.
Humidité: vaporisez la plante tous les jours s'il fait plus de 21 °C; sinon, trois fois par semaine en été, deux fois par semaine en hiver. Posez le pot sur une soucoupe emplie de cailloux baignant partiellement dans l'eau.
Engrais: tous les quinze en été, avec un engrais liquide dilué selon les recommandations du fabricant.
Terre: un compost formé de quatre parts de terreau n° 3 pour une part de tourbe.
Rempotage: à chaque printemps dans le pot de la taille au-dessus, au début de la reprise de la plante. Prévoyez un bon drainage du pot.
Nettoyage: essuyez les feuilles avec un chiffon humide. Pas de lustrant.

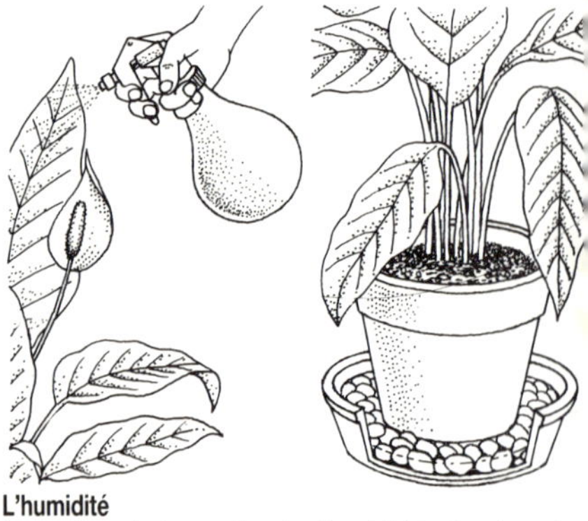

L'humidité
Les petites plantes ont besoin d'humidité tout au long de l'année. Vaporisez-les chaque jour, si la température excède 21 °C. Par températures plus fraîches, vaporisez-les trois fois par semaine en été, deux fois par semaine en hiver.

Afin de procurer à la plante une humidité locale permanente, posez le pot sur une soucoupe emplie de cailloux. Versez de l'eau à mi-hauteur de ceux-ci, en veillant à ce qu'elle ne touche pas la base du pot.

S.O.S.

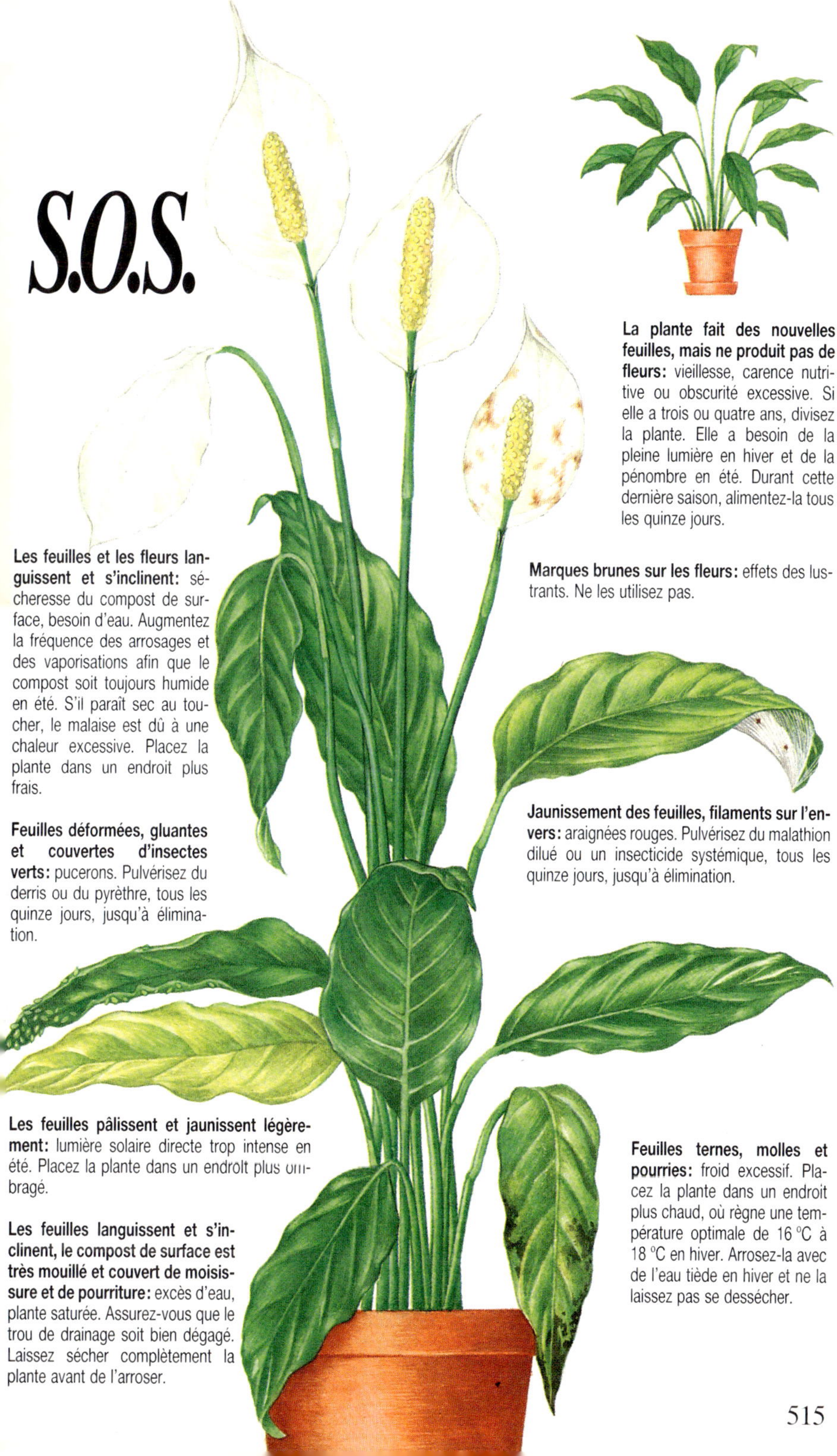

La plante fait des nouvelles feuilles, mais ne produit pas de fleurs: vieillesse, carence nutritive ou obscurité excessive. Si elle a trois ou quatre ans, divisez la plante. Elle a besoin de la pleine lumière en hiver et de la pénombre en été. Durant cette dernière saison, alimentez-la tous les quinze jours.

Marques brunes sur les fleurs: effets des lustrants. Ne les utilisez pas.

Les feuilles et les fleurs languissent et s'inclinent: sécheresse du compost de surface, besoin d'eau. Augmentez la fréquence des arrosages et des vaporisations afin que le compost soit toujours humide en été. S'il paraît sec au toucher, le malaise est dû à une chaleur excessive. Placez la plante dans un endroit plus frais.

Feuilles déformées, gluantes et couvertes d'insectes verts: pucerons. Pulvérisez du derris ou du pyrèthre, tous les quinze jours, jusqu'à élimination.

Jaunissement des feuilles, filaments sur l'envers: araignées rouges. Pulvérisez du malathion dilué ou un insecticide systémique, tous les quinze jours, jusqu'à élimination.

Les feuilles pâlissent et jaunissent légèrement: lumière solaire directe trop intense en été. Placez la plante dans un endroit plus ombragé.

Les feuilles languissent et s'inclinent, le compost de surface est très mouillé et couvert de moisissure et de pourriture: excès d'eau, plante saturée. Assurez-vous que le trou de drainage soit bien dégagé. Laissez sécher complètement la plante avant de l'arroser.

Feuilles ternes, molles et pourries: froid excessif. Placez la plante dans un endroit plus chaud, où règne une température optimale de 16 °C à 18 °C en hiver. Arrosez-la avec de l'eau tiède en hiver et ne la laissez pas se dessécher.

Stapélie

Cette stapélie est un autre exemple de ces plantes grasses qualifiées par les Anglo-Saxons de « plantes à fleurs charognes », à cause de l'aspect et de l'odeur de viande pourrie de leurs fleurs. Grandes, poilues et découpées en étoile de mer, ces fleurs sont portées par de belles tiges veloutées. Attirées par leur odeur nauséabonde, les mouches déposent occasionnellement leurs œufs sur la plante, mais, comme elles n'y trouvent aucun élément nutritif, les larves ne tardent pas à mourir après leur éclosion. Si les fleurs ont été fécondées, la plante produit des paires de gousses fuselées, qui finissent par éclater pour laisser échapper des graines.

Lumière : ces plantes ont besoin d'un emplacement ensoleillé pour bien fleurir. En serre, il faut les ombrager légèrement par grandes chaleurs (supérieures à 32 °C).
Température : un minimum de 4 °C. Par températures excédant 27 °C, prévoyez une bonne ventilation d'air frais.
Arrosage : tous les quinze jours au printemps et en été, chaque semaine en période de canicule, mais toujours après avoir laissé sécher le compost. Réduisez les arrosages en automne et suspendez-les en hiver, sauf si les tiges s'inclinent.
Engrais : riche en potasse, trois ou quatre fois au printemps et en été.
Terre : un compost pour rempotage à base de terreau n° 2 ou un compost non terreux, additionné de 40 % de sable grossier et graveleux.
Rempotage : à chaque printemps dans un demi-pot plus grand. Lorsque celui-ci est de 15 cm, mieux vaut reproduire la plante par bouturage. Après le rempotage, attendez deux semaines avant de recommencer à l'arroser.
Multiplication : prélevez des jeunes pousses de 5 à 8 cm de long et laissez-les sécher pendant deux jours. Badigeonnez la base de poudre radiculaire aux hormones contenant un fongicide et laissez les boutures sur un compost sec jusqu'à l'enracinement.

Stapelia pulvinata. Cette fleur poilue, rouge ou brun rougeâtre, pousse sur des tiges veloutées à la base de la touffe. Celle-ci prend des dimensions assez importantes en produisant des tiges de 15 cm de haut. Comme les fleurs se développent sur les nouvelles tiges, il est important de rempoter la plante chaque année dans un récipient plus grand.

Les tiges s'allongent et prennent une teinte vert pâle, surtout aux extrémités; absence de fleurs : lumière insuffisante. En l'espace de deux semaines, exposez graduellement la plante à une meilleure lumière.

Toutes les tiges se ratatinent en été, malgré de bonnes conditions et des soins adéquats : dépotez la plante et examinez les racines pour y repérer la présence éventuelle des cochenilles (plaques laineuses blanches). Au besoin, enlevez à l'eau la terre des racines, plongez celles-ci dans un insecticide dilué dans l'eau et laissez-les sécher avant de rempoter la plante dans un pot propre et un nouveau compost.

S.O.S.

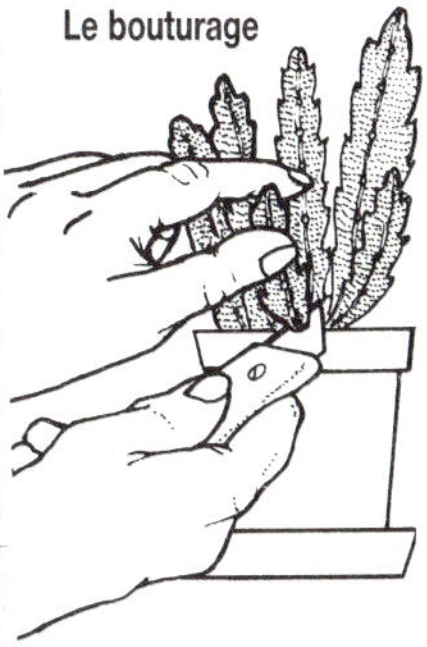

Utilisez des jeunes pousses de 5 à 8 cm pour effectuer un bouturage au printemps ou en été. Faites les coupures le plus près possible de la base, badigeonnez-les de poudre radiculaire aux hormones pour prévenir les infections, puis laissez-les sécher pendant deux jours. Ensuite, placez les boutures dans un compost sec et attendez que les nouvelles racines apparaissent avant d'arroser.

Les tiges ne poussent pas au printemps ni en été: besoin de rempotage ou d'engrais. Rempotez la plante tous les printemps dans un pot plus grand empli d'un compost frais et fertilisez-la trois ou quatre fois au printemps et en été.

Les tiges noircissent et mollissent: surarrosage et froid excessif. Examinez les racines: si elles sont pourries, séparez les tiges saines. Pelez les racines jusqu'au tissu sain, appliquez-y une poudre radiculaire aux hormones et utilisez-les comme boutures. Maintenez la plante à une température supérieure à 4 °C en hiver.

Les tiges brunissent et se ratatinent en été: sécheresse excessive. Laissez tremper le pot dans un seau d'eau pendant une demi-heure, puis laissez-le égoutter. Arrosez la potée lorsqu'elle se dessèche au printemps et en été. Afin d'éviter le dessèchement, tâtez régulièrement le compost lorsqu'il fait chaud. Les tiges peuvent prendre une teinte bronze si elles sont subitement exposées aux rayons ardents du soleil direct et elles risquent de roussir si elles subissent une atmosphère étouffante. Ventilez la plante à l'air frais par températures supérieures à 27 °C.

En hiver, les tiges jaunissent, puis noircissent: froid excessif, la plante a peut-être été confinée entre les rideaux et les vitres. Placez-la dans un endroit plus chaud, à une température supérieure à 4 °C, ou placez-la à l'intérieur de la pièce avant de fermer les rideaux pour la nuit.

Plaques laineuses blanches sur les tiges, surtout à la base: cochenilles. Enlevez-les avec un petit pinceau trempé dans de l'alcool dénaturé. Dépotez la plante et jetez le compost, où sont peut-être logées les larves. Trempez les tiges dans un insecticide et laissez-les sécher pendant trois jours avant de rempoter la plante dans un compost frais et un pot bien lavé.

L'extrémité des tiges meurt en hiver: chaleur excessive. Si possible, gardez la plante dans une pièce fraîche, où règne une température inférieure à 10 °C, durant la période de repos. Il faut, toutefois, l'exposer à une bonne lumière.

Moucherons noirs autour de la plante et au niveau du compost; éventuellement, la plante s'affaisse: sciara, ou mouche à fongus. Comme les racines ont probablement pourri, arrachez les tiges et pelez-les à partir de la base, jusqu'à élimination de toute trace de larves ou de pourriture brune.

Stenocactus

Ces cactées sont uniques en leur genre par les nombreuses côtes ondulées qui, chez certaines espèces, sillonnent leur corps d'un réseau serré, comptant jusqu'à cinquante arêtes. Dans les déserts mexicains, où elles poussent à l'état sauvage, elles peuvent se gonfler comme un concertina, pour emmagasiner l'eau de pluie, et se contracter durant les fréquentes périodes de sécheresse. Leurs aiguillons diffèrent d'une espèce à l'autre : chez *Stenocactus xiphacanthus* (p. 519) et ses semblables, ils sont épais, mais clairsemés ; chez d'autres, ils sont fins et denses. Ce sont de très petites plantes qui rempliront rarement un pot de 13 cm avant l'âge de sept ou huit ans.

Lumière : l'abri d'un appui de fenêtre ou d'une serre ensoleillée est essentiel pour une croissance optimale de ces plantes.
Température : supérieure à 4 °C en hiver ; inférieure à 38 °C en été, avec des apports d'air frais aussi fréquents que possible.
Arrosage : arrosez ces plantes chaque semaine durant les grandes chaleurs de l'été, tous les quinze jours au printemps et en automne. Tenez-les à sec en hiver.
Engrais : riche en potasse, une fois par mois au printemps et en été.
Terre : un mélange formé de trois parts de compost pour rempotage non terreux ou à base de terreau n° 2 pour une part de sable grossier et graveleux (à l'exclusion du sable de construction ou de plage).
Rempotage : à chaque printemps, jusqu'à ce que la taille du pot soit de 10 cm ; ensuite tous les deux ans. Si les racines ne remplissent pas le pot, secouez délicatement la vieille terre de la motte et rempotez la plante dans un nouveau compost sans changer la taille du pot.
Nettoyage et lutte antiparasitaire : vaporisez les plantes chaque mois pour les dépoussiérer et incorporez un insecticide aux vaporisations, deux ou trois fois par an, pour combattre le parasitisme. Si elles s'en sont pris à la plante, enlevez les cochenilles mortes encombrant les côtes, afin de prévenir la moisissure.

Stenocactus vaupelianus produit des fleurs jaune pâle et de denses aiguillons brun et blanc vitreux, qui dissimulent ses côtés ondulées. Il fleurit à l'âge de trois ou quatre ans, alors qu'il fait de 3 à 8 cm de haut. Une vaporisation occassionnelle maintiendra les aiguillons frais et brillants.

Stenocactus lamellosus est un bon représentant de ce genre de plantes à côtes minces et ondulées. Il fleurit à profusion à l'âge de trois ou quatre ans, alors qu'il a atteint quelque 5 cm de haut. La plante illustrée ici mesure 8 cm.

Stenocactus xiphacanthus fait partie d'une espèce plus grande : en pot, il finira par faire de 20 à 23 cm de haut. Il fleurit au bout de trois ou quatre ans, lorsqu'il mesure seulement quelque 5 cm de large. La floraison intervient au printemps et peut se poursuivre durant un mois. Les fleurs émergent du centre de la plante, trois ou quatre à la fois, voire par groupes de dix chez les plus grandes plantes.

Tout menu débris venant en contact avec la plante risque d'être piégé entre ses côtes ondulées. C'est ainsi qu'il n'est pas facile, en cas d'infestation par les cochenilles, d'en déloger les cadavres. Pour ce faire, brossez la plante, après l'avoir bien arrosée pour en dilater et ouvrir les côtes. Si on ne les enlève pas, ces débris risquent de provoquer de la pourriture.

Autres espèces: l'attrait principal de ces cactées réside dans leurs aiguillons et dans la disposition de leurs côtes. Généralement blanches et garnies de fortes stries pourprées ou pourpre-rose, les fleurs se ressemblent toutes, bien que certaines espèces les fassent en jaune ou en crème. Outre *Stenocactus xiphacanthus* (ci-dessus), une bonne sélection pourrait comprendre : *S. vaupelianus* ou *S. albatus*, aux denses et fins aiguillons et à fleurs jaunes ; *S. multicostatus*, aux nombreuses minces côtes ondulées et fleurs pourpres ; *S. caespitosus*, une espèce à rejets, produisant des touffes de têtes à côtes ondulées et fleurs blanches ; *S. crispatus*, aux robustes aiguillons et fleurs pourpres ; *S. lamellosus*, à fleurs rosâtres ; *S. violaciflorus*, aux fleurs blanches striées de pourpre, et *S. zacatecasensis*, aux côtes plus espacées.

La culture par semis

1 Semez clair sur la surface d'une terrine et tapotez les côtés de celle-ci pour loger la semence dans le gravillon. Arrosez le semis par le bas avec un fongicide dilué à la dose recommandée pour le trempage des jeunes pousses, en continuant à verser jusqu'à ce que la surface ressue.

2 Couvrez la terrine avec du polyéthylène afin de retenir l'humidité. Maintenez le tout à la lumière et à une température de 21 °C. N'arrosez pas le semis, sauf si la condensation sur le polyéthylène disparaît complètement ou par endroits.

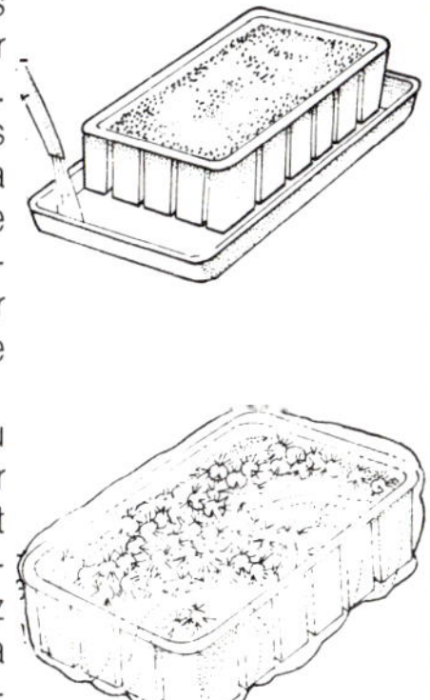

Stephanotis floribunda

Jasmin de Madagascar

Entrant souvent dans la confection estivale des bouquets nuptiaux, qu'il embaûme du parfum de ses fleurs cireuses à corolle blanche et tubuleuse, le jasmin de Madagascar ne se laisse pas facilement cultiver à l'intérieur. Il exige une lumière abondante et des arrosages judicieux: tout excès d'eau risque de lui être fatal, surtout en hiver. Il sera à son avantage palissé contre le mur d'une serre ou d'un solarium, qu'il garnira tout au long de l'année de ses ombelles de fleurs retombantes. Tuteuré contre une canne de bambou ou autour d'un arceau et exposé devant une fenêtre bien exposée, il devrait également bien prospérer à l'intérieur de la maison.

Lumière: en abondance. Placez le jasmin de Madagascar sur l'appui d'une fenêtre exposée au sud, en le protégeant du soleil de midi en plein été.
Température: un minimum de 13 °C en hiver; en été, un minimum de 15 °C et un maximum de 24 °C.
Arrosage: deux ou trois fois par semaine en été; une fois par semaine en hiver, avec de l'eau tiède non calcaire. Réduisez les arrosages par températures fraîches, pour permettre au compost de sécher presque complètement.
Humidité: vaporisez la plante chaque jour en été; une fois par semaine en hiver, avec de l'eau tiède non calcaire et en évitant de mouiller les fleurs. Posez le pot sur un soucoupe emplie de cailloux mouillés.
Engrais: tous les quinze jours pendant la période de croissance et de floraison (printemps et été), avec un engrais dilué dans l'eau des arrosages. Utilisez la moitié de la dose recommandée.
Terre: un compost à base de terreau n° 1.
Rempotage: rempotez les plantes jeunes et très vigoureuses deux fois par an, au printemps et en été. Après deux ans, ne les rempotez qu'au printemps.
Nettoyage: les vaporisations devraient suffire, mais, si la plante est très sale, essuyez-la avec un chiffon humide. Pas de lustrant.

Le jasmin de Madagascar décore son feuillage vert brillant de jolies fleurs blanches cireuses, réunies en ombelles. À l'achat, choisissez une plante couverte de bourgeons jeunes et sains, plutôt qu'une plante en pleine floraison. À l'intérieur, il lui faut un emplacement bien éclairé, à l'abri du soleil de midi, et des arrosages judicieux pour se maintenir en bonne santé.

Taches brunes sur les fleurs: effets des lustrants. Ne les utilisez pas.

Écailles brunes sur les tiges et sous les feuilles: insectes écailleux. Badigeonnez-les avec un tampon d'ouate imbibé d'alcool dénaturé ou pulvérisez du malathion dilué, tous les quinze jours, jusqu'à élimination.

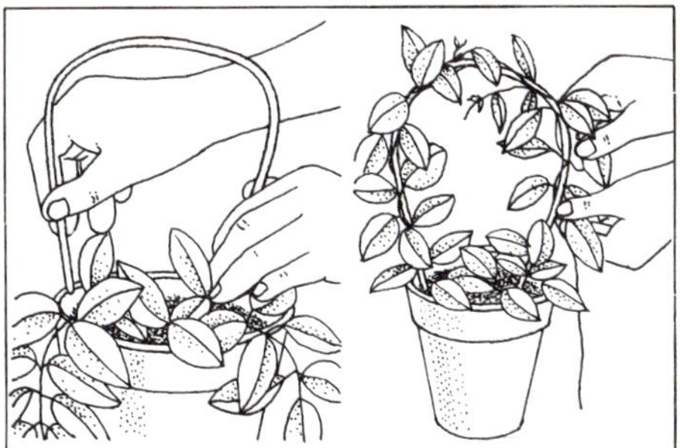

Le tuteurage sur arceau

1 Enfoncez les extrémités d'un arceau en fil de fer ou d'un bambou flexible aux deux tiers des côtés opposés du pot. Ployez la tige et enroulez-la autour de l'arceau.

2 Afin que la plante épouse bien l'arceau, attachez une ficelle à l'une des extrémités de celui-ci et enroulez-la lâchement tout le long de la tige. Ne serrez pas trop les nœuds.

S.O.S.

Feuilles ternes et flasques, fleurs desséchées: sécheresse atmosphérique excessive. Vaporisez la plante chaque jour en été, une fois par semaine en hiver. Posez le pot sur une soucoupe emplie de cailloux mouillés.

Les nouvelles feuilles jaunissent: effet de l'eau du robinet. Effectuez un arrosage d'une faible solution de sel de fer (la moitié de la dose recommandée) et n'utilisez plus que de l'eau non calcaire.

Jaunissement des feuilles, filaments en dessous: araignées rouges. Pulvérisez du malathion dilué, tous les quinze jours, jusqu'à élimination.

Les bourgeons floraux se ratatinent: chaleur et sécheresse excessives. Placez la plante dans un endroit plus frais (sous 24 °C), si possible, et arrosez-la deux ou trois fois par semaine en été, afin que le compost soit toujours humide.

Chute des bourgeons floraux avant leur éclosion: déplacement trop fréquent de la plante ou froid excessif. Maintenez la plante dans un endroit plus chaud (au moins 15 °C en été), et évitez de la déplacer d'un endroit à l'autre au moment de la floraison.

Jaunissement et chute des feuilles: obscurité excessive ou excès d'eau, surarrosage. Vérifiez et placez la plante dans un endroit plus lumineux. Si le compost est très mouillé, laissez-le sécher avant d'arroser à nouveau.

Plaques laineuses blanches sur les feuilles et sur les tiges: cochenilles. Enlevez-les avec un tampon d'ouate imbibé d'alcool dénaturé, ou pulvérisez du malathion dilué, tous les quinze jours, jusqu'à élimination.

Streptocarpus

Primevère du Cap

Les fleurs exotiques de la primevère du Cap s'érigent haut par-dessus ses grandes feuilles vert vif, quelque peu grotesques et tordues. Ses fleurs sont le plus souvent bleues, mais il est des variétés blanches et rouges. Le mode de multiplication de cette plante est inhabituel : on incise au couteau la nervure centrale d'une feuille, que l'on pose ensuite sur du sable lavé, le côté incisé vers le bas. C'est le long de cette incision que se formeront, sur chaleur de fond, les nouvelles plantules. Si la luminosité est faible, une feuille d'aluminium posée entre le haut du pot et les feuilles réfléchira la lumière sur l'envers de celles-ci, ce qui contribuera au succès du bouturage.

Lumière : la pleine lumière, à l'exclusion du soleil de midi.
Température : de 18 °C à 21 °C durant tout l'été, avec un maximum de 24 °C. Minimum en hiver : 16 °C.
Arrosage : en été, deux ou trois fois par semaine, avec de l'eau tiède non calcaire, pour maintenir le compost humide. En hiver : lorsque la surface du compost est desséchée, soit environ une fois par semaine.
Humidité : elle doit être élevée. Vaporisez la plante deux fois par semaine au printemps et en été, en dehors de la floraison. Pendant celle-ci, posez le pot sur une soucoupe emplie de cailloux mouillés ou placez-le dans un second pot, en intercalant, entre les deux, de la tourbe humide.
Engrais : tous les mois au printemps et en été, avec un engrais liquide dilué à raison de la moitié de la dose recommandée.
Terre : un compost pour rempotage composé de quatre parts de tourbe pour une part de sable lavé.
Rempotage : à chaque printemps jusqu'à ce que la taille du pot soit de 10 cm ; cela signifie en fait qu'après la seconde année, il suffit de renouveler le compost sans changer la taille du pot.
Nettoyage : nettoyez délicatement les feuilles avec un pinceau en poils de chameau. Pas de lustrant.

D'un beau vert luxuriant, le feuillage de la primevère du Cap est plutôt avare, mais, en été, il forme un heureux contraste avec les délicates fleurs bleues. Il existe aussi des variétés à inflorescences blanches et rouges. Comme les feuilles de cette plante sont très cassantes, assurez-vous, à l'achat, que le feuillage soit intact.

S.O.S.

Noircissement des feuilles : froid excessif. Placez la plante dans un endroit plus chaud, à une température minimale de 16 °C. Ce noircissement peut aussi être le fait des lustrants. Ne les utilisez pas. Nettoyez les feuilles par un époussetage délicat au plumeau ou à l'aide d'un pinceau en poils de chameau.

Feuilles collantes : pucerons. Pulvérisez un insecticide à base de pyrèthre ou du malathion dilué. Répétez le traitement au bout d'une semaine, ensuite chaque semaine, jusqu'à élimination.

Les feuilles se recroquevillent, les fleurs tombent : compost trop sec. Arrosez-le immédiatement et, en été, maintenez-le constamment humide, sans le détremper. En hiver, n'effectuez qu'un arrosage par semaine.

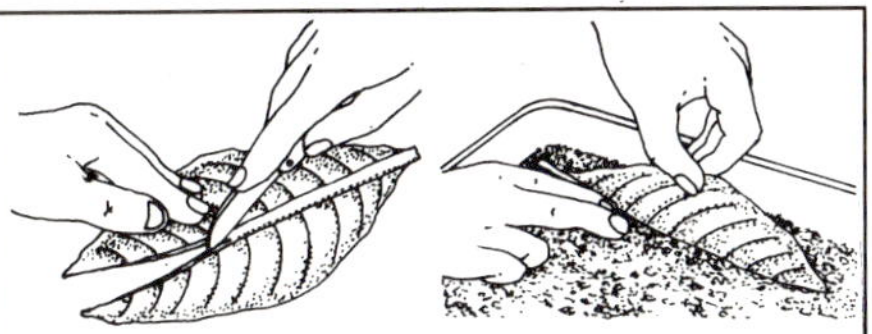

Le bouturage de feuilles
1 Coupez une feuille à la nervure centrale et appliquez une poudre radiculaire hormonisée sur la coupe.

2 Placez la bouture dans un plateau de sable lavé en n'y insérant que le côté nervuré. Maintenez-la au chaud (16 °C) et à l'humidité.

La plante a l'air flasque: courants d'air froid ou fumées. Mettez la plante à l'abri, dans une pièce non polluée.

Pâleur des feuilles, absence de fleurs: lumière insuffisante. Exposez la plante à une bonne lumière. Elle supporte le plein soleil, sauf à midi.

Grandeur excessive des feuilles, absence de fleurs: suralimentation et trop grand pot. Ne rempotez pas la plante pendant deux ans. Alimentez-la une fois par mois seulement, en utilisant la moitié de la dose.

Moucherons voletant au niveau de la surface du compost: mouches blanches Pulvérisez un insecticide à base de pyrèthre ou du malathion dilué. Répétez le traitement une semaine plus tard.

Brunissement des feuilles, chute des fleurs: chaleur excessive. Placez la plante dans un endroit plus frais et mieux aéré. Vaporisez-la chaque jour à l'eau tiède non calcaire. Température maximale: 24 °C.

La base d'une ou de deux feuilles pourrit: plante saturée d'eau, trempant dans celle-ci. Evacuez toute eau de la soucoupe et laissez sécher la surface du compost avant de recommencer à arroser. En hiver, n'effectuez qu'un arrosage par semaine. Ne laissez jamais le pot tremper dans l'eau.

Pourriture des feuilles et des hampes florales: botrytis, excès de froid et d'humidité. Pulvérisez un fongicide, puis placez la plante dans une pièce plus chaude et vaporisez-la moins souvent. En hiver, laissez sécher la surface du compost entre les arrosages et maintenez la potée à une température minimale de 16 °C. Enlevez les feuilles endommagées, en les coupant au niveau du compost.

Sulcorebutia

Rare il y a une dizaine d'années, le genre *Sulcorebutia* offre aujourd'hui un choix de 40 à 50 espèces prisées des collectionneurs pour leur généreuse floraison. La plante provient des montagnes boliviennes, où elle pousse à une altitude d'environ 2 800 m. Plantes à croissance lente, les sulcorébutias ne rempliront un pot de 15 à 20 cm qu'au bout de huit à dix ans, mais ils fleurissent souvent dès l'âge de deux ans, alors qu'ils ne mesurent que 2,5 cm de large. Leurs fleurs et leurs aiguillons varient en coloris selon les espèces, parmi lesquelles *Sulcorebutia rauschii,* avec ses fleurs d'un rose vif électrique, est sans doute le plus beau.

Sulcorebutia glomeriseta se dissimule totalement sous une toison impénétrable de fines soies acérées. Il produit ses nombreuses fleurs jaune profond sporadiquement au cours de l'été, à l'âge de deux ou trois ans, alors qu'il mesure environ 2,5 cm de large.

Lumière: habituées à la grande luminosité des montagnes, ces cactées réclament l'appui de fenêtre le plus ensoleillé pour une croissance compacte et une bonne floraison. En serre, ne les ombragez pas.
Température: ces plantes survivront au gel dans une serre à condition d'être tenues à sec. En été, maintenez-les à des températures inférieures à 38 °C, et donnez-leur le plus d'air frais possible.
Arrosage: pas d'arrosages en hiver. Au printemps et en automne: une fois par mois. En été, arrosez-les chaque semaine (tous les quinze jours si elles poussent dans des pots de 13 cm ou plus). Laissez sécher le compost entre les arrosages.
Engrais: trois ou quatre fois au printemps et en été, avec un engrais riche en potasse.
Terre: deux parts de compost pour rempotage non terreux ou à base de terreau n° 2 pour une part de sable grossier et graveleux.
Rempotage: rempotez les plantes chaque année, jusqu'à ce que la taille du pot soit de 13 cm, puis tous les deux ans seulement. Si les racines ne remplissent pas le pot, ne changez pas la taille de celui-ci, mais renouvelez le compost.
Nettoyage et lutte antiparasitaire: dépoussiérez la plante en la vaporisant chaque mois et incorporez un insecticide aux vaporisations, deux ou trois fois par an, pour combattre le parasitisme.

Populaire et facile à cultiver, *Sulcorebutia canigueralii* porte de courts aiguillons sur des tiges brun-pourpre ou vertes. Il produit une profusion de fleurs bicolores à l'âge de deux ou trois ans, alors qu'il n'atteint que quelque 2,5 cm de haut.

Autres espèces: une bonne sélection pourrait inclure: *S. alba,* aiguillons blancs, fleurs roses ou rouges; *S. canigueralii,* aiguillons bruns, fleurs bicolores rouges à gorge jaune; *S. arenacea,* aiguillons blancs, courts et merveilleusement bien disposés, fleurs jaunes; *S. flavissima,* aiguillons jaune vif, fleurs roses; *S. lepida,* aiguillons brun foncé, fleurs rouge-pourpre profond; *S. glomeriseta,* aiguillons flexibles et acérés, fleurs jaunes; *S. pulchra,* aiguillons blancs, fleurs lilas et, enfin, *S. rauschii* ci-dessous.

Le rempotage

1 Dégagez la motte, en la maintenant d'une main et en tournant légèrement le pot de l'autre, de gauche à droite. Penchez la potée vers le bas et laissez glisser la motte en la retenant d'une main. Portez des gants. Tâchez d'agripper la motte et non la plante elle-même.

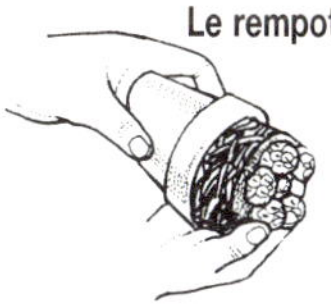

2 Si le compost entourant les racines a tendance à se détacher, effritez-le délicatement, en veillant à ne pas abîmer les racines. S'il adhère bien à celles-ci, n'y touchez pas.

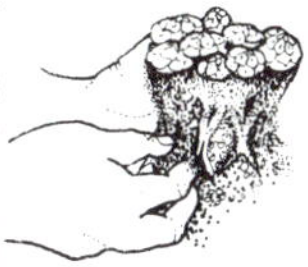

3 Disposez une couche de 2,5 cm de compost frais dans le pot de la taille au-dessus et placez-y la plante. Ajoutez du compost frais autour des racines, en le tassant légèrement. Tenez la potée à sec deux semaines.

Sulcorebutia rauschii fleurit à l'âge de deux ans, à peine haut d'un centimètre. La floraison intervient au printemps ou en été, et dure un mois ou davantage. Les têtes, pouvant atteindre 4 cm de large, forment des touffes de rejets qui finissent par remplir un pot de 15 cm. Cette cactée présente des formes diverses, qu'elle teint en pourpre ou en vert et revêt d'aiguillons noirs ou dorés. Toutes ces variétés produisent les remarquables fleurs rose électrique qui caractérisent l'espèce.

Syngonium vellozianum

Les feuilles de ce syngonium sont soit vert uni, soit panachées de vert ou de blanc crème. Un peu plus délicates que les vertes, les variétés panachées poussent plus lentement. Une plante saine devrait porter un feuillage touffu, brillant et intact, dont il convient de tuteurer solidement les tiges contre une canne de bambou ou un bâton moussu.

Cette élégante plante est un peu plus exigeante que les autres plantes grimpantes: pour bien pousser, elle réclame, notamment, une atmosphère humide. Chaque année, elle produit six ou sept feuilles et pousse de 30 cm, tout en émettant des racines aériennes qui lui permettent de s'accrocher au support contre lequel elle doit être tuteurée comme plante grimpante. Ce support peut être un bâton garni de mousse ou une mince canne de bambou. On peut aussi la palisser à partir d'un panier suspendu. Les variétés les plus faciles à cultiver sont celles à feuillage vert uni: les panachées poussent plus lentement et ne conservent leurs macules qu'à expositions bien éclairée, alors que les vertes s'accommodent d'un emplacement plus ombragé. Ce syngonium se prête bien à l'hydroculture.

Lumière: protégez la plante du soleil direct. Elle tolère un emplacement ombragé, en particulier les variétés vertes.
Température: un minimum de 15 °C en hiver, un optimum de 18 °C à 21 °C en été.
Arrosage: trois fois par semaine en été, une fois par semaine en hiver, avec de l'eau tiède. En hiver, laissez sécher le compost de surface entre les arrosages.
Humidité: une vaporisation quotidienne. Posez le pot sur une soucoupe emplie de cailloux mouillés.
Engrais: toutes les trois semaines pendant la croissance printanière et estivale, avec un engrais liquide dilué à l'eau des arrosages. Utilisez la moitié de la dose recommandée.
Terre: un compost formé de quatre parts de mélange à base de terreau n° 2 pour une part de tourbe.
Rempotage: à chaque printemps. Si la plante croît si rapidement que ses racines sortent du fond du pot vers la mi-été, rempotez-la une seconde fois.
Nettoyage: les vaporisations devraient suffire, mais, si les feuilles sont poussiéreuses et sales, essuyez-les avec un chiffon humide. N'utilisez pas de lustrant.

L'humidité
Comme il exige une humidité constante, vaporisez ce syngonium tous les jours de l'année.
Afin d'accroître l'humidité, posez le pot sur une soucoupe emplie de cailloux baignant partiellement dans l'eau. Ne laissez pas celle-ci toucher le fond du pot: les racines finiraient pas être saturées.

Placez les grandes plantes dans un cache-pot garni de mousse humide.

S.O.S.

La plante languit, les feuilles ont l'air ternes et brunissent sur les bords, l'extrémité des tiges pourrit: froid excessif et excès d'eau, ou courants d'air. Placez la plante dans un endroit plus chaud, à l'abri des courants d'air, et laissez sécher le compost avant de recommencer à arroser. En hiver, n'effectuez qu'un arrosage par semaine.

Blanchiment des feuilles: exposition excessive au soleil direct. Placez la plante dans un endroit ombragé, à l'abri du soleil.

Feuilles pâles au point de paraître transparentes: carence nutritive. En période de croissance, alimentez régulièrement la plante, en administrant seulement la moitié de la dose recommandée.

Les feuilles pâlissent et l'envers est couvert de filaments: araignées rouges. Pulvérisez du malathion dilué, tous les quinze jours, jusqu'à élimination. Comme cette plante est très sujette à cette infestation, vaporisez-la à l'eau chaque jour et posez-la sur des cailloux mouillés.

Les tiges poussent tout en longueur, les feuilles sont très espacées: obscurité excessive. Placez la plante dans un endroit plus lumineux, mais pas en plein soleil.

Brunissement et crispation des feuilles: chaleur et sécheresse excessives. Augmentez la fréquence des arrosages ainsi que l'humidité, en posant le pot sur une soucoupe de cailloux mouillés. Placez la plante dans un endroit plus frais, si possible (moins de 21 °C). Coupez les feuilles mortes.

Tagetes patula

Tagète

Originaire du Mexique, la famille des tagètes, parfois appelés «œillets ou roses d'Inde», se plaît à la chaleur, sans être trop exigeante en humidité. Les variétés à fleurs simples ne souffrent guère de la pluie, alors que les doubles en subissent très vite les dégâts. Simples ou doubles, elles succombent toutes à la moindre gelée. On en cultive couramment deux autres variétés: *T. signata,* naine et à petites fleurs, et *T. erecta,* le tagète africain, plus grand et à fleurs doubles. À l'exception des variétés naines, les tagètes ne conviennent pas pour les jardinières.

Lumière: le maximum. Le tagète peut être exposé 20 % du temps à l'ombre s'il bénéficie d'une bonne lumière durant le reste de la journée.

Température: à l'intérieur, la lumière et l'aération sont plus importantes que la chaleur. À l'extérieur, choisissez un emplacement protégé, car cette plante craint le gel.

Arrosage: maintenez le compost des jeunes pousses légèrement humide. Trempez à fond les plantes adultes et attendez que le compost soit presque sec avant de recommencer à les arroser.

Humidité: une atmosphère sèche. Ne vaporisez pas les variétés à fleurs doubles: elles risqueraient de pourrir.

Terre: un mélange à base de terreau n° 2.

Engrais: une fois par mois, avec un engrais liquide dilué à raison de la moitié de la dose recommandée. Vous pouvez aussi utiliser un engrais en bâtonnets.

Multiplication: les graines sont grosses et faciles à semer. Semez-les dans un plateau pour semis au début du printemps. Couvrez le semis de compost et maintenez-le à une température de 16 °C. La germination intervient au bout de trois jours. Repiquez les jeunes pousses, individuellement dans des godets ou en groupe dans des plateaux, au plus tard dix jours après le semis. Maintenez-les à une lumière et une aération optimales. Transplantez-les à l'extérieur après les gelées.

Nettoyage: supprimez les capitules fanés pour favoriser la refloraison.

Les tagètes sont des plantes buissonnantes de quelque 25 cm de haut. Les fleurs, mesurant de 4 à 6 cm de large, sont presque toujours jaunes ou orange, bien que certaines soient maculées de rouge ou de marron. Selon les variétés, ils sont simples ou doubles.

Trous dans les bourgeons et dans les feuilles: chenilles. Enlevez-les et appliquez sur la plante du derris en vaporisation ou en poudre. Examinez régulièrement la plante.

Bourgeons ratatinés, feuilles déformées: aphidés. Pulvérisez un insecticide. Répétez le traitement au bout de dix jours si l'infestation persiste.

Léger flétrissement de la plante qui demeure verte: limaces s'en prenant à la tige principale. Disposez des appâts antilimaces autour de la plante, en suivant les recommandations du fabricant. Veillez à la protection des animaux domestiques et des viviers. Tuteurez la plante jusqu'à sa reprise.

La plante se flétrit et languit: chaleur et sécheresse excessives. Arrosez bien la plante, en trempant à fond le compost. Ensuite, laissez sécher le compost avant de recommencer à l'arroser.

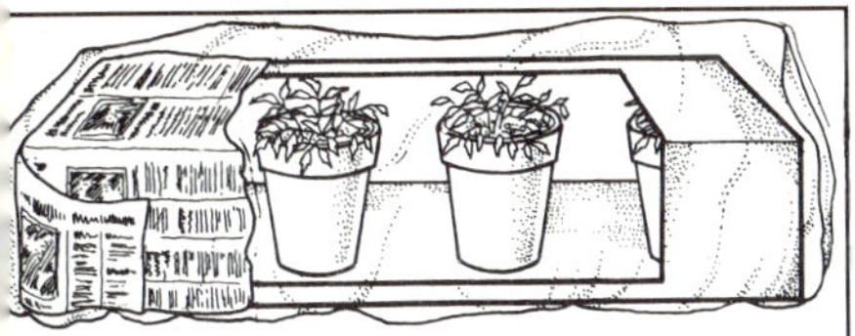

La mise sous abri
Comme les œillets d'Inde ne résitent pas au gel, protégez les jeunes plantes lorsqu'il menace la nuit. Si vous les cultivez sous châssis froid, fermez celui-ci et enveloppez-le de toile de jute ou de papier journal et de feuilles de plastique. Si vous n'avez pas de châssis, protégez-les sous une boîte de carton enveloppée de papier et de plastique.

L'endroit des feuilles est piqué de minuscules points blancs, l'envers est couvert d'un dépôt farineux gris rosâtre, présence de filament: araignées rouges. Pulvérisez du diméthoate ou administrez du derris liquide.

La plante noircit et s'affaisse: effets du gel. Comme elles ne résistent pas au gel, protégez les jeunes plantes au printemps. Retirez la plante morte de son récipient.

Feuillage luxuriant et sain mais absence de fleurs: compost trop riche ou apports d'engrais trop fréquents. Alimentez la plante une fois par mois, en administrant la moitié de la dose recommandée ou utilisez un engrais en bâtonnets.

S.O.S.

La plante ne buissonne pas ou ne produit pas de fleurs: compost trop riche ou apports d'engrais trop fréquents. Alimentez la plante une fois par mois, en administrant la moitié de la dose recommandée ou utilisez un engrais en bâtonnets.

Les fleurs doubles brunissent et pourrissent: effet de l'eau. Ne vaporisez pas et n'arrosez pas les variétés à fleurs doubles par-dessus le feuillage. Protégez-les des fortes pluies.

Le feuillage jaunit et languit: excès d'eau, surarrosage. Laissez sécher le compost entre les arrosages et maintenez la plante à exposition ensoleillée.

Un rameau est flasque et pend, le reste de la plante est sain: botrytis, au niveau de l'articulation du rameau à la tige principale. Effectuez une coupe nette du rameau atteint et traitez le reste de la plante avec du bénomyl.

La plante jaunit à partir de la base: pourriture radiculaire du phytophtora. Enlevez la plante affectée et traitez les autres plantes du récipient avec un produit à base de manèbe.

Testudinaria elephantipes

Cette plante grasse possède un gros tubercule renflé et liégé, qui ressemble à un pied d'éléphant. Après une période de repos s'étalant du printemps à la fin de l'été ou de l'automne, elle émet une tige grimpante garnie de petites feuilles cordiformes et de minuscules fleurs. Chez une plante adulte, cette tige peut s'élever jusqu'à 3 m, avant de reprendre sa dormance à la fin de l'hiver. Grâce à des apports d'eau et d'engrais réguliers durant la croissance de la tige, le tubercule liégé augmente en taille.

Lumière: cette plante préfère le plein soleil, mais elle prospérera aussi sur un appui de fenêtre non exposée au soleil direct, mais dont la lumière n'est pas tamisée.

Température: un prudent minimum de 4 °C, bien que les températures puissent avoisiner le point de congélation si la racine est sèche.

Arrosage: commencez les arrosages dès les premiers signes de croissance, c'est-à-dire souvent vers la fin de l'automne. Effectuez un arrosage toutes les deux semaines pendant la pousse de la tige et des feuilles, en laissant toujours sécher le compost entre les arrosages. Comme il reste plus longtemps humide par temps couvert, tâtez régulièrement le compost. Lorsque le feuillage brunit et tombe au printemps, arrosez une fois de plus la plante afin de prévenir un dessèchement excessif, puis cessez les arrosages jusqu'à la repousse.

Engrais: un engrais riche en potasse, administré deux ou trois fois pendant la croissance de la tige.

Terre: un compost pour rempotage à base de terreau n° 2 ou un compost non terreux, additionné de 30 % de sable grossier et graveleux.

Rempotage: annuellement durant les premières années, jusqu'à ce que la taille du pot soit de 15 cm, ensuite tous les deux ou trois ans tout au plus. Après le rempotage, n'arrosez pas la plante pendant deux semaines.

Multiplication: elle n'est possible que par semis.

À la fin de l'été ou de l'automne, *Testudinaria elephantipes* émet de son tubercule liégé des tiges qui peuvent s'élever de 3 m en une saison et qu'il convient de supporter, soit en les attachant à une ficelle passant par-dessus la plante, soit en les conduisant autour d'une canne de bambou recourbée.

Brunissement et chute du feuillage: sécheresse ou humidité excessives. En cas de sécheresse, augmentez la ration d'eau à chaque arrosage, mais laissez d'abord le compost sécher complètement. Si la terre est détrempée, examinez les racines et excisez toute partie pourrie. Au printemps, les feuilles tombent naturellement: vérifiez tout de même l'état du compost et continuez les arrosages si cette chute est due à la sécheresse. Si la chute des feuilles se poursuit, cessez les arrosages jusqu'à l'apparition des nouvelles pousses en automne.

Le tubercule est mou et spongieux, aucune feuille ne pousse en automne, ni en hiver: surarrosage ou arrosage au mauvais moment de l'année, ou encore froid excessif. La plante est probablement morte. Lisez bien les conseils relatifs à l'arrosage avant de cultiver une autre plante. Laissez toujours le compost sécher entre les arrosages.

S.O.S.

Les feuilles sont roussies, les tiges meurent: exposition trop subite au soleil ardent et atmosphère trop étouffante. Mettez la plante à l'abri du soleil excessif et, en l'espace de deux semaines, réexposez-la graduellement. Gardez-la dans un endroit plus aéré. Enlevez les feuilles et la tige déparées.

Marques brunes ou blanches sur les feuilles: pulvérisations d'insecticides ou eau calcaire. Sans danger.

Croissance chétive de la tige, feuilles pâles et très espacées: obscurité excessive. En l'espace de deux semaines, exposez graduellement la plante au plein soleil.

Insectes verts sur les feuilles: pucerons. Pulvérisez un insecticide à base de pyrèthre. Répétez le traitement, tous les dix jours, jusqu'à élimination.

La suppression de la tige
Lorsque la tige commence à jaunir et à mourir à la fin de l'hiver, cessez les arrosages et laissez se dessécher le compost. Sectionnez la tige avec un sécateur, au niveau de la base liégée.

Croissance rapide et tuteurage nécessaire de la tige: enfoncez une canne de bambou ou un treillis dans le pot, ou bien attachez la tige à une corde suspendue. Fixez bien la tige à son support, en faisant les nœuds contre celui-ci, et non contre la plante.

Le tubercule ne grossit pas: carence nutritive. Alimentez la plante deux ou trois fois en automne et en hiver, pendant la pousse des feuilles.

Thunbergie

Originaire d'Afrique, cette thunbergie, dite aussi «Suzanne-aux-yeux-noirs», ne résiste pas au gel. Dès que celui-ci ne menace plus, on peut la transplanter à l'extérieur pour la faire grimper contre le treillage d'un balcon ou lui faire prendre un beau port rampant à partir d'un bac. Les boutures, prélevées au printemps, peuvent passer l'hiver à l'intérieur, de préférence à la fraîcheur d'un rebord de fenêtre à double vitrage. Ne différez pas trop le prélèvement des boutures, car la plante mère ne résiste pas aux premières gelées de l'automne.

Lumière: vive, surtout à l'intérieur.
Température: de 18 °C à 21 °C pour la germination. À l'extérieur: de 10 °C à 32 °C, à l'abri des vents violents.
Arrosage: ne surarrosez pas cette plante. Si elle languit par sécheresse, un arrosage la ranimera rapidement.
Humidité: une légère vaporisation après une journée de grande chaleur (plus de 24 °C). Utilisez de l'eau claire.
Engrais: tous les dix jour si le compost est à base de terreau, tous les cinq s'il est non terreux. Diluez l'engrais.
Terre: un mélange à base de terreau n° 2 ou un compost pour rempotage non terreux.
Multiplication: effectuez un semis en terrine au début du printemps. Couvrez-le de 2 mm de compost sec et placez-le dans un germoir ou dans un sac de plastique, à une température de 18 °C à 21 °C. Lorsque leur taille permet de les manipuler, repiquez les jeunes pousses individuellement dans des petits pots, et exposez-les à la lumière. Commencez à les fortifier à la fin du printemps, en les maintenant à l'extérieur et sous abri pendant la journée, à l'intérieur pendant la nuit. Au bout d'une semaine placez-les à l'extérieur pendant la nuit, sous châssis froid ou sous une boîte en carton recouverte d'une protection épaisse et séche, si le gel menace. Vous pouvez aussi multiplier la plante en effectuant un bouturage en été.
Nettoyage: supprimez les feuilles jaunies.

Suzanne-aux-yeux-noirs est une plante volubile, dont les tiges grêles et filiformes peuvent atteindre, dans de bonnes conditions, plus d'un mètre de long. Ses fleurs jaune crème foncé sont serties d'un «œil» d'un pourpre si profond qu'on le croirait noir. La floraison donne naissance à des gousses qui ressemblent à de minuscules lanternes vénitiennes.

Amas de petits insectes sur l'extrémités déformées des nouvelles pousses, dépôt fuligineux et collant sur les feuilles: aphidés. Pulvérisez un insecticide universel, dilué selon les recommandations du fabricant.

1 À la mi-été, prélevez sur l'extrémité d'une pousse une bouture de 10 cm, en effectuant la coupe juste sous une paire de feuilles. Enlevez les feuilles inférieures de la bouture et trempez-en le bout dans une solution radiculaire pour bois de feuillus.

2 Piquez la bouture, à une profondeur de 2,5 cm, dans un pot rempli de compost pour semis. Arrosez-la et maintenez-la à une température de 21 °C jusqu'à ce qu'elle prenne racine. En hiver, maintenez-la à l'intérieur dans un local frais (7à 10 °C).

S.O.S.

Pâleur du feuillage, petitesse des nouvelles feuilles: carence nutritive. Fertilisez la plante tous les dix jours si le compost est à base de terreau; tous les cinq s'il est non terreux. N'augmentez pas la dose.

Jaunissement du feuillage: sécheresse excessive ou carence nutritive. Arrosez la plante si la terre est sèche. N'augmentez pas la dose.

Fleurs rares et dissimulées sous le feuillage: obscurité excessive. Placez la plante dans un endroit plus éclairé.

Les feuilles sont pourpres sur les bords: vents froids. La plante se rétablira si le temps s'améliore. Si le froid persiste, placez-la dans un endroit protégé.

Le bord des pétales brunit: pulvérisations d'insecticides effectuées au soleil; ne pulvérisez les insecticides que par temps sombre et calme, ou en soirée. Ce brunissement peut aussi être dû à une solution fertilisante trop forte: respectez donc les recommandations du fabricant. Les brûlures graves peuvent être mortelles.

Les feuilles noircissent et deviennent spongieuses: effets du gel. Protégez les jeunes plantes à la fin du printemps et au début de l'automne. Enlevez les plantes mortes.

Les fleurs perdent leur éclat et les feuilles ont l'air ternes: chaleur excessive. Vaporisez la plante le soir.

Fleurs tachetées de brun: vaporisations effectuées avec de l'eau sale. N'utilisez que de l'eau claire.

Feuilles grises, cassantes et ponctuées de minuscules taches blanches sur l'endroit, envers gris rosâtre: araignées rouges. Pulvérisez du derris liquide ou un insecticide systémique, tous les dix jours, jusqu'au reverdissement des nouvelles pousses.

La plante languit: sécheresse excessive ou plante saturée d'eau. Examinez le compost. S'il est sec, arrosez immédiatement la plante: elle reprendra. S'il est mouillé, vérifiez les trous de drainage.

Tillandsia cyanea

Tillandsie

Membre de la famille des broméliacées, cette tillandsie, ou fille de l'air, est originaire du Pérou, où elle pousse sur les branches des arbres. Son feuillage assez désordonné présente peu d'intérêt. En revanche, sa spathe, formée d'un épi de bractées lancéolées carminées, produira une succession de fleurs exotiques bleu profond, à gorge tachetée de blanc. Ces somptueuses fleurs compensent l'aspect assez débraillé de cette plante. La multiplication se fait par empotage de rejets après le flétrissement, au printemps. Des rejets à la floraison, le cycle végétatif des filles de l'air s'échelonne sur trois ans.

Cette tillandsie se revêt d'une masse de feuilles assez ébouriffées, mais ses larges bractées produisent des fleurs d'un pourpre remarquablement dense. Comme les autres broméliacées, elle ne fleurit qu'une seule fois au cours de son cycle végétatif, mais on peut la multiplier à partir de ses rejets.

Lumière: la pleine lumière, y compris le soleil. Cette plante prospérera à une lumière naturelle indirecte, à condition qu'elle soit suffisamment vive.
Température: optimale de 21 °C à 24 °C, mais peut descendre à 18 °C en été. En hiver, un minimum de 13 °C.
Arrosage: deux fois par semaine en été, pour maintenir le compost humide, en versant l'eau au centre de la plante et en la laissant s'écouler dans le compost. En hiver, n'arrosez la plante qu'après le dessèchement de la surface du compost (une fois tous les sept à dix jours).
Humidité: vaporisez la plante chaque jour à l'eau non calcaire au printemps et en été, mais pas en automne ni en hiver.
Engrais: tous les quinze jours en été seulement, avec un engrais liquide dilué à raison de la moitié de la dose recommandée.
Terre: quatre parts de compost pour rempotage à base de tourbe pour une part de mousse de sphaigne hachée.
Rempotage: empotez les rejets au printemps et rempotez-les un an après. Ne les rempotez pas la deuxième année: très petites, les racines servent avant tout à maintenir la plante debout.
Nettoyage: les vaporisations devraient suffire. N'utilisez pas de lustrants. Supprimez avec une bonne paire de ciseaux les extrémités brunies des feuilles.

Les rejets

1 Lorsque la plante mère meurt et que les rejets ont la moitié de sa taille, séparez ceux-ci, garnis de leurs racines, à l'aide d'un bon couteau.

2 Empotez-les en tassant fermement le compost tout autour. Arrrosez-les bien et couvrez les potées de polyéthylène pendant deux ou trois jours pour accroître l'humidité.

Pourriture de la plante: botrytis, plante souffrant d'un excès de froid et d'humidité. Pulvérisez un fongicide, puis placez la plante dans un endroit plus chaud, de préférence à une température située dans les alentours de 21 °C à 24 °C, mais jamais sous 13 °C. Ne la vaporisez pas avant qu'elle n'ait commencé à récupérer et laissez sécher la surface du compost entre les arrosages.

Apparition de pousses latérales à la base de la plante et dépérissement de la plante mère: cycle naturel. Attendez que la plante mère soit desséchée au printemps, puis enlevez les pousses avec un couteau.

Filaments sur la plante: araignées rouges. Enlevez les filaments avec une éponge humide, puis pulvérisez du malathion dilué, surtout sous les feuilles.

Augmentez l'humidité en vaporisant la plante tous les jours à l'eau tiède non calcaire.

Fourmis sur les bractées: poudrez la base de la plante avec une préparation anti-fourmis.

La plante noircit en hiver: froid excessif. Placez la plante dans un endroit plus chaud. Ne l'exposez pas à des températures inférieures à 13 °C. Si la température est bonne, ce noircissement est dû aux lustrants.

S.O.S.

Absence de floraison durant la première année: la floraison intervient une seule fois à la fin du cycle vital de la plante, c'est-à-dire au bout de trois ans. A la défleuraison, la base émet des rejets.

Toute la plante se ratatine: atmosphère trop sèche et trop froide ou besoin d'eau. Placez la plante dans un endroit plus chaud, où règne une température optimale de 21 °C à 24 °C en été, minimale de 13 °C en hiver. Vaporisez-la chaque jour à l'eau tiède non calcaire. Examinez le compost. Par grandes chaleurs (24 °C), maintenez-le humide.

L'épi bractéal ne produit pas de fleurs: excès de froid, d'obscurité et de sécheresse atmosphérique. Exposez la plante à une plus grande chaleur et à la pleine lumière. Maintenez-la à une température située entre 21 °C et 24 °C. Elle supporte le plein soleil. Effectuez une vaporisation quotidienne à l'eau tiède non calcaire et augmentez l'humidité en posant le pot sur une soucoupe emplie de cailloux mouillés.

Malgré de bonnes conditions, la plante se ratatine au milieu de l'été: gaz polluants ou excès de lumière directe.

Par grandes chaleurs, cette plante réclame une bonne ventilation d'air frais, si possible dans une pièce non polluée. Au milieu de l'été, protégez-la du soleil direct. Il est naturel que l'extrémité de certaines feuilles brunisse. Sectionnez-les avec des ciseaux.

Tolmeia menziesii

Au printemps et en été, cette plante émet des plantules, dont le bourgeon, né au point d'insertion du limbe et du pétiole des feuilles plus âgées, finit par se développer sur celles-ci pour leur donner un air de feuilles «en couches». Les plus lourdes de ces feuilles, en retombant par-dessus le bord du pot, font de cette plante un sujet idéal pour les paniers suspendus. On effectue la multiplication de cette plante à partir de ses plantules, soit en coupant la feuille et en laissant tremper son pétiole dans de l'eau, soit en le piquant dans un mélange humide, composé de sable et de mousse tourbeuse.

Les feuillles et les pétioles de *Tolmeia menziesii* sont couverts d'une douce pubescence. Au printemps et en été, la plante développe, sur le dessus de ses feuilles les plus âgées, de petites plantules à partir desquelles on peut la multiplier. Une plante saine porte des feuilles bien vertes, dont les centrales forment une touffe compacte et dont les externes produisent de nouvelles plantules.

Lumière: cette plante s'accommode de la plupart des expositions, bien qu'elle soit sujette aux brûlures solaires si elle est exposée devant une fenêtre fortement ensoleillée. À l'ombre, la coloration de ses feuilles sera plus pâle.
Température: en hiver, un minimum idéal de 10 °C, pouvant à la rigueur descendre jusqu'à 1 °C en l'absence de tout arrosage. Comme elle n'aime pas être exposée à des chaleurs trop élevées et étouffantes en été, protégez cette plante du soleil direct par températures supérieures à 24 °C.
Arrosage: environ deux fois par semaine en été et seulement une fois par semaine en hiver, afin de permettre au compost de surface de sécher légèrement entre les arrosages. En hiver, utilisez de l'eau tiède.
Humidité: posez le pot sur une soucoupe emplie de cailloux mouillés, surtout par températures supérieures à 24 °C.
Engrais: tous les quinze jours pendant la croissance printanière et estivale, avec un engrais liquide administré à raison de la moitié de la dose recommandée.
Terre: un compost à base de terreau n° 2.
Rempotage: à chaque printemps, en veillant à ne pas endommager les porte-plantules.
Nettoyage: une vaporisation effectuée à peu près tous les quinze jours devrait suffire. N'utilisez pas de lustrant.

Les feuilles brunissent et s'enroulent: chaleur excessive. Placez la plante dans un endroit plus frais, à une température inférieure à 24 °C. Sortez-la en été.

Marques de brûlures brun foncé sur les feuilles: effet des lustrants. Ne les utilisez pas.

Les feuilles s'enroulent, filaments en dessous: araignées rouges. Pulvérisez du malathion dilué, tous les quinze jours, jusqu'à élimination.

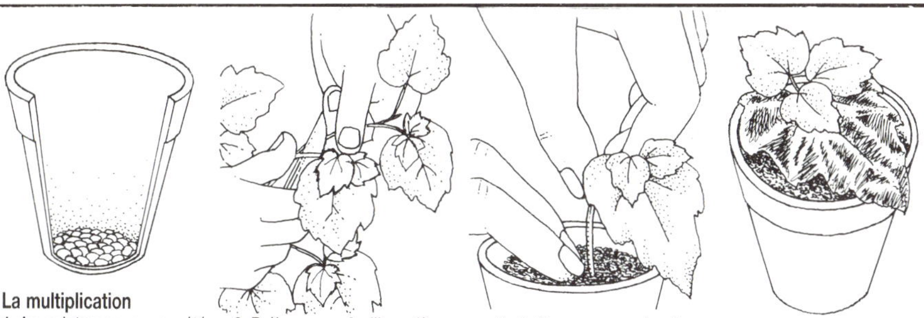

La multiplication

1 Au printemps ou en été, disposez une couche de matériaux de drainage dans le fond d'un petit pot et emplissez celui-ci d'un mélange composé à parts égales de mousse tourbeuse et de sable lavé.

2 Prélevez une feuille entière portant des plantules saines en sectionnant le pétiole à 2,5 cm du limbe.

3 Faites un petit trou dans le compost avec un bâtonnet et insérez-y le pétiole. La feuille et sa plantule devraient être assez près du compost. Tassez celui-ci autour du pétiole.

4 Arrosez bien le compost, pour le maintenir humide sans le saturer, et exposez la potée à une bonne lumière. Au bout de deux ou trois semaines, la plantule formera de nouvelles feuilles. Environ six semaines après, rempotez le tout dans un compost à base de terreau n° 2. Ne retirez pas la feuille mère avant son dessèchement.

S.O.S.

Petitesse des nouvelles feuilles, mauvaise croissance de la plante, absence de plantules: besoin d'engrais ou de rempotage. Assurez-vous que les racines ne soient pas à l'étroit. Alimentez la plante tous les quinze jours, au printemps et en été.

Marques de roussissement sur les feuilles: soleil direct à travers les vitres. En été, protégez la plante des rayons ardents du soleil.

Pourriture des feuilles et des tiges en hiver: froid excessif et excès d'eau, ou arrosage avec de l'eau trop froide. Placez la plante dans un endroit plus chaud, à une température minimale de 10 °C, et attendez que le compost soit sec au toucher avant de recommencer à l'arroser. En hiver, utilisez de l'eau tiède.

Insectes rampants sur le compost et le bord du pot: perce-oreilles. Ces parasites s'en prennent aux racines. Pulvérisez du derris ou du pyrèthre, tous les quinze jours, jusqu'à élimination.

Ephémère

Parmi les plantes d'intérieur, cette éphémère est une des plus faciles à cultiver. Il en existe de nombreuses variétés. La plupart portent des feuilles multicolores, ovales et pointues, qu'il faut supprimer si elles virent au vert. Certaines produisent de petites fleurs pubescentes pourpre rosé. Plantes tout indiquées pour les paniers suspendus, elles forment aussi d'excellents tapis pour les vasques mixtes ou les bacs. Comme elles ont tendance à monter un peu en tiges, mieux vaut les reproduire chaque année. Une potée de cinq boutures de 3 à 4 cm de long ne tardera pas à raciner pour former une nouvelle plante touffue. On peut aussi faire raciner les boutures dans l'eau. Pour ce faire, couvrez un bocal d'une feuille de papier d'aluminium, percée de petits trous, et insérez les boutures dans ceux-ci. Rempotez-les dès qu'elles racinent.

Lumière: la misère s'accommode d'un emplacement assez sombre, mais elle monte en tiges et ses panachures revirent au vert à exposition trop sombre.
Température: un minimum de 10 °C en hiver; en été, la température normale de la pièce ou un emplacement extérieur.
Arrosage: deux fois par semaine en été, une fois par semaine en hiver.
Humidité: vaporisez la plante tous les quinze jours. Placez le pot sur une soucoupe emplie de cailloux mouillés.
Engrais: tous les quinze jours en période de croissance (printemps et été), avec un engrais liquide dilué.
Terre: un mélange à base de terreau n° 2 ou un mélange de tourbe enrichi d'un engrais à concentration n° 2.
Rempotage: mieux vaut reproduire ces plantes au printemps dans des pots de 8 cm, puis les rempoter au début de l'été dans des pots de 11 cm.
Nettoyage: effectuez une vaporisation en fine bruine toutes les deux ou trois semaines, avec de l'eau tiède.

Les feuillles de *Tradescantia albiflora* sont décorées de magnifique rayures vertes et blanches. Certaines variétés sont vertes et maculées de jaune, de gris ou même teintées d'un délicieux rose. Les tradescantias sont d'un entretien si facile qu'on risque parfois de les négliger. Une plante saine devrait être compacte, garnie de feuilles sur toute la longueur de ses tiges et exempte de toute trace de dessèchement ou de décoloration.

Les feuilles brunissent, se recroquevillent et se flétrissent, les bords sont jaunes ou bruns: atmosphère trop sèche. Augmentez le taux d'humidité en vaporisant la plante plus souvent et en posant le pot sur une soucoupe emplie de cailloux mouillés.
Les feuilles sont très pâles et roussies par endroits: excès de soleil direct. Mettez la plante à l'abri de celui-ci.

La multiplication

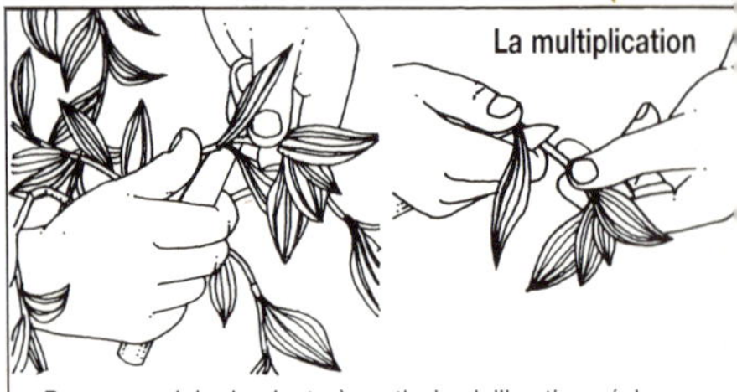

Pour reproduire la plante à partir de vieilles tiges échevelées, sectionnez l'extrémité d'une tige portant au moins deux paires de feuilles et un bourgeon terminal, en faisant la coupe juste au-dessous d'une feuille. Enlevez la paire de feuilles inférieure pour pouvoir planter la bouture et piquez celle-ci dans un petit pot rempli de compost frais.

S.O.S.

Les feuilles s'enroulent sur elles-mêmes, puis se dessèchent: chaleur et sécheresse excessives. Arrosez plus souvent la plante et protégez-la du soleil direct. Enlevez les feuilles mortes. Si les tiges sont dénudées, reproduisez la plante.

Les feuilles sont molles et décolorées: froid excessif, la plante a peut-être gelé. Reproduisez-la par bouturage de tiges saines.

Pourriture de la base des tiges: excès d'eau. Laissez sécher le compost avant de reprendre les arrosages. Assurez-vous que les trous de drainage soient bien dégagés. Si les tiges se dégarnissent à la base, c'est que la plante se fait vieille. Dans ce cas, reproduisez-la par bouturage de pointes de tiges saines.

Les tiges poussent tout en longueur, les feuilles sont très espacées et perdent leurs panachures: obscurité excessive. Placez la plante dans un endroit plus lumineux.

Feuilles déformées, collantes et couvertes d'insectes verts: pucerons. Pulvérisez du pyrèthre, tous les quinze jours, jusqu'à élimination.

Marques brunes sur les feuilles: effets des lustrants. Ne les utilisez pas.

Les feuilles virent au vert uni et poussent en touffes très denses: suralimentation. Cessez les apports d'engrais jusqu'à la réapparition des panachures. Enlevez les tiges dont les feuilles ont pris une coloration vert uni.

Les feuilles se recourbent, l'envers est couvert de filaments: araignées rouges. Pulvérisez du malathion dilué, tous les quinze jours, jusqu'à élimination.

Plante tout en tiges et trop grande pour son pot: besoin de rempotage. Rempotez la plante au printemps dans le pot de la taille au-dessus.

Capucine

La grande capucine, ou cresson d'Inde (*Tropaeolum majus*), est une plante volubile à croissance rapide, originaire d'Amérique du Sud. Peu coûteuse, elle forme de somptueux décors, qu'elle peint des couleurs criardes de ses fleurs. Si vous êtes en quête d'une plante non grimpante, plus petite et plus buissonnante, choisissez la petite capucine (*Tropaeolum minus*). Enfin, la capucine canari (*Tropaeoleum canariense*), à la croissance plus rapide, formera de superbes treillages de fleurs jaune vif.

Lumière: maximale. Une exposition ensoleillée est indispensable pour une floraison généreuse.
Température: 7 °C pour la germination. Les capucines craignent le gel, mais supportent bien les grandes chaleurs.
Arrosage: plantes gorgées de sève, les capucines exigent un substrat humide. Entretenez l'humidité de celui-ci.
Humidité: un air sec. Pas de vaporisations.
Engrais: une fois par mois, en respectant les recommandations. Des distributions plus fréquentes entraînent une plus grande luxuriance du feuillage mais aussi une plus grande rareté des fleurs.
Terre: un mélange à base de terreau n° 1.
Multiplication: les graines, qui ont la taille d'un pois, peuvent être semées directement dans un récipient empli de terreau, à une profondeur de 24 mm, à la fin du printemps. Arrosez le terreau vingt-quatre heures avant le semis et laissez-le se drainer. Semez six graines par vasque de 30 cm de diamètre ou seize par bac de 120 cm. Lors de l'éclaircissage, ne retenez que la moitié du semis. Travaillez avec les mêmes proportions si vous utilisez des récipients de taille différente. Vous pouvez également effectuer un semis à l'intérieur: semez une graine par godet à la mi-printemps et, lorsque les jeunes pousses font 7 cm de haut, placez-les sous châssis froid. Transplantez-les au début de l'été.
Nettoyage: supprimez les fleurs fanées une fois par semaine, afin de prolonger la floraison.

Les capucines portent des tiges presque blanches et des feuilles dont le coloris vert luisant contraste avec la pâleur des nervures. Certaines espèces, comme celle-ci, sont panachées. Mesurant quelque 7 cm de large, les fleurs couvrent la gamme des coloris jaune pâle, or, orange, écarlate et rouge-brun rouille. Si on les prive du soleil dont elles sont si avides, les capucines produisent un feuillage luxuriant mais peu de fleurs.

Trous dans les feuilles et dans les fleurs: chenilles. Celles-ci mangent les bourgeons, les fleurs et les tiges. Enlevez-en un maximum et traitez la plante avec du derris en pulvérisation ou en poudre. Ces dégâts peuvent aussi être le fait de perce-oreilles, cachés dans les fleurs ou sous le récipient. Au besoin, pulvérisez du malathion dilué et enlevez tout débris pouvant servir de cachette.

Dépôt poudreux gris sur les tiges et les pétioles: mildiou poudreux. Cette maladie risque d'entraver la croissance de la plante. Dès les premiers symptômes, pulvérisez un fongicide à base de cuivre, dilué selon les recommandations du fabricant.

L'arrosage

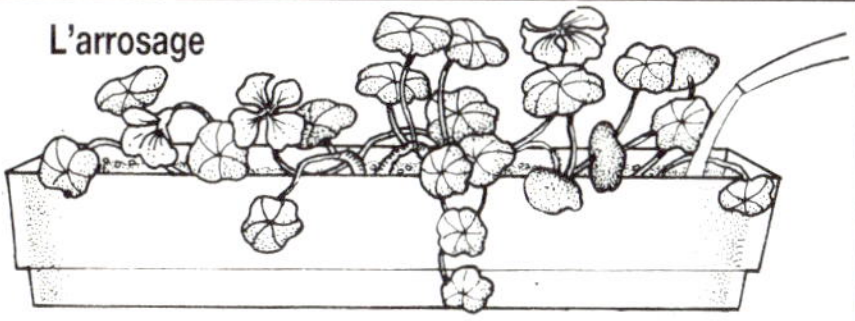

Il faut maintenir humide le substrat des capucines tout en s'assurant que le récipient soit bien drainé. Par temps chaud, tâtez régulièrement la surface du compost: si celui-ci est sec et friable, arrosez-le. S'il devient lourd et ne sèche pas par temps froid, vérifiez les trous de drainage, et laissez sécher la potée avant de recommencer à arroser.

La plante s'affaisse, les feuilles noircissent: effets du gel. Cette plante ne résiste pas au gel. Protégez vos plantes tant que celui-ci menace. Enlevez-les à la fin de l'été.

Luxuriance des grandes feuilles, mais rareté des fleurs: terre trop riche. Cessez les apports d'engrais pendant au moins un mois, ensuite effectuez-en un par mois seulement.

S.O.S.

Couvertes par le feuillage, les fleurs sont à peine visibles: plante trop ombragée. Placez-la dans un endroit plus ensoleillé. Elle réclame une lumière solaire maximale.

Tout le feuillage jaunit: terre trop humide et froid excessif. Laissez sécher le compost avant de reprendre les arrosages et assurez-vous que les trous de drainage ne soient pas obstrués et que le récipient ne trempe pas dans l'eau.

Tiges ridées et caoutchouteuses au niveau du terreau: pourriture de la tige. Terre probablement saturée d'eau par suite d'un drainage déficient. Pulvérisez du bénomyl sur les tiges et améliorez le drainage.

La plante est couverte d'amas de moucherons noirs qui semblent gonflés de sève: aphidés noirs. Pulvérisez du malathion dilué ou écrasez-les entre les doigts. À défaut d'insecticide, pulvérisez un détergent dilué.

Lignes sinueuses blanches sur les feuilles: larves mineuses dans le tissu foliaire. Pincez l'extrémité de la traînée entre le pouce et l'index ou pulvérisez un insecticide systémique dilué.

Déformation des boutons floraux et des extrémités bourgeonnantes des tiges: aphidés. Pulvérisez un insecticide universel et répétez le traitement dix jours après.

Tulipe

Les diverses espèces et variétés de tulipes actuelles proviennent toutes de plantes bulbeuses rustiques poussant à l'état naturel en Asie centrale. Leur floraison intervient entre la fin de l'hiver et le printemps. Bien que certaines se prêtent à la culture en intérieur, les plus grandes ont tendance à s'affaler si la température ambiante est trop élevée. Portez donc votre choix sur les petites variétés, dont les bulbes sont étiquetés «Simples hâtives» ou «Doubles hâtives». Vous pouvez aussi acheter des bulbes spécialement traités ou préparés pour faciliter leur floraison à l'intérieur. Empotez-les au début de l'automne, six à la fois dans un pot ou une coupe de 12 cm. Conservez-les dans un endroit frais et sombre pendant au moins huit semaines. Ensuite exposez-les dans un local frais et ombragé pendant deux semaines.

Lumière: l'obscurité totale pendant huit semaines, une lumière diffuse pendant deux semaines, la pleine lumière pour la floraison.
Température: après l'empotage, une température froide de 5 °C à 7 °C; un maximum de 18 °C pour la floraison. Les fleurs durent plus longtemps à températures fraîches.
Arrosage: trempez le compost après la plantation, tenez les bulbes à sec jusqu'à leur exposition à la lumière, puis arrosez-les deux ou trois fois par semaine afin de maintenir le compost humide.
Humidité: ces plantes exigent un emplacement frais, sec et bien aéré. Ne les vaporisez pas.
Engrais: si vous avez l'intention de conserver les bulbes, nourrissez-les chaque semaine, dès l'apparition du bourgeon et jusqu'au flétrissement du feuillage, avec un engrais liquide administré à la dose recommandée.
Terre: un mélange à base de terreau n° 2 ou un compost non terreux. Cultivez les bulbes préparés dans une fibre spéciale pour bulbes, mais ne les conservez pas.

Les tulipes produisent des fleurs en forme de coupe sur des tiges érigées. Les variétés qui se prêtent le mieux à la culture en intérieur sont celles qui font de 15 à 30 cm de haut, les plus grandes ayant tendance à se coucher au sol. Même en vous limitant à ces variétés naines, une immense gamme de coloris s'offre à votre choix.

S.O.S.

Feuilles couvertes de renflements jaunes qui finissent parfois par éclater: affection fongique de la rouille. Pulvérisez du zinèbe. N'utilisez pas de fongicides à base de cuivre: ils risquent de détériorer les tulipes.

Trous dans les feuilles: si les plantes ont séjourné dehors, repérez les trainées baveuses des limaces ou des escargots et, au besoin, posez des appâts antilimaces.

Bourgeon floral faible et n'émergeant pas du feuillage ou inexistant: le bulbe n'a peut-être pas été nourri l'année précédente ou il a contracté la maladie du pythium au contact d'une terre non stérille. Choisissez des bulbes sains et ne les plantez que dans un compost stérile. Il est aussi possible que les potées aient souffert d'une exposition trop hâtive à la chaleur. Ne mettez les bulbes en place qu'après l'émergence du bourgeon.

La lumière

Maintenez les potées au frais et à l'ombre jusqu'à l'émergence du bourgeon. Exposez-les ensuite à la pleine lumière et commencez à les nourrir. Il faut toutefois continuer à les garder le plus possible au frais, sans quoi les plantes grandiront trop vite et résisteront moins aux maladies.

Chez les plantes achetées en fleurs, l'extrémité des feuilles et des fleurs se recroqueville: forçage impropre. N'achetez pas des plantes en fleurs, choisissez celles qui commencent leur bourgeonnement.

Fleurs tachetées de diverses couleurs: virose, dont les nombreuses formes peuvent s'en prendre aux tulipes. Pas de remède: débarrassez-vous du bulbe après la floraison et prenez des mesures de prévention contre la propagation de la maladie par les pucerons.

Les pétales se parcheminent: chaleur excessive. Température maximale pour la floraison: 18 °C. Mais les fleurs dureront plus longtemps si elle est plus basse.

Jaunissement de la plante, voire stries foncées au niveau de la base de la tige: excès d'eau. Afin de ne pas saturer les racines, n'arrosez la plante que deux ou trois fois par semaine. Détruisez les plantes gravement atteintes.

Les bourgeons brunissent et n'éclosent pas, les fleurs s'affaissent: sécheresse excessive du compost. Maintenez celui-ci humide en l'arrosant deux ou trois fois par semaine.

L'extrémité des feuilles brunit, la fleur est tachetée de brun, les pétales commencent peut-être à se recroqueviller: maladie fongique du feu de la tulipe. Pas de remède: détruisez les bulbes. Une forte humidité rend les tulipes vulnérables à cette maladie.

Petits insectes aptères sur une partie quelconque de la plante: pucerons. Pulvérisez un insecticide à base de pyrèthre tous les dix jours.

Les feuilles mollissent et s'inclinent, la tige s'allonge et mollit: obscurité excessive. Exposez la plante à la pleine lumière. Tuteurez la tige contre une canne de bambou.

Uebelmannia

Découvert récemment, ce genre est vite devenu populaire bien qu'il soit difficile de le cultiver en intérieur à partir de ses propres racines. Cultivé naturellement, il est en effet sensible au surarrosage, voire aux températures peu élevées, et pousse lentement. En revanche, il présente peu de problèmes si on le greffe sur une autre sorte de cactus. Dans ces conditions, il atteindra la taille d'un pamplemousse en l'espace de cinq ans environ et réussira même à produire de temps en temps des rejetons. C'est essentiellement pour la beauté de leurs formes, de leurs coloris et de leurs aiguillons que l'on cultive ces cactées: en culture, leurs fleurs se manifestent en effet rarement. Parmi les espèces disponibles, *Uebelmannia pectinifera* (p. 545) est de loin la plus populaire.

Lumière: cette plante exige la tablette d'une fenêtre ou une serre ensoleillée pour une bonne coloration et une croissance compacte.
Température: certains pensent que cette cactée ne devrait pas être exposée à une température hivernale inférieure à 7 °C. En fait, elle peut supporter 7 °C sans danger. En été, maintenez-la sous 38 °C, tout en lui donnant le plus d'air frais possible.
Arrosage: si la plante pousse à partir de ses propres racines, arrosez-la seulement une fois tous les quinze jours en été, tous les mois au printemps et en automne, pas du tout en hiver. Si elle est greffée, arrosez-la chaque semaine en été, tous les quinze jours au printemps et en automne, pas du tout en hiver.
Engrais: riche en potasse, une fois par mois au printemps et en hiver.
Terre: un compost pour rempotage non terreux ou à base de terreau n° 2, additionné de sable grossier et graveleux. Si la plante est greffée, utilisez deux parts de compost pour une part de sable; si elle pousse à partir de ses propres racines, utilisez moitié compost moitié sable.
Rempotage: rempotez la plante chaque année, en veillant à ne pas déranger ses ra-

Il se pourrait bien que *Uebelmannia pseudopectinifera* soit en fait une variété de son quasi-sosie *U. pectinifera*. Il diffère de celui-ci par le coloris vert olive de son épiderme et la densité plus faible de ses aiguillons, mais il lui ressemble, notamment, par sa réticence à fleurir en culture.

Comme *U. pectinifera, U. buiningii* colore son épiderme d'un pourpre profond, mais c'est une plante beaucoup plus petite, moins fournie en côtes et couvertes d'aiguillons jaunes, acérés et plus clairsemés. La plante illustrée ci-dessus est greffée et mesure quelque 4 cm de large.

cines si elle n'est pas greffée. Si elle ne déborde pas de son pot, secouez le vieux compost des racines et remplacez-le par du frais avant de rempoter la plante dans le même récipient. Une fois que la taille du pot est de 13 cm, rempotez-la tous les deux ans.

Nettoyage et lutte antiparasitaire: vaporisez la plante tous les mois pour la dépoussiérer, en incorporant un insecticide aux vaporisations deux ou trois fois par an pour combattre le parasitisme.

Autres espèces: la plus commune est sans conteste *U. pectinifera*. Parmi les autres qui s'offrent occasionnellement à votre choix, figurent: *U. gummifera, U. meninensis, U. flavispina, U. buiningii*, et *U. pseudopectinifera*.

Élégante cactée à épiderme pourpre tirant sur le noir, *Uebelmannia pectinifera* dispose ses aiguillons en rangs méticuleusement ordonnés sur toute la longueur de ses côtés. Il atteint lentement une taille de 7 à 10 cm, mais, s'il n'est pas greffé, il ne poussera pas de plus d'un centimètre par an. Rares en culture, ses fleurs émergent du centre de la plante en été, lorsque celle-ci a atteint son développement complet.

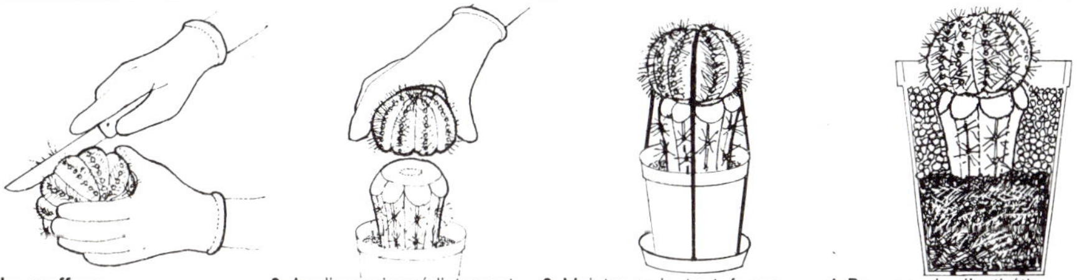

Le greffage

1 Prélevez, avec un bon couteau, 2,5 cm du sommet d'une grande cactée et une tranche du dessous de l'uebelmannia.

2 Appliquez immédiatement et fermement le greffon de l'uebelmannia sur l'autre souche, en veillant à faire chevaucher les anneaux situés au centre des tiges.

3 Maintenez le tout fermement en place avec des élastiques jusqu'à la reprise de la croissance. Ne meurtrissez pas l'épiderme du greffon et du porte-greffe en utilisant des élastiques trop fins ou en serrant ceux-ci trop fort.

4 Par souci d'esthétisme, utilisez un pot profond. Placez-y la souche en l'enfouissant dans du gravier, de telle sorte qu'elle ne dépasse pas le bord du pot et que seul le greffon de l'uebelmannia soit visible.

Amaryllis pourpre

De culture facile, cette belle plante d'origine sud-africaine est tout indiquée pour l'emplacement chaud et lumineux qu'offre un appui de fenêtre ensoleillé. Bien que son feuillage ne meure pas totalement, il faut lui ménager une période de repos au frais. Plantez les nouveau bulbes dans un compost légèrement humide, sans les arroser jusqu'au début de la repousse de feuilles. Les gros bulbes devraient être plantés, l'extrémité émergeant du compost, dans des pots de 13 cm. À la fin de l'été, ils produiront une foison de somptueuses inflorescences rouge vif. On peut les cultiver dans le même pot pendant trois ou quatre ans.

Vallota speciosa produit des nouvelles feuilles à chaque printemps et, en été, une hampe florale portant jusqu'à dix fleurs rouges, blanches ou roses. Il s'élève à quelque 30 cm et garde une partie de son feuillage tout au long de l'année À l'achat, choisissez des plantes dont les boutons floraux ne sont pas encore éclos. Les bulbes destinés à la floraison de l'année suivante devraient mesurer environ 3 cm de diamètre et être couverts d'écailles brunes et sèches.

Lumière: cette plante exige la pleine lumière, y compris le soleil direct, mais il faut la protéger du soleil de midi en été.
Température: 13 °C pendant les deux mois de la période de repos, un maximum de 24 °C pendant la croissance et la floraison. Par températures plus élevées, n'exposez pas la plante au soleil direct.
Arrosage: deux ou trois fois par semaine au printemps et en été afin de maintenir le compost humide. En hiver, un arrosage tous les dix à quatorze jours, en veillant à ne pas laisser sécher complètement le compost. Dès la pousse des nouvelles feuilles, effectuez de nouveau des arrosages plus fréquents.
Humidité: une aération généreuse. Par températures excédant 27 °C, vaporisez les feuilles à l'eau claire. Ne vaporisez pas les fleurs.
Engrais: chaque semaine à partir du début du printemps jusqu'à la fin de l'automne, avec un engrais administré à la dose recommandée.
Terre: un mélange à base de terreau n° 2 additionné de 50 % de tourbe ou un compost pour rempotage non terreux.
Après la floraison: lorsque les fleurs se fanent et que la tige jaunit, coupez celle-ci le plus près possible du bulbe. Réduisez les arrosages de sorte que le compost puisse sécher avant de les effectuer et n'alimentez la plante qu'une fois par mois.

Feuilles noires par endroits: effets des lustrants. Ne les utilisez pas. En dehors de la floraison, nettoyez les feuilles par vaporisations d'eau tiède non calcaire; pendant la floraison, avec un chiffon humide.

Les caïeux
Si les caïeux prolifèrent autour du bulbe mère au point de remplir le pot, séparez-les au printemps et rempotez-les individuellement dans des pots de 9 cm, dans lesquels ils fleuriront au bout de deux ou trois ans.

Après la floraison
Laissez sécher la hampe florale. Après son jaunissement, au bout d'environ cinq semaines, coupez-la au ras du bulbe à l'aide d'un couteau ou d'une lame de rasoir. N'utilisez pas des ciseaux

La plante se flétrit et cesse de croître, les feuilles finissent par brunir: chaleur excessive. À condition de la maintenir humide, exposez la plante à une température maximale de 27 °C, optimale de 24 °C.

La hampe florale n'émerge pas: bulbe trop petit ou carence nutritive durant le printemps et l'été précédents. Dès maintenant, alimentez la plante chaque semaine pour assurer sa floraison l'an prochain.

Jaunissement du feuillage avant la floraison: sécheresse excessive et carence nutritive. Alimentez la plante chaque semaine à partir du printemps jusqu'à l'apparition de la hampe florale et arrosez-la dès que la surface du compost commence à sécher.

Les feuilles s'inclinent: sécheresse excessive, en été. Arrosez la plante dès que la surface du compost commence à sécher. En automne, le feuillage retombe naturellement tout en se dégarnissant quelque peu. En hiver, réduisez les arrosages.

S.O.S.

La fleur pourrit : atmosphère trop humide ou vaporisation d'eau. Mettez la plante dans un lien aéré et ne vaporisez pas pendant la floraison.

Pourriture du bulbe au début du printemps: surarrosage en hiver. Lors de votre prochain achat d'un bulbe, rappelez-vous qu'il faut le tenir à sec en hiver, en l'arrosant toutes les deux ou trois semaines tout au plus.

Noircissement des feuilles: froid excessif. La plante est peut-être exposée aux courants d'air ou a été confinée entre les rideaux et les vitres par nuits froides. Placez la plante dans un endroit plus chaud. Maintenez-la à une température moyenne de 24 °C en été, minimale de 13 °C en hiver.

Les bourgeons floraux demeurent pâles et ne s'ouvrent pas: obscurité excessive. Exposez la plante à une bonne lumière: elle se plaît au soleil, sauf lorsqu'il brille très fort sur le temps de midi.

Filaments sous les feuilles: araignées rouges. Enlevez les filaments en essuyant les deux faces des feuilles avec un tampon d'ouate imbibé de malathion dilué et pulvérisez un insecticide systémique, tous les quinze jours, jusqu'à élimination.

Moisissure fongique grise sur la pointe du bulbe: botrytis, froid excessif et excès d'eau au printemps et en été ou surarrosage pendant la période de repos. Pulvérisez un fongicide systémique sur les parties atteintes, chaque semaine, jusqu'à élimination. Placez la plante dans un endroit plus aéré et maintenez le compost presque sec en hiver.

Verbena hybrida

Verveine des jardins

D'une hauteur moyenne de 30 à 45 cm, les verveines sont des plantes dont les races horticoles récentes présentent un port plus buissonnant et moins échevelé. Leur multiplication par semis est difficile, et la croissance des jeunes pousses, capricieuse. Repiquez celles-ci dans des pots individuels afin de ne pas déranger ni mutiler leurs racines au moment de leur transplantation. À l'achat, choisissez des plantes cultivées de cette façon.

Lumière: un emplacement ensoleillé. Ces plantes exigent en effet un maximum de lumière.
Température: 21 °C pour la germination, 18 °C dès la levée des jeunes pousses, 13 °C une semaine après le repiquage. Les verveines craignent courants d'air et gelées.
Arrosage: trempez complètement la potée, puis laissez-la sécher avant de poursuivre les arrosages, sans toutefois la laisser à sec trop longtemps. Un bon drainage est indispensable.
Humidité: les verveines craignent l'humidité élevée. À l'intérieur, maintenez-les dans un endroit bien aéré.
Terre: un mélange à base de terreau n° 2 ou un compost pour rempotage non terreux, additionné de gravier.
Engrais: commencez les apports d'engrais deux semaines après la mise en place définitive, ensuite tous les dix jours si le compost est à base de terreau, tous les cinq s'il est non terreux. Utilisez la dose recommandée.
Multiplicaiton: dès que les jours rallongent, effectuez un semis sur un compost bien humidifié. Couvrez-le de 2 mm de compost et maintenez-le humide afin que l'enveloppe des graines ramollisse. Placez-le dans un germoir à une température de 21 °C et couvrez-le. Exposez-le à la lumière dès l'apparition des jeunes pousses (au bout d'une semaine environ) et repiquez celles-ci dans des pots individuels lorsque leur taille permet de les manipuler.
Nettoyage: après la floraison, enlevez les graines.

Les petites fleurs de la verveine sont portées par une hampe florale au sommet de laquelle elles s'épanouissent graduellement en longues ombelles blanches, rose pâle, rouges, bleu pâle ou pourpre profond. La floraison se poursuit sans interruption du début de l'été à la fin de l'automne.

Petitesse et pâleur des nouvelles feuilles, croissance lente: besoin d'engrais. Administrez, tous les quinze jours, la dose recommandée d'un engrais liquide.

Arrêt de la croissance des jeunes plantes: examinez le compost de surface pour y repérer la présence éventuelle des minuscules larves de la mouche à fongus, se nourrissant des racines. Arrosez la terre avec du malathion dilué (Il se peut aussi que la surface du compost soit infestée de moucherons noirs.)

Les jeunes pousses récemment empotées se couchent, la tige est mince et molle au niveau du compost: pythium ou fonte des semis. Enlevez les jeunes pousses atteintes et celles qui les entourent immédiatement, puis arrosez la terre avec un fongicide. N'arrosez jamais les jeunes pousses avec de l'eau de pluie.

S.O.S.

Dépôt poudreux blanc sur les tiges et les feuilles des plantes adultes: mildiou, auquel les verveines sont très sensibles. Pulvérisez du dinocap, tous les dix jours, jusqu'à la fin de la saison.

Croissance efflanquée et non buissonnante de la plante: obscurité excessive. Placez la plante à un endroit ensoleillé.

Feuilles piquées de minuscules points blancs sur l'endroit, dépôt farineux et gris sur l'envers: araignées rouges. Dès leur apparition, pulvérisez du derris tous les dix jours.

Jaunissement des nervures des vieilles feuilles vers la fin de la saison, teinte généralement bronzée des feuilles: décoloration probablement due à une carence en magnésium. Arrosez la terre avec une solution composée d'une cuillérée à soupe (40 ml) de sels d'Epsom dilués dans cinq litres d'eau.

Ecume blanche à l'aisselle des feuilles des nouvelles pousses: aphrophores écumeuses, dissimulées dans l'écume. Attrapez-les entre le pouce et l'index. Si l'infestation est grave, pulvérisez du derris liquide. Dérangés, ces insectes sont capables de sauter à de grandes distances.

Les plantes cessent de croître, les feuilles se redressent, la terre a l'air noire: excès d'eau. Vérifiez le drainage du récipient. Suspendez les arrosages jusqu'au dessèchement presque complet du compost.

La plante se courbe après le rempotage et la transplantation: rempotage effectué dans des conditions de sécheresse ou de froid excessifs. Il faut toujours bien arroser la plante avant de la transplanter dans d'autres récipients.

Les feuilles languissent et présentent une teinte grise: sécheresse excessive. Augmentez la fréquence des arrosage afin de maintenir le compost humide sans toutefois le détremper. De longues périodes de sécheresse provoqueront le développement du mildiou.

Les feuilles noircissent et la plante s'affaisse: gel. Protégez la plante des gelées printanières.

Pensée

Tout à fait rustiques sous les climats tempérés, les pensées produisent des fleurs de la fin de l'hiver à la fin de l'été. Leur petitesse (de 10 à 15 cm) en font des plantes idéales pour la garniture des jardinières ou des petits récipients. Leur culture se fait aisément par semis et elles poussent mieux à une ombre intermittente plutôt qu'à la chaleur et à la sécheresse. À l'achat, choisissez des plantes, petites et buissonnantes, portant des feuilles d'un beau vert foncé. Si leurs fleurs sont déjà épanouies, elles s'acclimateront difficilement.

Les fleurs étalées de la pensée des jardins se composent de cinq pétales qui se chevauchent pour former un cercle presque parfait. Les plus populaires sont celles dont les macules tracent une sorte de visage, mais il existe tout un éventail d'hybrides aux coloris unis.

Lumière: une ombre intermittente ou moitié ombre, moitié soleil en été; la pleine lumière en automne, en hiver et au début du printemps.
Température: 10 °C pour la germination, une situation fraîche et aérée durant la croissance. Les pensées résistent au gel.
Arrosage: maintenez le compost humide.
Terre: riche et fibreuse, tels un mélange à base de terreau n° 3, additionné d'un tiers de tourbe grossière, ou un compost à base de tourbe de sphaigne grossière.
Engrais: chaque semaine si le compost est terreux, tous les quatre jours s'il ne l'est pas, avec un engrais liquide dilué à la dose recommandée.
Multiplication: effectuez un semis clair, en caissette, au début de printemps ou à la mi-été. Couvrez-le légèrement de compost sec et protégez-le en posant du papier épais sur la caissette. Maintenez-le à une température de 10 °C. Repiquez les jeunes pousses séparément dans des pots de 9 cm ou à intervalles de 5 cm dans des plateaux à semis. À l'intérieur, placez-les devant une fenêtre éclairée, mais pas au plein soleil. À l'extérieur, protégez-les du soleil en été. La multiplication peut aussi se faire par bouturage.
Nettoyage: enlevez les gousses pour encourager le refloraison.

Feuilles tachetées: *ramularia* ou *phillosticta,* maladies cryptogamiques des taches foliaires favorisées par une humidité élevée. Pulvérisez un fongicide universel et tâchez d'améliorer la ventilation autour de la plante.

Feuilles trouées et tiges rongées par endroits: limaces ou escargots. Parsemez des appâts antilimaces, en respectant les recommandations du fabricant et en veillant à la protection des animaux domestiques et des viviers. Si on ne les contrôle pas, les limaces s'en prendront aux racines durant tout l'hiver. Par temps doux et humide, essayez de les dépister à leurs traînées baveuses.

La plante jaunit et s'affale: maladie radiculaire du phytophtora. Il n'existe pas de remède à cette maladie. Enlevez la plante et trempez la terre avec un produit à base de manèbe. Traitez racines et tiges des pensées occupant le même récipient.

1 Au printemps ou en été, prélevez une bouture d'une longueur maximale de 8 cm sur une pousse non florifère, en effectuant la coupe juste au-dessous d'un nœud foliaire.

2 Enlevez la feuille inférieure et appliquez une poudre radiculaire sur la coupe de la bouture.

3 Piquez les boutures autour du bord d'un pot de 9 cm, de telle sorte que la feuille inférieure soit au ras du compost.

4 Maintenez-les à exposition fraîche et humide. Lorsqu'elles racinent au bout de deux ou trois semaines, empotez-les séparément dans des pots de 9 cm.

S.O.S.

Les fleurs épanouies sont rongées, les boutons sont également endommagés: perce-oreilles se dissimulant dans le feuillage ou sous les détritus durant la journée et sortant la nuit pour se nourrir. Enlevez tout détritus et pulvérisez un produit à base de lindane, de carbaryl ou de malathion dilué.

Le feuillage prend une teinte vert pâle et les nouvelles feuilles sont plus petites: carence nutritive ou, si les apports d'engrais étaient réguliers, compost de mauvaise qualité. Renouvelez le compost de surface.

Jaunissement et port déformé de la plante: aphidés des racines. Pulvérisez du malathion dilué.

Dépôt poudreux sur les tiges et/ou sur les feuilles: mildiou poudreux, qui se développe d'autant plus que la plante est exposée à la sécheresse. Pulvérisez du bénomyl ou de l'iprodione. Maintenez le compost humide.

Chute des boutons avant leur éclosion: racines assoiffées. Maintenez le compost humide.

Ronflements jaunes sur l'endroit des feuilles, pustules brunes sur l'envers: rouille de la pensées. Cette maladie entravera progressivement la floraison, déparant la plante. Pulvérisez un fongicide à base de dinocap.

La plante se flétrit et languit: besoin d'eau. Par temps très ensoleillé, ne laissez pas le compost se dessécher complètement.

Petits insectes sur les feuilles, petitesse des nouvelles pousses: aphidés. Pulvérisez du malathion ou du derris dilué, selon les recommandations du fabricant. Répétez le traitement au bout d'une semaine. Les pensées sont très sujettes à cette infestation.

Croissance débile et efflanquée de la plante: chaleur excessive durant la période de croissance. Maintenez les jeunes pousses à exposition fraîche jusqu'à leur acclimatation et jusqu'à apparition des feuilles et des bourgeons.

Vriesia splendens

À l'état sauvage, cette broméliacée pousse sur les arbres des jungles tropicales sud-américaines. C'est une plante remarquable par son épi floral ou spathe orange vif, haut de 45 cm et prenant naissance au sein d'une rosette centrale formée de feuilles aux zébrures transversales vertes et brunes. Petite et jaune, la fleur elle-même sort du côté de la spathe, un peu à la façon d'une pince de homard. Comptant parmi les broméliacées les plus faciles à cultiver, ce vriesia se distingue, en plantation mixte, par le contraste de ses formes. Commes les autres membres de sa famille, il meurt après la floraison (au bout de deux à deux ans et demi), après avoir émis des rejets à son pied. À l'achat d'une nouvelle plante, examinez attentivement sa rosette centrale: émergeant à peine, l'épi ne devrait pas être complètement formé ni présenter, bien sûr, aucune trace de flétrissement.

Lumière: un emplacement bien éclairé, quelque peu ensoleillé, à l'exclusion du plein soleil de midi.
Température: de préférence une température constante de 15 °C, avec un minimum de 13 °C en hiver et un maximum de 21 °C en été.
Arrosage: maintenez le centre de la rosette remplie d'eau en toute saison, en renouvelant celle-ci chaque semaine, sauf durant l'émergence de la hampe florale. Arrosez le compost une fois par semaine en été, maintenez-le plus sec en hiver en l'arrosant tous les dix à quinze jours. N'utilisez que de l'eau non calcaire.
Humidité: vaporisez la plante par la dessus une fois par semaine.
Engrais: incorporez un engrais liquide à l'eau de l'arrosage de la rosette centrale tous les quinze jours en été. Utilisez la moitié de la dose recommandée.
Terre: un compost à base de tourbe.
Rempotage: deux fois avant la floraison, soit environ une fois tous les six mois.
Nettoyage: essuyez les feuilles avec un chiffon humide. N'utilisez pas de lustrant.

À l'âge de deux ans environ, ce vriesia produit un épi floral, sans lequel il demeure une belle plante d'intérieur. Ses feuilles à zébrures vertes et brunes embrassent une rosette centrale qui doit être constamment remplie d'eau non calcaire.

Ecailles brunes sous les feuilles: insectes écailleux. Enlevez-les avec un tampon d'ouate imbibé d'alcool dénaturé ou pulvérisez un insecticide systémique tous les quinze jours, jusqu'à élimination.

S.O.S.

Les feuilles se recroquevillent et les pointes brunissent: sécheresse excessive. Maintenez la rosette centrale remplie d'eau, en renouvelant celle-ci chaque semaine. Arrosez le compost une fois par semaine en été, une fois tous les quinze jours en hiver.

La suppression de la hampe florale: après le flétrissement de l'épi, supprimez la hampe en la sectionnant à la base avec un sécateur.

Les rejets
Vous pouvez séparer les rejets de la plante mère lorsqu'ils ont environ la moitié de la taille de celle-ci et qu'ils sont fournis de leurs propres racines. Séparez-les au couteau, en veillant à retenir leurs racines. Empotez-les, arrosez-les et maintenez-les au chaud (24 °C).

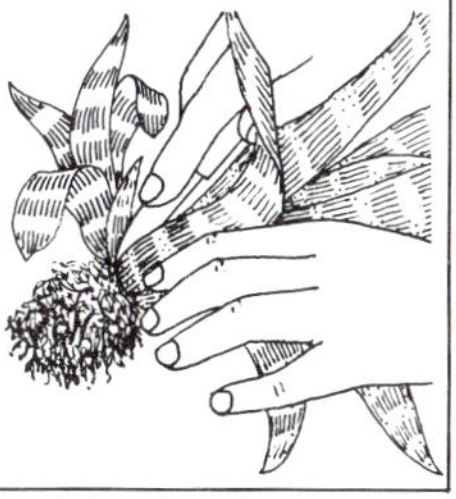

La hampe florale se décolore, les fleurs meurent à mesure qu'elles s'épanouissent: effets des lustrants. Ne les utilisez pas.

Étiolement et pâleur des feuilles: obscurité excessive. Placez la plante dans un endroit bien éclairé. Elle supporte un peu de soleil direct, à l'exclusion du soleil chaud de midi.

Les feuilles se recroquevillent: chaleur excessive. En été, maintenez votre vriesia à une température inférieure à 21 °C, ou à une température optimale constante de 15 °C. Si vous ne la déplacez pas dans un endroit plus frais, la plante risque de mourir.

Début de dépérissement de la rosette centrale et apparition de pousses latérales au pied de la plante: développement naturel après une croissance d'environ deux ans. Ne supprimez pas les pousses latérales avant le dépérissement complet de la plante.

Étiolement des feuilles, filaments en dessous: araignées rouges. Pulvérisez du malathion ou du derris dilué tous les quinze jours.

Pourriture de la base de la rosette: froid excessif ou excès d'eau, entraînant généralement la mort de la plante. Videz l'eau contenue dans la rosette et laissez sécher le compost. Si la plante reprend et qu'elle produise des rejets latéraux, placez-la dans un endroit plus chaud (15 °C).

Yucca elephantipes

Facile à cultiver, cette intéressante plante est moins dangereuse que sa parente ornementale épineuse *Yucca aloifolia*. Ses stipes sont importés des Antilles en tronçons de 30 à 90 cm, que l'on force en serre pour les empoter individuellement ou deux ou trois à la fois lorsqu'ils sont coiffés d'un bon bouquet de feuilles. Une potée de stipes de taille différente formera un bel effet décoratif. À l'achat, assurez-vous que la plante que vous choisissez est bien enracinée dans son pot. Les tronçons de stipes ne grandiront pas, mais chacune de leurs rosettes formera de nouvelles feuilles.

Les yuccas forment de belles plantes ornementales, surtout si plusieurs stipes sont cultivés dans la même potée. Réagissant à la moindre touche du doigt, cette espèce est moins dangereuse que l'épineux *Yucca aloifolia*.

Lumière : ce yucca exige une bonne lumière, y compris le soleil, à l'exclusion du soleil de midi en été. Il survivra quatre ou cinq semaines à l'ombre et on peut le sortir en été.
Température : maintenez la plante à une température de 10 °C à 16 °C en hiver, à la température ordinaire de la pièce ou sur un balcon ou une terrasse en été.
Arrosage : maintenez le compost humide en été, en l'arrosant tous les deux ou trois jours s'il se dessèche. En hiver, un arrosage effectué tous les dix jours devrait suffire.
Humidité : vaporisez la plante une ou deux fois par semaine en été, une fois par mois en hiver, ou une fois par semaine par températures supérieures à 18 °C.
Engrais : chaque semaine en été, avec un engrais liquide administré à raison de la moitié de la dose recommandée.
Terre : un mélange à base de terreau n° 2.
Rempotage : rempotez les jeunes plantes une fois par an. Au bout de trois ou quatre ans, renouvelez les 5 à 7 premiers centimètres du compost. Tassez bien celui-ci à la base du stipe, surtout s'il s'agit de grandes plantes.
Nettoyage : essuyez délicatement les feuilles avec un chiffon humide. N'utilisez pas de lustrant.

Plaques laineuses blanches au centre du feuillage : cochenilles. Pulvérisez du malathion dilué et enlevez parasites et « laine » avec une pince à épiler. Répétez le traitement, tous les quinze jours, jusqu'à disparition des symptômes. Ou bien, badigeonnez les insectes à l'alcool dénaturé et enlevez-les avec une pince à épiler. Tenez la plante atteinte à l'écart des autres plantes.

S.O.S.

La rosette (en particulier celle des jeunes plantes) noircit et pourrit : excès d'eau. Laissez sécher la surface du compost avant de recommencer les arrosages. Deux ou trois arrosages en été, un seulement tous les quinze jours en hiver devraient suffire.

Un jardin de yuccas

1 Choisissez trois yuccas de hauteur différente et un pot suffisamment grand qui puisse les contenir, espacés de 8 cm, sans entraver le développement des racines. Prenez un pot assez lourd afin d'assurer la stabilité des plantes.

2 Dépotez les plantes et placez la première dans le pot. Tassez bien le compost. Disposez les deux autres autour de la première, en tassant de nouveau le compost. Remplissez le pot de compost et laissez-le à l'ombre, sans l'arroser, pendant deux jours.

Ecailles brunes sous les feuilles et sur les tiges: insectes écailleux. Pulvérisez du malathion dilué sur l'envers des feuilles et, quarante-huit heures après, enlevez les écailles avec l'ongle du pouce. Répétez le traitement quatre fois chaque semaine, jusqu'à élimination. Ou bien, badigeonnez les parasites avec de l'alcool dénaturé et enlevez-les avec l'ongle du pouce.

Moisissure grise sous les feuilles: botrytis, froid excessif et compost trop humide. Pulvérisez un fongicide et placez la plante dans un endroit plus chaud, à une température supérieure à 10 °C. Vaporisez la plante moins souvent et, en hiver, laissez sécher le compost entre les arrosages.

Pâleur des feuilles: excès de soleil direct. Cette plante exige une bonne lumière, mais, si vous la cultivez à l'intérieur, protégez-la du soleil de midi en été. À l'extérieur, elle supportera le plein soleil.

Marques de rouille sur les feuilles: effets des lustrants. Ne les utilisez pas. Si les feuilles sont poussiéreuses, nettoyez-les uniquement avec un chiffon humide.

Les feuilles se dessèchent en hiver: chaleur excessive. En hiver, maintenez la plante à une température oscillant entre 10 °C et 16 °C. Par températures supérieures à 18 °C, vaporisez-la chaque semaine.

Jaunissement des feuilles inférieures: obscurité excessive. Placez la plante dans un endroit plus clair: elle supporte le plein soleil. Supprimez les feuilles jaunies, en les coupant avec un bon couteau au niveau de leur point d'insertion sur la tige.

Les nouvelles feuilles ne poussent pas: carence nutritive ou, si les apports d'engrais sont réguliers, froid excessif. Vérifiez. En été, alimentez la plante, chaque semaine, avec un engrais administré à raison de la moitié de la dose recommandée. En hiver, maintenez-la à une température supérieure à 10 °C.

La plante bascule: enracinement déficient. Réinstallez-la délicatement dans son pot et tassez bien le compost tout autour du pied du stipe. Exposez-la à la pleine lumière pour encourager la croissance radiculaire.

Zebrina pendula

Misère

Très proche de l'éphémère (*Tradescantia*) commune, cette belle plante lui ressemble beaucoup sauf qu'elle porte des feuilles plus grandes et plus vigoureuses, dont elle ne révèle les brillants coloris pourpres et crèmes que sous une bonne lumière. Ces plantes sont à leur avantage, regroupées dans un panier suspendu en un lieu bien éclairé. En effectuant régulièrement un bouturage de l'extrémité de leurs rameaux, on s'assurera des potées drues et buissonnantes ne dévoilant aucune tige brune ou dégarnie. Comme les plantes en suspension sèchent rapidement, vérifiez régulièrement le taux d'humidité de leur compost. Disposez une couche de cailloux ou de graviers mouillés dans la soucoupe d'égouttage.

Lumière: cette plante exige une lumière abondante, y compris le plein soleil, sauf à midi en été.
Température: un minimum de 13 °C en hiver. En été, elle s'accommode de la température ambiante normale, mais de préférence inférieure à 21 °C.
Arrosage: maintenez le compost humide tout au long de l'année, en effectuant deux arrosages par semaine en été, un par semaine en hiver.
Humidité: les misères aiment une atmosphère humide. Maintenez le pot sur un lit de cailloux mouillés tout au long de l'année.
Engrais: tous les quinze jours au printemps et en été, incorporez à l'eau des arrosages un engrais liquide dilué à la dose recommandée.
Terre: un mélange à base de terreau n° 2.
Rempotage: comme elles poussent tout en tiges avec l'âge, mieux vaut reproduire ces plantes tous les deux ou trois ans plutôt que de les rempoter. Faites raciner quatre ou cinq boutures dans un pot de 7 cm et rempotez-les définitivement dans un pot de 13 cm au bout de six mois.
Nettoyage: si la plante est poussiéreuse, vaporisez-la à l'eau tiède. N'utilisez pas de lustrant.

À exposition bien éclairée, *Zebrina pendula* avivera les coloris de son feuillage. Ces plantes sont à leur avantage dans un panier suspendu où, cultivées en groupe de trois ou quatre spécimens, elles produisent une foison de tiges sarmenteuses pourpres.

La multiplication

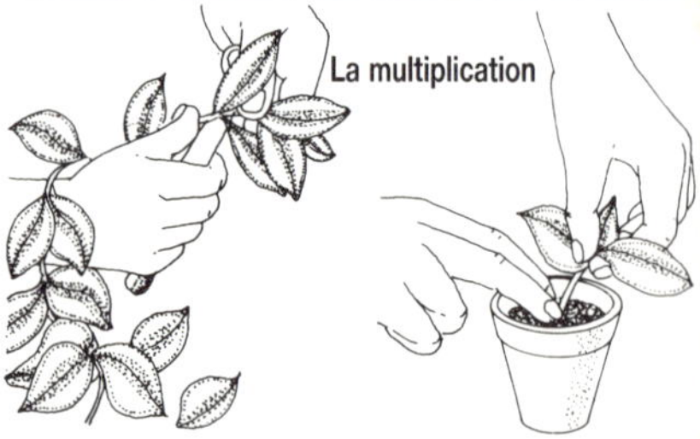

1 Lorsque la plante se dégarnit à la base, prélevez des boutures de rameaux, longues de 5 à 7 cm et portant au moins deux paires de feuilles et un bourgeon terminal. Effectuez la coupe juste en dessous d'une feuille ou d'un nœud.

2 Taillez l'extrémité située sous les feuilles, enlevez la paire de feuilles inférieure et piquez la bouture dans un petit pot empli de compost frais. Maintenez celui-ci humide: les nouvelles pousses apparaîtront au bout de deux ou trois semaines.

Croissance tout en longueur des tiges, feuilles très espacées: obscurité excessive. Exposez la plante à une meilleure lumière, mais pas au soleil direct.

S.O.S.

Marques brunes sur les feuilles: effets des lustrants ou exposition excessive au soleil direct de midi. N'utilisez pas de lustrants: si les feuilles sont poussiéreuses, nettoyez-les uniquement par vaporisations d'eau tiède non calcaire. Enlevez les feuilles abîmées en les coupant au niveau de l'aisselle. Maintenez la plante à une bonne lumière indirecte.

Pourriture basale des tiges: plante saturée d'eau, trempant dans celle-ci. Videz toute eau contenue dans la soucoupe et laissez sécher le compost avant de recommencer à arroser. Après chaque arrosage, éliminez toujours l'excédent d'eau.

Feuilles déformées, collantes et couvertes d'insectes verts: pucerons. Pulvérisez un insecticide à base de pyrèthre ou du malathion dilué. Répétez le traitement chaque semaine, jusqu'à élimination.

Ramollissement et décoloration des feuilles: plante souffrant d'un froid excessif, voire gelée. Reproduisez la plante par bouturage de rameaux.

Feuilles brunies par endroits, en particulier la pointe: sécheresse excessive. Maintenez le compost humide tout au long de l'année.

Disparition des panachures et croissance drue des feuilles: suralimentation. N'alimentez la plante que tous les quinze jours, en utilisant la moitié de la dose recommandée.

Enroulement des feuilles, filaments en dessous: araignées rouges. Enlevez les filaments avec une éponge humide, puis pulvérisez du malathion dilué, surtout sous les feuilles. Répétez le traitement, tous les quinze jours, jusqu'à disparition des symptômes. Augmentez l'humidité.

Les feuilles se recourbent vers l'intérieur, puis se dessèchent: chaleur et sécheresse atmosphérique excessives. Vérifiez. Au-delà de 24 °C, placez la plante dans un endroit plus frais et mieux aéré. Augmentez l'humidité et maintenez la plante à une température supérieure à 13 °C;

La plante pousse tout en longueur; dégarnies à la base, les tiges retombent hors du pot: il faut rempoter la plante ou rabattre les tiges à 7 cm du pot pour favoriser la pousse de nouvelles feuilles. Vous pouvez aussi reproduire la plante par bouturage de rameaux.

Zinnia elegans

Zinnia

Originaires du Mexique, les zinnias ne se plaisent par dans des lieux froids, venteux ou ombragés par des arbres ou des constructions. Il ne faut pas effectuer leur semis avant la mi-printemps, car leur mise en place à l'extérieur risquerait de devoir intervenir avant qu'il ne fasse suffisamment chaud. Par ailleurs, il ne faut pas entraver leur croissance naturelle, au risque de les exposer aux maladies.

Lumière: maximale en tout temps.
Température: de 18 °C à 21 °C pour la germination, 13 °C pour les jeunes pousses. Les zinnias craignent le gel.
Arrosage: maintenez le compost humide en tout temps, sans jamais le surarroser.
Humidité: maintenez ces plantes à atmosphère sèche. Ne les vaporisez pas et ne les arrosez pas par le dessus durant la floraison.
Terre: riche et bien drainée, tel un mélange pour rempotage à base de terreau n° 3 ou non terreux.
Engrais: trois ou quatre semaines après leur mise en place, commencez à fertiliser les plantes cultivées dans un mélange de terreau n° 3 avec un engrais liquide dilué à la dose recommandée, à raison d'un apport tous les cinq jours, en commençant dix jours après la mise en place.
Multiplication: semez clair à la mi-printemps sur un compost pour semis non terreux et bien drainé. Couvrez le semis de 6 mm de compost et tassez-le légèrement à l'aide d'une planche plate. Ne l'enveloppez pas dans un sac en plastique, mais couvrez-le de papier épais et placez le tout dans un germoir à une température de 18 °C à 21 °C. La germination se fait en deux jours. Après celle-ci, enlevez immédiatement la couverture de papier et placez la caissette dans un local clair, aéré et exempt de courants d'air. Deux ou trois jours après, repiquez les jeunes pousses à un écartement de 5 cm et commencez à les fortifier lorsqu'elles font environ 12 cm de haut.
Nettoyage: enlevez les fleurs fanées.

Pouvant atteindre 13 cm de large, les fleurs du zinnia couvren[t] toute une gamme de coloris blancs, jaunes, roses, écarlates e[t] violets. Coupées, elles agrémenteront longtemps les vases mais elles ne prospéreront bien qu'à exposition bien éclairée e[t] ensoleillée.

Mauvaise croissance de la plante au printemps, petitesse et pâleur des fleurs: obscurité et froid excessifs. Placez la plante dans un endroit ensoleillé, à l'abri des vents froids. Elle ne se plaît pas à l'ombre.

Les jeunes pousses s'affalent et meurent: maladie du pythium, contractée par suite d'un substrat non stérile ou d'une eau constaminée. N'utilisez jamais de l'eau stagnante pour arroser les jeunes pousses. Enlevez les jeunes pousses atteintes et celles qui les entourent. Arrosez la terre avec un fongicide.

La plante s'affaisse, le[s] feuilles noircissent: gel[.] Protégez la plante au prin[-]temps.

S.O.S.

Ialformation des bourjeons et des fleurs, penchant souvent d'un côté; euilles déchiquetées: punaises. Pulvérisez un insecti-ide, tous les dix jours, jusu'au début de l'automne. l'utilisez pas du malathion: e produit risque de roussir es feuilles.

Pétales troués et déchiquetés sur les bords: perce-oreilles se dissimulant sous la tablette de la fenêtre ou sous les feuilles en décomposition. Poudrez la plante avec un produit à base de lindane ou de chlordane. Piégez les insectes en plaçant, près de la plante, un bocal partiellement empli d'herbe ou de paille sèche, renversé et posé sur une baguette. Les parasites s'y réfugieront pendant la nuit et vous pourrez les détruire le matin, en versant le contenu du bocal dans de l'eau bouillante.

Taches grises sur les feuilles, dont les bords brunissent: affection fongique provoquant le roussissement des fleurs par temps humide. Pulvérisez de la bouillie bordelaise ou de l'iprodione. Si les fleurs sont tachées sans être brunies sur les bords, il s'agit sans doute du botrytis: le traitement est le même.

Pâleur du feuillage, petitesse des nouvelles feuilles: carence nutritive. Alimentez plus souvent la plante, en utilisant la dose recommandée. N'augmentez pas celle-ci.

Ioisissure duveteuse lanche ou grise sur les iges, qui brunissent: stade vancé du botrytis. Les zinias sont très sujets à cette naladie. Enlevez délicatenent toute partie contaminée de la plante. Ne procélez pas par mouvements rop brusques, car les pores se disséminent facilement. Pulvérisez un fongiide, chaque semaine ou ous les dix jours, jusqu'à la n de la saison.

Amas de petits insectes sur les bourgeons: aphidés. Pulvérisez un insecticide. N'utilisez pas du malathion.

euilles maculées de aches concentriques aunes, croissance défornée: flétrissement des aches. Pas de remède: déruisez la plante.

Noircissement du bas de la tige, étiolement de la plante: pourriture du phytophtora, se développant sur la tige et les racines par suite d'un compost non stérile ou d'une eau contaminée. Pas de remède: enlevez la plante et traitez la terre avec un fongicide.

Jaunissement et étiolement de la plante, voire moisissure de la base de la tige; noirceur et acidité de la terre: surarrosage. Vérifiez le drainage du pot et laissez sécher le compost avant de recommencer à arroser.

Petites taches, qui vont en s'agrandissant en cercles, sur les jeunes plantes, surtout après leur déplacement à l'extérieur: alternariose, maladie transmise par les semences ou par l'atmosphère. Pulvérisez de la bouillie bordelaise. Les pulvérisations de produits chimiques ou la grêle peuvent être aussi à l'origine de certaines taches blanches.

iges complètement rongées au niveau du ompost: limaces ou escargots, repérables ux traînées baveuses sur le compost. En 'absence de ces dernières, suspectez l'agrois des moissons. Posez des appâts antilinaces en respectant les recommandations lu fabricant. Pour vous défaire des agrotis, ulvérisez un insecticide systémique.

Comment acheter une plante d'intérieur

Toutes sortes de commerces s'intéressent aujourd'hui à la vente de plantes d'intérieur. Si l'on en cherche une relativement rare, ou d'une certaine taille, mieux vaut souvent s'adresser à un fleuriste ou à un centre de jardinage, mais les grandes surfaces, certaines boutiques, voire des stations-service pour voitures, constituent aussi des sources d'approvisionnement. Cela dit, si vous désirez une cactée ou une autre plante grasse, il vaut mieux les acquérir auprès d'un magasin spécialisé ou par correspondance.

Avant d'acheter une plante, envisagez l'endroit où vous la placerez. Pensez aux conditions qui règnent dans la pièce, et dont la plante devra s'accommoder: lumière, chaleur ou ... courants d'air. Assurez-vous qu'elle ne risque pas de trop s'épanouir, au point de déborder l'espace imparti. Si vous n'y connnaissez pas grand-chose en matière de plantes, choisissez-en une qui réclamera le minimum de soins. Attendez d'avoir acquis quelque expérience avant d'acheter une plante dite «difficile». Mais si une telle plante vient de vous être offerte, plongez-vous immédiatements dans ce livre, pour voir ce que nous en disons. En effet, quelques jours passés dans une atmosphère inadéquate peuvent avoir un effet déplorable sur certaines plantes.

Regardez sous tous ses angles la plante que vous avez l'intention d'acheter. Elle doit être fermement plantée dans son pot, lequel a intérêt à être propre. La surface du compost doit être fraîche et exempte de mauvaises herbes ou de mousse. Aucune feuille ne doit porter de marque, être déchirée, jaunie ou fanée. Méfiez-vous des petites plantes vendues dans un grand pot: elles viennent sans doute d'être rempotées et leurs racines n'ont peut-être pas poussé dans un compost frais. Les cactées et autres plantes grasses devraient être installées en des endroits bien éclairés, et leurs extrémités ne doivent pas sembler étirées. Des feuilles noircissantes peuvent indiquer que la plante a passé la nuit dehors et a été frappée (mortellement) par le froid.

Insistez auprès du marchand pour que votre plante soit bien emballée, et pour qu'il utilise éventuellement deux couches de papier. Les grandes plantes devront être soutenues par un tuteur et, compte tenu de leur envergure, veillez à ce qu'elles n'attrapent pas froid pendant le transport. Dès que vous serez arrivé chez vous, vérifiez si les plantes ne grouillent pas de vermine, et inspectez les racines des cactées. Ne placez pas une nouvelle plante à proximité des anciennes tant que vous n'êtes pas sûr qu'elle est exempte d'insectes.

Enfin, avant de quitter le magasin, assurez-vous que vous connaissez bien le nom de la plante. Cela vous permettra de lui accorder les soins qu'elle réclame en consultant ce livre.

Les produits chimiques

Tous les produits chimiques que l'on utilise pour lutter contre les insectes et les maladies peuvent se révéler dangereux pour les animaux et les humains. Lisez donc attentivement les étiquettes et suivez les instructions du fabricant. Conservez ces produits dans leur récipient d'origine (*jamais* dans une bouteille sans étiquette) et conservez-les hors de portée des enfants.

FONGICIDES:

Bénomyl. Relativement peu dangereux, mais peut irriter la gorge.

Bouillie bordelaise. Dangereuse si on l'avale.

Dinocap. Sert contre la fonte des semis ou la pourriture grise. Peut irriter la peau, les yeux, le nez et la bouche. Portez masque et gants.

Iprodione. Sert contre la pourriture. Peut irriter nez et gorge. Dangereux pour les poissons d'aquarium.

INSECTICIDES ET PESTICIDES:

Derris. Contrôle les pucerons, est utile contre les mites d'araignées rouges, les chenilles et les thrips. Peu dangereux pour l'homme, toxique pour les poissons.

Bromophos. Contrôle les araignées rouges et les pucerons. «Non inoffensif» pour les humains et les animaux.

Malathion. Combat les charançons, les cochenilles, mineuses, pucerons, thrips, tordeuses, etc. Dangereux pour l'homme.

Sources

Dessins en couleurs de Bob Bampton. Jane Fern, Steve Kirk, Stewart Lafford, Joséphine Martin, Jane Pickering, Andrew Riley et Paul Wrigley.

Mise en pages de Marion Nevile, Patricia Newton et Norman Bancroft-Hunt.

Photographies de David Cockcroft, mais certains documents ont été fournis par Gordon Rowley, la Harry Smith Horticultural Collection, Bill Weightman et la A-Z Botanical Photographic Collection.